LA CHUTE
OU
L'EMPIRE DE LA SOLITUDE

Du même auteur

en poche

Les Cent-Jours ou l'esprit de sacrifice, Paris, Perrin, tempus n° 23, 2002.

Histoire de la diplomatie française, tome I, *Du Moyen Age à l'Empire*, Paris, Perrin, tempus n° 191, 2007.

Histoire de la diplomatie française, tome II, *De 1815 à nos jours*, Paris, Perrin, tempus n° 192, 2007.

Le soleil noir de la puissance, 1796-1807, Paris, Perrin, tempus n° 251, 2009.

collection tempus

Dominique de VILLEPIN

LA CHUTE
OU
L'EMPIRE DE LA SOLITUDE

1807-1814

PERRIN
www.editions-perrin.fr

ISBN : 978-2-262-03201-2

tempus est une collection des éditions Perrin.

PRÉFACE

LE *VER RONGEUR*

Victorieux des Russes à Friedland, après que le destin eut titubé à Eylau, Napoléon suscite un immense espoir en tendant la main au vaincu. Il lui offre à Tilsit de partager le monde à condition d'adhérer franchement au Blocus. Pour la première fois depuis 1789, la France possède un allié, d'autant plus solide en apparence que sa sphère d'influence ne recoupe pas la nôtre et qu'Alexandre Ier, à la différence des autres monarques européens, admire l'œuvre napoléonienne et souhaite réformer son empire sur le modèle français. Epris de libéralisme, l'autocrate orthodoxe n'en reste pas moins le petit-fils de Catherine II, soucieux d'étendre ses frontières vers la Finlande, Varsovie et Constantinople. Napoléon va-t-il jouer le jeu ou va-t-il se contenter d'utiliser son nouvel allié à des fins strictement personnelles ? Alexandre est-il sincère ou joue-t-il un double jeu ? De ces questions dépend désormais l'avenir du monde.

Tilsit aggrave le malentendu de Brumaire. La France à l'apogée croit en avoir fini avec la conquête et espère une libéralisation du régime.

C'est bien mal connaître Napoléon que de croire qu'il va s'endormir sur ses lauriers. Pour lui, Tilsit n'est en rien une fin mais bien l'aurore d'une nouvelle phase d'expansion qui doit permettre de bâtir l'Empire d'Occident, seul à même de faire rendre gorge à l'Angleterre.

Dès 1808, Napoléon s'empare de l'Espagne après avoir attiré la famille royale dans un guet-apens à Bayonne. Ce 18 Brumaire diplomatique, frappant de surcroît un allié, indigne l'Europe et choque même une partie de l'opinion française. La même année, le général Miollis pénètre à Rome, prélude à l'annexion de la Ville éternelle qui interviendra l'année suivante. Le pape proteste avec l'énergie du désespoir avant de fulminer une excommunication qui vise Napoléon sans oser le nommer directement[1].

Cet expansionnisme brutal contraste avec les guerres défensives menées jusqu'à Tilsit. Jusqu'alors, en effet, l'Empire répondait à des agressions et pouvait se targuer d'aider les peuples à s'émanciper de la tutelle oppressive des grandes puissances. En devenant impérialiste, il perd en route la morale libératrice des guerres révolutionnaires pour se confondre avec les intérêts dynastiques des bonapartides.

Comme toujours, impérialisme et despotisme se conjuguent étroitement, l'un justifiant l'autre. Or, après Tilsit, « la main de fer » de l'Empereur n'a plus de raison d'être tant l'opposition s'est évanouie. Les Jacobins ont disparu, les royalistes se rallient en masse. Il n'y a plus de complot, aucun risque d'attentat. Alors que beaucoup attendent une détente, l'inverse se produit, comme si l'alliance avec le colosse russe l'avait libéré de toute entrave.

Derrière cette politique liberticide, c'est un retour en arrière, une contre-révolution sans le nom, qui semble

1. Chateaubriand s'emporte : « Si l'inique invasion de l'Espagne souleva contre Bonaparte le monde politique, l'ingrate occupation de Rome lui rendit contraire le monde moral : sans la moindre utilité, il s'aliéna comme à plaisir les peuples et les autels, l'homme et Dieu. Entre les deux précipices qu'il avait creusés, aux deux bords de sa vie, il alla, par une étroite chaussée, chercher sa destruction au fond de l'Europe, comme sur ce pont que la mort, aidée du mal, avait jeté à travers les chaos. »

s'opérer lorsque Napoléon répudie Joséphine pour épouser Marie-Louise d'Autriche en 1810. La disgrâce de Fouché, effective peu de temps après le mariage, est interprétée comme la marginalisation de l'ancien personnel républicain, soupçon renforcé par l'importance croissante accordée à l'ancienne noblesse, qui domine bientôt la Cour et pénètre en force l'armée.

L'Aigle a-t-il renié ce grand vent de 1789 auquel il doit sa couronne ? Pour sa défense, il expliquera que sa noblesse consacre le mérite et non la naissance ; que le Code civil détruit beaucoup mieux l'Ancien Régime que n'importe quelle émeute en essaimant dans l'Europe la fin des privilèges ; que l'hostilité latente de l'Europe l'oblige à renforcer la dictature. Il n'empêche : quelque chose s'est brisé depuis Tilsit. La fierté devant l'œuvre du Consulat et la magie d'Austerlitz laisse place à la gêne devant le spectacle de la répression des Espagnols et, en 1809, des courageux Tyroliens. La faveur gangrène chaque jour davantage le mérite, l'adulation honteuse remplace la franchise salutaire d'un Lannes, mort en héros à Essling en disant à son ami de toujours que son ambition le perdrait : « Louis XIV de l'Etat démocratique » (François Furet), Napoléon s'isole en sa cour, toujours plus odieux, chaque jour plus seul.

Claire de Rémusat, une des mémorialistes les plus talentueuses du temps, pourra écrire qu'« un ver rongeur se cachait sourdement au sein d'une telle gloire. La Révolution française, ouvrage insurmontable des temps, n'avait point soulevé les âmes à l'intention d'affermir le pouvoir arbitraire. Les lumières du siècle, les progrès des saines idées, l'esprit de liberté, combattaient sourdement contre lui et devaient renverser ce brillant échafaudage d'une autorité fondée en opposition avec la marche irrésistible de l'esprit humain ». Elle précise quelques pages plus loin : « Ce qui fait de Bonaparte un des hommes les plus supérieurs qui aient existé, ce qui le met à part, en tête de tous les puissants appelés à régir les autres hommes, c'est qu'il a parfaitement connu son temps et qu'il l'a toujours combattu. C'est volontairement qu'il a choisi une route difficile et contraire à son époque. Il ne le cachait point ; il disait souvent que lui seul arrêtait la Révolution, qu'après lui elle reprendrait sa marche. Il s'allia avec elle pour l'opprimer, mais il présuma trop de sa force. Habile à reprendre ses avantages, elle a su enfin le vaincre et le repousser[1]. »

Napoléon victime de la Révolution ? Le propos n'est surprenant qu'en apparence. Un genou à terre, l'Europe s'inspire du modèle français pour réformer son administration et son armée. En Autriche, en Prusse et en Russie, les stratèges adoptent les divisions par corps d'armée autonomes et surtout la constitution d'unités nationales dépoussiérées de leurs vieux chefs restés fidèles aux préceptes éculés du Grand Frédéric. Stein et Hardenberg en Prusse, Speranski en Russie créent ministères et Conseil d'Etat afin de réformer les édifices vermoulus en important les recettes de leur vainqueur.

Mais c'est surtout son esprit qui change en adoptant l'idée de nation qu'elle retourne contre l'envahisseur français et son chef exécré. Sociétés secrètes, écrivains, ministres, peuples et souverains se retrouvent dans la défense commune de leur patrie et de leur identité. C'est d'abord le cas en Espagne, qui donne le signal de cette révolution à l'envers avec le *Dos de Mayo*. Juntes ultra-royalistes et Cortes libérales taisent leur désunion pour prôner la guerre sainte tandis que les guérilleros déciment notre armée. Cette « sale guerre » inaugure la résistance populaire à Napoléon, qui se montre incapable d'y mettre fin. Elle souligne aussi les limites du grand dessein européen, popularisé par les dictées de Sainte-Hélène. Tous les peuples n'aspirent pas béatement après le Code civil, surtout que le prix à payer – adhésion au Blocus, conscription, impôts, occupation militaire – est lourd, pour ne pas dire insupportable. L'orage gronde un peu partout quand

1. Mme de Rémusat, *Mémoires*.

l'Autriche, encouragée par la résistance espagnole, lève à son tour l'étendard de la révolte en appelant à l'union des Allemands. Les Hohenzollern et les Habsbourg, les ennemis ancestraux, s'apprêtent dans l'ombre à se donner la main pour abattre le colosse qui les opprime. Sévèrement battus, amputés de nombreux territoires, appauvris par les colossales indemnités exigées par Napoléon et les rigueurs du Blocus, ils regardent vers la Russie, seule à même par sa puissance de faire pencher la balance en leur faveur.

C'est décidément de l'évolution de l'alliance franco-russe que dépend l'avenir du monde. Chacun des trois temps forts de son histoire entraîne un enchaînement dramatique qui permet d'appréhender l'épopée sous un angle plus stimulant que la classique narration chronologique.

L'ivresse de Tilsit entraîne l'expédition d'Espagne. Mal engagée par la défaite de Baylen, la Grande Armée s'enlise, en dépit de l'intervention de Napoléon fin 1808. Après une alternance de succès et de revers, l'échec de Masséna en 1810-1811 marque le début du déclin militaire qui s'accuse en 1812.

Erfurt, premier coup d'arrêt à l'axe franco-russe, engage l'Autriche à forcer le destin. Stoppé sévèrement à Essling, Napoléon vient péniblement à bout de son adversaire à Wagram. C'est le signe d'un essoufflement qui s'aggrave par la conjonction de quatre oppositions : catholique, résultant de la rupture avec le pape ; européenne, notamment en Allemagne où se prépare la revanche ; française, en raison du Blocus qui déclenche la grave crise de 1810 et du despotisme tracassier du régime. Il faut y ajouter, avec des nuances, celles des rois-frères – Joseph en Espagne, Louis en Hollande, Jérôme en Westphalie, Murat à Naples – qui protestent contre les exigences croissantes de Napoléon, en hommes et en argent, alors que le Blocus les mine. Tous, à des degrés divers, contrecarrent sa volonté au nom de l'intérêt de « leurs peuples ». Aux gémissements, trahisons et protestations, Napoléon répond en poussant son « système », comme il l'appelle, à son paroxysme, morigénant ses frères, procédant à de nouvelles annexions. Envers les catholiques, il n'hésite pas à durcir l'emprisonnement du pape et à convoquer un concile qu'il oblige à se rallier à ses vues. Il n'en demeure pas moins assis sur une poudrière. Libéraux, royalistes, peuples, rois attendent tapis dans l'ombre la libération du continent qu'ils appellent de leurs vœux.

Enfin, le mariage avec Marie-Louise sonne le glas de l'alliance franco-russe et pousse à la confrontation décisive des deux empires qui vont se disputer le monde, à défaut d'avoir été capables de le partager.

Jamais Napoléon n'a paru aussi puissant, jamais il n'a été aussi faible.

LIVRE I

L'ILLUSION

CHAPITRE I

L'ÉGAREMENT

> « Il tourne bientôt au roi héréditaire. Pour un peu, il se croirait l'héritier légitime de l'empereur son père. En lui-même il oublie l'aventurier. Napoléon ose dire : "Je n'ai que mon épée : il me faut un sceptre et le transmettre." Il ne le transmet pas, et il émousse ou brise son épée, qui est son vrai sceptre en effet. L'homme du moment joue au roi, l'homme de la durée ; et l'éclair du génie veut se donner les avantages tranquilles de la tradition. Il est ainsi sa propre parodie. »
>
> André SUARÈS,
> *Vues sur Napoléon.*

Un triomphe : Tilsit. Une démesure : le tournant népotique de 1807. Une faute : Bayonne. Un piège : l'Espagne. Le miracle de Tilsit semble griser Napoléon et lui faire perdre pied avec la réalité. Lui dont le mouvement n'a jamais empêché le pragmatisme, lui dont l'autoritarisme a toujours été tempéré par la capacité d'écoute semble tomber dans une démesure qui, en forçant à peine le trait, l'incite à voir le monde tel qu'il le veut et non plus tel qu'il est.

Revenu à Paris, « Napoléon le Grand », comme on l'appelle maintenant, n'écoute plus personne, à commencer par Talleyrand, surnommé « le ministre de la paix » tant sa sagesse cauteleuse et son attachement à l'équilibre européen contrastent avec la frénésie conquérante du nouvel Attila. Il y a pourtant un point où ils se rencontrent encore : l'Espagne. Proie facile et tentante, conviennent le maître et son conseiller, monarchie déclinante, militairement faible, minée par les querelles de palais qui opposent le prince héritier Ferdinand à ses parents, entièrement sous la coupe de leur favori, Godoy. Proie utile car elle perfectionnera le Blocus en privant l'Angleterre des ports de la péninsule Ibérique. Proie politique car elle achèvera – après la conquête de Naples – d'expulser les Bourbons d'Europe, réduisant d'autant les chances de Louis XVIII de remonter un jour sur le trône. Dans le *Mémorial*, Napoléon se justifie en évoquant un concours de circonstances exceptionnel : « Je n'avais pas combiné, mais je profitais. Ici j'avais le nœud gordien devant moi, je le coupai… » C'est sous-estimer la logique économique et le cynisme qui ont présidé à l'entreprise.

La proie

L'intervention française en Espagne constitue la première faute, décisive par les conséquences qu'elle entraîne ; révélatrice de la démesure impériale, annonciatrice de la nouvelle alliance des peuples avec les souverains face à un impérialisme français agressif et brutal, d'une conquête pour la conquête, sans légitimité, qui finit par dresser l'Europe entière contre nous et détacher la nation de l'Empereur.

L'histoire commence par la conquête du Portugal, devenu le principal débouché du commerce anglais et dont les possessions en Amérique du Sud lui permettent de dominer le marché américain. Napoléon le somme d'adhérer au Blocus : « Si le Portugal ne fait pas ce que je désire, menace-t-il au lendemain de Tilsit, la maison de Bragance aura cessé d'ici deux mois de régner. » Le gouvernement de Jean VI, conseillé par les Anglais, a beau céder au diktat, Napoléon se rend vite compte qu'il continue en secret à maintenir des relations commerciales avec l'ennemi héréditaire. Aussi décide-t-il de l'envahir, ce qui rend indispensable le concours de notre allié espagnol. France et Espagne à l'automne 1807 signent à cet effet le traité de Fontainebleau qui prévoit le partage du Portugal : le Centre reviendra à Napoléon, le Nord à la fille du roi d'Espagne qui abandonnera l'Etrurie italienne à notre profit, le Sud à Godoy, le tout-puissant Premier ministre espagnol. A la tête d'un corps d'armée de 20 000 hommes, Junot atteint facilement Lisbonne le 30 novembre, manquant de peu la famille royale qui vient d'embarquer pour le Brésil, fleur de son empire colonial américain.

Or, Napoléon ne se presse pas d'appliquer le traité. Derrière le trône des Bragance, il vise déjà celui des Bourbons et vient de placer avec Junot son premier pion sur l'échiquier ibérique. Talleyrand le presse d'agir en arguant de l'intérêt national et en excitant l'obsession impériale de la légitimité : « Tout ceci ne sera achevé que lorsqu'il n'y aura plus un Bourbon sur un trône de l'Europe », explique-t-il alors. L'Empereur, comme l'a fait Louis XIV un siècle plus tôt, doit y placer un membre de sa famille. Pasquier cite dans ses Mémoires les propos du prince de Bénévent à l'époque. Témoignage non suspect, Pasquier étant l'un de ses intimes : « La couronne d'Espagne a appartenu depuis Louis XIV à la famille qui régnait sur la France et on n'a pas dû regretter ce que l'établissement de Philippe V a coûté de trésors et de sang, car il a seul assuré la prépondérance de la France en Europe. C'est donc une des plus belles portions de l'héritage du grand roi, et cet héritage, l'Empereur doit le recueillir tout entier ; il n'en doit, il n'en peut abandonner aucune partie. » Une Espagne française, avec ses milliers de kilomètres de côtes, porterait un coup mortel à Albion. La proie s'avère d'autant plus tentante que Talleyrand insiste sur la faiblesse consternante de sa marine, dont l'insuffisance a éclaté à Trafalgar, et la médiocrité d'une armée de terre privée de son meilleur corps. En effet, les

16 000 hommes du marquis de la Romana ont rejoint la Grande Armée dans le Nord pour la campagne de 1807. Napoléon s'estime d'autant plus libre d'agir que l'allié, dans l'épreuve, s'est révélé un faux ami. A la veille d'Iéna, soit en octobre 1806, Godoy a lancé une proclamation menaçante que Napoléon ne lui a pas pardonnée. « Ils me le paieront », dit-il alors devant témoins[1]. Nul doute que depuis lors, il guette l'occasion favorable pour se venger.

Il n'aura pas à attendre longtemps. Les lamentables divisions de la famille royale vont lui permettre de s'imposer comme arbitre puis comme maître. La situation évoque davantage la comédie de boulevard que le spectacle traditionnel des conflits familiaux au sein des familles régnantes. La classique rivalité père-fils qui oppose Charles IV à Ferdinand se greffe sur l'ubuesque situation de Godoy. Favori du roi, ce qui arrive, il est aussi… l'amant de la reine, ce qui corse singulièrement la situation. Dans cet imbroglio, toutes les attitudes peuvent se comprendre sauf celle du roi. Que le fils veuille renverser le favori, que Godoy marginalise le prince héritier en s'appuyant sur la reine, rien d'anormal. Mais que Charles IV, risée de l'Europe, s'acharne à conserver et à défendre l'amant de sa femme, l'homme le plus impopulaire d'Espagne en raison de sa cupidité, voilà qui dépasse l'entendement. Le conflit entre le prince héritier et le favori devient dynastique après que Ferdinand a refusé d'épouser la fille de Godoy. Le « prince de la paix[2] » décide de l'écarter du trône avant que Charles IV ne disparaisse. Sûr du soutien de la reine, il l'est tout autant du pauvre roi, qu'il tient entièrement sous sa coupe. Napoléon, qui a depuis long-

1. Le propos est rapporté par A. Hugo dans son *Précis historique des événements qui ont conduit Joseph Napoléon sur le trône d'Espagne*. « Je dissimule mais je n'oublie pas », confie dans la même veine Napoléon à Cambacérès fin 1807 avant d'ajouter : « Nous ne serons sûrs de l'Espagne que quand les Bourbons de ce pays auront eu le sort des Bourbons de Naples. »

2. Ce titre lui avait été conféré par le roi après que l'Espagne eut signé la paix avec la France en 1795.

temps jugé le personnage, avait vainement demandé son renvoi en 1803. Le descendant de Louis XIV avait à cette occasion confié sa dépendance puérile à l'ambassadeur de France Beurnonville : « Dites au Premier Consul que j'aime la France beaucoup plus que l'Angleterre, et que je donnerai tout ce qu'il me sera possible de donner ; mais je ne consentirai pas à l'éloignement d'Emmanuel, parce qu'on ne peut pas s'opposer à ce que j'aime un homme qui se conduit bien, et de la société duquel je me suis fait un besoin[1]. »

Le 27 octobre 1807, Godoy se sent assez fort pour faire arrêter Ferdinand en l'accusant de rébellion et de tentative d'empoisonnement contre sa personne. Il est d'autant plus empressé à agir que le prince héritier, avec la complicité de l'ambassadeur de France Beauharnais[2], tente de faire entrer Napoléon dans son jeu en lui demandant la main d'une princesse française. Aussi, l'Aigle réagit avec vigueur à la nouvelle et menace même d'entrer en guerre si Ferdinand n'est pas rétabli dans ses droits. Acquitté par le tribunal, le prince héritier en est quitte pour une belle peur. Mais, désormais, il est résolu à se débarrasser de Godoy par tous les moyens. Activant ses conseillers, il compte s'imposer avec le soutien de la France dont les troupes, sous couvert de renforcer Junot, continuent à affluer dans la péninsule. Les Espagnols, persuadés que Napoléon continue à soutenir Ferdinand, accueillent avec joie les trois nouveaux corps de Dupont, Moncey et Mouton, ce qui porte à près de 70 000 hommes le total de nos forces présentes dans la péninsule à l'aube de 1808.

---

1. L'insuffisance et la médiocrité intellectuelle du roi d'Espagne font l'unanimité. F. Kircheisen dans son *Napoléon* en dresse le portrait sans fard : « Il (Charles IV) n'avait reçu qu'une éducation imparfaite et n'avait pas continué par la suite à se cultiver. Il aimait aller à la chasse, monter à cheval, faire des armes et de la boxe. Il se plaisait particulièrement dans la compagnie de palefreniers, de boxeurs, de matelots et autres individus sans instruction ni savoir-vivre », écrit-il notamment.

2. Parent de Joséphine, l'ambassadeur a été un de ceux qui ont le plus poussé à l'intervention.

Godoy s'inquiète d'autant plus que nos troupes, sous le prétexte de se prémunir contre une éventuelle riposte anglaise, occupent par surprise les forteresses stratégiques de Pampelune, Saint-Sébastien, Figuières et Barcelone. En février 1808, Napoléon nomme Murat, son beau-frère, à la tête des troupes. Les intrigues du mari de Caroline, qui rêve de devenir roi, vont encore compliquer la situation[1]. Pour parvenir à ses fins, il soutient Godoy et le roi contre celui qu'il estime son concurrent le plus dangereux, Ferdinand.

Les événements se précipitent dans la nuit du 17 au 18 mars 1808 à Aranjuez. Godoy s'y trouve présent ainsi que le roi et la reine. Convaincu que Murat vient les détrôner, le prince de la paix s'apprête en secret à faire embarquer la famille royale pour l'Amérique du Sud. Mais la nouvelle du départ s'ébruite, répandue par les partisans de Ferdinand qui accusent Godoy d'être un agent secret au service de la France. Une foule immense se jette à sa poursuite. Marbot raconte qu'il se cache « dans un grenier rempli d'un grand nombre de nattes de jonc. Elles étaient toutes roulées : il en déploya une, s'y roula lui-même, et la laissa ensuite tomber au milieu des autres, dont elle avait à peu près la dimension ». Il y reste quarante-huit heures. « Enfin, vaincu par la faim et la soif, il fut arrêté par un factionnaire, qui eut l'indignité de le livrer à la populace, laquelle, se ruant sur Godoy, lui fit de nombreuses blessures. Déjà ce malheureux avait la cuisse percée par une broche de cuisine, un œil presque crevé, la tête fendue, et allait être assommé, lorsqu'un piquet de gardes du corps [...] arracha le prince de la paix à ses bourreaux et parvint, non sans peine, à le jeter dans la caserne, sur le fumier d'une écurie. » C'est là que le retrouve Ferdinand, qui lui laisse la vie sauve, moyennant

1. Il s'inquiète cependant, car il se sent en butte à l'hostilité de Talleyrand, naturellement méfiant envers un ami de Fouché. Selon Mme de Rémusat, Murat disait avec son accent gascon : « Moussou di Talleyrand, il ne veut pas que je sois roué. »

l'abdication de son père, qui s'exécute car il préfère perdre sa couronne que son cher Manuel.

L'événement décide Napoléon à agir sans plus tarder. Le coup d'Etat du prince héritier le place, alors que ses troupes sont aux portes de Madrid, en position idéale d'arbitre. Deux solutions s'offrent à lui : confirmer Ferdinand, chéri des Espagnols, ce qui lui vaudrait une immense popularité, ou restaurer Charles IV en le plaçant sous la protection de nos armées. Mais il suspecte Ferdinand d'entente avec les coalisés et le juge aussi nul que les autres membres de la famille[1]. Dans ces conditions, il décide de mettre la crise à profit pour renouveler le précédent louis-quatorzien. Il va casser Ferdinand au profit apparent de Charles IV et Godoy. Ce préalable accompli, il forcera le vieux roi, qui n'aspire plus qu'à vivre en paix avec Godoy, à lui remettre la couronne qu'il placera sur la tête de Joseph[2].

Le guet-apens de Bayonne se met en place. Tandis que Madrid réserve un accueil enthousiaste à Ferdinand VII, Murat s'emploie à convaincre Charles IV de rétracter son abdication. Avide de revanche contre son fils félon, Charles IV s'exécute d'autant plus volontiers que Murat s'emploie avec succès à se faire remettre Godoy. Ferdinand s'inquiète bientôt du refus du principal lieutenant de l'Empereur de le reconnaître. Pour le rassurer, Napoléon lui expédie Savary, son exécuteur des basses œuvres, déjà employé comme cheville ouvrière lors de l'enlèvement du duc d'Enghien. A lui d'attirer Ferdinand en territoire français, à Bayonne précisément, où Napoléon compte réunir tous les protagonistes avant de dévoiler ses batteries.

1. « Au fond, il n'y a point à compter ni sur le vieux roi qui nous hait et qui nous craint, ni sur le prince de la paix, qui n'agissant que par peur nous abandonnerait s'il était le plus fort, ni sur le prince des Asturies qui est tout anglais, et auquel je ne saurais me fier malgré ses belles paroles », confie-t-il à Cambacérès.

2. Louis et Lucien l'ayant au préalable refusée.

Alternant flatteries et mensonges, Savary manipule son interlocuteur, lui garantit que l'Empereur le reconnaîtra dès qu'il l'aura vu et se sera assuré du maintien de l'alliance avec la France. Simple formalité, assure-t-il avec insistance. D'ailleurs, ajoute-t-il, l'Empereur est en marche à cet effet. Autant aller à sa rencontre ; Napoléon y sera sensible et d'autant plus enclin à lui donner une princesse de sa famille en mariage. Il attire ainsi Ferdinand jusqu'à la frontière, à Vittoria précisément, où le nouveau roi, moins stupide que ne l'imaginait Napoléon, fait mine de vouloir rester. Après un bref aller-retour à Bayonne, Savary revient avec toutes les garanties que l'on peut désirer. Ses propos insistent toujours sur le caractère protocolaire de la question. C'est à Ferdinand, pas encore reconnu roi, d'aller vers son puissant allié, et non l'inverse. D'ailleurs, il n'oublie pas d'utiliser la menace. Près de 100 000 Français sont déjà en Espagne et Napoléon n'aime pas qu'on lui résiste. S'il persiste dans son refus, Ferdinand risque de perdre son trône. Trop timoré pour appeler à la rébellion, espérant gagner les bonnes grâces de Napoléon, le prétendant finit par s'exécuter et passe la frontière.

A peine arrivé à Bayonne, il apprend les intentions de l'Empereur. Il doit rendre son trône à son père, moyennant quoi on lui donnera un bon établissement ; on parle d'abord de l'Etrurie, vite abandonnée en raison des réticences du prince. Car ce dernier résiste plusieurs semaines aux injonctions paternelles et aux colères impériales. « Je suis trahi », hurle-t-il à la poignée de serviteurs qui sont venus le rejoindre sur place. Sans doute prépare-t-il la rébellion du 2 mai 1808, quoique étroitement surveillé par la police et limité dans ses déplacements. C'est en tout cas la nouvelle de l'insurrection madrilène qui précipite le dénouement. Placé entre Charles IV, qui lui inflige une scène terrible en présence de l'Empereur, et un Napoléon à bout de patience, prêt à recourir à la force, il renonce quelques jours plus tard. Selon le scénario convenu, Charles IV cède aussitôt sa couronne à Napoléon, prétextant sa vieillesse et ses infirmités. Il obtient de son ami français la garantie de l'intégrité du royaume et le maintien de la prédominance de la religion catholique. Moyennant quoi il reçoit 7 500 000 francs, la jouissance de Chambord ainsi que du château et de la forêt de Compiègne. Ferdinand n'obtient qu'un million et une terre en Normandie. Mais, comme Napoléon s'en méfie, il l'expédie auprès de Talleyrand à Valençay, obligeant son ancien ministre à se compromettre en devenant le geôlier des Bourbons[1]. Il force par ricochet l'inspirateur de l'aventure à devenir complice de ce coup d'Etat diplomatique. Car Talleyrand avait préconisé d'agir dans les règles, au moyen d'un traité négocié, quitte à recourir à une médiation armée. Aussi n'a-t-il pas hésité à dénoncer une entreprise amorale qui violait les principes du droit international. Il sent, il sait et il dit que la méthode choisie, guet-apens et menaces, mensonges et abdication arrachée par la force vont ruiner l'image de Napoléon en Europe : « Les victoires, dit-il à Beugnot, ne suffisent pas pour effacer de pareils traits, parce qu'il y a là je ne sais quoi de vil, de la tromperie, de la tricherie. Je ne peux pas dire ce qui en arrivera, mais vous verrez que cela ne lui sera pardonné par personne. »

Bien sûr, dans ses Mémoires, Talleyrand se défausse de sa responsabilité initiale, mais le ton sonne juste quand il se vante d'avoir sermonné l'Empereur, lui affirmant qu'il « avait plus perdu que gagné par les événements de Bayonne ».

1. La lettre qu'il lui écrit à cet effet, le 9 mai 1808, est d'une ironie savoureuse : « Si vous avez à Valençay un théâtre et que vous fassiez venir quelques comédiens, il n'y aura pas de mal [...]. Vous pourriez y faire venir Mme de Talleyrand avec quatre ou cinq femmes. Si le prince des Asturies s'attachait à quelque jolie femme, et qu'on en fût sûr, cela n'aurait aucun inconvénient [...]. Quant à vous, votre mission est assez honorable : recevoir trois illustres personnages pour les amuser est tout à fait dans le caractère de la nation et dans celui de votre rang. »

« Qu'entendez-vous par là ? aurait répliqué Napoléon.

— Mon Dieu, repris-je, c'est tout simple, et je vous le montrerai par un exemple. Qu'un homme dans le monde y fasse des folies, qu'il ait des maîtresses, qu'il se conduise mal envers sa femme, qu'il ait même des torts graves envers ses amis, on le blâmera sans doute ; mais s'il est riche, puissant, habile, il pourra rencontrer encore les indulgences de la société. Que cet homme triche au jeu, il est immédiatement banni de la bonne compagnie qui ne lui pardonnera jamais[1]. »

La violation de la parole donnée envers un allié provoque en effet un vent d'indignation dans toute l'Europe, à l'exemple de Metternich, alors ambassadeur à Paris : « Voilà, commente-t-il, qui donne la mesure astucieuse, destructive et criminelle de Napoléon, qu'il n'a jamais cessé de suivre depuis son avènement [...]. Que Robespierre déclare la guerre éternelle aux châteaux ou que Napoléon la fasse aux puissances, la tyrannie est la même. [...] Nos dangers sont grands, ils sont imminents. La chute du trône des Bourbons ne les augmente pas ; elle aura produit un immense bienfait si elle réveille généralement un sentiment d'indignation et chez nous, en particulier, la conviction que la paix avec Napoléon n'en est pas une. »

Jusqu'alors, la conquête a toujours été la sanction d'une guerre ou la suite d'une négociation. En outre, les peuples assimilés – allemand, italien ou hollandais – offrent des liens anciens avec la France, ce qui a facilité leur annexion ou leur intégration par le système des royautés « frères » et des alliances. Cette fois, la conquête change de nature. Brutale, cynique, elle s'accomplit sans préalables et sans la moindre concertation. La faute s'explique pour beaucoup par le mépris de Napoléon

1. Talleyrand ajoute : « L'Empereur pâlit, resta embarrassé, et ne me parla plus ce jour-là. Mais je puis dire que c'est de ce moment que date la rupture qui, plus ou moins marquée, a eu lieu entre lui et moi. »

envers un peuple qu'il juge décadent et incapable de lui opposer la moindre résistance[1]. « Il confondait la nation *avec* son gouvernement, et rien ne se ressemblait moins : le gouvernement était arrivé aux limites du possible en fait de corruption et de faiblesse ; mais [le peuple] n'avait rien perdu de sa fierté ni de ses vertus, assure Marmont. C'était un souverain détrôné qui, dans le malheur et dans les fers, avait conservé sa grandeur morale et sa dignité. » Napoléon imagine rééditer en Espagne l'opération de remise au pas exécutée à Naples contre une résistance animée par des chefs de bande, où l'envoi de colonnes mobiles et une répression sévère avaient suffi à les faire rentrer dans le rang[2]. Or, Naples n'est pas l'Espagne : population moins nombreuse, étendue plus faible, centralité de la ville dont la prise suffisait à garantir le pays alors que l'Espagne était d'essence provinciale, ultra-religieuse et d'un nationalisme autrement plus ardent. En résumé, Napoléon ne veut pas voir l'Espagne telle qu'elle est mais telle qu'il la désire. Tous les rapports qui lui sont parvenus, défigurés par la courtisanerie, lui présentent un royaume abruti et décadent qui soupire après son passé glorieux et attend tout de la régénération napoléonienne : abolition de l'Inquisition,

---

1. Pour l'historien Jean-René Aymes, le mépris impérial reflète les préjugés des Français envers leurs voisins ibériques : « Les Espagnols, tels qu'ils sont évoqués dans les ouvrages publiés en France, ont beaucoup dégénéré de leurs ancêtres ; les vertus essentielles de la race ibérique se sont émoussées ; la fierté s'abâtardit et tourne à la vantardise, aux rodomontades proprement ridicules ; le courage légendaire de l'Espagnol s'est assoupi et ne s'éveille plus qu'à l'invitation de la haine, de la jalousie ou du fanatisme ; il ne porte plus à l'héroïsme mais à la férocité. Les mérites encore reconnus à l'Espagnol sont la patience, la résignation et la sobriété, mais ce sont les pâles contreparties de défauts congénitaux plus considérables : la passivité, l'acceptation de la misère et de la décadence nationale », résume-t-il.

2. « La répression fut féroce. Sur une population de 6 millions d'habitants plus de 10 000 personnes auraient été envoyées aux galères », précise Jean Tulard dans *Le Grand Empire*.

Code civil, réforme de l'Etat. Napoléon s'est ainsi bâti une Espagne chimérique : peuple docile, noblesse éclairée, à rebours de la réalité. Une ou deux bonnes proclamations, pense-t-il, et ils lui tomberont dans les bras[1]. Le 25 mai, l'Aigle donne ses consignes pour rédiger une brochure *ad hoc* : « Mettre du pathos et des sentiments patriotiques espagnols, invoquer les mânes des conquérants du Mexique, du Cid, les beaux temps de la monarchie de Charles Quint. »

D'ailleurs, qui oserait s'opposer à l'invincible Grande Armée ? A Bayonne, il a précisé au chanoine Escoïquiz, l'homme de confiance de Ferdinand : « Si ceci devait me coûter 80 000 hommes, je ne le ferais pas ; mais il ne m'en faudra pas 12 000 ; c'est un enfantillage. Ces gens-ci ne savent pas ce que c'est qu'une troupe française. Les Prussiens étaient comme eux, et on a vu comment ils s'en sont trouvés. Croyez-moi, ceci finira vite ; je ne voudrais

1. Il se présente en sauveur d'un royaume dégénéré dans la proclamation qu'il publie le 25 mai 1808 et dans laquelle il annonce à mots couverts l'avènement de Joseph : « Espagnols, après une longue agonie, votre nation périssait. J'ai vu vos maux ; je vais y porter remède. Votre grandeur, votre puissance fait partie de la mienne. Vos princes m'ont cédé tous leurs droits à la Couronne d'Espagne. Je ne veux point régner sur vos provinces, mais je veux acquérir des titres éternels à l'amour et à la reconnaissance de votre postérité. Votre monarchie est vieille : ma mission est de la rajeunir. J'améliorerai toutes vos institutions, et je vous ferai jouir des bienfaits d'une réforme sans froissements, sans désordres, sans convulsion. Espagnols, j'ai fait convoquer une assemblée générale des députations des provinces et des villes. Je veux m'assurer moi-même de vos désirs et de vos besoins. Je déposerai alors tous mes droits, et je placerai votre glorieuse couronne sur la tête d'un autre moi-même, en vous garantissant une constitution qui concilie la sainte et salutaire autorité du souverain avec les libertés et les privilèges du peuple. Espagnols, souvenez-vous de ce qu'ont été vos pères ; voyez ce que vous êtes devenus. La faute n'en est pas à vous, mais à la mauvaise administration qui vous a régis. Soyez pleins d'espérance et de confiance dans les circonstances actuelles ; car je veux que vos derniers neveux conservent mon souvenir et disent : Il est le régénérateur de notre Patrie. »

faire de mal à personne, mais quand mon grand char politique est lancé, il faut qu'il passe. Malheur à qui se trouve sous les roues[1]. »

Le choix du placide Joseph et une bonne constitution suffiront à amadouer l'Espagne. Le frère aîné, qui a plutôt bien réussi à Naples, hérite ainsi de la couronne de Charles Quint tandis que Murat, qui n'a pas tout perdu au change, « passe » à Naples : « Il [Napoléon] enfonça d'un coup de main ces coiffures sur le front des deux nouveaux rois, et ils s'en allèrent, chacun de son côté, comme deux conscrits qui ont changé de shako », ironise Chateaubriand. Pour mieux asseoir son frère, il convoque à Bayonne[2] l'élite du royaume qu'il regroupe au sein d'une Junte. En accord avec l'Empereur, elle broche une constitution qui teinte le modèle français de spécificités ibériques. Il y aura bien un Conseil d'Etat et deux chambres, députés et sénateurs, mais le catholicisme demeure religion d'Etat tandis que clergé et noblesse continueront à être privilégiés par le biais d'une représentation particulière au sein des Cortes. Décidément, l'homme de la Révolution semble devenir celui des privilèges. Mais qu'importe ! Napoléon croit s'être assuré du soutien du clergé et des Grands, la clé de toute domination en Espagne. Son frère, qui s'entoure de l'ancien personnel politique du royaume, devrait avoir un règne paisible. L'affaire espagnole semble réglée alors qu'elle vient juste de commencer.

La révolte

En deux mois, l'indignation cède à la révolte populaire et la colère à la haine. Il y a d'abord eu Aranjuez et la

1. « Croyez-moi, dit-il au même, les pays où il y a beaucoup de moines sont les plus faciles à subjuguer. »

2. Il y demeure du 20 avril au 30 juillet 1808.

protection choquante donnée à Godoy[1]. La défiance s'est muée en hostilité quand Murat est entré menaçant à Madrid. Le piège de Bayonne met le feu aux poudres : « L'Empereur commit à la fois une sottise et un crime, observe Stendhal ; trop impatient pour attendre que quelques mois de règne fissent connaître aux sujets de Ferdinand le véritable caractère de ce prince et le degré de capacité qu'il avait reçu de la nature, il eut recours à la force, et à tout ce que le manège des cours a de plus odieux. Une indignation universelle enflamma toutes les provinces d'Espagne. Ce peuple généreux et simple se trouva avoir un vif sentiment de l'honneur. Malgré l'Inquisition et le plus avilissant despotisme, il se trouva avoir cet enthousiasme que Napoléon avait en vain cherché en Allemagne. Mais aussi n'ayant nulle instruction, il ne comprit pas qu'il se trouvait dans un de ces cas rares où la conquête est ce qui peut arriver de plus heureux à un peuple. » Napoléon paie une autre erreur : celle d'avoir envoyé à l'origine des corps peuplés de conscrits. Peu expérimentés, souvent mal vêtus et l'air hagard, ils ont donné à l'Espagnol une piètre idée de l'invincible grognard[2].

1. Tel est en tout cas le point de vue d'un des meilleurs historiens du conflit, Jean-René Aymes, qui écrit : « C'est en mars 1808 que les Français ont perdu la guerre d'Espagne : en jouant Godoy contre Ferdinand, ils s'aliènent la sympathie des Espagnols ; d'alliés secourables, ils se muent en tyrans ; l'immixtion, tolérable si elle avait coïncidé avec le vœu des Espagnols, devient ignominieuse. »

2. Marbot traduit parfaitement ce sentiment en évoquant le passage du corps de Junot, arrivé exsangue à Lisbonne : « Quel spectacle pour les populations espagnoles qui accouraient de toutes parts pour contempler les vainqueurs de Marengo, d'Austerlitz et de Friedland, et ne voyaient que de chétifs conscrits, pouvant à peine porter leurs sacs et leurs armes, et dont la réunion ressemblait plutôt à l'évacuation d'un hôpital qu'à une armée marchant à la conquête d'un royaume ! » Conséquence logique : « Ce triste spectacle donna aux Espagnols une fort mauvaise impression de nos troupes, et entraîna l'année suivante des effets désastreux. »

Le 2 mai 1808, la capitale se soulève contre l'envahisseur. Depuis la révolte du Caire, c'est la première grande révolte urbaine à laquelle l'armée française doit faire face. Sans doute aiguillonnée par des agents de Ferdinand, une foule immense essaye d'empêcher le départ pour Bayonne des deux derniers enfants de Charles IV, la reine d'Etrurie et l'infant don Francisco. L'insurrection s'étend comme un feu de brousse. Les Français isolés sont massacrés, le plus souvent à l'arme blanche. Murat, serein dans l'épreuve, orchestre une répression impitoyable : tout émeutier arrêté est aussitôt fusillé. La scène la plus illustre, car immortalisée par Goya, est celle de la charge des mamelouks, d'autant plus haïs qu'ils rappellent aux Espagnols l'invasion arabe de sinistre mémoire[1]. Le nombre de morts n'a jamais pu être sérieusement établi, les estimations oscillant de 200 à plusieurs milliers[2].

Madrid est matée. La guerre d'Espagne commence. Fin mai, toute la péninsule se trouve en état insurrectionnel. La révolte pâtit du vide du commandement français. Murat, furieux d'avoir œuvré pour « le roi de Naples »,

---

1. Le capitaine François rapporte dans son journal qu'ils décapitèrent sur une simple dénonciation tous les habitants d'une maison à la porte de laquelle avaient été retrouvés deux de leurs camarades morts avant de jeter les têtes de leurs victimes par les fenêtres.

2. « Le recensement des morts par des alcades de quartiers fait apparaître que les victimes identifiées sont en majorité des ouvriers, des domestiques, des vendeurs des rues ; les victimes inconnues sont foule ; ce qui donne à penser que des étrangers à la ville ont participé en masse à la lutte ; il s'agit, semble-t-il, de paysans des environs venus en grand nombre au marché de la veille (dimanche 1er mai) et restés dans la capitale ; à quelle fin ? L'hypothèse d'un vaste complot se trouve fortifiée. Mais saura-t-on jamais qui a ameuté cette foule paysanne ? », interroge Jean-René Aymes avant de révéler le caractère à la fois très organisé et mobile des combattants, fractionnés en groupes d'une cinquantaine d'hommes chapeautés par des militaires et des serviteurs de la famille royale.

prétexte une jaunisse et quitte Madrid le 22 mai. Dès lors, la révolte s'étend comme un feu de paille. Maître de la capitale, retenant les anciens souverains en otage, Napoléon croit avoir décapité la résistance. Il n'a fait que la rendre insaisissable. Privée de son chef, elle s'atomise en guérillas locales et en contre-pouvoirs régionaux, les juntes[1], qui combattent toutes pour un idéal commun : chasser l'Antéchrist français et retrouver leur roi légitime. A dix siècles de distance commence une nouvelle *Reconquista* contre un envahisseur méprisé, stigmatisé pour son irréligion. Cette « culture de guerre sainte » est entretenue notamment par les 100 000 moines qui redoutent la disparition des couvents et la perte de leurs biens. Indignés par la suppression des ordres monastiques, ils se cachent sur tout le territoire et dénoncent en Napoléon l'usurpateur hérétique, le Satan moderne qu'il faut éradiquer[2]. L'évêque de Santander, Ménendez de Luarca, publie une lettre pastorale contre la « pestilentielle France » dans laquelle il appelle à la guerre sainte contre « les Français,

---

1. « Elles sont, écrit Jean-Joël Brégeon, une vingtaine qui mêlent des magistrats municipaux – *regidores* –, des représentants du roi – *corregidores* –, des nobles, des Grands, des officiers, des membres du clergé et des représentants des métiers. Le plus souvent, la présidence en revient à l'évêque ou à l'archevêque qui reste l'autorité morale supérieure. Quant au peuple, il n'est que très rarement représenté. »

2. Stendhal insiste justement sur ce point dans sa biographie inachevée de Napoléon : « Le clergé réside en Espagne ; de plus, c'est le seul grand propriétaire qui vive au milieu des peuples. Le reste habite Madrid ou les capitales de province ; de là l'ancien proverbe pour marquer une chose impossible : faire des châteaux en Espagne. Le séjour perpétuel des prêtres au milieu des peuples, cette restitution habituelle faite aux lieux mêmes des fruits qu'on a tirés, doivent donner une influence à laquelle les absents, les nobles ne peuvent avoir part. Si l'Espagnol écoute son prêtre comme son supérieur en lumière, il l'aime comme un égal en amour de la patrie. Les prêtres abhorrent les principes libéraux ; on ne peut guère prévoir comment l'Espagne sortira de là », écrit-il. Louis Madelin insiste de son côté sur la communauté de pauvreté qui soude le bas clergé au peuple.

ces ministres de l'enfer, les ennemis les plus implacables de Dieu et des hommes, les ennemis de tout bien, les apôtres de tout mal[1] ». Dans tout le pays, on imprime les catéchismes vengeurs, à l'exemple de celui relevé par Chateaubriand : « Dis-moi, mon enfant, qui es-tu ? – Espagnol par la grâce de Dieu. – Quel est l'ennemi de notre félicité ? – L'Empereur des Français. – Qui est-ce ? – Un méchant. – Combien a-t-il de natures ? – Deux, la nature humaine et la nature diabolique. – De qui dérive Napoléon ? – Du péché. – Quel supplice mérite l'Espagnol qui manque à ses devoirs ? – La mort et l'infamie des traîtres. – Que sont les Français ? – D'anciens chrétiens devenus hérétiques. » Traditionaliste et croyante, la péninsule est demeurée ultraroyaliste. Les Lumières n'y ont pénétré qu'une minorité de l'aristocratie. La bourgeoisie est inexistante. Vendée à l'échelle d'une nation, « la guerre d'indépendance », comme les Espagnols l'appellent toujours, scelle des liens puissants entre la paysannerie et une noblesse qui, forte de l'absence de roi, reprend le pouvoir dans les provinces[2].

Derrière ses chefs, c'est tout un peuple qui se lève quand la Junte nationale déclare la guerre à la France le 6 juin 1808 et ordonne la levée en masse[3]. Rocca, le dernier mari de Mme de Staël, a laissé de remarquables Mémoires sur le conflit qu'il vécut comme officier. « Ils [les Espagnols] considéraient la guerre présente comme une croisade religieuse contre les Français pour la patrie et pour le roi ; et

1. Le texte est cité par B. Bennassar, dans son *Histoire des Espagnols*.

2. « Les nobles, remarque Georges Lefebvre, avaient un sentiment national plus élevé et plus ardent que le peuple. Ecartés du pouvoir, comme classe, et méprisant Godoy comme un parvenu sans mœurs, ils saisirent avec joie l'occasion de reprendre l'autorité. Ils se méfiaient des réformes que les Français pouvaient suggérer ; quelques-uns rêvaient bien d'une monarchie à l'anglaise ; aucun d'entre eux n'entendait renoncer à la suprématie sociale. »

3. Composée de 33 députés, dominée par les Grands et le clergé, elle s'établit à Aranjuez en septembre 1808.

un ruban rouge avec cette inscription : *vencer o morir por la patria y por Fernando septimo*, était la seule distinction militaire de la plus grande partie de leurs soldats citoyens. » Pour la première fois de son histoire depuis la Révolution, la France doit faire face à l'hostilité d'un peuple. « Les guerres que nous avions faites précédemment nous avaient accoutumés à ne voir dans une nation que ses forces militaires, et à ne compter pour rien l'esprit qui animait des citoyens », précise toujours Rocca. Au nom de la *honra*, l'« honneur », l'Espagne trouve les chemins de sa renaissance. Comme souvent dans l'histoire des nations blessées, la hantise du déclin se cache derrière le culte de l'âge d'or et la flétrissure de boucs émissaires. Après Godoy, c'est au tour de la Grande Armée d'en faire les frais.

Heureusement pour Napoléon, l'Espagne n'a plus de Cid, et encore moins d'armée digne de ce nom. La facile victoire de Bessières, le 13 juillet 1808, à Medina del Rio Seco, ouvre à Joseph les portes de Madrid et achève de conforter Napoléon dans sa vision par trop optimiste des événements[1]. Deux jours plus tard, le frère aîné de l'Empereur pénètre dans sa nouvelle capitale au milieu d'un silence inquiétant : « On ne voyait personne dans les rues, les portes et les fenêtres étaient fermées. Quelques bourgeois curieux montraient le bout de leur nez pour voir passer le cortège ; mais ils se retiraient bien vite, dans la crainte d'être aperçus par des compatriotes indiscrets, écrit l'apothicaire Blaze. On avait ordonné de tapisser les maisons ; ceux qui se conformèrent aux règlements de l'autorité le firent d'une manière insultante, en suspendant de sales haillons à leurs fenêtres. » Selon l'usage,

1. « Jamais bataille n'a été gagnée dans des circonstances plus importantes ; elle décide des affaires d'Espagne », écrit-il le 13 juillet 1808. La montée en puissance de nos forces suffisait à le rassurer : « Au 1er juin 1808, l'armée française comptait 117 000 hommes et elle en reçut 44 000 autres jusqu'au 15 août », précise G. de Grandmaison, auteur d'une somme en trois volumes intitulée *L'Espagne et Napoléon* qui fait toujours autorité.

Joseph jette des pièces à son passage à la poignée de badauds venus l'acclamer. Faute de temps, on n'a pas pu frapper la monnaie à son effigie. En conséquence : « Ceux qui criaient *"Viva el Rey José !"* ramassaient des pièces frappées au coin des Bourbons. Le peuple remarqua cette circonstance, jusqu'alors sans exemple, et la regarda comme de très mauvais augure pour le règne de Joseph. »

Ce sinistre présage est immédiatement suivi d'effet quand le 22 juillet, le corps du général Dupont, encerclé par les troupes du général espagnol Castaños, capitule à Baylen. Trop aventurées au sud, alourdies par le pillage éhonté de Cordoue, ses forces sont rapidement prises en tenaille sous une chaleur accablante, rendue insupportable par l'absence de points d'eau. Excellent général – il s'est illustré dans toutes les grandes batailles et on lui promet à brève échéance le bâton de maréchal –, Dupont s'est laissé piéger par avidité et mépris de l'adversaire. Après avoir vainement tenté de forcer le barrage, il s'incline piteusement. Sa capitulation, fait sans précédent dans les annales napoléoniennes, livre 17 000 hommes aux Espagnols, pour la plupart des conscrits inexpérimentés, trop vite usés par la fatigue des combats. Napoléon ne lui pardonnera jamais d'avoir englobé dans l'acte deux divisions – respectivement commandées par les généraux Vedel et Dufour – qui n'étaient pas prises dans la souricière avec lui et tentaient alors de le secourir, ni d'avoir obtenu de conserver une voiture garnie des trésors de Cordoue pour chaque officier général. Comble de malheur, la capitulation n'est pas respectée. Sauf Dupont et son état-major, qui peuvent comme convenu librement embarquer pour la France, tous les hommes sont retenus prisonniers. Traités comme des chiens, ils échouent sur des pontons, dans la rade de Cadix et l'îlot de Cabrera, où ils dépérissent, privés de nourriture et souvent d'eau[1].

1. Quelque 2 000 hommes seulement survécurent, au terme d'une détention abominable.

*

L'onde de choc de Baylen se propage jusqu'à Moscou. En Espagne d'abord, elle galvanise la résistance. Les partisans ont mis en déroute l'invincible Grande Armée. Blaze constate les effets ravageurs de la nouvelle sur la population : « Chaque paysan devint un soldat, chaque soldat un héros. Ils avaient terrassé les vainqueurs d'Austerlitz ; un enfant de quinze ans croyait valoir au moins deux grenadiers français. On sut profiter adroitement de cet enthousiasme, on l'excita par les moyens les plus puissants : aux vainqueurs des vainqueurs d'Austerlitz ! Telle était la devise fastueuse que porteront les drapeaux distribués à l'armée espagnole. Les officiers qui avaient pris part à cette action reçurent une médaille où l'on voyait deux épées en croix auxquelles un aigle était pendu par les pieds ; au revers, on lisait : Bataille de Baylen 19 juillet 1808[1]. »

Joseph, effondré, doit abandonner Madrid dix jours seulement après y être entré. Ses ministres espagnols, sauf exception, l'abandonnent. Le Conseil de Castille rétracte le serment qu'il lui avait prêté et déclare nulle l'abdication de Charles IV et de son fils.

Les troupes françaises se replient au nord autour de Vittoria et lèvent dans la précipitation tous les sièges en cours, à commencer par celui de Saragosse. Joseph se lamente et demande à retourner à Naples. Ses lettres plaintives exaspèrent Napoléon : « Il ne me reste pas un seul Espagnol qui soit attaché à ma cause. [...] J'ai pour ennemi une nation de 12 millions d'habitants braves, exaspérés au dernier point. Les honnêtes gens ne sont pas plus pour moi que les coquins », lui écrit-il avec lucidité.

---

1. Après Baylen, le général Castaños vient se recueillir sur le tombeau de Ferdinand le Catholique, vainqueur du sultan Mohamed, et y dépose les aigles prises à Dupont.

Déjà un corps anglais débarque au Portugal. Junot, battu à Vimairo, doit à son tour capituler le 30 août[1]. Le Portugal est perdu, l'Espagne sur le point de l'être.

Cette défaite inattendue produit en Europe un effet de sidération : « Le masque était tombé, note le comte Beugnot, on vit qu'il était possible de nous vaincre, et on ne songea plus qu'à nous combattre. » Accomplie par l'union sacrée du peuple, de la noblesse et du clergé, la révolte espagnole met du baume au cœur à toutes les monarchies religieuses, Prusse protestante et Autriche catholique en tête. Porteuses d'espoir, les dernières nouvelles sont aussi riches d'enseignements pour l'avenir. « La guerre contre l'Espagne nous divulgue un grand secret : celui que Napoléon n'a qu'une armée, sa grande armée », écrit Metternich à Stadion. La faiblesse des conscrits, comparée à l'excellence des « vieilles bandes » d'Austerlitz, frappe en effet tous les contemporains, qui découvrent également le déficit de chefs d'envergure, ce qui rend la présence de Napoléon obligatoire à la tête des troupes. La leçon sera retenue : tous les stratèges ennemis vont désormais chercher à combattre ses lieutenants et fuir en sa présence.

L'autre grande leçon donnée par l'Espagne réside dans la nécessité de mobiliser le peuple autour de l'idée de nation, comme la France a su si bien le faire depuis 1792. Ayant perdu le monopole du patriotisme unificateur, la France voit se retourner contre elle ce qui avait assuré sa survie pendant la Révolution : la force du sentiment national[2].

1. Par la convention de Cintra. Junot ne fut pas châtié par Napoléon car il avait combattu jusqu'à l'extrême limite de ses forces et ne s'était pas scandaleusement enrichi comme Dupont. Enfin, ses troupes purent librement être rapatriées.

2. Ségur insiste sur ce point dans ses Mémoires : « C'était [...] la première étincelle d'un incendie qui ne devait plus s'éteindre que sous les débris de son Empire, écrit-il en évoquant le *Dos de Mayo*. C'était le premier signal d'une lutte nouvelle, où les rôles allaient changer ; où toutes les puissances morales, la justice, la foi publique, le droit des gens, l'orgueil national soulevés, étaient retournés contre nous ; où la

Le 1er juin 1809, la Junte suprême publie un manifeste qui indique la marche à suivre : « Monarques et habitants du continent, imitez notre fermeté, notre persévérance et le monde, menacé de la destruction par le monstre que nous combattons, recouvrera enfin l'indépendance et le repos. » Elle publie en avril suivant des instructions en dix-huit articles sur la manière de mener le conflit. L'article 1er porte que « tous les habitants sont autorisés à s'armer, même avec des armes défensives, pour attaquer et dépouiller les soldats français, soit en particulier, soit en masse, faire tout le mal et causer tous les dommages possibles. Les actions seront considérées comme des services rendus à la nation et récompensés selon leur mérite[1] ».

La sale guerre

Quand il apprend la nouvelle de Baylen le 2 août 1808, Napoléon reste prostré plusieurs heures avant de se décider à appeler Champagny, son nouveau ministre des Affaires étrangères : « Des cris plaintifs sortaient involontairement de sa poitrine », témoigne ce dernier. Outré par les clauses de la capitulation – « Ils eussent dû se faire tous tuer[2] » –, il montre son habit à Champagny en voci-

---

guerre enfin d'un peuple pour son indépendance, guerre pareille à celle dont l'élan nous avait sauvés dans notre révolution, se trouvait du côté contraire. »

1. Parmi les autres articles, les plus originaux portent ordre d'intercepter les convois et les courriers (articles 10 et 11) et garantissent la libre jouissance du butin saisi (article 9).

2. Il poursuivra Dupont de sa vindicte. De retour en France, celui-ci sera cassé et emprisonné à l'issue d'un jugement sommaire. La vindicte s'étend à ses proches. Ainsi, quelques mois plus tard, l'Aigle se retrouve lors d'une revue en face du général Legendre, ex-chef d'état-major de Dupont, qu'il agonit de reproches en présence des troupes : « Vous n'avez plus été ni des Français, ni des généraux, vous n'avez été que des voleurs et des traîtres, lui dit Napoléon.

férant : « J'ai là une tache. » Comme celle de Lady Macbeth, la honte d'une défaite ignominieuse souille la réputation de la Grande Armée d'une trace ineffaçable. Son orgueil ne souffre pas l'affront, ce qui explique, plus que toute autre considération, pourquoi il s'est entêté à garder l'Espagne contre vents et marées ; jusqu'à l'absurde.

Contrariété supplémentaire, il ne peut pas partir tout de suite au secours de son frère : galvanisée par Baylen, l'Autriche arme, ce qui l'oblige à organiser l'entrevue d'Erfurt qui l'occupe jusqu'en octobre 1808. Momentanément rassuré, il concentre plus de 150 000 hommes et se dirige sans plus attendre vers la Bidassoa : « Je vois bien, commente-t-il, qu'il faut que j'aille moi-même remonter la machine ! » Accompagné par les vétérans, il disperse facilement les troupes régulières espagnoles[1] et parvient sans encombre jusqu'à Madrid, flanqué du pauvre Joseph « sans cour et presque sans titre, sans action de royauté, étranger en quelque sorte au sein de ses Etats, errant de

« — Nous n'avons cherché qu'à conserver des hommes à la France, répond le général.

« — La France a besoin d'honneur, elle n'a pas besoin d'hommes, rétorque aussitôt l'Empereur [...] comme sujet, votre capitulation est un crime ; comme général, c'est une ineptie ; comme soldat, c'est une lâcheté ; comme Français, c'est la première atteinte sacrilège portée à la plus noble des gloires. [...] Et si, libres d'un intérêt sordide, d'une terreur flétrissante, vous aviez combattu au lieu de capituler [...], vous battiez les Espagnols, vous restiez maîtres de votre retraite ; Madrid n'aurait pas été évacuée ; l'insurrection de l'Espagne ne s'exaltait pas par un succès inouï ; l'Angleterre n'aurait pas une armée dans la péninsule ; et quelle différence dans tous les événements et peut-être dans le destin du monde », conclut Napoléon. La scène est rapportée par le général Thiébault dans ses Mémoires.

1. Par les victoires de Somosierra, Saragosse, Burgos et Tudela. Le plus haut fait de la campagne reste la charge héroïque des lanciers polonais à Somosierra. Ils enlèvent une position fortifiée après avoir grimpé un chemin étroit sous un feu roulant et perdu une grande partie de leurs effectifs.

maison de plaisance en maison de plaisance, sans oser entrer dans sa capitale et habiter le palais des rois d'Espagne », comme le déplore Clermont-Tonnerre[1]. Avec la même absence de discernement quant au sentiment dynastique des Espagnols – gouvernés selon lui par une « race d'ânes héréditaires » – et à leur mysticisme qu'il tient pour du charlatanisme, Napoléon règle ses comptes. Il abolit l'Inquisition et les droits féodaux, confisque les biens des couvents dont il réduit par ailleurs considérablement le nombre. Autant de mesures qui attisent la haine de la noblesse et du clergé sans lui rendre la faveur du peuple. Au reste, il ne s'en soucie guère ; il lui importe d'être craint : « Espagnols, votre destinée est entre vos mains ! Rejetez les poisons que les Anglais ont répandus parmi vous [...]. Mais si tous mes efforts sont inutiles, et si vous ne répondez pas à ma confiance, il ne me restera qu'à vous traiter en provinces conquises et à placer mon frère sur un autre trône. Je mettrai alors la couronne d'Espagne sur ma tête, et je saurai la faire respecter des méchants. » En attendant, les méchants semblent plutôt les grognards, qui, indignés du sort des captifs de Baylen et des coups de main infligés par la guérilla, multiplient les exactions, aggravant s'il en était besoin la rage populaire à notre encontre[2].

Le 22 décembre 1808, Napoléon quitte Madrid et fait converger ses armées à la poursuite du corps anglais du

1. Le 8 décembre, il écrit par exemple cette lettre à Napoléon qui vient de prendre plusieurs décrets sans le consulter : « La honte couvre mon front devant mes prétendus sujets. Je supplie Votre Majesté de recevoir ma renonciation à tous les droits qu'elle m'avait donnés au trône d'Espagne. Je préférerai toujours l'honneur et la probité au pouvoir acheté si chèrement. » Il acceptera finalement de demeurer sur place.

2. « L'esprit d'insubordination s'est développé au point que malgré les efforts des officiers pour les maintenir dans les rangs, on dispose à peine de plus d'un quart des soldats. Les autres se répandent dans la campagne et commettent des horreurs qui dépassent tout ce qu'on peut imaginer », écrit Victor à Napoléon le 10 décembre 1808.

général Moore, trop aventuré vers La Corogne. Les marches forcées à travers la Sierra de Guadarama s'accomplissent par un froid qui met les muscles et les nerfs à rude épreuve : « Foutu métier ! », s'exclame l'Empereur. Un fusilier de la Garde interpelle soudain ses camarades : « Je suis un brave homme, vous m'avez vu au feu ! Je ne veux pas déserter, mais ceci est trop pour moi ! » Et il se fait sauter la cervelle. Pour la première fois, une certaine hostilité se manifeste à l'encontre du père des grognards. Le colonel de Gonneville perçoit plusieurs fois d'inquiétants propos, certains appelant même au meurtre de Napoléon[1].

En dépit de ses efforts surhumains, l'armée ne parvient pas à joindre les « habits rouges ». Napoléon, rappelé à Paris par la situation de crise avec l'Autriche, excédé des manœuvres combinées de Talleyrand et Fouché, part précipitamment le 17 janvier 1809. Il abandonne la poursuite à Soult, qui parviendra à tuer Moore, mais ne pourra empêcher le rembarquement du corps expéditionnaire. Le coup décisif a donc été manqué.

A peine est-il parti que les difficultés reprennent. Napoléon ne sera resté que deux mois en Espagne, sa présence la plus courte alors qu'il s'agit de sa campagne la plus longue puisqu'elle s'étale de 1808 à 1814. Or sa présence n'a jamais été aussi indispensable tant la nouvelle forme de guerre menée nécessite instinct et génie de l'adaptation, qualités inhérentes au génie napoléonien mais dont ses maréchaux sont pour la plupart totalement dépourvus.

La résistance espagnole combine souplesse, obstination, surprise et clandestinité. Certes, les juntes contrôlent les principales guérillas, mais celles-ci opèrent le plus souvent de façon autonome. Il n'y a donc pas unité mais

1. « Foutez-lui donc un coup de fusil ! » « Nous nous trouvâmes, écrit un autre témoin, à quelques pas en arrière de l'Empereur qui marchait à pied comme nous. Les soldats manifestaient les plus sinistres dispositions contre sa personne, s'excitaient mutuellement à l'abattre et s'accusaient de lâcheté de ne pas le faire. »

diversité dans cette rébellion, ce qui la rend plus facile à battre à front découvert mais impossible à éradiquer, chaque village ayant sa petite milice, les *partidas*, chaque ville sa guérilla, chaque province sa junte. L'état de quasi-anarchie, qui a facilité sa prise de pouvoir, se retourne ainsi contre Napoléon, car elle l'empêche de briser le soulèvement, véritable hydre à cent têtes qui repoussent au fur et à mesure qu'on les coupe.

L'armée française découvre un nouveau type de conflit où les combattants se fondent dans la population, ce qui les rend impossibles à détecter. Cette drôle de guerre opère par brusques coups de main, attaquant les convois, les arrière-gardes et les postes isolés, maltraitant les prisonniers, achevant les blessés. Rocca lui trouve d'inquiétantes similitudes avec l'expédition d'Egypte : rébellion des villes, épuisement des troupes et rivalité des chefs s'y conjuguent avec la résistance opiniâtre de l'armée anglaise. Les *partidas*[1] prennent pour emblème le surnom de leurs chefs comme celle de *Dos Pelos* (Deux poils), *el Manco* (le Manchot), *el Estudiante* (l'Etudiant) ou le redoutable *el Capuchino* (le Capucin), qui agrège 3 000 hommes et fera des ravages jusqu'à sa destruction par le général Hugo. Il y a enfin la bande du bientôt légendaire *Empecinado*. L'Empoissé, ainsi nommé car il était cordonnier et ses mains étaient enduites de poix, donne à ses compagnons les règles du nouvel art militaire : « Mes amis, je ne perds pas de bataille. Quand les Français me pressent trop, je me retire avec vos enfants pour ne pas les faire tuer. Les Français me poursuivent et se fatiguent ; ils laissent des hommes en arrière ; c'est sur eux qu'il faut tomber. » Le général Rey se charge de compléter la leçon dans cette lettre à Clarke : « Parfaitement instruites de tous nos mouvements, elles [les guérillas] nous évitent quand elles sont poursuivies et se trouvent partout où nous ne sommes pas. »

1. Ce sont des bandes de partisans.

« L'armée invisible » (Miot de Mélito) s'appuie sur les populations auprès desquelles elle trouve caches et nourriture, ainsi que sur un important réseau d'informateurs. Les guérilleros recourent au camouflage et bougent vite, en raison de la légèreté de leur armement et de leur habillement ; ils circulent en espadrilles et portent pistolets et armes blanches. Enfin, ils bénéficient de leur parfaite connaissance du terrain. Ils opèrent particulièrement en Navarre, Galice et Catalogne, là où l'emprise du clergé est la plus forte : « Dans quelques provinces, écrit Rocca, les paysans étaient toujours armés ; les laboureurs tenaient d'une main la corne de la charrue, et de l'autre une arme toujours prête, qu'ils enterraient à l'approche des Français, s'ils ne se croyaient pas assez forts pour se réunir et les combattre. [...] Comme des vautours vengeurs attachés à leur proie, ils suivaient de loin les colonnes françaises pour égorger ceux de leurs soldats, qui, fatigués ou blessés, restaient en arrière pendant les marches. Quelquefois aussi, ils fêtaient les soldats français, lors de leur arrivée, et ils tâchaient de les enivrer, afin de les plonger dans une sécurité mille fois plus dangereuse que les hasards du combat. Ils appelaient alors les partisans, et ils leur indiquaient pendant la nuit les maisons où nos soldats s'étaient imprudemment dispersés[1]. »

La férocité de la guérilla restera empreinte dans la mémoire de tous les combattants, hantés par la peur,

1. « Il faut convenir que ces Espagnols qui étaient de si mauvais soldats étaient cependant les meilleurs partisans de l'Europe, sachant se dérober à toutes les poursuites que l'on faisait contre eux, s'embusquant, attendant avec une patience merveilleuse l'occasion favorable d'agir ; n'attaquant que quand ils étaient sûrs de réussir, ils étaient d'ailleurs parfaitement secondés par les habitants qui leur rendaient un compte exact de toutes nos démarches, de la force de nos détachements, de l'importance des convois qu'ils escortaient tandis qu'ils se seraient fait tuer plutôt que de nous donner le moindre renseignement, et chose vraiment admirable il était bien rare de trouver un seul traître parmi eux », récapitule Béchet de Léocour dans ses souvenirs.

écœurés par cette sale guerre dont beaucoup ne perçoivent pas la nécessité. Comme dans toute guerre civile, la femme joue un rôle déterminant d'espionne et de séductrice, attirant les isolés dans de mortels guets-apens. Certaines passent directement à l'action : « Elles se précipitaient avec d'horribles hurlements sur nos blessés, et elles se les disputaient pour les faire mourir dans les tourments les plus cruels. Elles leur plantaient des couteaux et des ciseaux dans leurs yeux, se repaissant avec une joie féroce de la vue de leur sang. »

Les scènes d'horreur sont légion, créant un climat de tension oppressant. « A Val de Perras, écrit le capitaine François, j'ai vu 53 hommes enterrés jusqu'aux épaules à l'entour d'une maison servant d'hôpital où 400 hommes ont été égorgés, coupés par morceaux et jetés dans les rues et dans les cours[1]. » Huile bouillante, crucifixion, empalement, pendaison par les pieds, brûlures : l'essentiel des tortures vise à terroriser l'occupant. Près de Tarragone, Marbot aperçoit « un jeune officier de chasseurs à cheval, encore revêtu de son uniforme, cloué par les mains et les pieds à la porte d'une grange ! Ce malheureux avait la tête en bas, et on avait allumé un petit feu dessous ! ».

Le sort réservé aux *afrancesados*, cette petite minorité ralliée à la France dont elle attend l'émancipation de son pays, est encore pire : « Un Espagnol, qui avait passé dans nos rangs, tomba entre les mains des guérillas ; les Français que l'on prit avec lui furent pendus aux arbres, par le cou, les

1. Le même témoin rapporte les scènes d'horreur qui eurent lieu à Manzanares où les habitants se ruèrent sur un hôpital français pour massacrer nos blessés « qu'ils égorgèrent et coupèrent en morceaux (j'en ai vu des membres) : un Espagnol de la ville me dit qu'un officier qui s'y trouvait avait été conduit par ces canailles sur la place Mayor ; là, après lui avoir coupé les sourcils des yeux, et arraché les ongles, on l'avait scié par morceaux, et jeté aux cochons ; que les soldats moins malades avaient été lapidés, coupés en pièces et jetés à la voirie ; qu'un seul s'est échappé à ce supplice et sauvé par un habitant, ayant déjà les oreilles coupées. J'ai vu ce malheureux, il était devenu fou ».

bras ou les jambes ; on les mutilait ensuite de la manière la plus barbare. Pour faire périr l'Espagnol dans des tourments encore plus horribles, on lui écorcha entièrement la tête, on lui coupa la langue, un de ses yeux fut arraché, et son orbite vidée pour y introduire une cartouche. On mit le feu à cet œil chargé comme un pistolet, et l'explosion de la poudre fit sauter le crâne de l'infortuné prisonnier[1]. »

Quant aux prisonniers épargnés, ils vont croupir sur les pontons de la mort à Cadix. Sur de longs vaisseaux démâtés à l'aspect lugubre, ils sont rassemblés par milliers, privés de ravitaillement, condamnés à boire l'eau de mer, en proie à la dysenterie, au scorbut ou au typhus. Les morts restent parfois de longs jours sur les ponts avant d'être jetés à la mer.

L'armée française vit dans l'insécurité : « Il fallait souvent des bataillons entiers pour porter un ordre d'un bataillon à un autre peu éloigné, rapporte Rocca. Les soldats blessés, malades ou fatigués qui restaient en arrière des colonnes françaises étaient aussitôt égorgés ; il fallait, après avoir vaincu, recommencer sans cesse à vaincre ; les victoires étaient rendues inutiles par le caractère indomptable et persévérant des Espagnols ; et les armées françaises se fondaient, faute de repos, dans des fatigues, des veilles et des inquiétudes continuelles. »

Kellermann alerte Berthier en des termes prophétiques : « Ce n'est point une affaire ordinaire que la guerre d'Espagne, lui écrit-il en 1809. On n'y a point, sans doute, de revers, d'échecs désastreux à craindre, mais cette nation opiniâtre mine l'armée avec sa résistance de détail. C'est en vain qu'on abat d'un côté les têtes de l'hydre, elles renaissent de l'autre, et, sans une révolution dans les esprits, vous ne parviendrez de longtemps à soumettre cette vaste péninsule ; elle absorbera la population et les trésors de la France. »

L'armée se délite, déprime ou massacre à son tour. Certains, comme Marbot, éprouvent mauvaise conscience et

1. *Mémoires d'un apothicaire*.

sont rongés par des remords qui aggravent encore s'il était possible le malaise ambiant : « [...] Je ne pouvais m'empêcher de reconnaître, dans mon for intérieur, que notre cause était mauvaise, et que les Espagnols avaient raison de chercher à repousser les étrangers qui, après s'être présentés chez eux en amis, voulaient détrôner leur souverain et s'emparer du royaume par la force ! », confesse-t-il dans ses Mémoires, avant d'ajouter : « Cette guerre me paraissait donc impie, mais j'étais soldat et ne pouvais refuser de marcher sans être taxé de lâcheté !.... La plus grande partie de l'armée pensait comme moi, et cependant obéissait de même. » La plupart prennent d'autant plus l'Espagne en horreur que le conflit se déroule loin de l'Empereur et n'offre que peu de grandes batailles propices à l'élévation hiérarchique. Privés de gloire, d'avancement, de titres et de récompenses, ils se sentent les mal-aimés de la Grande Armée. Beaucoup, officiers et soldats réunis, sombrent dans la violence brutale et le vol. A Burgos, les Français vont jusqu'à éventrer les tombeaux du Cid et de Chimène, espérant y trouver un trésor. La profanation de ce symbole de la *Reconquista* révulse la population. Dans le sillage honteux de Dupont, la corruption gangrène le haut commandement, à l'exemple de Soult et Masséna. Leurs exactions contribuent à nourrir la haine des Espagnols. *A contrario*, Suchet, probe et sévère contre les pillards, ramène la paix dans les contrées qu'il commande[1]. Les généraux, dotés d'une large autonomie, agissent souvent comme des satrapes. En août 1810, Masséna, pourtant célèbre pour ses rapines, se plaint à Joseph que « le vol et le brigandage étaient portés au

1. La qualité de Suchet est unanimement saluée par les mémorialistes et les historiens. Selon Fée, il est « le général qui a le mieux soutenu en Espagne la dignité du nom français [...] militaire habile, administrateur éclairé, il connaissait la valeur du sang et celle de l'or, et se montrait sagement économe de l'un et de l'autre. Comme Desaix, s'il eût servi en Egypte, il aurait mérité d'être salué du nom de Sultan le Juste ». Les Espagnols le surnommaient d'ailleurs *el Hombre justo*.

dernier excès ; que n'ayant ni les moyens ni l'espoir d'en arrêter le cours, il gémissait de son impuissance, et désirait sincèrement quitter un pays si malheureux, en renonçant à un commandement qui le rendait témoin de désordres révoltants auxquels il ne pouvait mettre un terme ». Pour contrer les guérillas, certains n'hésitent pas à utiliser les mêmes armes : tortures, saccage de villages, exécution d'otages. Ainsi, autour de Pampelune, le général Abbé et le chef des guérillas locales Cruchaga se livrent à une surenchère dans l'horreur. A chaque exécution de nos hommes répond, par fusillade et pendaison, celle d'un nombre plus important d'otages[1].

Cette barbarie, dont témoigne par exemple la bouleversante suite de Goya intitulée *Les Désastres de la guerre*, atteint son apogée durant le siège de Saragosse, sans conteste l'épisode le plus atroce de cette guerre. Levé dans la foulée du désastre de Baylen, le siège reprend avec l'arrivée de la Grande Armée. Il va durer deux mois, tuant approximativement 60 000 personnes, dont 10 000 Français. Le témoignage de Marbot, alors aide de camp de Lannes, mérite d'être amplement cité : « Les assiégés n'étaient d'accord que sur un seul point : se défendre jusqu'à la mort !.... Les paysans étaient les plus acharnés ! Entrés dans la ville avec leurs femmes, leurs enfants et même leurs troupeaux, on avait assigné à chaque groupe le quartier ou la maison qu'il devait habiter, en jurant de le défendre. Là, les gens vivaient entassés pêle-mêle avec leur bétail et plongés dans la saleté la plus dégoûtante, car ils ne jetaient aucune ordure au-dehors. Les entrailles des animaux pourrissaient dans les cours, dans les chambres, et

1. « 4 soldats français avaient été assassinés à Estella ; Abbé fit pendre 20 otages à Pampelune ; Cruchaga fit mutiler 9 Français dont 5 officiers et suspendre aux arbres leurs cadavres, avec un écriteau insultant signé de lui ; Abbé répondit par la fusillade de 18 otages et de 18 parents, soit 36 nouvelles victimes », précise G. de Grandmaison. Il exista même des bandes d'Espagnols retournés en faveur de Joseph et qui exécutèrent des opérations de contre-guérilla.

les assiégés ne prenaient même pas la peine d'enlever les cadavres des hommes morts par suite de l'affreuse épidémie qu'une telle négligence ne tarda pas à développer. »

Leur esprit de sacrifice, puisé dans leur foi, impressionne le mémorialiste : « Le fanatisme religieux et l'amour sacré de la patrie exaltant leur courage, ils s'abandonnèrent aveuglément à la volonté de Dieu... Les Espagnols ont beaucoup conservé du caractère des Arabes et sont fatalistes ; aussi répétaient-ils sans cesse : *"Lo que ha de ser no puede faltar..."* (ce qui doit être ne peut manquer). En conséquence, ils ne prenaient aucune précaution. » En raison de l'acharnement de la résistance, la ville doit être conquise quartier par quartier, maison après maison, mort après mort : « L'acharnement des Espagnols était si grand que pendant qu'on minait une maison, et que le bruit sourd des coups de marteau les prévenait de l'approche de la mort, pas un ne quittait l'habitation qu'il avait juré de défendre... Nous les entendions chanter les litanies ; puis, aussitôt que les murs, volant en l'air, retombaient avec fracas, en écrasant la plupart d'entre eux, tous ceux qui échappaient au désastre se groupaient sur les décombres et cherchaient à les défendre en se retranchant derrière le moindre abri, d'où ils recommençaient à tirailler[1]. » La cité trouve

1. Marbot, *Mémoires*. Dans la notice qu'il a rédigée pour le *Dictionnaire Napoléon*, l'historien Jean-René Aymes détaille les techniques de combat utilisées par les Espagnols pour défendre leurs maisons : « [...] A l'approche des assaillants, ils démolissent l'escalier, le remplacent par une échelle qu'ils retireront le moment venu ; s'établissent au premier étage, percent dans les cloisons et les planchers des trous par lesquels ils feront face et préparent leur fuite par les toits. Une fois qu'ils ont pénétré au rez-de-chaussée, les Français sont accueillis par les coups de feu qui viennent d'en haut ou d'à côté. Chaussés d'espadrilles, les habitants se déplacent silencieusement, avec agilité, ce qui leur permet de réaliser des incursions loin de la ligne de front. Ces "soldats aériens" – pour reprendre l'expression d'un témoin – parviennent ainsi à massacrer des adversaires installés paisiblement autour d'une cheminée occupée par eux depuis plusieurs jours. »

sa Jeanne d'Arc en la personne de Maria Augustina, jeune fille issue d'un milieu modeste, qui anime de bout en bout la résistance et finit par personnifier la lutte de l'Espagne tout entière.

Louis-François Lejeune, témoin des événements comme officier, a brossé de manière saisissante l'intensité du combat. Sa toile représente l'assaut du monastère de San Angracia, un des hauts lieux de la résistance, le 8 février 1809. Devant une statue de la Vierge, Français et partisans se fusillent à bout portant. Parmi ces derniers, des femmes et de nombreux moines, de blanc vêtus, capuche sur la tête. Ils font également le coup de feu dans les étages représentés en arrière-plan. La haine perce dans tous les regards. Lannes, remplaçant Lefebvre et Verdier, incapables d'en finir, parvient enfin à faire capituler les survivants le 21 février. Le compagnon de gloire de Napoléon n'en peut plus : « Jamais, Sire, je n'ai vu autant d'acharnement comme en mettent nos ennemis à la défense de cette place. [...] Le siège de Saragosse ne ressemble en rien à la guerre que nous avons faite jusqu'à présent, constate-t-il. [...] Nous sommes obligés de prendre avec la mine ou d'assaut toutes les maisons. Les malheureux s'y défendent avec un acharnement dont on ne peut se faire une idée. Sire, c'est une guerre qui fait horreur. »

La qualité du corps expéditionnaire anglais complique encore notre tâche. Moore est remplacé par Wellington, qui commence, avec environ 50 000 hommes, à opérer au Portugal au printemps 1809. Proche des tories, il s'est précédemment illustré dans les Flandres en 1794 et surtout aux Indes où il a séjourné près de dix ans, de 1794 à 1805. Contrairement à la plupart des généraux européens, le généralissime anglais n'a donc pas encore eu à combattre la Grande Armée et son chef, ce qui explique qu'il ne ressent nullement le complexe d'infériorité qui tétanise ses confrères européens : « Je soupçonne toutes les armées du continent d'avoir été à moitié battues avant que la bataille ne commence. Pour ma part, je ne serai pas effrayé à l'avance », a-t-il confié à des amis juste avant de venir prendre son commandement.

Eu égard à sa faiblesse initiale, comparée aux 300 000 Français alors présents dans la péninsule, il opte pour une stratégie défensive. Elle vise à user l'adversaire pour mieux le détruire par une contre-attaque vigoureuse déclenchée au moment opportun. Prototype du flegmatique hautain, tel que l'on se représente l'aristocrate britannique, cet ami de Castlereagh est un homme de rigueur, doublé d'un grand pragmatique. Les faiblesses numérique et qualitative de sa cavalerie le conduisent à privilégier son infanterie, une des meilleures du monde par sa discipline et son endurance. Pour la renforcer, il la soumet à de très nombreux entraînements sur cibles et multiplie les manœuvres. Il cherche en priorité à améliorer la qualité du feu, pour tirer mieux et plus vite. Bénéficiant de fusils plus précis et de balles plus lourdes que les nôtres, il modifie l'alignement, passant de trois rangs à deux, ce qui permet à tous les hommes de faire feu en même temps, là où les Français, avançant sur trois lignes ou en colonnes d'attaque, se privent d'une large partie de leur puissance de feu[1]. En outre, il déploie ses bataillons en arc de cercle, et non en ligne plate, ce qui lui permet de tirer de flanc sur la colonne assaillante. En cas d'attaque brusque, ses troupes sont entraînées à se former rapidement en carrés, organisation particulièrement meurtrière contre la cavalerie, rappelant la phalange macédonienne ou la tortue romaine. Toutes ces combinaisons cumulées produisent un feu puissant et dévastateur. Le général Foy, auteur d'une *Histoire de la guerre de la péninsule*, s'incline : « En campagne, il est facile de manœuvrer les Anglais, de tourner autour d'eux, de les arrêter, de les molester. En bataille, rendus sur le terrain et alignés, il

1. Les bataillons anglais tirent ainsi 800 coups contre 80 à 160 pour les colonnes françaises.

n'y a pas d'ennemis plus redoutables. Leur infanterie est solide au feu, exercée au métier et tire parfaitement ; leurs officiers sont les plus braves et les plus patriotes de l'Europe. »

Mais la tactique selon Wellington privilégie d'abord le choix de la position. Elle doit être conforme à son schéma favori, soit préparer à une bonne défensive en se situant sur des hauteurs couvertes par des protections naturelles. Il prend l'habitude de dissimuler ses troupes à contre-pente, les masquant à l'adversaire et les protégeant du feu de l'artillerie, avant de les précipiter en haut de la crête juste avant que les Français ne l'atteignent. Là, ses troupes en arc de cercle et à bout portant, il fusille les assaillants et n'hésite pas à les poursuivre en dévalant la pente. La recette de Waterloo est déjà en place. Enfin, il s'abrite volontiers derrière des positions fortifiées, obligeant ses adversaires à mener une épuisante guerre de siège. Pour l'affaiblir davantage, Wellington innove encore en pratiquant la stratégie de la terre brûlée, sachant que son armée bénéficie du soutien des populations et donc d'un bon approvisionnement. Appuyé sur le Portugal, il reste le plus souvent possible près de ses magasins, à l'inverse de la guerre éclair impériale où la guerre est censée nourrir la guerre. Les Russes en 1812 appliqueront fidèlement sa leçon. « Il en eût été autrement si Napoléon fût venu préparer une campagne d'Espagne avec le même soin qu'il prit pour celle de Russie, remarque Georges Lefebvre. Puisqu'il ne s'y décida pas, l'avantage, tout compte fait, se trouva du côté de Wellington : comme il payait comptant, les paysans, d'ailleurs amis, lui apportaient ce qu'ils pouvaient ; grâce à la flotte britannique, il tirait des secours du dehors et formait des magasins, tandis que les Français ne recevaient rien de leur pays. » Les juntes, longtemps réticentes, se soumettent progressivement à son influence avant de lui confier le commandement suprême des forces espagnoles.

L'enlisement

Face à un tel danger, l'absence de Napoléon s'avère d'autant plus préjudiciable qu'il n'a jamais été capable de résolument déléguer, en politique comme à la guerre. Joseph reste un roi sans pouvoir, en butte à l'hostilité des maréchaux, qui par ailleurs s'entre-déchirent et refusent mutuellement de se porter assistance. Les conflits incessants et les haines personnelles pullulent, interdisant l'indispensable unité de commandement en période de crise.

La personnalité du frère aîné est souvent mise en avant comme l'une des causes majeures du désastre espagnol. Napoléon, peut-être pour mieux occulter ses propres fautes, ne l'a jamais ménagé dans ses jugements. « J'ai commis une grande faute en mettant cet imbécile de Joseph sur le trône », dira-t-il par exemple à Gourgaud. Et de préciser à Bertrand, le scribe de la déchéance : « L'affaire d'Espagne n'était pas faisable avec Joseph. Le connaissant, je devais le savoir. Je ne devais jamais l'y placer. C'était l'homme le plus incapable et précisément l'opposé de ce qu'il fallait, par la raison qu'il ne faisait pas et ne voulait pas laisser faire ; c'est ce que Bessières expliquait très bien. Il se rendait chez le roi pour demander des ordres. Le roi était malade, ou bien enfermé avec ses maîtresses… Bessières se fâchait. Mais la fantaisie de donner des ordres et de travailler ne prenait Joseph qu'une fois par mois, et l'armée avait besoin d'ordres tous les jours pour manger, pour la solde, pour marcher, pour parer à tous les événements. Il n'a pu s'arranger avec aucun général. Il voulait les commander, mais ne le savait ni ne le pouvait. Il laissait les troupes mourir de faim et j'étais obligé d'étendre l'autorité des généraux sur l'administration. » Faible, veule, paresseux, jouisseur, le nouveau roi se serait laissé griser par sa nouvelle dignité et n'en aurait fait qu'à sa tête. « Nous sommes des hommes très différents – disais-je à Joseph –, chez vous tout porte à la tête, vous devez vous passionner. Chez moi rien n'y porte. Si j'étais sur le haut de la cathédrale de Milan et que, la tête en bas, je fusse précipité à terre, je tomberais calmement en regardant autour de moi. Je passe mes nuits à mes papiers ; c'est là que je sens de la chaleur. Vous les passez au lit. Voilà la différence des organismes. [...] Vous êtes occupé de jouir de tout, moi de penser et jamais de jouir. Je ne puis être un instant sans penser, et vous ne pensez jamais. Je travaille quinze heures de suite sans être fatigué ; au bout de deux heures, vous avez mal à la tête. Vous aimez les femmes. Je n'y pense guère. Nous sommes deux hommes juste l'opposé l'un de l'autre[1]. » L'acte d'accusation se termine par un réquisitoire en trahison : Joseph se « serait fait espagnol » et aurait oublié à la fois sa mère patrie et les intérêts du frère auquel il devait sa couronne.

Pour sa défense, Joseph peut avancer qu'il a tout tenté pour rallier l'Espagne à sa cause. Il embrasse franchement les intérêts de sa nouvelle patrie, s'entoure d'*afrancesados*, engage dans sa garde des prisonniers espagnols à la place des officiers français. On le voit se passionner pour les courses de taureaux, suivre pieusement à pied les processions, un cierge à la main, tenter de freiner l'« ordre impérial » en limitant les conséquences du Code civil, privilégier la noblesse et le clergé ou tenter de réformer l'enseignement. De fait, il s'est trouvé d'emblée écartelé entre l'autoritarisme de son frère et les intérêts espagnols. Comme l'observe avec justesse Albert Sorel : « Napoléon voulait un roi qui lui livrât l'Espagne, et, pour posséder l'Espagne, le roi devait commencer par s'affranchir de Napoléon. Contradiction fondamentale qui s'était déjà produite au temps de Louis XIV entre le roi de France et son petit-fils, Philippe V[2]. » Napoléon veut une Espagne sous la botte française, administrée par Joseph sous son

1. Bertrand, *Cahiers*, janvier 1819.
2. *L'Europe et la Révolution française*.

autorité exclusive. « J'ai bien le droit, clame-t-il, d'être le maître dans un pays où mon frère se maintient seulement parce que j'y entretiens une armée de deux cent mille hommes. » « Roi malgré lui », selon son biographe Gabriel Girod de l'Ain, Joseph entend cependant l'être pleinement, traitant d'égal à égal avec son aîné, commandant aux « généraux » de son « corps expéditionnaire », qui, à l'entendre, compromettent par leurs exactions son œuvre bienfaisante de pacification. Car il est demeuré, contrairement à Napoléon, ce libéral philosophe, ami de Mme de Staël et paisible propriétaire de Mortefontaine[1].

Il appelle à sa cour ses amis du Consulat, ces Girardin, Miot de Mélito ou Roederer que Napoléon a abandonnés car idéologues. Parmi son premier cercle militaire, on trouve le général Hugo et le maréchal Jourdan, pas plus appréciés de l'Aigle que ses ministres. Le reste de son entourage est exclusivement composé d'Espagnols. Pour se faire bien voir, jouir de l'illusion d'être aimé, Joseph croit bon de marginaliser tous les vrais partisans de Napoléon, « et on disait avec raison que si l'Empereur récompensait ses amis et punissait ses ennemis, le roi, au contraire, punissait ses amis et récompensait ses ennemis[2] ». Les fidèles dévorent l'affront mais n'en font pas moins remonter l'information auprès de qui de droit. Napoléon oscille à son encontre entre ironie mordante et invectives. « Il veut être aimé des Espagnols, dit-il à Roe-

1. « Je préfère la vie privée dans laquelle je suis né à celle des rois », écrit-il à une amie le 2 juillet 1808, avant d'affirmer : « Ma position est en opposition avec mon caractère. »

2. Gaspard de Clermont-Tonnerre, *L'Expédition d'Espagne*. « La chose fut si loin, et les yeux du bon roi Joseph furent tellement fascinés sous ce rapport, qu'il fit en plein Conseil d'Etat, dans un discours improvisé, l'éloge non seulement des insurgés, mais même de ceux qui l'avaient abandonné après l'avoir suivi ; censurant ainsi les événements dans lesquels il avait consenti à jouer le rôle principal, et condamnant en quelque sorte la conduite de ceux qui l'avaient suivi », ajoute le même témoin.

derer ; il veut leur faire croire à son amour. Les amours des rois ne sont pas des tendresses de nourrice : ils doivent se faire craindre et respecter. L'amour des peuples n'est que de l'estime. » En 1809, il le force à publier une série de décrets sévères contre les rebelles[1]. Joseph cède mais se venge par des déclarations vengeresses devant témoins, parfois même en son Conseil[2]. Le meilleur moyen de lui plaire est de dire du mal de son frère. Bientôt, *el Rey* ne se contient plus : « En Espagne, dit-il à ses entours, je dois être espagnol et prendre les intérêts de ce pays, même contre ceux de la France quand ils sont en opposition avec les siens. » Poussant les rodomontades, il va jusqu'à faire lire devant ses ministres un mémoire sur les avantages d'une alliance avec l'Angleterre et s'exclame avec emphase que « les routes de France n'étaient pas inconnues aux armées espagnoles[3] ».

Talleyrand a parfaitement décrypté la dégradation de leurs relations et les conséquences désastreuses qui en ont été la suite naturelle : « Il [Joseph] s'était persuadé que dire du mal de son frère, c'était s'en séparer ; et que de se séparer de son frère, c'était s'enraciner en Espagne. De là, une conduite et un langage toujours en opposition formelle avec les volontés de l'Empereur. Il ne cessait pas de dire que Napoléon méprisait les Espagnols. Il parlait de l'armée qui attaquait l'Espagne, comme du rebut de l'armée française. Il racontait tout ce qui pouvait nuire le plus à son frère. Il allait quelques fois jusqu'à dévoiler les secrets honteux de sa famille, et cela quelquefois en plein conseil. “Mon frère ne connaît qu'un seul gouvernement,

1. Abolition de l'ancienne noblesse, des anciennes décorations, des ordres réguliers et mendiants, séquestration des biens des rebelles, obligation de serment au nouveau régime.

2. Il qualifie son cadet de « monstre profond », de « fléau des peuples » et de « brigand » devant Clermont-Tonnerre, qui rapporte ses propos dans son journal. Toutefois, comme le remarque le même témoin : « S'il le détestait à l'excès, il le craignait encore plus. »

3. Les propos de Joseph sont rapportés par Louis Madelin.

disait-il, et c'est un gouvernement de fer. Pour y arriver, tous les moyens lui sont bons." Et niaisement il ajoutait : "Il n'y a que moi d'honnête dans ma famille, et si les Espagnols voulaient se rallier autour de moi, ils apprendraient bientôt à ne rien craindre de la France." L'Empereur, de son côté, parlait avec la même inconvenance de Joseph. Il l'accablait de mépris et cela aussi devant les Espagnols qui, entraînés par leur propre exaspération, finirent par les croire tous deux quand ils parlaient l'un de l'autre. L'irritation de Napoléon contre son frère le faisait toujours agir de premier mouvement dans les affaires d'Espagne, et lui faisait sans cesse commettre des fautes graves. Les deux frères se contrariaient dans toutes leurs opérations. Jamais, il ne fut possible de concerter entre eux aucun plan de conduite politique, aucun plan de finances, aucune disposition militaire », constate-t-il dans ses Mémoires[1].

Joseph subit des amputations croissantes de pouvoir puis de territoires. Napoléon lui refuse le commandement suprême des armées, chaque maréchal ne correspondant qu'avec Berthier et n'agissant que sous son autorité suprême. Dès lors, les maréchaux, en particulier Soult, se heurtent frontalement à lui, certains d'être couverts par Napoléon. Le duc de Dalmatie accuse bientôt Joseph de trahison, ce dernier lui renvoyant la politesse en insistant sur les piteuses manœuvres encouragées par Soult pour essayer de se hisser sur le trône du Portugal en 1809. En février 1810, un décret établit en Catalogne (MacDonald),

1. Le prince de Bénévent poursuit en ces termes : « Joseph, de son côté, n'accordait de faveurs qu'à quelques Français mécontents de l'Empereur, qui avaient pris sa cocarde. Ces Castillans nouveaux s'étaient glissés dans toutes les charges de cour, civiles et militaires. Ils avaient pénétré dans le Conseil d'Etat, traitaient avec une hauteur insupportable les Espagnols, flattaient la vanité du roi de toutes les manières et ne manquaient jamais de dénigrer son frère. La haine pour l'Empereur, conclut-il, se montrait autant au palais du roi que dans la salle de la Junte à Cadix. »

Aragon (Suchet), Navarre (Dufour) et Biscaye (Thouvenot) quatre gouvernements militaires, directement dépendants de Napoléon, tandis que Soult et Masséna dirigent sans contrôle les armées d'Andalousie et du Portugal. Comme toujours, Joseph commence par se cabrer : « Je ne puis pas rester ici avec le nom de roi et humilié par tous ces hommes qui tyrannisent les provinces de mon royaume. » Puis il se soumet et gémit de n'avoir plus l'air que « d'un courtisan disgracié auquel tout le monde tourne le dos[1] », réclamant platement un secours pécuniaire pour sa cour. En janvier 1812, Napoléon lui inflige une ultime humiliation en rattachant la Catalogne à l'Empire. Ces camouflets lui font perdre toute considération auprès des Espagnols, tandis que l'armée, ulcérée par son attitude, notamment par la libération de la plupart des prisonniers, le méprise et le fronde.

En résumé, nous explique l'apothicaire Blaze : « Joseph Napoléon n'obtint que la plus sotte des réputations que puisse acquérir un souverain : celle d'un homme nul, absolument nul. [...] Il n'était ni aimé, ni haï, ni craint. Cherchait-il à faire du bien ; les Espagnols disaient qu'il avait peur. Prenait-il des mesures de rigueur ; on les attribuait à son frère l'Empereur. On savait bien que ce n'était pas précisément par Joseph que l'Espagne était gouvernée, et comme on ne pouvait pas vaincre le redoutable frère par la force de l'épée, on attaqua Joseph en dirigeant sur lui l'arme du ridicule. » La rumeur dénonce un roi débauché et pervers, faible et simplet. Elle le ridiculise en Pepe Botella, ivrogne notoire, ou en borgne, afin de faire peur aux enfants des campagnes. « Les dévots, qui étaient habitués à mêler dans tous leurs discours cette exclamation, Jésus, Marie et Joseph, s'arrêtaient court dès qu'ils avaient prononcé les deux premiers des trois mots, et après une pause, ils se servaient de cette périphrase :

1. Ses propos sont rapportés par Laforest, ambassadeur de France en Espagne, dans une dépêche en date du 30 mars 1811.

"et le père de notre Seigneur", craignant d'attirer une bénédiction sur le roi Joseph, en nommant le Saint qui était censé être son patron dans le ciel[1]. » La Junte accable *el rey intruso* à coups de proclamations mensongères qui dénoncent : « L'esclave couronné que Bonaparte nous envoie, pour que, au sein de ses festins impies, entouré de vils débauchés qui l'adulent et des immondes prostituées qui l'accompagnent, il montre du doigt les temples qu'il faut incendier, les vierges et les épouses qu'il désire faire conduire à son sérail, les jeunes hommes qui deviendront le tribut du Minotaure français. Non, non, il n'est pas né pour régner sur nous, cet être imbécile et gâteux, qui se pare du titre de philosophe[2]. »

« Aussi suffisant qu'insuffisant », selon le mot terrible de Talleyrand, Joseph n'est visiblement pas l'homme de la situation. Trop faible, trop bon, trop vaniteux. Mais Napoléon porte une large responsabilité. Non seulement il l'a désigné, mais il n'a jamais tranché la situation par la suite. Il s'est montré tout aussi incapable de déléguer que de renvoyer son frère, ce qui, certes, aurait consisté à avouer son erreur et à se ridiculiser devant l'Europe. L'Empereur est demeuré dans le flou, décourageant son aîné mais l'empêchant de partir, lui envoyant de l'argent ou des oukases, tour à tour cassant et accommodant[3]. L'enlisement qui en résulte prouve que son « système » a des faiblesses : faiblesses envers les siens, impossibilité

---

1. Nous suivons ici le témoignage de Rocca, qui précise : « La bonté du roi Joseph fut ensuite regardée comme de la faiblesse par les Français eux-mêmes. Il nuisait réellement aux succès des opérations militaires, par le désir ardent qu'il avait de se faire aimer de ses nouveaux sujets. Il faisait droit à toutes les réclamations des Espagnols, donnant toujours tort aux Français. »

2. Ce pamphlet est cité par Gabriel Girod de l'Ain dans sa biographie de Joseph.

3. Dans son récit consacré à l'expédition d'Espagne, Clermont-Tonnerre développe une analyse fine de « cette espèce de vague où l'Empereur aime à laisser autour de lui les hommes et les choses ». Selon lui : « Il pose en quelque sorte des pierres d'attente et veut toujours que la

de tout contrôler au fur et à mesure que l'Empire s'étend. Difficulté à maîtriser l'espace, manque de temps pour tout faire, de lieutenants capables pour le seconder. Entre dictature et fédération, Napoléon ne parvient pas à trancher, ce qui suscite le trouble et aggrave les difficultés. Les mêmes symptômes se découvrent dans ses rapports avec ses maréchaux, que ce soit Soult, Ney, Masséna, Suchet ou Marmont. Leurs rivalités haineuses s'avivent du fait que Napoléon n'établit pas une hiérarchie suffisamment claire entre eux. S'il investit l'un d'eux d'une supériorité quelconque – Soult major général en 1809, Masséna en 1810 –, il n'établit jamais un véritable commandant en chef, doté d'une autorité absolue. Ney et Junot, placés sous le commandement de Masséna, refusent de lui obéir sans crainte d'être châtiés. Au bout du compte, tout le monde se déteste et préfère faire perdre un rival que de faire gagner son camp[1]. Chacun, comme Soult en 1809 ou Marmont en 1812, veut gagner tout seul afin d'amasser la gloire et les récompenses. Délations, rumeurs, trahisons pleuvent au quartier général, uniquement soudé dans son refus

porte soit ouverte à l'espérance et à la crainte ; sa faveur n'est jamais entière et définitive ; il fait désirer longtemps ; donne au moment où l'on peut désespérer, donne beaucoup et, dans ses dons, fait toujours qu'il y ait quelque chose qui vienne de sa seule volonté. D'un autre côté, sa colère, en général, n'est irrévocable que contre ceux dont le caractère est inflexible et dont la position ne laisse aucun jour pour entrer en composition et obtenir des services en reconnaissance d'un pardon qui semble généreux. [...] Il relève souvent même ceux dont il a traîné le nom dans la boue, parce qu'il s'étudie à montrer qu'aucun homme ne leur est nécessaire et que tous peuvent lui être utiles quand il veut les employer. En un mot, il veut que ceux qui le servent ne connaissent de bien que de le servir, de mal que de lui déplaire. »

1. « Les maréchaux, les généraux livrés à eux-mêmes en Espagne auraient pu mieux faire, mais ils ne veulent pas s'entendre. Ils se détestent au point qu'ils seraient désespérés de faire un mouvement qui pourrait tourner à la gloire d'un autre », déplorera Napoléon auprès de Caulaincourt en 1812.

d'obéir au pauvre Joseph. Le poison de l'esprit de cour infecte la citadelle impériale et la lézarde de l'intérieur. Il se propage d'autant plus vite dans cette Espagne d'où le maître est absent, permettant le libre épanouissement de l'intrigue. L'esprit de conquête s'étiole, submergé par l'esprit de conservation, l'âpreté et la soif de distinctions. Gorgé d'honneurs et de dotations, le haut commandement souhaite désormais la paix. Elle seule garantira leurs biens et leur permettra d'en jouir librement. La génération Napoléon a désormais quarante ans. Usée par d'épuisantes campagnes, elle aspire au calme, comme l'affirme le général Belliard à l'Empereur : « Les généraux désirent le repos pour jouir des bienfaits de Votre Majesté ; jusqu'à présent, vous ne leur en avez pas laissé le temps[1]. »

Saint-Chamans, un des meilleurs mémorialistes de l'époque, apporte un éclairage intéressant lorsqu'il analyse le défaitisme d'un général, nommé Delaborde, qui tente par tous les moyens d'éviter de combattre : « Je reconnus là les discours que tenaient tous nos généraux en revenant du Portugal, écrit-il. Aucun d'eux ne se souciait plus de faire une guerre où l'on courait de si tristes chances, et ils désiraient tous rentrer en France pour y jouir tranquillement de leurs dignités et de leurs richesses ; mais l'Empereur ne l'entendait pas ainsi ; il consentait bien à leur donner des titres, des décorations, des rentes, et même de jolies femmes avec lesquelles il les mariait, mais c'était à condition qu'ils mourraient sous le harnais en traînant son char de triomphe, et ces pauvres malheureux ressemblaient à ces joueurs timides qui, s'étant mis en jeu avec un écu, cherchent tous les prétextes pour quitter la partie quand ils ont gagné une somme considérable, mais qui, ne pouvant y parvenir, finissent par perdre leur gain et le peu qu'ils ont risqué. »

1. Le propos est rapporté par Louis Madelin.

*

La résistance espagnole était une écharde au flanc de l'Empire ; le déroulement des opérations militaires[1] porte trois enseignements aux conséquences redoutables. Il montre la faiblesse stratégique de maréchaux qui ignorent les subtilités de la ligne de communication et vivent sur le pays, qui sont incapables de concevoir un plan d'ensemble comme les dispositions à prendre dans une lutte du fort au faible. Même Soult, qualifié de « premier manœuvrier d'Europe » après Austerlitz, n'arrive pas à endiguer l'offensive anglaise au Portugal. D'autant que les maréchaux négligent ce qui a bâti le succès des campagnes antérieures : le renseignement, la surprise, la régularité et la rapidité des marches. Enfin, la péninsule Ibérique offre aux Anglais le théâtre d'opérations terrestres qui leur était refusé depuis leur échec de 1799 en Hollande : les officiers britanniques y ont fait leurs gammes et cet apprentissage devait peser lourd dans les confrontations finales. Dans ce registre aussi, Napoléon s'est obstiné à ignorer les caractéristiques d'un adversaire aux méthodes peu classiques. Comme avec les Espagnols, il s'est contenté de préjugés, faute d'avoir pris le temps d'étudier leur stratégie.

Wellington se sert en effet de sa conquête portugaise comme base d'opérations à partir de laquelle il peut surgir pour porter des raids meurtriers, quitte à s'y replier en cas de nécessité. A l'été 1809, il s'avance ainsi en Espagne mais doit rétrograder à l'issue de l'indécise bataille de Talavera, le 28 juillet, car il est menacé d'encerclement. Napoléon fait mine d'être satisfait : « Les Anglais jouent le

1. Nous renvoyons aux principales histoires de la guerre d'Espagne, à commencer par les classiques rédigés par le Français Foy (malheureusement inachevée) ou l'Anglais Napier. Plus récemment, le volume rédigé par Jean Thiry ou la synthèse de Jean-Joël Brégeon sont à la fois clairs et agréables à lire.

jeu qui me convient. Je paierais leur ministère qu'il n'agirait pas mieux dans mon intérêt », fanfaronne-t-il.

Après Wagram, il décide d'en finir et nomme Masséna à la tête de l'armée du Portugal, avec pour tâche de jeter Wellington à la mer. Mais, au lieu des 80 000 hommes promis, « l'enfant chéri de la victoire » n'en trouve que 68 000, ce qui le ramène à égalité d'effectifs avec Wellington, renforcé entre-temps par de nombreux bataillons portugais[1]. Parvenu au Portugal, le maréchal doit encore livrer une éprouvante bataille à Busaco où Wellington, comme toujours placé sur une excellente position, lui inflige des pertes sévères avant de se retirer le 17 septembre 1810. Il ne reste plus à Masséna qu'environ 50 000 hommes quand il butte quelques jours plus tard sur la formidable ligne de défense de Torres Vedras au nord de Lisbonne. Entre le Tage et la mer, le « duc de fer » a fait depuis des mois aménager des ouvrages monumentaux, hérissés de redoutes et courant sur trois lignes de profondeur. Tandis que l'armée anglaise est abondamment soutenue et ravitaillée par une importante escadre, la nôtre se trouve, en raison de la politique de la terre brûlée et des coups de main de la guérilla, rapidement dépourvue de ressources. Délaissé par les autres maréchaux, Masséna se trouve bientôt dans une impasse, incapable de trouver les moyens de forcer Wellington, qui, caché derrière ses lignes, contemple avec ravissement le délitement de son adversaire. Face au « maître des batailles », tenant d'une stratégie offensive fondée sur la manœuvre et le mouvement, le général anglais s'impose comme le chef d'une contre-école défensive, pionnier de la guerre de tranchées, instrumentant l'usure puis la contre-attaque. En mars 1811, ses forces réduites par la maladie et la famine, Masséna doit se retirer. « Le pays où nous sommes et

1. Masséna doit en outre détacher plusieurs milliers d'hommes supplémentaires pour occuper les places frontières d'Astorga, Almeida et Ciudad Rodrigo.

celui qui l'entoure à cinq ou six marches sont totalement épuisés, déplore-t-il alors. Le peu d'hommes qui reste est réduit à vivre de racines, de glands et d'herbages. Les corvées ne trouvent plus à de grandes distances le maïs qui fait depuis longtemps la nourriture de l'officier comme du soldat. La viande est épuisée. La paille est consommée, et les chevaux sont au vert depuis plus d'un mois, dans cette saison où l'herbe est extrêmement courte, aussi en perdon tous les jours. Les pluies ont détruit la réserve de biscuit[1]. »

Wellington possède désormais l'initiative. Après la bataille indécise de Fuentes de Oñoro, « dernier éclat d'une lampe qui s'éteint » selon Marbot, Masséna, vieillissant et usé, est remplacé par Marmont. A l'exception de Suchet, qui continue à remporter des succès en Catalogne et s'empare de Valence en janvier 1812, les autres corps demeurent sur la défensive, bientôt affaiblis par le détachement d'une partie notable de leurs forces, expédiées vers la Russie.

Début 1812, Wellington s'empare de Badajoz et Ciudad Rodrigo, les deux verrous du Portugal, avant d'aller battre Marmont aux Arapiles le 22 juillet. Cette victoire importante, digne de Baylen, lui ouvre les portes de Madrid à nouveau évacuée par Joseph, tandis que Soult, trop exposé, quitte à son tour l'Andalousie. A cet échec militaire s'ajoute un camouflet politique quand le parlement espagnol, les Cortes, élabore en mars 1812 une constitution libérale. Convoquée par la Junte, élue au suffrage universel à la barbe de l'occupant, l'assemblée siège à Cadix, ville symbole de la résistance[2]. Elle élabore un pacte, proche de notre Constitution de 1791 par l'esprit, même si la prédominance du catholicisme y est confirmée. En outre, elle cantonne Ferdinand VII au strict pou-

1. Sa lettre est citée par Jean Morvan.

2. Elle contrecarre victorieusement le siège français qui dure de février 1810 à août 1812.

voir exécutif, ce qui est en soi une révolution. Les deux familles politiques espagnoles, royaliste et libérale, communient dans la même volonté de chasser l'usurpateur joséphin, en butte à l'hostilité déclarée de cette Espagne éclairée qu'il n'est même pas parvenu à séduire. C'est un homme bien seul qui, en novembre 1812, rentre pour la deuxième fois dans sa capitale tandis que Wellington se replie une nouvelle fois sur sa base portugaise afin d'y préparer l'assaut final.

*

Quel que soit l'angle choisi, le bilan de la guerre d'Espagne s'avère catastrophique.

Humainement d'abord. Entre 1808 et 1813, l'Espagne cause la mort de près de 400 000 Français, dont près de la moitié tués par la guérilla. Braves, endurants et expérimentés, ils ne seront pas remplacés par des éléments d'une valeur similaire, comme on peut le constater dès la campagne de 1809.

Economiquement ensuite. La guerre sauve l'économie anglaise de l'étouffement en lui assurant son débouché portugais et en lui ouvrant massivement les colonies ibériques de l'Amérique latine. En outre, la masse d'hommes mobilisés dans la péninsule – en moyenne 300 000 – favorise la contrebande sur l'ensemble des côtes européennes, Napoléon n'ayant plus les moyens de faire surveiller ces dernières efficacement. Enfin, cette sale guerre s'avère un gouffre financier. Pour la première fois de l'histoire de l'Empire, la guerre ne paie plus la guerre[1], comme le

1. Les précédentes campagnes, entre réquisitions et lourdes indemnités, ont largement rapporté et alimenté d'abondance la caisse de l'extraordinaire créée pour financer les conflits. « Reste qu'après 1810, la guerre dans la péninsule Ibérique se mit à coûter fort cher et que l'on peut mettre en rapport ce déficit avec l'assouplissement du Blocus continental et le système des licences », constate par exemple Jean Tulard dans *Le Grand Empire*.

révèle avec plaisir le féroce pamphlétaire Sir Francis d'Ivernois dans son libelle intitulé *Napoléon administrateur et financier* : « Jusqu'en 1809, écrit-il, Napoléon n'avait poursuivi sa carrière qu'en se servant des dépouilles d'un ennemi vaincu pour en attaquer d'autres, afin de les dépouiller à leur tour. Si l'on excepte son incursion dans la péninsule espagnole, toutes les précédentes furent si courtes et tellement productives qu'après s'y être remboursé par la victoire des frais de chaque campagne, il en était toujours revenu avec un trésor qui l'avait aidé à équiper l'année suivante ses conscrits et à les entretenir en France jusqu'à leur arrivée sur le territoire étranger. Mais en les jetant au-delà des Pyrénées, il s'est jeté dans une entreprise tellement coûteuse qu'au lieu d'en tirer comme à chaque campagne deux cent cinquante millions de francs, il se voit condamné à y débourser des sommes aussi fortes, ce qui tout à coup change l'événement du gain à la perte, des recettes à la dépense. »

Politiquement enfin. L'intervention a été mal perçue par la nation. « De toutes les entreprises politiques ou militaires de Napoléon, ce fut celle qui choqua le plus l'opinion publique, affirme Stendhal. Quelques sentiments qu'inspirent Charles IV et Ferdinand, ils sont hommes avant que d'être rois et dans eux Napoléon a outragé l'humanité tout entière. » Personne ne comprend la nature de cette guerre, imposée à la France contre un allié fidèle. On soupçonne Napoléon de sacrifier ses grognards pour établir Joseph sur un trône sur lequel nous n'avons aucun droit et qui ne nous apporte que des soucis. La France ne livre plus un combat pour défendre la Révolution contre l'Europe des rois, mais pour imposer les Bonaparte à une nation qui suscite une certaine sympathie tant elle évoque le souvenir de la Grande Nation par son ardeur. De surcroît, la saignée espagnole engendre une dérive de la conscription. Non seulement l'Empereur lève maintenant certaines classes par anticipation, mais il commence à rappeler certaines classes antérieures qui se croyaient à l'abri. Pour beaucoup, peuple et notables confondus, il fallait s'arrêter à Tilsit. Le nombre de réfractaires s'accroît, Louis Madelin n'hésitant pas à parler de « crise de l'opinion ».

Le divorce s'esquisse entre l'Empereur et son peuple. Alors que ce dernier aspire à regagner les fleuves tranquilles de la paix consulaire, Napoléon semble incapable de s'arrêter, porté par le vertige, avide de mouvement, toujours sur la corde raide qui sépare la gloire de la chute, préférant tomber que reculer. Autour de lui, la Cour gémit et multiplie les prévisions alarmistes dans le huis clos feutré des salons. Le départ de Talleyrand inquiète, Bayonne tétanise, Baylen terrifie. Decrès, ministre de la Marine, prophétise : « L'Empereur est fou, absolument fou et il nous perdra tous avec lui. »

La spirale infernale, qui conjugue l'abandon intérieur et la vengeance de l'Europe, et va provoquer les deux faillites de 1814 et 1815, se met lentement en place. Le cancer espagnol révèle le découragement et le défaitisme des élites, la médiocrité des caractères, les rivalités de personnes, l'absence d'initiatives d'un personnel écrasé par l'omniprésence du maître, de plus en plus craint, de moins en moins aimé. La peur, qui a fait sa fortune, se retourne contre lui. Enfin, l'onde de choc secoue l'Europe, qui fait son miel des leçons tactiques de Wellington et tire pleinement les leçons d'un conflit caractérisé par la nouvelle alliance entre nationalisme, religion et légitimité monarchique. Contre l'oppression impériale, les rois vont désormais pouvoir brandir l'étendard des nations, appeler leurs peuples à la révolte contre l'ennemi commun. Un vent nouveau se lève sur les bords du Tage. Gravement blessée, la légitimité impériale a plus que jamais besoin de l'alliance russe. Mais peut-elle réellement compter sur elle ?

CHAPITRE II

L'ESSOUFFLEMENT

« Il y a même quelque chose de tragique dans cette recherche de la solidité, dans cette inquiétude qui ne s'avoue pas, dans cette mise en œuvre de tous les ressorts. »

Jacques BAINVILLE,
Napoléon.

« Je sentais mon isolement ; aussi je jetais de tous côtés des ancres de salut au fond de la mer. »

NAPOLÉON,
Mémorial.

Plus l'Empire s'étend, plus il s'affaiblit. Incapable de tout contrôler, son emprise se heurte à la force des traditions nationales et surtout à l'exaspération des populations, accablées par le poids de l'occupation militaire, pressurées par la conscription, minées par les conséquences du Blocus, blocus qui pousse Napoléon à s'étendre vers les côtes et à refuser toutes concessions aux nouveaux peuples qu'il réunit maintenant au gré de ses besoins sans égard pour leur volonté et leur histoire. Qu'importe à cela des réformes aussi fondamentales que le Code civil ou l'introduction du Conseil d'Etat dont le caractère bénéfique ne pourra être perçu que plus tard, bien plus tard, alors que le quotidien n'est qu'humiliation et souffrance. Napoléon sacrifie ainsi la régénération à la logique de guerre et de conquête qui continue plus que jamais à prévaloir. Chateaubriand a écrit des phrases magnifiques à ce sujet, empreintes de tristesse devant ce qu'il considère comme une formidable occasion manquée : « Un tel génie de l'ordre, s'il avait pris la tête de la Contre-Révolution en assimilant, à l'édifice français et européen qu'il était capable de créer les principes de 1789, conséquences politiques et sociales de la révélation chrétienne, eût épargné au monde le néant qui a suivi sa chute. Or cet aristocrate qui haïssait les principes de 1789 autant que la Terreur de 1793, ce contre-révolutionnaire déterminé, a voulu faire une contre-révolution de sa façon, une contre-révolution d'égotiste grandiose, en se coupant des principes qui auraient pu enraciner sa création politique dans les réserves chrétiennes de la France et de l'Europe. Au lieu de faire mûrir l'Europe pour la liberté, il a braqué contre lui la vieille chrétienté et il l'a fait régresser vers son propre passé théocratique. Au fond de l'erreur de Napoléon, ce qui a privé de base son "poétique édifice de victoires" et l'a condamné à passer comme un mirage du désert, on trouve cette dureté de cœur, cette passion de la gloire, cette idolâtrie de soi-même, cet aveuglement pour autrui que Fénelon, directeur de conscience, éducateur et homme d'Etat en puissance, avait diagnostiqués chez le despote de Versailles dans sa *Lettre à Louis XIV*. Napoléon a voulu une Europe à l'image de l'Etat absolu du Grand Roi. Il a nié son histoire, sa diversité, ses affinités électives, son développement religieux, sa liberté : "Parodie de l'omnipotence de Dieu." » Comment s'étonner dès lors que l'Europe se soit détournée de lui ?

Les rois-frères font de la résistance et rêvent d'émancipation, pour eux comme pour leurs peuples. La foi, la légitimité, l'indépendance : cette trinité, qui forme l'âme de la résistance, se propage comme un virus dans la kyrielle d'Etats allemands. Elle gagne l'Autriche et galvanise la Prusse, qui, sous l'impulsion de Stein, prépare la revanche. La rupture avec le pape provoque des remous en Italie, en

Belgique et en France. Pie VII refuse d'appliquer le Blocus et d'abandonner ses Etats. Plutôt que de négocier, Napoléon s'empare de Rome avant de se saisir du souverain pontife. En transformant Pie VII en martyr, il s'aliène les catholiques, jusqu'alors inconditionnels, qui lorgnent à nouveau vers Louis XVIII. La crise spirituelle s'aggrave à partir de 1810 d'une terrible crise économique, engendrant une crise inédite de confiance. Ses ports ruinés, son économie blessée, ses enfants fauchés, la France de Brumaire se détourne car elle a peur. Peur de la guerre qui n'en finit pas, peur de perdre sa prédominance, peur du sauveur irascible qui échappe à tout contrôle.

Sans allié, isolé en sa cour, qui se courbe devant lui et complote en son absence, de plus en plus indifférent aux autres, Napoléon escalade en majesté les derniers degrés de sa pyramide de gloire, approchant du sommet qui découvre l'autre versant, celui d'une chute vertigineuse et sans précédent dans l'histoire.

La déception d'Erfurt

Comme on l'a vu, l'humiliation de Baylen a retenti dans toute l'Europe, suscitant un immense espoir. Le guet-apens de Bayonne achève de convaincre les monarques que l'ogre est insatiable et malhonnête, par conséquent qu'il n'y a pas de transaction possible avec lui. Napoléon demeure perçu comme un parvenu, un nouvel Attila d'autant plus redoutable qu'il incarne cette maudite Révolution, liberté religieuse et égalité civile, qu'il répand comme un poison par le Code civil.

« Il ne faut rien attendre des traités et tout par contre de ses propres forces », assure Stein, le nouvel homme fort de la Prusse[1]. Comme tant d'autres, ce père du

1. Le propos est rapporté par son biographe Constantin de Grunwald.

nationalisme allemand prépare la vengeance mais sait devoir la différer, tant en raison de l'imposante suprématie française que de l'épuisement de sa patrie, occupée, frappée d'une lourde indemnité, décapitée par Tilsit. Incapable de se relever sans aide extérieure, Stein lorgne vers le tsar et comprend, bien tard il est vrai, la nécessité de s'unir avec l'Autriche pour libérer l'Allemagne de concert[1].

Car l'empire des Habsbourg aspire à la vengeance. En dix ans, Napoléon l'a rejeté de l'Italie et écarté de l'Allemagne par la création de la Confédération du Rhin dont la Prusse est également exclue. En 1806-1807, l'Autriche est restée neutre, trop affaiblie par Austerlitz pour pouvoir relever le gant. Mais, en silence, elle a réarmé et réformé ses cadres sous la houlette de l'archiduc Charles, frère de l'empereur François et l'un des meilleurs généraux du temps. Le cancer espagnol a l'immense avantage d'absorber l'élite de la Grande Armée. Certains à Vienne, comme à Berlin en 1806, réclament avec tapage l'entrée rapide en campagne. Metternich, alors ambassadeur à Paris, demeure plus circonspect. Observant de près l'homme et le système impérial, ce qui lui sera très précieux par la suite, il préfère alors louvoyer, estimant que le pari de la guerre s'avère suicidaire tant que la Russie demeure l'alliée de l'Ogre. Pour la retourner, le diplomate autrichien entreprend l'ambassadeur russe à Paris, Tolstoï, avec lequel il se lie d'amitié : « L'empereur Napoléon vous caressera aujourd'hui pour tomber sur vous demain, lui dit-il ; il en fera autant de nous ; nous aurons tous deux éternellement à lutter contre ses projets subversifs... Nous avons deux écueils également dangereux à éviter :

1. A l'été 1808, il multiplie les avis en ce sens auprès de Frédéric-Guillaume III : « L'heure est venue, écrit-il le 27 juillet, où il faut mettre fin à la rivalité et à la jalousie qui ont divisé la Prusse et l'Autriche pendant quatre-vingts ans. Les deux Etats doivent s'unir dans un esprit de confiance mutuelle : c'est ainsi que l'Allemagne pourra recouvrer son indépendance. »

celui d'une brouillerie et celui de ses fausses caresses. Nous nagerons entre les deux écueils si nous sommes sages et amis[1]. »

La Prusse, elle aussi, a plus que jamais besoin de l'ami russe. Sachant qu'un nouveau Tilsit se profile à l'horizon, la reine Louise supplie Alexandre de relever le gant de la destinée : « Vous allez donc revoir Napoléon, qui je le sais, vous fait horreur comme à moi. Je vous conjure, ne vous laissez pas entraîner à ne rien entreprendre contre l'Autriche… Au nom de Dieu, ne le faites pas… et songez à sauver l'Europe ! »

Promu au rang d'arbitre du continent, le tsar a déjà oublié le traumatisme de Friedland. Ce n'est plus en vassal mais en égal qu'il compte s'adresser à Napoléon qui vient de le convier à une série d'entretiens à Erfurt, enclave française en Allemagne. Avant de partir pour Madrid, Napoléon a besoin de son allié pour approuver le rapt espagnol et tenir l'Autriche en respect le temps qu'il lui faut pour s'assurer de la péninsule et jeter le corps expéditionnaire anglais à la mer. Tout dépend donc d'Alexandre. Le tsar le sait et en joue. Contrairement à bien d'autres, il ne fantasme pas sur Baylen et ses conséquences. Certes, le lion impérial a reçu un coup de griffe, mais il n'en demeure pas moins redoutable, invincible même face à l'Autriche et à la Prusse. Aussi l'autocrate leur suggère-t-il de prendre leur mal en patience. En revanche, il compte exploiter pleinement l'opportunité pour obtenir de Napoléon des concessions significatives.

*

1. « Nous avons, conclut Metternich, plus de chances qu'aucune autre puissance de l'Europe d'arriver intacts au grand jour qui mettra fin à un Etat essentiellement précaire, parce qu'il est hors de la nature et de la civilisation. »

L'ambiguïté de Tilsit doit maintenant être levée. S'agit-il d'un simple traité ou d'un partage du monde entre Occident français et Orient slave ? Napoléon et Alexandre viennent-ils renouveler un pacte, dicté par le seul intérêt, empreint de défiance, ou sont-ils prêts à payer le prix pour établir l'alliance durable qui changerait la face de l'univers ?

En février 1808, Napoléon propose à Alexandre de mettre en application l'« esprit de Tilsit » en bâtissant une expédition commune digne d'Alexandre le Grand : « Une armée de 50 000 hommes, russe, française, peut-être même un peu autrichienne, qui se dirigerait par Constantinople sur l'Asie, ne serait pas arrivée sur l'Euphrate qu'elle ferait trembler l'Angleterre et la mettrait aux genoux du continent. Je suis en mesure en Dalmatie ; Votre Majesté l'est sur le Danube. Un mois après que nous en serions convenus, l'armée pourrait être sur le Bosphore. Le coup en retentirait aux Indes, et l'Angleterre serait soumise. [...] » Mais il faut aller plus loin. Napoléon invite à une négociation globale conclue par un nouveau tête-à-tête[1]. Le songe de l'Empire du monde peut devenir la réalité : « Votre Majesté et moi-même aurions préféré la douceur de la paix et passer notre vie au milieu de nos vastes empires, occupés de les vivifier et de les rendre heureux par les arts et les bienfaits de l'administration. Les ennemis du monde ne le veulent pas. Il faut être plus grands malgré nous. Il est de la sagesse et de la politique de faire ce que le destin ordonne et d'aller où la marche irrésistible des événements nous conduit. Alors cette nuée de pygmées, qui ne veulent pas voir que les événements actuels du monde sont tels qu'il faut en chercher la comparaison dans l'histoire et non dans les gazettes,

---

1. Il demande le remplacement de l'ambassadeur russe à Paris Tolstoï, « bien loin de la hauteur des événements de Tilsit et de la nouvelle position où l'étroite amitié qui règne entre Votre Majesté et moi a placé l'univers ». Tolstoï, incarnation de l'aristocratie russe, détestait la France et opposait une froideur totale aux démonstrations de Napoléon.

fléchiront et suivront le mouvement que Votre Majesté et moi aurons ordonné ; et les peuples russe et français seront contents de la gloire, des richesses et de la fortune qui seront le résultat de ces grands événements. » Et de conclure, superbe : « L'ouvrage de Tilsit réglera les destinées du monde. »

Alexandre accueille l'ouverture avec un enthousiasme qui va vite se refroidir. En effet, les négociations entre Caulaincourt, l'ambassadeur de France très apprécié du tsar, et son ministre Roumiantsov buttent d'une part sur la Pologne que Napoléon refuse d'abandonner à la Russie, d'autre part sur Constantinople et les Détroits.

En outre, Napoléon ne parle plus de congrès pendant plusieurs mois. Délaissant l'esprit de Tilsit, dont il s'est tant gargarisé, il préfère soudain ce qu'il appelle « l'air noté », soit la stricte application du traité. Sur ce dernier point, il déçoit une nouvelle fois Alexandre en ménageant la Porte dans les négociations d'armistice qu'il parraine, comme il était convenu entre les deux puissances. Le tsar, obsédé par le souvenir de l'assassinat de son père, doit aussi tenir compte de l'opposition virulente de la société russe à l'alliance française. Savary puis Caulaincourt, en dépit des efforts d'Alexandre, demeurent à l'écart, rarement invités, souvent fuis. Albert Sorel synthétise bien le climat de l'après-Tilsit : « Dès lors, il y a deux Russies à Pétersbourg et à Moscou ; la vieille Russie, anti-française, antianglaise, celle des intérêts, des parias, des passions, de l'orthodoxie, et c'est presque tout le monde ; l'autre, la Russie officielle et artificielle, et c'est le tsar à peu près seul. Encore cette Russie officielle est-elle à double face : l'une souriante, tournée vers Napoléon ; l'autre grave, protectrice, tournée vers ses ennemis. »

La déception personnelle est souvent l'antichambre de la vengeance : « Bonaparte me prend pour un sot, écrit par exemple Alexandre à sa sœur Catherine. Rira bien qui rira le dernier. » Auprès de sa mère, adversaire résolue de

Napoléon, il se montre encore plus explicite : « Il faut que la France puisse croire que son intérêt peut s'allier avec celui de la Russie [...] dès qu'elle n'aura plus cette croyance, elle ne verra plus dans la Russie qu'un ennemi qu'il sera de son intérêt de tâcher de détruire. » Aussi décide-t-il de louvoyer dans l'attente de jours meilleurs.

Napoléon reste tout autant dans l'expectative, avide de prendre mais guère de donner. Tout commande pourtant de pousser la Russie vers les Balkans, ce qui la brouillerait non seulement avec l'Angleterre, depuis longtemps protectrice de la Porte, mais aussi avec l'Autriche, menacée de voir ses importantes minorités slaves se détacher d'elle, ce qu'elles feront d'ailleurs plus tard, pour se placer sous la protection du grand frère orthodoxe. En négligeant le rêve russe, Napoléon hypothèque dangereusement le sien : celui de la domination de l'Europe.

L'accord semble pourtant facile à conclure comme l'explique l'historien Albert Vandal : « A Erfurt, écrit-il, quatre questions offriraient matière à débat et à transactions, celles d'Espagne, d'Autriche, de Prusse et de Turquie. La solution des deux premières importait essentiellement à la France ; les deux autres touchaient à la sécurité ou à la grandeur de la Russie. Grâce à cet équilibre des intérêts, il pouvait y avoir entre les deux empereurs parfaite réciprocité de services et de concessions. »

Ainsi, l'esprit de Tilsit, si tant est qu'il ait jamais existé, a déjà disparu[1]. L'« amitié » des deux alliés s'éclipse derrière l'intérêt. Et les négociations vont être âpres. « A Erfurt, Napoléon affectait la fausseté effrontée d'un soldat vainqueur ; Alexandre dissimulait comme un prince vaincu : la ruse luttait contre le mensonge, la politique de l'Occident et la politique de l'Orient gardaient leurs caractères », affirme Chateaubriand.

1. « Il y avait eu un style et un esprit de Tilsit : ils s'étaient dissipés en un roman politique. Il y a désormais un style et un esprit d'Erfurt, tout en réalité : c'est la coalition », résume Albert Sorel dans *L'Europe et la Révolution française*.

*

Du 27 septembre au 14 octobre 1808, Alexandre et Napoléon vont donc offrir une parodie de Tilsit. Une fois encore, la vraie pièce se joue en coulisse. Les entretiens entre les deux empereurs se doublent de ceux, beaucoup plus inattendus, entre le tsar et Talleyrand. L'impasse des premiers trouve sa source dans la nature des seconds. Déjà bien affaiblie, l'alliance ne résiste pas à la trahison éhontée du prince de Bénévent, malheureusement rappelé par Napoléon qui juge son nouveau ministre des Affaires étrangères, Champagny, duc de Cadore, trop vert eu égard à l'importance de l'enjeu. Talleyrand reçoit comme instructions de berner le tsar : « Nous allons à Erfurt, lui dit Napoléon, je veux en revenir libre de faire en Espagne ce que je voudrai ; je veux être sûr que l'Autriche sera inquiétée et contenue et je ne veux pas être engagé d'une manière précise dans les affaires du Levant. Préparez-moi une convention qui contente l'empereur Alexandre, qui soit surtout dirigée contre l'Angleterre et dans laquelle je sois bien à mon aise ; pour tout le reste, je vous aiderai, le prestige ne manquera pas. »

Sûr de sa suprématie dans les tête-à-tête, Napoléon prépare le terrain psychologique : « Je veux, avant de commencer, que l'empereur Alexandre soit ébloui par le spectacle de ma puissance », écrit-il toujours à Talleyrand, certain de prendre l'ascendant par ce mélange de charme et de menaces qu'il déploie toujours devant ses interlocuteurs d'envergure.

Pour parvenir à ses fins, rien ne saurait être trop beau. Erfurt, ville insignifiante, se dote en quelques semaines d'un mobilier digne des plus beaux palais impériaux. La Cour et l'état-major en tenues d'apparat viennent en renfort. Friedrich von Müller, chancelier du duc de Saxe-Weimar, a laissé un vivant récit de ces journées : « Tout le théâtre de la cour de Paris se trouvait, comme par un coup de baguette magique, transporté à Erfurt où l'on avait aménagé à la hâte des chambres aussi belles que confortables. Chaque heure amenait des rois, des princes et leurs suites. Les rues normalement si tranquilles d'Erfurt étaient envahies de voitures, de cavaliers et d'une foule de badauds curieux et amusés », écrit-il dans ses Mémoires[1]. Narbonne, à la fois fils naturel de Louis XV, ancien amant de Mme de Staël et ministre de la Guerre de Louis XVI, évoque un « embarras de rois » pour excuser son retard auprès de Napoléon. Ce parterre de principicules et roitelets – « une plate bande », ironise Talleyrand – fait tapisserie et reflète par sa soumission l'omnipotence du nouveau César. Revues et parades, chasses, salles somptueuses et étiquette réglée comme aux Tuileries font le reste[2].

Clou du spectacle, les comédiens français, Talma en tête : « Cette levée en masse de la tragédie est une galante-

1. Ses *Souvenirs des années de guerre 1806-1813* ont été publiés par la Fondation Napoléon.

2. Müller donne un aperçu de la journée type. Elle reflète la curialisation galopante : « Chaque matin, à neuf heures, il y avait grand lever chez l'Empereur. S'y retrouvaient, à la seule exception des rois, tous les princes présents, leurs ministres et les principales personnes de leurs suites. Seuls les princes régnants et les grands dignitaires pénétraient dans le cabinet de Napoléon ; ceux qui restaient en arrière se livraient, avec les généraux, aides de camp et chambellans, à des entretiens animés. La confluence d'uniformes si différents faisait penser à une grande bourse où chacun cherchait à connaître les nouvelles du jour pour en profiter. Ce brillant lever durait environ une heure, après quoi la foule de ceux qui s'y étaient montrés se dispersait peu à peu. Suivaient alors diverses audiences accordées par l'empereur Alexandre ou les rois, des visites reçues par les princes régnants, les déjeuners plus ou moins nombreux qu'on allait prendre chez les princes. Puis c'étaient des revues ou des parades, les promenades ou les chevauchées des monarques. Les visites d'affaires se faisaient de midi à trois ou quatre heures. Vers cinq heures, l'empereur Alexandre allait prendre chez l'empereur Napoléon un repas auquel n'étaient habituellement invités que cinq à six des princes présents. Les tables du dîner s'ouvraient un peu plus tard : chaque jour chez le grand maréchal Duroc et le ministre Champagny, très souvent chez les princes de Neuchâtel et de Bénévent, ainsi que chez quelques princes allemands. Peu après sept heures

rie très coûteuse », commente, acide, Metternich[1]. Müller a laissé une description fidèle d'une des représentations : « Tout à l'avant du parterre, les deux empereurs occupaient des fauteuils rapprochés par une confiante intimité ; un peu plus en arrière, les rois ; et derrière eux, les princes régnants et les princes héréditaires. L'ensemble du parterre n'offrait qu'uniformes, plaques et cordons. Les loges du parterre servaient aux officiers d'état-major et aux plus éminentes personnalités des bureaux des deux empereurs. Les princesses se tenaient dans la grande loge, les dames étrangères assises de part et d'autre d'elles. Un important détachement de grenadiers de la garde impériale veillait à l'entrée du théâtre. Dès l'arrivée du carrosse des deux empereurs, les tambours battaient trois fois ; pour les rois un seul roulement. Il arriva ainsi que le piquet de garde, trompé par l'apparence du carrosse du roi de Wurtemberg, fit retentir le triple roulement d'accueil ; l'officier qui le commandait lui imposa silence avec ces mots courroucés : "Taisez-vous, ce n'est qu'un roi[2]." »

Le public réagit à toutes les allusions, toujours prêt à acclamer le maître du monde. Ainsi durant le *Mahomet* de Voltaire, « la pièce de son choix, celle qui établissait le mieux les causes et les sources de sa puissance », selon Talleyrand, tout le monde a les yeux fixés sur lui lorsque retentit la tirade du premier acte :

Les mortels sont égaux, ce n'est point la naissance,
C'est la seule vertu qui fait la différence.
Il est de ces esprits favorisés des cieux
Qui sont tout par eux-mêmes et rien par leurs aïeux

---

du soir, tous s'engouffraient dans le Théâtre français, qui durait souvent jusqu'à onze heures. Napoléon reconduisait ensuite en carrosse l'empereur Alexandre jusqu'à son palais et y restait d'habitude jusqu'après minuit. »

1. Lettre à Stadion du 23 septembre 1808. Le répertoire retenu était dominé par les classiques dont *Britannicus*, *Phèdre* et *Le Cid*.

2. Le roi de Bavière est humilié un jour par Napoléon, qui lui inflige un terrible « Taisez-vous, roi de Bavière » devant l'assistance.

Tel est l'homme, en un mot, que j'ai choisi pour maître ;
Lui seul dans l'univers a mérité de l'être.

Un enthousiasme d'apparence sincère électrise encore la salle lorsque, à l'énoncé du vers de Voltaire : « L'amitié d'un grand homme est un bienfait des Dieux », Alexandre se lève pour serrer longuement la main de Napoléon sous un tonnerre d'applaudissements.

La légende s'enrichit d'un long tête-à-tête avec Goethe le 2 octobre. De puissance à puissance, l'Empereur d'Occident et le grand philosophe dissertent d'abondance sur le théâtre et la littérature. Napoléon fascine son interlocuteur en analysant *Les Souffrances du jeune Werther* qu'il dit avoir lu sept fois. Il ose même critiquer l'ouvrage, qui mélange selon lui orgueil contrarié et amour passionné : « Ceci n'est pas conforme à la nature et affaiblit, chez le lecteur, l'idée de l'influence irréversible de l'amour sur Werther. Pourquoi avez-vous fait cela ? Ce n'est pas naturel. » Selon Müller : « Goethe trouva ce reproche si justifié et si pénétrant qu'il le compara souvent par la suite en ma présence au jugement expert d'un tailleur qui décèle tout de suite dans une manche prétendue sans couture la couture bien dissimulée. »

Napoléon, entre plusieurs apartés avec Daru, revient à son visiteur et au théâtre. Il critique les pièces fondées sur le destin : « Elles appartiennent à des temps plus obscurs. Que nous veut-on maintenant avec le destin ? La politique est le destin. » Puis il ajoute : « La tragédie devrait être l'école des rois et des peuples ; c'est le sommet de ce que le poète peut atteindre. Vous devriez par exemple écrire la mort de César d'une façon plus digne, plus majestueuse que Voltaire. Il faudrait montrer au monde comment César l'aurait rendu heureux, comment tout aurait été changé si on lui avait laissé le temps d'exécuter ses projets. » Dans la lignée de François Ier, il l'invite à Paris : « Vous y trouverez une plus grande vision du monde, une matière plus riche pour vos poèmes. » A son arrivée,

Napoléon lui a adressé le plus beau compliment possible sorti de sa bouche : « Voilà un homme[1]. »

*

Ce Tilsitt littéraire masque pourtant une réalité diplomatique décevante. Dès le début, Alexandre se révèle un négociateur redoutable, tenace, d'autant plus intraitable qu'il demeure d'une courtoisie parfaite et se complaît dans une ambiguïté calculée qui n'est pas longue à exaspérer Napoléon. Si l'Espagne et la Porte ne posent guère de difficultés – l'Aigle obtient les mains libres dans la péninsule, Alexandre l'annexion des principautés danubiennes –, le sort de la Prusse et l'attitude commune à adopter envers l'Autriche posent en revanche de nombreux problèmes. Le tsar s'irrite face à l'intransigeance dont Napoléon fait montre envers le royaume des Hohenzollern en réduisant son armée à une misère de 42 000 hommes et en occupant les principales forteresses de l'Oder – Stettin, Glogau, Kustrin – jusqu'au paiement de l'indemnité colossale décidée à Tilsit. Autant dire que Napoléon étrangle la Prusse, ce qu'il s'était pourtant engagé à ne pas faire l'année précédente… par amitié pour le tsar. Alexandre n'obtient en tout et pour tout

1. Nous utilisons toujours le témoignage de Müller croisé avec celui de Goethe qui a laissé un récit de l'entretien dans des fragments autobiographiques récemment publiés : « Au passage, précise l'écrivain, je pus admirer la variété de ses expressions approbatrices ; car il écoutait rarement immobile, ou bien il faisait un signe de tête pensif, ou bien il disait "oui !" ou même "c'est bien !", ou quelque chose de ce genre ; et je ne veux pas oublier de signaler que lorsqu'il s'était exprimé, il ajoutait habituellement : "Qu'en dit Monsieur Got ?" » Goethe sort conquis comme le révèle cette lettre qu'il écrit à Hegel le 7 octobre suivant : « Son visage où est empreinte cette vague mélancolie qui, selon Aristote, est la marque de tous les grands caractères, révèle non seulement la présence de l'esprit, mais une vraie bonté de cœur. […] Bref on est enthousiaste du grand homme. »

qu'une petite baisse de l'indemnité. Aussi se raidit-il en refusant de soutenir son allié face à l'Autriche. Tout au plus consent-il à une vague médiation, mais sans se lier les mains. Ayant épuisé la séduction, l'Aigle tente la colère en piétinant rageusement son chapeau. Alexandre, d'un calme olympien, le fixe et, sans baisser les yeux, lui dit d'une voix posée : « Vous êtes violent, je suis entêté : avec moi, la colère ne gagne donc rien. Causons, raisonnons ou je pars. » Et Napoléon, penaud, de rattraper le tsar par la manche pour poursuivre la négociation. Décontenancé par la résistance passive de son interlocuteur, Napoléon confie son trouble à Talleyrand : « Je l'ai retourné dans tous les sens ; mais il a l'esprit court ; je n'ai pas avancé d'un pas, lui confie-t-il.

« — Sire, répond impassible l'ex-ministre, je crois que Votre Majesté en a fait beaucoup depuis qu'elle est ici, car l'empereur Alexandre est complètement sous le charme.

« — Il vous le montre, vous êtes sa dupe. S'il m'aime tant, pourquoi ne signe-t-il pas[1] ? »

Talleyrand ne connaît que trop bien la réponse. Depuis le début des entrevues, il n'a cessé de mettre en garde le tsar en des termes comminatoires. Sans doute déjà vendu à l'Autriche, le grand dignitaire vient venger sa disgrâce et préparer l'avenir. Il aborde Alexandre par l'apostrophe célèbre : « Sire, que venez-vous faire ici ? C'est à vous de sauver l'Europe et vous n'y parviendrez qu'en tenant tête à Napoléon. Le peuple français est civilisé, son souverain ne l'est pas ; le souverain de la Russie est civilisé, son peuple ne l'est pas : c'est donc au souverain de la Russie d'être l'allié du peuple français. » Chaque jour, il instille son fiel, prépare Alexandre à l'entretien du lendemain en lui dévoilant les exigences de son maître et les réponses à y apporter. A l'entendre, la

1. Napoléon explique le changement d'attitude du tsar par le choc de Baylen : « Ces diables d'affaires d'Espagne me coûtent cher », constate-t-il.

France est lasse de la gloire : « Le Rhin, les Alpes, les Pyrénées sont la conquête de la France, le reste est la conquête de l'Empereur ; la France n'y tient pas », dit-il également à celui qu'il destine déjà au rôle de sauveur de l'Europe. Les confidences recueillies, qui seront suivies d'autres payées grassement, révèlent au tsar qu'une partie notable des élites françaises rejette l'ivresse conquérante de l'Aigle. Le voile d'une France unie derrière son chef se déchire, le fortifiant dans ses velléités de résistance. Le poids de Talleyrand, réputé pour sa sagacité et son flair, se renforce d'autres échos venant de la délégation française[1]. Plutôt que de rompre – le temps n'est pas encore venu –, « le Sphinx du Nord » choisit un attentisme prudent, masquant son éloignement sous un flot de paroles amicales, jurant d'autant plus fort sa fidélité à Napoléon qu'il s'en détache, à l'affût du moment propice. « C'est un torrent qu'il faut laisser passer », précise-t-il à un témoin au sujet de son nouvel « ami ». Autant suivre le courant. Mais il sait désormais que Napoléon n'est plus l'empereur de tous les Français. Sur les conseils de Talleyrand, Alexandre reçoit l'envoyé autrichien, le baron de Vincent, pour lui prodiguer des paroles rassurantes : « L'Autriche n'a point de meilleur ami que moi, lui dit-il, et je me sens engagé d'honneur à la préserver de toute atteinte. »

Détruite dans son esprit, l'alliance se maintient dans les faits. Chacun des deux souverains a intérêt à sauvegarder les apparences : le tsar pour s'emparer librement des provinces danubiennes et renforcer son armée, Napoléon pour conforter son prestige et obtenir les quelques mois nécessaires à son intervention en Espagne. Alexandre, outre l'acquisition de la Moldavie et de la Valachie, fait inscrire dans la convention signée le 12 octobre la réduction de la dette prussienne et l'évacuation des corps de la Grande

1. Recueillis par Müller, ils sont colportés au tsar par le duc d'Oldenbourg.

Armée massés en Pologne. Mis à part un blanc-seing pour la conquête de la péninsule Ibérique, Napoléon n'obtient rien de concret, notamment envers l'Autriche. Le texte parle vaguement de « faire cause commune », évitant ainsi d'aligner formellement la Russie à nos côtés, même en cas d'attaque autrichienne. Les deux puissances contractantes s'engagent enfin à faire une proposition de paix commune à l'Angleterre sur la base de l'« ultime possédant ». Poudre aux yeux pour l'opinion, tout le monde sachant qu'Albion ne traitera jamais sur cette base qui l'obligerait à renoncer à la fois à la Belgique, à la Hollande et à l'Espagne, les trois piliers de son commerce sur le Vieux Continent. Le 14 octobre, Napoléon et Alexandre se séparent avec toute la chaleur requise pour entretenir l'illusion de l'amitié. Personne, parmi les milliers de témoins présents, ne peut imaginer qu'ils ne se reverront jamais et que, moins de quatre ans plus tard, un demi-million d'hommes franchiront le Niémen pour trancher le nœud gordien de la domination du monde. L'air sombre, Napoléon quitte Erfurt pour l'Espagne, certain de contenir l'Autriche le temps nécessaire. Tandis qu'il trône à Madrid, le gouvernement viennois arme à nouveau et fait parvenir à Metternich des instructions explicites : « Si la guerre n'entre pas dans les calculs de Napoléon, elle doit essentiellement entrer dans les nôtres. »

L'alerte

Madrid prise, Napoléon se rue à la poursuite du corps anglais de Moore lorsqu'il apprend deux nouvelles qui vont précipiter son retour à Paris : l'Autriche mobilise, Talleyrand et Fouché complotent et auraient prévenu Murat de se tenir prêt à lui succéder[1].

1. Un courrier porteur d'une lettre compromettante à Murat fut découvert grâce à la sagacité de Lavalette, directeur des Postes, et d'Eugène de Beauharnais ; Laetizia aurait confirmé l'information.

Avant de partir rejoindre son armée, l'Aigle doit d'abord remettre de l'ordre dans sa cour. La réconciliation entre Talleyrand et Fouché signifie la montée en puissance d'un « parti de la paix » dépassant les divisions politiques héritées de la Révolution, sachant que les deux ministres incarnent respectivement le libéralisme et le jacobinisme. Elle prouve aussi le détachement d'une grande partie des notables et atteste d'une recomposition tournée contre l'Empereur.

Jusqu'alors, la division entre les deux grandes figures du régime, l'aristocrate et le Jacobin, la droite et la gauche bonapartiste, constituait un précieux instrument de pouvoir pour Napoléon. Régnant par cette division qu'il entretenait avec soin, il se sentait en sécurité tant les deux hommes s'épiaient réciproquement, échangeant des mots cruels qui avivaient leur inimitié. Saluant la nomination de Talleyrand à la dignité de vice-grand électeur, le duc d'Otrante avait ainsi commenté : « C'est le seul vice qui lui manquait. » A un proche lui affirmant que Fouché méprisait les hommes, Talleyrand ripostait qu'il n'y avait là rien d'anormal, le ministre de la Police s'étant beaucoup étudié.

Or, à la stupeur générale, les deux compères apparaissent bras dessus, bras dessous dans plusieurs réceptions, l'Empereur absent, au cours de l'hiver 1808. S'ils s'affichent ostensiblement, pense Napoléon à juste titre, ce n'est pas sans s'être assurés de puissants soutiens à tous les échelons de la hiérarchie. Fouché amène dans la corbeille sa puissante police et ses réseaux politiques, Talleyrand l'essentiel des diplomates et sa nombreuse clientèle à la Cour. A eux deux, ils ont la force et l'expérience nécessaires pour faire tomber le régime[1]. Sauf que ces

1. « Il s'agissait de s'entendre d'avance sur ce qu'il y aurait à faire dans le cas où l'Empereur serait tué en Espagne, précise Thibaudeau dans ses Mémoires. Dans cette convention, ajoute-t-il, Talleyrand représentait l'ancien régime, Fouché le nouveau, et ils se flattaient qu'à eux deux, ils auraient assez d'influence et de pouvoir pour établir en France ce que dans leur sagesse ils croyaient le plus conforme à ses besoins, sans oublier leurs propres intérêts. »

renards ne sont pas des aigles et n'osent pas franchir le Rubicon. « Je vois Monsieur de Talleyrand et son ami Fouché toujours de même, rapporte Metternich le 17 janvier 1809 ; très décidés à saisir l'occasion si cette occasion se présente, mais n'ayant pas assez de courage pour la provoquer. Ils sont dans la position de passagers qui, voyant le timon entre les mains d'un pilote extravagant et prêt à faire chavirer le vaisseau contre des écueils qu'il est allé chercher de gaieté de cœur sont prêts à s'emparer du gouvernail… dans le moment où le premier choc du vaisseau renverserait le pilote lui-même. » Il n'empêche : leur rapprochement confirme à Vienne et à Saint-Pétersbourg les échos récents sur la lassitude de l'entourage et l'existence d'une opposition prête à prendre la relève afin d'établir une monarchie constitutionnelle en paix avec l'Europe.

Napoléon ne connaît pas et ne semble même pas soupçonner la trahison d'Erfurt. Mais ce qu'il entend et ce qu'il devine lui suffit à vouloir frapper vite et fort. Plutôt que Fouché, dont il a besoin pour tenir le pays durant la campagne prochaine et qu'il préfère maintenir au ministère durant son absence[1], il choisit de lancer la foudre contre Talleyrand. D'abord, ce dernier n'est plus ministre, ce qui en fait un poids plus léger à délester. Ensuite, il ne lui pardonne pas ses saillies à répétition contre la guerre d'Espagne, dont il a été l'inspirateur mais dont il juge maintenant bon de se démarquer depuis que l'affaire a pris mauvaise tournure. Non content de s'arrêter là, le prince de Bénévent susurre ses regrets à propos de l'assas-

1. « Quant à Fouché, Napoléon l'ajourne. Il ne lui convenait point de porter, à la suite, deux coups retentissants sur deux de ses plus notables serviteurs, et de notifier ainsi à l'Europe, la défection de l'Empire. L'opinion s'alarmerait, Fouché semblerait atteint par ricochet ; ce serait lier sa disgrâce à celle de Talleyrand et nouer le complot, en le déclarant publiquement. Enfin, il y aurait de l'impudence à changer, à la veille d'une entrée en campagne, le ministre de la Police. L'Empereur se réserve de congédier Fouché quand il n'aurait plus lieu de le craindre », analyse Albert Sorel.

sinat du duc d'Enghien, lui qui l'a conseillé avec tant de véhémence ! Enfin, l'Aigle ne supporte plus ses multiples prévarications qui entachent la réputation d'intégrité de son gouvernement. Mais il y a quelque chose de plus, la blessure de l'amitié trahie, que seuls peuvent comprendre les deux protagonistes. Aussi incroyable que cela puisse paraître, Napoléon a aimé Talleyrand – le premier au sein du Directoire à lui avoir fait confiance –, l'aristocrate renégat dont le ton et les manières l'ont séduit tout comme l'habileté et l'intelligence. Contrairement à Fouché, rallié au coup d'Etat, Talleyrand est un bonapartiste de la veille, le complice de la marche au pouvoir, le confident intime, le mentor diplomatique, l'architecte du Grand Empire. Talleyrand aussi a aimé Napoléon mais s'en est vite éloigné, jugeant son maître emporté par sa conquête, condamné à brève échéance. Son renvoi du ministère a été vécu par lui comme un affront. La trahison d'Erfurt inaugure sa vengeance que l'alliance avec Fouché prolonge en politique intérieure.

La scène éclatante du 23 janvier 1809 énumère les griefs accumulés : « Vous êtes un homme sans foi ni loi. Vous trahiriez votre mère », ose Napoléon. Tout y passe : le duc d'Enghien, l'Espagne, même la liaison de la femme de l'évêque apostat avec le duc de San Carlos. Avant de conclure par le fameux : « Vous êtes de la merde dans un bas de soie », raccourci génial qui souillera Talleyrand dans la mémoire collective. Face à l'orage, le grand dignitaire, accoudé à une cheminée, blêmit mais ne répond pas. Decrès, présent comme ministre de la Marine, s'avoue impressionné par « l'apparente insensibilité du patient qui, pendant près d'une demi-heure, endura, sans sourciller, sans répondre une parole, un torrent d'invectives dont il n'y avait peut-être jamais eu d'exemple entre gens de cette sorte et dans un pareil lieu[1] ».

1. Son témoignage est cité par Pasquier dans ses Mémoires.

« Dommage qu'un si grand homme soit si mal élevé », commente sobrement Talleyrand au sortir de la scène avant de regagner son hôtel où il est tout de même victime d'un malaise. Il s'attend à la prison, redoute même l'exécution. Or, à la surprise générale, l'Empereur se contente de lui retirer sa charge de grand chambellan, mais lui conserve un rang prestigieux de grand dignitaire. Erreur mortelle confessera-t-il à Sainte-Hélène : « J'ai fait une grande faute ; l'ayant conduit au point de mécontentement où il était arrivé, je devais ou l'enfermer, ou le tenir toujours à mes côtés. Il devait être tenté de se venger ; un esprit aussi délié que le sien ne pouvait manquer de reconnaître que les Bourbons s'approchaient, qu'eux seuls pouvaient assurer sa vengeance ». Comme toujours, Napoléon blesse sans briser, laisse la porte ouverte, croit qu'il a gagné en se contentant de faire peur, sauf qu'il ne sait pas se passer des services de son diplomate le plus talentueux, ce qui revient à avouer sa faiblesse. Le résultat est sans appel : chez Talleyrand, la haine remplace la peur et décuple la soif de vengeance.

*

En un sens, Napoléon traite l'Autriche comme son ministre : son arrogance lui paraît inconcevable. Comment ose-t-elle se dresser contre lui alors qu'elle n'a pas d'alliés ? « Elle veut un soufflet, je m'en vais le lui donner sur les deux joues et vous allez la voir m'en remercier et me demander des ordres sur ce qu'elle a à faire », dit-il au ministre russe Roumiantsov. Fort de l'agression autrichienne, qui envahit sans crier gare la Bavière en avril 1809, il croit pouvoir compter sur l'entrée en guerre de l'ami Alexandre. Pris entre deux feux – France et Confédération du Rhin à l'ouest, Russie et grand-duché de Varsovie à l'est –, l'Empire des Habsbourg sera écrasé avec encore plus de facilité qu'en

1805. « Je laisse mes meilleures troupes [en Espagne], mais je m'en vais à Vienne seul avec mes petits conscrits, mon nom et mes grandes bottes », écrit-t-il à Joseph, sûr de la victoire.

Au premier abord, la campagne semble débuter aussi bien que la précédente. Napoléon rejette les Autrichiens de Bavière fin avril et marche sur Vienne qu'il atteint le 13 mai. Mais la promenade militaire annoncée se transforme en conflit acharné, longtemps indécis. L'Autriche de 1809 n'a plus grand-chose à voir avec celle d'Austerlitz. Passive quatre ans plus tôt, la population fait désormais corps avec son armée. Comme en Espagne, Napoléon assiste à l'éveil d'un patriotisme tourné contre la France : « En 1805, la guerre était dans le gouvernement, non dans l'armée ni le peuple. En 1809, elle est voulue par le gouvernement, par l'armée et par le peuple », rapporte un contemporain[1]. Dirigé par l'archiduc Charles, l'armée présente des effectifs et une organisation supérieurs. Sa division en corps d'armée, qu'elle nous emprunte, la dote d'une grande mobilité.

L'Autriche utilise à son tour l'arme des proclamations. Afin d'enflammer ses troupes, son général en chef les appelle à une grande croisade pour la libération de l'Allemagne : « Sur vous sont fixés les yeux de tous ceux qui ont encore le sentiment de l'honneur et de l'indépendance nationale. La liberté de l'Europe s'est réfugiée sous vos étendards. Vos victoires briseront les chaînes de vos frères allemands. » Un appel solennel rédigé par Arndt ambitionne de provoquer une révolte générale en Prusse et dans les Etats de la Confédération du Rhin : « Le passé n'est plus : vous ne pouvez pas être Saxons, vous ne pouvez pas être Bavarois, vous ne pouvez pas être Wurtembourgeois, en tant que petites nations dis-

1. Son témoignage, écrit de Vienne en avril 1809, est cité par Albert Sorel dans *L'Europe et la Révolution française*.

tinctes ; il faut que vous vouliez être des Allemands. » Autrement « vous resterez au nom de Dieu les valets des Français[1] ». C'est pourquoi Jacques Bainville observe à juste titre qu'« il en coûte plus en 1809 pour vaincre l'Autriche seule qu'en 1805 les Autrichiens et les Russes réunis ».

Face à ce nouveau souffle, la Grande Armée n'a plus la valeur de sa devancière. Ses meilleurs corps combattent en Espagne. La majorité des conscrits manque d'expérience et parfois de discipline. Un tiers du contingent provient maintenant des alliés étrangers, notamment saxons, bavarois et wurtembourgeois. Si certains combattent avec valeur, ils manquent souvent d'endurance et hésitent parfois à ouvrir le feu contre d'autres Allemands. D'où un désordre chronique inconnu jusque-là, orchestré par des bandes de pillards que Davout mate à coups de colonnes mobiles et d'exécutions, ainsi qu'une baisse du moral inspirant à Metternich ce jugement : « Napoléon n'a qu'une armée, sa Grande Armée. »

Reste le génie manœuvrier de l'Empereur. Arrivé sur le front le 17 avril 1809, une semaine après l'attaque de la Bavière[2], il remanie la disposition de ses corps d'armée, mal engagée par Berthier qui a assuré l'intérim en son absence. En cinq jours, il remporte cinq victoires : Tengen, Ebersberg, Landshut, Eckmühl et Ratisbonne. Cependant, contrairement à Ulm, aucune ne s'avère décisive. Quoique séparé d'une partie de ses forces, Charles peut se replier jusqu'à Vienne sans être sérieusement entamé. Les Autrichiens se battent comme des lions : à Ebersberg, ils

1. Rédigée par Schlegel, une autre proclamation invite à combattre « pour rendre à l'Allemagne son indépendance et son honneur national ».

2. Sur les 400 000 hommes dont il dispose, l'archiduc Charles a concentré l'essentiel en l'Allemagne, déployant cependant deux armées pour attaquer l'Italie (archiduc Jean) et la Pologne (archiduc Ferdinand).

mettent le feu à la ville après avoir défendu âprement le pont[1], appliquant la stratégie de la terre brûlée pratiquée par Wellington. « Le pont couvert de morts et de blessés, note Cadet de Gassicourt en traversant Ebersberg en flammes ; la rivière remplie de cadavres et de débris ; toutes les maisons écroulées et fumantes, les rues jonchées de corps mutilés et brûlés, conservant encore après la mort l'attitude et l'expression de la plus horrible douleur ; des femmes, de malheureux enfants consumés dans les bras l'un de l'autre ; et dans ce désastre général, une armée traversant ce théâtre de destruction au bruit d'une musique guerrière, les voitures roulant sur quinze cents morts, brisant leurs crânes et emportant les lambeaux de leur dépouille. » La guerre, bien loin des grandes manœuvres d'Iéna ou d'Austerlitz, prend un aspect chaque jour plus sauvage, rappelant le cauchemar d'Eylau.

Même l'Empereur ne semble plus invulnérable : devant Ratisbonne, il est légèrement blessé à l'orteil par une balle provenant d'une carabine tyrolienne. Il a beau se montrer aux troupes, cela ne suffit pas à dissiper l'inquiétude de soldats moins préservés par l'empereur de l'Europe que par le petit caporal de jadis.

Dernière mauvaise nouvelle : l'archiduc Charles a fait couper les ponts sur le Danube dont Lannes et Murat avaient pu s'emparer par surprise en 1805. Son armée rangée en ordre de bataille, il attend Napoléon sur l'autre rive, prêt à en découdre. La Grande Armée va devoir bâtir ses propres ponts et passer le fleuve sous le feu de l'ennemi. Décidément, cette campagne n'a rien à voir avec sa devancière.

---

1. « C'était un spectacle affreux de voir les malheureux soldats estropiés, se débattant dans les bras de leurs camarades qui les précipitaient dans l'eau, et ceux-ci, bientôt blessés eux-mêmes, jetés dans la rivière par les soldats qui les suivaient », témoigne Cadet de Gassicourt, auteur d'une relation réputée de la campagne intitulée *Voyage en Autriche, en Moravie et en Bavière. Fait à la suite de l'armée française pendant la campagne de 1809*.

*

La suite est pire et commence à Essling. Pour déloger les Autrichiens, cantonnés dans une excellente position défensive, Napoléon fait bâtir par son génie un grand pont, en deux tronçons, qui s'appuie sur la petite île de Lobau. Les deux premiers corps de Lannes et Augereau franchissent le fleuve le 20 mai et attaquent témérairement l'ennemi. Malgré plusieurs avantages marqués, la rupture du pont oblige l'Empereur à suspendre son mouvement puis à commander la retraite. Profitant d'une crue du Danube, les Autrichiens ont aidé le destin en jetant dans les eaux bouillonnantes force troncs d'arbres et barques chargées de pierres. Portées par le courant, elles ont fini par faire céder les piliers, isolant notre avant-garde du reste de nos forces. Voyant les Français reculer, l'archiduc déclenche une canonnade terrible qui décime nos régiments. « Les obus faisaient sauter les bonnets à vingt pieds de haut », rapporte le célèbre Coignet. Fort de son avantage, Charles déclenche ensuite une contre-attaque qui lui permet de récupérer l'essentiel du terrain perdu.

C'est au beau milieu de ce carnage que Lannes rencontre soudain cette mort qu'il a tant de fois bravée. Choqué par la mort d'un ami, il s'éloigne pour méditer lorsque quatre soldats déposent devant lui un brancard où gît un autre de ses compagnons, le général Pouzet – « "Ah ! s'écrie-t-il, cet affreux spectacle me poursuivra donc partout !" Il se lève et va s'asseoir sur le bord d'un autre fossé, la main sur les yeux et les jambes croisées l'une sur l'autre. Il était là, plongé dans de sombres réflexions, lorsqu'un petit boulet de trois, lancé par le canon d'Enzenbdorf, arrive en ricochant et va frapper le maréchal au point où les deux jambes se croisaient !.... La rotule de l'une fut brisée, et le jarret de l'autre déchiré. » Marbot, qui rapporte la scène, témoigne de l'émotion de l'Empereur, accouru en hâte au reçu de la nouvelle. Il le montre à genoux au pied du brancard, pleurant, son gilet de casimir blanc rougi du sang de son vieux compagnon d'armes[1].

Avant d'être emporté sur le champ de bataille, ce fidèle lieutenant, le seul à oser encore tutoyer l'Empereur, l'aurait mis en garde en des termes sévères et prophétiques recueillis par Cadet de Gassicourt : « Tu viens de faire une grande faute, elle te prive de ton meilleur ami, mais elle ne te corrigera pas. Ton ambition insatiable te perdra ; tu sacrifies sans nécessité, sans ménagement, sans regrets, les hommes qui te servent le mieux. Ton ingratitude éloigne de toi ceux qui t'admirent ; tu n'as plus autour de toi que des flatteurs ; je ne vois pas un ami qui ose te dire la vérité. On te trahira, on t'abandonnera ; hâte-toi de terminer cette guerre : c'est le vœu de tes généraux ; c'est sans doute celui de ton peuple. Tu ne seras jamais plus puissant, tu peux être bien plus aimé ! Pardonne à un mourant ces vérités, ce mourant te chérit[2]... »

Le 31 mai, le duc de Montebello expire après une longue agonie. Napoléon demeure prostré plusieurs minutes avant de conclure : « Au surplus, tout finit comme ça ! »

---

1. Son récit est complété par celui du lieutenant Chevalier dans ses souvenirs. « Il (Napoléon) se précipite sur le corps inanimé, l'embrasse, l'appelle avec un long cri de douleur… “Lannes,… mon ami… me reconnais-tu ?…. c'est l'Empereur… c'est Bonaparte !…. c'est ton ami !….” Il (Lannes) ouvre les paupières et prononce quelques mots, entrecoupés par la douleur : “Avant une heure, dit-il, vous aurez perdu celui qui fut votre meilleur ami… Adieu.” Napoléon à genoux, penché sur le brancard, lui tend les bras, Lannes fait un effort, passe ses bras autour du cou de l'Empereur qui baise ce front décoloré en le baignant de ses larmes. »

2. Ces propos sont contestés, en particulier par Marbot. Plusieurs historiens les jugent apocryphes. Pourtant, ils sonnent étrangement justes et correspondent à la pensée d'un Lannes de plus en plus pessimiste et critique envers Napoléon depuis qu'il a dirigé le terrible siège de Saragosse.

Au déjeuner, son mamelouk Roustan le surprend en pleurs, une larme tombant dans sa soupe. En Lannes, Napoléon perd non seulement un général d'envergure, mais aussi un ami sincère – « il m'aime comme une maîtresse », dit-il à Caulaincourt –, l'un de ceux qui incarnaient l'ascension sociale et intellectuelle que permettrait le régime : « Chez Lannes, le courage l'emportait d'abord sur l'esprit ; mais l'esprit montait chaque jour pour se mettre en équilibre ; je l'avais pris pygmée, je l'ai perdu géant », résume l'Empereur[1].

*

Essling est un Eylau à l'envers, puisque cette fois Napoléon doit abandonner le champ de bataille. Que 27 000 Autrichiens soient morts contre 16 000 Français ne change rien à l'affaire. L'archiduc Charles crie victoire tandis que la Grande Armée, très affaiblie, se trouve momentanément isolée sur l'île de Lobau : « Pendant plusieurs jours, il fut impossible de nous faire passer aucune vivre, affirme le lieutenant Chevalier. On dévora un grand nombre de chevaux, plus de la moitié des blessés moururent de privations de toute espèce, ils n'avaient rien pour alléger leurs cruelles souffrances. […] L'artillerie était encore plus maltraitée ; l'infanterie plus abîmée, enfin plus de la moitié de l'armée était hors de combat, et ce qu'il en restait n'avait ni vivres, ni munitions. […] On n'entendait dans l'île que des cris de désespoir et de malédictions. »

Contre l'avis de son état-major, Napoléon décide de se maintenir sur place coûte que coûte. Cette obstination contribue à désorienter les ralliés de l'avant-veille : « Essling fut le premier coup à la fortune de l'Empereur ou plutôt à la renommée de cette fortune qu'on pourrait appeler le crédit. On répandit le bruit que l'Empereur était fou et,

1. Le 6 juillet 1810, premier anniversaire de Wagram, son corps sera déposé au Panthéon.

sans le croire précisément, personne ne témoigna de surprise », précise Mme de Chastenay dans ses Mémoires. Le réduit de Lobau donne surtout des idées aux Etats allemands, ce qui n'échappe pas à Beugnot, alors ministre dans le grand-duché de Berg : « L'Allemagne avait les yeux attachés sur cette île de Lobau. Serait-elle le tombeau de l'armée française ou l'Aigle de Napoléon s'en échapperait-il victorieux ? J'étais fort ébranlé par les opinions des gens du métier, qui Français ou Allemands, s'accordaient sur les dangers de la position. Personne ne croyait que l'Empereur trouvât dans l'île de Lobau des ressources pour refaire son armée et reprendre l'offensive, et on croyait encore moins que le prince Charles le laissât faire. »

Rattaché contre son gré à la Bavière après Austerlitz, le Tyrol se soulève sous la houlette de l'aubergiste Andreas Hoffer. Cette ancienne province autrichienne, très attachée à sa culture et à son autonomie, refuse l'intégration napoléonienne[1]. Maîtresse d'Innsbruck un temps, l'insurrection détruit plusieurs de nos colonnes, opérant par embuscades et coups de main sur le modèle espagnol. Le général Lefebvre, envoyé sur place pour mater la révolte,

---

1. S'y ajoute une exaspération devant la ruine de son commerce, résultat du Blocus et de notre protectionnisme outrancier. « Mais le soulèvement est bien plus qu'une protestation contre la crise économique, précise Jean Tulard. C'est un grand appel au patriotisme régional, au sentiment d'identité politique et culturelle menacé par les mesures centralisatrices de la Bavière [...]. Sans l'action du propagandiste autrichien Hormayr et le renfort militaire de l'archiduc Jean, il n'est pas certain qu'Andreas Hoffer aurait réussi à soulever ses compatriotes au cri de "Gott, kaiser und aterland". C'est là, ajoute-t-il dans *Le Grand Empire*, une contre-révolution exemplaire, avec des connotations religieuses, des mesures discriminatoires contre les étrangers, les protestants et les juifs, l'exigence d'un retour au temps passé, à ses privilèges, à ses libertés. » Hoffer, encerclé après la défaite de l'Autriche, sera finalement capturé et fusillé en février 1810. En attendant, il aura distrait tout un corps franco-bavarois, qui manquera cruellement à Wagram.

ne sait pas où donner de la tête. Napoléon lui fait parvenir des instructions impitoyables, déjà appliquées à Naples et en Espagne : « Mon intention est que vous exigiez qu'on vous livre 150 otages pris dans tous les cantons du Tyrol, que vous fassiez piller et brûler au moins six gros villages et les maisons des chefs et que vous déclariez que je mettrai le pays à feu et à sang si l'on ne me rapporte pas tous les fusils… Faites la loi que toute maison dans laquelle un fusil sera trouvé sera rasée, tout Tyrolien sur lequel un fusil sera trouvé sera passé par les armes. » Et de conclure : « Soyez terrible. »

Le feu patriotique se répand : « La tournure que prenait la guerre d'Espagne minait notre crédit en Allemagne, note Beugnot. Les princes de la confédération suivaient publiquement nos drapeaux ; leurs peuples formaient des vœux secrets contre nous. […] Il y avait au fond de l'âme de chaque Prussien, non pas le besoin, mais la rage de la vengeance contre tout ce qui portait le nom français. » Si Fréderic-Guillaume III, toujours aussi pusillanime, refuse de bouger, plusieurs de ses sujets n'ont pas les mêmes scrupules. La Westphalie de Jérôme, majoritairement peuplée de Prussiens, fait l'objet de coups de main d'un certain lieutenant Katt tandis que le major Schill[1] entraîne son régiment dans plusieurs raids victorieux avant d'être cerné le 31 mai dans la petite ville de Stralsund où il s'était réfugié[2]. Enfin, en avril, le colonel Doernberg, attaché au service de Jérôme, échoue dans sa tentative de coup d'Etat. La Saxe se voit attaquée par la légion noire du fils du duc de Brunswick. Détrôné à Tilsit, ce dernier vient tenter de récupérer ses terres en occupant Dresde et

1. Il était considéré par les Prussiens comme un héros de la guerre de 1806-1807 pour avoir conservé la forteresse de Colberg jusqu'au traité de Tilsit.

2. Schill fut tué et décapité par des soldats hollandais qui touchèrent la prime de 10 000 francs promise par le gouvernement.

Leipzig avant de gagner la côte et de s'enfuir à bord d'une escadre anglaise à l'automne.

Sauf le Tyrol, il ne s'agit que de coups d'épingle, mal coordonnés, sans chance de succès. Contrairement aux vœux des nationalistes, la masse des Allemands n'a pas bougé, suscitant l'indignation de l'écrivain Arndt qui publie un *Appel aux Allemands* vengeur après la mort de Schill :

Vous n'êtes plus des hommes,
mais un peuple de femmes :
Je ne vois plus que des dos courbés docilement offerts
A la morsure du fouet des esclaves.

Plutôt rassuré par l'évolution de la situation militaire – il reçoit le renfort des 40 000 hommes de l'armée d'Italie, victorieuse de l'archiduc Jean à Raab, et de 10 000 hommes amenés d'Illyrie par Marmont –, Napoléon subit en revanche une terrible déception avec Alexandre Ier. Déjà complice de l'Autriche[1], celui-ci fait tout ce qui est en son pouvoir pour limiter son intervention sur le front est des opérations. Après avoir tergiversé plusieurs semaines sous des prétextes fallacieux, il finit par déplacer plusieurs divisions vers la Pologne mais se garde bien d'attaquer le corps autrichien. Pis, il contrecarre ouvertement les initiatives de Poniatowski, qui, à la tête de l'armée du grand-duché de Varsovie, tente de soulever la Galicie, principale province polonaise de l'empire des Habsbourg. Les deux armées, russe et polonaise, se livrent à une course-poursuite pour s'emparer des villes et sont plus d'une fois sur le point de s'étriper. Mais on ne dupe pas Napoléon :

1. Selon Albert Vandal : « Alexandre s'était engagé auprès de l'Autriche afin "que rien ne serait oublié de ce qu'il serait humainement possible d'imaginer pour éviter de nous porter des coups". [...] Le 20 avril, Alexandre réitérait ces assurances et même allait plus loin : il affirmait que ses troupes auraient l'ordre d'éviter, autant qu'il dépendait d'elles, toute collision, tout acte d'hostilité ; que d'ailleurs leur entrée en campagne serait soigneusement retardée. »

« Ce n'est pas une alliance que j'ai là », constate-t-il avec amertume auprès de Savary. Le 2 juin, dix jours après Essling, il fait écrire par Caulaincourt une lettre qui vaut déjà rupture : « Le cœur de l'Empereur est blessé ; il n'écrit pas à cause de cela à l'empereur Alexandre ; il ne peut pas lui témoigner une confiance qu'il n'éprouve plus. Il ne dit rien, il ne se plaint pas ; il renferme en lui-même son déplaisir, mais il n'apprécie plus l'alliance de la Russie [...] quarante mille hommes que la Russie aurait fait entrer dans le grand-duché, auraient rendu un véritable service, et auraient au moins entretenu quelque illusion sur un fantôme d'alliance. » Napoléon réalise-t-il alors, confronté à sa première épreuve d'envergure, qu'il demeure plus seul que jamais ? Il découvre la palinodie russe, connaît l'hostilité prussienne, la rage espagnole, la haine des rois. « Ils se sont tous donné rendez-vous sur ma tombe, mais ils n'osent s'y réunir », aurait-il dit alors[1]. Tout va dépendre du sort de la future bataille.

*

L'archiduc Charles, dans l'espoir de rééditer Essling, conserve globalement le même schéma tactique. Napoléon le conforte dans ses certitudes en semblant, à son tour, adopter les mêmes dispositions : concentration du corps de Masséna autour de la position précédente d'Aspern et Essling, construction d'un immense pont de 750 mètres, passant sur 60 arches, reliant les deux rives du Danube en s'appuyant sur l'île de Lobau. En réalité, il a décalé tout son dispositif d'un cran vers la droite. Ainsi, Masséna ne forme plus le centre mais la gauche de la Grande Armée qui se déploie plus à l'est, ayant franchi le passage entre Lobau et la rive gauche au moyen de ponts plus petits construits à partir de la droite de l'île, le pont

1. Le propos est rapporté par le lieutenant Chevalier dans ses souvenirs.

principal étant au nord. L'ensemble du schéma tactique français a souvent été comparé à une faux dont le manche est constitué par notre gauche (Masséna, Bernadotte), la pointe par Oudinot (centre), chargé de crever le centre ennemi massé autour du village de Wagram, Davout (droite) ayant lui pour objectif de déborder l'ennemi par sa gauche. Favorisés par un orage épouvantable qui masque leurs manœuvres, les différents corps prennent position à partir du 4 juillet au soir[1]. Chacune des deux armées aligne environ 150 000 hommes, deux fois plus qu'à Eylau.

Surpris par notre manœuvre, les Autrichiens reculent dans la matinée en découvrant leur centre. Vers six heures, Napoléon déclenche l'attaque de rupture sur Wagram dont il charge le corps de Bernadotte, essentiellement composé de Saxons. Malheureusement, ce dernier est repoussé et commence à refluer en désordre, entraînant un début de débandade que Napoléon doit venir contrecarrer en personne[2].

Il y aura donc une seconde journée de bataille encore plus rude, l'effet de surprise étant manqué. Le 6 juillet, chacun essaie de percer l'autre sur son point faible : la gauche de Masséna pour les Autrichiens, le centre autrichien pour la Grande Armée, tandis que Davout pousse ses efforts d'enveloppement de la gauche ennemie. Le lieutenant Chevalier donne la mesure de l'affrontement

1. « Le ciel était en feu ; c'était un magnifique spectacle : le tonnerre semblait lutter avec les détonations des batteries, et dans les intervalles des éclairs qui illuminaient cette scène imposante, les bombes et les obus semblaient se mêler avec la foudre qui sillonnait les rues », écrit le général Dumas dans ses souvenirs.

2. Apercevant Bernadotte, Napoléon l'apostrophe rudement et lui retire *sine die* son commandement : « Eloignez-vous de moi sur-le-champ et quittez la Grande Armée dans les vingt-quatre heures ; je n'ai que faire d'un brouillon tel que vous ! », explose l'Empereur. L'humiliation pèsera lourd dans la trahison ultérieure de Bernadotte.

qui tourne au carnage : « C'était un bien cruel et déchirant spectacle que de voir les deux armées s'élancer l'une sur l'autre, avec fureur et acharnement, se déchirer comme des bêtes féroces… se heurter… se reculer, s'avancer et reculer encore. Vingt fois, ils en vinrent aux mains, se quittant un moment pour se rejeter l'une sur l'autre avec plus de cruauté, semblables à des vaisseaux battus par la tempête sur une mer en fureur, les flots irrités les font heurter avec force, la secousse les fait reculer… Mais la mer furieuse les rapproche encore… et le choc est cette fois si violent que l'un des deux se brise. »

La matinée reste indécise. Masséna joue à merveille son rôle d'abcès de fixation mais a bien du mal à ne pas être submergé[1]. La pression autrichienne s'exerçant alors sur les deux ailes, Napoléon modifie ses dispositions en pleine bataille afin de percer le centre adverse par une attaque coup de poing. Tandis que Masséna exécute une marche de flanc de 5 kilomètres, Napoléon fait dresser au prix de rudes pertes une batterie géante, forte de plus de 100 pièces, dirigée par Drouot. Vomissant les boulets sur le centre ennemi, elle prélude à l'attaque de 26 bataillons, près de 15 000 fantassins, conduits par MacDonald, appelée pour en finir. Formant un carré d'un kilomètre de côté, la colonne de fer s'enfonce au prix de rudes pertes avant à nouveau d'être stoppée. Napoléon jette alors ses réserves – l'archiduc Charles n'en a plus[2] –, ce qui lui permet enfin de « créer l'événement », soit de percer l'ennemi, obligé dès lors à la retraite sous peine d'être anéanti. Vers trois

1. Demandant des renforts, il s'attire cette réponse typique de l'Empereur : « Dites à Masséna que je n'ai pas de troupes à ma disposition ; je n'en ai pas dans ma poche. Il faut que chacun se batte comme il peut. »

2. Le prince de Ligne, qui observait la bataille avec des amis, a parfaitement discerné le tournant. Alors qu'une contre-attaque autrichienne remporte quelques succès, il prophétise : « Ne vous réjouissez pas encore, le prince Charles sera battu, car il n'a pas de réserves et voyez les masses de celles de Napoléon encombrer la plaine ! »

heures de l'après-midi, l'archiduc ordonne en conséquence un repli qui s'effectue dans un ordre parfait, la cavalerie française, après trente-six heures de combats, n'étant plus en état de poursuivre[1].

Victoire chèrement acquise : 25 000 morts pour chacune des deux armées. Bien loin des triomphes d'Austerlitz, Iéna et Friedland obtenus en une seule journée et présentant un rapport de tués de un à trois ou quatre en notre faveur, Wagram marque l'entrée dans une nouvelle ère de la guerre où la puissance de feu l'emporte sur la manœuvre. En témoigne le rôle majeur joué par l'artillerie, supplantant l'infanterie devenue selon l'expression consacrée de la « chair à canon ». L'armée ennemie tient encore le choc à Znaïm quelques jours plus tard. Mais l'Autriche, à bout de souffle, n'est plus capable de continuer la lutte. Faute d'un soutien prussien ou anglais, elle demande l'armistice le 12 juillet, Napoléon l'accepte avec empressement, tant la Grande Armée elle-même semble épuisée. « Nous avons besoin de repos » avoue-t-il à MacDonald. Le duc de Broglie, futur président du Conseil de Louis-Philippe, rencontre à Vienne des maréchaux « souhaitant la paix avec ardeur, sans trop oser l'espérer, maudissant tout bas leur maître, manifestant pour l'avenir de grandes appréhensions ».

Les négociations de paix durent trois mois. Napoléon veut frapper lourdement l'Autriche afin de prouver que sa victoire est totale, ce qui, on l'a bien vu, souffre largement contestation. Aussi les négociateurs autrichiens résistent-ils avant de céder devant la perspective d'une reprise des hostilités qu'ils ne peuvent engager, eu égard à notre suprématie démographique. Seule concession obtenue : une indemnité fixée à 85 millions, nettement en recul par

1. Le soir même, Napoléon élève au maréchalat MacDonald, Marmont et Oudinot. « On prétendit dans l'armée que l'empereur ne pouvant remplacer Lannes, avait voulu en avoir la monnaie », ironise Marbot dans ses Mémoires.

rapport aux premières demandes françaises. Pour le reste, l'Autriche abandonne 110 000 kilomètres carrés et 3,5 millions d'habitants, soit un sixième de sa population. Son armée réduite à 150 000 hommes, elle perd tout accès à la mer, la France s'emparant de ses dernières provinces sur l'Adriatique pour constituer un gouvernement général d'Illyrie, vaste bande côtière ajoutant à la Dalmatie acquise au traité de Presbourg la partie maritime de la Croatie (Fiume), de la Carinthie et de la Carniole ainsi que l'Istrie et un bout du Tyrol[1]. La création de cette entité cosmopolite répond à trois objectifs stratégiques : fermer l'Adriatique aux Anglais, surveiller l'Autriche, inquiéter la Russie par la création d'un Etat slave[2].

Pour prix de sa neutralité « bienveillante », Alexandre Ier reçoit un pourboire de 400 000 habitants supplémentaires. Nullement mérité, le cadeau a pour but de le brouiller définitivement avec l'Autriche. Mais Napoléon sait tout autant contrarier le tsar et se venger de ce qu'il considère comme une trahison en augmentant considérablement le territoire du grand-duché de Varsovie, dont l'armée vient de s'illustrer avec brio en portant à bout de bras la diversion sur le front est, initialement dévolue au corps russe. Aussi reçoit-il un million cinq cents mille âmes supplémentaires, comprenant les villes de Lublin et Cracovie.

---

1. Pour simplifier : l'ouest de la Slovénie, de la Croatie et la Bosnie-Herzégovine actuelles.

2. Après avoir été gouvernée comme un protectorat, l'Illyrie sera officiellement réunie à la France par le décret du 5 avril 1811. « L'Illyrie dans nos mains était une avant-garde au cœur de l'Autriche, propre à la contenir ; une sentinelle aux portes de Vienne pour la forcer de marcher droit ; et puis je voulais y introduire, y enraciner nos doctrines, notre administration, nos codes : c'était un pas de plus vers la régénération européenne. Je ne l'avais prise qu'en gage ; je comptais la rendre plus tard contre la Galicie, lors du relèvement de la Pologne, que j'ai précipité malgré moi », précisera Napoléon dans le *Mémorial*.

Les alliés bavarois et wurtembourgeois se montrent en revanche déçus, car ils s'estiment mal récompensés pour leur zèle et leur fidélité. Différents remembrements opérés dans la foulée ne leur donnent pas plus de satisfaction en privilégiant la Westphalie de Jérôme et le fidèle Dalberg qui hérite du nouveau grand-duché de Francfort, destiné à sa mort à Eugène de Beauharnais[1]. Outre la Russie, la France vient ainsi de contrarier sa clientèle allemande et de se rendre irréconciliable avec l'Autriche. Lourd bilan diplomatique qui affaiblit le « Grand Empire » sous couvert de le fortifier.

La force fragile

Tout empire est-il condamné à périr ? Bâtie par la conquête, l'Europe napoléonienne va continuer à connaître d'autres bouleversements jusqu'en 1812. Il ne saurait être question d'en énumérer les détails, d'autant plus fastidieux qu'ils seront étrangers aux lecteurs actuels, la carte du continent ayant été trop souvent bouleversée depuis lors pour pouvoir être lisible.

Contentons-nous donc d'un schéma simplifié à l'extrême. Si l'on regarde la carte de France de travers, la façade ouest au sud, notre pays forme un visage dont la Bretagne constituerait le nez. Napoléon la dote de deux grandes oreilles : la droite sur la Méditerranée avec le Piémont, la Toscane et Rome ; la gauche d'Anvers à Lübeck comprend la Belgique, les Pays-Bas et les villes hanséatiques, permettant le contrôle de la mer du Nord. C'est donc, dans la logique du blocus, une extension côtière qui

1. La Bavière reçoit notamment Bayreuth puis Ratisbonne, mais elle perd le Tyrol italien, ce qui la mécontente vivement. Même frustration chez Frédéric de Wurtemberg qui ne reçoit que 93 000 habitants supplémentaires. En revanche, la Westphalie reçoit le Hanovre et Magdebourg (traité du 14 janvier 1810). La constitution du grand-duché de Francfort intervient le 16 février 1810.

prévaut. S'y ajoutent en 1809 les Provinces illyriennes sur l'Adriatique et plus tard, en 1812, la partie suédoise de la Poméranie sur la Baltique. A l'exception du Portugal, les autres côtes du continent sont entre les mains de puissances alliées ou inféodées : Espagne de Joseph, Confédération du Rhin, royaumes d'Italie et de Naples.

De 1809 à 1812, le puzzle se modifie encore en faveur de la France : occupation de la Ville éternelle et des Etats du pape, annexion du Valais, du royaume de Hollande, des duchés d'Oldenbourg, des villes hanséatiques et de la Catalogne. Entièrement tourné contre l'Angleterre, le « Grand Empire » neutralise également les puissances rivales : la Prusse se trouve prise en tenaille entre le grand-duché de Varsovie et la Confédération du Rhin ; l'Autriche est de même cernée entre l'Allemagne française, l'allié polonais et l'ami russe. Cette immense construction, bâtie en moins de sept ans, soit de décembre 1805 à juin 1812, présente une façade superbe. La France compte 45 millions d'habitants, dont un tiers d'origine étrangère, et 130 départements au lieu de 83 en 1790[1]. La famille, sauf Lucien toujours exclu et Louis, qui abdique en 1810, règne de Madrid (Joseph) à Kassel (Jérôme) en passant par Naples (Murat et Caroline). Bernadotte a été élu le 20 août 1810 prince héréditaire de Suède.

*

Napoléon se trouve confronté au choix cornélien entre soumission et fédération, domestication et ouverture, réforme et contrainte. A Sainte-Hélène, il défendra la version idyllique d'une Europe fédérale, unie dans ses institutions, respectueuse de ses peuples, puissante et pacifique. A l'opposé, les contemporains dénoncent le plus souvent le tyran des peuples et l'oppresseur du continent. Despote

1. Ce chiffre, rappelle Thierry Lentz, montera même à 134 en 1812.

ou voyant ? Le débat n'a jamais cessé alors que la réalité paraît plus mesurée, conciliant les deux extrêmes, légendes noire et dorée, si l'on veut bien considérer Napoléon comme le dernier despote éclairé. Soucieux de réformer l'Europe en la purgeant de l'Ancien Régime, il est pris dans l'engrenage de la guerre contre Albion, ce qui l'oblige à pénaliser les économies nationales et à pressurer les peuples ; soit à sacrifier la réforme sur l'autel de la conquête. Un autre préalable à établir d'emblée explique le décalage de regard, hostile puis positif, porté sur l'œuvre accomplie. Il concerne la notion essentielle, mais très complexe, de temps politique, en l'occurrence le décalage entre la décision et son intégration dans les mœurs. La politique impériale associe mesures à effets directs et réformes à conséquences décalées, certaines s'étendant sur plusieurs générations. Or, toutes les mesures les plus impopulaires liées à la guerre sont d'une portée immédiate comme la conscription, l'entrée en vigueur du Blocus ou l'occupation militaire. En revanche, les réformes de société qui modifient les structures en profondeur comme l'introduction du Code civil ou la réforme de l'Etat sont toujours plus longues et délicates à mettre en place. En outre, les mutations sociales et sociologiques qui les accompagnent – renouvellement des classes dirigeantes, apprentissage de nouvelles procédures, révolution de la propriété – mettent parfois des décennies avant d'être intégrées et de produire pleinement leurs effets. De la domination impériale, les peuples ne retiennent donc que le prix à payer d'emblée, le bénéfice des réformes allant à leurs descendants. Ce n'est logiquement qu'après sa chute qu'on comprendra les bienfaits qu'il a inoculés. Ce décalage explique pour l'essentiel le triomphe de la légende et *a contrario* l'échec immédiat. Ecart dramatique entre le temps de l'action et celui du résultat, qui explique pour beaucoup la difficulté du politique à réformer.

Diverse dans ses peuples et ses lois, l'Europe impériale marche d'un pas inégal vers la réforme. Les départements annexés et le royaume d'Italie se coulent en quelques mois dans le moule national. Dotés rapidement de notre système législatif, dirigés par des préfets, ils associent dans la mesure du possible les élites locales au « système », les plus dociles se situant en Hollande ou en Italie du Nord. Le Conseil d'Etat accueille en son sein les meilleurs d'entre eux tout comme l'état-major. La même impulsion préside dans les royautés « frères », Napoléon poussant la famille à adopter d'urgence le modèle français, en particulier le Code civil, maintenant appelé Code Napoléon : « Ce que désirent avec impatience les peuples d'Allemagne, écrit-il par exemple à son frère Jérôme, c'est que les individus qui ne sont point nobles et qui ont des talents, aient un droit égal à votre considération et à des emplois ; c'est que toute espèce de servage et de liens intermédiaires entre le souverain et la dernière classe du peuple soit entièrement abolie. Les bienfaits du Code Napoléon, la publication des procédures, l'établissement du jury seront autant de caractères distinctifs de votre monarchie. » Le jeune royaume de Westphalie, ainsi que le grand-duché de Berg ont pour vocation de servir de vitrine au modèle français afin de subjuguer les Allemands : « Votre administration doit être l'Ecole normale des autres Etats de la Confédération du Rhin », affirme-t-il par exemple à Roederer, principal ministre du grand-duché en 1810. A sa plus grande satisfaction, certains Etats membres comme la Bavière, sous la houlette de son chef de gouvernement Montgelas, adoptent le Code Napoléon et se réforment en profondeur. Louis en Hollande, Jérôme en Westphalie agissent vite ; Joseph en Espagne et Murat à Naples avec plus de lenteur en raison du poids prépondérant du clergé et de la noblesse, naturellement inquiets de l'abolition des privilèges, la sécularisation des biens ecclésiastiques et la refonte d'un système fiscal qui leur était très favorable. L'ambition reste de donner au continent tous les avantages de l'Empire sans passer par le cauchemar de la Révolution. Sûr de son droit, Napoléon passe en force, certain de forger à terme un nouvel esprit continental attaché à la France. Il n'hésite jamais à faire appel à l'émulation sociale, anoblissant, dotant, décorant les meilleurs ralliés civils et militaires, appliquant les recettes qui lui ont si bien réussi en politique intérieure. La parfaite intégration des nouveaux départements jusqu'en 1810 le pousse à insister dans cette voie, tout comme la réussite de son administration dans les marches éloignées de l'Illyrie ou du grand-duché. Karageorges, chef des nationalistes serbes, lui adresse une lettre enthousiaste : « Vous êtes justement appelé Napoléon le Grand, car beaucoup de peuples vous doivent leur existence et bien-être actuels et particulièrement l'Illyrie récemment ressuscitée qu'habitent nos frères de race[1]. »

Et pourtant, en 1813, le Grand Empire s'écroulera devant l'hostilité des Allemands et des Hollandais presque unanimes, Italiens et Belges semblant plus partagés. Seuls les Polonais, auxquels Napoléon aura rendu un embryon de patrie, seront fidèles dans l'épreuve. Ainsi l'efficacité de l'Etat, l'abolition des privilèges, l'émergence de nouvelles élites, les grands travaux routiers n'auront pu faire oublier les mesures coercitives liées au Blocus et à la guerre, les exactions de la Grande Armée ainsi que l'autoritarisme croissant de l'Empereur. Taine fustige ce dernier : « Subjuguer le continent pour le coaliser avec l'Angleterre, tel est désormais son moyen, aussi violent que son but, et son moyen, comme son but, lui est prescrit par son caractère. Trop impérieux et trop impatient pour attendre ou ménager autrui, il ne sait agir sur les volontés que par la contrainte, et ses coopérateurs ne sont jamais pour lui

1. La politique impériale, car étrangère aux nationalités rivales qui la peuplent (Italiens, Slaves, Allemands), réussit à les fédérer autour d'une administration exemplaire qui réalise de nombreuses routes et opère des travaux d'envergure améliorant la vie quotidienne des habitants.

que des sujets sous le nom d'alliés », accuse-t-il dans *Les Origines de la France contemporaine*.

Sa politique n'est pas européenne mais nationale, notamment en matière économique. « Mon principe est la France avant tout », écrit-il à Eugène en 1810[1]. Ainsi rejette-t-il le projet de « confédération commerciale », union économique avant la lettre proposée par Crétineau-Laroche, et dont « les bases seraient, disait celui-ci, établies sur les besoins et la surabondance de chaque Etat ». Pas question de partage. En conséquence, la fermeture du marché anglais n'est pas compensée par l'ouverture d'un marché européen. Favorisé par tous les moyens – tarifs protectionnistes, coercition impériale –, le commerce français jouit d'une suprématie qui s'exerce au détriment de nos alliés. « Le blocus de l'Angleterre était celui de l'Europe », résume Mme de Chastenay. Il handicape particulièrement les Etats commerciaux à large frange côtière comme la Hollande, les villes hanséatiques et l'Italie. Pour survivre, ces Etats pratiquent une contrebande massive, n'hésitant pas à acheter les douaniers et une partie de l'administration. Toute une économie parallèle se met ainsi en place, contribuant à faire échouer le Blocus. En 1810, Napoléon assouplit la prohibition pour mieux briser cette contrebande. Le décret de Trianon établit un système de licence[2], « permis de commerce » vers Albion sur certains produits moyennant acquittement d'une taxe de 50 % directement versée au Trésor français. Ce surplus correspond globalement aux coûts prélevés par les contrebandiers dont Napoléon espère ainsi récupérer les bénéfices subs-

1. « N'oubliez jamais […] que vos premiers devoirs sont envers moi, vos seconds, envers la France. Tous vos autres devoirs, même ceux envers les peuples que je pourrais vous confier, ne viennent qu'après », précise-t-il en public au fils de Louis, nouveau grand-duc de Berg.

2. Il y eut en fait une succession de décrets tous rendus en 1810 : Fontainebleau (3, puis 25 juillet), Trianon (5 août), enfin Fontainebleau (19 octobre).

tantiels à son profit[1]. S'il sauve l'Angleterre de l'asphyxie, le décret préserve certaines de nos entreprises au bord de la ruine et permet de renflouer nos finances. Mais il n'est réservé qu'à l'industrie française et aux Américains, à l'exclusion des Russes et des Etats italiens et allemands qui s'indignent naturellement devant un tel passe-droit. Asphyxiés, subissant avec une rage mal contenue les autodafés de produits anglais, soumis aux tracasseries des gabelous qui touchent une prime sur chaque marchandise saisie[2], souverains et populations prennent bientôt en horreur cette France qui les libère peut-être d'anciennes servitudes, mais pour mieux les étouffer sous de nouvelles.

*

La conscription constitue un second fléau pour les peuples. Un million d'étrangers auront peu ou prou combattu au sein de la Grande Armée durant l'Empire[3]. Une large partie de la correspondance impériale consiste à presser préfets et alliés pour obtenir les contingents promis. Premier contributeur, la Confédération du Rhin fournit près de 120 000 soldats chaque année. Sauf la Saxe, qui reçoit la suzeraineté du grand-duché de Varsovie, elle n'y a trouvé que de faibles gains de territoires lors de la dernière campagne de 1809. Chateaubriand regrette vivement l'occasion perdue : « La Confédération du Rhin est un grand ouvrage inachevé, qui demandait une connaissance spéciale des droits et des intérêts des peuples ; il

1. « Ainsi, devant l'échec du blocus qui n'enrichit que les fraudeurs, Napoléon se fait-il lui-même contrebandier : il établit un commerce direct avec l'Angleterre, alors qu'il l'interdit aux alliés, vassaux ou neutres », résume Jean Tulard dans son *Napoléon*.

2. Le nombre de gabelous a triplé depuis le Directoire : de 12 000 en l'an V (1796-1797) à plus de 35 000 en 1810 selon l'historien S. Woolf, auteur d'un *Napoléon et la conquête de l'Europe* qui fait autorité.

3. Le chiffre est avancé par S. Woolf.

dégénéra subitement dans l'esprit de celui qui l'avait conçu : d'une combinaison profonde, il ne resta qu'une machine fiscale et militaire. Bonaparte, sa première visée de génie passée, n'apercevait plus que de l'argent et des soldats ; l'exacteur et le recruteur prenaient la place du grand homme. Michel-Ange de la politique et de la guerre, il a laissé des cartons remplis d'immenses ébauches. »

Le mécontentement monte encore d'un cran avec la vague d'annexions de 1810 : Hollande, villes hanséatiques (Brême, Hambourg, Lübeck), grand-duché d'Oldenbourg, nous rendent maîtres du littoral au nord du continent[1], ce sans consulter nos alliés, une nouvelle fois lésés. Cette dernière extension caractérise un nouveau tournant dans la conquête. Après les frontières naturelles obtenues sous le Consulat, après le modèle carolingien rassemblant autour de la France des marches protectrices en Allemagne et en Italie, voici venu depuis Tilsit le temps de l'Empire d'Occident, autrement dit celui de la soumission entière du continent au nouveau César. Après l'Espagne (1808), Rome (1809) et l'Illyrie (1809), ces acquisitions ne procèdent plus que du bon plaisir du maître, entretenant alliés et adversaires dans une inquiétude pesante sur leur devenir. Comme l'écrit Albert Sorel, la France s'est hissée en trois ans au rang de nouvelle Rome, appuyée sur ses légions, ses préfets et son réseau de routes stratégiques : « Désormais, la conception du Grand Empire est romaine, comme la République d'où il sort. Il rappelle l'Empire romain parce que les conditions en sont analogues, que le théâtre en est le même et que les combinaisons du gouvernement des hommes sont limitées. C'est l'Empire de Dioclétien pour l'administration, les codes, toute la mécanique du gouvernement, des auxiliaires étrangers, des barbares enrégimentés, des confins militaires et, encore

1. S'y ajoutent le Valais (dernier département du Simplon) et le Tessin.

au-delà pour l'inconnu des forêts et des plaines sans fin, des Scythes, des Sarmates et des Slaves. Charlemagne donne l'idéal légendaire ; Dioclétien les réalités, les instruments d'Etat. » Napoléon revendique avec fierté la filiation. En 1810, il prend ainsi à partie Narbonne : « Je suis un empereur romain... Vous qui savez l'histoire, est-ce que vous n'êtes pas frappé des ressemblances de mon gouvernement avec celui de Dioclétien ; de ce réseau serré que j'étends si loin, de ces yeux de l'Empereur qui sont partout, de cette autorité civile que j'ai su maintenir toute-puissante dans un empire tout guerrier[1]. »

Malheureusement, pour beaucoup d'Européens, Napoléon s'apparente plus à Caligula et à Néron qu'à César ou Dioclétien. Les réformes introduites par le Code civil ne bénéficient encore qu'à une infime minorité francophile, celle qui compose la Cour des rois-frères, vite méprisée par la population quand elle n'est pas assassinée comme les *afrencesados*. De l'occupation et du protectorat, les peuples ne retiennent qu'un quotidien sombre : manque de produits de première nécessité dû au Blocus, fiscalité galopante, conscription massive auxquels s'ajoutent l'autoritarisme tracassier de certains proconsuls, comme Davout à Hambourg.

L'Aigle méconnaît gravement la force naissante du sentiment national. Comme en Espagne, il garde les yeux rivés vers l'avenir, certain que ses réformes auront un plein succès dès que la guerre avec Albion aura cessé. C'est pourquoi il annexe encore et encore, avide de rendre l'Europe impériale, certain alors de mettre l'Angleterre à genoux en la privant de débouchés. Toute objection est écartée d'un revers de la main. L'après-Tilsit est aussi le temps des ordres comminatoires et des lettres sévères : « Je trouve ridicule que vous m'opposiez l'opinion du

1. Le propos est rapporté par Villemain dans le volume de souvenirs qu'il a consacré à Narbonne.

peuple de Westphalie, mande-t-il par exemple à Jérôme. Si vous écoutez l'opinion du peuple, vous ne ferez rien du tout. Si le peuple refuse son propre bonheur, le peuple est anarchiste, il sera coupable, et les châtiments sont les premiers devoirs du prince[1]. »

Paradoxalement, l'autoritarisme augmente tandis que l'autorité réelle décroît, ce en raison même de l'expansion galopante qui multiplie les décisions à prendre et l'empêche de tout contrôler. A la crise du temps s'ajoute le déficit des hommes. Là comme ailleurs, l'« ogre » paie son incapacité à déléguer et son caractère impossible. Le manque de réseaux se conjugue avec l'accroissement des difficultés pour dévorer son quotidien et l'empêcher de garder la hauteur nécessaire. L'espace mine sa puissance et altère sa lucidité. Ainsi, l'Empire en s'étirant perd à la fois sa force, son efficacité et son énergie. Il abandonne son identité française sans donner corps au nouvel horizon européen à la fois contrarié par la résistance inattendue des rois-frères et l'échec du Blocus. Désormais détesté, il pousse les peuples dans les bras de leurs anciens souverains, ranime la légitimité traditionnelle et suscite l'émergence d'un patriotisme qui prend corps dans la haine de l'occupant. Façade superbe, vastes pièces luxueuses, bien gardé, le palais continental est déjà rongé de l'intérieur par des termites venues d'Espagne qui préparent l'écroulement de l'édifice.

L'Empire de 1810 prépare sa fin pour n'avoir pas su s'arrêter à temps. Venu trop tôt, bâti trop vite, souffrant d'une indigestion de territoires, il ne peut plus être gouverné efficacement et se trouve menacé d'implosion. Albert Sorel a écrit à ce sujet une page indépassable : « Le

---

1. « Le changement de style et d'insistance se marque dès 1808 ; en 1810, les réformes sont imposées de façon catégorique, remarque S. Woolf. Le délai laissé aux administrateurs et aux préfets pour appliquer les lois et les pratiques françaises dans les nouveaux départements de Toscane, de Rome, de Hollande et de la Baltique est réduit à quelques mois. »

Grand Empire, dans la pensée de l'Empereur, n'est qu'une coalition contre l'Angleterre ; le Blocus continental n'en est que la machine de guerre. La machine est dressée en 1810 ; mais elle craque et se détraque : chaque coup qu'elle porte l'ébranle en ses fondements ; son propre poids l'enfonce dans le sol et en compromet l'équilibre. Or, si elle menace de crouler, ce n'est pas par vice de construction dans ses rouages, ni même par un accident dans ses opérations ; c'est par sa structure même : elle dépasse le travail humain. Napoléon excède sur ce qu'un homme peut conduire, sur ce qu'une nation peut endurer. Le Grand Empire ne peut être gouverné que par des délégués ; la guerre démesurément étendue ne peut être menée que par des lieutenants ; l'armée, démesurément distendue dans ses cadres, mais vidée dans ses rangs, ne peut être recrutée que par des auxiliaires ; le ressort s'use. Tout ce qui a fait le succès de l'œuvre s'épuise et disparaît, savoir la concentration de tous les pouvoirs, de l'Etat et de l'armée, entre les mains d'un homme qui a le génie du gouvernement et le génie de la guerre ; l'élan d'un peuple qui en envahissant croit encore se défendre et en conquérant affranchir les humains. La France de la Révolution, âme des armées impériales, se dissout dans ces armées cosmopolites ; la France se noie dans sa conquête. Les causes de l'élévation posent les causes de la chute. Napoléon, par le jeu même de son génie, devient l'instrument de la catastrophe, comme il l'a été de la grandeur. En cela, véritablement, il est l'homme du destin[1]. »

Espoir suprême et suprême pensée, le Blocus ébranle bien l'Angleterre mais ne la rompt point. Sir Francis d'Ivernois se moque ouvertement du grand dessein napoléonien dans *Les Effets du blocus continental* :

Votre blocus ne bloque point.
Et grâce à votre heureuse adresse

1. *L'Europe et la Révolution française.*

Ceux que vous offensez sans cesse
Ne périront que d'embonpoint.

Pourtant, l'Angleterre souffre rudement. Les annexions de 1810 la privent de ses principaux débouchés pour la contrebande, notamment la Hollande. La Suède, dirigée par Bernadotte, lui déclare la guerre en novembre de la même année. En 1812, c'est au tour des Etats-Unis de se dresser contre elle, au nom de la liberté des échanges que l'Angleterre lui interdit alors que Napoléon a ingénieusement gagné Washington en la faisant bénéficier de son système de licence. Tout le continent, sauf le Portugal, est désormais interdit à Albion.

A la chute des exportations s'ajoutent une mauvaise récolte et un climat politique tendu en raison de la folie du roi George III, obligeant à confier la régence à son fils le 15 janvier 1811. En mai 1812, Perceval, le Premier ministre, est assassiné dans le vestibule de la Chambre des communes. Les tories au pouvoir se trouvent confrontés à une grave crise de confiance politique et financière[1]. Plusieurs banques et maisons de commerce font faillite. Le 28 septembre 1810, le banquier Abraham Goldsmith, un des financiers les plus puissants du pays, s'est suicidé, entraînant un vent de panique à la Cité. On ne trouve plus de travail à Nottingham, ni dans les régions textiles du Lancashire, du Yorkshire et du Cheshire où des troubles sporadiques éclatent.

Devant ces premiers résultats, Champagny, notre ministre des Affaires étrangères, annonce la chute de la moderne Carthage dans ses instructions de l'automne 1810 : « Jamais le commerce anglais n'a reçu d'aussi vives atteintes, et ses immenses convois, actuellement repoussés des ports de Prusse et errant dans la Baltique ne sont reçus nulle part ou sont confisqués partout où ils sont

1. L'ensemble de ces facteurs engendre une baisse du niveau de vie. La crise découle également de l'épuisement du marché sud-américain, engendrant un surplus inquiétant de stocks.

admis. Le commerce anglais, qui, il y a quatre mois, voyait avec indifférence la continuation de la guerre, demandera hautement la paix. »

Vain espoir, surtout que Napoléon sauve l'Angleterre de l'asphyxie par les décrets de Trianon. Déjà en 1808, la guerre d'Espagne a ouvert à Albion le fabuleux marché des colonies en Amérique du Sud, ce qui lui a permis de trouver de nouveaux débouchés. En 1810, par l'instauration des licences, il la ravitaille en céréales et l'empêche par là même de mourir de faim. Napoléon se félicite de tirer, grâce aux immenses revenus produits par la taxe de 50 % sur les licences, de quoi financer l'intervention en Espagne et bientôt celle de Russie. A l'entendre, c'est l'or anglais qui va payer les victoires françaises. Sauf que cet argent sauve momentanément le gouvernement tory de la faillite… et l'Angleterre de la ruine. Georges Lefebvre a bien prouvé en quoi, à l'image de toute l'aventure napoléonienne, le Blocus se situe à cheval entre deux âges répondant à des logiques différentes : « Au XVIIIe siècle, les Anglais l'employaient surtout pour s'enrichir, de nos jours, il vise principalement à détruire la puissance militaire de l'adversaire. Le blocus napoléonien a ménagé la transition. Il annonçait l'avenir, puisqu'il cherchait à briser la résistance de l'Angleterre ; mais il gardait beaucoup du passé, puisqu'il prétendait arriver au but par un détour de caractère mercantiliste, en soustrayant à l'ennemi son or, et non pas en l'affamant. Ainsi atténué, son effet ne pouvait être prompt et, au surplus, la mer appartenant à la flotte britannique, il lui fallait, pour être décisif, le concours des circonstances plus ou moins indépendantes de la volonté de l'Empereur. Pourtant, l'entreprise n'était pas vaine et, en dernière analyse, son succès dépendait de la Grande Armée, dont personne ne pouvait prévoir que la ruine fût si proche. » En conséquence : « Ce ne sont pas les “lois naturelles” de l'économie libérale qui ont sauvé l'Angleterre, tranche-t-il, c'est l'hiver russe. »

En attendant, l'Angleterre répond en menant une guerre économique à outrance. Elle déplace ses dépôts à raison de l'extension de la frontière française, favorise la corruption des fonctionnaires impériaux, escomptant que les souverains – comme Louis en Hollande – continueront à fermer les yeux[1]. Circonvenue sur terre, elle règne en maîtresse sur les mers, déployant ses escadres en Espagne, bombardant Copenhague en 1807, menaçant Anvers deux ans plus tard. Au Portugal, ses 60 000 hommes continuent à défier nos armées, pourtant très supérieures en nombre. Elle modernise sa flotte et étend son emprise coloniale qui assurera sa prédominance jusqu'en 1914. En 1803, elle s'empare de Sainte-Lucie, Tobago et d'une partie de la Guyane hollandaise. En 1806, Sumatra et Le Cap tombent dans son escarcelle. De 1807 à 1809 : Curaçao, Madère, Gorée et Saint-Louis, la Guyane et la Martinique renforcent son empire. Enfin, en 1810, elle prend facilement la Guadeloupe, Saint-Martin, Saint-Eustache et Sola, l'île de la Réunion et l'île de France. L'Europe lui étant interdite, elle choisit le monde, trouvant les leviers de la nouvelle puissance, celle du commerce et du libre-échange qui supplantera demain l'esprit de conquête[2].

---

1. Ses principaux entrepôts se situent en Sicile, à Corfou, à Malte, au Portugal, en Hollande ; enfin à Altona, Hambourg et Heligoland.

2. L'historien François Crouzet insiste sur les remarquables capacités d'adaptation dont a fait preuve l'économie britannique durant la crise. « Le blocus contribua donc à rendre l'économie britannique plus "moderne" et sur le modèle anglais, en stimulant les activités les plus dynamiques. Ce fut sans doute sa conséquence la plus importante, et ainsi, dans le domaine économique, comme dans les autres, Napoléon contribua, par le Blocus continental, et malgré son échec, à accélérer la naissance d'une Europe nouvelle », écrit-il dans un chapitre intitulé « Le second blocus continental » qu'il a rédigé dans l'ouvrage collectif de référence dirigé par Jean Mistler à l'occasion du bicentenaire de la naissance de Napoléon.

*

L'imperfection du Blocus résulte également de la résistance opposée à l'Empereur par ses frères. Pour l'Empereur, ils constituent les colonnes du temple, la communauté de sang devant garantir leur fidélité. Car Napoléon ne les a pas placés pour régner librement sur leurs peuples mais bien pour y favoriser la seule France, quitte à ce que ce soit au détriment de leurs sujets. Ils doivent rester les simples rouages d'un système plus grand qu'eux et dont ils n'ont pas tout à connaître. Exécuter, se taire, appliquer le Blocus sans faillir, lever des contingents, entretenir une cour pour fidéliser une clientèle, voilà leur tâche. C'est ce qu'explique sans ambages Napoléon à Girardin, un proche de Joseph : « Tous les sentiments d'affection cèdent actuellement à la raison d'Etat ; je ne connais pour parent que ceux qui me servent. Ce n'est point au nom de Bonaparte qu'est attachée ma famille, c'est au nom de Napoléon. Ce n'est point comme les autres hommes que je fais des enfants, c'est avec ma plume. Tous ces liens, tous ces rapports d'enfance, il faut que Joseph les oublie ; qu'il acquière de la gloire, qu'il se fasse casser une jambe ! C'est en bravant la mort et la fatigue qu'on devient quelque chose. [...] Vous avez entendu ; je ne peux plus avoir de parents dans l'obscurité ; ceux qui ne s'élèveront pas avec moi ne seront plus de ma famille. J'en fais une famille de rois ou plutôt de vice-rois, car le roi d'Italie, le roi de Naples et d'autres encore que je ne nomme point, sont rattachés à un système fédératif[1]. »

Berthier croit bon de préciser à Murat : « Pour vos sujets, soyez roi, pour l'Empereur soyez vice-roi[2]. » Oui,

1. Ces propos de l'Empereur sont rapportés par Girardin dans son journal.

2. « Si vous demandez à Sa Majesté ses ordres ou ses avis pour changer le plafond de votre chambre, vous devez les attendre, écrit, par ordre, Duroc à Eugène, et si, Milan étant en feu, vous lui demandez pour l'éteindre, il faudrait laisser brûler Milan et attendre les ordres. »

mais voilà : la famille ne l'entend pas de cette oreille. Intronisée, elle veut jouir pleinement de ses prérogatives, montrer elle aussi de quoi elle est capable. Dans ce contexte, la tutelle impériale s'avère d'autant plus pesante qu'elle frustre les populations et ternit la popularité des nouveaux souverains. Louis en Hollande comme Jérôme en Westphalie ne peuvent cautionner le Blocus s'ils veulent régner sur le cœur de leurs sujets. Joseph et Murat prennent la détestable habitude de marginaliser les Français de leur entourage, au profit des grands aristocrates de leurs nations respectives. Tous veulent qu'on leur laisse des marges de manœuvre, nommer librement leurs ministres, créer des ordres et des dignités, être traités non pas en vassal soumis mais d'égal à égal. « Les rois se croient souverains par la grâce de Dieu, en vertu même des décrets qui les ont créés », ironise Albert Sorel[1].

A Sainte-Hélène, l'Aigle exhalera ses regrets sur leur attitude, mélange d'ingratitude et de vanité, d'immoralité et d'égoïsme : « Je n'ai pas eu le bonheur de Gengis Khan avec ses quatre fils, qui ne connaissaient d'autre rivalité que celle de le bien servir. Moi, nommais-je un roi, il se le croyait tout aussitôt par la grâce de Dieu, tant le mot est épidémique. Ce n'était plus un lieutenant sur lequel je devais me reposer, c'était un ennemi de plus dont je devais m'occuper. Ses efforts n'étaient pas de me seconder, mais bien de se rendre indépendant. Tous avaient

1. En conséquence : « Les pactes de famille n'ont pas produit les effets que Napoléon en attendait. Loin de cimenter le système continental, ils le minent ; au lieu de fortifier le blocus, ils le paralysent. Etant rois, les frères veulent régner, et il leur faut compter avec leurs peuples. Ils tentent de nationaliser leur couronne et de populariser leur gouvernement, et ils travaillent contre le blocus qui ruine leurs peuples, qui rend leur royauté insupportable. Ils prétendent devenir rois, ils commencent par cesser d'être frères. En créant ces rois, Napoléon s'est créé autant de rivaux, ménagé autant de factions hostiles dans le Grand Empire. »

aussitôt la manie de se croire adorés, préférés à moi. C'était moi désormais qui les gênais, qui les mettais en péril […] leur chute a dû leur être bien sensible ; ils s'étaient faits promptement aux douceurs du poste : ils ont tous été réellement rois. Tous, à l'abri de mes travaux, ont joui de la royauté ; moi seul n'en ai connu que le fardeau. »

Joseph, nous l'avons déjà rencontré. A l'entendre le voilà devenu espagnol, obsédé par les seuls intérêts de son peuple. Déjà à Naples, il a contrarié plusieurs fois les ordres de l'Empereur, s'attirant des réprimandes sévères. « Vous comparez l'attachement des Français à ma personne à celui des Napolitains pour vous. Cela paraîtrait une épigramme. Quel amour voulez-vous qu'ait pour vous un peuple pour qui vous n'avez rien fait, chez lequel vous êtes par droit de conquête avec 40 à 50 000 étrangers ? » Ou encore : « Vous pouvez bien être roi de Naples, mais j'ai droit de commander un peu où j'ai 40 000 hommes. Attendez que vous n'ayez plus de troupes françaises dans votre royaume pour donner des ordres contradictoires aux miens, et je ne vous conseille pas de le faire souvent. »

Intronisé par Tilsit, Jérôme, roi de Westphalie, choque ses sujets par le faste de sa cour et la légèreté de ses mœurs. Son Trésor ruiné, il accumule les dettes, désespérant ses ministres, exaspérant l'Empereur. Talleyrand, qui le méprise, l'accable dans ses Mémoires : « De quel œil les graves universités de Goettingue et de Halle, dont Jérôme était le souverain, pouvaient-elles voir ce luxe effréné, ce désordre si éloignés de la simplicité, de la décence et du bon sens qui distinguaient cette partie de l'Allemagne ? Aussi, lorsque, en 1813, les troupes russes entrèrent en Westphalie, rappelle-t-il, regarda-t-on ce moment comme celui de la délivrance. » Mœurs de parvenu estime l'ancien ministre, qui fustige les prétentions des Bonaparte à singer les anciennes cours. Leur luxe ostentatoire souligne au contraire leur manque de légitimité et ne suscite qu'irritation et sarcasmes[1] !

Dans l'espoir de se faire respecter, Jérôme plagie l'attitude de son frère et se rend souvent odieux : « Je vois bien qu'il faudra que je fasse couper quelques têtes », s'exclame-t-il devant Norvins, détaché auprès de lui. Comme Joseph, il se croit un grand stratège et s'entend mal avec Davout, commandant suprême en Allemagne. En 1809, son royaume a été l'objet de plusieurs coups de main qu'il n'a pas su prévenir et a eu bien du mal à réprimer. Aussi Napoléon ne le ménage-t-il guère : « J'ai vu un de vos ordres du jour qui vous rend la risée de l'Allemagne et de la France. [...] Vous faites la guerre comme un satrape. [...] Vous vous sauvez honteusement et vous déshonorez mes armes et votre jeune réputation ! » Deux ans plus tard, le ton monte encore d'un cran : « Quand vous aurez des faits à m'apprendre, j'en recevrai la communication avec plaisir. Quand, au contraire, vous voudrez me faire des tableaux, je vous prie de me les

1. « Le luxe des Bonaparte n'était ni allemand, ni français, poursuit Talleyrand dans ses Mémoires. C'était un mélange, une espèce de luxe érudit : il était pris partout. Il avait quelque chose de grave comme celui de l'Autriche. Quelque chose d'européen et d'asiatique, tiré de Pétersbourg. Il étalait quelques manteaux pris à la Rome des Césars. En revanche, il montrait bien peu de chose de l'ancienne cour de France où la parure dérobait si heureusement la magnificence sous le charme de tous les arts du goût. Ce que ce genre de luxe faisait ressortir surtout, c'était le manque absolu de convenance ; et en France, quand les convenances manquent trop, la moquerie est bien près. Cette famille des Bonaparte qui était sortie d'une île retirée, à peine française, où elle vivait dans une situation mesquine, ayant pour chef un homme de génie, dont l'élévation était due à une gloire militaire acquise à la tête des armées républicaines, sorties elles-mêmes d'une démocratie en ébullition, n'aurait-elle pas dû repousser l'ancien luxe, et adopter, même pour le côté frivole de la vie, une route toute nouvelle ? N'aurait-elle pas été plus imposante par une noble simplicité qui aurait inspiré de la confiance dans sa force et dans sa durée ? Au lieu de cela, les Bonaparte s'abusèrent assez pour croire qu'imiter puérilement les rois dont ils prenaient les trônes était une manière de leur succéder. »

épargner. En m'apprenant que votre administration est mauvaise, vous ne m'apprenez rien de nouveau[1]. » Quand Jérôme menace d'abdiquer, Napoléon le prend au mot : « Si le roi veut descendre de son trône, il est le maître[2]. »

A Naples « règne » Murat. Manipulé par la redoutable Caroline, amante de Metternich, prête à tout pour conserver sa couronne, il s'abouche avec les carbonari et les premiers partisans de l'unité italienne. Petites intrigues sans conséquences immédiates sauf qu'elles exaspèrent Napoléon par ailleurs irrité par le caractère « cavalier » de son lieutenant, toujours soucieux d'effets, habillé de mille broderies et perles, brave mais extravagant, avide de gloire et de popularité. Ce côté fantasque semble d'autant plus séduire les Napolitains que Murat se donne beaucoup de mal pour leur plaire, lance le Code civil tout en ménageant la noblesse et le clergé, multiplie les grands travaux, lève une armée qui en apparence du moins a fière allure. Afin de le faire rentrer dans le rang, Napoléon s'empresse de le morigéner avec une sévérité excessive. Le roi honore-t-il saint Janvier patron de Naples ? C'est une sottise : « J'ai appris que vous aviez fait des singeries à saint Janvier. Faire trop de ces choses-là n'en impose à personne et fait du mal. » Napoléon lui interdit d'envoyer des ambassadeurs à Vienne et Saint-Pétersbourg, refuse de le faire participer au système des licences. Alors, timidement d'abord, de plus en plus manifestement ensuite, Murat tente d'exister et entre en dissidence. En juin 1811, il décrète que tous les Français à son service doivent se faire naturaliser sous peine de perdre leur situation. Napoléon riposte par un oukase mortifiant : « Vu notre décret du 30 mars 1806, en vertu duquel le royaume des deux Siciles fait partie inté-

1. Lettre du 10 décembre 1811.

2. Jérôme lui avait écrit le 30 octobre 1809 une lettre qui aurait pu être signée de Joseph : « J'ai désiré sans doute d'avoir un peuple à gouverner ; je l'avoue à Votre Majesté, je préférerais vivre en particulier dans son empire à être comme je suis souverain sans nation. »

grante de notre empire, considérant que le prince qui gouverne cet Etat est français et grand dignitaire et qu'il n'a été mis et maintenu sur le trône que par les efforts de nos peuples, nous avons décrété et décrétons : article Ier. Tous les citoyens français sont citoyens des deux Siciles ; article II. Le décret du roi de ce pays ne leur est pas applicable. » Risée de l'Europe, le « roi de ce pays » ne pardonne pas. Comme Talleyrand, sa trahison ultérieure tire pour l'essentiel sa source dans les humiliations à répétition qui lui ont été infligées par son beau-frère. Menacé de dépossession[1], il s'incline mais n'en pense pas moins. Napoléon vient de se faire un nouvel ennemi.

*

Louis est le seul à tirer les conséquences de l'impossible conciliation entre le système impérial et l'intérêt de ses peuples. Le Blocus ruine la Hollande, la conscription l'irrite. A peine couronné, en 1806, il réclame de l'argent et l'assouplissement des règles draconiennes édictées par son frère. Essentiellement entouré de Hollandais, il favorise ouvertement la contrebande et tente de se créer une clientèle indépendante en créant des ordres de chevalerie et des maréchaux. La riposte ne se fait pas attendre. « Mes institutions ne sont point faites pour être tournées en ridicule, lui écrit l'Aigle. Vous avez créé des maréchaux qui n'ont pas fait ce qu'ont fait mes généraux de brigade. » La tension politique recouvre un drame humain : celui d'un roi malheureux dans son mariage avec Hortense, la fille de Joséphine ; d'un fils aimé mort brutalement en 1807 ; d'un corps malade ; d'une personnalité irascible et atrabilaire,

1. « Dire au ministre de Naples que le roi se trompe s'il croit qu'il règne à Naples autrement que par ma volonté et pour le bien général de l'Empire. Dites-lui positivement que, s'il ne change pas de système, je m'emparerai de son royaume et le ferai gouverner par un vice-roi comme l'Italie », écrit Napoléon à Champagny le 20 avril 1811.

soupçonneuse et cyclothymique, surveillant sa femme, renvoyant ses ministres sans raisons apparentes. En septembre 1809, Napoléon le met solennellement en garde dans de longues lettres qui mêlent réprimandes et objurgations : « Votre Majesté, en montant sur le trône de Hollande, a oublié qu'elle était française, et a même tendu tous les ressorts de sa raison, tourmenté la délicatesse de sa conscience pour se persuader qu'elle était hollandaise. [...] Vous devez comprendre que je ne me sépare pas de mes prédécesseurs et que, depuis Clovis jusqu'au Comité de salut public, je me tiens solidaire de tout, et que le mal qu'on dit de gaieté de cœur contre les gouvernements qui m'ont précédé, je le tiens comme dit dans l'intention de m'offenser. Je sais qu'il est devenu de mode, parmi certains gens, de faire mon éloge et de décrier la France, mais ceux qui n'aiment pas la France ne m'aiment pas ; ceux qui disent du mal de mon peuple, je les tiens pour mes plus grands ennemis. » Que Louis prenne garde : « A la première insulte qui sera faite à mon pavillon, je ferai saisir à main armée et pendre au grand mât l'officier hollandais qui se permettra d'insulter mon aigle. Votre Majesté trouvera en moi un frère, si je trouve en elle un Français ; mais si elle oublie les sentiments qui l'attachent à la commune patrie, elle ne trouvera pas mauvais que j'oublie ceux que la nature a placés entre nous[1]. » Faute d'être compris, il passe à la manière forte. « La Hollande est une colonie anglaise. Je veux manger la Hollande », dit-il à la cantonade. Il force Louis à entériner l'annexion d'une partie de son territoire. « Tout le monde sait que, hors de moi, vous n'êtes rien, lui écrit Napoléon le 20 mai 1810. C'est

1. En 1809, Napoléon précise à Roederer : « [...] Rien ne m'arrêtera, mes desseins s'accompliront : j'ai la volonté et la force nécessaires. Rien ne m'embarrasse. Je n'ai pas besoin de famille ; je n'ai point de famille, si elle n'est française, si elle n'a l'âme française. J'ai repoussé Lucien, étant à Boulogne, parce qu'il osa me parler comme un homme qui n'était point français. Ils ne sont pas français ; je le suis seul. »

avec la raison et la politique que l'on gouverne les Etats, non avec une lymphe âcre et viciée. »

Excédé, le mari d'Hortense envisage de s'opposer à l'entrée de la Grande Armée par la force et d'inonder son pays. A bout de nerfs, il finit par abdiquer et s'enfuit en Autriche, exhalant sa haine, refusant toute réconciliation ultérieure, y compris durant les Cent-Jours. En 1820, il publiera trois volumes de Mémoires accablants, qui mortifieront Napoléon à Sainte-Hélène.

A partir de 1810, l'Empereur change d'attitude et ne se contient plus. Poing de fer dans un gant de fer, il rogne les ailes de ses frères, au motif qu'« ils n'ont des princes que la sotte vanité et aucun talent » ; il diminue les territoires de Jérôme et Joseph, morigène Murat. Devant Metternich, il confie ses regrets et reconnaît avoir fait une erreur, maintenant que son mariage avec Marie-Louise va lui donner un héritier : « J'ai obscurci et je gêne ma carrière par le fait d'avoir placé mes parents sur des trônes. On apprend en marchant, et je vois aujourd'hui combien le principe fondamental des anciennes monarchies, de tenir les princes de la maison régnante dans une grande et perpétuelle dépendance du trône, est sage et nécessaire. [...] Les beaux-arts et la charité eussent été leur domaine, et non pas des royaumes, que les uns ne savent pas conduire, et dans lesquels d'autres me compromettent en me parodiant. » Il leur reproche leur passivité, leur égoïsme, leur oubli de la France, leur ingratitude. Au lieu de frères, le voilà encerclé par un quarteron de parvenus, prêts à tout pour sauvegarder leur royaume. Il les juge sans cœur et sans intelligence, incapables de comprendre que la préservation de leur trône dépend de leur fidélité au système.

Procès aussi expéditif que fondé. A un détail près qui échappe à Napoléon, mais pas à ses frères : les peuples souffrent bien plus de leur inféodation qu'ils ne profitent de l'Empire. En les abandonnant, ces nouveaux rois se condamneraient à plus ou moins brève échéance. Sans cesse humiliés, rabaissés devant leurs « sujets », tous s'acharnent à trouver un petit peu de crédibilité, ce qui les oblige à contrecarrer l'Empereur. Surtout, aucun ne pardonne le ton sur lequel leur aîné s'adresse à eux, ses missives qui claquent, ses ordres qui ne souffrent pas le moindre retard ni bientôt la moindre observation, cette boulimie de conquêtes qui déstabilise l'édifice et le menace d'effondrement. Pour le subtil Talleyrand, « il y avait dans la puissance de Napoléon, au point où elle était parvenue, et dans ses créations politiques, un vice radical, qui me paraissait devoir nuire à son affermissement et même préparer sa chute. Napoléon se plaisait à inquiéter, à humilier, à tourmenter ceux qu'il avait élevés. Eux, placés dans un état perpétuel de méfiance et d'irritation, travaillaient sourdement à mieux nuire au pouvoir qui les avait créés et qu'ils regardaient déjà comme leur principal ennemi ».

La légende noire gagne du terrain. L'Empire rallie les peuples contre lui, en opposition avec lui : « Fils des Lumières, l'Empereur à force de "miracles brutaux" réveille contre les Lumières et rend moralement légitimes les fantômes furieux de l'Europe la plus archaïque », écrit Chateaubriand[1]. La grande idée moderne de nation, qui a sauvé la Révolution de l'invasion, fait des émules en Italie et en Allemagne. En simplifiant la carte de ces pays et en les dotant du Code civil, Napoléon a d'ailleurs favorisé ce mouvement unificateur. Conçu à dessein par l'Empereur, il est pourtant en train de se retourner contre lui. Sauf la

1. Il favorise par là même le vaste tournant conservateur qui triomphera au congrès de Vienne, développe l'auteur des *Mémoires d'outre-tombe* dans des lignes qui doivent également être citées : « L'Espagne des moines invoque son Moyen Age de Reconquista et les mânes de Philippe II pour infliger leurs premiers revers aux généraux de l'Empereur. L'Allemagne universitaire enflamme sa jeunesse de passion nationale, et la reine Louise de Prusse, traitée avec muflerie par Napoléon, devient la Muse des poètes composant des appels aux armes. C'est tout juste si le vieillard Pie VII, patient et diplomate dans l'épreuve humiliante qui lui est imposée par l'Empereur, ne demande pas aux mânes de Grégoire VII et de Sixte Quint la force de lancer une excommunication plénière et nominale contre son persécuteur. »

poignée de grands nobles ralliés et la fraction de la bourgeoisie qui profite du Code civil, ancienne aristocratie et peuples souffrent de concert, même si leurs raisons sont différentes. Les nobles perdent leurs privilèges et avec eux leur statut et leur considération, les plus humbles leur indépendance et parfois leur vie s'ils ont le malheur d'être incorporés dans les contingents annuellement versés au maître de l'Europe. L'impôt humain, la paupérisation résultant du Blocus, les réquisitions pour des corps d'armée stationnés un peu partout, voilà leur quotidien.

Face à cette oppression, peuples et noblesses se retrouvent d'autant plus facilement qu'à la différence de la France, ils n'ont pas été divisés par la Révolution. Unis par leur foi, en Dieu et dans leur souverain, ils trouvent dans le patriotisme et la volonté de revanche les ferments d'une nouvelle alliance, regardant leur passé avec nostalgie, portés vers un avenir radieux d'une communauté retrouvée qu'ils imaginent par une victoire contre l'ogre qui aura la saveur de la vengeance après tant d'années de frustrations accumulées. Les rivalités séculaires entre Etats – Autriche contre Prusse pour la suprématie en Allemagne, Russie contre Angleterre pour la domination dans les Balkans – s'effacent devant la volonté de combattre la tyrannie napoléonienne. La contrer suppose de se hisser à la hauteur de l'adversaire, rattraper le retard militaire, séduire les peuples pour les jeter dans la balance. Bâties sur la conservation, les monarchies anciennes découvrent le mouvement et prennent des risques. Une chose était de trahir Napoléon dans les salons, une autre de convaincre des individus de « conspirer en plein vent », selon le mot du comte Ouvarov.

« *De l'Allemagne* »

Le 12 octobre 1809, Napoléon passe une revue à Vienne lorsqu'un jeune homme s'approche de lui, menaçant. Rapp, qui l'arrête, découvre sur lui un couteau. Interrogé, ce fils de pasteur nommé Staps répond avec une froide résolution qu'il voulait tuer l'oppresseur de l'Allemagne. Champagny a laissé le récit de l'entretien entre Napoléon et le régicide.

« Pourquoi vouliez-vous m'assassiner ?

— Parce qu'il n'y aura jamais de paix pour l'Allemagne tant que vous serez au monde.

— Qui vous a inspiré ce projet ?

— L'amour de mon pays.

— Ne l'avez-vous concerté avec personne ?

— Je l'ai trouvé dans ma conscience.

— Ne saviez-vous pas à quels dangers vous vous exposiez ?

— Je le savais ; mais je serais heureux de mourir pour mon pays.

— Vous avez des principes religieux ; croyez-vous que Dieu autorise l'assassinat ?

— J'espère que Dieu me pardonnera en faveur de mes motifs.

— Est-ce que dans les écoles que vous avez suivies, on enseigne cette doctrine ?

— Un grand nombre de ceux qui les ont suivies avec moi sont animés de ces sentiments et disposés à dévouer leur vie au salut de la patrie.

— Que feriez-vous si je vous mettais en liberté ?

— Je vous tuerais. »

La franchise du ton, l'absence absolue de doutes et de remords impressionnent Napoléon : « Il fit retirer tout le monde, et je restai seul avec lui, poursuit le ministre. Après quelques mots sur un fanatisme aussi aveugle et aussi réfléchi, il me dit : "Il faut faire la paix[1]." » Staps, avant de tom-

1. Napoléon, selon le témoignage de Rapp, proposa vainement à Staps de le grâcier : « Vous avez une tête exaltée, vous ferez la perte de votre famille. Je vous accorderai la vie, si vous demandez pardon du crime que vous avez voulu commettre, et dont vous devez être fâché. » L'étudiant refuse crânement et annonce qu'il récidivera si on le libère. Afin de minorer l'événement, Napoléon écrit à Fouché pour lui demande de garder la nouvelle secrète et de faire passer l'individu pour fou.

ber sous les balles, pousse un dernier cri : « Vive la liberté. Vive l'Allemagne ! Mort au tyran ! » Napoléon réalise-t-il qu'il assiste à la naissance d'une nation ? Il ne le semble pas. Le spectacle de la campagne de 1809 l'a rassuré. En dépit des appels de l'archiduc Charles à la régénération de l'Allemagne, la Prusse s'est tue, la Confédération du Rhin est restée fidèle. Sauf les coups de main de quelques officiers exaltés, les dociles populations n'ont pas répondu aux appels du *Catéchisme des Allemands* de Kleist[1] ni aux injonctions de Arndt. Divisée en une kyrielle de peuples, l'Allemagne n'a plus de Saint Empire romain germanique pour incarner son unité. L'Aigle a maté l'Autriche et la Prusse, séduit Goethe à Erfurt, réformé ses institutions, bouleversé ses territoires par le Recès de 1803, la Confédération du Rhin et les nombreux traités passés depuis Austerlitz. « L'âme du monde » que le même Hegel appelle également « notre grand professeur de droit public » se flatte à travers la politique menée chez les Etats pilotes – Westphalie, grand-duché de Berg – de gagner ses populations aux vertus de notre modèle égalitaire et centralisé, garantissant l'ordre, la liberté religieuse et la propriété. Pourtant, sans le savoir, il a déjà tellement déçu. Par le Blocus et la conscription, il a montré aux peuples qu'il se sert d'eux, bien plus qu'il ne les sert. En frappant sans ménagements la Prusse et l'Autriche, l'Etat-nation protestant et l'empire catholique, il jette ces deux rivaux dans les bras

1. Ce pamphlet est établi sur le modèle du « catéchisme espagnol » que nous avons mentionné au chapitre précédent :

« Q : qui sont tes ennemis, mon fils ?

R : Napoléon et, aussi longtemps qu'il sera leur Empereur, les Français…

Q : Lorsqu'un conquérant étranger démembre un empire, est-ce que quelqu'un, quel qu'il soit, a le droit de le restaurer ?

R : Oui, le je pense.

Q : Qui a actuellement en Allemagne le pouvoir, l'intention et partant aussi le droit de restaurer la patrie ?

R : François II, le vieil empereur des Allemands. »

l'un de l'autre. En simplifiant la carte, il pose les premières pierres d'une unité, sans soupçonner qu'elle va un jour se réaliser contre la France[1].

Deux réactions complémentaires se développent. La première suscite la naissance d'une littérature nationaliste ; la seconde, politique, prend sa source en Prusse, l'Etat-nation guerrier coupé en deux par Tilsit, celui qui souffre le plus de l'occupation française et a le plus de raisons de se venger. Rencontre si rare de la pensée et de l'action, prolongement du verbe par la réalisation de réformes spectaculaires, entretenant l'espoir d'une régénération ; fusion de la réalité et du rêve, du possible enfin transcendé par l'imaginaire.

Le patriotisme littéraire naît toujours d'une humiliation. Le philosophe et historien Ernst Moritz Arndt découvre sa germanité par la rage ressentie au spectacle des débâcles de 1805 à 1809 qu'il appelle « le grand cataclysme » : « Ce fut, écrit-il, lorsque l'Autriche et la Prusse eurent succombé dans les combats, que mon cœur se prit à les aimer, elles et l'Allemagne, d'un amour véritable, et à haïr les Welches de toute la passion concentrée d'une haine profonde. C'est lorsque l'Allemagne en vint, par ses divisions, à n'être plus qu'un néant, que mon cœur embrassa son unité. » Car, martèle le même auteur : « La cause première de tous nos maux est le défaut d'unité. L'unité se fait par contrecoup de la

1. L'analyse d'Albert Sorel se distingue comme toujours par sa pénétration : « Napoléon agglomère, façonne l'argile du Saint Empire. Il réunit en groupes compacts les Allemands parqués entre tant de contrées, baronnies, abbayes, et seigneuries équestres. Il n'existait entre ces êtres, nés du même sang, aucun lien d'affection et d'intelligence. [...] Il croyait, en supprimant tant de frontières, en dressant ces voies stratégiques, n'ouvrir que le chemin des casernes : il ouvre les routes d'une patrie. [...] Napoléon tire ces peuples de l'exil où ses maîtres les ensevelissaient, en leur propre pays. Et sur ce corps arraché à la léthargie passe le souffle de l'âme : cette âme flottait sur l'Allemagne ! » *L'Europe et la Révolution française*.

conquête. Les Maures ont fait celle de l'Espagne, les Anglais celle de la France. Les Français feront celle de l'Allemagne[1]. »

Cette unité s'enracine dans un passé glorieux et se traduit par une langue commune. Il y a un esprit allemand, celui du Saint Empire romain germanique, âge d'or médiéval des Charlemagne et Frédéric de Hohenstaufen, vers lequel on se retourne pour mieux se ressourcer. Dès 1800, Frédéric Schlegel annonçait que l'esprit de l'Europe s'étant éteint « c'est en Allemagne que coule la source des temps nouveaux. Ceux qui y ont bu sont vraiment allemands [...]. Luttez loyalement comme des chevaliers dans la guerre sainte de l'Esprit ! ». Cet esprit allemand ne choisit pas ses références par hasard. A travers le Moyen Age, il célèbre des valeurs de transcendance et de sacrifice, une soumission de l'individu à un ordre supérieur. Ce premier romantisme prend sévèrement à partie les adeptes de l'*Aufklärung*, les Lumières allemandes, dont l'individualisme a dégradé la mystique unitaire. Joseph Hormayr, inspirateur de la révolte du Tyrol, directeur des archives des Habsbourg, publie un « Plutarque autrichien » destiné à faire connaître et admirer les grandes figures de son pays. Il prône la sainte alliance de la poésie et de l'histoire dans un article-manifeste intitulé *Sur l'utilisation poétique de la matière historique*, publié en janvier 1810[2]. Il s'agit, en les réunissant, de retrouver l'esprit premier de l'épopée, cette chanson épique à l'usage des peuples, de ranimer une flamme et de susciter des vocations. Le « patriotisme de culture » (Georges Lefebvre) s'affirme en s'opposant contre l'art classique, boursouflé et

1. L'œuvre principale de Ernst Moritz Arndt, *L'Esprit du temps* (trois volumes publiés de 1805 à 1813), réclame l'édification d'une grande Allemagne dominée par les Habsbourg.

2. L'importance de ce texte est soulignée par l'historien André Robert, auteur d'un ouvrage de référence intitulé *L'Idée nationale autrichienne et les guerres de Napoléon. L'apostolat du baron de Hormayr et le salon de Caroline Pichler,* publié en 1933 chez Alcan.

factice, contre la langue française, langue de cour qui souligne la décadence allemande. Contre l'universalisme des Lumières exporté par cette même France afin de coloniser l'Allemagne. En résumé, il faut revenir à la pureté et à la spontanéité des origines, au vieux conte populaire exhumé par le cénacle de Heidelberg. En enseignant « dans l'obéissance à la loi impérative du devoir, un acte dont la valeur est absolue », Kant a ouvert une autre voie vers la régénérescence. Tout comme son rival Herder, qui assimile chaque peuple à un être vivant, doté d'une âme et d'un esprit, ce *Volkgeist* qui fait de chacun un Allemand avant d'être un Prussien, Autrichien, Bavarois ou Saxon[1]. Il s'exprime par une longue histoire et une mémoire commune, forge ce supplément d'âme qui plie l'existence de chacun à un idéal plus grand que lui. Patriotisme à rebours de celui de la France, ouvert vers l'extérieur, universaliste. Celui-ci est plus frileux, replié sur lui, convaincu de sa supériorité : « L'esprit germain finira par vaincre l'esprit français », écrit Charles-François de Villers dès novembre 1806. Quand elle méprise l'Allemagne, la France s'attire toujours des réveils douloureux et des lendemains terribles. Napoléon ne le comprendra que trop tard. A l'été 1809, l'ensemble de la mouvance littéraire nationaliste se regroupe au sein de l'université de Berlin, fondée à l'initiative de Wilhelm von Humboldt, ministre de l'Instruction publique de la Prusse. Les héros littéraires de la régénération, Fichte, Schleiermacher ou Savigny y enseignent, attirant dans le giron prussien l'élite intellectuelle des petites cours allemandes, réalisant l'unité intellectuelle qui préfigure l'unité politique.

Du littéraire au politique, le pas est vite franchi avec la publication en 1807-1808 des *Discours à la nation*

---

1. L'historien Z. Sternhell consacre à Herder d'importants développements dans son ouvrage sur *Les Anti-Lumières* (Fayard, 2006). Il en fait l'un des maîtres à penser de la Contre-Révolution et du nationalisme allemand.

allemande de Fichte. En quinze leçons, le maître fustige l'abaissement de l'Allemagne et indique les voies à suivre pour la rénovation. Au moi individuel des Lumières cosmopolites, il oppose le « moi général et national de l'Allemand » : « On n'a plus conçu pour la vie humaine d'autre idéal que le bien-être, accuse-t-il. Chacun cherche à se caser dans la vie le plus confortablement possible, sans vouloir observer la solidarité qui le lie nécessairement à ses concitoyens et aux autres hommes, sans se demander s'il n'y aurait pas un meilleur usage à faire de la vie. Individualisme et par suite égoïsme, voilà le caractère de la morale dominante. » Contre cet esprit libéral et jouisseur, le temps est venu du sacrifice à la patrie afin de lui confier « l'hégémonie mondiale qui lui est destinée ».

Pour y parvenir, il faut substituer au « placide amour bourgeois pour la constitution et les lois [...] la flamme dévorante du patriotisme supérieur, ne voyant dans la nation que l'enveloppe de l'éternel, pourquoi le caractère noble se sacrifie avec joie, alors que le vulgaire, qui n'existe qu'en fonction du premier, se sacrifie par devoir[1] ». La langue bien sûr mais aussi la religion et l'histoire doivent être préservées et enseignées, Fichte insistant particulièrement sur la centralité de l'éducation qui doit être rendue obligatoire afin de souder le peuple à sa patrie[2].

---

1. « Par suite, écrit toujours Fichte, ce doit être le patriotisme qui régit l'Etat en lui assignant un but plus élevé que celui, si banal, du maintien de la paix intérieure, de la sauvegarde de la propriété, de la liberté personnelle, de la vie et du bien-être de tous. C'est uniquement pour cette fin supérieure, et à nul autre égard que l'Etat réunit une force armée. »

2. « Parmi les divers moyens particuliers de relever l'esprit allemand, il serait très efficace d'avoir une histoire exaltante des Allemands de cette époque, qui deviendrait le livre de la nation et du peuple, comme le sont la Bible ou le livre des Psaumes... », écrit-il notamment.

« Evangile du pangermanisme[1] », les philippiques fichtéennes constituent d'abord un manifeste unitaire : « Je m'adresse aux Allemands en général, à tous les Allemands sans exception. Je ne connais plus ces divisions malheureuses entre Allemands qui ont amené nos désastres. [...] Aucun pouvoir divin ni humain, aucune circonstance imaginable ne peut nous sauver. C'est nous-mêmes qui devons travailler à notre propre salut, sinon c'en est fait de nous. » Et de conclure : « Il faut ou périr ou combattre ; l'instant est décisif. » Sauf que l'on peut périr en combattant par les armes, comme l'a prouvé Iéna, ou tout simplement par les mots, comme l'a révélé l'exécution le 26 août 1806 du libraire Palm de Nuremberg, éditeur du premier pamphlet antifrançais d'envergure intitulé *L'Allemagne en son humiliation la plus profonde*. Selon Montgelas, Premier ministre francophile de la Bavière, cet acte aliéna à Napoléon « les sympathies de la classe des savants... et la plume de la plupart des écrivains se tourna désormais contre la France[2] ».

*

Mais si la censure peut ralentir, elle ne parvient jamais à anéantir la diffusion des idées. Pis, elle les radicalise et

1. Grâce à l'authenticité de sa langue, « [...] la littérature allemande, seule vraiment originale, est reine de l'esprit et la culture qu'elle porte est un message de Dieu à l'humanité. Les prétentions du Saint Empire à la domination universelle et surtout la conquête et l'oppression des millions de Baltes et de Slaves disposaient déjà les Allemands à se regarder comme le peuple-maître ; en justifiant leur orgueil national par le mysticisme qui, depuis Luther, enivrait les âmes, les discours de Fichte étaient destinés à devenir un des évangiles du pangermanisme », résume une nouvelle fois Georges Lefebvre dans sa magistrale synthèse.

2. Le propos est rapporté dans le monumental ouvrage collectif dirigé par Jean Mistler pour le bicentenaire de la naissance de Napoléon.

les rend insaisissables en les obligeant à avancer masquées. On diffuse dans la clandestinité tandis que l'on s'organise dans l'ombre. En avril 1808 est fondé le Tugendbund, « Ligue de la vertu ». Forte de plus de 700 membres, cette société, sous couvert d'exalter les vertus civiques, dénonce en réalité les élites profrançaises et constitue un réseau nationaliste qui formera les cadres du mouvement de libération en 1813. A l'image de Blücher, elle regroupe les plus grands noms de la noblesse prussienne, essaime dans la Confédération du Rhin, notamment en Westphalie où elle joue un rôle certain lors des troubles de 1809. On se regroupe également dans les sociétés de gymnastique fondées par Jahn[1] ou dans des sociétés de « Tir et de lecture » de Berlin que côtoient Arndt et de nombreux écrivains. L'idole du nationalisme reste la courageuse reine Louise de Prusse, chef du parti de la guerre en 1806, morte de chagrin en 1810 après avoir dit : « Si l'on ouvrait mon cœur, on y lirait le nom de Magdebourg », cette place stratégique que Napoléon avait refusée de lui laisser à Tilsit.

Comme toujours le monde littéraire est à l'avant-garde. La Prusse, Etat-nation forgé par la guerre, monarchie militaire tendue vers la revanche, rêve de secouer le joug. Elle se trouve d'ailleurs dans un tel état qu'elle n'a plus grand-chose à perdre. Occupée, pressurée, diminuée de moitié, elle est depuis Tilsit sujette au bon plaisir impérial qui ne la laisse survivre que par attention pour Alexandre. Mais pour combien de temps ? « Un lambeau de souveraineté s'en va après l'autre et on nous serre ainsi doucement la gorge jusqu'à ce que nous étouffions », résume Gneisenau

1. Les mannequins utilisés à l'entraînement sont des soldats français. Jahn fut aussi l'un des pères du nouveau nationalisme prussien à travers son livre, *La Nationalité allemande*, publié en 1810. Outre les argumentaires classiques déjà employés par Fichte ou Arndt, il appelle à lutter contre l'emploi du français qu'il qualifie de « flaque stagnante de Lutèce ».

dans une lettre qu'il écrit au fils de Blücher le 22 octobre 1810.

Au bord de la ruine, elle va bénéficier du concours successif de deux hommes d'Etat : Stein et Hardenberg. Symboles du mouvement unitaire, les deux hommes ne sont pourtant pas prussiens d'origine : Stein appartient à une vieille lignée de barons du Saint Empire ; Hardenberg est hanovrien tout comme Scharnhorst, un des principaux artisans du redressement militaire[1]. Tous trois ont une même foi dans l'Allemagne, une même haine de la France, une même conviction que l'unité allemande ne peut être accomplie que par la Prusse. Tous trois ont médité sur le désastre d'Iéna. Ils en ont retenu la certitude d'une urgence de la réforme, non un vulgaire replâtrage mais une mutation qui doit s'inspirer des leçons de la Révolution française, tant politiques que militaires, pour les greffer sur cette monarchie usée, bloquée et bureaucratique, aux chefs vieillissants et à l'esprit flétri. Stein commence l'œuvre, Hardenberg la parachève, mais il s'agit bien du même esprit et de la même méthode[2].

Au lendemain de Tilsit, Stein prend le pouvoir pour quatorze mois. Grand admirateur de Turgot, cet enfant de

1. Un autre grand artisan de la réforme de l'armée, August Gneisenau, était saxon d'origine.

2. Elle est détaillée par Stein dans son mémoire au roi d'avril 1806 et par Hardenberg dans un document similaire en septembre 1807 : « La Révolution française, dont les guerres actuelles ne sont que le prolongement, a donné à la France, au milieu d'orages et de scènes sanglantes, un essor imprévu. [...] La force des principes nouveaux est telle que l'Etat qui refusera de les accepter sera condamné à les subir ou à périr. Napoléon lui-même et ses auxiliaires sont subordonnés à cette puissance nouvelle. [...] Ainsi une révolution, dans le bon sens du mot, conduisant à ce grand but de l'anoblissement de l'humanité, réalisée par la sagesse du gouvernement et non par une impulsion violente du dedans ou du dehors, tel doit être notre objet, notre principe dirigeant. Des principes démocratiques dans un gouvernement monarchique, telle me paraît être la formule appropriée à l'esprit du temps. » Le texte est cité par Albert Sorel.

l'Ancien Régime, né en 1757, s'inspire des méthodes de son glorieux aîné dont il partage également le caractère intransigeant et irritable, sûr de lui et n'admettant pas la réplique. Turgot avait aboli les corvées pour libérer la paysannerie du joug des seigneurs et tenté une réforme provinciale afin de décentraliser le pouvoir et de faire émerger une classe nouvelle de dirigeants. Stein s'en inspire en émancipant les serfs[1] et en établissant une réforme municipale d'envergure qui rend aux villes leur ancienne franchise et institue l'élection de conseils municipaux dotés d'une très large autonomie. Si l'on y ajoute l'abolition des privilèges dans le corps des officiers, la limitation des châtiments corporels et des justices seigneuriales, c'est tout le régime bureaucratique des castes, fondement de la monarchie prussienne, qui s'écroule[2]. Une table rase révolutionnaire certes, mais accomplie d'en haut au nom du monarque et orchestrée par son gouvernement. Ce que Turgot n'avait pas pu réaliser, lâché par Louis XVI en 1776, haï par la Cour, Stein est parvenu à l'opérer à la serpe et dans l'urgence, porté par le caractère sacral de sa mission. Il établit le mérite, réduit les privilèges, oriente chaque Prussien vers la défense de la patrie ; bref, il sert la monarchie en la régénérant et en lui évitant les spasmes populaires.

La veille de son départ, le 14 novembre 1808, il obtient une réforme politique et administrative d'envergure. L'influence de la Constituante, dont il utilise souvent les projets en les adaptant, s'y conjugue avec celle du Consulat. Le cabinet royal, organisme informe groupant de

1. L'édit dit d'émancipation date du 9 octobre 1807. Il annonce l'abolition totale du servage (1811) et supprime les restrictions qui limitent la libre transmission des terres et le libre choix des professions – 47 000 familles de paysans devinrent propriétaires.

2. « Il faut détruire cet esprit d'avidité, de rapacité, cet attachement étroit au mécanisme qui est le trait distinctif de la bureaucratie, écrit Stein à Hardenberg. Il faut accoutumer la nation à administrer ses propres affaires, il faut la sortir de cet état où la retient sous sa tutelle une administration à la fois servile et agitée. »

nombreux conseillers occultes, est dissous au profit d'un gouvernement réduit dirigé par un Premier ministre[1]. Les chambres provinciales disparaissent. Des présidents, équivalents de nos préfets, sont instaurés dans les provinces, assistés de nombreux conseillers spécialisés. La séparation entre l'administration et la justice se concrétise par l'établissement de tribunaux de district. Enfin, le nombre des fonctionnaires est considérablement réduit. Mérite, nationalité, verticalité, efficacité. Autant de préceptes napoléoniens assimilés et récupérés au profit de la Prusse. Stein y ajoute la touche turgotienne d'un pouvoir local élu afin de contrebalancer le poids de l'administration et assimiler les populations futures destinées à agrandir la mère patrie. Cette alchimie réussie entre autorité et fédération préfigure l'œuvre bismarckienne et plus largement l'histoire de l'Allemagne moderne.

Malheureusement pour lui, Stein ne peut déguiser longtemps sa haine pour Napoléon. En août 1808, une lettre de lui à un certain Wittgenstein est interceptée par la police française. Elle est accablante, le ministre n'y cachant pas son admiration pour la résistance espagnole et annonçant son intention d'entretenir des intelligences dans les provinces perdues à Tilsit, dans l'espoir d'y provoquer un soulèvement ultérieur. Napoléon, qui met alors la dernière main à la convention d'occupation, exige et obtient facilement sa tête. Il lui fait même l'honneur de lui concocter de Madrid un décret spécial le déclarant ennemi de la France et de la Confédération du Rhin, séquestrant ses biens et le décrétant d'arrestation[2].

---

1. Il n'y a plus que cinq ministres : Affaires étrangères, Guerre, Justice, Intérieur, Finances. Chacun est assisté de directeurs généraux.

2. « Le nommé Stein cherchant à exciter des troubles en Allemagne est déclaré ennemi de la France et la Confédération du Rhin. – Les biens que ledit Stein possédait soit en France soit dans les pays de la Confédération du Rhin seront séquestrés. Ledit Stein sera saisi de sa personne partout où il pourra être atteint par nos troupes ou celles de nos alliés. En notre camp impérial de Madrid, le 16 décembre 1808. »

Contraint à l'exil, Stein ronge son frein avant de rejoindre Alexandre Ier à l'ouverture de la campagne de 1812.

Après un bref intermède, Hardenberg lui succède en juin 1810. Le nouveau chancelier poursuit l'œuvre de son prédécesseur qu'il complète en décrétant l'égalité devant l'impôt, pendant d'une reconnaissance de l'égalité civile pour les Juifs et pour les paysans enfin admis à la propriété héréditaire, tandis qu'une énième réforme administrative ou la fondation de l'université de Berlin montrent que la Prusse entend aussi rivaliser avec le contre-modèle français jusque dans les esprits. Surtout, il surveille la réforme militaire. Les leçons d'Iéna sont enfin tirées avec l'épuration du haut commandement. Sur 143 officiers généraux en place avant Tilsit, il n'en reste que 8, dont Blücher, en poste en 1812. Une ordonnance d'août 1808 ouvre le corps des officiers aux non-nobles, établit une solde fixe, institue des examens et donne une part essentielle au mérite dans l'avancement. Autant de mesures inspirées par la Grande Armée à laquelle on emprunte également son caractère national et son organisation. Les mercenaires sont congédiés tandis qu'une forme dérivée de conscription est établie. Limitée à 42 000 hommes d'active par ses accords avec la France, la Prusse est obligée de biaiser pour établir le service militaire obligatoire. Pour former « tous ceux qui peuvent pisser contre le mur » (Scharnhorst), on établit un système original, rotatif et limité à un mois, ce qui permet d'entraîner plus de 100 000 hommes par an sans dépasser le quota fixé. Ce système dit des Krumpers permettra à chaque Prussien de rejoindre l'armée en 1813. En cachette de l'occupant, à sa barbe pourrait-on dire, une nouvelle armée nationale, ardente et avide de revanche, vient de naître.

La Prusse devient une poudrière, prête à exploser. Déjà, le mouvement pousse ses ramifications vers la Confédération du Rhin. Peuplée de Prussiens, la Westphalie s'agite. Le 5 décembre 1811, Jérôme s'inquiète ouvertement de l'esprit de ses peuples dans une longue lettre à l'Empereur : « La fermentation est au plus haut degré », constate-t-il d'emblée, avant d'ajouter : « On se propose l'exemple de l'Espagne et, si la guerre éclate, toutes les contrées entre Rhin et Oder seront le foyer d'une active insurrection. La cause puissante de ces mouvements n'est pas seulement l'impatience du joug étranger ; elle existe plus fortement dans la ruine de toutes les classes, les surcharges des impositions, contributions de guerre, entretien des troupes, passages des soldats, vexations répétées. Le désespoir des peuples, qui n'ont rien à perdre parce qu'on leur a tout enlevé, est à redouter. » Et le souverain d'insister sur la misère, liée à l'occupation française et aux rigueurs du Blocus, qui frappent toutes les classes et les soudent dans leur haine contre la France. Commandant la forte garnison de Danzig, le général Rapp, célèbre pour son franc-parler, s'alarme tout autant dans une lettre qu'il écrit à la même époque à Davout, son supérieur hiérarchique : « La misère, qui va toujours en croissant, contribue beaucoup à augmenter l'humeur de toute l'Allemagne et, comme je l'ai dit plus haut, elle désirerait la guerre dans l'espérance de pouvoir secouer le joug. » La menace vaut tout autant pour l'allié saxon et la Westphalie : « Je ne suis pas un alarmiste et je n'aime pas à passer pour voir en noir, mais ce que j'avance est positif ; je surveille avec activité tout ce qui se passe en Allemagne, soit par le rapport des voyageurs, soit par la correspondance civile, et ceux qui tiennent un autre langage à l'Empereur ne le servent pas bien, ils lui cachent la vérité. »

Le « système d'univers[1] » a déjà perdu l'Empire des cœurs. Il ne lui reste que la force et la peur, ce qui le place à la merci de la première défaite.

---

1. Terme utilisé par l'Empereur auprès de Gourgaud à Sainte-Hélène.

Le discordat

Cette poussée nationaliste profite d'un étonnant « renversement des alliances » : du sud au nord de l'Europe vassalisée, le christianisme hier symbole de sociétés figées accompagne désormais les aspirants à la liberté. Dans le même temps, Napoléon réussit l'exploit de coaliser contre lui les catholiques, majoritaires en Belgique, en Italie et en France, soit dans les territoires qui lui sont le plus attachés.

Comme l'intervention en Espagne, comme toutes les annexions menées depuis Tilsit, la perte de la souveraineté temporelle du pape est fille naturelle du Blocus – que Pie VII refuse d'appliquer – et de cette perte de lucidité politique – déjà relevée – qui affecte Napoléon depuis Tilsit. Déjà refroidi par les articles organiques, qui ont affaibli le clergé en le plaçant plus étroitement sous la coupe du gouvernement[1], Pie VII n'a que très modérément apprécié l'indifférence insultante avec laquelle Napoléon a écarté ses revendications territoriales, formulées au moment du sacre[2]. L'occupation d'Ancône en octobre 1805 l'a tellement exaspéré que sa lettre, reçue à

1. Publiés juste avant le vote des chambres (4-15 avril 1802), les articles organiques choquent le pape, car ils sont d'inspiration gallicane et s'accompagnent de la nomination d'évêques constitutionnels (ainsi nommés car ils ont prêté serment à la Constitution civile du clergé et ne se sont pas rétractés depuis). Autre avanie : les deux textes réunis prennent finalement le nom officiel de « convention » et non plus de Concordat afin d'éviter toute référence au précédent royal de 1516. Pie VII réplique le 24 mai 1802 par une allocution consistoriale devant le Sacré Collège. Il y déclare notamment que « la consolation qu'il éprouvait du rétablissement de la religion en France lui était rendue pourtant bien amère par les lois organiques qui avaient été rédigées sans qu'il en sût rien et sans qu'il les eût approuvées ».

2. S'il obtient gain de cause sur la nomination des évêques constitutionnels, Pie VII n'obtient pas en revanche le retour des légations, annexées par la France, à l'Etat pontifical. La République s'était déjà,

la veille d'un Austerlitz incertain, a choqué Napoléon qui l'a interprétée comme un coup de poignard dans le dos : « Nous vous le disons franchement ; depuis notre retour de Paris, nous n'avons éprouvé qu'amertume et déplaisir, nous ne trouvons pas chez Votre Majesté le retour de sentiments que nous nous croyions en droit d'attendre de sa justice. »

La riposte de l'Empereur, en février 1806, est sans appel : « Votre Sainteté est souveraine à Rome, mais j'en suis l'Empereur. Tous mes ennemis doivent être les siens. » Entre escarmouches verbales, lettres rendues publiques et coups de force s'est alors mis en place le scénario de la rupture entre les deux hommes. Napoléon exige l'expulsion des sujets ennemis – russes, anglais et sardes – de Rome, l'entrée en vigueur du Blocus, la déclaration de guerre à Albion et le renvoi du cardinal Consalvi, notoirement francophobe. Le 21 mars 1806, le pape répond à Napoléon avec un mélange d'ironie et de raideur qu'il « n'existe pas d'Empereur de Rome, il ne peut pas en exister sans que le Souverain Pontife soit dépouillé de l'autorité souveraine qu'il exerce seul à Rome ». Peu sensible à l'humour pontifical, Napoléon réplique par la manière forte. La Grande Armée occupe Civitavecchia en mai 1806, les Marches puis le littoral adriatique des Etats pontificaux en 1807. Sans consulter le pape, il attribue les principautés de Ponte-Corvo et Bénévent, fiefs du Saint-Siège enclavés dans le royaume de Naples, à Bernadotte et à Talleyrand, le fossoyeur du clergé à la Constituante, l'évêque apostat haï par l'Eglise en général et par Pie VII en particulier, qui ne lui pardonne pas, de surcroît, d'avoir essayé de faire échouer le Concordat. L'Empereur, après Friedland, ne se contient plus. Déjà, dans une lettre

---

par le traité de Tolentino signé le 19 février 1797, emparé d'une grande partie des Etats pontificaux, soit Avignon et le Comtat Venaissin, tandis qu'il faisait remettre Bologne, Ferrare et la Romagne à la République cisalpine.

écrite à Eugène le 22 juillet 1807, il menace Rome d'invasion et le pape de déposition : « Mon fils, j'ai vu dans la lettre de Sa Sainteté, que certainement elle n'a pas écrite, qu'elle me menace. [...] Cette ridicule pensée ne peut appartenir qu'à une profonde ignorance du siècle où nous sommes ; il y a une erreur de mille ans de date. Le pape qui se porterait à une telle démarche cesserait d'être pape à mes yeux. Je ne le considérerais que comme l'Antéchrist envoyé pour bouleverser le monde et faire du mal aux hommes. [...] Je tiens ma couronne de Dieu et de la volonté de mes peuples[1]. »

En novembre 1807, Pie VII accepte enfin le Blocus, croyant solder la querelle et conscient aussi que le Concordat reste un acquis majeur[2]. L'Aigle révèle alors sa mauvaise foi en exigeant l'impossible, soit que le pape s'engage « à faire toujours cause commune avec l'Empereur contre tout ennemi de la France ». Evidemment, Pie VII, comme n'importe quel chef d'Etat, ne peut souscrire un pareil engagement humiliant et qui lui ôterait toute liberté pour l'avenir.

---

1. Le reste de la lettre est à l'unisson. Napoléon envisage même d'aller jusqu'au schisme : « Je ne peux que gémir sur cet esprit de vertige qui s'est emparé de deux ou trois cardinaux qui gèrent les affaires de Rome. [...] Certes, je commence à rougir et à me sentir humilié de toutes les folies que me fait endurer la cour de Rome ; et peut-être le temps n'est-il pas éloigné, si l'on veut continuer à troubler les affaires de mes Etats, où je ne reconnaîtrai le pape que comme évêque de Rome, comme égal et au même rang que les évêques de mes Etats. »

2. En octobre, Napoléon l'impressionne et le fascine comme en témoigne Consalvi dans l'extrait suivant de ses Mémoires : « L'empereur Napoléon exerçait sur le saint-père une espèce de fascination et d'éblouissement, que toutes les calamités publiques ou privées ne purent faire cesser ; c'était un mélange d'admiration et de crainte, de tendresse paternelle et de pieuse gratitude. Le Concordat était son œuvre de prédilection, l'acte de paix et de foi, qui avait réconcilié la France avec l'Eglise, et préservé le monde entier d'un schisme universel ou d'une violente séparation avec le Saint-Siège. »

Le 2 février 1808, un nouveau pas dans l'escalade est franchi avec l'occupation de Rome par les troupes du général Miollis. Napoléon établit ainsi un protectorat de fait, prélude à l'annexion. Jusqu'en juillet 1809, il n'ose pourtant s'y résoudre, craignant sans doute de perdre le soutien des catholiques, tentant de fléchir Pie VII en le poussant à renoncer pacifiquement à ses Etats.

Les deux souverains s'abusent réciproquement sur les intentions de l'autre. Le pape croit que Napoléon n'osera pas aller jusqu'au bout, tant par égard pour sa personne qu'en raison de l'attachement manifesté par les Français lors de son voyage en 1805[1]. Il sait son clergé fidèle, l'ultramontanisme en progression depuis le Concordat qui a affirmé sa primauté spirituelle. Annexer Rome violerait la papauté dans son fondement alors le plus essentiel : cette souveraineté temporelle indispensable au libre exercice de son magister. Par crainte de l'excommunication, Napoléon recule, encore. Mais il doit maintenant choisir entre le rêve italien et le divorce avec la religion dominante qui lui a apporté un soutien sans faille depuis Brumaire. Le choix se posera à peu près dans les mêmes termes à Napoléon III cinquante ans plus tard. Or, Napoléon se leurre. Sûr de son ascendant sur le pape, il croit toujours pouvoir le rallier à ses vues, l'amener à Paris ou à Avignon, richement doté, somptueusement traité avec les égards dus à son rang. Il prend à tort la bonté du pape

1. « Le Pape croyait que je n'oserais jamais m'exposer à l'excommunication et à une querelle sérieuse avec lui, confessera Napoléon à Bertrand. Il disait à Alquier qui était ambassadeur : L'Empereur n'osera jamais. J'ai traversé la France et j'ai vu le peuple à genoux autour de ma voiture. C'est un bon peuple que le peuple de France. Ne vous y fiez pas, lui répondit-il, tout cela est très bien, mais si l'Empereur sépare votre cause de la sienne, personne ne contestera les mesures qu'il prendra. Vous vous fiez à la crainte des excommunications, vous parlez de Louis XIV, mais le cas est très différent. Louis croyait, et celui-ci ne croit pas. On ne peut pas se le dissimuler : ce qui a fait agir Louis XIV, c'est qu'il avait peur réellement de l'enfer ; c'est ce qui l'a fait céder à vos demandes ; mais celui-ci ne croit pas. »

pour de la faiblesse. Grave erreur d'analyse qui le porte, comme toujours depuis Erfurt, à voir la réalité telle qu'il la désire mais non telle qu'elle est. Il n'a pourtant pas manqué d'avis salutaires. Son ambassadeur Alquier l'a notamment mis en garde[1] tout comme son oncle le cardinal Fesch qui lui adresse une lettre pressante, signalant « l'inquiétude générale dans le clergé » et la haine de certains fidèles à son encontre. Napoléon lui répond plus méprisant que jamais : « Je vous prie, lorsque vous m'écrivez, de prendre garde à ce que vous me dites ou de vous dispenser d'écrire… Je n'y ai vu [dans votre lettre] que l'effet d'une imagination en délire et je conseille à vous et à ceux qui se créent des monstres qui n'existent que dans leur imagination de prendre des bains froids. »

*

Il ne peut y avoir d'Empire d'Occident sans la Ville éternelle, symbole de l'Empire romain et de la chrétienté. César et Charlemagne ! C'est de Vienne, le 17 mai 1809, que Napoléon résilie la donation faite par « Charlemagne, empereur des Français et notre auguste prédécesseur aux… évêques de Rome[2] ». Rome devient seconde ville de l'Empire, Pie VII bénéficiant d'une dotation de deux millions. Le pape réagit par une bulle d'excommunication *quum memoranda* qui frappe les fauteurs et exécuteurs de l'attentat, sans oser toutefois désigner nommément l'Empereur. Neuf jours après, celui-ci écrit à Marmont :

1. « On s'est étrangement trompé sur le caractère de ce souverain si l'on a pensé que sa flexibilité apparente cédait à tous les mouvements qu'on voulait lui imprimer ; cette manière de le juger n'est vraie que sur les objets d'administration et de détails du gouvernement, où le pape s'en remet à la volonté de ceux qui en sont chargés ; mais dans tout ce qui tient à l'autorité du chef de l'Eglise, il ne s'en rapporte qu'à lui seul », écrit-il le 21 juin 1808.

2. L'acte est complété par le sénatus-consulte du 17 février 1810 qui réunit les Etats romains à l'Empire.

« C'est une excommunication qu'il a portée contre lui-même. Plus de ménagements ; c'est un fou furieux qu'il faut enfermer. » Mais il ne donne pas l'ordre formel de l'arrêter. Sauf qu'en se laissant aller à de telles extrémités, un prince s'expose toujours au risque d'être pris au mot. Cela ne manque pas : le général Radet capture le pape le 6 juillet 1809, après avoir défoncé les portes du Quirinal à coups de hache. Il se retrouve soudain devant l'homme en blanc, dont la douceur et l'aménité ont frappé tous les contemporains. Tout de même un peu gênée, la brute galonnée se reprend et lui demande de renoncer à toute souveraineté temporelle. Magnifique de dignité, le pape articule la célèbre réplique : « Nous ne pouvons céder ni abandonner ce qui n'est pas à nous. Le temporel appartient à l'Eglise, nous n'en sommes que l'administrateur. L'Empereur pourra nous mettre en pièces, mais il n'obtiendra pas cela de nous. » Radet lui signifie alors qu'il va devoir l'emmener sans attendre. « Voilà donc la récompense de ma longue condescendance envers l'Empereur et l'Eglise de France. Peut-être à cet égard ai-je été coupable devant Dieu et c'est Lui qui me veut punir. Je me soumets avec humilité », s'incline Pie VII. Jeté dans un carrosse, il parvient en Savoie au terme d'un long et pénible voyage qui indigne tous les fidèles.

Comme dans l'affaire du duc d'Enghien, Napoléon couvre ses subordonnés et endosse seul la responsabilité d'un acte qui porte la crise à son paroxysme et consomme la rupture[1]. Refusant de traiter tant qu'il demeure en captivité, Pie VII riposte par la seule arme qui lui reste : la grève de l'institution canonique, seule apte à investir les nouveaux évêques. Incapable de le fléchir, Napoléon s'emploie à l'isoler des fidèles et le rapproche de sa personne en le faisant venir à Fontainebleau début 1812.

1. « Je suis fâché qu'on ait arrêté le pape ; c'est une grande folie. Il fallait arrêter le cardinal Pacca et laisser le pape tranquille à Rome. Mais enfin, il n'y a point de remède ; ce qui est fait est fait », écrit Napoléon à Fouché le 18 juillet 1809.

Privé de papiers, plumes et encre afin de ne plus correspondre, séparé de ses conseillers, le pape se réfugie dans la résistance passive. Plutôt que le déposer, ce qui serait aller au schisme, l'Empereur redécouvre les vertus oubliées du gallicanisme. En 1810, la déclaration des Quatre Articles, édictée par Bossuet en 1682, est déclarée loi d'Empire. Plusieurs mesures répressives sont prises à l'encontre des missions et des séminaristes[1]. Contestant la validité devant Dieu du divorce avec Joséphine et du remariage avec Marie-Louise, treize cardinaux refusent d'assister à l'office religieux célébré par le cardinal Fesch. Napoléon les exile derechef en province sous la surveillance de la police et les prive de leurs habits rouges, d'où leur célèbre surnom de « cardinaux noirs ». A la fin de l'année, d'Astros, le vicaire général capitulaire de Paris, est destitué et mené à Vincennes pour ne pas avoir communiqué un bref du pape qui condamnait la nomination du napoléonâtre cardinal Maury à l'archevêché de Paris. Le cousin de D'Astros, Portalis, qui avait gardé le secret sur l'affaire, est chassé du Conseil d'Etat, dont il est membre, après avoir subi une scène terrible.

*

La gravité de la crise continue à être ignorée de l'opinion. Le Concordat reste en vigueur et le clergé demeure en apparence fidèle. Tous les prêtres français apprennent le très officiel catéchisme impérial, inspiré de Bossuet. Promulgué en août 1806, il contient une exégèse particulièrement édifiante du quatrième commandement : « Tu

1. La plus importante fut la suppression des missions à l'Intérieur en octobre 1809. Napoléon la justifie en ces termes auprès de Fesch : « Mon clergé séculier est trop bien composé pour que j'aie besoin de ces énergumènes que je ne connais pas. Il est du devoir de mon clergé de m'obéir et le Saint-Esprit cesserait d'être avec lui du jour où il tenterait de s'écarter de l'obéissance qu'il me doit. » Les subventions aux missions étrangères et aux séminaires furent également supprimées.

honoreras ton père et ta mère. » Etendu aux devoirs des inférieurs envers leurs supérieurs, il préconise une obéissance absolue à Napoléon :

« Demande : Quels sont les devoirs des chrétiens à l'égard des princes qui les gouvernent, et quels sont en particulier nos devoirs envers Napoléon Ier, notre Empereur ?

Réponse : [...] Nous devons en particulier à Napoléon Ier, notre Empereur, l'amour, le respect, l'obéissance, la fidélité, le service militaire, les tributs ordonnés pour la conservation et la défense de l'Empire et de son trône ; nous lui devons encore des prières ferventes pour son salut et pour la prospérité spirituelle et temporelle de l'Etat.

Demande : Pourquoi sommes-nous tenus de tous ces devoirs envers notre Empereur ?

Réponse : C'est premièrement, parce que Dieu, qui crée les Empires et les distribue selon sa volonté, en comblant notre Empereur de dons, soit dans la paix, soit dans la guerre, l'a établi notre souverain, l'a rendu le ministre de sa puissance et son image sur la terre. Honorer et servir notre Empereur est donc honorer et servir Dieu même. »

Suit un rappel de la soumission traditionnelle de l'Eglise aux pouvoirs établis.

« Demande : N'y a-t-il pas de motifs particuliers qui doivent plus fortement nous attacher à Napoléon Ier, notre Empereur ?

Réponse : Oui : car il est celui que Dieu a suscité dans les circonstances difficiles pour rétablir le culte public de la religion sainte de nos pères, et pour en être le protecteur. Il a ramené et conservé l'ordre public par sa sagesse profonde et active ; il défend l'Etat par son bras puissant ; il est devenu l'oint du Seigneur par la consécration qu'il a reçue du souverain pontife, chef de l'Eglise universelle.

Demande : Que doit-on penser de ceux qui manqueraient à leur devoir envers notre Empereur ?

Réponse : Selon l'apôtre saint Paul, ils résisteraient à l'ordre de Dieu même, et se rendraient dignes de la damnation éternelle[1]. »

Chaque 15 août, la France continue de faire sonner les cloches pour la Saint-Napoléon ; les évêques prônent inlassablement les bienfaits de la conscription et la nécessaire fidélité à l'Empereur, jouant à la perfection ce rôle de « préfets violets » que leur a destiné Fouché. Et pourtant, là comme ailleurs, un petit vent de fronde se lève, ébranlant les bases de cette « religion gendarme[2] » chère à l'Empereur. Le silence hostile de Pie VII, les cardinaux noirs, l'excommunication que les royalistes les plus zélés ne manquent pas de rendre publique : autant de signaux d'une fracture prochaine. Pour sortir de l'impasse, Napoléon convoque un concile en 1811. Les chefs de l'Eglise de France, s'ils lui font allégeance, n'en protestent pas moins dès l'ouverture de leur fidélité au souverain pontife et soumettent leurs décisions à son approbation[3]. Début

---

1. *Catéchisme à l'usage de toutes les églises de l'Empire français*, Paris, 1806. « Fallait-il donc croire, ironise Mme de Staël, que Bonaparte disposerait de l'enfer dans l'autre monde, parce qu'il en donnait l'idée dans celui-ci ? »

2. Le terme a été forgé par l'historien Adrien Dansette dans son *Histoire religieuse de la France contemporaine*.

3. Ouvert en juin 1811, le concile se prolonge jusqu'à l'automne. Napoléon, après l'avoir dissous, accepte de le rouvrir après que quatre-vingts évêques eurent reconnu individuellement la validité des mesures prises. Il s'agit, pour contourner la grève papale sur l'institution canonique, de la faire conférer en cas de refus prolongé par les métropolitains ou les plus anciens évêques du diocèse. Un serment de fidélité au pape, dès l'ouverture du concile, exaspère l'Empereur. « Sans la chaire auguste de Rome, commente Mgr de Boulogne dans son discours inaugural, l'épiscopat ne ferait plus que languir comme une branche desséchée du tronc. » Trois évêques, à la tête de la fronde (diocèses de Gand, Boulogne et Tournai), sont emprisonnés et contraints de démissionner. *In fine*, le concile réclame une nouvelle fois la ratification du pape, qui la refuse pour des questions de protocole (il exige que l'institution canonique se fasse en son nom, ce que Napoléon refuse).

1813, Napoléon connaîtra un ultime échec en tentant de négocier directement un nouveau concordat avec le pape. D'abord subjugué par la faconde oratoire de son cher fils, Pie VII acceptera avant de se rétracter. Il refusera tout autant de sacrer Marie-Louise et l'Aiglon, ce « roi de Rome » dont le titre seul lui est une offense.

S'il est bien difficile, compte tenu du manque de documents, d'évaluer l'évolution exacte de l'opinion catholique, nul ne doute cependant qu'elle ne soit majoritairement devenue hostile. « Pie se tâche », honni pour avoir sacré l'usurpateur, redevient populaire au sein de la nébuleuse contre-révolutionnaire. Son « martyr » galvanise la résistance de la très catholique Espagne et avive l'hostilité des autres monarques. Le « discordat » heurte, pour ce qu'ils peuvent en connaître, les fidèles et le clergé. Beaucoup regardent à nouveau avec sympathie du côté royaliste. Les Chevaliers de la foi, association secrète qui orchestrera le ralliement de Bordeaux à Louis XVIII en 1814, naît de l'invasion de Rome et inaugure son activité en répandant sous le manteau la bulle d'excommunication en 1809. La légitimité impériale s'en trouve amoindrie, à commencer par le sacre. La brutalité de la spoliation de Rome renvoie au précédent de Bayonne. Elle accrédite l'image d'un Napoléon incapable de s'arrêter, menteur et tyrannique, violant les traités et la parole donnée. Pour beaucoup, il incarne désormais l'Antéchrist, Satan moderne envoyé pour susciter le mal et bouleverser la civilisation. Insensiblement, le pacte de Brumaire, la paix et l'ordre, se déchire. Napoléon devient l'homme du désordre, irascible et imprévisible, qui n'écoute plus personne et que l'on ne peut plus arrêter. La crise de confiance s'ajoute à la crise de croissance pour générer un mal-être inédit : « La nation se fatiguait comme l'Europe », résume Pierre Larousse.

CHAPITRE III
LE RENIEMENT

« Un de ses regrets les plus vifs et les plus constants était de ne pas pouvoir invoquer le principe de la légitimité comme base de sa puissance. Peu d'hommes ont plus profondément senti que lui comme l'autorité, privée de ce fondement, est précaire et fragile, et combien elle prête le flanc aux attaques. »

METTERNICH,
Mémoires.

« Je suis moralement sûr qu'avant deux ans, nous aurons la guerre avec celle des deux puissances dont l'Empereur n'aura pas épousé la fille. Or une guerre avec l'Autriche ne me cause aucune inquiétude, et je tremble d'une guerre avec la Russie ; les conséquences en seraient incalculables. »

CAMBACÉRÈS,
propos tenus en 1810.

Le choix

Cinq ans après le sacre, cinq mois après Wagram, Napoléon règne sur un immense empire dont nous avons souligné la précarité. Mais cette précarité tient aussi au caractère particulier d'un fondateur qui, à quarante ans, n'a toujours pas de successeur, sachant que ses frères ne peuvent en faire office. Que Napoléon meure au combat ou dans son lit et tout l'édifice s'écroule. Aussi le conquérant finit-il par se résoudre au divorce, après deux ans de tergiversations : « Ma destinée l'exige » commente-t-il. L'Autriche consentante, il épouse « un ventre » comme il le dit lui-même avec une vulgarité cynique qui vérifie le jugement lancé par Argenson un siècle auparavant : « Les sentiments des princes sont à l'enchère de leurs intérêts. » Le choix de l'archiduchesse Marie-Louise, fille de l'empereur François, est tout sauf innocent. D'un point de vue intérieur, il paraît, dans la lignée du sacre et de l'instauration d'une noblesse, confirmer le nettoyage des racines révolutionnaires. Le doute devient certitude quand Fouché est renvoyé du ministère de la Police et que l'ancienne aristocratie commence à dominer la cour impériale. D'un point de vue extérieur, il porte en lui la rupture avec la Russie sans lui amener une alliée fiable en échange. Napoléon, avide de légitimité, a beau se croire conforté par le pacte de sang passé avec les Habsbourg, l'Europe des rois continue à le considérer comme un parvenu dont il faut se débarrasser au plus vite. En sacrifiant une génisse au Minotaure, selon l'expression célèbre attribuée au prince de Ligne, Metternich n'a fait que gagner du temps dans l'attente de la revanche. « Louvoyer et composer avec le vainqueur jusqu'au jour de la délivrance commune », comme il l'écrit lui-même dans ses Mémoires[1].

1. Avant de préciser : « Emporté par le désir de s'assurer la domination définitive du continent européen, Napoléon avait dépassé les limites du possible ; cela ne faisait aucun doute pour moi. Je prévoyais, d'autre part, que lui et ses entreprises n'échapperaient pas à une ruine soudaine. Le quand et le comment étaient pour moi des énigmes. »

Une fracture supplémentaire se dessine avec son peuple. Le divorce avec Joséphine le déçoit, le mariage avec la nièce de Marie-Antoinette l'irrite, tant l'« Autrichienne » a laissé un souvenir détestable. Norvins, pourtant venu du sérail royaliste, n'hésite pas à écrire qu'il y « avait mésalliance pour le héros de la République et le dominateur de l'Europe à prendre une épouse où la prenaient les autres souverains ; que sa grandeur était, comme son génie, sans tradition, et que ce mariage autrichien lui enlevait à la fois ce qu'elle avait d'original et de national[1] ».

Les Français espèrent qu'au moins les charmes de sa nouvelle épouse et une paternité promise l'inciteront à régner en paix. Le rêve d'un nouvel Amiens illumine un dernier instant l'horizon. Ami du tsar, gendre des Habsbourg, neveu par alliance de Louis XVI, dominant le continent dont les portes se ferment à Albion, que lui reste-t-il à conquérir qui vaille, pour ses sujets, le prix du sang ? C'est bien mal le connaître. Si son mariage le retient d'aller en Espagne, laissant échapper l'occasion décisive de détruire Wellington, il procède au nom du Blocus à de nouvelles annexions[2].

Parmi ses proies, le grand-duché d'Oldenbourg appartient au beau-frère du tsar. En violation de Tilsit, Napoléon le saisit, donnant à Alexandre l'occasion de rompre une alliance dont il a épuisé les bienfaits pour n'en plus subir que les servitudes : ruine de son économie, hostilité de sa Cour, renaissance de la Pologne. Plutôt que de négocier, Napoléon relève le gant et choisit la rupture. Au zénith de

1. Ses *Mémoires* constituent un témoignage de premier ordre sur la période.

2. Napoléon réunit à l'Empire les villes hanséatiques (Brême, Hambourg, Lübeck), le grand-duché d'Oldenbourg, une partie de la Westphalie (duché d'Osnabrück, principauté de Ravensburg) et du grand-duché de Berg. Enfin le Valais suisse. « 1810 est l'année décisive, celle de l'effort désespéré de Napoléon pour englober effectivement, bon gré, mal gré, l'Europe entière dans son système », estime Jean Tulard dans *Le Grand Empire*.

son règne, il remet à nouveau son sort au hasard des batailles, consumé par la passion de la guerre, entraîné par un fatalisme qui le pousse à s'en remettre au destin, porté par l'étoile, mais rongé par le doute, perpétuellement insatisfait, avide de courir au-devant de l'avenir, obsédé au fond par l'écriture d'une page supplémentaire de son roman personnel et d'entrer ainsi vivant dans la légende de l'humanité comme Alexandre, César ou Hannibal.

« Plus l'homme est placé haut sur l'échelle sociale, plus le réseau de ses relations avec les autres hommes est étendu, plus il possède d'autorité sur les autres et plus il apparaît que chacun de ses actes est prédéterminé et inévitable.

« Le roi est l'esclave de l'histoire.

« L'histoire, c'est-à-dire la vie inconsciente, grégaire, la vie de la ruche humaine, utilise à ses propres fins chaque instant de la vie des rois[1]. »

La vision providentialiste de Tolstoï, matricielle de *Guerre et Paix*, exprime le tragique de la solitude impériale, d'une lutte inégale entre la résistance des conservatismes et la faiblesse de l'individu lorsqu'il tente de bouger les lignes pour laisser sa trace, à la fois condamné par le contexte et les forces profondes. En se hissant à la hauteur d'Alexandre, Napoléon défie le destin, surclasse les hommes et tutoie les dieux. Mais, emporté par sa vision, il néglige le réel et s'expose chaque jour davantage. La fragilité de la gloire provoque l'accélération de la chute.

La crise de l'opinion

Napoléon sent-il son peuple se détacher de lui ? Obsédé par le Blocus, emporté par son système, il ne le semble pas. Bien sûr, ce voyant conserve des éclairs de lucidité. « Que pensez-vous qu'on dirait de moi si je venais à mou-

1. *Guerre et Paix.*

rir ? », demande-t-il un jour brusquement à son entourage. Pris de court, celui-ci répond naturellement par un concert mêlant regrets et flagorneries. « Point du tout, interrompt-il, on dira : ouf[1] ! » Malheureusement, le pouvoir isole et, pour paraphraser Montesquieu, le pouvoir absolu isole absolument. A l'exception des rapports de police, eux-mêmes tronqués, Napoléon est aveugle sur l'évolution d'une société privée par ses soins de toute liberté d'expression[2]. L'enthousiasme indemne de l'armée et la servilité de la Cour lui renvoient le miroir d'un peuple aimant et d'une aristocratie soumise. Il n'en demande pas plus. Talleyrand parti, dont il attribue la volonté pacifique à l'aigreur de sa disgrâce, personne n'ose plus en sa présence contester le bien-fondé de ses actes. D'une assurance en lui-même qui frise l'arrogance, il croit – l'exemple de Pie VII est édifiant à cet égard – pouvoir facilement contourner les difficultés. Pourtant, la conscription coûte trop cher et la crise économique de 1810, résultant du Blocus, traduit une inquiétude générale et une crise de confiance.

Avec la guerre d'Espagne, non seulement le régime prélève tout le contingent – un homme sur quinze dans les campagnes, un sur sept dans les villes –, mais il taxe désormais à la fois en prélevant par anticipation et en effectuant des rappels sur les anciennes classes. Plus personne ne se sent à l'abri, d'autant plus qu'avec la saignée ibérique et les campagnes meurtrières de 1809, les pertes augmentent sensiblement. En 1808, la Grande Armée atteignait 500 000 hommes ; l'effectif va progressivement doubler jusqu'à atteindre le chiffre fatidique d'un million au printemps 1813.

Après une pause de quelques mois, les nouvelles annexions et la préparation de la campagne de Russie

1. L'anecdote figure dans des termes similaires dans les Mémoires de Ségur et de Mme de Chastenay.

2. « La presse est dans l'esclavage le plus absolu », confesse Réal en 1809.

marquent en effet un nouveau stade[1]. « Il est visible, dès 1807, que l'équilibre se rompt entre les exigences de Napoléon et les possibilités du pays, estime Jean Morvan. Il suffit d'être ouvrier de l'Etat pour être enrégimenté, d'être un homme pour être requis, d'être un enfant pour marcher au son du tambour. » L'égalité, qui conditionne la conscription et lui confère sa légitimité, se trouve violée en faveur des notables qui peuvent s'acheter un remplaçant[2] ou, moyennant un appui sérieux de la Cour, être exemptés. La Grande Armée est d'abord une troupe de paysans, poids démographique oblige, que l'Empereur vante pour leurs qualités propres : « Nous voulons avoir de bons paysans, c'est ce qui fait la force des armées, et non des garçons perruquiers, qui sont accoutumés à se traîner dans la boue des villes[3]. » Pourtant, l'effort demandé devient insoutenable : 1 600 000 hommes sont appelés durant la période[4]. Autant de bras qui manquent

1. Napoléon prélève plus de 300 000 hommes entre décembre 1810 et mars 1812. L'« inflation » touche également nos alliés, ce qui contribue pour une large part à nous aliéner les Allemands, les Italiens, les Belges ou les Hollandais. « Je trouve que 12 000 hommes que vous levez sont trop peu. La conscription doit être calculée à raison de 3 000 hommes par million d'habitants. Je l'ai en conséquence portée à 15 000 pour cette année. L'année prochaine elle sera de 18 000 », écrit-il par exemple à Eugène en octobre 1810.

2. Certains se vendent deux fois, restant ainsi quatorze ans à la Grande Armée. Conséquence de l'inflation de la conscription, le prix des remplaçants est en hausse constante.

3. Le propos est cité par Louis Madelin dans son *Histoire du Consulat et de l'Empire*.

4. Les chiffres sont en augmentation constante : 500 000 hommes en 1813, 360 000 de fin 1810 à mars 1812 contre 210 000 de 1803 à 1805, ce dernier total s'élevant déjà selon Jean Morvan au quadruple de ce que prélevait la monarchie. « Pourtant, nuance Jean Tulard, le poids de la conscription sous l'Empire ne doit pas être exagéré : alors que 20 % de la population totale de la France, près de 8 millions d'hommes, fut mobilisée entre 1914 et 1919, les quinze années du Consulat et de l'Empire n'ont abouti qu'à la levée de 2 millions de soldats, soit 36 % des mobilisables et 7 % de la population totale. »

aux champs. Autant de guerres, chaque année plus coûteuses, alors qu'on n'en comprend plus l'utilité. Mourir pour sauver la patrie, oui. Pour préserver le pauvre Joseph, le médiocre Jérôme ou pour violenter le saint-père, non. Si la confiance dans le génie de l'Empereur demeure entière, sa popularité décline. Or, les ruraux, en raison de la hausse de leur niveau de vie, de l'ordre retrouvé et de la garantie des biens nationaux, forment, avec l'armée, la colonne vertébrale de l'Empire. Mères et épouses s'inquiètent et pleurent. « Vous avez presque partout, dans les femmes, des ennemies déclarées », confiera Miot de Mélito à l'Empereur en 1815. Répondant à la hausse de la conscription, réfractaires et déserteurs se multiplient. Disparition des registres de baptême, doublement des mariages – le plus souvent blancs –, mutilations volontaires, corruption de médecins militaires, tout est bon pour échapper à la faux du destin. En 1811, le nombre de réfractaires atteint le chiffre symbolique de 100 000 hommes. Dans certains départements, il faut envoyer des garnisaires qui s'installent chez les parents des réfractaires et vivent à leurs dépens pour forcer les fils rebelles à rejoindre les rangs. Des colonnes mobiles sillonnent les départements pour les traquer : 63 000 hommes sont attrapés de la sorte entre 1810 et 1812[1]. Certains de mourir, les plus hostiles se groupent en bandes armées et rançonnent pour survivre, combattant pour ne pas avoir à combattre. La politique répressive du gouvernement exaspère et provoque par ricochet une flambée d'antimilitarisme, révélant le fossé qui se creuse entre la conquête et la nation, le pays et l'Empereur.

*

La crise économique dégrade encore le climat. Elle détache de l'Aigle les rentiers, les patrons des industries

1. Le chiffre est avancé par S. Woolf.

nouvelles, le textile par exemple et ses 150 000 ouvriers, et plus particulièrement les commerçants, victimes principales du Blocus. Le rétrécissement des échanges d'une part, les bouleversements incessants de la carte européenne de l'autre, créent un climat général d'insécurité qui alarme Sismondi : « Les lois financières de la France et de tous les pays soumis à son influence n'ont, depuis quelque temps, aucune stabilité », déplore-t-il. Or « les spéculations du commerce sont fondées sur l'ordre actuel, quel qu'il soit, et sur la croyance à sa durée, et chaque secousse qu'éprouve cet ordre produit un bouleversement dans les fortunes, la ruine des entreprises mercantiles et un découragement universel », ajoute ce grand économiste, proche de Mme de Staël[1].

L'augmentation de la production française, voulue par Napoléon pour inonder l'Europe de nos produits, se retourne vite contre nous maintenant que l'Europe est exsangue en hommes comme en argent. La fermeture du marché russe en décembre 1810 aggrave les difficultés, surtout qu'elle se télescope avec une crise traditionnelle de subsistances. Les villes portuaires souffrent horriblement à l'image de Bordeaux et de Marseille qui perdent respectivement en dix ans 23 000 et 15 000 habitants, faute de produits coloniaux, notamment le café et le sucre, et de débouchés, quand le volume des exportations baisse de 15 % en une seule année, 1812. Les faillites se comptent par milliers ; à Paris, un ouvrier sur trois est sans emploi ; le prix du blé augmente : « Nous étions gorgés de gloire et nous mourions de faim », résume Thibaudeau, qui était alors préfet de Marseille.

Napoléon réagit en mettant l'Etat au service de son industrie. Comme lors de la première alerte de 1805, qui avait pris fin avec la nouvelle d'Austerlitz, il multiplie les

1. Sismondi est alors secrétaire du Conseil du commerce de Genève.

grands travaux[1] pour donner du travail aux chômeurs, veille au maintien du prix du blé à Paris et fait distribuer des soupes populaires aux plus démunis. Il franchit un pas supplémentaire en étendant le système de licences, ballon d'oxygène pour les ports, et en prêtant massivement aux capitaines d'industrie, les Richard Lenoir, Wendel, Ternaux et autres Oberkampf. Ces remèdes ne résolvent pas le mal, trop fort, trop profond. Comme toujours, l'économie reflète la confiance et celle-ci fait défaut. Accélérée par les échecs extérieurs, la dépression dure jusqu'en 1815, provoquant un effondrement de la rente qui pèsera lourd dans l'abandon des notables[2]. Quelques révoltes sporadiques éclatent même, par exemple à Caen début 1812. Impitoyablement réprimées, elles cessent aussitôt. Elles n'en témoignent pas moins d'un climat dégradé que reflète également la morosité des Parisiens lors des cérémonies du baptême du roi de Rome[3].

Venu assister à ce qui sera la dernière grande cérémonie du règne, Miot de Mélito témoigne du contraste entre la hautaine solitude du maître et la servilité de ses entours : « Jamais, écrit-il, les Tuileries n'avaient vu déployer plus de pompe et de magnificence. Jamais un plus grand nombre de princes, d'ambassadeurs, d'étrangers de premier rang,

---

1. « A Paris, précise Thierry Lentz, on poursuivit les chantiers de l'Arc de Triomphe, du palais impérial de Chaillot, du palais de la Bourse ou les aménagements du Louvre. »

2. Stabilisée à 80, la rente 5 % s'écroule en 1813 pour atteindre 47 en décembre. « Les contemporains eurent le sentiment d'une même et longue dépression de trois années alors qu'il s'agissait d'une succession de trois crises différentes : une surproduction née de la spéculation, une relative mauvaise récolte, une nouvelle surproduction provoquée par la perte du débouché allemand », nuance J. Tulard. L'augmentation du budget de la guerre – de 40 à 58 % du budget total entre 1806 et 1813 – contribue également à creuser les déficits et à aggraver la crise de confiance.

3. Elle contraste avec l'enthousiasme dont ils ont fait montre lors de sa naissance trois mois plus tôt. La cérémonie se déroule le 9 juin 1811.

de princes de l'Eglise, de ministres, de magistrats, de généraux, brillants d'or, de pourpre et de pierreries, chamarrés d'ordres et de cordons de toutes les couleurs, n'avait offert plus d'hommages obséquieux ni mendié jadis à Versailles avec plus d'empressement la faveur d'un mot ou d'un regard. L'Empereur, au milieu de tous, semblait seul libre et sans contrainte. D'un pas assuré, il traversait ce flot de courtisans qui s'écartaient avec respect devant lui. D'un coup d'œil, il transportait de joie ou foudroyait ceux qu'il approchait ; et s'il daignait parler, l'heureux mortel à qui il s'adressait, la tête inclinée, l'oreille tendue, osait à peine respirer ou répondre. » A l'exception de la troupe où la flamme demeure vive, notamment au sein de la Garde, la froideur de la foule frappe les observateurs. Napoléon a perdu en popularité ce qu'il a gagné en puissance.

Sauf la conquête, l'Empire, en la personne de son fondateur, souffre de ne plus indiquer d'horizon mobilisateur, de ne plus avoir de sens. Le pacte de Brumaire, l'ordre et la paix, a depuis longtemps disparu. La guerre semble sans fin, aggravant un despotisme tracassier pesant pour tout le monde. La compression des libertés se poursuit, comme l'atteste le durcissement du Code d'instruction criminelle ou un décret du 3 mars 1810 qui restaure les prisons d'Etat de sinistre mémoire. L'impression d'un retour à l'Ancien Régime se confirme avec l'instauration d'une nouvelle direction générale de l'Imprimerie et de la Librairie, en charge de la censure. La limitation du nombre d'imprimeurs s'accompagne entre 1810 et 1811 d'une nouvelle réduction des journaux à un par département et quatre pour Paris[1]. Tchernichev, l'espion russe dépêché par Alexandre auprès de Napoléon, écrit à son

1. Seuls demeurent *La Gazette de France*, *Le Journal des débats*, *Le Journal de Paris* et *Le Moniteur*. Afin de renforcer son emprise, Napoléon s'emploie à ce que leur capital appartienne à ses fidèles. Enfin, le colportage est lui aussi soumis à une réglementation draconienne en décembre 1810.

maître le 18 décembre 1811 : « Napoléon est devenu plus méfiant et ombrageux que jamais ; personne n'ose plus lui parler franchement, ni ne connaît au juste le fond de sa pensée ; tout le monde le redoute ; personne ne l'aime ; tous à peu près s'accordent à dire que, tant qu'il vivra, il n'y aura ni paix ni bonheur à espérer. » Point de vue naturellement outré mais qui n'en reflète pas moins le désamour, voire l'exaspération, d'une grande partie des ministres et des maréchaux. Riches et célèbres, ces « profiteurs de guerre » veulent jouir en paix de leurs hôtels et dépenser leurs fortunes. La peur de perdre l'emporte maintenant chez eux sur l'envie d'accumuler. Là comme partout, l'esprit bourgeois supplante l'esprit de conquête et mine l'esprit de service.

Le neveu de Louis XVI

Depuis Tilsit, Napoléon pense au divorce. Le clan l'y pousse ainsi qu'une partie croissante de sa cour. Jusqu'alors, il n'a pas voulu entendre. Si les feux de la passion sont éteints depuis le Consulat, la complicité avec Joséphine perdure, la reconnaissance aussi pour celle qui lui a donné foi en lui-même et l'accompagne fidèlement depuis le début de l'aventure. L'étoile de Lodi est aussi celle de la belle créole. Superstitieux, Napoléon répugne à rompre un lien sacré, à congédier celle qui joue à la fois le rôle de confidente privilégiée, d'amie et de maîtresse ; la femme frivole dont le luxe et le bon goût ennoblissent sa cour, dont la bonté gagne les cœurs. Pour conjurer l'inévitable, ne l'a-t-il pas sacrée de ses propres mains ?

D'ailleurs, il a longtemps douté de sa capacité à avoir des enfants alors que Joséphine, elle, en a eu deux de son premier mariage[1]. Pour le retenir, elle n'a pas hésité à l'en

1. Il s'agit d'Hortense, mariée pour mémoire à Louis Bonaparte, et d'Eugène, vice-roi d'Italie.

persuader, allant jusqu'à le faire savoir à la Cour. De peur qu'il se détourne et découvre la vérité, elle se transforme en marâtre qui surveille en secret sa chambre à coucher, souffrant jusqu'au martyre de ses aventures avec les belles de la Cour. De temps à autre, avec la complicité de Murat, il s'échappe en silence rejoindre la maîtresse de l'heure. Mme Duchâtel, célèbre pour sa beauté, tient un moment le rôle, n'hésitant pas à témoigner de son agréable surprise en éclatant de rire : « Eh ! Eh ! L'Impératrice dit que vous n'êtes bon à rien, que c'est comme de l'eau… » On imagine la fureur de l'intéressé : Bonaparte, bon à rien[1] ! Il tempête puis se calme, finalement amusé par les manœuvres de Joséphine, jouissant de sa jalousie, car elle le flatte.

Or, en décembre 1806, il apprend qu'il peut être père. Eléonore Denuelle, une de ses conquêtes, donne naissance à un fils, le futur comte Léon, dont la ressemblance avec Napoléon sera saisissante. Le principal argument contre le divorce vient de s'effondrer. Quelques semaines plus tard, Napoléon tombe amoureux de Marie Walewska, jeune aristocrate polonaise qui elle aussi lui donnera bientôt un fils. L'idylle polonaise lui prouve qu'il peut en aimer une autre, donc que le lien charnel avec Joséphine s'est rompu. Son impatience à séduire sa nouvelle conquête se traduit par des billets qui renouent avec le ton enflammé de la campagne d'Italie : « Je n'ai vu que vous, je n'ai admiré que vous, je ne désire que vous. Une réponse bien prompte pour calmer l'impatiente ardeur de Napoléon. » Poussée par toute la noblesse de son pays, Marie répugne à se livrer. Elle ne fait qu'exacerber le désir de Napoléon : « Il y

1. Ces confidences sont rapportées par Napoléon lui-même puisqu'elles figurent dans les *Cahiers* de Bertrand. « C'est l'impératrice qui accrédita ce bruit ; c'est elle-même qui le répandit. C'est une des raisons pour laquelle Mme Mère ne l'aimait pas : une mère n'aime pas qu'on tienne de pareils propos sur son fils », précise-t-il. L'Empereur juge cependant le mot (Bon-a-parte, bon à rien) piquant et rappelle à ce propos le mot d'un soldat de l'armée d'Italie, quand on disait qu'il n'avait pas d'enfants : « Ne vois-tu pas qu'il a les c… dans la tête ? »

a des moments où trop d'élévation pèse, et c'est ce que j'éprouve, lui écrit-il. Comment satisfaire le besoin d'un cœur épris qui voudrait s'élancer à vos pieds et qui se trouve arrêté par le poids de hautes considérations paralysant le plus vif des désirs ? Oh ! Si vous vouliez ! [...] Oh ! Venez ! Venez ! Tous vos désirs seront remplis. Votre patrie me sera plus chère quand vous aurez pitié de mon pauvre cœur. » Marie cède pour la Pologne avant de s'attacher pour de bon et de lui vouer une fidélité touchante qui se manifestera aux heures sombres[1].

Le 5 mai 1807, le fils aîné d'Hortense et de Louis meurt brutalement du croup. C'est le dernier coup du sort réservé à Joséphine, Napoléon ayant depuis longtemps songé à adopter l'enfant[2]. La paternité, l'amour, la mort ; en six mois l'impératrice vient de subir trois défaites consécutives. Fouché, sans doute autorisé par Napoléon, mène campagne en faveur du divorce, auprès de l'opinion comme à la Cour. « Les Anglais, écrit-il dans son bulletin de police d'octobre 1807, sont encouragés dans leurs entreprises contre l'Empereur, comme dans leur refus de faire la paix, par la seule pensée qu'étant sans enfant et par conséquent sans successeur, l'Empereur entraînerait dans sa mort, toujours possible, le gouvernement tout entier. » Le ministre va même jusqu'à parler à Joséphine pour lui demander de se sacrifier à l'intérêt supérieur du pays. Comment ne pas voir la main de Napoléon dans cette tentative ? Aidée par les conseils de Talleyrand et de Mme de Rémusat, elle feint de l'ignorer et vient droit à l'Empereur demander des explications. Celui-ci nie tout, balbutie, gourmande Fouché, s'épuise à persuader sa femme qu'il l'aime et que son ministre a agi sans le consulter. Il se sent malheureux, écartelé entre son ambition dynastique et son attachement à sa compagne. Claire de Rémusat, très au courant de toute

1. Elle lui rendra notamment visite à l'île d'Elbe.
2. La rumeur publique insinuait qu'il en était le père.

cette intrigue, rapporte une scène édifiante, une des seules à révéler la profonde émotivité de l'Empereur : l'impératrice « l'avait trouvé souffrant de crises d'estomac violentes, et dans un état de nerfs assez agité. En la voyant, il n'avait pu retenir ses larmes, et, l'attirant sur son lit où il s'était jeté, sans aucun égard pour son élégante toilette, il la pressait dans ses bras, en répétant toujours : "Ma pauvre Joséphine, je ne pourrais point te quitter !" Elle ajoutait que cet état lui avait inspiré plus de pitié que d'attendrissement, et qu'elle lui redisait sans cesse : "Sire, calmez-vous, sachez ce que vous voulez, et finissons de telles scènes." Mais ces discours augmentaient encore la crise de Bonaparte, et cette crise devint assez vive pour qu'elle l'engageât à renoncer à se montrer en public et à se mettre au lit. Enfin, il n'y consentit que dans le cas où elle s'y placerait à côté de lui, et il lui fallut se dépouiller au même instant de toute sa parure et partager cette couche, qu'à la lettre, disait-elle, il baignait de larmes, répétant toujours : "Ils m'environnent, ils me tourmentent, ils me rendent malheureux !" La nuit se passa dans un mélange de tendresse et de sommeil agité. Après il reprit emprise sur lui-même et ne montra plus de vives émotions[1] ».

Sauvée par l'attachement de son mari, Joséphine l'est aussi par sa grande popularité à la Cour. Elle a conservé des attaches dans tous les anciens partis, aimant à obliger, toujours affable et gracieuse, d'une douceur qui contraste avec la dureté de l'Empereur. Les royalistes notamment lui doivent de nombreuses grâces et la portent au pinacle. Beaucoup de courtisans, redoutant d'être marginalisés par l'arrivée d'une nouvelle épouse, préfèrent le statu quo[2].

Les affaires d'Espagne puis l'entrée en guerre avec l'Autriche retardent encore l'échéance. Napoléon s'est

1. La scène est rapportée par Mme de Rémusat dans ses Mémoires.

2. Le jugement dithyrambique de Méneval synthétise celui de la plupart des contemporains : « Joséphine avait en elle un attrait irrésistible, écrit-il dans ses Mémoires ; elle n'était pas régulièrement belle, mais elle avait "la grâce plus belle encore que la beauté", comme l'a dit

contenté de faire sonder Alexandre à Erfurt par Talleyrand sur la possibilité d'épouser la jeune sœur du tsar. Pourtant, un nouveau cycle d'alertes va avoir raison de ses dernières velléités de résistance. Les intrigues de Talleyrand et Fouché pour lui trouver un successeur en décembre 1808, la balle qu'il reçoit à Ratisbonne durant la campagne de 1809, enfin l'attentat de Staps soulignent cruellement la fragilité de cet empereur sans enfant, à la merci d'une balle ou d'un complot : « S'il venait à périr, que deviendrions-nous ? On nous massacrerait », avait dit Pauline en apprenant la blessure au pied reçue par son frère. Cette angoisse, tous les fidèles la partagent et finissent par se ranger à la nécessité du divorce comme le seul antidote à la fragilité du régime. A la merci de la première trahison, l'Empire n'existera pas tant qu'il restera sans héritier. Il lui faut donc se résoudre au divorce. Pour rassurer la France. Pour assurer l'Empire.

Revenu de Wagram, Napoléon ne peut plus trouver dans la guerre une échappatoire à la décision qu'il fuit depuis deux ans. Atterré, il demeure muet devant sa femme pendant deux semaines, incapable de prononcer la sentence. Le 30 novembre 1809, trop ému pour composer, il s'exécute avec brutalité : « Le divorce est nécessaire, il se fera parce que je le veux, dit-il à Joséphine. Maintenant, il y a deux manières de le faire : avec ou sans votre

notre bon La Fontaine. Elle avait le mol abandon, les mouvements souples et élégants, et la gracieuse négligence des créoles. Son humeur était toujours égale ; elle était douce et bonne, affable et indulgente avec tout le monde sans exception de personnes. » Certes, poursuit-il : « Elle n'avait ni un esprit supérieur, ni beaucoup d'instruction, mais son exquise politesse, son grand usage du monde et de la Cour et de leurs innocents artifices lui faisaient toujours trouver, à commandement, ce qu'il y avait de mieux à dire et à faire. [...] On eût dit qu'elle était née pour le rôle que lui avait imposé l'élévation du rang où elle était montée avec lui. »

consentement. Choisissez ! Je crois que vous n'avez pas de motifs pour hésiter[1]. » Pour conjurer l'irréparable, l'impératrice mise sur la carte du cœur. Elle pleure d'abondance, simule l'évanouissement dans les bras de Beausset, préfet du palais que Napoléon, lui aussi en état de choc, a appelé à la rescousse. A bout d'arguments, elle appelle Hortense à son secours. La belle-fille chérie annonce qu'elle suivra sa mère loin de la Cour et divorcera d'avec Louis. « Quoi, vous mes enfants, vous me quitteriez ! », dit Napoléon avant de pleurer à son tour. C'est Eugène, digne et fier dans l'épreuve, qui finit par convaincre sa mère avant de porter l'abnégation jusqu'à venir soutenir devant le Sénat la dissolution du mariage civil : « Les larmes qu'a coûtées cette résolution à l'Empereur suffisent à la gloire de ma mère... », dit-il notamment dans son discours. Car Napoléon, de l'avis de tous les témoins, est bouleversé. « Je vous aime toujours, écrit-il à sa femme, mais la politique n'a pas de cœur, elle n'a que la tête. »

La séparation est entérinée le 15 décembre 1809. La veille, Joséphine préside la Cour pour la dernière fois. Tout le monde sait et est venu au spectacle. Il y a là les amis, les compatissants et l'innombrable foule des malveillants : Fouché qui constate sa victoire, les Bonaparte qui ricanent, heureux d'avoir renversé celle qu'ils appellent « la vieille ». On l'attend en larmes, à peine capable de parler. Elle fait front avec calme et humilité, sans jactance ni effondrement. « Je restai quelques minutes à peu de distance d'elle, rapporte Pasquier, et je ne pus m'empêcher d'être frappé de la parfaite convenance de son maintien en présence de tout ce monde qui l'entourait encore d'hommages et qui ne pouvait ignorer que c'était pour la dernière fois. [...] La contenance de Napoléon fut moins bonne que celle de sa victime. »

---

1. Comme souvent, Napoléon a attendu Sainte-Hélène pour confier les propos qu'il avait tenus à Bertrand.

Devant le conseil assemblé pour la circonstance – il comporte les ministres, la famille et les grands dignitaires –, le couple vient rompre officiellement ses liens. Il faut relire leurs deux discours, empreints de douleur et de dignité. Napoléon dit alors adieu à Bonaparte : « Dieu sait combien une pareille résolution a coûté à mon cœur ! Mais il n'est aucun sacrifice qui soit au-dessus de mon courage lorsqu'il m'est démontré qu'il est utile au bien de la France. J'ai besoin d'ajouter que, loin d'avoir jamais eu à me plaindre, je n'ai eu, au contraire, qu'à me louer de l'attachement et de la tendresse de ma bien-aimée épouse : elle a embelli quinze ans de ma vie : le souvenir en restera gravé dans mon cœur. » Joséphine garde son titre d'impératrice et tous les honneurs y afférents. Napoléon la dote considérablement, lui laisse la Malmaison et de nombreuses terres. Autant de remerciements pour leur passé. Autant de tristesse pour la pauvre Joséphine, qui, la voix brisée par l'émotion, vient à son tour dire adieu à Napoléon, ayant appris à l'admirer puis à l'aimer, chaque jour plus attachée à cet être insaisissable dont elle seule pénétrait certains des mystères. « Avec la permission de mon auguste et cher époux, je dois déclarer que, ne conservant aucun espoir d'avoir des enfants qui puissent satisfaire les besoins de sa politique et l'intérêt de la France, je me plais à lui donner la plus grande preuve d'attachement et de dévouement qui ait été donnée sur la terre. Je tiens tout de ses bontés : c'est sa main qui m'a couronnée et, du haut de ce trône, je n'ai reçu que des témoignages d'affection et d'amour du peuple français. [...] Mais la dissolution de mon mariage ne changera rien aux sentiments de mon cœur : l'Empereur aura toujours en moi sa meilleure amie. Je sais combien cet acte, commandé par la politique, a froissé son cœur, mais l'un et l'autre, nous sommes glorieux du sacrifice que nous faisons au bien de la patrie. »

Comment ne pas songer à la si belle phrase de Mme de Staël : « La gloire est le deuil éclatant du bonheur » ?

A l'issue de la cérémonie, chacun regagne son appartement. Méneval se trouve alors auprès de Napoléon qu'il décrit seul dans son cabinet, « triste et silencieux ; il se laissa tomber dans la causeuse où il s'asseyait habituellement, dans un état d'abattement complet. Il y resta quelques moments, la tête appuyée sur sa main, et, quand il se leva, sa figure était bouleversée ». Il décide alors, une dernière fois, d'emprunter le petit escalier tournant qui communique de son cabinet avec la chambre de l'impératrice : « Cette princesse était seule et paraissait livrée aux plus douloureuses réflexions. Au bruit que nous fîmes en entrant, elle se leva vivement et se jeta en sanglotant au cou de l'Empereur, qui la serra contre sa poitrine en l'embrassant à plusieurs reprises ; mais, dans l'excès de son émotion, elle s'était évanouie. » Ne pouvant en supporter plus, Napoléon la remet entre les mains de son secrétaire et s'éclipse.

Le Sénat entérine la rupture du lien civil sans difficulté. Etant donné la conjoncture, Pie VII n'est pas sollicité pour rompre le lien religieux. Sur les conseils toujours avisés de Cambacérès, c'est l'officialité de Paris qui en prend la responsabilité dès janvier 1810. Apprenant le divorce, Marie-Louise, fille de l'empereur d'Autriche, alors toute à sa haine du « corsicain », aurait déclaré : « Je plains la pauvre princesse qu'il choisira[1]. » Tout le monde, à commencer par sa future femme, pense qu'il confortera l'alliance russe en épousant la sœur cadette du tsar.

*

Depuis Tilsit, Napoléon n'a eu de cesse de sceller par le sang son amitié avec les Romanov. A Erfurt, il avait chargé Talleyrand de sonder directement le tsar. Alexandre avait feint de s'enthousiasmer pour mieux présenter des obstacles, comme l'incompatibilité de religion et l'hostilité

1. Le propos est rapporté par Louis Madelin.

de sa mère. Il s'empresse de marier l'aînée au grand-duc d'Oldenbourg afin de pouvoir présenter une nouvelle difficulté : la jeunesse de sa dernière sœur, pas encore formée disait-il. Or, Napoléon était pressé. De fait, si la religion et la jeunesse ne constituaient pas des motifs valables, l'opposition de sa mère, l'impératrice Marie, paraissait insoluble. Dotée seule de la décision en la matière, la veuve de Paul Ier haïssait Napoléon comme presque toute l'aristocratie russe. Ne le qualifiait-elle pas d'« homme d'un caractère scélérat pour qui rien n'est sacré et qui ne connaît aucun frein parce qu'il ne croit même pas en Dieu[1] » ?

Face à Caulaincourt, chargé de mener la négociation, Alexandre, comme il le fait à chaque fois qu'il rencontre une contrariété, redouble d'amabilité pour mieux préparer au futur refus. En lisant les rapports expédiés les 15 et 21 janvier 1810 par son ambassadeur, Napoléon comprend qu'il va droit à un échec. Pas question, estime-t-il, d'être éconduit ; l'humiliation le disputerait au ridicule. Le stratège change alors de front et se retourne sans plus attendre vers l'Autriche. Il sait par plusieurs confidents que les Habsbourg, car ils redoutent d'être rayés de la carte par la conclusion du mariage russe, offrent avec empressement une archiduchesse. Tandis qu'il courtisait le tsar, il a pris soin de poursuivre cette piste de rechange au moyen d'intermédiaires[2]. Un conseil regroupant les notabilités du régime, tenu sous son égide le 28 janvier

1. Son « jugement » est rapporté par Louis Madelin. Consulté par son frère, le grand-duc Constantin se montre tout aussi catégorique : « Je ne crois pas qu'il y ait de jean-foutre dans notre famille, voilà mon avis. »

2. Une première ouverture a été faite par un diplomate autrichien nommé Floret au sénateur Sémonville, une des plus importantes éminences grises du régime. Ce dernier avertit Maret, qui, sur ordre de Napoléon, poursuit la négociation par le truchement d'Alexandre de Laborde qu'il dépêche auprès de Schwarzenberg qui venait de succéder à Metternich comme ambassadeur d'Autriche à Paris.

1810, le pousse plutôt dans ce sens ; en particulier Talleyrand, partisan de longue date de l'alliance avec Vienne.

Le choix autrichien présente plusieurs avantages solides qui ne peuvent pas le laisser insensible. En premier lieu, les Habsbourg appartiennent à une lignée bien plus ancienne que les Romanov. Napoléon, qui a refusé de se marier avec une Française pour se rapprocher des autres monarchies, sait que sa légitimité sortira fortifiée du pacte de sang conclu avec la plus vieille dynastie du continent depuis l'éviction des Bourbons. Par là même, il deviendra le neveu par alliance de Louis XVI et Marie-Antoinette, absorbant un peu de la légitimité capétienne, fortifiant son sang en le mêlant avec celui de toute l'Europe couronnée, peu ou prou alliée avec l'empereur François. Par ailleurs, la similitude de religion favorisera l'intégration de la nouvelle impératrice et, qui sait, permettra peut-être de régler le différend avec le pape. Enfin, le mariage devrait entraîner une alliance de famille qui lui livrera définitivement l'Allemagne. Napoléon renoue avec la politique défendue par Choiseul au siècle précédent, celle d'une alliance naturelle conclue entre les deux grandes puissances catholiques du continent contre la Prusse et l'Angleterre. La difficile campagne de 1809 lui a révélé la force d'âme de cet empire, notre plus constant adversaire depuis la Révolution. Au ministre Lacuée, qui lui objecte que l'Autriche n'est plus une grande puissance, il répond sévèrement : « On voit bien, monsieur, que vous n'étiez pas à Wagram. »

D'abord perçue comme un pis-aller, l'idée le stimule puis l'obsède. Comme toujours, Napoléon finit par se persuader lui-même, écartant d'un revers de la main les deux objections majeures que formulent les tenants du « parti russe », Fouché et Cambacérès en tête. Ce sont en effet les anciens régicides qui poussent au mariage avec l'autocrate non seulement car ils craignent une rupture avec Alexandre Ier, mais aussi en raison de la symbolique « contre-révolutionnaire » qui résulterait du choix de l'« Autrichienne ». « S'il épousait une petite-nièce de Marie-Antoinette, confie ainsi l'ancien conventionnel Thibaudeau à Joséphine, que deviendrait ce qui reste de la Révolution : je préfère une Russe. » Les Habsbourg incarnent l'Ancien Régime dans tout ce que les anciens de 93 détestent : la légitimité de droit divin, le mépris des nations et les privilèges nobiliaires[1]. Leur alliance a toujours été néfaste à la France comme l'attestent les défaites de la guerre de Sept Ans ou le démembrement de la Pologne. Les philosophes, séduits par la Grande Catherine et surtout par Frédéric II de Prusse, ont mené une inlassable guerre de plume qui a rendu Marie-Antoinette impopulaire et a joué un rôle majeur dans la chute de la royauté. Napoléon se sent-il assez fort pour braver un tel passif ? Ne se souvient-il pas, au lendemain d'Austerlitz, d'avoir écarté en des termes comminatoires une telle perspective auprès du ministre prussien Haugwitz ? « J'ai le choix entre l'alliance de l'Autriche, de la Prusse ou de la Russie... Vous pensez bien qu'il ne m'en coûterait pas d'avoir celle de l'Autriche. Mais il me répugne de m'allier à une puissance que je viens d'abattre... Du reste, cette alliance n'est pas du goût de ma nation, et, quant à celui-là, je le consulte plus qu'on ne pense », disait-il alors. Décidément, Napoléon n'écoute plus son peuple.

Possédé par l'urgence, il veut maintenant conclure sans attendre. Marie-Louise, la fille de François II, doit être sienne avant qu'Alexandre ait eu le temps d'articuler son *niet*. Le 6 février 1810, il charge Eugène de Beauharnais, ce qui au passage manque singulièrement de délicatesse, d'aller présenter un ultimatum à Schwarzenberg. Il demande la main de Marie-Louise mais exige une réponse immédiate. « Jamais, a raconté Eugène, ambassadeur ne

1. Leur hymne *Gott erhalte den Kaiser* (« Dieu protège l'Empereur ») a été composé en 1797 par Joseph Haydn comme une réponse impériale à *la Marseillaise*.

se trouva dans une situation plus cruelle ; je le voyais se démener, suer à grosses gouttes, faire d'inutiles représentations. » Muni des pouvoirs nécessaires, connaissant les intentions favorables de sa Cour, Schwarzenberg donne son accord. Rentré aux Tuileries, Eugène rend compte à son beau-père : « Dès que le mot oui sortit de ma bouche, je vis le grand homme se livrer à une joie tellement impétueuse et folle, que j'en demeurais stupéfait. » La lettre officielle annonçant la nouvelle croise celle du tsar notifiant son refus. « Attendant quatre jours de plus, il n'eût été qu'un prétendant évincé ; aux yeux de tous il restait, grâce à son esprit de résolution, le haut empereur qui, souverainement, avait pesé et tranché », remarque Louis Madelin[1].

Fier de sa victoire diplomatique, grisé par la nouvelle, il dépêche derechef Berthier à Vienne pour conclure le mariage par procuration et se fend même, pour l'occasion, d'une lettre entièrement manuscrite à l'adresse de son futur beau-père qui lui coûte beaucoup, eu égard à son impossibilité d'écrire lisiblement. Selon Méneval, il doit s'y reprendre à plusieurs fois, laissant tout de même à son secrétaire le soin de fermer les « e » et de mettre des points sur les « i »[2].

D'une fébrilité qu'on ne lui connaissait plus, Napoléon compose la maison de sa future femme, prépare un trousseau rutilant, prend même un cours de danse en compagnie d'Hortense, mais finit par renoncer tant il se montre gauche. Le 28 mars, n'y tenant plus, il vient la surprendre sur la route, avant, comme chacun sait, d'anticiper sa nuit de noces à Compiègne. André Suarès a donné libre cours à son imagination en présentant l'affaire comme un viol, « ignoble Wagram » par lequel le « petit Jacobin de village

1. *Histoire du Consulat et de l'Empire.*

2. Le mariage par procuration est célébré à Vienne le dimanche 11 mars 1810, Berthier représentant Napoléon.

veut souiller une race souveraine ». Acte ignoble, à le lire, qui suinte le parvenu, heureux d'humilier la pauvre enfant sacrifiée à sa gloire. La version de Napoléon, donnée à Sainte-Hélène, présente à l'inverse une jeune fille plus que consentante[1].

Quand l'on sait que Marie-Louise présentera, devenue souveraine de Parme, un penchant marqué pour le plaisir, on est plutôt tenté de croire l'Empereur. En tout cas, Marie-Louise a été agréablement surprise par la décou-

---

1. Selon l'Empereur, elle disait « Encore. Encore ». Je ne résiste pas au plaisir de citer la version mordante proposée par André Suarès dans ses *Vues sur Napoléon* : « Il est cette Révolution même qui coupe la tête aux rois. C'est lui qui est entré trois fois à Vienne, par des avenues pleines de morts et de sang ; lui qui l'a chassée avec sa famille de leurs palais héréditaires, les forçant à la fuite, à toutes les humiliations de la soumission, à la défaite. Voilà donc à quel homme on la livre. Elle n'est alors qu'un enfant qu'on arrache à toutes ses habitudes, à son pays, à ses parents, à sa vie même. Elle ne comprend même pas la langue qu'on parle autour d'elle. Dès la frontière, on l'a séparée de ses femmes et de ses servantes allemandes. Elle est brisée d'effroi, harassée de ce long voyage, dans l'épouvante et la stupeur de son destin, dans la douleur de tout ce qu'elle perd et qu'elle regrette. Elle n'a que dix-sept ans, un esprit faible, une âme pauvre et médiocre. Elle est encore dans le sommeil d'une chair lente et passive, au maillot d'une pudeur dévote. Et voici l'ogre qui se rue dans la voiture, qui force cette petite sans défense et la viole sur les coussins. Ni la passion, ni le simple désir ne l'y poussent : cet homme est si peu sensuel, l'amour lui est de si peu ; il a si peu de temps, il en donne si rarement à la bagatelle. Pourquoi donc cet ignoble Wagram, cette abjecte entrée de jeu ? Le parvenu, le petit Jacobin de village veut souiller une race souveraine, une des plus illustres et plus vieilles de l'Europe. Il jouit d'agir et de traiter en esclave la fille des Habsbourg. Pour la nièce de Marie-Antoinette il aura moins d'égards que pour une servante d'auberge : il ne lui offre même pas un lit. Il entend se faire un triomphe de cette ignominie : il ne porte au comble que la sienne. Car enfin que nous importe Marie-Louise et le sang de cette petite victime ? C'est lui, Napoléon, qui nous désespère, quand il nous oblige à convenir que tant de grandeur puisse aller dans le même homme avec si peu de noblesse. Or, si la noblesse manque par trop, nous doutons de la grandeur. Et l'intérêt de notre grandeur propre nous force à n'y plus croire. »

verte d'un homme qu'on lui avait toujours présenté comme un monstre sanguinaire. Au lieu de l'ogre colérique, elle découvre un mari affable, bon, généreux, toujours attentif. Partie en victime, elle découvre avec ravissement la beauté de Paris et la douceur de vivre dans une cour où tout a été conçu pour lui être agréable. Aussi s'attache-t-elle vite : « Je trouve qu'il gagne beaucoup quand on le connaît de plus près ; il a quelque chose de très prenant et de très empressé à quoi il est impossible de résister », écrit-elle à son père. Quant à Napoléon, s'il regrettera toujours Joséphine, il s'accoutume vite à cette jeune fille de dix-huit ans, plutôt jolie même si ses lèvres épaisses et son air apathique déparent son charme. Econome, discrète, à la fois digne et docile, elle tient convenablement son rôle, même si, en dépit de son éducation, elle n'irradie pas comme Joséphine et ne souffre pas la comparaison avec elle pour le maintien, la grâce et la conversation[1]. Mais qu'importe, puisque Napoléon est heureux. Les mariages, civil et religieux, se déroulent les 1er et 2 avril 1810, respectivement à Saint-Cloud puis au Louvre.

« Quand l'Empereur passa devant nous, écrit Pasquier, nous fûmes frappés de l'air de triomphe qui régnait dans toute sa personne. Sa physionomie, naturellement sérieuse, était rayonnante de bonheur et de joie. » « Froide et triste comme un enterrement », selon Thibaudeau, la cérémonie religieuse, marquée par l'absence de treize cardinaux, souligne l'hostilité du

1. « Marie-Louise suivait la routine d'une princesse-née ; elle avait reçu pour unique instruction d'être en tout et pour tout la femme de l'Empereur » témoigne Mme de Chastenay, qui la présente totalement soumise à la volonté de son « seigneur et maître ». « Etrangère, d'ailleurs, à cette nuance délicate des noms anciens, des noms nouveaux ornés des mêmes titres, chargés des mêmes livrées, elle fit promptement regretter la sagacité de Joséphine » poursuit-elle avant de déplorer l'influence trop forte de la duchesse de Montebello, veuve de Lannes, qui devint sa favorite et « acheva de la séquestrer ».

clergé. Réservée à la Cour, elle témoigne aussi d'une mise à l'écart du peuple qui désole de nombreux contemporains et accentue l'accusation de dérive royaliste du régime. La troupe, comme en témoigne Coignet, reste attachée à Joséphine qu'elle considère comme l'ange gardien du petit caporal et le talisman de sa gloire. « Mais si l'Empereur était content de nous, nous n'étions pas contents de lui, assure le célèbre mémorialiste. Le bruit circulait dans la Garde qu'il divorçait avec son épouse pour prendre une princesse autrichienne en paiement des frais de la seconde guerre avec l'Empereur d'Autriche, et qu'il voulait avoir un successeur au trône. Pour cela, il fallait renvoyer la femme accomplie, prendre une étrangère qui devait donner la paix générale[1]. » L'incendie tragique, lors du bal donné le 1er juillet à l'ambassade d'Autriche pour célébrer le mariage, passe pour un présage d'autant plus sinistre qu'un drame du même type était intervenu lors des noces de Louis XVI avec Marie-Antoinette[2].

Porte-malheur, l'Autrichienne ? Napoléon le pense d'autant moins qu'elle lui donne bientôt un fils. Le mercredi 20 mars 1811, tout Paris se tait dans l'attente du vingt-deuxième coup de canon. Le lieutenant Chevalier se souvient d'un silence absolu précédant la délivrance aux Invalides : « Les brosses et les étrilles restent en l'air. Au milieu de cette multitude d'hommes, on aurait

1. Parquin s'avère tout aussi critique que Coignet : « Les hommes éclairés reconnaissaient dans le divorce un acte politique et dynastique ; les soldats en voyant repousser la bonne, la gracieuse, la charitable Joséphine, y trouvaient de l'ingratitude. Le nom de Joséphine est souvent revenu sur leurs lèvres, lors de nos désastres. En parlant de l'Empereur, on les entendait dire : Il ne fallait pas qu'il quittât la vieille, elle lui portait bonheur et à nous aussi », écrit-il dans ses souvenirs.

2. « Trois mille personnes furent écrasées ou blessées sur la place Louis XV », précise le général Lejeune.

entendu trotter une souris. [...] Le canon fait une pause... c'est une fille... Mais un vingt-deuxième coup change la thèse et chacun en ressent une commotion... Les brosses, les étrilles, les bonnets de police... tout saute en l'air... on se serre la main, on s'embrasse les larmes aux yeux, on semble naître à une nouvelle existence et on s'écrie avec enthousiasme "Vive l'Empereur". La scène qui se passait à l'Ecole militaire se répétait dans tout Paris, partout, au premier coup de canon, le peuple s'était arrêté au milieu des rues, chacun comptait avec anxiété les coups de canon, et, au vingt-deuxième, ce n'était pas de la joie, c'était un délire, une frénésie, tout le monde s'embrassait sans se connaître, riches, pauvres, bourgeois, ouvriers. » A quarante et un ans, Napoléon parvient enfin à fonder l'Empire. Symbolique de son aventure, toujours tendue entre les extrêmes, cette immense joie a été précédée d'une grande angoisse. L'accouchement a été long et difficile, à tel point que Corvisart a failli sacrifier l'enfant pour sauver la mère[1]. Sorti au forceps, pâle comme la mort, c'est un miraculé que l'Aigle, bouleversé, porte enfin dans ses bras et montre à la France d'un air de triomphe.

Quand il eut bien fait voir l'héritier de ses trônes
Aux vieilles nations comme aux vieilles couronnes
Eperdu, l'œil fixé sur quiconque était roi,
Comme un aigle avivé sur une haute cime,
Il cria tout joyeux avec un air sublime :
« L'Avenir ! L'avenir, L'avenir est à moi[2].

Talleyrand, à qui on a beaucoup prêté, aurait susurré en oiseau de mauvais augure : « Tout cela finira par un Bourbon. » L'enfant est aussitôt proclamé « roi de Rome », titre merveilleux qui n'en compromet pas moins toute réconciliation avec le pape. Napoléon semble à cet

1. Napoléon, en cas de nécessité absolue, lui en avait donné l'autorisation.

2. Hugo, *Les Chants du crépuscule.*

instant intouchable : l'Europe est à genoux, la France soumise et en apparence joyeuse. L'étoile de Lodi a survécu à la disparition de Joséphine, justifiant le divorce, assurant l'avenir. Pourtant, le mariage a porté d'autres fruits qui ont un goût autrement plus amer. Il l'a, d'un avis général, éloigné de la Révolution sans le rapprocher de l'Europe.

Le fantôme de Louis XIV

A suivre la légende noire, le mariage puis la naissance du roi de Rome auraient définitivement fait perdre tout sens du réel à l'Empereur. Pour parodier le célèbre mot de Talleyrand sur Thiers, le parvenu se serait cru arrivé et aurait fini par sombrer dans une mégalomanie dévastatrice. L'abbé de Pradt, témoin malveillant, voit dans le mariage l'« époque à laquelle, sa raison cessant de le guider, et peut-être de paraître nécessaire, il s'abandonna sans contrainte aux exagérations qui ont tout désorganisé en France, et qui ont fini par le perdre[1] ». Et ce proche de Talleyrand de préciser : « Napoléon était fou, non pas dans cette espèce de dérangement qui affecte les facultés mentales, mais de ce dérèglement d'idées qui provient de la bouffissure et de l'exagération, par laquelle on outre tout, par laquelle on commande toujours sans calculer jamais, par laquelle on dépense toujours sans compter jamais ; par laquelle, enfin, à force d'avoir vaincu des obstacles, on finit par croire qu'on les vaincra toujours, ou plutôt qu'il n'y aura plus d'obstacles. » Si ces propos sont excessifs, ils n'en contiennent pas moins une dose certaine de vérité si l'on observe d'une part la politique menée de 1810 à 1812, d'autre part l'évolution du caractère de l'Empereur durant la même période.

1. *Histoire de l'ambassade dans le grand-duché de Varsovie*, Pillet, 1815.

*

A la faveur du mariage, la pratique de la légitimité impériale se rapproche encore de celle des autres monarchies européennes. De là à accuser Napoléon de dérive contre-révolutionnaire, il n'y a qu'un pas que beaucoup, mémorialistes comme historiens, n'hésitent pas à franchir. Ils le font d'autant plus volontiers que le mariage rallie le dernier carré des royalistes récalcitrants et s'accompagne d'un renforcement de l'étiquette[1]. Dans l'esprit comme pour les formes, l'Empire se rapproche de l'Ancien Régime.

L'ancienne noblesse colonise la Cour, puisque, comme l'exprime Napoléon : « Il n'y a que ces gens-là qui savent servir. » On les trouve notamment en nombre croissant dans les ambassades et les préfectures[2]. A l'image de Molé, projeté à la direction des Ponts et Chaussées après quelques mois de préfecture, ou de Narbonne, fils naturel de Louis XV et ancien ministre de Louis XVI, élevé sans attendre à la fonction très prisée d'aide de camp particulier de l'Empereur, elle avance plus vite que les autres, suscitant rancœur et jalousie de la part des anciens révolutionnaires qui estiment que les honneurs leur appartiennent de droit depuis la Révolution. Ils s'exaspèrent d'autant plus que les ralliés jouent souvent les dégoûtés. « Les personnes tombées prétendaient avoir été forcées et l'on ne forçait, disait-on, que celles qui avaient un grand nom et une grande importance, et

1. Les préséances sont rétablies en 1811 sur le modèle bourbonien : nature du siège (fauteuil, tabouret), de l'habit, nombre de révérences désignent l'importance du courtisan. Les présentations sont également restaurées selon le modèle suivi à Versailles.

2. Selon S. Woolf, leur pourcentage, pour les chefs de mission, passe d'un tiers à 60 % entre 1800-1808 et 1812-1813. Même doublement dans les préfectures qui comptent 41 % de nobles d'origine en 1813 contre 23 % en 1800.

chacun pour prouver son importance ou ses quartiers obtenait d'être forcé à force de sollicitations », remarque avec humour la femme de Chateaubriand. Frénilly moque « cette légitimité à la mode de Bretagne » résultant des liens par alliance entre « Bonaparte » et son oncle Louis XVI. « Une partie de notre société, c'est-à-dire la meilleure compagnie de Paris, s'était donc laissée allécher, enrôler, faire violence comme elle disait, et elle allait aux Tuileries. Les déserteurs n'étaient pas moins bien reçus de nous, à condition de quitter à la porte de nos salons les livrées brodées de la Cour, de paraître fiers de reprendre le froc, et de médire à qui mieux mieux du maître qu'ils venaient d'encenser. »

Si Napoléon n'est pas tout à fait dupe et déteste la morgue, l'insolence et la fatuité des petits marquis de Versailles[1], il n'en demeure pas moins sensible à la magie des « grands noms » côtoyés dans les grimoires de Brienne : « Ces noms appartiennent à la France, à l'histoire ; je suis le tuteur de la gloire ; je ne les laisserai pas périr[2]. » Il s'emploie à les marier à ses intimes, ambitionne de fusionner vieille et nouvelle France. Pour ce faire, il n'hésite pas à dresser des listes de jeunes filles de bonne famille à marier. Cette « conscription des filles » doit, dans la lignée du mariage avec Marie-Louise, enraciner le régime en le rendant consanguin avec l'aristocratie, française et européenne. Après avoir restauré l'Etat, le temps lui semble venu de féconder une société à son image, alchimie des âges et des classes au service de la plus grande France. « La génération future, écrit-il à Fouché le 31 décembre 1808, ne doit point souffrir des haines et des petites passions de la génération présente. » Il rêve de retremper

1. « Leur conversation me déplaît, j'en ai vu quelques-uns chez l'impératrice. Leur ton ne convient pas à ma gravité », confie-t-il à Roederer en 1809.

2. « Le fils d'un ministre, d'un chancelier, d'un maréchal de Louis XVI, ne peut être confondu dans la foule, ou il n'y aurait plus de société civilisée », dit-il à Caulaincourt.

l'antique noblesse, celle de la chevalerie et de la guerre, à la source de la gloire. Il n'oublie pas que le second ordre, auquel il appartient, tire son origine de l'« impôt du sang » et a été forgé par la religion de l'honneur. Pour l'attirer à la Grande Armée, il expédie des brevets de sous-lieutenant aux fils de famille désœuvrés. S'ils refusent, ils doivent justifier leur acte, ce qui risque de les conduire tout droit en prison. La méthode s'avère payante si l'on en croit Frénilly : « Cette fleur de la noblesse, écrit-il, partait comme les conscrits, désespérée et furieuse, et revenait au bout de six mois enivrée de gloire, avide de combats et enthousiaste de l'Empire. »

A Sainte-Hélène, Napoléon plaidera qu'il fallait rallier la noblesse pour fermer les plaies du passé et assurer la continuité du régime : « C'est la raison d'Etat qui a dicté ma conduite envers elle. [...] Si je l'avais laissée en dehors de la cour impériale, elle eût été dans les provinces une cause d'embarras pour les préfets ; car il n'est pas vrai de dire que l'ancienne noblesse, malgré tout ce qu'elle a perdu par la Révolution, n'a pas conservé une grande influence sur les populations des campagnes au milieu desquelles elle habite. » Ce rapprochement stratégique ne se serait accompagné d'aucun reniement ; fidèle à ce « feu sacré de l'Empire[1] » que confère « l'égalité de gloire », Napoléon demeurerait fils de la Grande Nation par le Code civil et la méritocratie, ordre méritocratique fusionnant le meilleur de chacun des héritages, ouvert à chacun, sans arrière-pensée ni exclusive. A l'entendre, le retour de la noblesse ne vaut pas bannissement des régicides. L'un d'entre eux, Cambacérès, n'est-il pas, comme archichancelier, le numéro deux du régime ? N'a-t-il pas, en 1811, censuré le discours de réception de Chateaubriand à l'Académie française car il critiquait avec

1. Napoléon emploie ce terme devant Narbonne à l'occasion d'une visite à l'Ecole normale.

âpreté « les votants » en la personne de Marie-Joseph de Chénier[1] ?

Simple rééquilibrage, donc ? La plupart des contemporains perçoivent, eux, une inversion de tendance, confirmée par mille signes, créant un climat délétère. « En province, rapporte Louis Madelin, les préfets faisaient partout marteler les rares insignes révolutionnaires, échappés aux réactions locales, bonnets phrygiens, balances et faisceaux[2]. » L'auteur de la monumentale saga consacrée à la période, et qui fait toujours autorité, n'hésite pas à titrer un de ses chapitres : « La contre-révolution dans l'Empire. » Tous les anciens de 93 s'inquiètent des propos hostiles que Napoléon tient en public contre les régicides. Parlant de Salicetti, l'un d'entre eux, l'Aigle ne s'est-il pas exclamé : « Qu'il sache que je n'ai pas assez de puissance pour défendre du mépris et de l'indignation publique les misérables qui ont voté la mort de Louis XVI » ? Son ire s'étend à l'ensemble de la période révolutionnaire : « Vous-même, dit-il à Narbonne début 1812, vous avez été embabouiné de toutes ces idées-là ; vous avez cru à la Constitution de 1791, au roi citoyen, à l'Assemblée souveraine faisant la paix et la guerre. Je ne vous en veux pas. Le plus honnête se trompe ; le plus habile a besoin d'expérience ; mais vous vouliez l'impossible ; et vous

1. Selon Bourrienne, Napoléon aurait déclaré : « Si ce discours avait été prononcé, j'aurais fait murer les portes de l'Institut, et jeter M. de Chateaubriand dans un cul-de-basse-fosse pour le reste de sa vie ! » En dépit des pressions, Chateaubriand refusa de refaire son discours et dut en conséquence attendre la Restauration pour être reçu. Comme on l'imagine, les *Mémoires d'outre-tombe* s'étendent avec complaisance sur l'épisode. René raconte notamment que Daru lui remit le manuscrit de son discours corrigé en personne et d'abondance par Napoléon : « L'ongle du lion était enfoncé partout, et j'avais une espèce de plaisir d'irritation à croire le sentir dans mon flanc. »

2. *Histoire du Consulat et de l'Empire*. A la même époque, la mention « Liberté, Egalité, Fraternité, ou la mort ! » est effacée de la façade de l'hôtel de ville de Paris.

avez eu ce tremblement de terre, où a péri mon pauvre oncle Louis XVI.

« Encore un coup, vous agissiez en bon Français : vous travailliez à faire une armée au pays, en attendant un chef, pour la commander. Vous ne saviez pas où j'étais : je ne me connaissais pas moi-même. Mais nous n'en sommes plus là. La société, grâce à moi, s'est refaite, comme elle commence toujours : dans un camp[1]. »

Metternich, depuis le mariage, partage de plus en plus souvent l'intimité de l'Empereur. L'ambassadeur rapporte dans ses Mémoires les confessions d'un Napoléon devenu résolument hostile à la Révolution et qui cherche par tous les moyens à se rapprocher des vieilles monarchies dont il s'affirme désormais le meilleur garant. « Jeune, m'a-t-il dit, j'ai été révolutionnaire par ignorance et par ambition. A l'âge de la raison, j'ai suivi [...] mon instinct et j'ai écrasé la révolution. » Il l'a « dessouillée », comprimée, confie-t-il à d'autres témoins. Comme toujours, son discours oscille selon la nature de ses interlocuteurs et les circonstances. Un tronc commun s'en dégage pourtant : la volonté de convaincre que la Révolution demeure menaçante, que lui seul a su trouver l'antidote qu'il rêve de fournir au continent. Si le jacobinisme se réveille, l'Europe tremblera. Il ne veut pas agiter mais bien endormir ce volcan, sauvegarder les royautés en les réformant par la greffe du meilleur de l'esprit nouveau : l'énergie[2], le patriotisme, l'élévation au mérite, l'égalité civile, la lutte contre l'Angleterre mercantile et oligarchique. Mais il ne se trompe pas de camp. Devenu monarque, il demeure un aristocrate dans l'âme. « Il attachait beau-

1. Villemain, *Souvenirs*.

2. Il s'inquiète auprès de Beugnot du vieillissement de l'ancien personnel politique révolutionnaire : « Vous étiez tous à des titres différents les enfants de la Révolution ; elle vous a trempés dans ses eaux et vous en étiez sortis avec une vigueur qui ne se reproduira plus », lui dit-il un jour.

coup de prix à la noblesse de sa naissance et à l'antiquité de sa famille, précise Metternich. Plus d'une fois, il a pris à tâche de me démontrer que l'envie et la calomnie seules avaient pu jeter du louche sur sa noblesse[1]. »

Cette insistance à rappeler ses origines gêne chez un tel homme. Qu'a-t-il besoin de se vanter d'une origine dont les véritables aristocrates ne parlent au contraire jamais ? On dirait monsieur Jourdain enivré d'avoir épousé une authentique princesse : « Mon mariage avec Joséphine était dans le temps, pour moi, ce qu'est aujourd'hui mon mariage avec une archiduchesse », confie-t-il. Grossi, ce qui le fait paraître plus petit, épaissi au moral comme au physique, il se compose un personnage qui excite la raillerie alors qu'il croit en imposer : « Les peines qu'il se donnait pour corriger les défauts de sa nature et de son éducation ne faisaient que d'autant plus ressortir tout ce qui lui manquait, persifle le chancelier autrichien. Je suis persuadé qu'il eût fait de grands sacrifices pour pouvoir hausser sa taille et ennoblir sa tournure, qui, à mesure que son embonpoint augmentait, devenait plus commune. Il marchait de préférence sur la pointe des pieds ; il s'était donné une espèce de mouvement de corps qu'il avait copié des Bourbons. » Comme Louis XVI, il se dandine et tient sa cour. Il confie toujours à Metternich son admiration pour le titre de « Sacrée Majesté Impériale » que porte traditionnellement le souverain autrichien : « L'usage est beau et bien entendu. Le pouvoir vient de Dieu, et c'est par là seulement qu'il peut se trouver placé hors de l'atteinte des hommes. D'ici à quelque temps, j'adopterai le même titre », lui dit-il. Le pouvoir vient de Dieu ! Comment peut-il oublier que son pouvoir ne tire pas sa source de la religion et de la tradition mais de la Terreur, du 18 Brumaire et d'Austerlitz ? Napoléon a

1. « Les Buonaparte sont des bons gentilshommes corses, peu illustres, puisque nous ne sortions guère de notre île, mais bien meilleurs que beaucoup de freluquets qui s'avisent de nous ravaler », confie-t-il toujours à Metternich.

beau faire ; il n'est pas et ne sera jamais un roi comme les autres. Son pouvoir n'est pas inné mais acquis à la force du poignet, conservé par la peur qu'il entretient et la convoitise qu'il suscite[1]. En moquant ce qu'il a été, en reniant son origine, il perd son identité et aliène ses fidèles sans jamais parvenir à séduire ses adversaires. En résumé, il perd sa base sans élargir ses assises ; il s'isole au fur à mesure qu'il s'élève.

Le renvoi de Fouché à l'automne 1810 inquiète et émeut. On y décèle à la fois la confirmation de sa rupture avec la gauche néojacobine et l'accroissement de son népotisme sourcilleux, refusant désormais l'expression de toute sensibilité autonome à ses côtés. Toutefois, Napoléon voulait s'en débarrasser depuis longtemps, au moins depuis qu'il avait découvert ses menées avec Talleyrand à l'hiver 1808. « Je ne puis avoir confiance dans un ministre qui un jour fouille dans mon lit et l'autre dans mon portefeuille. » Mais il n'avait pas voulu ou osé passer à l'acte. « On eût dit que Fouché tenait Napoléon sous l'emprise d'un charme », écrit le candide Méneval. Nul charme en ces matières, mais plutôt de la peur et de l'intérêt, les deux grandes armes de l'absolutisme. Fouché en savait beaucoup trop sur l'argent des Bonaparte, Brumaire, l'assassinat du duc d'Enghien, la disgrâce de Lucien, le procès de Moreau ou le divorce ; autant d'affaires sensibles, autant de zones d'ombre emplies de cadavres aux-

1. Albert Sorel dénonce la métamorphose en des termes qui n'ont pas pris une ride : « Napoléon parut vieilli, alourdi, engraissé. Il se trahit dans tout son être, un je ne sais quoi d'arrêté, de dégénéré presque. La magnifique croissance de son génie sembla désormais suspendue : il n'inventa plus, il se continua. […] Il croyait parvenir à ses fins en s'engageant sur les anciennes routes royales ; il s'entravait tout simplement dans les ornières de la vieille Europe. Il a triomphé de tous, parce qu'il est différent de tous et supérieur. Il se ravale désormais au niveau du vulgaire des souverains et devient un monarque comme les autres. »

quelles il a collaboré de près et dont il connaît les moindres recoins. Le duc d'Otrante a, pour se protéger, compilé des dossiers sur toutes les personnalités du régime et peut, si on le jette dehors, être tenté de les utiliser pour discréditer le régime. Il risque de livrer en pâture à l'opinion le nom des maîtresses de Napoléon, de Joseph et de Jérôme, les nombreux amants de Pauline et Caroline, l'homosexualité de Cambacérès, sans compter d'autres révélations croustillantes sur la fortune douteuse des uns et des autres. Pour toutes ces raisons, Napoléon le ménage tout simplement, car il le craint. Mais il estime aussi l'exceptionnelle efficacité de son ministre, qui contrôle la presse d'une main de fer, a brisé les partis, détruit la chouannerie, éradiqué le brigandage, et démantelé en secret tous les complots. Ce « monarque de l'opinion » (Mme de Chastenay) allie comme nul autre le savoir-faire avec le faire-savoir. Doté de réseaux dans tous les partis, il s'est forgé la réputation d'un homme d'Etat dont la modération contraste avec l'impulsivité de l'Empereur. Autant dire qu'il a repris à son compte le rôle de « ministre de la paix », tombé en déshérence depuis la disgrâce de Talleyrand.

Se croyant invulnérable, Fouché finit par se croire tout permis, ce qui va provoquer sa perte. Après ses tripotages avec le diable boiteux, il lève de sa propre autorité la garde nationale en 1809 pour riposter au débarquement anglais à Walcheren et nomme Bernadotte, que Napoléon vient de disgracier, au commandement des forces rassemblées pour l'occasion. Si Napoléon le loue publiquement pour son initiative, il n'en est pas moins choqué par le culot avec lequel son ministre s'est saisi du pouvoir en son absence. Enfin et surtout, sans lui en référer, Fouché a engagé des pourparlers en catimini avec l'Angleterre. Lorsqu'il apprend l'affaire, Napoléon l'apostrophe sèchement : « Vous faites donc, maintenant, Monsieur, la guerre et la paix », avant de trancher d'un ton plus sec : « Vous devriez, Monsieur, porter votre tête sur l'échafaud. » Il se contente finalement d'exiger sa démission avant de durcir sa position en l'assignant à résidence dans sa sénatorerie d'Aix, Fouché ayant eu l'audace de refuser de lui restituer ses papiers, ce qui en dit long sur l'impunité dont il pense jouir[1].

Son renvoi est logiquement interprété comme une volonté de reprise en main. Pour le remplacer, Napoléon choisit Savary, duc de Rovigo, inconditionnel et homme de main sans états d'âme comme il l'a notamment prouvé en orchestrant l'enlèvement du duc d'Enghien puis l'entrevue de Bayonne. Contrairement à Fouché, dont la réputation de modération a passé les frontières, Savary passe pour un séide aveugle, brutal et dur. « Si j'ordonnais à Savary de se défaire de sa femme et de ses enfants, je suis sûr qu'il ne balancerait pas », dit de lui l'Empereur, qui ne l'estime guère mais sait pouvoir compter sur lui en toutes circonstances. Peint par Robert Lefebvre en grand costume de cour, le nouveau ministre a l'air fat, bouffi de son importance, d'une intelligence médiocre[2]. Talleyrand lui a consacré un de ses meilleurs mots : « Je ne connais qu'un homme plus bête que Savary, c'est le duc de Rovigo », avant de saluer le départ de son vieux rival, devenu comparse, par un compliment de la même veine : « Pour remplacer Monsieur Fouché, je ne vois vraiment que Monsieur le duc d'Otrante. »

Fouché a parfaitement réussi sa sortie. Tout le monde le regrette, des anciens Jacobins dont il demeure le mentor aux ambassadeurs étrangers qui saluent en lui le représentant du « parti de la paix » en passant par le faubourg Saint-Germain qu'il a finement ménagé et au sein duquel il s'est fait de nombreux obligés. Le très conservateur Schwarzenberg traduit le choc ressenti dans la

1. Sur toute cette affaire, il faut se référer à la biographie magistrale de Louis Madelin que l'on peut compléter, pour l'analyse psychologique, par celle de Stefan Zweig.

2. Dans une récente biographie, Thierry Lentz défend une vision beaucoup plus équilibrée du personnage.

dépêche qu'il expédie à son gouvernement : « La disgrâce du duc d'Otrante, écrit-il, a produit ici la plus forte sensation. Le public, qui est consterné au plus haut point, regarde cet événement comme le présage d'un système de terreur que personne ne saura mieux mettre à exécution que l'individu dont l'Empereur a fait choix pour lui succéder. Dans Fouché, il a éloigné le seul de ses ministres qui, après la retraite du prince de Bénévent, eût su mitiger la sévérité de ses ordres, en retarder l'exécution, quelquefois s'y opposer et user de l'influence de son esprit pour l'amener à des résolutions plus modérées. C'est vraiment une circonstance qui marque la bizarrerie du siècle de voir un des suppôts les plus abhorrés du Comité de salut public suivi dans sa disgrâce du regret général de toute la nation. » Savary confirme honnêtement dans ses Mémoires : « Je crois que la nouvelle d'une peste n'aurait pas plus effrayé que ma nomination. » Avec le zèle du néophyte, il déploie tous ses agents, en quête de complots, soupçonneux, vindicatif. Paris et la Cour tremblent.

Désormais entouré d'exécutants comme Maret et Savary, Napoléon ne se contient définitivement plus. Sa cour, exhauçant ses désirs les plus chers, rampe devant lui comme elle ne l'a plus fait depuis Louis XIV[1]. Le prince autrichien Charles de Clary-et-Aldringen, venu en France à l'occasion du mariage, note avec stupéfaction dans son journal : « La manière dont les courtisans d'ici se pressent, se froissent, se marchent sur les pieds pour attraper un mot, un regard, pour entrer les premiers, est une chose comique, dont on n'a aucune idée chez nous. » Si le spec-

1. En témoigne par exemple cette lettre que lui écrit Mgr de Rohan pour le féliciter de son mariage avec Marie-Louise. Après avoir bassement proposé ses services, le prélat ose écrire : « Oui, Sire, mon existence ne m'est chère que pour la sacrifier au grand Napoléon. Il est mon dieu tutélaire, et le chagrin le plus vif pour moi serait si Votre Majesté pouvait en douter. […] Tant que j'aurai un souffle de vie, ce sera pour vous la consacrer. »

tacle amuse les étrangers, il y a longtemps qu'il ne divertit plus les Français[1]. Arrogants devant les faibles, serviles devant les forts, ces courtisans tremblent de subir une des légendaires colères de l'Empereur : teint blême, œil foudroyant, gestes brusques, cris et insultes. Pour essayer de comprendre l'ambiance détestable qui règne dans l'entourage impérial, on peut se reporter à la scène saisissante décrite par le général baron Thiébault dans ses vivants Mémoires. Elle se déroule à Compiègne en 1810. Napoléon, après avoir passé en revue les courtisans prosternés sur son passage, s'arrête soudain. Croisant les bras sur sa poitrine, il fixe le parquet. Un silence de plomb s'établit, long, interminable pour les protagonistes. Soudain, le maréchal Masséna, duc de Rivoli, prince d'Essling, ose rompre le cercle et s'avance à pas lents vers l'Empereur : « L'étonnement et la curiosité se peignirent sur toutes les figures ; la mienne ne put exprimer que la crainte ; l'attente, au reste, ne fut pas longue ; car à peine quelques mots, dits trop bas pour être entendus, eurent-ils été proférés par le maréchal que, sans lever ou détourner les yeux, sans faire un mouvement, l'Empereur articula d'une voix de tonnerre : "De quoi vous mêlez-vous ?" Et ce vieux maréchal, qui en dépit de sa gloire et de ses dignités, venait d'être humilié en face de l'Europe entière, au lieu de partir de suite et de rentrer chez lui cacher sa

1. Thibaudeau, qui n'est pas venu à Paris depuis le sacre, est choqué : « Depuis quatre ans, comme tout était changé ! à la Cour, que de nouveaux visages, que d'anciennes figures méconnaissables ! Dans le ton et les manières, quelle gravité empesée chez les uns, quel air dégagé chez les autres ! Quelle souplesse, quelle humilité de chacun devant ce qui était au-dessus de soi ! Quelle fatuité dédaigneuse devant ce qui était au-dessous ! » s'indigne-t-il dans ses Mémoires, avant de conclure : « S'ils étaient rares les hommes qui n'avaient pas oublié leur origine, et à qui les faveurs, les places et les honneurs n'avaient pas tourné la tête. » Comme tant d'autres, il est frappé par la métamorphose de l'Empereur, notamment au sein du Conseil d'Etat : « Il écoutait encore la contradiction, il ne la recherchait plus », résume-t-il à son sujet.

honte, regagna sa place sans répliquer et, ce qui acheva de me confondre, la regagna à reculons. Jamais je ne me suis senti plus mortifié, jamais le despote ne m'est apparu dans Napoléon avec plus d'arrogance et d'impudence. » Pour finir, Napoléon « continua sa scène de statue encore quelques instants ; puis, comme sortant d'un rêve, il leva la tête, décroisa ses bras, jeta un coup d'œil examinateur sur tout ce qui l'entourait, se retourna sans rien dire à personne et rentra dans la salle de jeu. Sur un signe, l'impératrice jeta les cartes et se leva ; toutes les parties cessèrent et tout le monde fut debout. En passant devant Marie-Louise, il lui dit d'un ton assez sec : “Allons, Madame...” et continua à marcher, pendant qu'elle le suivait à trois pas en arrière de lui. »

Le vent du boulet se fait sentir dans toute l'Europe avec les annexions de 1810 et la marginalisation des rois-frères. Louis abdique, Joseph et Jérôme perdent des territoires et l'essentiel de leur autorité au profit des maréchaux, Murat est accablé sous les exigences et les humiliations. Ce raidissement présage un changement de système. A terme, Napoléon compte sans doute remplacer ses frères par ses enfants. Un peu partout, les réformes sont ralenties quand elles ne sont pas tout bonnement suspendues[1]. Napoléon congédie le rêve d'une Europe française, assise sur le Code civil, au profit de sa nouvelle liaison avec l'Autriche, de sa quête de reconnaissance royale qui l'éloigne chaque jour un peu plus de la Révolution.

Alors que la liberté est depuis longtemps morte et enterrée, l'égalité s'estompe à son tour, ce d'autant plus que la paix bloque l'avancement par la gloire. Or, l'éléva-

1. « Il s'esquissait pourtant une unité législative de l'Europe vers 1810, avant que Napoléon ne se désintéressât de son Code jugé, après le rétablissement de la noblesse et le mariage “autrichien” trop révolutionnaire. S'il ne l'abandonne pas, l'Empereur met moins d'ardeur à en étendre l'application intégrale à l'ensemble du continent », constate par exemple Jean Tulard.

tion reste l'apanage du mérite même si la noblesse domine l'état-major et que, là comme partout, la faveur commence à détrôner la valeur. Que gagne la France à ces deux ans et demi de paix relatives, de Wagram à la campagne de Russie ? Une crise économique d'une part, un durcissement du régime de l'autre. Alors que la guerre a sécrété la dictature, la détente n'amène aucun relâchement à l'intérieur. Bien au contraire : Savary remplace Fouché, les prisons d'Etat sont rétablies, la censure renforcée. Sommée de vivre dans le culte de la grandeur et la religion de la gloire, la nation a perdu tous moyens de se faire entendre. Les écrivains appointés et les discours officiels portent le culte de « Napoléon le Grand » à une hauteur démesurée[1]. Du sublime au ridicule, il n'y a décidément qu'un pas. A Dresde, en 1812, Napoléon confie à Metternich ses projets futurs : « La France, lui dit-il, se prête moins aux formes représentatives que bien d'autres pays. En France, l'esprit court les rues ; mais ce n'est que de l'esprit ; il n'y a derrière lui rien qui ressemble

1. La référence carolingienne devient omniprésente comme dans cette plaquette de 1810 intitulée *Une matinée de Charlemagne*. L'auteur, Victor d'Arlincourt, y met en scène un archange qui vient prédire à l'Empereur à la barbe fleurie… l'avènement de son incroyable héritier :

« De tous les successeurs au trône de la France,
Tu ne connaîtras point les noms et la puissance ;
Je te soustrais leur règne inutile à tracer :
Tu n'en verras qu'un seul… Il doit tout éclipser.
Sur terre alors tout change… O moments d'allégresse !
Napoléon paraît… Effroi, malheur, tout cesse. […]
Et de ce cœur créé par un souffle divin,
Le génie est sans borne, et les exploits sans fin.
Ce mortel, ce héros, cet astre éblouissant,
Sur les Français un jour règnera tout-puissant ;
Il sera dieu du monde, il sera la victoire,
Et son nom immortel signifiera la gloire. […]
Les vertus, les talents, le commerce, les arts
Naissent autour de lui, créés par ses regards. »

à du caractère et bien moins encore à des principes. Tout le monde y court après la faveur, que celle-ci vienne d'en haut ou d'en bas, peu importe ; on veut être remarqué et applaudi. » Il souhaite dissoudre le Corps législatif : « Personne n'y pensera plus, car il est déjà oublié de son vivant. » Il sera remplacé par le Conseil d'Etat élu pour un tiers, les deux autres tiers restant nommés par lui. Le Sénat jouera le rôle de chambre haute, Napoléon continuant à en désigner seul l'intégralité des membres. Et de conclure : « J'aurais de cette manière une représentation véritable, car elle sera toute composée d'hommes rompus aux affaires. Pas de bavards, pas d'idéologues, pas de faux clinquant. Alors la France sera un pays bien gouverné, même par un prince fainéant, car il y en aura. Il suffit pour cela de la manière dont on élève les princes. » Ce « modèle » ne s'apparente-t-il pas davantage à la monarchie absolue qu'au gouvernement représentatif, à l'Ancien Régime qu'à la Révolution ? En se séparant de Joséphine, il a finalement divorcé avec l'esprit de 1789.

A-t-il au moins réussi à gagner l'Europe, à se faire admettre comme un vrai roi à part entière ? Il le croit. Il se trompe. L'analyse d'Albert Sorel demeure, comme souvent, d'une grande finesse : « Après s'être fait empereur par la Révolution, après avoir employé les forces révolutionnaires à conquérir un tiers du continent et à dominer le reste, Napoléon, pour conserver sa suprématie, croit possible d'y intéresser l'Europe en se faisant, à son tour, conservateur de l'ordre monarchique. Il est conduit de la sorte à substituer à une Europe vaincue par la Révolution française une Europe confédérée, autour de l'Empire français, en vue de réprimer les révolutions issues, comme cet empire même, de la Révolution française.

« Après avoir renversé tant de rois, menacé de déchéance ceux qu'il daignait tolérer, il se flatte de les rassurer assez pour faire d'eux les garants de leur humiliation et de leur chute. Erreur plus profonde et plus funeste que celle qui l'avait conduit à introniser ses frères. Les révolutions nationales, suscitées, proclamées, propagées par la France continuent, malgré toutes les apparences, de mener les peuples et les rois. Il en devait être des alliances dynastiques sous l'Empire comme des alliances républicaines sous le Directoire. Loin de renoncer à leur vœu de revanche par crainte de la Révolution, les princes étaient prêts à profiter des révolutions nationales pour recouvrer les territoires et la puissance perdue. L'intérêt que trouvait Napoléon, arrivé à l'apogée, à enchaîner cette force nationale qui l'y avait élevé, portait ces princes à déchaîner, pour la détruire, cette même force nationale et populaire[1]. »

C'est le patriotisme qui a soulevé l'Espagne et est en train de reconstruire la Prusse. C'est lui qui mine la Hollande et gangrène la Confédération du Rhin, encore et toujours lui qui a galvanisé l'Autriche en 1809. Telle est la grande leçon de la Révolution, retenue par l'Europe. Pour le reste, elle rejette 1789 et tout ce que cela incarne : la destruction des privilèges, l'atteinte à la religion, la négation d'une légitimité ancestrale, la substitution de la bourgeoisie à la noblesse comme classe dominante, de l'argent à la naissance. Autant de points que Napoléon incarne, qu'il le veuille ou non. Il ne peut pas reconstruire son passé, renier ces fondements bourgeois qui ont fait Brumaire et l'Empire. Sauf une condamnation commune de la terreur et de l'anarchie, sa vision ne coïncide pas, n'aurait jamais pu coïncider avec celle des vieilles dynasties, assises sur la religion, liées avec leur aristocratie, fortes de leur histoire. Il demeure à leurs yeux un despote, un assassin, un usurpateur, il incarne non seulement la Révolution, mais la Grande Nation, soit l'égalité et la conquête. Ses réformes inquiètent, son caractère exaspère, sa métamorphose irrite. En se rapprochant de la vieille Europe, il n'en devient que plus dangereux, véritable démon tentateur des peuples dont il faut se débarrasser au plus vite avant qu'il ait jeté bas le vieil édifice.

1. *L'Europe et la Révolution française.*

Comme les autres, l'Autriche attend son heure. En donnant sa fille, elle n'a pas renié ses idées, mais seulement gagné quelques années de repos, indispensables après la débâcle de 1809[1]. « Monsieur gendre » ne fait pas l'unanimité, c'est le moins qu'on puisse dire, à la cour de Vienne. L'impératrice le hait. La vieille Europe ricane ou rugit. L'ancienne reine de Naples, Marie-Caroline, en exil à Palerme, écrit une lettre furieuse à son ambassadeur à Vienne : l'empereur d'Autriche, écrit-elle, « ose donner sa fille en concubine adultère à un scélérat couvert de tous les crimes et atrocités ». Chassée de son royaume, n'ayant plus rien à perdre, elle ne craint plus Napoléon et peut se permettre de dire tout haut ce que l'aristocratie européenne chuchote. Le dernier « carré blanc » du très royaliste faubourg Saint-Germain, justement surnommé le noble faubourg, se venge du mariage par des calembours : « C'est la première archiduchesse d'Autriche qui fait un mariage civil [si vil] » ; « C'est par le mariage que l'Empereur s'allie [salit] les Bourbons ». Autant de piques qui en disent long sur la rancœur indemne de la Contre-Révolution. En singeant Louis XIV, Napoléon a perdu le soutien d'une grande partie de ses partisans sans gagner celui de l'Europe. Par ailleurs, en épousant Marie-Louise, il n'a pas gagné l'Autriche à sa cause mais a hypothéqué l'alliance russe. Déjà malade depuis Erfurt, cette dernière entre maintenant en agonie, prélude à une guerre à laquelle personne n'ose croire, mais que tout le monde redoute.

1. Il suffit de voir en quels termes François II a donné son accord à Metternich : « Mon consentement à ce mariage assurera à la monarchie quelques années de paix politique, que je pourrai consacrer à guérir ses blessures. Je me dois tout entier au bonheur de mes peuples ; il ne m'est donc pas permis d'hésiter. »

LIVRE II

LE PIÈGE

CHAPITRE IV
LE DÉFI

« Sur ce chemin monté et redescendu, Napoléon pouvait trouver aussi l'image des deux parts de sa vie. »

CHATEAUBRIAND.

« Si je vais à Saint-Pétersbourg, je prends la Russie par la tête ; si je marche sur Kiev, je la prends aux pieds ; mais si je me dirige sur Moscou, je la frappe au cœur. »

Propos de Napoléon prononcés à Wilno.

La rupture

Entre la Russie et la France, il n'y a pas de véritable divorce mais plutôt un pourrissement, une dégradation du climat qui tue à petit feu l'alliance de l'intérieur. Aussi peut-il sembler commode de s'abandonner à la vision fataliste de Tolstoï : « A nous, qui ne sommes pas historiens, que le processus même de la recherche n'obnubile pas et qui, en conséquence, contemplons l'événement en gardant intact notre bon sens, il nous apparaît que le nombre de ces causes dépasse le calcul. A mesure que nous avançons dans leur recherche, nous en découvrons toujours de nouvelles, et quelle que soit la cause ou la série de causes envisagées, toutes paraissent également exactes considérées en elles-mêmes et également fausses vu leur insignifiance en regard de l'énormité de l'événement qu'elles étaient incapables de produire (en dehors de leur coïncidence avec toutes les autres). » Napoléon ne pense guère autre chose puisqu'il écrit dès la fin 1810 : « J'aurai la guerre avec la Russie pour des raisons auxquelles la volonté humaine est étrangère car elle dérive de la nature des choses. » Autrement dit : en politique comme en diplomatie, la bipolarité engendre toujours le conflit. Dans ce cas précis, la montée aux extrêmes chère à Clausewitz résulte d'un sentiment de défiance réciproque qui s'est progressivement instauré et du manque d'utilité de l'alliance, qui a maintenant porté tous ses fruits et ne parvient plus à définir des objectifs communs.

*

Le 4 décembre 1809, dans un discours qu'il prononce devant le Corps législatif, Napoléon vante encore les bienfaits de Tilsit, soulignant les intérêts directs que le tsar en a retiré : « Mon allié et ami, l'Empereur de Russie, a réuni à son vaste empire la Finlande, la Moldavie, la Valachie et un district de la Galicie. Je ne suis jaloux de rien de ce qui peut arriver de bien à cet empire, mes sentiments pour son illustre souverain sont d'accord avec ma politique. » Les blessures de « l'abandon » russe lors de la campagne de 1809 semblent alors oubliées. Chacun sent pourtant qu'un second souffle est nécessaire, maintenant que les engagements de Tilsit ont été accomplis selon la lettre des traités. Autrement dit, le partage du monde reste à entreprendre, notamment pour Alexandre qui guigne toujours Constantinople.

Le sort futur de la Pologne demeure la principale pierre d'achoppement entre les deux empires. A la suite du traité de 1809, et en récompense pour son courage face aux armées autrichiennes, le grand-duché de Varsovie bénéficie d'une nouvelle extension et hérite d'une grande partie de la Pologne autrichienne. Alexandre y voit la menace d'un futur Etat indépendant sous la protection de la France. Il l'appréhende d'autant plus que la moitié de l'ancien royaume appartient à la Russie depuis les partages du XVIIIe siècle. Or les exploits de Poniatowski, général en chef de l'armée du grand-duché, ont suscité une agitation certaine jusqu'au Niémen, entraînant même une grande part de l'aristocratie lituanienne, la principale province de la Pologne russe. Le tsar en est d'autant plus ulcéré que ce regain nationaliste, dans lequel il soupçonne la main de Napoléon, contrecarre son grand dessein d'une Pologne réunifiée… mais sous sa tutelle. Le chancelier Roumiantsov, pourtant le plus francophile des ministres d'Alexandre, signifie son mécontentement en interpellant Caulaincourt, notre ambassadeur à Saint-Pétersbourg, en des termes on ne peut plus explicites : « La Russie, lui dit-il, renoncera à l'alliance française et sacrifiera jusqu'à son dernier homme plutôt que de consentir à un accroissement du domaine polonais[1] ! » « Les Polonais, précise-t-il, sont comme le vin de champagne, qui mousse, mais ne se conserve pas : ils ne peuvent faire une nation. »

Les négociations alors en cours pour le mariage incitent Napoléon à se montrer accommodant. Il charge Caulaincourt de préparer un traité qui donnerait satisfaction au tsar en certifiant que la France impériale ne favorisera pas la renaissance d'une Pologne indépendante. Alexandre insiste sur cette dernière clause, qu'il appelle l'« ultimatum de son amitié », en prenant toutefois bien soin de ne pas lier la question au mariage. Il n'en exerce pas moins un chantage tacite, d'autant plus pervers qu'il ne compte pas donner sa sœur et espère donc conclure le traité

1. Le propos est rapporté par l'historien K. Waliszewski dans son livre en trois volumes intitulé *Le Règne d'Alexandre Ier*.

avant d'avoir à signifier son refus. Ainsi Napoléon se trouvera-t-il pieds et poings liés sans avoir rien reçu en échange. Or, en janvier 1810, le duc de Vicence, ardent partisan de l'alliance, conclut un traité qui engage la parole de la France beaucoup plus loin que Napoléon ne le souhaite. Elle s'engage non seulement pour le présent, mais aussi pour l'avenir en promettant que la Pologne ne sera « jamais » rétablie. En outre, elle entérine le passé, soit les trois partages de la Pologne accomplis à notre détriment par la Prusse, l'Autriche et la Russie. Fou de joie, le tsar serre fortement la main de l'ambassadeur en lui disant : « Maintenant, je ne chercherai plus que l'occasion de prouver à l'Empereur combien je lui suis attaché. » Sur ce, il continue tranquillement à berner Caulaincourt sur le mariage, filant son refus, heureux d'avoir manipulé son ami l'ambassadeur et d'avoir dupé Napoléon, n'attendant plus que la ratification de la convention, certain qu'elle dégoûtera les Polonais. Furieux d'être abandonnés par leur protecteur français, ces derniers renonceront à leur velléité d'indépendance et, qui sait, se tourneront peut-être vers le tsar, qui entretient de nombreuses amitiés sur place, à l'image du prince Adam Czartoryski, son fidèle conseiller et ancien ministre des Affaires étrangères. Il n'oublie qu'une chose : Napoléon ne connaît que le rapport de force et il est difficile à berner. Nous connaissons sa riposte : le mariage éclair avec Marie-Louise prélude à son refus de signer la convention polonaise en l'état.

Le voilà qui désavoue son ambassadeur et propose une rédaction très en retrait : « L'Empereur Napoléon s'engage à ne jamais donner aucun secours ni assistance à quelque puissance ou à quelque soulèvement intérieur que ce puisse être qui tendraient à rétablir le royaume de Pologne. » Désormais, il refuse d'insulter l'avenir, jugeant la revendication russe aussi indécente que puérile. « Il faudrait que je fusse Dieu pour décider que jamais une Pologne n'existera ! Je ne puis promettre ce que je ne puis tenir. Je ne ferai rien pour son rétablissement… mais je ne prendrai jamais un engagement dont l'accomplissement serait hors de mes moyens », tempête-t-il. Position juste et raisonnable, fidèle à l'esprit de Tilsit. Mais Caulaincourt a signé, le tsar réclame son dû. Le contre-projet n'interdit pas formellement une nouvelle extension du grand-duché. Roumiantsov et Kourakine exigent donc la signature du texte initial, seul à même de décourager les Polonais. La Russie multiplie dès lors les protestations, y compris pour des vétilles. Elle exige des démentis devant le moindre discours suspect, proteste contre le système des licences qui achève de ruiner son commerce. Longtemps patient, Napoléon sort ses premières griffes à l'été 1810. Le 1er juillet, il expédie une lettre menaçante à Caulaincourt : « Que prétend la Russie par un tel langage ? Veut-elle la guerre ? Pourquoi ces plaintes continuelles ? Pourquoi ces soupçons injurieux ? [...] La Russie veut-elle me préparer à sa défection ? Je serai en guerre avec elle le jour où elle fera la paix avec l'Angleterre. N'est-ce pas elle qui a recueilli tous les fruits de l'alliance ? » Et de citer les acquisitions de la Finlande, au détriment de la Suède, puis des principautés danubiennes, Moldavie et Valachie, qui nous ont brouillés avec l'Empire ottoman. « Et à quoi m'a servi l'alliance ? A-t-elle empêché la guerre contre l'Autriche, qui a retardé les affaires d'Espagne ? Est-ce l'alliance qui a fait les succès de cette guerre ? J'étais à Vienne avant que l'armée russe fût rassemblée, et cependant je ne me suis pas plaint ; mais certes on ne doit point se plaindre de moi. Je ne veux pas rétablir la Pologne. Je ne veux pas aller finir mes destinées dans les sables de ses déserts. Je me dois à la France et à ses intérêts et je ne prendrai pas les armes, à moins qu'on ne m'y force, pour des intérêts étrangers à mes peuples. Mais je ne veux pas me déshonorer en déclarant que le royaume de Pologne ne sera jamais rétabli, me rendre ridicule en parlant le langage de la Divinité, flétrir ma mémoire en mettant le sceau à cet acte d'une politique machiavélique, car c'est plus qu'avouer le partage de la Pologne que de déclarer qu'elle ne sera jamais rétablie[1]. »

Dès lors, Alexandre se tait sur le sujet, comme bientôt sur tous les autres. Exaspérant Napoléon, qui voudrait une bonne fois pour toutes crever l'abcès, il continue à protester vaguement de son amitié, émet à peine quelques soupirs mais agit désormais dans l'ombre. Napoléon l'accuse bientôt d'hypocrisie. A l'entendre, le héros romantique de Tilsit est devenu un fourbe, « un grec du Bas-Empire ». C'est qu'Alexandre se sent dangereusement à découvert : l'opposition de la Cour à l'alliance reste massive et il a déjà ramassé les divers pourboires territoriaux que celle-ci avait autorisé à la Russie. Mais il n'a rien obtenu sur l'essentiel – Constantinople et les Détroits –, qui apaiserait le nationalisme grand-russe, et il vient de s'exposer à un camouflet en Pologne. Le compte y est d'autant moins que le Blocus coûte de plus en plus cher, menaçant l'économie d'étouffement et l'aristocratie de ruine : la valeur du rouble a été divisée par trois entre 1807 et 1810. Le tsar n'a plus objectivement d'intérêt à s'allier à une puissance qui le menace jusqu'aux portes de son empire et empiète, par le canal du grand-duché et de l'Illyrie, sur sa sphère d'influence traditionnelle auprès des Slaves. Il a tout à craindre d'un rival qui abolit partout le servage, sachant que la société russe est composée à moitié d'« esclaves[2] ». Les bruits de complot s'avivent à nouveau. Craignant toujours de finir assassiné comme son père, Alexandre estime logiquement qu'il doit rompre avec « l'ogre » plutôt que de s'aliéner définitivement sa noblesse.

1. Et Napoléon de conclure : « Non, je ne puis prendre l'engagement de m'armer contre des gens qui ne m'ont rien fait, qui m'ont bien servi, qui m'ont témoigné une bonne volonté constante et un grand dévouement. [...] Je ne dirai pas aux Français : il faut que votre sang coule pour mettre la Pologne sous le joug de la Russie. »

2. Personnellement favorable à l'abolition, Alexandre Ier devra y renoncer devant l'hostilité de sa noblesse. Il faudra attendre 1861 pour qu'Alexandre II s'y risque.

Janus fait homme, l'autocrate épris de liberté réconcilie ses contradictions en les unifiant dans la lutte contre le conquérant despotique qu'est devenu Napoléon. Devenir son adversaire lui donnera un rôle à sa mesure, alors qu'il a échoué à réformer la Russie. Une nouvelle fois, Napoléon coalise contre lui les deux grands idéaux qui ont animé le souffle révolutionnaire : la nation et la liberté.

Elevé par La Harpe, Alexandre – comme on l'a vu – n'est pas insensible à ces idées. Il rêve d'en doter la Pologne, de les imposer à l'Europe, de réussir en un mot là où Napoléon a échoué en devenant le sauveur du continent. On peut parler de combat à front renversé entre les deux dirigeants des deux grandes puissances mondiales. Par sa naissance, Alexandre appartient à l'Ancien Régime, par son éducation et sa nature à la « bonne révolution », celle de Mme de Staël et des libéraux, soucieuse de progrès et de libertés individuelles. Lui seul, alors que Napoléon dérive vers le césarisme, reste à même de coaliser la légitimité et la liberté, de réaliser cette nouvelle alliance des peuples et des rois qui va triompher du Grand Empire. Se développe enfin chez lui une religiosité accrue, qui culminera sous l'influence de Mme de Krüdener pour donner naissance à la Sainte-Alliance en 1815. Teintée de fatalisme russe, elle le pousse à accepter l'affrontement annoncé comme voulu par le ciel. Bientôt, il se persuadera d'être l'ange du bien, envoyé par Dieu pour libérer le monde de l'Antéchrist et présider à l'avènement d'une nouvelle ère qui consacrera la justice et la morale.

*

En novembre 1810, Napoléon envahit le grand-duché d'Oldenbourg et l'annexe à ses Etats, en violation de Tilsit. Ni la justification – les exigences du Blocus –, ni la compensation offerte au grand-duc du côté d'Erfurt n'apaisent l'indignation russe. D'autant que le grand-duc, beau-frère du tsar, se charge d'ameuter Saint-Pétersbourg contre Paris. La Russie réagit par une protestation officielle à laquelle un Napoléon offusqué fait droit en mettant à l'étude d'autres compensations.

Peine perdue, ce qui laisse à penser que le tsar a fixé sa stratégie d'escalade. Un oukase en date du 31 décembre 1810 frappe lourdement les importations françaises tandis qu'il ouvre la Russie au commerce des neutres. Auprès de Caulaincourt, le tsar tente de se justifier en présentant la mesure comme dictée par l'état déplorable de son commerce et de sa monnaie. Non seulement, explique-t-il en substance, la France n'a pas compensé par ses achats la perte du débouché anglais, mais, par son système de licences, elle favorise son seul commerce au détriment de ses alliés, dénaturant de fait le Blocus. Accusation absurde, rétorque Napoléon, qui se déclare prêt à étudier un nouveau traité de commerce et accuse de son côté Alexandre d'avoir laissé pénétrer dans ses ports un immense convoi de pseudo-neutres, en réalité affrété par l'Angleterre[1]. C'est cette « trahison », accomplie à l'automne, qui l'a poussé à envahir l'Oldenbourg. A nouveau pressé de s'expliquer, Alexandre esquive. L'année 1810 se termine ainsi sur un triple échec : familial avec le mariage manqué, diplomatique avec la non-signature de la convention polonaise et l'annexion du grand-duché d'Oldenbourg, enfin économique avec l'oukase de décembre contre les exportations françaises.

La montée aux extrêmes

Tandis qu'il amuse Caulaincourt en feignant l'incompréhension et en multipliant les regrets, Alexandre mobilise l'essentiel de ses forces près du Niémen, à portée de Varsovie. Il écrit à Czartoryski, chargé de renforcer le parti

1. Napoléon a écrit au tsar une lettre menaçante à ce sujet le 23 octobre 1810 : « Si Votre Majesté les admet (les vaisseaux), la guerre durera encore ; si elle les séquestre… le coup qui frappera l'Angleterre sera terrible… Il dépend de Votre Majesté d'avoir la paix ou de faire durer la guerre. »

russe en Pologne, pour lui confirmer sa volonté d'y rétablir un régime constitutionnel et de la doter d'une large autonomie. Dans le même temps, il recherche l'alliance de l'Autriche et de la Prusse, et s'abouche avec Bernadotte, nouveau prince royal de Suède. Tous ces éléments ont convaincu certains historiens qu'Alexandre est le responsable premier du conflit. « C'est lui, écrit notamment Albert Vandal, qui le premier borde silencieusement sa frontière, met en joue contre nous les ressorts de sa diplomatie, cherche partout des ennemis à la France. » Le tsar rêve déjà de réaliser l'union sacrée du continent contre l'Empereur. Malheureusement pour lui, ce dernier fait encore trop peur et personne n'ose s'engager à ses côtés.

Alerté par Poniatowski, Napoléon riposte aussitôt en mobilisant le grand-duché et en renforçant le corps de Davout, stationné en Allemagne. Au printemps, il écrit à son allié le roi de Wurtemberg : « L'Empereur Alexandre est déjà loin de l'esprit de Tilsit ; toutes les idées de guerre viennent de la Russie. Si l'épreuve n'arrête pas promptement cette impulsion, il y sera entraîné l'année prochaine malgré lui ; et ainsi la guerre aura lieu malgré moi, malgré lui, malgré les intérêts de la France, et ceux de la Russie. J'ai déjà vu cela si souvent que c'est mon expérience du passé qui me dévoile cet avenir. Tout cela est une scène d'opéra, et ce sont les Anglais qui tiennent les machines. »

Démasqué, sans alliés, repoussé par les notables du grand-duché, Alexandre fait marche arrière. Il dépêche auprès de Napoléon Tchernichev, un de ses meilleurs aides de camp, avec pour mission officielle de calmer l'ogre, sa mission secrète consistant à renforcer le réseau d'espionnage qu'il finance à Paris et donc les ramifications s'étendent jusqu'au ministère de la Guerre[1]. Napoléon, qui

1. Tchernichev appointe notamment un certain Michel, employé au ministère de l'Administration de la guerre. Celui-ci, qui sera découvert puis exécuté, lui a fourni durant plusieurs mois des états détaillés des effectifs français et polonais.

le connaît depuis Wagram, discute avec lui le 10 avril 1811. Prudemment, Tchernichev lui fait comprendre que la cession d'une partie du grand-duché, en compensation de l'Oldenbourg, réglerait tous les problèmes. Toujours la Pologne ! Napoléon foudroie son interlocuteur : « Non, monsieur, heureusement nous ne sommes pas encore réduits à cette extrémité ; donner le duché de Varsovie pour l'Oldenbourg serait le comble de la démence. Quel effet produirait sur les Polonais la cession d'un pouce de leur territoire au moment où la Russie nous menace ! » En le défiant, plutôt que de négocier, Alexandre l'oblige à tirer l'épée. « Tous les jours, monsieur, l'on me répète de toutes parts que votre projet est d'envahir le duché : Eh bien, nous ne sommes pas encore tous morts ; je ne suis pas plus fanfaron qu'un autre, je sais que vos moyens sont grands, que votre armée est aussi belle que brave, et j'ai trop livré de batailles pour ne pas connaître à combien peu de chose tient leur sort ; mais, comme les chances sont égales, dans le cas que le Dieu de la victoire se range de notre côté, je ferai repentir la Russie, et c'est alors qu'elle pourra perdre non seulement ses provinces polonaises, mais aussi la Crimée. »

Dès lors, Napoléon mobilise et glisse un peu plus chaque jour sur la pente de la guerre. « Alexandre et moi, dira-t-il à Las Cases, étions tous les deux [...] dans l'attitude de deux bravaches, qui, sans avoir envie de se battre, cherchent à s'effrayer mutuellement. » En avril 1811, les deux principaux ténors français de l'alliance russe sont remplacés : Champagny au ministère des Affaires étrangères par Maret, duc de Bassano, ami sincère de la Pologne ; Caulaincourt à Saint-Pétersbourg par Lauriston, aide de camp de l'Empereur. Reçu cinq heures à son retour, le 5 juin 1811, le duc de Vicence tente par tous les moyens de freiner son maître. Ce serviteur loyal croit sincèrement à la nécessité de la paix et de l'alliance et le dit sans ambages à Napoléon auprès duquel il récapitule les griefs du tsar. Passant selon son habitude de la cajolerie à la colère, l'Aigle tente par tous les moyens de convaincre son ancien ambassadeur qu'Alexandre l'a berné de bout en bout. Conversation passionnante, qu'il faudrait pouvoir retranscrire en entier tant elle est révélatrice du caractère de l'Empereur. Elle en souligne notamment deux traits essentiels : son assimilation de toute concession à une humiliation, sa capacité d'auto-persuasion qui le pousse à détourner toutes les réponses de son interlocuteur au profit de sa conviction du moment. A l'entendre, la Russie veut le conflit et s'y prépare activement :

« On veut me faire la guerre, vous dis-je.

— Les ménagements qu'on met dans les explications prouvent qu'on ne veut faire ni la guerre, ni la loi à Votre Majesté, mais tout m'a prouvé qu'on ne voulait pas la recevoir chez soi, rétorque Caulaincourt.

— Les Russes veulent me forcer à évacuer Danzig, reprend Napoléon. Ils croient me mener comme leur roi de Pologne ! Je ne suis pas Louis XV ; le peuple français ne souffrirait pas cette humiliation. »

Quelle humiliation ? répond en substance Caulaincourt. Il suffit de revenir à la situation militaire d'Erfurt pour que tout rentre dans l'ordre. Napoléon n'a que deux options : rétablir la Pologne et la proclamer afin d'avoir pour lui les Polonais, ce qui peut avoir un avantage politique, ou maintenir l'alliance avec la Russie, ce qui fera arriver la paix avec l'Angleterre et finira les affaires d'Espagne.

« Quel parti prendriez-vous ?

— Le maintien de l'alliance, Sire ! C'est le parti de la prudence et de la paix.

— Vous parlez toujours de paix ! La paix n'est quelque chose que quand elle est durable et honorable. »

Le long dialogue de sourds se poursuit. Caulaincourt énumère les risques du conflit, Napoléon s'entête à le persuader de sa bonne foi, accusant son contradicteur de s'être « fait russe » et d'avoir été dupe des cajoleries d'Alexandre.

Comme souvent, Napoléon a fait mine de ne rien entendre, mais il a su écouter l'argumentation de Caulaincourt.

Le tsar, lui a notamment dit son interlocuteur, n'attaquera jamais mais mettra à profit la dureté de son climat et l'immensité de son espace pour mener une guerre d'épuisement. Pays à l'échelle d'un continent, la Russie risque de devenir le tombeau de la Grande Armée. Alors, devant la démesure du risque, Napoléon semble hésiter réellement. Pendant quelques semaines, les préparatifs se ralentissent, mais les tergiversations impériales sont bientôt balayées. Derrière les justifications mille fois avancées – le Blocus, la capitulation de l'Angleterre, la maîtrise d'une Europe française –, on remarque encore une fois l'écriture d'un « roman » qui mêle destinée personnelle et avenir de la France. Caulaincourt, sans doute le meilleur analyste de la psychologie impériale, montre bien comment l'Empereur finit par se persuader lui-même du bien-fondé de sa résolution : « Une idée qu'il croyait utile une fois casée dans sa tête, l'Empereur se faisait illusion lui-même. Il l'adoptait, la caressait, s'en imprégnait ; il la distillait, on peut dire, par tous les pores. [...] S'il cherchait à vous séduire, il l'était avant vous. Jamais la raison d'un homme et son jugement n'ont été plus trompés, plus induits en erreur, plus victimes de son imagination, de sa passion que ne l'ont été la raison et le jugement de l'Empereur sur certaines questions. Il n'épargnait ni peines, ni soins, ni fatigues pour en venir à son but, et cela s'appliquait aux petites choses comme aux grandes. Il était, on peut le dire, tout entier à son objet. Il réunissait toujours tous ses moyens, toutes ses facultés, toute son attention sur la chose qu'il faisait ou sur la question qu'il traitait dans le moment. Il faisait tout avec passion[1]. »

Désormais, la guerre semble arrêtée dans son esprit. Comme toujours en pareil cas, Napoléon prend l'Europe à

1. « De là l'immense avantage qu'il avait sur ses adversaires, car peu d'êtres sont entièrement absorbés par la pensée de l'action unique du moment », conclut Caulaincourt.

témoin. Il choisit le jour de son quarante-deuxième anniversaire, soit le 15 août 1811, pour faire une scène à l'ambassadeur Kourakine en présence de tout le corps diplomatique. « Je ne suis pas assez bête pour admettre que ce soit l'Oldenbourg qui vous occupe. On ne se bat pas pour l'Oldenbourg », l'agresse-t-il. Ce que veut en réalité la Russie, c'est la Pologne, en commençant par le grand-duché de Varsovie : « [...] Quand même vos armées camperaient sur les hauteurs de Montmartre, je ne cèderai pas un pouce du territoire varsovien. Je ne pense pas à reconstituer la Pologne, l'intérêt de mes peuples n'est pas lié à ce pays ; mais si vous me forcez à la guerre, je me servirai de la Pologne comme d'un moyen contre vous. Je vous déclare que je ne veux pas la guerre et que je ne vous la ferai pas cette année, à moins que vous ne m'attaquiez. [...] Vous aurez l'Europe entière contre vous ! » Le lendemain, 16 août, il dicte à Maret un mémoire qui annonce l'entrée en guerre si « la Russie persiste dans son système ironique de se plaindre sans cesse et de ne s'expliquer sur rien[1] ».

L'historien Albert Vandal date la marche à la guerre de ces deux journées où le dialogue de sourds se serait conclu par une impossible transaction. De fait, dans l'annonce du délai de dix mois avant toute opération, on repère le schéma de l'approche indirecte psychologique déjà employée pendant la campagne de 1805. Napoléon essaie de faire à nouveau mordre le tsar à l'hameçon d'une hésitation motivée par une hypothétique faiblesse numérique. Il expédie Lauriston et Narbonne à Saint-Pétersbourg, reçoit Tchernichev et encourage Roumiantsov. Mais ces « messages de paix » sont pareils à des écrans de fumée. Il sacrifie le bénéfice de la surprise initiale, domaine où il est pourtant sans égal, au profit d'une

1. Albert Vandal, *Napoléon et Alexandre Ier. L'Alliance russe sous le Premier Empire.*

bataille frontale où la victoire viendrait de sa supériorité tactique dans l'emploi de l'artillerie. Pari audacieux, à la fois étonnamment moderne par le raisonnement et fondé sur un gaspillage humain, comme si l'Empereur avait oublié le principe de base martelé par le général de l'armée d'Italie : l'économie des forces par la mobilité, l'approche indirecte et la surprise.

La grande illusion

Les trois cents jours suivants, d'août 1811 à juin 1812, sont dominés par la préparation diplomatique et militaire du conflit. En allant chercher Alexandre dans son immense empire, Napoléon entend à la fois bénéficier d'une immense supériorité numérique et être tranquille sur ses arrières. Ces impératifs le poussent d'une part à rassembler une force de frappe sans équivalent jusqu'alors, de l'autre à rechercher l'alliance de l'Autriche et de la Prusse.

Il ne lui faut pas moins de dix mois pour mettre sur pied une nouvelle Grande Armée dont il fixe les effectifs à 600 000 hommes. Au fur et à mesure qu'il avancera vers Moscou, celle-ci assurera ses communications en occupant les principales villes qu'il aura à traverser d'ouest en est tout en gardant sous la main une masse suffisante pour engager la grande bataille qui décidera du sort de la campagne. Dès l'été 1811, des troupes considérables se regroupent en Allemagne, venues jusque des confins du Grand Empire : Espagne, Naples, Illyrie ; sont rassemblées toutes les nations alliées, notamment la Confédération du Rhin, qui fournit – Westphaliens, Wurtembergeois, Badois, Saxons ou Hessois – le principal contingent derrière celui des Français. On la surnomme « l'armée des vingt nations », véritable tour de Babel où, pour la première fois, l'élément hexagonal est minoritaire. Si l'on y ajoute les 230 000 hommes de l'armée d'Espagne et les garnisons laissées un peu partout en Europe, Napoléon a à sa disposition plus d'un million d'hommes sous les armes, soit environ le double par rapport à ce dont il bénéficiait durant ses dernières campagnes. Comment dans ces conditions douter de sa victoire ?

Napoléon paraît d'autant plus sûr de lui que, pour la première fois, il bénéficie d'un contingent autrichien, une trentaine de milliers d'hommes placés sous les ordres de Schwarzenberg, et d'un corps de 20 000 Prussiens. Rien d'étonnant de la part des Habsbourg, ravis de toucher les dividendes du mariage. Napoléon leur a, moyennant l'abandon de leurs derniers districts polonais, offert de récupérer l'Illyrie, soit un accès à la mer et une de leurs plus belles provinces. En revanche, le soutien de la Prusse ne peut que surprendre. Démantelée, ruinée, qu'a-t-elle à espérer d'une intervention contre son plus ancien allié, ce tsar qui l'a sauvée à Tilsit et n'a cessé de réclamer une amélioration de son sort ? En réalité, Frédéric-Guillaume III n'a aucune marge de manœuvre. Dans cette affaire, qui n'est pas avec Napoléon est contre lui. Coincé entre la soumission et la destruction, il obtempère et signe un traité d'alliance le 24 février 1812. Outre la fourniture de son corps d'armée, le royaume devra subir l'occupation française et nourrir le rouleau compresseur en marche[1]. Autant dire qu'il est mis à sac : « Chez le peuple, la haine perçait sous la peur, écrit Albert Vandal. Tandis qu'à Berlin les autorités s'épuisaient en bassesse, aucun de ses soldats ne pouvait s'aventurer aux environs

1. Selon Albert Vandal, la Prusse devait fournir « quatre cent mille quintaux de froment, deux cent mille de seigle, douze mille cinq cents de riz, dix mille de légumes secs, deux millions deux cent mille quintaux de viande, deux millions de bouteilles d'eau-de-vie, deux millions de bouteilles de bière, six cent cinquante mille quintaux de foin, trois cent cinquante mille de paille, dix mille boisseaux d'avoine, six mille chevaux de cavalerie légère, trois mille de cuirassiers, six mille d'artillerie ou d'équipages, plus trois mille six cents voitures attelées et des hôpitaux pour quinze mille malades ».

de la ville sans être assailli d'outrages, poursuivi d'épithètes ignobles, frappé parfois, et attaqué. Les détachements qui traversaient les villages voyaient se fixer sur eux des regards lourds de haine ; sur leur passage, les poings se levaient à demi, les bouches crachaient l'injure. »

Mais Napoléon n'en a cure. A l'exception des corps utilisés en Espagne, l'armée n'a pas combattu depuis bientôt trois ans et rêve d'en découdre. « Toute la jeunesse militaire regardait cette expédition de Russie comme une partie de chasse de six mois, avance l'abbé de Pradt. L'armée se précipitait avec l'assurance du succès et l'appétit de l'avancement[1]. » Fort des souvenirs heureux d'Austerlitz et de Friedland, l'Aigle considère son adversaire avec mépris et prétend qu'il l'écrasera en quelques semaines. Il pense que les Russes, n'osant pas abandonner leurs provinces polonaises, l'attendront en Lituanie où il les réduira en cendres. Son schéma tactique reste celui d'une guerre éclair, scandée en trois temps successifs : débordement par les ailes, encerclement, destruction. Pour la mener à bien, il engagera quinze corps[2] plus la Garde et les armées de Yorck et Schwarzenberg[3]. La première ligne sera forte de 400 000 à 450 000 hommes[4]. Lui au centre avec environ 250 000 combattants ; Jérôme à droite, Eugène à gauche, chacun avec un peu plus de 80 000 hommes, prendront en charge le mouvement tournant ; 150 000 chevaux et plus de 500 canons complètent l'ensemble.

1. Son propos est cité par le baron Fain dans son *Manuscrit de 1812*.

2. Onze corps d'infanterie commandés par Davout (1er), Oudinot (2), Ney (3), Eugène (4), Poniatowski (5), Gouvion-Saint-Cyr (6), Reynier (7), Jérôme (8), Victor (9), MacDonald (10), Augereau (11), quatre de cavalerie (Nansouty, Montbrun, Grouchy, La Tour-Maubourg) réunis sous l'autorité du roi de Naples.

3. Ces deux généraux commandent respectivement les armées prussienne et autrichienne.

4. Les estimations divergent selon les historiens.

Derrière, une seconde vague de 200 000 hommes viendra au fur et à mesure occuper les échelons conquis par le « maître des batailles ». Ne laissant rien au hasard, celui-ci établit de gigantesques magasins, organise son service de santé, veille à la fabrication des armes et des habits. Rien ne peut lui arriver.

Il triomphe déjà devant Fouché qu'il sait hostile à la guerre et auquel il délivre un de ces monologues dont il a le secret : « Depuis mon mariage, on a cru que le lion sommeillait. On verra s'il sommeille. L'Espagne tombera dès que j'aurai anéanti l'influence anglaise à Saint-Pétersbourg. Il me fallait huit cent mille hommes, et je les ai ; je traîne toute l'Europe avec moi, et l'Europe n'est plus qu'une vieille putain pourrie dont je ferai tout ce qui me plaira avec huit cent mille hommes. Ne m'avez-vous pas dit autrefois que vous faisiez consister le génie à ne rien trouver d'impossible ? Eh bien, dans six ou huit mois vous verrez ce que peuvent les plus vastes combinaisons réunies à la force qui sait mettre en œuvre. Je me règle d'après l'opinion de l'armée et du peuple plus que par la vôtre, messieurs, qui êtes trop riches, et qui ne tremblez pour moi que parce que vous craignez la débâcle. Soyez sans inquiétude ; regardez la guerre de Russie comme celle du bon sens, des vrais intérêts, du repos et de la sécurité de tous. » L'exorde révèle la démesure : « D'ailleurs, qu'y puis-je, si un excès de puissance m'entraîne à la dictature du monde ? N'y avez-vous pas contribué, vous et tant d'autres qui me blâmez aujourd'hui, et qui voudriez faire de moi un roi débonnaire ? Ma destinée n'est pas accomplie ; je veux achever ce qui n'est qu'ébauché. Il nous faut un code européen, une cour de cassation européenne, une même monnaie, les mêmes poids et mesures, les mêmes lois ; il faut que je fasse de tous les peuples de l'Europe le même peuple, et de Paris la capitale du monde. Voilà, monsieur le duc, le seul dénouement qui me convienne. »

Le cardinal Fesch lui ayant manifesté son inquiétude, l'Aigle l'entraîne près d'une fenêtre :

« Voyez-vous cette étoile ?

— Non, Sire.

— Regardez bien.

— Sire, je ne la vois pas.

— Eh bien, moi je la vois[1]. »

Cette assurance transparaît dans le dernier grand tableau de l'avant-chute : *Napoléon dans son cabinet de travail aux Tuileries* par David. Cette toile de 1812 représente l'Empereur dans son uniforme usuel de colonel des grenadiers à cheval de la Garde. La mèche en bataille, le visage calme, le ventre légèrement arrondi, il semble contempler le destin avec une confiance sereine, la main droite classiquement posée dans son gilet, la gauche pendant le long du corps. Parvenu au plein épanouissement de la quarantaine, rien ne semble pouvoir l'abattre. Caulaincourt, qui s'obstine dans son défaitisme, connaît les affres de la disgrâce.

*

En avril 1812, Alexandre transmet enfin ses revendications. Elles sont volontairement provocatrices : évacuation militaire de la Poméranie suédoise, de la Prusse et de toutes les places occupées au-delà de l'Elbe par la Grande Armée, réduction de la garnison de Danzig, possibilité de

1. Le dialogue est rapporté par Chateaubriand et doit être pris avec les précautions d'usage. Se croit-il infaillible, protégé par l'étoile ? Metternich apporte dans ses Mémoires une réponse nuancée, donc crédible : « Napoléon croyait à la fortune, et qui plus que lui en avait fait l'essai ? Il aimait à vanter son étoile ; il était fort aise que le vulgaire ne répugnât pas à le croire un être privilégié ; mais il ne se trompait pas sur lui-même, et qui plus est, il ne se souciait point d'accorder à la fortune une trop grande part dans son élévation. Je lui ai souvent entendu dire : "On m'appelle heureux parce que je suis habile ; ce sont les hommes faibles qui accusent de bonheur les hommes forts." »

contourner le Blocus en commerçant librement avec les neutres. « Cette demande est un outrage », clame Napoléon à Kourakine immédiatement convoqué. Avant d'ajouter : « Vous agissez comme la Prusse avant la bataille d'Iéna ; elle exigeait l'évacuation du Nord de l'Allemagne. Je ne puis aujourd'hui consentir à celle de la Prusse. Il y va de mon honneur. »

Les derniers jours à Paris s'égrènent. Au moment de partir, Napoléon semble pourtant inquiet. Le doute suinte sous le masque de l'arrogance. Faut-il tout risquer pour la Pologne ? Faut-il, déjà, mourir pour Danzig ? Il s'entretient devant le colonel Jardet, envoyé d'Espagne par Marmont. L'inquiétude perce : « Eh bien, moi, lui dit-il, je vais m'enfoncer avec des armées nombreuses au milieu d'un grand pays qui ne produit rien. » S'ensuit un long et sombre silence. Puis soudain, fixant Jardet : « Mais comment tout ceci finira-t-il[1] ? »

Regrets ? Remords ? De toute façon, il est maintenant trop tard pour reculer. L'entrée en guerre est arrêtée pour juin 1812, l'intendance militaire ayant affirmé qu'on trouverait à cette date d'assez abondantes subsistances pour nourrir les hommes et les chevaux. Napoléon dispose de quelques jours supplémentaires qu'il met à profit pour parader à Dresde devant tous ses « alliés ». Ayant quitté Paris le 9 mai, officiellement pour inspecter ses armées, il demeure dans la capitale saxonne du 16 au 29. Répétition générale avant le drame. Toute l'Europe accourt et se prosterne, à l'image du roi de

1. L'échange est consigné dans les Mémoires de Marmont. Rencontrant Napoléon la veille de son départ, Pasquier témoigne aussi de sa préoccupation. Son préfet de police s'inquiétant des conséquences intérieures qui pourraient résulter de sa longue absence, l'Empereur lui répondit : « Oui, sans doute, il y a du vrai dans ce que vous dites ; c'est une difficulté de plus ajoutée à toutes celles que je dois rencontrer dans l'entreprise la plus grande, la plus difficile que j'aie encore tentée ; mais il faut bien achever ce qui est commencé. »

Prusse[1]. Même François d'Autriche a fait le déplacement et se croit obligé de se comporter en vassal devant son gendre. Seule sa femme, l'impératrice Maria Ludovica, oppose une froideur raide aux avances du petit caporal. Pour bien faire sentir sa supériorité, l'Aigle s'autorise quelques propos crus, même vulgaires eu égard aux convenances d'alors. En écho au retentissant : « Taisez-vous, roi de Bavière ! » d'Erfurt, il passe sans un regard devant tous les souverains, affichant une morgue insupportable. Maria Ludovica ayant argué de la timidité de Ferdinand, prince héritier d'Autriche, pour excuser son absence, Napoléon lui réplique : « Vous n'avez qu'à me le donner pendant un an, et vous verrez comment je vous le dégourdirai. » Faut-il vraiment le condamner lorsqu'on constate la servilité dégradante avec laquelle les courtisans, princes comme ministres, se plient devant lui ? Lors d'un opéra, un soleil se dresse au-dessus de la scène. Il porte comme inscription : « "Moins grand et moins beau que lui." "Il faut que ces gens-là me croient bien bête", dit Napoléon en haussant les épaules, cependant que l'empereur d'Autriche, d'un hochement de tête sûr, approuvait l'allégorie et s'associait à l'intention[2]. »

Si l'asservissement des âmes conforte son mépris des hommes et avive sa dureté, l'excès d'encens n'en finit pas moins par lui tourner la tête et lui ôter une partie de sa lucidité. Narbonne, revenu de Wilno bredouille, lui confirme l'ultimatum d'Alexandre. Il lui faut donc partir, se libérer enfin de toutes ces sangsues couronnées qui le flattent et l'exaspèrent. Avant de prendre congé, il expose

1. Napoléon dans un premier temps ne souhaitait pas sa présence : « Que me veut ce prince ? se serait-il écrié avec impatience. N'est-ce pas assez de l'importunité de ses lettres ? Pourquoi veut-il me persécuter encore de sa présence ? Je n'ai pas besoin de lui. » Sa sortie est consignée par Chateaubriand qui commente : « Dures paroles contre le malheur, prononcées à la veille du malheur. »

2. Albert Vandal, *Napoléon et Alexandre Ier. L'Alliance russe sous le Premier Empire*.

son plan à Metternich : « Le triomphe appartiendra au plus patient, lui dit-il. Je vais ouvrir la campagne en passant le Niémen. Elle aura son terme à Smolensk et à Minsk. C'est là que je m'arrêterai. Je fortifierai ces deux points et m'occuperai à Wilno, où sera le Grand Quartier général durant l'hiver prochain, de l'organisation de la Lituanie, qui brûle d'impatience d'être délivrée du joug de la Russie. Nous verrons, et j'attendrai qui de nous se lassera le premier ; moi de faire vivre mon armée aux dépens de la Russie, ou Alexandre de nourrir mon armée aux dépens de son pays[1]. »

Tandis qu'il rejoint son armée et se réconcilie avec Murat, « le pantaleone » qui lui tombe dans les bras à Danzig[2], l'horizon, tant diplomatique que militaire, s'assombrit comme pour lui donner un ultime avertissement. D'abord, la Russie vient de signer la paix avec l'Empire ottoman. Koutouzov, commandant les forces

---

1. Le chancelier autrichien demande à Napoléon « ce qu'il ferait dans le cas où l'Empereur Alexandre ne consentirait pas à faire la paix à la suite de l'occupation de la Lituanie. [...] "Dans ce cas, répondit l'Empereur, je m'avancerai l'année prochaine jusqu'au centre de l'Empire, et je serai patient en 1813 comme je l'aurai été en 1812. L'affaire, ainsi que je vous l'ai dit, est une question de temps" ».

2. Vexé de tout ce qu'il a enduré, Murat vient encore d'être meurtri en n'étant pas invité à Dresde. Pressentant sa possible trahison, Napoléon n'a pas voulu qu'il rencontre l'empereur d'Autriche. Le baron Fain a raconté leurs retrouvailles dans son *Manuscrit de 1812* qui constitue une source de premier ordre :

« Qu'avez-vous Murat ? lui dit l'Empereur ; Vous êtes jaune, nous n'avez pas votre belle mine. Auriez-vous du chagrin ? N'êtes-vous plus content d'être roi ?

— Ah ! Sire, répond vivement le prince avec son accent méridional, je ne le suis guère.

— Voilà ce que c'est ; vous voulez à toute force voler de vos propres ailes, et vous embrouillez votre position. Croyez-moi, laissez là cette politique qui sent le terroir de Naples, et soyez français avant tout. Votre métier de roi sera bien plus simple et bien plus facile que vous ne pensez. »

russes sur place, a bâclé un traité qui permet au tsar d'éviter de lutter sur deux fronts et lui dégage une armée supplémentaire[1]. Surtout, Alexandre n'est plus seul puisque Bernadotte vient de lui donner son accord pour signer une alliance. C'est la première trahison d'un bonapartide. Elle en présage bien d'autres.

Le récent prince royal de Suède[2] a en effet placé sa politique sous l'égide du seul intérêt suédois. Privé de la Finlande, donnée à la Russie après Tilsit, il entend soit récupérer son ancienne province, soit obtenir en compensation la Norvège qui appartient au Danemark, allié de la France. Napoléon refuse tout autant de braquer le tsar que de trahir un ami fidèle. En outre, l'ancien sergent « belle-jambe » réclame d'importants subsides pour prix de son alliance. Il tient la dragée haute à Alquier, notre ambassadeur en Suède, qui ne tarde pas à perdre patience. Napoléon, outré par ses prétentions, s'emporte contre le marchand du temple : « Quoi ! dit-il, quand l'Autriche et la Prusse recherchent mon alliance, Bernadotte ose la marchander ! Il me traite à la turque, il me rançonne ! L'argent ne sera jamais un moyen dans ma politique. Je ne veux pas de ces amis qu'on ne garde qu'en les payant ; et d'ailleurs l'Angleterre ne serait-elle pas toujours là pour enchérir sur moi[3] ? »

En janvier 1812, Davout envahit la Poméranie suédoise pour faire respecter le Blocus. La violation de son territoire jette Bernadotte dans les bras du tsar, avec d'autant

1. Il s'agit du traité de Bucarest conclu grâce à l'Angleterre le 28 mai 1812. La Russie garde la Bessarabie mais rend la Moldavie et la Valachie.

2. Bernadotte a été élu le 20 août 1810 par la diète suédoise. Charles XIII, qui avait remplacé Gustave IV, exilé, n'avait pas d'enfants. Le roi de Suède, d'abord hostile à la candidature de l'ancien Jacobin, avait fini par s'y rallier en croyant complaire à Napoléon.

3. Le propos de l'Empereur est rapporté par Fain dans son *Manuscrit de 1812*.

plus de facilité qu'Alexandre lui promet la Norvège. Préparée par un traité en avril 1812, l'alliance russo-suédoise est scellée le 30 août suivant, en pleine guerre, par une rencontre entre les deux hommes à Abo. Bernadotte promet le concours prochain d'un corps important qui débarquera sur les arrières français. Enfin, « le serpent nourri en notre sein » (Napoléon) donne en expert de précieux renseignements sur l'état de nos forces et la tactique à employer pour nous battre, en l'occurrence éviter les grandes batailles et nous épuiser[1].

Voilà décidément un allié autrement plus précieux que l'Autriche et la Prusse ne le sont pour Napoléon. Le fils de Paul Ier, au moment de l'entrée en campagne, est pleinement rassuré sur leurs intentions. Frédéric-Guillaume III et Metternich lui ont fait savoir, en secret, leur solidarité de fond[2]. Ils lui promettent de ne livrer qu'un simulacre de combat et de retourner leurs armes au moment opportun. Or, afin de ménager ses nouveaux alliés, Napoléon commet l'erreur de ne pas les mélanger au sein de corps hybrides, ce qui est la règle pour les autres contingents étrangers. Schwarzenberg et Yorck combattront donc de façon autonome, aux deux ailes, près de leurs territoires respectifs dont ils comptent s'éloigner le moins possible. L'Aigle les a également favorisés en les ponctionnant légèrement : 30 000 Autrichiens, 20 000 Prussiens. Ainsi, chacune des

1. « Il faut éviter les grandes batailles, travailler les flancs de l'ennemi, l'obliger par là à faire des détachements et le harasser par des marches et des contre-marches, ce qui est tout ce qu'il y a de plus fâcheux pour le soldat français et où il donne le plus de prises. Qu'il y ait beaucoup de cosaques partout », écrit par exemple Bernadotte au tsar.

2. « Si la guerre éclate, nous ne nous ferons de mal que ce qui sera nécessité stricte, nous nous rappellerons toujours que nous sommes unis, que nous devons un jour redevenir alliés », écrit notamment Frédéric-Guillaume à Alexandre. Metternich donne des garanties similaires au tsar et lui communique le traité qu'il vient de signer avec la France.

deux puissances conserve l'essentiel de ses forces sur son territoire, dans le dos de la Grande Armée, prêts à la renforcer ou à la poignarder, selon l'évolution du conflit.

Enfin, Alexandre bénéficie d'un merveilleux instrument de guerre : son immense empire, son climat rigoureux, sa population farouchement guerrière. Maître d'un pays-continent, il pourra compenser son infériorité numérique de départ par un repli calculé, obligeant son adversaire à étirer démesurément ses lignes de communication afin d'affaiblir son groupe central, brûlant villes et récoltes pour l'affamer. Tandis qu'il s'épuisera, Alexandre se renforcera, attirant à lui l'armée revenue du front ottoman, levant des milices, assaillant nos colonnes par des raids de Cosaques. Caulaincourt, saisi d'effroi, a soigneusement noté les derniers propos que le tsar lui a tenus avant son départ. La catastrophe y est clairement énoncée : « Si l'Empereur Napoléon me fait la guerre, lui dit Alexandre, il est possible, même probable, qu'il nous battra si nous acceptons le combat, mais cela ne lui donnera pas la paix. Les Espagnols ont été souvent battus et ils ne sont ni vaincus, ni soumis. Cependant, ils ne sont pas aussi éloignés que nous de Paris ; ils n'ont ni notre climat, ni nos ressources. Nous ne nous compromettrons pas. Nous avons de l'espace et nous conserverons une armée bien organisée. [...] Il [Napoléon] lui faut des résultats aussi prompts que ses pensées sont rapides, car, souvent absent de chez lui, il est nécessairement pressé d'y retourner. Ses leçons sont celles d'un maître. »

Quelle que soit l'évolution des combats, Alexandre luttera jusqu'à la mort : « Je ne tirerai pas le premier l'épée, mais je ne la remettrai que le dernier dans le fourreau, prévient-il. Les Espagnols fournissent la preuve que c'est le défaut de persévérance qui a perdu tous les Etats auxquels votre maître a fait la guerre [...]. On ne sait pas souffrir. Si le sort des armes m'était contraire, je me retirerais plutôt au Kamtchatka que de céder des provinces et de signer dans ma capitale des traités qui ne sont que des trêves. Le Français est brave, mais de longues privations et un mauvais climat l'ennuient et le découragent. Notre climat, notre hiver feront la guerre pour nous. Les prodiges ne s'opèrent chez vous que là où est l'Empereur, et il ne peut être partout et des années loin de Paris[1]. »

Il y a là de quoi frémir si l'on compare les dimensions respectives de l'Espagne et de la Russie et la qualité de leurs armées. Incapable de mater la première, comment Napoléon pourra-t-il réduire la seconde ? Cette réflexion, beaucoup d'esprits se la font au Grand Quartier général alors que l'armée des vingt nations s'apprête à franchir le Niémen. Connu pour son instinct, le sénateur Sémonville contemple d'un air sombre les régiments partant fièrement, musique en tête, vers leur destin : « Pas un ne reviendra, ils vont à la boucherie », commente-t-il avant d'annoncer qu'une défaite pourrait bien préluder à une restauration des Bourbons.

---

1. Caulaincourt, *Mémoires*. Dès le début 1811, Wolzongen a été mandaté par Alexandre afin d'« organiser soigneusement une guerre défensive ». Dans ses importants Mémoires, publiés récemment, cet officier supérieur résume les fondamentaux qui ont commandé la stratégie russe durant la campagne : « Il fallait, écrit-il, reculer le plus à propos possible, parce que Napoléon serait ainsi obligé de s'éloigner toujours davantage de ses ressources. Il serait contraint d'engager son armée dans des territoires de plus en plus inhospitaliers et donc d'affaiblir chaque jour son armée moralement et physiquement, tandis que les Russes gagneraient du temps pour se concentrer et s'affermir. Pour cela, il convenait d'avoir un plan bien établi et un théâtre des opérations parfaitement préparé à cette intention, c'est-à-dire que notre ligne de repli devait être prévue d'avance, toutes les positions avantageuses évaluées en conséquence, et éventuellement fortifiées par des retranchements. Enfin tous les magasins nécessaires devaient être installés afin que l'armée ne manque jamais de vivres tandis que les Français iraient à leur perte à cause de la disette, puisque le pays offrirait des ressources insuffisantes et que le peu qui en resterait leur serait supprimé par l'envoi de patrouilles sur leurs arrières. » Pour mémoire, Wolzongen est l'auteur d'un *Mémoire sur Napoléon et la manière de mener la guerre contre lui* (août 1810) auquel nous avons déjà fait référence pour sa prescience.

Le 23 juin 1812, un ultime avertissement parvient à Napoléon. Chevauchant « Friedland », il procède à une ultime reconnaissance des abords du Niémen. Soudain, un lièvre passe entre les jambes du cheval qui fait un écart… et jette l'Empereur à terre. Celui-ci se relève aussitôt et remonte sur sa monture, comme si de rien n'était. L'incident n'a échappé à personne de sa suite. « Nous ferions bien mieux de ne pas passer le Niémen. Cette chute est d'un mauvais augure », confie Berthier à Caulaincourt en lui prenant la main. Une voix s'écrie : « Ceci est d'un mauvais présage ; un Romain reculerait. » Superstitieux, Napoléon demeure sombre et préoccupé tout le reste de la journée[1].

Le lendemain, il donne l'ordre d'attaquer : une marée humaine franchit le Niémen et pénètre en Russie comme à la parade. Ségur immortalise l'instant : « […] Toutes les collines, leurs pentes, les vallées étaient couvertes d'hommes et de chevaux. Dès que la terre eût présenté au soleil toutes ces masses mobiles, revêtues d'armes étincelantes, le signal fut donné, et aussitôt cette multitude commença à s'écouler en trois colonnes, vers les trois ponts. On les voyait serpenter en descendant la courte plaine qui les séparait du Niémen, s'en approcher, gagner les trois passages, s'allonger, se rétrécir pour les traverser et atteindre enfin ce sol étranger, qu'ils allaient dévaster, et qu'ils devaient bientôt couvrir de leurs vastes débris. »

Quelques jours plus tard, Napoléon écrit à Alexandre : « La guerre est donc déclarée entre nous. Dieu même ne peut pas faire que ce qui a été n'ait pas été. Mais mon oreille sera toujours ouverte à des négociations de paix ; et quand Votre Majesté voudra sérieusement s'arracher à

1. « L'Empereur, qui avait gardé dans les premiers moments le plus profond silence et qui ne faisait, sans doute, pas de réflexions plus gaies que nous, affecta ensuite de plaisanter de sa chute avec le prince de Neuchâtel et avec moi, mais la mauvaise humeur et les noires réflexions perçaient malgré lui », rapporte toujours Caulaincourt.

l'influence des hommes ennemis de sa famille, de sa gloire et de celle de son empire, elle trouvera toujours en moi les mêmes sentiments de la vraie amitié. » Ne lit-on pas dans cette lettre comme un remords ?

La poursuite infernale

Quand on connaît la fin de l'histoire, la campagne de Russie donne l'impression d'un immense piège, magistralement orchestré par le commandement russe, dans lequel Napoléon s'est bêtement laissé enfermer. Comme toujours, la réalité s'avère infiniment plus complexe. Rien n'était écrit. Certes, comme on l'a vu, le tsar a préconisé tôt une stratégie défensive qui lui était imposée par son infériorité numérique. Mais personne n'envisage alors, au sein de l'état-major russe, d'être obligé de reculer jusqu'à Moscou. A chaque étape de la retraite, des voix se lèvent pour réclamer une contre-attaque, protestant contre un abandon qu'elles estiment honteux, jugeant Napoléon suffisamment affaibli pour porter le coup décisif. D'après Léon Tolstoï : « Alexandre et ses généraux ne songeaient pas à attirer Napoléon mais voulaient au contraire arrêter son offensive. Napoléon n'a pas été attiré au fond du pays conformément à un plan (personne ne croyait que la chose fût possible) mais par suite d'un jeu des plus compliqués d'intrigues, de projets, de désirs des hommes engagés dans la guerre, qui ne se doutaient pas de ce qui allait arriver et quelle était l'unique chance de la Russie. Tout s'est produit fortuitement[1]. » Les terribles rivalités au sein du commandement entre Barclay de Tolly, partisan de la retraite et qui craint visiblement de combattre Napoléon, et Bagration, éternel partisan de l'offensive ; la séparation précoce entre les deux armées russes, l'indécision d'Alexandre, « trop faible pour gouverner, trop fort pour

1. *Guerre et Paix.*

être gouverné », selon Speranski ; tout conspire pour retarder la décision, obligeant les Russes à reculer faute de pouvoir s'entendre. Or, leur salut résulte de cette fuite[1].

Face à eux, Napoléon connaît les mêmes hésitations ; sa volonté d'attaquant se heurte au besoin d'une pause, imposée par l'épuisement des troupes et la nécessité de fortifier les territoires conquis avant de se décider à reprendre la poursuite et à tenter une nouvelle manœuvre. Il n'en reste pas moins que sa stratégie d'approche directe le pousse chaque fois à poursuivre, à la recherche de la grande bataille, fille d'Austerlitz, Iéna, Wagram et Friedland, qui lui permettra d'en finir au plus tôt. « Débuter par des coups décisifs et se servir des avantages ainsi obtenus pour frapper de nouveaux coups, jouer toujours son gain sur une seule carte jusqu'à ce que la banque sautât, là était toute sa méthode, et l'on peut dire que c'est à cette méthode qu'il a dû le colossal succès dont il a joui dans ce monde », rappelle Clausewitz[2].

Visiblement, il ne sent pas cette guerre comme les précédentes, livrées sur des espaces moins vastes et avec des forces plus concentrées. Le gigantisme lui fait perdre sa maîtrise et sa lucidité, son inquiétude et son indécision gagnant au fur et à mesure qu'il s'enfonce vers l'est.

*

La première phase de la campagne, de fin juin à début septembre, se décompose en trois manœuvres successives

---

1. « Les règles que l'on s'était tracées sur le papier cédèrent tout de suite à une inspiration spontanée, qui montrait le salut et la victoire derrière soi, dans l'immensité des espaces, et qui portait les différents corps à reculer en se concentrant. Le bonheur des Russes en cette campagne fut moins d'obéir à un plan qu'à un instinct », juge l'historien K. Waliszewski.

2. Son récit de la campagne de 1812 conjugue le vécu du témoin et la lucidité du stratège.

d'enveloppement : vers Wilno (fin juin), Vitebsk (fin juillet) et Smolensk (mi-août). Non seulement Napoléon ne parvient pas à détruire l'adversaire, mais il ne peut empêcher la réunion des deux principales armées russes, respectivement commandées par Barclay de Tolly et Bagration. Fortes d'environ 150 000 et 50 000 hommes, elles se rejoignent près de Smolensk, obligeant Napoléon à rassembler ses corps en une seule colonne.

Le plan russe, essentiellement dû à un stratège prussien nommé Pfuhl[1], s'inspire de la stratégie de Wellington à Torres Vedras[2]. Il préconise l'abandon de Wilno, capitale de la Lituanie, par l'armée principale de Barclay de Tolly qui attirera Napoléon à l'arrière vers un immense camp fortifié aménagé sur la Drissa. Comme Masséna au Portugal, Napoléon s'y usera en assauts infructueux avant que Bagration l'attaque de flanc au moment opportun.

L'Aigle, qui connaît ces dispositions, a prévu la riposte. Il veut, fort de son immense supériorité numérique, fon-

1. Il fut très critiqué, en particulier par Tolstoï et Clausewitz. « Pfuhl était un de ces hommes sûrs d'eux, irrémédiablement, jusqu'au martyre, comme seuls peuvent l'être les Allemands, parce que seuls les Allemands fondent leur assurance sur une idée abstraite, sur la science, c'est-à-dire la prétendue connaissance de la vérité absolue », attaque par exemple l'auteur de *Guerre et Paix*, dont la réaction traduit la germanophobie d'une grande partie de l'état-major russe. En dépit de ses origines prussiennes, Clausewitz n'est guère plus tendre avec lui puisqu'il le compare « à ces somnambules que l'on voit se promener des toits, jusqu'à ce qu'on les réveille et qu'ils dégringolent », et le dépeint comme un pur théoricien à l'esprit abstrait et aux nerfs fragiles.

2. Le tsar l'annonce dès mai 1811 dans une lettre qu'il écrit au roi de Prusse : « Ne voyant aucun moyen, des bords du Niémen, d'accourir sur l'Oder avant que les Français n'y arrivent [...] les circonstances m'imposent un nouveau système de guerre. Que Votre Majesté jette un coup d'œil sur l'Espagne ! Le système qui a rendu victorieux Wellington, en épuisant les armées françaises, est celui que je suis résolu de suivre », avant de préciser qu'il évitera les grandes batailles « en organisant de très longues lignes d'opérations par des mouvements rétrogrades ».

cer sur Wilno à marches forcées, tandis qu'à l'aile gauche, Jérôme fixera Bagration près de Varsovie. Par là, il escompte séparer davantage les deux armées avant de les écraser à tour de rôle dans une nasse. Le succès de son plan spécule sur la rapidité de la Grande Armée et la conviction qu'Alexandre se sentira obligé de défendre la capitale de la Pologne russe. Or, il est immédiatement contrarié. D'abord, Barclay de Tolly se dérobe et refuse le combat. Ensuite, la marche forcée, du Niémen à Wilno, fait des ravages parmi la troupe. Déjà éprouvée par plusieurs mois de marche – on oublie trop souvent que certains régiments viennent de Naples et du Portugal –, l'immense armée impériale manœuvre avec difficultés, souvent avec lenteur. « Chaque année, accuse Stendhal, il y avait moins d'instruction, moins de discipline, moins de patience, moins d'exactitude dans l'obéissance. » L'ampleur des masses à mouvoir, les distances qui séparent les différents corps, l'anarchie linguistique résultant du cosmopolitisme des nations mobilisées constituent autant de freins à la mobilité inhérente à la guerre de mouvement. Déjà, les colonnes s'étirent dangereusement, laissant à l'arrière des milliers de maraudeurs. Les convois de ravitaillement ne suivent pas la cadence infernale imposée par l'Empereur[1]. En outre, les conditions climatiques éprouvent d'emblée les hommes et déciment les chevaux. Un orage glacial, tombé dans la nuit du 29 au 30 juin, en tue plusieurs milliers. « Nourris depuis plusieurs semaines d'herbes vertes, privés d'avoine, exténués de fatigue, les animaux se trouvaient dans les pires conditions hygiéniques ; ils n'avaient pu résister à la chute soudaine de la température, au froid qui les avait saisis, transis, abattus par un phénomène sans exemple dans

1. Elles le suivent d'autant moins qu'ont été construites des voitures beaucoup trop lourdes eu égard au caractère sablonneux de la plupart des routes russes. Aussi nombre d'entre elles sont ensablées tandis que d'autres ont dû être abandonnées en raison de la mort précoce de milliers de chevaux.

l'histoire des guerres, une nuit avait fait l'œuvre d'une épidémie [...] », déplore Albert Vandal.

Déjà, il faut abandonner de nombreux fourgons et démonter une partie de la cavalerie. Chaque jour, plusieurs centaines de bêtes continuent à tomber. Au lieu de les ménager, Murat, à l'avant-garde, les mène à un train d'enfer et multiplie les accrochages avec l'ennemi[1].

Les hommes souffrent presque autant. Le climat continental alterne chaleur étouffante et déluge glacial, jours de braise et nuits de glace, boue et poussière. L'italien Laugier donne un aperçu saisissant du drame naissant dans ses souvenirs :

« Le 2 juillet. La pluie est tombée durant trente-six heures avec une violence inouïe.

« Routes et champs sont inondés ; la chaleur extrême que nous endurions depuis quelques jours se change en un froid très vif ; les chevaux tombent comme des mouches ; beaucoup d'entre eux périssent durant la nuit, et il faut s'attendre à en voir mourir beaucoup d'autres. Quant à nous, il nous a fallu, sans abri d'aucune sorte, rester sur pied jusqu'au matin, sous ce déluge, sans feu – car les foyers qu'on allumait s'éteignaient aussitôt –, sans pouvoir remuer ni nous étendre sur un terrain boueux où nous nous enfoncions comme dans un marécage.

« Au matin, l'aube est pâle. Transis, percés jusqu'aux os, à demi endormis, éreintés, nous ressemblons à des fantômes ou à des naufragés sauvés des eaux.

« Italiens, nous avons nos superstitions.

« Un tel spectacle, inattendu, véritable désastre pour l'ennemi, jette une note triste parmi nous. Les convois en retard, la crainte d'une lutte prochaine, la perte d'une grande

1. Murat s'étant plaint un jour à Nansouty que « la cavalerie n'avait pas chargé vigoureusement », celui-ci aurait répondu : « Les chevaux n'ont pas de patriotisme ; les soldats combattent sans pain : mais les chevaux réclament leur avoine. » L'anecdote est rapportée par Sir Robert Wilson, officier anglais détaché auprès des Russes, dans sa vivante relation de la campagne.

quantité de chevaux, un malaise général, l'aspect menaçant d'un ciel qui s'embrase au moment même où nous pénétrons en Russie, nous paraissent de tristes présages. »

L'orage diluvien, le tonnerre incessant font écho à la chute de cheval de Napoléon devant le Niémen pour alarmer les esprits. Le grondement de Dieu après le noir présage alimente la peur d'une issue fatale autant chez Laugier, l'Italien superstitieux, que chez Rapp, cavalier émérite, célèbre pour sa bravoure.

En regard, le comte Roman Soltyk, officier supérieur polonais, insiste à juste titre sur la plus grande mobilité de l'armée russe, à la fois moins nombreuse, mieux nourrie et dotée de chevaux d'une qualité exceptionnelle. Aussi vivait-elle « dans une complète abondance : elle avait sur tous les points des magasins considérables pour l'alimenter, et des transports organisés avec une rare prévoyance. A chaque mouvement, elle se retirait avec ses ressources et détruisait sur son passage celles qu'auraient pu trouver les Français ». Le même témoin insiste sur la supériorité que donne aux Russes leur parfaite connaissance du terrain vis-à-vis des Français d'autant plus aveugles qu'ils manquent à la fois de cartes, d'interprètes et de guides fiables tant ils se sont aliénés les Lituaniens par leurs exactions durant les premières semaines de campagne.

Parvenu à Wilno le 28 juin, Napoléon contemple avec effarement l'ampleur des dégâts. Certains corps ont déjà perdu près de la moitié de leurs effectifs pour cause d'épuisement et de désertion massive qui frappe surtout les contingents étrangers[1]. Pour quels résultats ! A sa rage, Barclay de Tolly a refusé le combat et s'est retiré comme prévu vers son camp fortifié. « Alors j'ai la Pologne ! éructe Napoléon auprès de Caulaincourt [...],

1. « Dès ce moment, les 2e et 4e corps, par exemple, ont déjà perdu près de 50 % de leur effectif, les 1er et 3e, 30 % et ce avant d'avoir vraiment combattu ! » précise l'historien Jacques Garnier.

et Alexandre a, aux yeux des Polonais, la honte ineffaçable de la perdre sans avoir même combattu. C'est perdre la Pologne que de me céder Wilno. [...] Pour ne pas être contredit, ajoute le grand écuyer, l'Empereur faisait rapidement les demandes et les réponses telles qu'il les désirait, tout en ayant l'air de se presser de répondre et me demandant à chaque instant, sans me donner le temps de placer un mot, si je pensais comme lui[1]. » Au moins espère-t-il que Jérôme a pu affaiblir Bagration. Il apprend bientôt qu'il n'en est rien. Parvenu en retard sur le Niémen, son frère a laissé s'échapper le chef de la deuxième armée russe, alors qu'il commande à 84 000 hommes, le double de son adversaire. Rageur, l'Empereur le place le 10 juillet sous l'autorité de Davout. Furieux d'être assujetti à un « simple » maréchal, Jérôme, qui se considère comme un grand stratège incompris, déserte et regagne son royaume de pacotille avec sa garde, ce qui achève de désorganiser son aile. En dépit de sa bonne volonté, Davout ne peut pas rattraper le temps perdu et se contente d'accrocher l'arrière-garde adverse à Mohilev, le 23 juillet. Bagration peut écrire à son ami le général Ermolov : « C'est avec peine que je réussis à sortir de l'enfer. Ces imbéciles m'ont laissé échapper. »

*

Exsangue, la Grande Armée doit marquer dix-huit jours de repos dans la capitale de la Pologne russe. Il faut à la fois récupérer les traînards, réorganiser les corps et préparer un nouveau plan. Cette longue pause constitue selon Jomini une des fautes les plus graves de Napoléon. En

1. « L'espoir perdu de cette grande bataille avant Wilno était pour lui un vrai crève-cœur, insiste le même témoin. Il s'en vengeait en criant à la lâcheté de ses adversaires qui jouaient, disait-il, son jeu en se déshonorant aux yeux des braves Polonais, dont ils lui livraient le pays et les fortunes sans leur faire l'honneur de combattre pour eux. »

effet, il ne reste que trois mois de belle saison, ce qui est très peu, surtout que l'ennemi met à profit notre arrêt pour continuer à se replier. Jusqu'où faudra-t-il aller le chercher ?

Au moins Napoléon entretient-il l'espoir de mettre à profit ce séjour pour orchestrer la levée en masse des Lituaniens à ses côtés. Comme en 1807, il ambitionne un raz-de-marée patriotique mais compte cependant le canaliser en contrôlant la mouvance nationaliste polonaise dans de justes proportions. Il refuse toujours de proclamer la restauration d'une Pologne indépendante, ce qui lui aliénerait l'Autriche, encore maîtresse de la Galicie, et le rendrait définitivement irréconciliable avec le tsar[1]. Il engage donc une partie particulièrement serrée, exerce un chantage à la fois envers Alexandre et les Polonais, ces derniers à nouveau sommés de se sacrifier sans retenue dans l'espoir de voir renaître leur patrie[2]. Malheureusement, il a commis une lourde erreur en choisissant un médiocre comme ambassadeur à Varsovie. Au lieu de Talleyrand, ce prince de l'ambiguïté qu'il a d'abord pressenti[3], il a finalement opté pour sa caricature, en la personne de Georges Dominique Dufour de Pradt, archevêque de Malines. Aussi arriviste que Talleyrand, Pradt n'a aucune des qualités requises pour le poste : la religion du secret, la maîtrise des nerfs et l'endurance indispensables à la négociation, la connaissance du pays, le sens

1. Début 1812, il a confié à Narbonne ses intentions précises : « La difficulté pour cette guerre n'est que d'ordre moral. Il faut, en se servant de la force matérielle accrue par la Révolution, n'en pas déchaîner les passions, relever la Pologne, sans l'émanciper, assurer l'indépendance de l'Europe occidentale, sans y ranimer aucun ferment républicain. C'est là tout le problème. »

2. Comme le constate Marbot : « On tournait ainsi dans un cercle vicieux, Napoléon ne voulant reconnaître la Pologne qu'autant qu'elle se soulèverait, et les Polonais ne voulant agir qu'après la reconstitution de leur nationalité. »

3. Le prince de Bénévent a été finalement évincé à la suite d'une intrigue de cour.

de l'organisation et l'aura nécessaire pour fédérer les passions. Dans les instructions qu'il lui a fait parvenir, l'Aigle l'a chargé de « pousser les Polonais jusqu'au transport, en évitant le délire ». Parlant trop, agissant peu, arrogant, distant, incompétent en matière militaire, Pradt ne parvient pas à galvaniser le grand-duché. Le sort de la campagne dépend donc largement de la réponse que Napoléon va faire à la diète polonaise et de l'attitude qu'adopteront alors les Lituaniens. Réunie d'abord à Varsovie, elle réclame l'indépendance et le rattachement immédiat de la Lituanie au grand-duché. Elle rejoint Napoléon à Wilno, croyant qu'il va prononcer la reconnaissance de la Pologne. N'est-ce pas pour cela qu'il vient d'envahir la Russie[1] ?

Or, Napoléon, qui lui répond le 28 juin, continue à éluder : « Gentilshommes, députés de la Confédération de Pologne, j'ai entendu avec intérêt ce que vous venez de me dire. Polonais, je penserais et agirais comme vous[2]. [...] Dans ma situation, leur explique-t-il, j'ai beaucoup

1. Sa première proclamation, lancée au moment de franchir le Niémen, est ambiguë comme toujours sur cette question. S'il annonce « la seconde guerre de Pologne », il reste vague sur ses intentions, ce qui inquiète d'emblée les patriotes polonais.

2. Il poursuit en ces termes : « Si j'avais vécu pendant le premier, le second ou le troisième partage de la Pologne, j'aurais armé mes peuples pour la défendre. [...] J'aime votre nation ; pendant seize ans j'ai vu vos soldats à mes côtés dans les champs de l'Italie et dans ceux de l'Espagne, j'applaudis à ce que vous avez fait ; j'autorise les efforts que vous voulez faire. Je ferai tout ce qui dépendra de moi pour seconder vos résolutions. Si vos efforts sont unanimes, vous pouvez concevoir l'espoir de réduire vos ennemis à reconnaître vos droits ; mais dans des contrées si éloignées et si étendues, c'est entièrement dans l'unanimité des efforts de la population qui les couvre que vous pouvez trouver l'espoir du succès. Je vous ai tenu le même langage dès ma première entrée en Pologne. Je dois y ajouter que j'ai garanti à l'Empereur d'Autriche l'intégrité de ses domaines, et que je ne puis sanctionner aucune manœuvre, ou aucun mouvement, qui tende à troubler la paisible possession de ce qui lui reste des provinces de la Pologne. » (C'est nous qui soulignons.)

d'intérêts et de devoirs à remplir [...]. Je récompenserai ce dévouement de vos contrées, qui vous rend si intéressants et vous acquiert tant de titres à mon estime et à ma protection par tout ce qui pourra dépendre de moi dans les circonstances. » Phrases creuses qui déçoivent cruellement ses interlocuteurs. Pour l'instant, il se contente d'établir un gouvernement provisoire distinct de celui du grand-duché. Une nouvelle fois, Napoléon renie l'idée de nation et à travers elle la Révolution tout entière. La Pologne, pour lui, n'est pas une fin, seulement un moyen dont il joue pour faire pression sur le tsar. C'est ce qu'il explique en substance à Narbonne : « Vous le savez, lui dit-il, la guerre a été dans mes mains l'antidote de l'anarchie ; et maintenant que je veux m'en servir encore, pour assurer l'indépendance de l'Occident, j'ai besoin qu'elle ne ranime pas ce qu'elle a comprimé, l'esprit de liberté révolutionnaire. [...] Moi, j'aime les Polonais sur le champ de bataille ; c'est une vaillante race ; mais, quant à leurs assemblées délibérantes, leur liberum veto, leurs diètes à cheval, sabre nu, je ne veux rien de tout cela. C'est bien assez sur notre continent de ces folles Cortes de Cadix. [...] Je veux dans la Pologne un camp, et pas de forum. [...] Je ferai à Alexandre la guerre à armes courtoises, avec deux mille bouches à feu et cinq cent mille soldats, sans insurrection. »

Au sortir de l'audience, les patriotes polonais sont effondrés : « La réponse entortillée, évasive de Napoléon gâta tout ; elle consterna les Polonais, résume Pradt. Ils étaient partis de feu ; ils revinrent de glace. Leur froid se communiqua à la Pologne, et depuis ce temps, on n'a pu parvenir à la réchauffer[1]. » Les multiples exactions commises par les maraudeurs achèvent d'aliéner les Lituaniens. Une grande partie de la noblesse redoute que l'Aigle n'abolisse le servage et introduise le Code civil, comme il l'a fait à Varsovie. Prêts à sacrifier leurs privi-

1. *Histoire de l'ambassade dans le grand-duché de Varsovie.*

lèges pour l'indépendance, ils préfèrent autrement rester russes que devenir français. Pour toutes ces raisons, Napoléon reçoit un accueil glacial qui l'assombrit d'avantage : « Ces Polonais-ci sont bien différents de ceux de Posen », confie-t-il avec amertume.

Une seule bonne nouvelle vient égayer ce triste début de campagne. Bagration et Barclay demeurent séparés. En dépit des ratés initiaux, la victoire semble encore à portée de main. D'ailleurs, Alexandre vient d'adresser à Napoléon un envoyé, son ministre Balachoff. N'est-ce pas le signe que le tsar a déjà un genou à terre ? L'Aigle écoute sa proposition d'une oreille distraite. Si Napoléon se replie immédiatement en deçà du Niémen, Alexandre se dit prêt à négocier. Dans le cas contraire, il se battra jusqu'au dernier homme : « Mon frère Alexandre qui faisait tant le fier avec Narbonne, voudrait déjà s'arranger. Il a peur. Mes manœuvres ont dérouté les Russes. Avant un mois, ils seront à mes genoux », plastronne le conquérant[1].

*

Le 15 juillet, l'Empereur lance à nouveau la poursuite. Si Bagration a échappé à Davout, Barclay, enfermé dans son camp de la Drissa, semble pouvoir être encerclé. Mais le ministre de la Guerre russe[2] refuse *in extremis* l'affrontement. Il vient de se débarrasser de la tutelle encombrante et inefficace du tsar, parti pour Moscou à la mi-juillet. Stratège médiocre, Alexandre était entouré de surcroît d'un état-major pléthorique dont les avis contradictoires nuisaient à la bonne qua-

1. L'itinéraire de Balachoff à son arrivée au camp impérial a été soigneusement balisé afin d'éviter qu'il ne découvre les ravages causés par les premiers jours de campagne.

2. Barclay de Tolly est en effet à la fois ministre et commandant de la principale armée russe, ce qui n'empêche pas Bagration, protégé à la Cour, de jouir d'une très large autonomie.

lité du commandement[1]. Désormais, Barclay de Tolly a les mains libres et peut appliquer pleinement la stratégie d'usure défensive dont il est le parangon. « Si je commandais en chef, avait-il annoncé, j'éviterais une bataille décisive et je me retirerais, de sorte que les Français, au lieu de trouver la victoire, finiraient par trouver un second Poltava. »

Il abandonne sans attendre le camp fortifié cher à Pfuhl et laisse en arrière un corps de 25 000 hommes à Wittgenstein afin qu'il couvre son repli vers Vitebsk. De surcroît, il intime l'ordre à Bagration de poursuivre sa retraite pour le rejoindre vers Smolensk. En conséquence, la Grande Armée frappe une deuxième fois dans le vide : « Suivant sa méthode d'offensive foudroyante, Napoléon avance par bonds. Jusqu'à présent, dès l'entrée en campagne, il est tombé sur l'adversaire de tout son poids et celui-ci s'en est trouvé broyé, anéanti. Cette fois, chacun de ses bonds s'abat dans l'espace vide et la musculature de son armée, déjà plus faible, se disloque et se détruit par ces efforts vains », commente Jean Morvan.

L'Aigle estime cette retraite lâche, indigne, à rebours de l'esprit français qui dispute avec âpreté chaque arpent de

1. Exacerbant les rivalités par sa présence, Alexandre a été convaincu de quitter l'armée par une lettre de sa sœur la grande-duchesse Catherine : « Je vous crois aussi capable que vos généraux, vous avez non seulement le rôle de capitaine à jouer, mais encore celui de gouvernant. Qu'un deux fasse mal, la punition et le blâme l'attendent. Faites des fautes, tout retombe sur vous », lui écrit-elle notamment. Afin de galvaniser son peuple, le tsar publie deux proclamations, à la nation et aux Moscovites. Il appelle à une large levée afin de « chasser le tyran qui désire tout chasser sur la terre », avant de justifier l'abandon du camp de la Drissa : « Nous ne pouvons souffrir que nos braves soldats s'immolent d'eux-mêmes sur l'autel de ce Moloch ! Nous sommes prêts à nous mesurer à lui en terrain découvert, d'homme à homme dans un combat égal, lui pour son ambition, nous pour notre pays. » Alexandre est ensuite triomphalement acclamé à Moscou, où il demeure une semaine pour organiser la résistance.

terrain. Il ne comprend pas non plus que les Russes, au fur et à mesure qu'il s'enfonce vers l'est, vident les villages et brûlent les récoltes, véritable automutilation empreinte de fatalisme. Il ne comprend pas enfin que sa cavalerie, déjà exsangue, ne parvienne pas à attraper le moindre prisonnier, le rendant aveugle sur la destination précise de l'ennemi. Il ne voit plus, n'entend plus, n'anticipe plus. « On ne trouvait point d'habitants, on ne faisait point de prisonniers, on ne rencontrait pas un traînard, on n'avait point d'espions, on était déjà au milieu des habitations de la Russie et pourtant, constate Caulaincourt [...], comme un vaisseau sans boussole, seuls au milieu du vaste océan, ne sachant pas ce qui se passait autour de nous[1]. »

La seconde offensive, menée à un rythme toujours effréné, produit les mêmes effets dévastateurs, physiques et moraux, que la première. Sauf la Garde, les troupes meurent de faim et surtout de soif[2]. La cavalerie, menée à un train d'enfer par Murat, est déjà presque détruite, laissant chaque jour davantage d'espaces aux Cosaques qui tuent les maraudeurs et détruisent les convois. Or, eu égard à l'immensité de l'espace, la cavalerie reste plus que jamais l'arme déterminante, celle qui permet d'éclairer,

1. « On détruisit également les ponts et l'on enleva, à coups de hache, les numéros des poteaux de verstes, ce qui ôtait à l'ennemi un excellent moyen de s'orienter », ajoute Clausewitz, qui précise également que la stratégie de la terre brûlée ne prend que progressivement le caractère systématique que la postérité lui a attribué : « Ce qui, au début, provenait de l'incurie et était fait sans idée préconçue, devint, peu à peu, un principe qui fut mis en pratique même pour des villes, petites ou grandes », écrit-il dans sa relation de la campagne.

2. Les témoignages abondent sur la pénurie d'eau qui perdura du début à la fin de la campagne. Elle s'avère particulièrement pénible durant les premières semaines en raison de la canicule. Comme le précise le commissaire des guerres Bellot de Kergorre dans son journal, les villages sont très éloignés les uns des autres, ce qui rend les puits rares et particulièrement convoités. Aussi se trouvent-ils vidés par les premiers arrivés : « Les derniers mouraient de soif. Les mares étaient pleines de chevaux morts et nous étions obligés d'en boire l'eau puante et

poursuivre, rompre l'adversaire, transporter les fourgons, les vivres et l'artillerie. Comme le remarque Louis Madelin : « La tactique de Barclay, déjà se justifiait : les armées de Napoléon s'usaient sans avoir vraiment combattu[1]. »

Astucieux, le généralissime russe mène par ailleurs une véritable guerre psychologique en répandant par milliers des tracts appelant à la désertion : « Retournez chez vous ou si vous voulez, en attendant, un asile en Russie, vous y oublierez les mots de conscription, de levée de ban et d'arrière-ban, et toute cette tyrannie militaire qui ne vous laisse pas un instant sortir de dessous le joug » proclame l'un d'eux. « Mon frère Alexandre ne ménage plus rien, commente Napoléon. Je pourrais aussi appeler ses paysans à la liberté. Il a été trompé sur la force de son armée, il ne sait pas la diriger et il ne veut pas faire la paix ; et ne pas être conséquent. Quand on n'est pas le plus fort, il faut être le plus politique, et sa politique doit être d'en finir[2]. » Ne parle-t-il pas plutôt pour lui ?

La bataille tant attendue semble enfin se présenter. Le 25 juillet, l'arrière-garde russe a été rejointe et battue à Ostrowno. Le 27, les deux armées se font face devant Vitebsk. Napoléon exulte et annonce déjà un nouvel Austerlitz. Or, dans la nuit, Barclay lève le camp et s'éloigne vers Smolensk afin d'accomplir sa liaison tant redoutée avec Bagration. La première phase de la campagne s'achève donc par un échec retentissant. La guerre de

---

épaisse »... ce qui favorisa la propagation d'une épidémie de dysenterie dans toute l'armée. Clausewitz confirme qu'il n'a jamais autant souffert de la soif que durant la campagne : « On en était réduit à puiser dans les flaques d'eau les plus répugnantes pour apaiser sa brûlante torture, et, pendant huit jours, parfois, il n'était pas question de se laver », écrit-il.

1. *Histoire du Consulat et de l'Empire.*

2. Ces deux dernières citations sont extraites des Mémoires de Caulaincourt.

manœuvre a échoué. Pour beaucoup d'observateurs, il faut s'arrêter là, maintenant.

« Cette campagne en poste, sans résultat réel, depuis le Niémen jusqu'à Wilno et depuis Wilno jusqu'à Vitebsk, avait déjà coûté à l'armée plus que deux batailles perdues, et la privait de ses ressources et de ses approvisionnements les plus indispensables », résume Caulaincourt. Un tiers des hommes a disparu, qu'ils soient déserteurs ou morts d'épuisement, deux tiers au moins des chevaux sont déjà morts. Le grand écuyer souligne l'état désastreux des hôpitaux : « On ne peut se faire une idée du dénuement où l'on fut dans les premiers moments, écrit-il. Le défaut d'ordre, l'indiscipline des troupes et même de la Garde privaient du peu de moyens qui restaient. Jamais situation ne fut plus douloureuse et spectacle plus déchirant pour ceux qui pensaient et que les faux prestiges de la gloire n'éblouissaient pas[1]. » S'il accuse l'administration d'incurie, Caulaincourt met aussi directement en cause le petit caporal, victime de sa paranoïa et de son incapacité à déléguer : « Pour être sûr qu'il n'y aurait pas d'indiscré-

1. Le témoignage de Fezensac, aide de camp de Berthier et un des meilleurs mémorialistes de la campagne, corrobore celui de Caulaincourt : « […] Les gens d'un esprit sage et les officiers expérimentés n'étaient pas sans inquiétude ; ils voyaient l'armée diminuée d'un tiers depuis le passage du Niémen, et presque sans combattre, par l'impossibilité de pourvoir à sa subsistance d'une manière réglée, et la difficulté de tirer quelque chose, même d'un pays pauvre par lui-même et déjà ravagé par l'artillerie russe. Ils remarquaient la mortalité effrayante des chevaux, la mise à pied d'une partie de la cavalerie, la conduite de l'artillerie rendue plus difficile, les convois d'ambulance et les fourgons de médicaments forcés de rester en arrière ; ainsi, en entrant dans les hôpitaux, trouvaient-ils les malades presque sans secours. Ils se demandaient non seulement ce que deviendrait cette armée si elle était battue, mais même comment elle supporterait les pertes qu'allaient causer de nouvelles marches et des combats plus sérieux. Au milieu de ces motifs d'inquiétude, ils étaient frappés de l'ordre admirable dans lequel l'armée russe avait fait sa retraite, toujours couverte par ses nombreux Cosaques, et sans abandonner un seul

tion de commise, l'Empereur n'avait consulté personne. Aussi nos caissons, tous nos transports, calculés pour des routes fermées, pour des marches et des distances ordinaires, n'étaient pas en rapport avec les chemins des pays que nous avions à parcourir. Les premiers sables avaient écrasé les attelages, parce qu'au lieu de diminuer le chargement, en raison du poids de la voiture et de la distance à parcourir, on l'avait au contraire augmenté, dans la pensée que la consommation le diminuerait suffisamment chaque jour. L'Empereur, pour ce motif de l'allégement journalier, n'avait pas voulu faire entrer dans ses calculs la distance à parcourir pour arriver au point où on pouvait commencer à consommer. Joignez à cela la forme pesante de nos attirails, le manque de subsistances, les marches forcées, le défaut de soin et de surveillance, résultat indispensable d'une marche sur une route pillée et sans magasins où l'homme, manquant de tout lui-même, ne pouvait s'occuper de ses chevaux ou les voyait périr sans regrets, parce qu'il entrevoyait, dans la destruction du service qui lui était confié, le terme de ses privations personnelles, et vous aurez le secret et la cause de nos premiers désastres et de nos derniers revers. »

Face à cette armée en charpie, les Russes, maintenant réunis, font bien meilleure figure. Ils sont plus frais, mieux nourris, disposent d'une abondante cavalerie et du soutien des habitants. En outre, ils se replient méthodiquement et infligent de lourds dégâts à notre avant-garde. Ils n'abandonnent rien : ni hommes, ni caissons, ni chevaux, ni canons. « Ce peuple possède des réserves de vertu nationale », écrira Mme de Staël, venue à Saint-Pétersbourg encourager le tsar.

---

canon, une seule voiture, un seul malade. Ils savaient d'ailleurs que l'empereur Alexandre appelait tous les Russes à la défense de la patrie et que chaque pas que nous allions faire dans l'intérieur de l'Empire diminuerait nos forces et augmenterait celles de nos ennemis », écrit-il.

L'appel de l'immensité

Parvenu aux portes de la Vieille Russie, Napoléon semble à nouveau vouloir s'arrêter : « La campagne de 1812 est finie ; celle de 1813 fera le reste », dit-il alors à Narbonne. Il précise à Murat : « Pour 1813 Moscou, pour 1814 Saint-Pétersbourg. La guerre de Russie est une guerre de trois ans. » Arrivé à Vitebsk le 28 juillet, il y demeure deux longues semaines, déployant à son habitude une activité prodigieuse. Il multiplie les revues, fait entrer sa deuxième ligne en renfort. Le corps de Victor se dirige vers Wilno tandis que celui de Schwarzenberg vient épauler Oudinot, en difficulté devant Wittgenstein à Polotsk, soit à l'arrière de nos positions. Il s'agit d'abord de liquider toute menace ennemie sur nos flancs.

Surtout, il reprend directement en main l'état-major, marginalisant Berthier auquel il attribue une lourde responsabilité dans la débandade. Caulaincourt s'avoue choqué par la brutalité avec laquelle le maître éconduit son vieux serviteur : « Le prince de Neuchâtel était bourré à la journée et accablé de choses désagréables pour prix de sa franchise, de son inconcevable activité et de son dévouement. L'irritation de l'Empereur contre lui était poussée au point qu'il lui disait souvent de s'en aller à Grosbois, qu'il n'était plus bon à rien », écrit-il dans ses Mémoires. Stendhal, qui a suivi la campagne, abonde à l'inverse dans le sens de l'Empereur. Il décrit en Berthier un homme fini, las de se battre : « Nous l'avons vu à cette époque, homme totalement usé, fort occupé de son nouvel état de prince, craignant d'en compromettre le privilège en étant trop poli dans la forme de ses lettres. Le prince était tellement usé et fatigué que lorsqu'on allait lui demander des ordres, on le trouvait souvent renversé dans son fauteuil, les pieds appuyés sur sa table et sifflant pour toute réponse ; on ne distinguait d'autre mouvement, dans cette âme dépourvue de toute activité, qu'une aversion bien prononcée pour les généraux qui montraient du caractère et de l'énergie, choses tous les jours plus rares dans l'armée. » Déjà la fatigue et le poids des ans se cumulent avec la lassitude du combat, la peur et l'envie de jouir de sa fortune. Napoléon n'oublie pas de s'en prendre à l'administration, notamment aux commissaires de guerre, responsables de l'intendance, qu'il morigène sévèrement[1]. Il rétablit une discipline stricte, veille aux subsistances, limite les débordements de la Garde, qui ne partage pas et se croit tout permis. « Depuis vingt ans que je commande les armées françaises, je n'ai jamais vu d'administration militaire plus nulle, il n'y a personne ; ce qui a été envoyé ici est sans aptitude et sans connaissance », écrit-il le 3 septembre à Berthier.

Sous sa poigne de fer, l'armée retrouve un semblant d'organisation. Aussi, l'envie d'aller chercher l'adversaire, de concrétiser enfin son approche convergente par une victoire, le taraude à nouveau. Villemain, qui a hérité des confidences de Narbonne, analyse ses sentiments à cet instant précis de la campagne : « Il lui déplaît de se caserner dans cette masure conquise sans combat ; son orgueil s'ennuie : sa politique même, accoutumée à tout spéculer sur l'admiration et sur l'effroi des hommes, s'inquiète pour l'opinion européenne, d'une campagne ainsi manquée dans sa grandeur, arrêtée volontairement à la limite obscure d'un ancien district de la Pologne : et la passion, ce merveilleux sophiste, lui fait trouver que la sagesse serait dans la témérité, le calcul dans une imprudence qui consternerait l'ennemi, en étonnant le monde, et qu'enfin la sûreté, comme la gloire, est en avant. »

---

1. Il les rassemble à Vitebsk en compagnie des médecins : « Vous ne déployez pas assez d'activité, messieurs les docteurs et commissaires des vivres ; je vous enverrai à Paris soigner les habitants du Palais-Royal. Vous ne comprenez pas la sainteté de votre mission. Vous que je charge de veiller aux besoins de nos soldats, vous voulez coucher dans des draps blancs ; c'est en plein air, c'est dans la boue qu'il faut coucher, car la gloire n'est pas dans la mollesse, on ne la trouve que dans les privations », leur dit-il notamment.

En dépit des avis contraires qui se multiplient[1], il se décide à profiter d'une contre-attaque de Barclay pour tenter de le déborder par Smolensk. Il convoque ses généraux non pour les entendre, mais pour les convaincre. Il faut une bataille pour le prestige, leur explique-t-il. Après on s'empressera de conclure la paix, sachant que la Pologne, trop divisée et pauvre, ne mérite pas qu'on se batte pour elle. Ségur se souvient : « La plupart l'approuvèrent, sachant bien d'ailleurs, que quand même ils s'exposeraient à déplaire, en conseillant de s'arrêter, on n'en marcherait pas moins. Puisqu'il fallait courir de nouveaux dangers, ils aimèrent mieux paraître les affronter volontairement. » En résumé : « Ils trouvaient moins d'inconvénients à avoir tort avec lui, que raison contre lui. »

Le 11 août, les premiers éléments – il reste de 150 000 à 180 000 hommes disponibles – se ruent vers Smolensk. Délestée des traînards, reposée par quinze jours d'arrêt, la Grande Armée retrouve sa vitesse et son ardeur. En dépit de sa vélocité, le généralissime russe se replie sans encombre dans la cité, ville sainte et frontière de la Vieille Russie, qu'il semble pour ces raisons vouloir défendre avec acharnement. Vainqueurs d'une partie du corps de Bagration à Krasnoé, les Français entourent la ville dès le 16 août. De violents combats s'engagent dans les faubourgs, et vont durer jusqu'au lendemain soir, mettant environ 10 000 hommes hors de combat dans chaque camp. Meurtris par nos attaques, décimés par nos batteries, les Russes, à la rage de Bagration qui veut poursuivre le combat, abandonnent à nouveau la partie dans la nuit du 17. Encore une fois, la bataille échappe à Napoléon. En outre, le 19, la passivité

1. Napoléon se heurte notamment à Daru, qui, selon Ségur, lui affirme que la guerre n'est pas populaire car entreprise pour la Pologne et le Blocus, « que vos troupes, que nous-mêmes, nous n'en concevons ni le but ni la nécessité et que du moins tout conseille de s'arrêter ici », à la frontière de la Vieille Russie où la population devient hostile et les vivres encore plus rares.

d'un Junot déjà atteint par la folie fait manquer la destruction de l'arrière-garde ennemie à Valoutina – 5 000 hommes de plus jonchent le sol pour rien[1].

Pour la première fois, Napoléon découvre la détermination des Russes authentiques. Avant de se retirer, ils mettent le feu sans hésiter à leur vieille cité[2]. « Ces tours nombreuses et ces murailles crénelées se dessinaient en noir sur des torrents de flammes », écrit Montesquiou. Napoléon réveille Caulaincourt pour l'inviter à assister à l'incroyable spectacle, d'autant plus étonnant qu'il se déroule la nuit et illumine l'horizon : « C'est une éruption du Vésuve, clame l'Empereur. N'est-ce pas que c'est un beau spectacle ?

— Horrible, Sire, répond le grand écuyer.

— Bah ! reprit l'Empereur, rappelez-vous, messieurs, ce mot d'un empereur romain : le corps d'un ennemi mort sent toujours bon. »

Il n'empêche. La troisième attaque a encore échoué. L'armée russe se retire maintenant vers Moscou qui n'est plus distante que d'environ 400 kilomètres, ce qui représente une dizaine de jours de marche. La tentation d'y entrer est d'autant plus forte que Napoléon vient

---

1. L'apathie de Junot, resté l'arme au pied, semble d'autant plus incompréhensible qu'il reçoit à de nombreuses reprises l'ordre de marcher, notamment de la part de Ney et Murat, et que son intervention aurait permis de surprendre l'ennemi. « A Valoutina, Junot était déjà fou », dira l'Empereur. Or, sur les instances de Duroc, Napoléon, qui a d'abord envisagé de le renvoyer, lui confirme son commandement. En cela, il fait preuve d'une coupable faiblesse envers l'ami de la première heure, compagnon de la gloire depuis Toulon.

2. « Le développement si prompt de cet incendie ne laissait pas de doute qu'il ne fût l'ouvrage des Russes ; il nous contrista, moins à cause de l'effet moral que produit toujours un grand désastre et des ressources de toutes espèces que les flammes dévoraient, que parce qu'il annonçait, de la part de l'ennemi, une exaspération qui ne laissait plus d'espoir d'arrangement et qu'il éclairait en quelque sorte tout notre avenir », témoigne Boulart dans ses Mémoires.

d'apprendre que ses deux ailes viennent d'être victorieuses. A sa gauche, Gouvion-Saint-Cyr, remplaçant Oudinot blessé, a battu le 18 août Wittgenstein à Polotsk, ce qui lui vaut de recevoir le bâton de maréchal.

Six jours plus tôt, Schwarzenberg a lui aussi gagné à droite la bataille de Gorodeczno. Pour la première fois, le sang autrichien a coulé pour la France. Napoléon est d'autant plus heureux que ces victoires, remportées sur ses arrières, lui permettent de poursuivre sa marche en avant sans risque. Selon Labaume, auteur d'une des plus célèbres relations de la campagne, il ne fallait pas pénétrer sur le territoire de la « Sainte Russie » mais passer l'hiver à fortifier les provinces polonaises. Au printemps suivant, on aurait attaqué sereinement les deux capitales : Saint-Pétersbourg et Moscou. « Mais au lieu d'adopter ce plan judicieux, le guerrier qui dévorait l'avenir, se rappelant l'heureuse issue de ses dernières campagnes, où toujours il dicta la paix dans le palais même des souverains qu'il avait vaincus, fut trompé par l'éclat de ses anciens traités : ces souvenirs glorieux l'enhardirent à tel point qu'il dédaigna les conseils de sagesse et voulut, quoiqu'à six cents lieues de la France, n'ayant plus que des chevaux fatigués, sans vivres ni magasins, ni hôpitaux, s'aventurer sur la route déserte de Moscou[1]. »

Il n'y a désormais plus qu'une route qui mène à la capitale historique de la Russie. Tous les corps français, jusqu'alors dispersés, vont pouvoir être réunis, ce qui va permettre d'augmenter notre masse de frappe et de la placer entièrement sous l'autorité de Napoléon. Après une dernière hésitation, l'Aigle cède à la tentation, sûr de trouver la victoire et la paix, déjà enivré par la perspective d'entrer vivant dans la légende en conquérant la ville

1. Le même Labaume précise que le corps de Wittgenstein, quoique battu, n'est pas détruit et qu'une nouvelle armée s'apprête à pénétrer sur nos arrières.

aux mille clochers[1]. « Avant un mois, affirme-t-il à Smolensk, nous serons à Moscou ; dans six semaines nous aurons la paix. » Le tranchant du propos dissimule mal l'inquiétude qui le ronge. Pressé d'en finir, il vient de faire parvenir ses premières offres de paix au tsar et se persuade d'une conclusion prochaine. Or, il se leurre complètement. Apprenant la prise de Smolensk, la tsarine Elisabeth vient d'écrire à sa mère la margrave de Bade : « Nous sommes préparés à tout, à la vérité, hormis des négociations. Plus Napoléon s'avancera, moins il doit croire une paix possible. C'est le sentiment unanime de l'Empereur et de toute la nation dans toutes ses classes, et, grâce au ciel, il existe la plus parfaite harmonie à cet égard. C'est sur quoi Napoléon ne comptait pas ; il s'est trompé en ceci comme en bien des choses. Chaque pas qu'il fait dans cette immense Russie, l'approche davantage de l'abîme. Nous verrons comment il supportera l'hiver[2]. »

1. « Ainsi, ironise Custine dans *La Russie en 1839*, la manie des collections – "la manie des capitales" l'appelle-t-il plus loin – a borné l'intelligence du grand politique, il a sacrifié son armée à la puérile satisfaction d'occuper une capitale de plus !!! Repoussant les avis les plus sages, il fit violence à sa propre raison, afin de venir s'installer dans la forteresse des czars, comme il avait dormi dans le palais de presque tous les potentats de l'Europe : et pour ce vain triomphe du chef aventureux, l'empereur a perdu le sceptre du monde. »

2. « Le cycle avait commencé par la résistance nationale ; il finit par celle des Russes. L'esprit national continua de tout conduire et de tout animer : il avait mené les Français à Moscou ; il allait mener, sur leurs pas, les Russes à Paris », écrit Albert Sorel, qui cite à l'appui une lettre écrite au début du mois d'août par l'amiral Tchitchagov au tsar : « L'expérience a constaté que Napoléon, qui a triomphé successivement de toutes les guerres de cabinet et des conseils, a succombé infailliblement à toutes celles qui ont été nationales… Or, par la manière dont Votre Majesté s'y prend, en électrisant les esprits qui ne désirent que de l'adorer et en les faisant participer volontairement à ce but, elle nationalise la guerre, et par conséquent oppose une force invincible à son ennemi… » En conclusion : « Napoléon rencontre à chaque pas le contraire de ce qu'il attend. Il doit craindre de s'enfoncer dans l'intérieur et cependant, il y est entraîné, pour ainsi dire, malgré lui. »

CHAPITRE V
L'IMPASSE

> « La faute de Napoléon n'est [...] pas tant d'être resté à Moscou que d'y être venu ; ce qui n'empêche pas que le séjour y ait été prolongé au-delà de l'indispensable nécessité. L'Empereur lui-même a convenu qu'il aurait dû y demeurer quinze jours de moins. »
>
> PASQUIER,
> *Mémoires.*

Le fer

Le 25 août, l'armée des vingt nations emprunte la route de Moscou. Comme le constate Anatole de Montesquiou, un des plus fins chroniqueurs de la campagne, beaucoup de généraux protestent en grommelant : « Eh bien, en avant, n'est-ce pas, nous disaient-ils avec ironie, en avant, en avant, toujours en avant ? Est-ce qu'il n'y en a pas encore assez ? Il n'en aura jamais assez ? Que diable venons-nous faire dans ce chien de pays ? [...] On ne vit pas seulement de gloire. La gloire est de la viande creuse, et cela porte à la tête. »

Au moins, la poursuite se simplifie, ce qui laisse augurer un dénouement prochain. Chacune des deux armées forme une masse compacte d'environ 130 000 hommes et marche sur la même route sablonneuse, la française poursuivant la russe. La chaleur reste excessive, ses effets dévastateurs étant accentués par les masses de poussière brûlante soulevées par le passage des troupes et surtout le manque d'eau[1]. L'artillerie marche au centre, l'infanterie et la cavalerie sur les côtés. Les engagements contre les Russes sont désormais quasi quotidiens. Non seulement ils se battent toujours avec le même acharnement, mais ils mettent systématiquement le feu aux villes et villages, détruisant les dépôts, pratiquant la stratégie de la terre brûlée. « Il n'y a pas à l'armée l'ombre de la crainte, ni même de la défiance ; tous ne demandent que le combat et personne ne doute du succès », s'enthousiasme Joseph de Maistre.

Pourtant, Napoléon garde le sourire. En dépit du feu, l'armée se nourrit beaucoup mieux que dans les provinces polonaises. La Sainte Russie est plus riche : grenier à blé de l'Europe, caves – qui échappent à l'incendie – abondamment pourvues en victuailles et en boissons. L'impressionnante réduction de ses forces la rend d'ailleurs plus facile à nourrir. Réduite à un effectif classique, elle se révèle plus maniable ; plus ardente aussi ; les mauvais éléments étant tombés sur le chemin. Surtout, il vient d'apprendre une nouvelle qui le ravit car elle annonce une bataille prochaine. Cédant aux injonctions de sa noblesse et de son état-major, Alexandre vient de nommer Koutouzov généralissime à la place de Barclay de Tolly. L'abandon de Smolensk avait mis au comble l'impopularité du chef d'orchestre de la « guerre de mouvement défensive ». A la tête de ses opposants, Bagration accusait Barclay de lâcheté, quand ce n'était pas de traîtrise, eu égard à ses origines

1. « Me croira-t-on quand je dirai que j'ai vu des hommes se mettre à plat ventre pour boire, dans l'ornière, de l'urine de cheval », écrit Girod de l'Ain, auteur de *Dix ans de souvenirs militaires de 1805 à 1815*.

étrangères[1]. Il affirmait notamment que Napoléon était sur le point d'être défait devant Smolensk et que la pusillanimité du général en chef avait tout perdu. « Je ne remettrai jamais un uniforme russe, puisqu'il est devenu une honte », s'était alors exclamé l'hetman Platov, chef des Cosaques. Derrière eux, la plupart des officiers supérieurs réclamaient d'être commandés par un Russe. Certains chefs soupçonnent même le tsar d'encourager la retraite pour préparer une rapide capitulation. Le climat se dégrade à un tel point que l'officier anglais Sir Robert Wilson est mandaté auprès du souverain pour réclamer un nouveau chef, le renvoi du ministre Roumiantsov, soupçonné d'être resté francophile, ainsi que la promesse qu'aucune négociation ne serait engagée tant qu'un Français resterait sur le territoire. C'est un véritable pronunciamiento. S'il ne cède pas sur son ministre, Alexandre fournit en revanche toutes les garanties nécessaires sur sa pugnacité et accepte d'abandonner Barclay. En dépit de sa vieille aversion pour le personnage, auquel il reproche notamment d'avoir eu raison contre lui en déconseillant d'attaquer à Austerlitz, il fait le choix de Koutouzov à la fois car il reste adoré des hommes et qu'il ne veut pas humilier davantage Barclay en le plaçant sous l'autorité de Bagration. D'ailleurs, le tsar se méfie de la nature offensive de ce dernier et redoute qu'il lui fasse perdre son armée sur un coup de tête.

A soixante-sept ans, très expérimenté, Koutouzov est un chef prudent, rusé, économe de la vie de ses soldats, le seul à détenir la légitimité suffisante pour commander, son pragmatisme bien connu ralliant les adeptes de la défensive tandis que son origine russe et sa haine des Français cal-

---

1. Barclay était de lointaine origine écossaise. Une grande partie de l'état-major était allemand, ce qui indignait tout autant les Russes. Tolstoï mentionne en tout huit partis au sein de l'armée dont celui de la capitulation (Constantin), les partisans de Barclay, ceux de Bennigsen (en disgrâce depuis Friedland), d'Alexandre ; sans oublier ceux qui n'ont pas d'avis, et ne pensent qu'à eux (formant selon lui 99 % de l'ensemble).

ment Platov, Bagration et tous les fanatiques de l'offensive. Au moins, celui-là ne trahira pas. « Le renard du Nord » est un paradoxe vivant, mi-brute, mi-courtisan, à la fois sale et raffiné, paresseux et volontaire, libertin et croyant. Le général de Langeron, émigré qui a longtemps combattu sous ses ordres, l'a croqué sans indulgence : « On ne pouvait avoir plus d'esprit que Koutouzov, on ne pouvait avoir moins de caractère ; on ne pouvait réunir plus d'adresse à peu d'astuce, on ne pouvait posséder moins de véritables talents et plus d'immoralité. Une mémoire prodigieuse, une grande instruction, une rare amabilité, une conversation aimable et intéressante, une bonhomie un peu factice à la vérité, mais agréable à ceux qui voulaient en être la dupe, voilà les agréments de Koutouzov. Une grande violence, la grossièreté d'un paysan lorsqu'il s'emportait ou lorsqu'il n'avait pas à craindre la personne à qui il adressait la parole ; une bassesse envers les personnes qu'il croyait en faveur, portée au point le plus avilissant, une paresse insurmontable, une apathie qui s'étendait à tout, un égoïsme rebutant, un libertinage aussi crapuleux que dégoûtant, peu de délicatesse pour les moyens de se procurer de l'argent, voilà les inconvénients de ce même homme », écrit-il dans ses Mémoires. Mais aussi, et sur ce point il faut s'imprégner de Tolstoï et du chef-d'œuvre cinématographique qu'en a tiré Sergueï Bondartchouk, un authentique chef, familier avec ses hommes, veillant à leur quotidien, tutoyant comme Napoléon, véritable père du soldat. Son arrivée à l'armée, fin août, suscite un enthousiasme unanime. Brûlant de se battre, elle sait qu'elle va être exaucée. Qu'il le veuille ou non, Koutouzov n'a plus d'autre choix que de livrer bataille pour sauver la capitale historique.

*

Le 5 septembre 1812, l'avant-garde de Murat butte à environ 150 kilomètres de Moscou sur une forte résistance ennemie autour du village de Borodino. C'est là que

Koutouzov a choisi de faire front, appuyé sur une excellente position défensive, forte de ses défenses naturelles : bois épais, rivières, collines élevées au sommet desquelles il a bâti dans l'urgence des redoutes, véritables blockhaus truffés de canons. Les deux principales, la Grande Redoute et les Trois Flèches, commandent le centre et la gauche de son dispositif, la droite s'appuyant autour du village de Gorki, point le plus exposé du front où Koutouzov masse en conséquence l'essentiel de ses forces[1].

Le 5, la division Compans s'empare de la redoute de Schwardino, position avancée qui commande l'accès à la Grande Redoute et aux Trois Flèches. Napoléon, qui craint de voir l'ennemi lui échapper, ne pousse pas davantage et se contente de rassembler ses unités en vue d'un nouvel Austerlitz.

La journée du 6 est consacrée à la préparation de « la » bataille. Chacun mobilise ses troupes par le verbe et l'image. Napoléon, qui vient de recevoir un portrait du roi de Rome par Gérard, l'expose devant sa tente pendant plusieurs heures avant de le ranger : « Retirez-le ! dit-il alors. Il voit de trop bonne heure un champ de bataille. » Comme d'habitude, il fait lire la brève proclamation qu'il a rédigée pour galvaniser l'armée avant le choc décisif : « Soldats, voilà la bataille que vous avez tant désirée ! Désormais la victoire dépend de vous : elle nous est nécessaire. Elle nous donnera l'abondance, de bons quartiers d'hiver et un prompt retour dans la patrie. Conduisez-vous comme à Austerlitz, à Friedland, à Vitebsk, à Smolensk, et que la postérité la plus reculée cite avec orgueil votre conduite dans cette journée ; que l'on dise

1. Sa stratégie s'inspire toujours de celle de Wellington à Torres Vedras. « La ligne de l'ennemi était protégée par des positions formidables, bien choisies et par des redoutes et des canons qui croisaient leurs feux », résume le général Lejeune. Barclay commande à droite (Borodino), Bagration à gauche (les Trois Flèches).

de vous : il était à cette grande bataille sous les murs de Moscou[1]. »

Du côté russe, tous les regards sont tournés vers le Très-Haut dans ce qui apparaît comme l'ultime chance de sauver la vieille capitale de l'agression de l'Antéchrist. Léon Tolstoï révèle l'existence d'une prophétie assimilant Napoléon à la bête de l'Apocalypse. En chiffrant l'alphabet français sur le mode de l'ancienne écriture hébraïque, « L'Empereur » équivaut à 666, soit le nombre de la bête tel qu'il est donné par saint Jean. Heureusement, son pouvoir doit bientôt prendre fin, le terme du règne du diable étant fixé à quarante-deux mois. Or, Napoléon vient d'avoir 42 ans le 15 août précédent. A n'en pas douter, l'année 1812 sera celle de sa chute. Tandis que les grognards hurlent « Vive l'Empereur ! », les Russes prient : « Koutouzov fait porter en procession dans tous les rangs une image réputée miraculeuse qui a été sauvée de Smolensk. Chaque soldat est appelé à mériter les palmes du martyre, et tous agenouillés répondent aux chants religieux par des transports d'enthousiasme : nous entendons les acclamations », rapporte le baron Fain.

Le plan français vise à prendre la Grande Redoute[2], afin de crever l'ennemi en son centre. Pour ce faire, Eugène simulera une attaque en force sur Borodino et Gorki, afin de conforter Koutouzov dans son idée que

1. Koutouzov sacrifie au même rituel : « Soldats, faites votre devoir. Pensez au sacrifice de vos villes en flammes, de vos enfants qui implorent votre protection. Pensez à votre souverain qui voit en vous la source de sa puissance et demain, avant le coucher du soleil, vous aurez marqué votre foi et votre fidélité au monarque et au pays par le sang de l'agresseur ! » Selon Ségur, il qualifie pour l'occasion Napoléon de « despote universel », de « vermisseau » et de « tyrannique perturbateur du monde ».

2. « A gauche, et à portée de son feu, un mamelon s'élève comme le dominateur de cette plaine ; il est couronné d'une redoute formidable, armée de vingt et un canons. La Kologha et des ravins l'environnent de

Napoléon vise sa droite. Ses gros fixés sur ce point, Napoléon lancera, comme à Austerlitz, l'essentiel de ses forces sur les Trois Flèches, gardées par Bagration, avant de se rabattre sur la Grande Redoute. Davout a proposé une autre solution : contourner l'ennemi sur sa gauche, à proximité de la forêt d'Outitza avec une colonne d'une quarantaine de milliers d'hommes tandis que le reste de la Grande Armée fixera l'adversaire. Encerclé, il sera dans un second temps broyé par l'avancée conjointe de nos deux tronçons figurant une mâchoire. Trop dangereux rétorque Napoléon, qui délègue cependant Poniatowski avec quelques milliers d'hommes pour avancer en cette direction. Au lieu d'une bataille de mouvement, il adopte donc l'attaque frontale, privilégiant l'artillerie. De plus en plus, la force remplace la manœuvre[1]. Durant la nuit, l'Aigle se réveille plusieurs fois pour vérifier que Koutouzov demeure bien en place. Enfin, il tient sa bataille : « Le soleil [...] retrouva les deux armées, et les montra l'une à l'autre sur le même terrain où il les avait laissées la veille, écrit Ségur. Ce fut une joie générale. Enfin cette guerre vague, molle, mouvante où nos efforts s'anéantissaient, dans laquelle nous nous enfoncions sans mesure, s'arrêtait ! On touchait au fond au terme ! Et tout allait être décidé. » Napoléon prend position devant la redoute de Schwardino. Derrière lui, la Garde en grande tenue

---

front et à sa droite ; sa gauche s'incline sur un long et large plateau, dont le pied plonge dans un ravin bourbeux, affluent de la Kologha. La crête de ce plateau que bordent les Russes, baisse et recule en se prolongeant vers la gauche, en face de la Grande Armée ; puis elle se relève jusqu'aux ruines encore fumantes du village de Semerouske », décrit Ségur.

1. Selon Clausewitz : « Cette bataille est une de celles qu'on n'a guère besoin d'expliquer, les conséquences des conditions où se trouvaient les deux armées l'expliquent toutes seules. 120 000 Russes dont 30 000 cosaques et milices se trouvent sur une position très moyenne, en présence de 130 000 Français dont Bonaparte est le général. La bravoure des deux côtés étant égale, que pouvait-on attendre de la lutte des forces sur ce petit espace, sinon que la balance penchât légèrement au détriment des Russes ? »

constitue la réserve. L'armée se déploie, note le général Lejeune, « comme un amphithéâtre ; et l'aspect de tous ces hommes d'élite, beaux à voir dans leur impatience de prendre part à l'action pour assurer la victoire, produisait un coup d'œil des plus imposants ».

*

La bataille commence à six heures du matin et ne tarde pas à tourner à la confusion. La mêlée devient générale, compliquant les éventuelles manœuvres à prescrire ; « une bataille dérangée », résume Bennigsen. Eugène s'empare assez vite de Borodino tandis que Ney, Murat et Davout partent à l'assaut des redoutes, privilégiant d'abord les Trois Flèches qui tombe vers dix heures après huit assauts infructueux. L'hécatombe est immédiate. Compans, Rapp et Davout sont blessés, Montbrun tué, Bagration mortellement atteint. « Qu'est-ce que la guerre ? » a interrogé Napoléon au bivouac avant de répondre : « Un métier de barbares où l'art consiste à être le plus fort sur un point donné[1]. »

Ney et Murat réclament déjà des renforts. Napoléon diffère : « Je ne vois pas encore clair sur mon échiquier. » Ney s'indigne : « Puisqu'il ne fait pas la guerre par lui-même, qu'il n'est plus général, qu'il veut faire partout l'Empereur, qu'il retourne aux Tuileries et nous laisse être généraux pour lui. »

Tandis que la tuerie se poursuit, l'Aigle, contrairement à son habitude, paraît étrangement absent, presque ailleurs. Il passe la plus grande partie de la journée à l'arrière, toujours près de la redoute de Schwardino et à proximité de sa garde. Certes, il est fortement indisposé par une grippe, mais il y a naturellement d'autres éléments d'explication. Peut-être un peu d'abandon et de lassitude, lié à son épuisement moral et physique. Sans

1. Le propos est rapporté par Ségur.

doute la conviction que la bataille, succession de corps à corps meurtriers, ne nécessite pas de manœuvres particulières ni d'adaptations stratégiques. Il veut attendre et voir[1]. Son indécision permet en tout cas à Koutouzov de colmater ses premières brèches.

En fin de matinée, les Russes contre-attaquent violemment et reprennent une grande partie du terrain perdu. L'heure est aux gladiateurs comme Ney, infatigable à l'attaque, comme Murat, transfiguré par la bataille et qui se détache aux yeux de tous par la singularité de son accoutrement. « Avec son artillerie tonnante et l'immense

1. Le témoignage de Ségur sur ce point est essentiel : « Il répondait à ceux qui le pressaient "qu'il y voulait mieux voir ; que sa bataille n'était pas encore commencée ; que la journée serait longue, qu'il fallait savoir attendre ; que le temps entrait dans tout ; que c'était l'élément dont toutes choses se composaient ; que rien n'était assez débrouillé". Puis il demandait l'heure, et ajoutait : "Que celle de sa bataille n'était pas encore venue ; qu'elle commencerait dans deux heures." Mais elle ne commença pas ; on le vit presque toute cette journée s'asseoir ou se promener lentement, en avant, et un peu à gauche de la redoute conquise. » A l'écart de la bataille : « Il faisait seulement quelques gestes d'une triste résignation quand, à chaque instant, on venait lui apprendre la perte de ses meilleurs généraux. Il se leva plusieurs fois pour faire quelques pas, et se rasseoir encore. Chacun autour de lui le regardait avec étonnement. Jusque-là, dans les grands chocs, on lui avait vu une activité calme ; mais ici, c'était un calme lourd, une douceur molle, sans activité, quelques-uns crurent y reconnaître cet abattement, suite ordinaire des violentes sensations ; d'autres imaginèrent qu'il s'était déjà blasé sur tout, même sur l'émotion des combats. Plusieurs observèrent que cette constance calme, ce sang-froid des grands hommes dans ces grandes occasions tournent, avec le temps, en flegme et en appesantissement quand l'âge a usé leurs ressorts. Les plus zélés motivèrent son immobilité sur la nécessité, quand on commande sur une grande étendue, de ne pas trop changer de place, afin que les nouvelles sachent où vous trouver. Enfin, il y en eut qui s'en prirent, avec plus de raison, à sa santé affaiblie, à une secrète souffrance, et au commencement d'une forte indisposition », écrit-il dans sa célèbre relation de la campagne. Selon Pasquier, sa grippe l'empêcha également de procéder à une reconnaissance préalable, ce qui le handicapa fortement durant la bataille.

nuage de poudre dans lequel il disparaissait tout entier, ou que dominait par moments sa haute stature », le roi de Naples « ressemblait à l'un des terribles dieux de l'Olympe » se souvient Montesquiou, « sous le charme de sa bravoure infatigable, de sa mâle élégance et de son accent martial », admiratif « de le voir savourer sans cesse les rudes joies de la guerre sans pouvoir s'en rassasier jamais ».

Le général Lejeune, auquel on doit un magnifique tableau de la bataille, le découvre avec stupeur, tourbillonnant au milieu d'une nuée de Cosaques : « Ces derniers, heureux comme dans un jour de fête, l'entouraient avec l'espoir de s'en emparer en criant : “Hourra ! Hourra ! Maurat !” mais aucun n'osait aborder même à la longueur de sa lance, celui dont le sabre vif comme l'éclair écartait avec adresse le danger et portait la mort au cœur des plus audacieux », écrit-il dans ses Mémoires.

La violence n'interdit pas encore la noblesse dans cette bataille de titans, charnière entre deux âges de la guerre car déjà annonciatrice de la barbarie contemporaine mais qui procède encore du vieil esprit chevaleresque, méprisant la mort, indifférent à la douleur, chérissant la geste, quêtant la gloire et empreint de sacrifice.

« La bataille des géants » (Jomini) demeure indécise. Trop concentrés, les Russes sont détruits par bataillons entiers sous le feu de notre artillerie. Mais la Grande Redoute tient toujours, broyant sous une grêle de boulets et de balles nos assauts répétés. C'est un cavalier, le général de Caulaincourt, frère du grand écuyer, qui sauve la situation en s'emparant de la position clé vers trois heures de l'après-midi. Il y trouve la mort après avoir mené une charge héroïque qui décide de la bataille. Pourtant, à la stupeur générale, les Russes ne s'inclinent pas encore. Ils tentent même plusieurs assauts avant de se replier sur leur deuxième ligne. A nouveau pressé de faire donner la Garde, Napoléon refuse encore : « A huit cents lieues de la

France, on ne risque pas sa dernière réserve », dit-il pour se justifier. Couronnant maintenant les hauteurs, il se contente pendant deux heures de noyer l'ennemi sous le feu de quatre cents pièces : « Puisqu'ils en veulent encore, donnez-leur-en », s'exclame-t-il. Indifférent au déluge de feu, l'ennemi poursuit méthodiquement sa retraite. Il se reforme deux kilomètres plus loin, n'abandonnant aucun des siens en route. Tant de bravoure stupéfie l'Aigle : « Ces Russes se font tuer comme des machines ; on n'en prend pas, confie-t-il à Caulaincourt. Cela n'avance pas nos affaires. Ce sont des citadelles qu'il faut démolir avec du canon. » Nos troupes épuisées ne peuvent plus poursuivre. Le feu se ralentit puis tombe avec le soleil.

A la fin de la journée, 50 000 Russes sur 120 000 sont hors de combat. Il n'y a, et c'est tout dire, que 800 prisonniers tombés entre nos mains. De notre côté, environ 10 000 morts et 20 000 blessés jonchent le sol. Avec 48 généraux à terre, notre haut commandement se trouve littéralement décapité. Borodino, que les Français appelleront la Moskova, est la plus meurtrière de toutes les batailles de l'Empire, livrée pour un gain… de deux kilomètres de front. A la faveur de la nuit, Koutouzov ordonne la retraite, si fier de la résistance opposée qu'il crie aussitôt victoire, abusant jusqu'à son empereur[1]. Même s'il demeure maître du champ de bataille, l'Aigle semble abattu. Il croyait pouvoir écraser l'ennemi. Il n'est parvenu qu'à le faire reculer, encore redoutable, toujours menaçant, alors que lui-même est lourdement décimé.

1. Clausewitz se montre sévère même s'il reconnaît n'avoir fait qu'entrevoir Koutouzov durant la bataille. Exprimant « ce qui était d'opinion courante dans l'armée », il estime que son rôle « avait été celui d'un zéro. Il ne paraissait avoir ni ressort interne, ni vision claire des événements qui survenaient, il ne montra ni une intervention vigoureuse, ni une action personnelle. Il laissa agir ceux qui avaient l'affaire en main, et ne paraissait pas être, au point de vue des actes de la bataille, beaucoup plus qu'une abstraction d'autorité ».

Le bivouac est lugubre, comme le révèle Brandt : « Autour de chaque lueur qui commençait à briller dans les ténèbres, les blessés, les agonisants, furent bientôt plus nombreux que nous-mêmes. On les voyait de toutes parts, semblables à des spectres, se mouvoir dans la pénombre, se traîner, ramper jusque dans l'arbre lumineux du foyer. Les uns, affreusement mutilés, avaient usé dans cet effort suprême ce qui leur restait de forces : ils râlaient et expiraient, les yeux fixés sur la flamme dont ils avaient encore l'air d'implorer le secours : les autres, ceux qui avaient conservé un souffle de vie, semblaient les ombres des morts. Ils reçurent tous les soins possibles, non seulement de nos braves médecins, mais des officiers et des soldats. Tous nos bivouacs étaient devenus des ambulances. » Habitués au triomphe, les hommes sentent que quelque chose s'est cassé et que la partie de campagne espérée dégénère en cauchemar. Pour la première fois, « le petit tondu » est critiqué. On lui reproche d'être resté longtemps absent, à l'abri derrière ses chers « messieurs de la Garde » qu'il n'a pas voulu faire donner, empêchant l'écrasement, compromettant la campagne. Du troupier au maréchal, la grogne monte, le doute gagne[1]. « Jamais nous n'avions éprouvé de pertes aussi considérables ; jamais aussi le moral de l'armée n'avait

1. « Nous n'avions pas eu le bonheur de le voir, comme autrefois, aller électriser par sa présence les points où une résistance trop vigoureuse prolongeait le combat et rendait le succès douteux. Chacun de nous s'étonnait de ne pas trouver l'homme actif de Marengo, d'Austerlitz, etc. Nous ignorions que Napoléon fût souffrant [...]. Nous étions peu satisfaits : nos jugements étaient sévères », écrit par exemple le général Lejeune. Ségur se fait l'écho d'autres critiques dans son histoire de la campagne. Selon lui, les combattants disaient « que c'était une bataille sans ensemble, une victoire de soldats plutôt que de général ! ». « Murat s'écrie : "Que, dans cette grande journée, il n'avait pas reconnu le génie de Napoléon." Le vice-roi avoua : "Qu'il ne concevait point l'indécision qu'avait montrée son père adoptif." Et Ney, quand il fut appelé à son tour, mit une singulière opiniâtreté à lui conseiller la retraite. »

été si fortement atteint, constate Fezensac. Je ne retrouvai plus l'ancienne gaieté des soldats ; un morne silence succédait aux chansons et aux histoires plaisantes qui leur faisaient oublier autrefois la fatigue des longues marches. Les officiers eux-mêmes paraissaient inquiets ; ils ne servaient plus que par devoir et par honneur. » Enfin et surtout : « Cet abattement, naturel dans une armée vaincue, était remarquable après une affaire décisive, après une victoire qui nous ouvrait les portes de Moscou », écrit avec justesse le même témoin[1]. On pourrait multiplier les citations à l'infini. Toutes témoignent d'une crise de confiance, d'un abattement moral, d'une inquiétude inédite devant l'avenir.

Le lendemain, Napoléon visite comme de coutume le champ de bataille et y passe plusieurs heures. Il y fait relever les blessés, soulage la misère et encourage les survivants[2]. Il y vient aussi pour repérer les positions exactes de l'ennemi, comprendre sa tactique, deviner les secrets des victoires futures. Incontestablement le cœur n'y est pas. C'est encore le précieux Ségur qu'il faut suivre pour revivre le tragique de l'instant. D'après lui, aucun champ de bataille n'avait présenté jusqu'alors un aspect si horrible : « Tout y concourait : un ciel obscur, une pluie froide, un vent violent, des habitations en cendres, une plaine bouleversée, couverte de ruines et de débris ; à l'horizon, la triste et sombre verdure des arbres du Nord ; partout des soldats errants parmi des cadavres et cherchant des subsistances jusque dans les sacs de leurs compagnons morts ; d'horribles blessures, car les balles russes sont plus grosses que les nôtres ; des bivouacs silencieux, plus de chants, point de récits ; une morne taciturnité. » Autour des aigles, des

1. *Souvenirs militaires de 1804 à 1814.*

2. Caulaincourt rapporte que Napoléon apostropha un groupe de 60 à 80 hommes, postés devant une redoute en leur demandant de rejoindre leur régiment : « "Il est là" répondit l'officier en montrant les approches et les fossés de la redoute. »

survivants aux vêtements déchirés acclament encore l'Empereur, même si les cris sont plus rares que d'habitude : « Car dans cette armée, capable à la fois d'analyse et d'enthousiasme, chacun jugeait de la position de tous. »

Voudrait-il maintenant s'arrêter qu'il ne le peut plus. Cette victoire incomplète, triste, maussade, lui fait l'obligation d'aller jusqu'à Moscou pour le prestige, pour sa gloire, mais aussi pour ses hommes qu'il faut reposer et satisfaire. Visiblement, il en a assez de cette drôle de guerre, de cet ennemi fuyant et obstiné dont l'endurance contraste avec le délitement de cette tour de Babel qu'est devenue sa Grande Armée. Conscient de sa faiblesse, il veut conclure la paix dans les délais les plus brefs et entend ne plus jamais revenir comme il le confesse à Berthier : « On a croisé l'épée ; l'honneur est satisfait aux yeux de tout le monde, et les Russes se sont fait assez de mal pour que je n'ai pas d'autres satisfactions à leur demander. Ils ne seront pas plus tentés que je leur fasse une seconde visite, que je ne le serai de revenir à Borodino. »

En continuant à avancer, il espère encore cueillir les débris de l'armée russe. Mais, quoique diminuée de moitié, celle-ci continue à retraiter en bon ordre et à disputer chaque jour des combats d'arrière-garde meurtriers. Toutefois, elle demeure bien trop affaiblie pour espérer sauver Moscou. Mais la revanche est proche annonce Koutouzov à son état-major, meurtri d'abandonner la capitale historique à l'envahisseur : « [...] Je considère cette retraite comme providentielle car elle conservera notre armée », leur dit-il, avant d'ajouter : « Napoléon ressemble à un torrent impétueux que nous ne pouvons pas encore arrêter, mais Moscou sera l'éponge qui va l'absorber[1]. » Le général en chef russe se

1. Tout en critiquant Koutouzov, Clausewitz rend hommage à sa *vista* et à son sens psychologique : « Il connaissait les Russes et savait les manier, écrit-il dans sa relation de la campagne. Avec un aplomb

place à Kalouga, au sud-ouest de la capitale où il va pouvoir menacer les communications de la Grande Armée tout en renforçant notablement ses troupes au cours des semaines suivantes.

Selon Tolstoï, Borodino s'avère une victoire à la Pyrrhus[1] : « Tous les moyens qui, autrefois, étaient immanquablement couronnés de succès ; et la concentration du feu de l'artillerie, et l'attaque des réserves pour rompre les lignes, et la charge de la cavalerie, des hommes de fer – tous ces moyens avaient déjà été utilisés, et non seulement on n'obtenait pas la victoire, mais il s'agissait toujours, dans les renseignements qui affluaient de tous côtés, de généraux tués ou blessés, de besoins de renforts, de la résistance des Russes et de la désorganisation des troupes. [...] Napoléon, lui, savait fort bien, avec sa grande expérience, ce que signifiait une bataille où, après huit heures d'efforts, l'assaillant n'a pu obtenir la victoire, il savait que c'était une bataille presque perdue et que maintenant – dans cette situation – le moindre incident pouvait lui être fatal, à lui et à son armée. » L'hécatombe a la figure d'un nouvel Eylau, encore plus éloigné, encore plus meurtrier. La difficile victoire de 1807, déjà, avait

---

inouï il se proclama vainqueur, prédit partout la perte prochaine de l'armée ennemie, eut l'air jusqu'au dernier moment de vouloir protéger Moscou par une seconde bataille, et ne négligea aucune sorte de vantardise. Il sut flatter ainsi l'amour-propre de l'armée et de la nation et chercha, par ses proclamations et des excitations religieuses, à agir sur leur moral. Une confiance nouvelle en résulta, confiance artificielle il est vrai, mais qui dans le fond reposait sur un fait réel, la situation mauvaise de l'armée française. C'est ainsi, conclut-il, que la légèreté et le charlatanisme de ce faiseur, devinrent plus utiles que ne l'eût été la droiture de Barclay. »

1. Jomini partage le même point de vue : « Une telle boucherie sans résultats était un coup funeste porté à l'armée française déjà si fort aventurée, tandis qu'elle n'était qu'un demi-mal pour l'armée russe que de nombreuses levées pourraient bientôt recompléter », résume-t-il dans son *Précis politique et militaire des campagnes de 1812 à 1814*.

failli être fatale à Napoléon, mais sa Grande Armée avait alors su se replier et se reposer pour mieux se renforcer. Or, cette fois, l'Aigle a déjà joué presque toutes ses cartes, ayant pressé la France et ses alliés au-delà du raisonnable. Eylau s'était déroulé en février, au sortir de l'hiver, laissant le printemps pour se reposer, l'été pour attaquer. La Moskova intervient au couchant de la belle saison, à l'aurore de l'automne, à huit semaines du terrible hiver[1].

Napoléon sent-il qu'il est sur le point de tout perdre ? Il tente en tout cas de chasser le doute par l'autopersuasion. Il se forge sa vérité qui ne correspond plus du tout avec la réalité telle qu'elle s'impose à la lecture objective des données. Ayant remporté « la » bataille, il clame que la paix est proche, que son ami Alexandre y est résolu mais n'a pas encore osé l'imposer à son armée et à sa noblesse. Borodino lève les dernières difficultés ; l'entrée à Moscou l'obligera à conclure. Comme il méconnaît l'âme russe, comme il juge mal la résolution implacable du tsar ! Au lieu de l'acculer, la perte de sa principale armée et de sa capitale historique n'a fait que porter au paroxysme son désir de vengeance. Derrière Alexandre, c'est tout un peuple qui communie dans la haine de l'Antéchrist, toute une nation qui attend son heure tandis qu'elle évacue les abords du Kremlin, laissant une ville presque déserte à l'envahisseur honni.

*

Le 14 septembre 1812, les 100 000 survivants de l'armée des vingt nations parviennent au terme de leur

1. Vainqueur, mais à quel prix, le lion français est blessé à mort, toujours selon l'auteur de *Guerre et Paix* : « Telle une bête furieuse touchée mortellement dans sa course, l'envahisseur sentait qu'il était perdu, mais il ne pouvait pas s'arrêter, tout comme l'armée russe deux fois plus faible ne pouvait pas ne pas s'écarter. Après l'élan qui lui avait été imprimée, l'armée française était capable de rouler jusqu'à Moscou ; mais là, sans que l'armée russe eût à faire de nouveaux efforts, elle devait périr, perdant son sang par la blessure mortelle reçue à Borodino. »

périple après quatre-vingts jours de poursuite inutile et de combats acharnés. Le panorama qu'ils découvrent les console de leur souffrance. Devant eux scintille l'étrange cité, si différente de toutes celles qu'ils ont déjà conquises avec son millier de clochers et de minarets dorés, ces murs rouges du Kremlin ; unique mégalopole mi-européenne, mi-occidentale, ville-monde de tous les contrastes architecturaux et sociaux où la splendeur des palais côtoie la misère du moujik ; où la superbe de la pierre et du bronze voisine avec la simple paille et le bois. Les cris fusent « Moscou, Moscou », comme le marin qui quitte le navire avant de toucher terre. « Ce fut un beau moment, témoigne le lieutenant-colonel de Baudus, que celui où le magnifique panorama présenté par l'ensemble de cette immense cité s'offrit tout à coup à mes regards. Je me rappellerai toujours l'émotion qui se manifesta dans les rangs de la division polonaise ; elle me frappa d'autant plus qu'elle se fit jour par un mouvement empreint d'une pensée religieuse. En apercevant Moscou, les régiments entiers se jetèrent à genoux et remercièrent le Dieu des armées de les avoir conduits par la victoire dans la capitale de leur ennemi le plus acharné[1]. »

Le temps est superbe, ce qui rend la vision d'autant plus spectaculaire et galvanise la troupe, pressée d'entrer

1. La description de Labaume, auteur d'une *Relation circonstanciée de la campagne de Russie* qui connut de nombreuses éditions, mérite d'être amplement citée car elle reflète bien le sentiment mêlé de surprise et d'émerveillement que la plupart des soldats éprouvèrent alors : « [...] Moscou ! Moscou ! A ce nom tant désiré, on courut en foule sur la colline, et chacun, en faisant des remarques de son côté, découvrait à tout moment des merveilles nouvelles. L'un admirait un magnifique château placé sur notre gauche et dont l'architecture élégante nous rappelait celle des Orientaux ; un autre portait son attention sur un palais, sur un temple ; mais tous étaient frappés des superbes tableaux que présentait cette grande ville. Située au milieu d'une plaine fertile, on voit la Moskova couler à travers de riantes prairies ; après avoir fécondé les campagnes cette rivière passe au milieu de la capitale, et sépare un groupe immense de maisons en bois, en pierres, en briques,

dans ce Kremlin jusqu'alors imprenable et qui ne sera d'ailleurs plus jamais occupé puisque Hitler, en 1941, échouera aux portes de Moscou.

A l'avant-garde, Murat a conclu une suspension d'armes avec les Cosaques et laisse leurs derniers régiments se retirer en bon ordre. Le roi de Naples, qui sympathise avec les cavaliers ennemis, donne sa montre et de nombreux bijoux à ses admirateurs d'un jour. La paix des braves augure favorablement de l'avenir. « Enfin, il semblait que l'on fût au moment de s'entendre, au moment de s'aimer », s'attendrit Montesquiou. « Je fis alors une remarque étrange, note le même témoin ; tandis que nous étions dans une disposition amicale, les chiens des deux armées semblaient moins pacifiques. Ils se regardaient de travers, restaient à distance les uns des autres et ne cessaient pas de faire entendre des grognements sourds qui nous avertissaient de la dureté de leur rancune. » L'ombre du chien de Lodi n'émeut pas l'Aigle. Contemplant sa conquête, il s'exclame d'abord : « La voilà donc enfin cette ville fameuse ! » Puis il ajoute : « Il était temps[1] ! »

Le feu

La prise de la capitale historique de la Russie est source d'un malentendu d'où découle un piège mortel. En battant la principale armée russe, l'Aigle croit avoir mis

---

construites dans un style où se mêle à la fois le gothique avec le moderne, et où l'on trouve réunis les différents genres d'architecture particuliers à chaque nation. Enfin les murs, différemment colorés, les coupoles dorées, ou couvertes en plomb et en ardoises, répandaient la plus piquante variété, tandis que les terrasses des palais, les obélisques des portes de la ville, et surtout les clochers, construits en forme de minarets, offraient à nos yeux et en réalité, une de ces cités fameuses d'Asie, qui jusqu'alors nous paraissaient n'avoir existé que dans la riche imagination des poètes. »

1. Comme souvent, le propos est rapporté par Ségur.

Alexandre à genoux et gagné la paix glorieuse qui lui permettra de ramener ses légions triomphantes à Paris après avoir fait rentrer le tsar dans le Blocus continental. Il paraît d'autant plus certain d'aboutir qu'il est décidé à rester modéré, ce qui l'oblige notamment à sacrifier la Pologne. Il n'aime pas et ne sent pas cette guerre qui a déjà décimé son armée et presque détruit sa cavalerie[1]. Sauf que l'occupation de Moscou, comme on l'a dit, achève de galvaniser les Russes et leur empereur. Résolus à poursuivre la lutte jusqu'à la mort, ils se montrent confiants dans la suite des opérations en raison de l'arrivée prochaine du redoutable hiver et de l'entrée en lice de leurs nombreux renforts, face à une Grande Armée exsangue et trop éloignée de son point de départ. En résumé, la Russie se renforce au fur et à mesure que le Grand Empire s'épuise et c'est à Moscou que le rapport de force, et partant l'ascendant psychologique, va s'inverser.

*

Lundi 14 septembre 1812. L'armée des vingt nations qui pénètre en grande tenue, musique en tête, dans Moscou n'est déjà plus que l'ombre de celle qui a franchi le Niémen. Ils sont environ 100 000, soit un tiers de la masse principale avec laquelle Napoléon s'est enfoncé en Russie. Plus que les victimes des combats ou les maladies, ce sont sur-

1. « A la date du 14 août, alors que l'armée principale approche de Smolensk, les pertes en chevaux sont telles que l'effectif de la cavalerie tombe à 32 000 hommes, médiocrement montés, pour un total de 183 000 combattants. Cet effectif se maintient jusqu'à la bataille de la Moskova ; mais les bêtes sont épuisées. A l'issue du séjour à Moscou, les cavaliers ne sont plus que 14 000 pour 104 000 combattants. Entre-temps, l'état des chevaux a encore empiré », précise l'historien Christophe Gué dans une intervention intitulée « Russie 1812 : Les limites du système napoléonien » donnée lors d'un colloque intitulé *Napoléon, de l'histoire à la légende*. Rappelons que les effectifs au début de la campagne s'élevaient à environ 90 000 cavaliers.

tout les désertions qui expliquent cette fonte spectaculaire. Certes, Napoléon dispose encore sur ses ailes des corps presque indemnes de MacDonald et de Schwarzenberg. Certes, il garde à sa disposition les 32 000 hommes de Victor, depuis peu parvenus à Smolensk, et les nombreuses garnisons laissées dans les principales villes traversées depuis le Niémen. L'ensemble dépasse les 250 000 hommes. Il n'en reste pas moins qu'une bonne moitié du total de départ a disparu et que le rapport de force avec les Russes, très favorable à l'origine, se trouve à cet instant globalement équilibré… et sera dans quelques semaines inversé. Napoléon n'en est que plus résolu à conclure.

Le spectacle qu'il découvre n'est pas fait pour le rassurer : l'armée pénètre dans une ville fantôme, lugubre, déserte, oppressante. Tous les notables ont fui. Ne reste que la lie de la population, notamment les prisonniers libérés à dessein par le gouverneur Rostopchine pour mettre le feu et quelques forcenés qui agressent l'avant-garde de Murat aux abords du Kremlin. « Ne voyant âme qui vive, j'étais glacé d'effroi », confesse l'officier Pion des Loches, synthétisant l'impression du grognard, vite dégrisé de l'impression d'orgueil et d'enthousiasme ressenti en découvrant la cité sang et or quelques heures auparavant.

Après avoir attendu en vain une députation de boyards, l'Aigle pénètre au Kremlin le lendemain. Contrairement à Vienne, Berlin et Madrid, les rues restent désespérément vides. Ni admiration, ni hostilité, ni même de la curiosité. Ce peuple décidément ne ressemble à aucun autre. Installé dans la ville rouge, coupé du monde, Napoléon savoure cependant l'exploit accompli. Personne jusqu'alors n'a pu prendre Moscou, pas même Charles XII. Sa conquête lui assurera la paix. Il peut d'autant plus attendre que la ville est riche, abondamment pourvue en fournitures et victuailles. La Grande Armée s'y refera rapidement une santé. L'Europe, qui le contemple et relève la tête, s'inclinera plus bas que jamais. L'Empire des tsars vaincu, plus personne n'osera jamais le défier : « Si je réussis avec la Russie, je suis maître du monde[1]. »

C'est alors, petit à petit mais d'un peu partout, que surgissent les premières flammes. Le foyer principal s'allume dès le 15 septembre au Bazar, situé au nord-est de la capitale, dans la ville chinoise dite Kitaye-Gorod. Le lieu a été volontairement choisi, car il forme, avec ses milliers de boutiques en bois, une véritable poudrière. Porté par un vent violent, l'incendie s'étend bientôt à toute la ville et atteint même le Kremlin, menaçant l'Empereur qui doit l'évacuer pour partir loger dans le palais Petrovskoïe situé à l'extérieur de la capitale[2]. La ville s'embrase dès la nuit du 15. Si l'odeur infecte et la chaleur du brasier indisposent et étouffent, le spectacle a pourtant quelque chose de fascinant, ballet de flammes qui s'entrecroisent, s'élèvent et crépitent, lumière vive qui illumine la ville comme en plein jour[3]. Anatole de Montesquiou dépeint le gouffre flamboyant qui consume la ville : « L'incendie semblait dévorer également le ciel et la terre, car le reflet dans les nuages avait tant d'énergie que l'on ne voyait pas de différence entre la réalité et l'image, et il arrivait ainsi, par un phénomène extraordinaire, que la terre à son tour envoyât de la lumière au ciel. La scène changeait à chaque instant de forme, d'étendue et de couleur, poursuit-il. De grands tourbillons du noir le plus opaque, s'élevant après la chute des édifices considérables, faisaient de larges et

1. Le propos est rapporté par Stendhal.

2. Il rentre au Kremlin le vendredi 18 septembre dans le milieu de l'après-midi.

3. « L'incendie répandait une telle clarté qu'on eût pu lire au fond de sa chambre sans lumière », ajoute Caulaincourt, avant de préciser quelques pages plus loin : « On était, je puis le dire sans exagération, sous une voûte de feu. [...] On respirait du feu et les meilleurs poumons s'en ressentirent pendant quelque temps. [...] On ne pouvait rester plus d'une minute à la même place ; le poil des bonnets grillait sur la tête des grenadiers. »

longues coupures transversales dans les flammes, et par-dessus, l'on voyait des volcans dont les jets incalculables n'avaient de bornes qu'aux cieux. [...] Souvent, les flammes, comme si elles eussent voulu se jouer de leur crime, s'entrouvraient, s'écartaient, et nous faisaient découvrir, non seulement des palais, mais des amphithéâtres de palais qui, au moment d'être dévorés, nous apparaissaient ainsi dans une féerique splendeur pour faire au monde un dernier adieu[1]. »

Pour ceux qui sont au contact du feu, la souffrance physique fait vite oublier la beauté du panorama. Tel est le cas de Fantin des Odoards qui assiste au spectacle depuis l'extérieur de la ville : « Le bruit arrivait à nous comme un mugissement lointain d'ouragan, écrit-il dans son journal. De temps en temps, un palais, en s'abîmant, envoyait vers les rues des gerbes d'étincelles semblables au bouquet d'un feu d'artifice, tandis que la masse de métal qui avait formé le toit tombait avec fracas, et alors une salve de coups de canon paraissait interrompre le lugubre murmure de la tempête infernale[2]. »

La passivité résignée des rares Moscovites présents stupéfie les témoins. Ils laissent brûler leur ville et leurs demeures en faisant montre d'une impassibilité qu'Ysarn, émigré resté à Moscou, attribue à leur fatalisme bien connu : « Quelques-uns sortaient les images, les plaçaient devant la porte et s'en allaient ; d'autres interpellés pourquoi ils ne s'opposaient pas au progrès du feu, répondaient qu'ils craignaient d'être massacrés par les Français s'ils l'éteignaient ; ou bien que : Dieu le voulait ainsi. »

---

1. Montesquiou, *Souvenirs*. Stendhal, qui a rejoint l'armée à Smolensk, est aussi présent : « L'incendie garnissait toute l'atmosphère, jusqu'à une grande hauteur, d'une fumée cuivreuse. Nous sortîmes de la ville, éclairée par le plus bel incendie du monde, qui formait une pyramide immense qui avait, comme les prières des fidèles, sa base sur la terre et son sommet au ciel. La lueur paraissait au-dessus de cette atmosphère de flammes et de fumée », note-t-il dans son journal.

2. Fantin des Odoards, *Journal*.

La plupart des Russes croient en effet la Grande Armée coupable de cet acte de barbarie sans précédent. Si la thèse d'un incendie criminel ordonné par Napoléon ne résiste pas à l'examen[1], on ne peut pas exclure totalement celle de l'accident : feu de bivouac mal éteint, jet de torche par un ivrogne, pyromane isolé. Il est donc possible qu'une infime partie du brasier soit imputable à des erreurs individuelles. Mais tout le monde sait, en dépit des dénégations postérieures de l'intéressé[2], que l'acte a été commandé par le gouverneur de Moscou Rostopchine. Chef de file des francophobes[3], le père de la comtesse de Ségur a pris soin de faire retirer toutes les pompes à incendie avant notre arrivée. Il a fait libérer les fous et les prisonniers dont beaucoup ont été capturés des mèches incendiaires à la main et ont avoué œuvrer sur son ordre. Lui-même n'a pas hésité à mettre le feu à sa propre demeure située aux environs de Moscou, en y faisant placarder l'avis suivant : « J'ai embelli pendant huit ans cette campagne et j'y vivais heureux au sein de ma famille. Les

---

1. D'abord, l'Empereur n'avait jamais fait incendier de capitale. Ensuite, il aurait été stupide dans sa situation de détruire sa base principale où il pouvait espérer loger l'armée pendant l'hiver. Enfin, l'acte l'aurait rendu irréconciliable avec Alexandre alors même qu'il cherchait à nouer des négociations.

2. Il a publié une justification en 1823.

3. Il a notamment publié plusieurs pamphlets contre la francophilie à la mode et réclamé un retour à l'emploi de la langue russe au sein de la Cour. Le plus célèbre, intitulé *Pensées sur l'escalier rouge du Kremlin*, s'indigne notamment que la Russie « nourrisse, engraisse et enrichisse toute la canaille étrangère. [...] Qu'enseigne-t-on aujourd'hui aux enfants ? poursuit l'auteur. A bien prononcer le français, à tenir les pieds en dehors et à se friser les cheveux. Celui-là seul est spirituel et charmant qu'un Français prendra pour son compatriote. Comment peuvent-ils aimer leur patrie, quand ils savent mal même leur propre langue ? Leur patrie est le Pont-des-Maréchaux et Paris leur Paradis. [...] Toute tête française, conclut aimablement Rostopchine, n'est qu'un moulin à vent, un hôpital et une maison de fous. »

habitants de cette terre, au nombre de dix-sept cent vingt, la quittent à votre approche et, moi, je mets le feu à ma maison pour qu'elle ne soit pas souillée par votre présence. Français, je vous ai abandonné mes deux maisons de Moscou, avec un mobilier d'un demi-million de roubles ; ici vous ne trouverez que des cendres[1]. »

L'acte s'inscrit dans la lignée de la politique de la terre brûlée systématiquement pratiquée par l'armée russe depuis Smolensk. Il s'agit à la fois de priver les Français de tout approvisionnement et d'affaiblir leur moral par le spectacle de désolation qui témoigne en regard de la force de l'âme russe. Obligé de quitter le Kremlin quelques heures après y être entré, Napoléon subit un camouflet sans précédent. Au courant dès le premier jour à l'issue de l'interrogatoire des premiers incendiaires, il ne peut s'empêcher d'admirer l'héroïsme d'un adversaire prêt à sacrifier sa ville sainte plutôt que de la voir tomber entre ses mains : « Quels hommes, commente-t-il, des Scythes. »

Les conséquences de l'incendie compromettent gravement la suite de la campagne[2]. Si la pluie, plus efficace que les efforts des sapeurs, finit par ralentir puis arrêter le feu le 21 septembre, la ville se trouve aux trois quarts

1. Le texte est cité par Caulaincourt dans ses Mémoires.

2. « […] Ou je me trompe infiniment, ou Buonaparte est perdu », écrit Joseph de Maistre à Blacas au lendemain de l'incendie. Selon son habitude, le maître à penser des théocrates attribue l'événement à « Sa Majesté la Providence » qui a retourné contre l'ogre toutes les armes – la puissance, la gloire, le discours émancipateur – dont il disposait au départ. Il est intéressant en regard de citer le point de vue distancié de Clausewitz, tel qu'il l'exprime dans sa relation de la campagne de Russie : « Il n'y a pas à nier que l'incendie de Moscou n'ait été en lui-même un gros désavantage pour les Français. Mais s'il a éloigné, encore plus qu'il ne l'était, l'Empereur Alexandre de toute négociation de paix et s'il a fourni un moyen pour exalter le peuple russe, voilà les malheurs capitaux qu'il leur a causés. D'un autre côté, regarder, comme le font généralement les Français, cet incendie comme la cause capitale de la non-réussite de la campagne, c'est là une exagération manifeste dans

détruite. « Sur 9 300 maisons et 800 hôtels, il peut rester à peu près 2 000 maisons », précise un contemporain[1]. Soit un nombre trop réduit pour loger convenablement les 100 000 survivants, sauf à les parquer comme des troupeaux jusque dans les caves. Faber du Faur, peintre et mémorialiste, brosse un tableau édifiant de Moscou après l'incendie : « Une odeur de brûlé, désagréable et pénétrante, avait infecté l'air qui la couvrait ; on pouvait parcourir des espaces d'une lieue d'étendue, sans rencontrer autre chose que des tas de cendre et des restes de murs provenant des maisons consumées, des rues couvertes des débris des murs écroulés, des toits de fer abattus, des cadavres gisant sous les décombres qui les avaient écrasés. Il n'y avait que le Kremlin, la Maesnizkaja de la Beloï-Gorod, des quartiers de quelques faubourgs, [...] quelques palais et quelques maisons, de même que la plupart des églises et des couvents, qui épargnés par l'incendie, s'élevaient de ce désert couvert de cendres, semblables à des oasis[2]. »

L'état des approvisionnements est moins catastrophique. Pour la plupart entreposés dans des caves, ils ont pu être sauvés des flammes. Pris par l'urgence, Napoléon s'est résolu à autoriser le pillage, à la fois pour sauver ce qui pouvait l'être mais aussi pour raffermir le moral des soldats, abattus par la destruction de cette ville promise où ils devaient trouver le terme de tous leurs maux.

---

l'appréciation d'un simple facteur. Il les privait certainement de plus d'une chose utile, mais ce dont ils avaient besoin, avant toutes choses, c'étaient des hommes, et ils n'en eussent pas trouvé dans Moscou, même intact », conclut-il.

1. Il s'agit de l'abbé Surugues, prêtre français émigré à Moscou, qui a laissé une relation réputée de l'incendie.

2. Faber du Faur, *Journal illustré de la campagne de Russie. Par un témoin oculaire*. L'ouvrage vaut surtout par les gravures, de la main de l'auteur, et qui forment une chronique visuelle sans concession de la campagne.

Comme d'usage, la Garde ouvre le ban, suivie de tous les corps de la Grande Armée. Que l'on essaye d'imaginer un instant ce spectacle d'une capitale dévorée par les flammes, des hommes étouffants, débraillés, assourdis par les bruits d'explosion. Ils se jettent dans les immeubles souvent en feu, violant les femmes, pillant tout ce qui leur tombe sous la main, l'indispensable et l'inutile, l'or, les candélabres, les meubles, les fourrures, les bibliothèques mais aussi les jambons, le vin, la vodka ou les confitures. « Moscou, résume le baron Larrey, devint pour nos troupes une nouvelle Capoue. » Des grappes de survivants hagards côtoient les incendiaires que l'on mène au peloton d'exécution. A ce jeu de la mort, la victoire appartient au plus fort, le butin au barbare. Allemands et Polonais se distinguent par leur férocité, exacerbant la haine des Russes à leur encontre. Le pillage, en sauvant le grognard de la famine, tue cependant l'esprit de corps au profit de l'individualisme outrancier et par là même brise la discipline sans laquelle aucune victoire n'est possible. Déjà, le spectre de l'anarchie, la dissolution de toute morale, se font jour et préludent aux horreurs futures. En prenant Napoléon de vitesse, l'incendie a empêché l'intendance de procéder aux réquisitions d'usage, ensuite réparties équitablement. Il n'y a déjà plus d'armée, mais seulement une addition d'individus ; certains opulents, gorgés d'or et de victuailles ; d'autres déjà misérables et faméliques[1]. Certains pilleurs n'hésitent pas à tenir boutique comme le

1. « Nous étions près de manquer de tout, écrit par exemple Fezensac. C'était avec peine que l'on se procurait du pain noir et de la bière ; la viande commençait à devenir fort rare ; il fallait envoyer de forts détachements prendre des bœufs dans les bois où s'étaient réfugiés les paysans, et souvent ces détachements rentraient le soir sans rien ramener. Telle était la prétendue abondance que nous procurait le pillage… On avait des liqueurs, des confitures et on manquait de viande et de pain. On se couvrait de fourrures, et l'on n'avait bientôt plus ni habits ni souliers. Enfin, avec des diamants, des pierreries et tous les objets de luxe inimaginables on était à la veille de mourir de faim. »

révèle Eugène Labaume, qui s'indigne du délabrement des mœurs, de ce camp qui ne ressemble « plus à une armée » mais « à une grande foire où chaque soldat, métamorphosé en marchand, vendait, à vil prix, les choses les plus précieuses [...] mangeait dans des assiettes de porcelaine ; buvait dans des vases d'argent, et possédait tout ce que le luxe avait imaginé de plus riche et de plus élégant pour les commodités de la vie[1] ».

Cette ambiance décadente, orgiaque et putride, est bien à porter au crédit de Rostopchine, vainqueur moral de la Grande Armée dont il a tué l'âme, ruiné l'optimisme et la solidarité qui faisaient sa force. Tolstoï n'a pas laissé échapper ce basculement : « Bien que déguenillées, affamées, épuisées et réduites à la moitié de leurs effectifs, les troupes françaises entrèrent à Moscou en bon ordre. C'était une armée fatiguée, affaiblie, et cependant encore combative et redoutable. Mais ce ne fut une armée que jusqu'à la minute où les soldats se dispersèrent dans les maisons. Dès que les hommes commencèrent à s'établir dans les riches demeures vides, c'en fut fini à jamais de l'armée. Ce n'étaient plus ni des citadins ni des soldats, mais quelque chose d'intermédiaire, ce qu'on appelle des maraudeurs. »

La responsabilité de l'incendie est attribuée sans vergogne à Napoléon par les autorités russes comme sont amplifiées les nouvelles du pillage[2]. L'armée du tsar repliée en ordre parfait par Koutouzov réclame déjà vengeance tandis que Moscou reste vide, les paysans refusant

---

1. « La viande, fraîche ou salée, le poisson fumé en tout genre, saumon, esturgeon, colin, remplissait les gamelles. Vin, rhum, vodka, schnaps, se trouvaient à profusion partout dans les campements. La viande grillait et la soupe cuisait le soir sur tous les feux ; la beuverie était générale », rapporte Brandt dans ses souvenirs.

2. Napoléon a dès le 20 septembre écrit à Alexandre pour lui annoncer la nouvelle et attribuer sa responsabilité à Rostopchine : « Quatre cents incendiaires ont été arrêtés sur le fait ; tous ont déclaré qu'ils

d'y rentrer en dépit des efforts de Napoléon, qui multiplie les proclamations rassurantes et établit une administration municipale qui parvient tant bien que mal à rétablir l'ordre. Tandis que nos adversaires aiguisent leurs poignards, les régiments s'installent dans les maisons restantes, à l'exception de l'avant-garde de Murat qui cantonne à l'extérieur afin d'épier les mouvements de Koutouzov. Si la foi dans le génie de l'Aigle reste entière[1], le moral décline devant le spectacle de cette ville calcinée, vide, des jours qui raccourcissent, du temps qui se dégrade, de la paix promise et qui ne vient toujours pas[2]. Pour remonter tant bien que mal le moral des troupes, Napoléon fait monter des représentations théâtrales avec le concours de la troupe de comédiens français présente à Moscou[3]. Il multiplie les revues, veille à l'intendance. Tandis que l'inquiétude monte, y compris à Paris, il date de Moscou le célèbre décret qui organise la Comédie-Française, voulant à la fois exalter la fierté nationale, prouver sa confiance dans la suite de l'aventure en s'occupant d'un objet plus secondaire ; enfin montrer qu'il continue à gouverner l'Empire

---

mettaient le feu par les ordres de ce gouverneur et du directeur de la police : ils ont été fusillés. [...] Les incendies autorisent le pillage auquel le soldat se livre pour disputer les débris aux flammes. Si je supposais que de pareilles choses fussent faites par ordre de Votre Majesté, je ne lui écrirais pas cette lettre ; mais je tiens pour impossible qu'avec ses principes, son cœur, la justesse de ses idées, elle ait autorisé de pareils excès, indignes d'un grand souverain et d'une grande nation. »

1. « On compte sur un départ très prochain. On parle d'aller dans l'Inde. Nous avons une telle confiance que nous ne raisonnons pas sur la possibilité du succès d'une telle entreprise ; sur le nombre de mois de marche nécessaires, sur le temps que les lettres mettraient à venir de France », écrit par exemple Castellane dans son journal.

2. « La guerre que nous faisons tue plus d'hommes par les marches, les privations, les fatigues que par le fer de l'armée. Il faut être d'acier pour y résister », note un certain Guilleminot.

3. Une des actrices, Louise Fusil, a publié une des premières relations de l'incendie de Moscou en 1817.

avec la même facilité qu'à Paris. Ces différents artifices ne trompent pas ses familiers. Napoléon reste de longues journées enfermé au Kremlin, soucieux et tendu. Il lui faut maintenant conclure la paix sans perdre la face, sortir du guêpier au plus vite. Cette paix, le sait-il, le sent-il ? va lui être refusée.

*

Le duel entre Alexandre et Napoléon se déroule maintenant à front renversé. L'Aigle d'Occident rentre ses serres, tandis que le César slave sort les siennes, avide de venger la Moskova, la perte de Moscou et la retraite honteuse depuis le Niémen. Si Napoléon ménage par tous les moyens son « frère Alexandre », ce dernier refuse crânement tout accommodement. « Pétersbourg serait pris, dit-il à son nouvel allié Bernadotte, que je me retirerais en Sibérie. » Face à l'ogre, incarnation du despotisme et de l'esprit de conquête, il revient à l'autocrate de jouer le rôle flatteur de sauveur de l'Europe. Pour ce faire, le petit-fils de Catherine II n'hésite pas à retourner le nationalisme et la liberté contre le Caïn de la Révolution. Alors que Napoléon décourage les Polonais, il leur promet un royaume autonome sous son sceptre, assorti d'une constitution respectant leurs libertés fondamentales. L'élève de La Harpe va pouvoir réaliser le rêve de sa vie qu'il n'a pu accomplir dans son empire en raison du conservatisme de sa noblesse et de l'absence de classes moyennes : souder la légitimité avec les peuples par un gouvernement moral, religieux, doux et protecteur ; accompagner le progrès par le despotisme éclairé, souder les puissances dans un directoire européen : la future Sainte-Alliance. Plus tard, quand le continent sera pacifié, l'Aigle chassé et les peuples réconciliés, il sera temps de favoriser l'émergence de nouvelles élites et de transformer l'autocratie en monarchie constitutionnelle. Par son charisme, il donne à la royauté une légitimité morale et une seconde jeunesse qui lui faisaient jusqu'alors défaut. Il n'a pour ce faire qu'à exploiter la haine suscitée par l'occupation française et à opposer sa politique d'ouverture et d'équilibre à la tyrannie vindicative de son ancien allié.

En grand politique, Alexandre sait opérer à temps la métamorphose qui va donner un second souffle à son règne et, en triomphant de Napoléon, lui permettre de tutoyer l'immortalité. En réalité, le tsar n'a pas le choix. A la moindre velléité de capitulation, l'armée, dirigée par la noblesse, organiserait un pronunciamiento et, au mieux, le détrônerait. Bennigsen, l'assassin de son père, l'a dit clairement à Murat avec lequel il a un entretien aux avant-postes : « Vous pouvez souhaiter la paix tant que vous voudrez, nous préférons la guerre. Même si notre Empereur la souhaitait, les Russes ne l'admettraient pas… et tueraient instamment tout homme qui parlerait de négociation. » L'opinion, choquée par les défaites, lui tourne alors le dos comme le lui annonce sa sœur Catherine dans une missive forte : « L'abandon de Moscou a mis le comble à l'exaspération des esprits ; le mécontentement est au plus haut point, et votre personne est loin d'être ménagée. Si cela me parvient à moi, jugez du reste. On vous accuse hautement du malheur de votre Empire, de la ruine générale et particulière, enfin d'avoir perdu l'honneur du pays et le vôtre individuel. » Le 27 septembre 1812, il célèbre comme chaque année l'anniversaire de son couronnement à Saint-Pétersbourg. L'ambiance est glaciale, comme en témoigne une dame d'honneur de l'impératrice. Partant en carrosse vers la cathédrale, le tsar et ses entours croisent « une foule immense, dont le silence morne et les visages irrités contrastaient avec la fête qu'on célébrait. Je n'oublierai de ma vie l'instant où nous montâmes les degrés du temple, entre deux haies formées par le peuple qui ne fit pas entendre une acclamation. On aurait pu distinguer le bruit de nos pas, et je n'ai jamais douté qu'une étincelle aurait suffi dans ce moment pour produire un embrasement général. Un coup d'œil m'instruisit de ce qui se passait dans l'âme de l'Empereur, et je sentis mes genoux plier sous moi[1] ».

Seul face à la fronde, Alexandre s'emploie à déminer la crise en multipliant les missives et déclarations officielles à l'armée, comme à sa famille et à ses alliés. Sa résolution, affirme-t-il à tous, est immuable : « Plus de paix avec Napoléon. C'est lui ou moi, nous ne pouvons plus régner ensemble[2]. » Certes, Moscou est tombée, écrit-il à Bernadotte le 1er octobre. « Cette perte est cruelle, j'en conviens. Mais, du moins, me donnera-t-elle l'occasion de présenter à l'Europe entière la plus grande preuve que je puisse offrir de ma persévérance à soutenir la lutte contre son oppresseur, car, après cette plaie, toutes les autres ne sont que des égratignures… Moi et la nation à la tête de laquelle j'ai l'honneur de me trouver, sommes décidés à persévérer et à nous ensevelir plutôt dans les ruines de l'Empire que de composer avec l'Attila moderne. »

Son optimisme croît au regard de la situation militaire. Tandis que la Grande Armée s'abîme à Moscou et que ses chevaux meurent, les forces russes se renforcent. L'alliance avec la Suède et la paix avec la Porte libèrent les deux armées de Wittgenstein et de l'amiral Tchitchagov qui manœuvrent désormais contre les deux ailes de l'armée des vingt nations, respectivement dirigées par MacDonald et Schwarzenberg, avant de se rabattre contre Napoléon. Or, MacDonald commande essentiellement à des Prussiens et le feld-maréchal autrichien à ses nationaux. Déjà, ce dernier fait preuve d'une passivité inconce-

1. Il s'agit de Roxandra Stourdza, dont le témoignage est cité par l'historien Curtis Cate dans son excellent ouvrage sur la campagne de Russie.

2. Il dit par exemple au colonel Michaud, envoyé pour lui signifier l'hostilité de l'armée à toute négociation, qu'il se laisserait « croître la barbe jusqu'à la ceinture » et mangerait « des pommes de terre avec le dernier de mes paysans, plutôt que de consentir à la honte de ma patrie ».

vable. Les généraux prussiens sont à l'unisson. Autant dire que l'armée de Moscou risque d'ici à quelques semaines d'être prise en tenaille. Berthier reçoit de Schwarzenberg un billet alambiqué qui ne trompe pas : « Cela annonce des arrangements pour une défection à la première occasion, si ce n'est déjà commencé. Les Autrichiens et les Prussiens sont des ennemis sur nos derrières » commente Napoléon qui s'arrête, se tait, puis ajoute comme César devant le Rubicon : « Le sort en est jeté. Du destin qui fait tout, telle est la loi suprême. » Le prince de Neuchâtel, à l'unisson de Caulaincourt, préconise un repli immédiat vers la Pologne. Napoléon l'exécute par une allusion blessante à sa maîtresse : « Vous voulez aller à Grosbois, voir la Visconti[1]. »

De son côté, l'armée de Koutouzov double à peu près ses effectifs en un mois[2]. Désormais forte de 120 000 hommes, elle dispose surtout de 35 000 cavaliers, plus du double des Français. En raison de l'immensité des espaces russes, il s'agit d'un avantage décisif, la cavalerie légère ayant pour mission de suivre l'ennemi et de détruire ses unités isolées par de brusques coups de main. Manquant à la fois d'éclaireurs, de traducteurs et d'espions, la Grande Armée reste aveugle sur un adversaire dont les officiers parlent couramment le français, ce qui leur permet de s'infiltrer sans difficulté dans nos rangs. « Nos cent trente mille hommes représentaient donc une grande menace pour les Français, résume le lieutenant Tchitcherine. Pendant ce temps, une multitude de partisans harcelaient les lignes de communication ennemies. Moscou ne pouvait plus lui fournir de ravitaillement ; les paysans ne livraient pas de fourrage. L'armée française manquait de tout, tandis que nous nous trouvions à huit verstes de Kalouga d'où nous parvenaient

1. La scène est rapportée par Caulaincourt.

2. En regard, la Grande Armée ne reçoit qu'une dizaine de milliers d'hommes supplémentaires durant son séjour à Moscou.

des vivres et des renforts de tous genres[1]. » Plutôt que de continuer à fuir, le généralissime borgne a en effet décidé de procéder à une audacieuse marche de flanc pour venir se poster en embuscade près de Kalouga, nœud stratégique situé au sud-est de Moscou qui permet à la fois de surveiller la route de Saint-Pétersbourg et d'intercepter une éventuelle retraite des Français. Kalouga commande en outre l'accès à une route de retour vers le Niémen, plus riche que celle parcourue à l'aller, cette dernière étant de surcroît ravagée par le passage successif des armées russe et française. Ainsi placé en embuscade, le vieux renard refuse de débusquer son adversaire, certain que le temps œuvre pour lui. Il attend ses renforts, l'arrivée de Wittgenstein et de Tchitchagov. Surtout, il attend l'hiver, ce célèbre froid sibérien qui tombe brusquement à partir de la fin octobre. Pour gagner, il a donc besoin que Napoléon reste à Moscou le plus longtemps possible. Afin d'y parvenir, Koutouzov n'hésite pas à faire répandre des bruits alarmistes sur l'état de ses forces, entretenant ainsi l'illusion napoléonienne d'une Russie à genoux et prête à capituler. Dans le même ordre d'idées, il ménage Murat et fait croire qu'il le redoute en concluant avec lui une trêve qui permet au roi de Naples de parader à peu de frais et d'abuser Napoléon sur l'épuisement de l'armée du tsar. Au contraire, c'est justement l'avant-garde de Murat qui crève ses derniers chevaux, faute de fourrage pour les ravitailler[2].

Cette stratégie d'attente, car elle repose sur la prudence et la patience, exaspère pourtant nombre des subordonnés de Koutouzov, parmi lesquels Bennigsen et Barclay de

1. Son témoignage est cité par Constantin de Grunwald dans l'anthologie qu'il a fait paraître sur la campagne de Russie ; recueil précieux car il s'appuie sur de nombreuses sources russes.

2. La disette oblige les cavaliers français à fourrager de plus en plus loin, ce qui les expose aux embuscades et permet de les « capturer comme des poules », selon l'expression du général Miloradovitch, surnommé le « Murat russe », qui commande l'avant-garde.

Tolly. Comme ils l'ont fait avec Barclay, ils demandent sa tête au tsar et réclament la reprise immédiate des hostilités. Mais Koutouzov n'en a cure. Il sent qu'il tient la victoire à portée de main. Tolstoï, dans *Guerre et Paix*, lui rend un hommage éclatant : « Le mérite de Koutouzov ne résida nullement dans quelque manœuvre stratégique géniale, comme on dit, mais en ce que seul il comprit le vrai sens des événements. Lui seul comprenait déjà alors ce que signifiait l'inaction de l'armée française, lui seul continuait à affirmer que la bataille de Borodino avait été une victoire ; lui seul, bien que sa position de commandant en chef eût dû l'inciter à l'offensive, lui seul s'employait de toutes ses forces à empêcher l'armée russe de livrer des batailles inutiles.

« La bête blessée à Borodino gisait là-bas, quelque part, là où l'avait laissée, en s'esquivant, le chasseur ; mais était-elle vivante, était-elle forte encore, s'était-elle seulement tapie, cela, le chasseur l'ignorait. Et soudain retentit le gémissement de cette bête.

« Le gémissement de cette bête blessée, l'armée française, qui révéla sa fin imminente, fut l'envoi de Lauriston auprès de Koutouzov avec des offres de paix[1]. »

---

1. *Guerre et Paix*. En revanche, Tolstoï accable Napoléon : « Non seulement il ne fit rien, mais il se servit de son pouvoir pour choisir, parmi les mesures à prendre, les plus absurdes et les plus néfastes, écrit-il [...] il resta jusqu'en octobre à Moscou et donna licence à ses soldats de piller la ville ; puis, hésitant à laisser une garnison à Moscou, il en sortit, se rapprocha de Koutouzov, sans livrer bataille, se dirigea vers la droite, atteignit Malo-Iaro-Slavetz ; et toujours sans tenter la chance de faire une trouée, au lieu de prendre la route que suivait Koutouzov, il revint à Mojaïsk par la chaussée de Smolensk à travers des régions dévastées ; rien n'aurait pu être imaginé de plus absurde et de plus néfaste, comme la suite le démontra. A supposer que le but de Napoléon eût été de conduire son armée à sa perte, les stratèges les plus habiles n'auraient pu dresser un autre plan d'opérations capable d'amener la ruine aussi inévitable et complète de l'armée française, indépendamment de tout ce qu'aurait pu entreprendre l'armée russe ! »

Le commencement de la fin

Le 4 octobre 1812, soit près de cent jours après son entrée en Russie, Napoléon se décide en effet à descendre de son piédestal en envoyant son dernier ambassadeur à Saint-Pétersbourg solliciter officiellement la fin des hostilités. Combat à fronts renversés, disions-nous. Pour la première fois, une victoire suivie de la prise d'une capitale galvanise l'adversaire au lieu de l'abattre. Pour la première fois, le vaincu fait la sourde oreille aux demandes… du vainqueur. Plutôt que de répondre par un non catégorique, qui conduirait Napoléon à sortir à temps de Moscou, le tsar et Koutouzov louvoient et préfèrent garder le silence. Rivé au Kremlin, Napoléon attend une réponse. Depuis Smolensk, il a déjà envoyé trois émissaires russes au tsar, dont l'un porteur d'une lettre[1]. En vain. Déjà Berthier et surtout Caulaincourt le somment de regarder la

1. Le premier d'entre eux, le général Toutchtov, prisonnier à Smolensk, a eu un long dialogue avec Napoléon. Après avoir rejeté la responsabilité du conflit sur la Russie et affirmé qu'il conservait son amitié au tsar, Napoléon lui a affirmé : « Nous avons déjà brûlé assez de poudre et nous avons fait couler assez de sang, et il faut en finir. Pourquoi nous battons-nous ? Je n'ai rien contre la Russie. » Le deuxième est un certain Toultomine, gouverneur de l'hospice des enfants trouvés de Moscou dont le bâtiment a été protégé sur l'ordre exprès de Napoléon. En remerciement, il accepte d'écrire une lettre dans laquelle il exprime les intentions pacifiques de Napoléon : « Il paraît convaincu que si personne ne s'interposait entre lui et notre auguste empereur Alexandre, leur ancienne amitié reprendrait bientôt ses droits et tous nos malheurs finiraient. » Le troisième et dernier, Ivan Jakowleff, frère de diplomate et père naturel d'Herzen, est expédié à Pétersbourg avec une lettre personnelle de Napoléon pour le tsar qui annonce l'incendie de Moscou et réclame la paix dans des termes à peine déguisés : « J'ai fait la guerre à Votre Majesté sans animosité : un billet d'elle, avant ou après la dernière bataille, eût arrêté la marche, et j'eusse voulu être à même de lui sacrifier l'avantage d'entrer à Moscou. Si Votre Majesté me conserve encore quelque reste de ses anciens sentiments, elle prendra en bonne part cette lettre. Toutefois,

réalité en face et de faire marche arrière pendant qu'il en est encore temps. Alexandre ne fera pas la paix. L'hiver s'annonce et aucune disposition sérieuse n'a été prise pour la retraite. Qu'attend-il ? Pourquoi s'acharne-t-il à courir après une chimère ? Le duc de Vicence ne comprend pas son attitude : « L'Empereur, écrit-il, sentait, comme tout le monde, que ses messages réitérés, montrant son embarras, ne feraient que confirmer l'ennemi dans ses hostiles dispositions. Cependant il lui en envoyait de nouveaux ! Pour un homme si politique, si bon calculateur, quelle foi, quelle confiance aveugle dans son étoile, on peut même dire dans l'aveuglement ou la faiblesse qu'il supposait à ses adversaires ! Comment, avec ce coup d'œil d'aigle et ce jugement si supérieur, pouvait-il se faire illusion à ce point ? » En réalité, il ne veut pas reconnaître qu'il a tort et s'acharne en conséquence à solliciter Alexandre, certain qu'il va lui répondre et lui permettre, une nouvelle fois, de triompher devant tous les sceptiques. L'approche indirecte ayant échoué, il se résout à s'abaisser en faisant le premier pas via l'envoi d'un plénipotentiaire d'envergure.

Pour Jacques Bainville, l'Aigle n'est décidément plus le même : « Dès lors, note-t-il dans sa biographie, Napoléon est l'homme qui doit nier l'évidence, qui s'obstine à vouloir que les choses soient autrement qu'elles ne sont, qui s'ingénie à démontrer que ce qu'on croit funeste est bienfaisant, que tout ce qui détruit ses calculs les confirme et les sert. »

Aussi, apprenant que Lauriston a été reçu par Koutouzov, il voit déjà la paix conclue et croit son étoile indemne. Il n'est pas cependant totalement aveugle puisqu'il a confié à son plénipotentiaire, juste avant son

---

elle ne peut que me savoir gré de lui avoir rendu compte de ce qui se passe dans Moscou. » Au sujet de ces deux dernières démarches, Louis Madelin remarque justement : « Cette double tentative était imprudente : elle confirmait Alexandre dans l'idée que son adversaire s'estimait mal en point, et partant, dans sa résolution de ne pas traiter avec lui. »

départ : « Je veux la paix, il me faut la paix, je la veux absolument ; sauvez seulement l'honneur[1]. » Or Lauriston revient les mains vides[2], si ce n'est un vague engagement de Koutouzov de transmettre ses propositions au tsar dont il faut à nouveau attendre la réponse.

Encore quelques jours supplémentaires gagnés pour les Russes, et autant de perdus pour les Français qui viennent, en implorant la cessation des hostilités, de révéler leur tragique faiblesse. Comme toujours, Chateaubriand décrit la situation à la perfection : « Bonaparte, sentant qu'un pas rétrograde rompait le prestige et faisait évanouir la terreur de son nom, ne pouvait se résoudre à descendre : malgré l'avertissement du prochain péril, il restait, attendant de minute en minute des réponses de Saint-Pétersbourg ; lui qui avait commandé avec tant d'outrages, soupirait après quelques mots miséricordieux du vaincu. »

Le voici, vainqueur impuissant, empêtré dans Moscou dont le prestige de la conquête s'est évanoui par l'incendie et ses offres de paix inutiles. Les jours s'égrènent tandis qu'il continue à attendre et à espérer. Ségur l'entend s'écrier : « Eh ! Ne sais-je pas, que militairement Moscou ne vaut rien ! Mais Moscou n'est point une position militaire, c'est une position politique. Qu'on m'y croit général, quand j'y suis empereur ! Puis il s'écrie, qu'en politique il ne faut jamais reculer, ne jamais revenir sur ses pas ; se bien garder de convenir d'une erreur, que cela déconsidère ; que lorsqu'on s'est trompé il faut persévérer, que cela donne raison. »

Puisqu'il ne peut ni ne veut reculer, pourquoi ne pas surprendre en attaquant ? Durant les premiers jours, il

1. Le propos est rapporté par Ségur.

2. Koutouzov le reçoit de nuit, à la dérobée. Il refuse un armistice, l'échange de prisonniers tout comme de donner un sauf-conduit pour Saint-Pétersbourg à Lauriston : « Je serais maudit par la postérité si l'on me soupçonnait d'être l'initiateur d'un quelconque compromis, l'état d'esprit de mon pays étant ce qu'il est », avoue-t-il à son interlocuteur.

caresse le projet d'une offensive éclair sur Saint-Pétersbourg mais doit y renoncer sur la supplication de ses maréchaux, qui arguent de l'épuisement de l'armée et du manque de renforts. Il reprend l'espoir de soulever la Pologne, réclame à Pradt des Cosaques polonais et des renforts. Mais l'ambassadeur à Varsovie s'est rendu odieux par sa jactance. Suffisant et insuffisant[1], il ne tire plus rien du grand-duché, exsangue et découragé, tandis que la Lituanie refuse toujours de bouger. Seule la proclamation d'une Pologne indépendante pourrait galvaniser les énergies et donner un nouvel élan. Mais Napoléon s'y refuse toujours, par crainte de mécontenter le tsar tout comme il se refuse pour la même raison à émanciper les serfs[2]. Acculé dans une impasse, Napoléon ne peut espérer en sortir qu'en renouant avec l'esprit de la Révolution, défenseur des nationalités opprimées, émancipateur de l'esclavage contre l'autocratie. Mais il croit être devenu, par le sacre et son mariage avec Marie-Louise, le rocher de l'ordre européen, continuant à courir après cette légitimité monarchique qui lui a été refusée par la naissance… et qu'on ne lui accordera jamais. Plutôt que César, il se veut Charlemagne, dynaste respecté, Empereur des rois. Gigantesque erreur de perspective qui le transforme en défenseur d'un ordre social avec lequel son histoire est antinomique. L'Europe le repousse alors que les nations l'abandonnent. Désormais, il ne règne plus que par ses

1. On emprunte ici le célèbre jugement porté par Talleyrand à l'encontre de Joseph Bonaparte.

2. Selon Caulaincourt : « Une proclamation d'affranchissement qui, au surplus, n'était pas dans les idées personnelles de l'Empereur, n'eût point servi la cause parce qu'elle eût été sans effets et eût donné à cette guerre un caractère révolutionnaire qui ne pouvait jamais convenir au prince qui se vantait, avec raison, d'avoir rétabli l'ordre social en Europe. Aussi la rédaction de cette proclamation n'était-elle qu'une menace dont les hommes qui connaissaient l'Empereur n'ont jamais été la dupe. »

prétoriens, ayant déçu ses partisans sans parvenir à séduire ses adversaires.

Il faut pourtant sortir du piège. « La saison avançait, précise Ysarn ; les cosaques autour de Moscou s'étaient rendus redoutables ; les chevaux crevaient comme des mouches, les rues, les cours, les étangs, les chemins étaient jonchés de leurs cadavres ; il fallait prendre un parti prompt. » Deux solutions s'offrent à Napoléon : rester à Moscou pour y prendre ses quartiers d'hiver ou retraiter jusqu'à Smolensk, abondamment pourvue ou il attendra ses renforts et reprendra l'offensive au printemps suivant, selon la stratégie qu'il avait accomplie avec succès durant l'hiver 1806-1807. Consulté par son maître, l'intendant Daru prône, chiffres à l'appui, la nécessité de fortifier Moscou qui peut nourrir et abriter les troupes pendant l'hiver à condition d'y rétablir une discipline de fer et d'ordonner convenablement les distributions. Napoléon loue le « conseil de lion » mais se dérobe en arguant qu'il ne peut s'absenter trop longtemps de Paris et que la Prusse et l'Autriche en profiteraient pour se retourner contre lui. C'est donc bien la retraite qui s'impose[1]. Mais il recule toujours devant sa perspective, sachant qu'elle portera un coup fatal à son prestige. En dépit des suppliques de Caulaincourt, il ne prend aucune disposition pour la préparer. Le grand écuyer, dans un plaidoyer prophétique, lui dénonce « le manque de magasins, de chevaux pour votre artillerie,

1. Selon Clausewitz, Napoléon n'a pas d'autre choix : « Une armée de 90 000 Français épuisés, avec ses chevaux ruinés, se trouvait portée, comme un coin, à 120 lieues en pleine Russie, à sa droite, une armée de 110 000 hommes, autour d'elle, un peuple soulevé ; elle n'avait pas de magasins, pas d'approvisionnements en munitions, elle ne possédait pour ligne de communication qu'une route dévastée et était obligée de faire front de tous côtés. Ce n'est pas là une situation dans laquelle on puisse prendre ses quartiers d'hiver », écrit-il dans *La Campagne de 1812 en Russie*.

de transports pour vos malades et vos blessés, les mauvais vêtements de vos soldats. Il faudrait à chacun une peau de mouton, des gants bien fourrés, un bonnet pour couvrir ses oreilles, de grands chaussons, des bottes pour les empêcher d'avoir les pieds gelés. Tout vous manque. On n'a pas préparé un fer à crampon pour les chevaux. Comment traîneront-ils l'artillerie ? Ce que j'aurais à dire sur cela à Votre Majesté serait à l'infini. Ensuite l'interruption de vos communications. La saison est encore belle : que sera-ce dans quinze jours, dans un mois, peut-être même plus tôt ? ».

Par peur de dévoiler sa détresse, Napoléon continue à bomber le torse. Il préfère dicter des ordres offensifs, mais inapplicables, comme l'achat de 20 000 chevaux et de deux mois de fourrages, alors que les uns et les autres font cruellement défaut. Il veut faire croire à sa volonté de rester sur place, alors que l'envoi de Lauriston atteste du contraire. Le résultat est qu'il gâche octobre, rongé par l'incertitude, se raccrochant au moindre espoir. Or, « différentes circonstances semblaient alors concourir à rassurer l'Empereur sur l'avenir, précise Soltyk. Il consulta les relevés météorologiques des vingt-cinq dernières années, et le résultat de ces recherches à ce sujet fut que les grands froids ne commençaient à Moscou qu'à la fin de novembre. D'un autre côté, le roi de Naples lui donnait l'assurance qu'il régnait parmi les Cosaques un mécontentement sourd qui, bientôt peut-être, éclaterait en révolte ouverte […] ». Sauf que ces rumeurs sont lancées à dessein par Koutouzov afin de prolonger le plus longtemps possible le séjour des Français à Moscou.

La beauté de l'automne, anormalement ensoleillé, conspire encore à sa perte. Mauvais joueur, il se moque de son grand écuyer, répétant « chaque jour et avec affectation […], que l'automne était plus beau, même plus chaud à Moscou qu'à Fontainebleau », avant de conclure : « Voilà un échantillon de ce terrible hiver de Russie dont M. de Caulaincourt fait peur aux enfants[1]. »

Or, le 13 octobre, Moscou s'éveille sous les premières neiges tandis qu'il a gelé pendant la nuit. D'autres mauvaises nouvelles viennent assombrir l'Empereur et le pousser vers l'inéluctable : passivité de Schwarzenberg, renforcement des Russes, état de plus en plus déplorable de la cavalerie, interruption fréquente des convois venant de Paris, multiplication des embuscades. Le 22 septembre, de nombreux caissons d'artillerie ont été enlevés avec leur escorte de deux escadrons. Trois jours plus tard, 80 dragons de la Garde sont à leur tour fait prisonniers. Le service des estafettes, cher à l'Empereur, car il lui permet de connaître quasi quotidiennement les affaires de la France, connaît plusieurs retards et interruptions dus aux coups de main des Cosaques[2], chaque jour plus audacieux ; preuve que la confiance est en train de changer de camp.

Ses derniers jours moscovites sont pathétiques. « L'embarras de sa difficile position le tenait comme enchaîné au Kremlin », résume Caulaincourt, qui présente un Napoléon rivé à ses illusions même si la nécessité de la retraite finit inéluctablement par s'imposer à lui : « Il voulut toujours espérer que ses ouvertures amèneraient une négociation. C'est, je le répète, à cet espoir qu'il sacrifia

1. Labaume précise : « Le peuple, naturellement superstitieux, et qui, depuis longtemps, attendait l'hiver comme son vengeur, dans son impatience désespérait des secours de la Providence, et commençait à regarder un tel prodige comme l'effet de la protection manifeste que Dieu accordait à Napoléon. Mais cette apparente protection fut précisément la cause de sa perte, en ce qu'elle l'aveugla au point de lui faire croire que le climat de Moscou ressemblait à celui de Paris ; dans sa folle vanité, il espérait commander aux saisons comme il commandait aux hommes ; et, par un abus de son heureuse étoile, il s'imaginait que le soleil d'Austerlitz l'éclairerait jusqu'au pôle. »

2. Elles mettent en moyenne quinze jours pour faire le trajet entre Paris et Moscou et ont jusqu'alors parfaitement fonctionné.

les moments si précieux que nous passions encore à Moscou, moments qui eurent sauvé l'armée, quand on réfléchit qu'en partant alors elle aurait eu le temps d'arriver à Wilno avant d'éprouver les rigueurs de l'hiver[1]. » Pour tuer l'ennui, il lit notamment l'*Histoire de Charles XII* de Voltaire, dont le volume, en « maroquin doré sur tranches », orne son bureau. L'exemple du roi de Suède, qui a échoué un siècle plus tôt à envahir la Russie et dont l'armée a été détruite à l'issue d'une retraite catastrophique, l'incite à méditer sur son destin et à envisager l'avenir avec angoisse. « On remarqua seulement, note Ségur, qu'il prolongeait ses repas, jusque-là si simples et si courts. Il cherchait à s'étourdir. » L'auteur le présente passant de « longues heures à demi couché, comme engourdi, et attendant, un roman à la main, le dénouement de sa terrible histoire [...] parvenu au faîte de sa gloire, sans doute, il pressent que de son premier mouvement rétrograde datera sa décroissance, que c'est pourquoi il demeure immobile, s'attachant et se retenant encore quelques instants sur ce sommet ».

*

Le 18 octobre, Koutouzov attaque Murat à Winkowo, rompant l'armistice tacite observé entre les deux armées[2]. Le roi de Naples, s'il parvient à rétablir la situation, n'en a pas moins été sévèrement bousculé puisqu'il perd environ 3 000 hommes et près de 50 canons. Pour la première fois de la campagne, les Russes prennent l'initiative. L'événement sort Napoléon de sa torpeur. Ecourtant une revue, il rentre au Kremlin et

1. Caulaincourt, *Mémoires*. « Il ne pouvait se persuader que la fortune, qui lui avait si souvent souri, l'eût tout à fait abandonné, dans le moment où il avait à lui demander des miracles », écrit encore le grand écuyer.

2. Le généralissime russe aurait voulu attendre plus longtemps mais il a dû finir par céder à l'ardeur vengeresse de ses lieutenants.

donne aussitôt ses ordres pour orchestrer la sortie de la capitale le lendemain. L'accrochage lui fournit l'occasion, du moins il l'interprète comme tel, de sortir du guêpier la tête haute en marchant derechef à la rencontre de Koutouzov. Il lavera l'affront par une victoire, ce qui lui permettra ensuite d'emprunter la meilleure route possible vers Smolensk. Sans réaliser qu'il alimente sa réputation d'« incendiaire », il fait miner le Kremlin et donne l'ordre à Mortier, qui restera quelques jours sur place en assurant l'arrière-garde, de le faire sauter à son départ. Dans le même esprit de vengeance, il a fait enlever les aigles impériales juchées en haut des tours du Kremlin et la lourde croix au sommet de l'église d'Ivan-Veliki, symbole de la puissance russe et de l'inviolabilité de Moscou, qu'il décide de ramener à Paris comme trophées[1]. Par tous les moyens, il s'attache à nier la déconvenue qu'il vient d'essuyer, refuse toujours de parler de retraite mais seulement de bataille décisive à livrer contre l'adversaire afin d'aller chercher de bons quartiers d'hiver. Sauf qu'il est déjà trop tard, comme le rappelle Chateaubriand : « Durant trente-cinq jours, comme ces formidables dragons de l'Afrique qui s'endorment après s'être repus, il s'était oublié : c'était apparemment les jours nécessaires pour changer le sort d'un homme pareil. Pendant ce temps-là, l'astre de sa destinée s'inclinait. Enfin, il se réveille pressé entre l'hiver et une capitale incendiée ; il se glisse au milieu des décombres : il était trop tard ; cent mille hommes étaient condamnés. »

Apprenant la nouvelle de la bouche d'un officier de la garde russe, Koutouzov se serait tourné vers une icône et

1. Un dicton populaire orthodoxe disait que tant qu'elle serait présente, Moscou ne serait pas prise. Haute d'environ dix mètres, elle s'avéra impossible à démonter et s'écrasa sur le sol, ce que certains interprétèrent comme un présage funeste. Elle sera abandonnée au cours de la retraite.

écrié : « Dieu, mon Créateur, tu as enfin entendu nos prières. A partir de ce moment, la Russie est sauvée[1]. »

Sortant de Moscou, Napoléon est donc encore loin de s'avouer battu. Son objectif reste de venger l'affront fait à ses aigles à Taroutino en culbutant Koutouzov pour s'ouvrir une nouvelle route de retour. Il espère ensuite gagner rapidement Smolensk, prendre l'hiver de vitesse en se repliant sur une base richement approvisionnée et qui lui assurerait la maîtrise de la Pologne russe, attendant ses renforts qui lui permettront d'avoir à nouveau plus de 500 000 hommes sur pied au printemps 1813.

Pour surprendre son adversaire, l'Aigle opère par une marche de flanc. Or les Russes, parfaitement renseignés sur nos mouvements par les Cosaques, réagissent rapidement et anticipent l'offensive. Les avant-gardes des deux armées se heurtent violemment à la bataille de Malo-Jaroslawetz, bourgade inconnue qui va entrer dans l'histoire en marquant le début du recul. C'est un nouveau Borodino à échelle réduite. Si la place, prise et reprise sept fois, reste finalement aux mains d'Eugène, le bilan s'avère lourd puisque 5 000 combattants de chaque camp trouvent la mort. Tout cela pour rien puisque les Russes demeurent solidement établis et à nouveau prêts à en découdre. « Ceci devient grave, confesse l'Empereur à Caulaincourt. Je bats toujours les Russes, mais cela ne termine rien. » Le champ de bataille offre un spectacle de désolation que décrit Labaume avec son réalisme coutumier : « La ville où l'on avait combattu n'existait plus ; on ne distinguait l'alignement des rues que par les nombreux cadavres dont elles étaient jonchées ; de tous côtés l'on ne voyait que des membres épars, et des têtes humaines écrasées par les pièces d'artillerie qu'on avait fait manœuvrer.

1. Rapportée par un officier russe, l'anecdote est confirmée par Tolstoï dans *Guerre et Paix*. Selon Löwenstern, le 17 octobre, tandis que Koutouzov visitait le front, un aigle tournoya autour de lui jusqu'à l'apparition d'éclairs qui l'éloignèrent. L'armée, galvanisée, y lit le signe de la déroute prochaine de Napoléon.

Les maisons ne formaient qu'un monceau de ruines et sous leurs cendres brûlantes paraissaient des squelettes à demi consumés. Il y eut aussi des malades et des blessés, qui, en quittant le combat, furent se réfugier dans ces mêmes maisons ; le petit nombre de ceux qui échappèrent aux flammes se montraient devant nous, ayant la figure noircie, les habits et les cheveux brûlés : d'une voix mourante et lamentable, ils poussaient les cris les plus douloureux ; en les voyant, l'homme le plus féroce était attendri, et détournant les yeux, ne pouvait s'empêcher de répandre des larmes. »

Il y a là de quoi réfléchir. Napoléon, qui a perdu sa supériorité numérique, ne peut prendre le risque d'engager une nouvelle bataille de cette envergure. Le 25 octobre à l'aube, tandis qu'il effectue une reconnaissance, l'Empereur est à deux doigts d'être capturé par les Cosaques. L'arrivée de l'escadron de service le dégage *in extremis* alors qu'il a déjà l'épée à la main. Plus qu'un présage funeste, il y voit la preuve que les Cosaques, chaque jour plus audacieux, sont déjà trop nombreux pour pouvoir être contenus par sa cavalerie, désormais hors d'usage, ce qui lui interdit sa chère guerre de mouvement et le condamne, là encore, à la plus grande prudence. Déjà, il n'a plus de marges de manœuvre.

Plutôt que de tenter de forcer le passage, il se résigne à décider la retraite par la même route qu'à l'aller[1]. La déci-

1. Selon Clausewitz, dont l'analyse tranche avec celle des autres observateurs, Napoléon n'avait pas d'autres options stratégiques possibles : « Nous n'avons jamais compris comment on a pu soutenir si obstinément que Bonaparte était libre de choisir, pour sa retraite, une autre route que celle par laquelle il était venu, écrit-il. Comment eût-il pu vivre autrement que sur ses magasins ? Quel secours une contrée, même avec ses ressources intactes, pouvait-elle présenter à une armée qui n'avait pas de temps à perdre et était forcée de bivouaquer en grosses masses ? Quel intendant aurait-on pu envoyer en avant pour réunir les vivres ? Quelles autorités russes lui eussent obéi ? L'armée serait morte de faim dans les huit jours ! Celui qui retraite en pays ennemi a

sion est prise à l'issue d'un conseil de guerre qui a lieu le soir même du hourra en présence des maréchaux. Ségur en rapporte le moment décisif. L'Empereur finit par couper court aux rares conseils offensifs qui lui sont donnés et s'écrie « que c'était assez de témérité ; qu'on n'avait que trop fait pour la gloire ; qu'il était temps de ne plus songer qu'à sauver le reste de l'armée ». Bessières ajoute « que pour de pareils efforts, dans l'armée, dans la Garde même, l'élan manquerait. Le maréchal finit en prononçant le mot de retraite que l'Empereur approuva de son silence ».

Pour la première fois depuis le début de la campagne, Napoléon se range à l'avis majoritaire de ses lieutenants. Accablé, il sait qu'il perd à la fois l'initiative et l'aura de la victoire. Le chasseur devient une proie comme l'explique Tolstoï : « L'armée était incapable de se refaire où que ce fût ; depuis la bataille de Borodino et le pillage de Moscou, elle portait en elle les conditions en quelque sorte chimiques de sa décomposition. Les hommes de cette armée fuyaient avec leurs chefs sans savoir où, ne désirant qu'une chose (Napoléon comme le dernier de ses soldats), sortir personnellement au plus vite de cette situation sans issue dont tous ils se rendaient compte, bien que vaguement. » Bataille oubliée, Malo-Jaroslawetz marque le début de la retraite proprement dite et, qui le sait alors, la fin du septennat de gloire inauguré à Ulm. Commence en cet instant, après l'ascension et l'épopée, la troisième et dernière phase de la vie de Napoléon : celle de la défaite et de l'exil. Il y aura ici ou là quelques magnifiques sursauts et le dernier soleil des Cent-Jours, mais, désormais, le tragique l'emporte.

besoin d'une route préparée, celui qui exécute une telle retraite dans de très mauvaises conditions en a doublement besoin, et celui qui veut sortir de Russie après y avoir pénétré de 120 miles en a triplement besoin », conclut-il.

CHAPITRE VI

L'ENFER BLANC

« Dans cette épouvantable crise, il resta admirable par la force de son caractère, par les ressources de son esprit. Si lui seul avait pu concevoir et oser une si folle expédition, lui seul pouvait n'y pas succomber tout entier. Telle était la puissance qu'il exerçait sur les hommes qui périssaient à sa suite, que pas un signe de désobéissance ne s'est manifesté, que pas un murmure ne s'est fait entendre dans cette armée succombant sous le froid et la faim ; un pareil exemple n'a peut-être jamais été donné au monde. Pour ceux qui l'ont vu sur les bords de la Bérésina, parcourant ces rives inconnues un bâton à la main, absorbé dans l'étude des chances qui lui restaient de dérober son passage à l'ennemi, donnant ses ordres avec un imperturbable sang-froid et triomphant enfin d'une difficulté qui eût paru insurmontable à tout autre, il n'a peut-être jamais été plus grand. »

PASQUIER,
Mémoires.

La fuite

La manœuvre manquée vers Kalouga a fait prendre une semaine de retard supplémentaire. Trop d'hommes à manœuvrer et à nourrir, trop d'espaces à parcourir, trop de temps perdu. La Grande Armée s'est égarée dans l'océan russe avant de s'assoupir à Moscou. La victoire impériale, comme on l'a souvent vu, repose sur la vitesse et la mobilité. Celles-ci s'imposent plus que jamais alors qu'il faut gagner Smolensk à marches forcées avant que le froid tombe et que les trois armées russes de Koutouzov, Wittgenstein et Tchitchagov n'aient le temps de se regrouper. Or, les colonnes se traînent lamentablement, offrant une proie facile aux Cosaques.

L'armée sortant de Moscou ne ressemble pas à celle qui y est entrée trente-cinq jours plus tôt. Si les hommes sont reposés, il n'en est pas de même des chevaux : l'absence de fourrage et les épuisantes chevauchées de Murat les ont décimés. La plupart des cavaliers sont à pied, réclamant de nouvelles montures. Il y en a d'autant moins de disponibles qu'elles ont été souvent affectées au transport des blessés et des milliers de fourgons transportant le butin ramassé à Moscou[1]. Décrivant l'évacuation, Ségur assure que l'« on croyait voir une caravane, une nation errante, ou plutôt une de ces armées de l'antiquité, revenant toute chargée d'esclaves et de dépouilles après une grande destruction ».

Ce n'est plus une force combattante mais un gigantesque souk ambulant. Chacun a non seulement emporté des vivres, mais aussi des trésors réels ou supposés : bijoux,

1. « Chars à bancs, drochkis, wurts, calèches, kibitkas, disputant d'élégance et de vitesse, couvraient la route, débordaient de tous côtés et inondaient au loin la plaine. Les ordres des chefs n'avaient pas mis d'obstacle à ces abus parce que ces voitures étaient censées transporter des vivres », rapporte Montesquiou.

or, châles, fourrures, bottes, mais aussi volumes en maroquin, croix et autres pendentifs. On a du mal à comprendre pourquoi Napoléon a autorisé de tels débordements si ce n'est par ce mélange d'orgueil et de pragmatisme qui le caractérise. Orgueil du conquérant qui veut prouver qu'il n'a rien perdu de sa superbe et refuse d'abandonner quoi que ce soit. Pragmatisme du père du soldat qui veut satisfaire ses hommes en leur laissant le fruit de leurs rapines et amasser les victuailles, sachant que ses lignes de communication sont menacées et que l'intendance sera incapable de nourrir les troupes jusqu'à Smolensk.

Comme si cela ne suffisait pas, 50 000 civils se joignent aux 100 000 combattants, ce qui représente un chiffre anormalement élevé comparé aux autres campagnes de l'Empire. Il y a là de nombreuses femmes avec des enfants, des comédiens, la petite colonie française et allemande de Moscou qui a préféré partir par crainte de représailles. Langeron, qui en capturera beaucoup parmi les traînards de la Berezina, énumère dans ses Mémoires « une foule d'artistes et d'ouvriers », « des corporations de serruriers, de maçons, de bijoutiers, de carrossiers, d'horlogers ». Selon lui, « Napoléon voulait apparemment établir des colonies en Russie ». On connaît encore mal les détails de cette abondante population civile, notamment les nombreuses femmes qui d'habitude ne suivent pas leurs maris en campagne – l'Empereur y est farouchement hostile – et que l'on découvre soudain révélées par les mémorialistes alors qu'ils ne les mentionnaient pas jusqu'à l'arrivée à Moscou. Ce sont autant de bouches supplémentaires à nourrir et de personnes à transporter, poids terrible étant donné les circonstances.

En outre, il faut traîner les 600 canons que Napoléon a refusé d'abandonner aux Russes. Décision logique compte tenu de la stratégie qu'il avait adoptée. Encore fallait-il l'exécuter correctement, comme le note Caulaincourt : « Il aurait fallu, avant Smolensk, bien organiser et approvisionner quelques pièces dans chaque corps d'armée, les bien atteler, avoir même des chevaux de réserve et faire le sacrifice du surplus. De cette manière, estime-t-il, l'artillerie n'eût point retardé l'infanterie ; l'Empereur eût été maître de tous ses mouvements ; l'armée eût pu marcher presque en masse ; elle aurait eu moins de traînards et eût certainement défié toutes les attaques des Russes qui ne l'attaquaient que quand ils étaient six fois plus forts que les malheureux affamés sur lesquels ils tombaient. »

Il faut enfin rappeler que la nuit tombe de plus en plus tôt, ce qui raccourcit d'autant les étapes, les marches nocturnes devenant vite impossibles en raison du froid.

Le défaut d'approvisionnement se greffe sur cet ensemble déjà calamiteux. Très tôt, les derniers chevaux meurent, obligeant à abandonner les fourgons laissés comme des cailloux pour les Cosaques qui suivent la Grande Armée à la trace. L'état dévasté de la route du Nord, pillée et brûlée à l'aller, oblige les démunis à marauder de plus en plus loin. Ceux qui ne tombent pas aux mains des Cosaques forment des colonnes de traînards qui ralentissent d'autant le mouvement d'ensemble et obligent à étirer l'armée dans la longueur, l'exposant à être coupée et détruite par de vigoureuses attaques de flanc[1]. L'arrière-garde les ramasse et les pousse tant bien que mal en avant, cohue taraudée par la famine, troupeau déjà sauvage, prêt à tuer pour manger, déjà perdu pour le combat.

La débâcle n'a pas attendu la neige comme le révèle Fezensac, auteur d'une relation réputée pour son réalisme : « Nous étions réduits aux provisions que nous avions emportées de Moscou : ces provisions, peu

1. « Il aurait fallu se borner à trois ou quatre lieues par jour, sur la route, afin de pouvoir en faire autant pour chercher des vivres sur ses flancs. De cette manière, les soldats restant au drapeau, on eût presque tout sauvé ; mais l'ennemi nous eût prévenus ou atteints ou attaqués partout et ce danger fut regardé comme celui auquel les autres inconvénients devaient être sacrifiés », écrit toujours Caulaincourt.

considérables en elles-mêmes, avaient encore l'inconvénient d'être très inégalement réparties, comme tous les produits de pillage. Un régiment avait conservé quelques bœufs et manquait de pain ; un autre avait de la farine et manquait de viande. Jusque dans le même régiment, cette inégalité se faisait remarquer. Quelques compagnies mouraient de faim, tandis que d'autres étaient dans l'abondance. Les chefs ordonnaient le partage ; mais l'égoïsme employait tous les moyens pour tromper leur surveillance et se soustraire à leur autorité. D'ailleurs, pour conserver nos vivres, il fallait conserver les chevaux qui les traînaient, et le manque de nourriture en faisait mourir tous les jours un grand nombre. Les soldats qui s'écartaient de la route pour trouver à manger tombaient entre les mains des Cosaques et des paysans armés. Le chemin était couvert de caissons que l'on faisait sauter, de canons et de voitures abandonnés, quand les chevaux n'avaient plus la force de les traîner. Dès les premiers jours enfin, cette retraite ressemblait à une déroute. »

Selon le même témoin, Napoléon aurait donné à Davout, commandant l'arrière-garde, l'ordre de mettre partout le feu. Réponse du berger à la bergère, l'ordre est exécuté à la lettre avec pour seul résultat d'exciter la haine des habitants et d'accréditer la rumeur selon laquelle Moscou a été brûlée par la volonté de l'Ogre. Les prisonniers russes, en dépit des ordres contraires, sont le plus souvent exécutés et subissent les pires traitements[1]. Faut-il s'étonner que les prisonniers français n'aient pas été mieux traités ? La décomposition mine la discipline. Bientôt, sauf dans les rares unités approvisionnées et la Garde, on ne marche plus par régiments mais par divisions. Bientôt l'on marchera par corps. Le fruit de nos

1. Soltyk atteste le massacre de prisonniers russes par des soldats espagnols qui les brutalisaient à coups de crosse avant de les achever en leur tirant un coup de fusil dans l'oreille : « Dès que Napoléon fut instruit de ces horribles exécutions, précise-t-il, il en témoigna le plus grand mécontentement et les fit à l'instant même cesser. »

rapines jonche le sol. Dans peu de temps, ce seront les cadavres. Les chevaux tombés sont aussitôt dévorés par des essaims avides. La faim combinée à l'absence d'autorité mine tout esprit de corps et bientôt toute morale[1]. Le chacun pour soi triomphe, favorisant les brutes, tuant la camaraderie. « La crainte de mourir de faim, de perdre ses équipages déjà trop chargés, de voir périr ses chevaux déjà exténués de fatigue et de besoin, avait fermé tous les cœurs à la pitié, déplore le grand écuyer. Je frémis encore en racontant que j'ai vu des conducteurs faire courir exprès leurs chevaux dans des endroits raboteux pour se débarrasser des malheureux dont on les avait surchargés, et sourire, comme à un succès, lorsqu'une secousse les débarrassait d'un de ces infortunés qu'ils étaient, cependant, sûrs que les roues écraseraient, si les chevaux ne les mutilaient pas avant. Chacun pensait à soi et rien qu'à soi. »

L'instinct de survie rabaisse l'homme vers la barbarie. Pressé de rejoindre Smolensk, Napoléon laisse faire. De toute façon, il ne pourrait rien empêcher. N'oublions pas, même si on a trop tendance à le faire, que la retraite s'effectue sous la pression constante de l'armée russe. La situation se joue à front renversé par rapport à l'aller avec son lot d'escarmouches quotidiennes. Les véritables batailles y sont tout aussi rares, la Berezina répondant à la Moskova. Sauf que cette fois, ce sont les grognards qui sont menacés d'anéantissement. Toutefois, Koutouzov se montre un poursuivant beaucoup plus passif que Napoléon, ce qui lui vaut de recevoir de nombreuses critiques, à commencer par celles du tsar. Alexandre a salué la nou-

1. On peut par exemple consulter le témoignage de Gervais : « Les hommes les plus faibles continuaient de périr en grand nombre, écrit-il. Les chevaux de cavalerie et d'artillerie succombaient. Les artilleurs précipitaient les pièces et les canons dans les ravins. Le commencement d'un grand désastre se faisait sentir. » Dans ce contexte : « Les hommes les plus valides faisaient la loi en écartant les faibles. […] On a vu, pour un morceau de cheval, des hommes se tuer. »

velle de l'évacuation de Moscou par une phrase célèbre : « C'est maintenant que ma campagne va commencer. » Il réclame l'encerclement et l'anéantissement immédiat de l'Ogre. Mais Koutouzov continue à vouloir éviter la bataille et préfère miser sur la décomposition de la Grande Armée. A l'Anglais Wilson qui le supplie d'attaquer, il répond exaspéré qu'il fait reposer ses soldats tous les trois jours et veille en priorité à leur approvisionnement. « J'escorte l'armée française, ma prisonnière, ajoute-t-il ; je la châtie dès qu'elle veut s'arrêter ou s'éloigner de la grande route. Le terme de la destinée de Napoléon est irrévocablement marqué : c'est dans les marais de la Berezina que s'éteindra le météore en présence de toutes les armées russes. Je leur aurai livré Napoléon affaibli, désarmé, mourant : c'est assez pour ma gloire[1]. » Déjà, il pense aux campagnes futures et veut ménager ses hommes dans cette optique. Il suit de près, comme un corbeau, la longue colonne malade sur une route parallèle, facilement ravitaillé, porté par les acclamations des habitants. Comme le résume Tolstoï, panégyriste infatigable du maréchal russe : « L'armée russe devait agir à la façon du fouet sur un animal. Et le conducteur de troupeau expérimenté savait que le moyen le plus efficace était de tenir le fouet levé, menaçant, et non pas de frapper sur la tête l'animal en pleine course. »

Son armée régulière demeurant en retrait, Koutouzov mise sur les Cosaques et les partisans pour continuer à affaiblir son adversaire. Les célèbres cavaliers, immédiatement identifiables par leurs toques de fourrure, leurs barbes et leurs lances, sont les héritiers des fameuses hordes d'antan commandées par Attila, Gengis Khan ou Tamerlan. Misant tout sur la vitesse, ils préfèrent les coups de

---

1. Egalement critiquée par Bennigsen et Langeron, la tactique de Koutouzov est louée en revanche par Tolstoï et Boutourline, le meilleur historien russe de la campagne.

main rapides aux batailles régulières dans lesquelles ils sont vite surclassés en raison de leur absence de cuirasses et d'armes à feu. Cavaliers légers, ils optimisent les avantages de cette arme qui se révèle redoutable dans la poursuite. Surgissant par bandes en poussant des cris terribles, ces « taons de neige », comme les appelle Chateaubriand, fondent sur les traînards et les isolés qu'ils massacrent en quelques instants, enlevant les fourgons, partant aussi vite qu'ils sont venus. Ils traquent l'arrière-garde, encombrée de civils et de soldats perdus, créant la panique chez les plus faibles, toujours sur le qui-vive, habitués au froid comme leurs chevaux, petits et vifs. Dirigés par l'hetman Platov, ils sont environ 20 000 et opèrent de concert avec les partisans. Le rôle de ces derniers, diversement apprécié par l'historiographie[1], ne commence véritablement qu'à partir de Smolensk. Ils s'inspirent essentiellement des guérillas, opèrent par bandes oscillant de quelques dizaines à plusieurs milliers d'hommes, la principale étant dirigée par un certain Denis Davydov. Associant paysans, milices et anciens militaires, ils forment en somme l'infanterie des Cosaques, détruisent les approvisionnements, attaquent les isolés, renforçant le climat de terreur qui ajoute à la débandade générale[2].

1. La russe leur attribue une part essentielle dans la défaite alors que la française insiste davantage sur la faim et le froid pour expliquer la défaite.

2. Il faut encore se référer ici à Tolstoï : « Les partisans détruisaient la Grande Armée morceau par morceau. Ils ramassaient les feuilles mortes qui tombaient d'elles-mêmes de l'arbre qui se desséchait, l'armée française, et parfois ils secouaient cet arbre. En octobre, alors que les Français s'enfuyaient vers Smolensk, ces détachements d'importance et de caractère très différents se comptaient par centaines. Plusieurs d'entre eux formaient de véritables armées avec infanterie, artillerie, états-majors et même certaines commodités d'existence. Il y en avait qui étaient composés uniquement de cosaques, d'autres, plus petits, où se côtoyaient fantassins et cavaliers, d'autres encore composés de paysans ou de propriétaires ruraux que personne ne connaissait. » « Ce genre de guerre n'est pas suffisamment apprécié, même

Comme en Espagne, la cruauté atteint une dimension insoutenable. Les Mémoires regorgent d'exemples de prisonniers torturés, empalés, ébouillantés, humiliés, attendant la mort comme une délivrance. Il suffit de parcourir les témoignages russes pour s'en faire une juste idée. Selon Wilson : « Tous les prisonniers [...] étaient invariablement et immédiatement mis tout nus, et marchaient en colonnes dans cet état, ou bien étaient abandonnés à la dérive, pour devenir les jouets et les victimes des paysans ; ceux-ci ne les laissaient pas toujours retourner, quand ils cherchaient à le faire, le canon de leur arme contre leur propre tête ou leur cœur, afin de mettre fin à leurs souffrances de la façon la plus sûre et la plus rapide ; car la gent paysanne pensait qu'atténuer ainsi leur torture "serait une offense contre la vengeance du Dieu de la Russie et les priverait ensuite de sa protection[1]". »

Löwenstern décrit le cas à Dorogobouje d'un horloger, ancien militaire et partisan fanatique. Après avoir fait le signe de croix, l'homme « s'empara d'un grand couteau, courut dans la rue et tua en ma présence trois ou quatre Français avec une telle promptitude que je n'eus ni le temps ni le pouvoir de l'en empêcher. Puis il se mit à faire un tapage effroyable pour que les voisins sortent de leurs maisons et continua à faire un carnage horrible. [...] Les

---

dans notre armée, et c'est sans contredit celui qui a fait le plus de mal à l'ennemi, ajoute Löwenstern. Ce sont les partisans qui forcèrent l'ennemi à envoyer des corps entiers aux fourrages ; ce sont eux qui les resserrèrent dans un rayon trop étroit pour leur subsistance, qui électrisèrent et encouragèrent les paysans, qui interceptèrent les courriers et firent dans un mois plus de prisonniers que la plus éclatante victoire ne nous en avait pu procurer. »

1. Le même précise deux pages plus loin qu'Alexandre interdit « ces pratiques sous les plus sévères menaces d'encourir son déplaisir et son châtiment » et ordonne « de payer un ducat d'or pour tout prisonnier remis par un paysan ou par un soldat à une autorité civile, en vue d'être placé sous garde sûre ».

habitants, plus vigoureux et plus frais que ces pauvres malheureux, qui étaient exténués de fatigue et de froid, les atteignirent bientôt et les massacrèrent tous sans miséricorde avec des haches, des faux, des masses, enfin avec tout ce qui leur tombait sous la main. Ce spectacle était affreux ; ils avaient l'air de cannibales et une joie féroce brillait sur leur figure. Après s'être rassasié de carnage, mon horloger revint tout triomphant, son couteau sanglant à la main et se glorifiant de l'avoir enfoncé dans le cœur de vingt victimes[1] ».

Déjà les Cosaques crient victoire. L'échauffourée du 25 octobre, qu'on appelle « le hourra de l'Empereur », excite leur ardeur. Manqué de peu, le « monstre » peut être capturé et son signalement est aussitôt répandu : « La taille épaisse et ramassée. Les cheveux noirs, plats, et courts. La barbe noire et forte, rasée jusqu'au-dessus de l'oreille. Des sourcils bien arqués, mais froncés vers le nez, le regard atrabilaire ou fougueux. Le nez aquilin avec des traces continuelles de tabac. Le menton très saillant, toujours en petit uniforme sans appareil et le plus souvent enveloppé d'un petit surtout gris pour n'être point remarqué, et sans cesse accompagné d'un mamelouk[2]. »

La Grande Armée doit ainsi déjà mener trois guerres à la fois : contre elle-même, contre Koutouzov, enfin contre l'armée irrégulière des Cosaques et des partisans avant de devoir bientôt en affronter une quatrième contre le froid et la famine.

L'instrument, toujours offensif jusqu'alors, n'est pas prêt à affronter la retraite. Il n'en a pas l'expérience et pour tout dire le psychisme qui nécessite une grande résistance morale, indispensable pour surmonter la souffrance phy-

1. Un officier russe, Boris Uxkull, rapporte que certains moujiks achetaient des prisonniers français, deux roubles par tête, avant de les empaler ou de les précipiter dans un chaudron d'eau bouillante.

2. Cette fiche signalétique est citée par l'Anglais Wilson dans sa relation de la campagne.

sique. Alors que Russes et Anglais excellent dans cet exercice, le combattant gaulois, héroïque mais fragile, joue à contre-emploi : « Les Français sont les plus braves qu'on connaisse ; dans quelle position qu'on les essaie ils se battront ; mais ils ne savent pas se retirer devant un ennemi victorieux. S'ils ont le moindre échec, ils n'ont plus ni tenue ni discipline ; ils vous glissent dans la main », avouera Napoléon dans le *Mémorial*. Caulaincourt complète l'analyse en fustigeant « l'habitude du succès » et surtout en critiquant directement Napoléon : « Dans cette longue retraite de Russie, il fut aussi incertain, aussi indécis le dernier jour que le premier, quoique la nécessité de ce mouvement ne lui parût pas plus douteuse qu'aux autres. Se flattant toujours de s'arrêter, de prendre position, il s'entêta à conserver un matériel immense qui fut cause qu'on perdit tout. Il poussait, on peut le dire, plus loin que qui que ce soit, l'antipathie des réflexions sur ce qui le contrariait. La fortune lui avait si souvent souri qu'il ne put jamais la croire tout à fait infidèle. »

Le drame synthétise toutes les fautes commises depuis des années : ivresse de la gloire et de la puissance qui lui interdit, par orgueil déplacé, d'admettre la défaite et de prendre des dispositions en conséquence ; incapacité de déléguer qui transforme ses lieutenants en pantins désarticulés, incapables de prendre la moindre initiative ; déclin d'une armée dont l'élite a déjà disparu en Espagne et dans les campagnes précédentes ; démesure d'un empire devenu ingérable. Pour Jomini : « Il est tombé du faîte des grandeurs pour avoir oublié que la force et l'esprit humains ont aussi leurs bornes, et que plus les masses mises en mouvement sont énormes, plus le pouvoir du génie est subordonné aux lois imprescriptibles de la nature, et moins il commande aux événements[1]. » Dévoré par l'espace, rattrapé par le temps, il doit sentir que pour la première fois

1. *Traité des grandes opérations militaires.*

il ne maîtrise plus son destin et côtoie le gouffre. Bien sûr, il s'emploie à sauver les apparences, continue à commander, multiplie les courriers et les injonctions, feint la tranquillité la plus parfaite. Mais la machine ne répond plus, à l'exemple de ses chères estafettes qui n'arrivent plus, de sa cavalerie qui meurt et de son artillerie qui s'enlise.

Pour contrer les Cosaques, il rédige une instruction particulière qui s'inspire de la campagne d'Egypte. Comme il l'avait fait pour lutter contre les mamelouks, il recommande de marcher « les bagages au centre, des demi-bataillons en tête et en queue et des bataillons en file sur les flancs, de manière à présenter au besoin du feu de tous les côtés, comme un bataillon carré ». Selon Caulaincourt : « Il parla beaucoup de ces dispositions qu'il regardait comme le salut assuré de l'armée, se flattant de prendre position à Smolensk. » Encore faut-il pouvoir y arriver, sachant que les bataillons ne parviennent plus à se former et que les corps s'éloignent de plus en plus les uns des autres.

La potion est d'autant plus amère que la route rappelle à chaque étape l'enivrement de la marche vers Moscou. Le chemin de gloire est devenu chemin de croix. Chaque ville et village occupés à l'aller doivent être abandonnés, leurs petites garnisons rejoignant la colonne impériale avant de se dissoudre dans la cohue.

Le 28 octobre, on passe ainsi devant Borodino couvert de ruines. Selon Montesquiou, un survivant de la bataille attend l'Empereur. Laissé pour mort, il s'était extrait d'une montagne de cadavres avant de se réfugier dans un couvent. Toujours blessé et marchant à quatre pattes, il s'est adossé à un arbre dans l'attente de Napoléon auquel il s'adresse avec violence, lui reprochant à la fois ses souffrances et l'abandon dans lequel on l'a laissé. « Il continua en maudissant la guerre et la gloire, et en prédisant à l'Empereur lui-même l'abandon et l'oubli. L'Empereur ne témoigna que de la pitié[1]. » Trois jours plus tard, Napo-

1. Montesquiou, *Souvenirs*.

léon parvient à Wiazma avec sa garde. Davout, qui commande alors l'arrière-garde, n'y parvient que le 3 novembre. Esseulé, il doit subir une attaque violente des 30 000 hommes de Miloradovitch qu'il repousse au prix de lourdes pertes. C'est le premier affrontement sérieux de la retraite, le dernier avant les grands froids. Le même jour, la première neige apparaît à Slawkowno.

Le gel

Le terrible hiver russe s'abat le 6 novembre, alors que la Grande Armée est encore éloignée de Smolensk, entre trois jours et une semaine selon la position des troupes. Il conjugue froid polaire entre 2 15 et 2 30°, vent violent et tempête de neige qui cingle les hommes et aveugle les traînards. « Les chevaux ne peuvent plus avancer sur le terrain glacé et s'abattent ; les convois et, pour la première fois, les canons restent en arrière, faute d'attelages ; la route sur laquelle la Grande Armée se dirige à pas précipités vers Smolensk, se jonche de cadavres d'hommes gelés. Mais bientôt la neige les a couverts comme un immense linceul, et de petites élévations, semblables aux tombeaux des anciens, ne nous montrent plus que faiblement les traces de nos compagnons d'armes ensevelis », raconte Faber du Faur.

En quelques instants, les doigts et les pieds gèlent. Les chevaux, en dépit des supplications prophétiques de Caulaincourt, n'ont pas été ferrés à glace. En conséquence, ils glissent, tombent et meurent, entraînant dans leur chute canons et fourgons, voitures de civils, femmes et blessés, bientôt laissés à l'agonie faute de pouvoir les transporter. On assiste à une catastrophe en chaîne. Affamé, meurtri par le gel, le combattant n'existe plus, l'homme régresse en bête sauvage n'hésitant pas à assassiner ces chevaux qui seuls pourtant peuvent le sauver. En effet, leur disparition entraîne l'absence de convois, donc de vivres, mais aussi le défaut d'artillerie et de cavalerie pour protéger les flancs et repousser les Russes. Une nouvelle fois, l'intendance s'est révélée en dessous de sa tâche en ne prévoyant pas de vêtements *ad hoc*. Saisi par le froid, chacun se couvre comme il peut, entassant les épaisseurs. Les plus prévoyants ont volé à Moscou pelisse, toque, bottes et gants de fourrure, sachant que chaque partie du corps doit être protégée, sous peine de gel immédiat et de souffrances atroces. Mais la plupart ont préféré l'or et les victuailles aux vêtements. Beaucoup ne possèdent qu'une partie de l'attirail de survie et improvisent tant bien que mal pour le reste, arborant châles, chapeaux, mouchoirs ou couvertures. « Peu de gens avaient assez d'adresse et de sens pratique pour se garantir du froid, ajoute un témoin. Une paysanne quelconque leur en aurait remontré. Au lieu de s'envelopper la nuque, le visage et les oreilles, ils avaient entortillé leurs pieds dans une foule de chiffons et de linges qui rendait la marche plus difficile ; ils avaient des fichus sur la poitrine au lieu de s'en servir pour protéger leurs oreilles et leur nez contre la gelée. Même maladresse aux bivouacs, et par suite, il ne faut pas s'étonner qu'une quantité d'hommes soient morts de froid, tandis que d'autres qui n'étaient pas autrement vêtus ou nourris, ont échappé[1]. »

La conjugaison du froid et de la famine tue chaque jour plusieurs centaines d'hommes, les retardataires étant massacrés par les Cosaques. Tous les survivants décrivent avec plus ou moins de talent l'immense colonne blanche semée de cadavres, avançant sans ordre, mais en silence.

1. Von Brandt. Selon Chevalier : « On ne voyait plus sur les routes des soldats français, mais des fantômes couverts de haillons, des figures hâves, une longue barbe sale et terreuse, la tête entortillée de mouchoirs, les mains et les pieds enveloppés de peaux de mouton ; des vieilles jupes de femmes, des vieilles couvertures, des chabraques de chevaux, de vieilles peaux leur couvraient la tête ; à peine si l'on apercevait leurs yeux ternes et hagards. Et tous ces lambeaux déchirés, brûlés, dégoûtants, tout cela marchait machinalement, sans but, au hasard, sans une ombre d'espérance. »

La mort devient la compagne familière du troupier, le cadavre le nouveau point de repère pour les Cosaques après les chevaux et les caissons. La fin commence par le gel, premier stade de la décomposition dont le mémorialiste Mailly décrit les prémices : « Les parties de notre corps attaquées par la gelée prenaient subitement la couleur d'une ampoule formée par la brûlure de l'eau chaude. Cette couleur était bientôt remplacée par des taches très noires et de la même étendue que les premières bursicules. Ces effrayants et terribles stigmates de la rigueur du froid se remarquaient difficilement sur nos visages enfumés, jaunis par la misère et hérissés d'une barbe épaisse ; mais elles faisaient un étrange effet sur les jeunes figures de ces conscrits, dont le nez, les oreilles et les pommettes des joues paraissaient noires comme de l'encre[1]. »

Vient bientôt l'agonie. Avec un talent littéraire rare chez un officier de l'époque, Montesquiou raconte le dernier acte, le plus souvent vécu comme une délivrance : « Tous périssaient de même, c'est-à-dire brusquement et sans s'y attendre. L'engourdissement les prenait debout ; ils continuaient cependant à faire quelques pas, puis ils trébuchaient et tombaient en avant. Une fois à terre, ils ne remuaient plus. Mais un moment encore quelquefois, on entendait leur plainte étouffée. La tête était un peu contractée et baissée, le visage était devenu bleu et les poings fermés se réunissaient violemment vers le creux de l'estomac ; tout le corps avait acquis une invincible raideur. C'était donc ainsi que l'on mourait. » En conséquence : « Il devenait urgent pour ceux qui voulaient vivre de se tenir en garde à toute heure contre la mort qui se glissait d'une manière imperceptible et probablement avec tout l'irrésistible charme de l'engourdissement et du sommeil. Cependant, le froid redoublait, la précoce nuit était venue et le nombre des soldats, tombant, s'augmentait avec elle. »

1. Adrien-Augustin Mailly, *Mon journal pendant la campagne de Russie, écrit de mémoire après mon retour à Paris*, Paris, 1841.

Le soir au bivouac, les survivants se pelotonnent autour des flammes. Les meilleures places s'y disputent avec le même acharnement que celui mis à trouver de la nourriture[1]. Certains, par engourdissement ou impatience, se placent trop près du foyer et s'y brûlent atrocement ; d'autres y perdent la vue[2]. Cette « guerre du feu » porte encore sur le moral, déjà au plus bas. Chacun attend avec angoisse ces nuits de seize heures, sachant que plusieurs centaines d'hommes seront morts le lendemain matin. Les plus endurcis n'hésitent pas à dormir après avoir éventré des chevaux et s'être lovés dans leurs entrailles pour y trouver un peu de tiédeur. « Personne ne pouvait plus se reconnaître, ni indiquer le régiment auquel il appartenait, affirme le populaire Bourgogne. Il y en avait beaucoup qui, après avoir marché une journée entière, étaient obligés d'errer une partie de la nuit pour retrouver le corps auquel ils appartenaient. Rarement ils y parvenaient ; alors, ne connaissant plus l'heure du départ, ils se livraient trop tard au sommeil et, en se réveillant, ils se trouvaient au milieu des Russes. Que de milliers d'hommes furent pris et périrent de cette manière ! »

Puis la route, la terrible route reprend. Parfois, la température se relève de quelques degrés. « Il arrivait presque toujours qu'après une tempête et un froid excessif causé par le vent et la neige le temps devenait plus supportable ; il semblait que la nature s'était épuisée de nous avoir frappés et qu'elle voulait respirer pour nous frapper encore », rapporte le même témoin. Aux portes de Smolensk, Labaume décrit le spectacle lugubre des « énormes lévriers à longs poils, qui, abandonnant les lieux que nous avions

1. « Après avoir ravagé tout le pays, nous étions réduits à nous entre-détruire », résume Fezensac.

2. Les cas d'ophtalmie sont nombreux comme le précise Caulaincourt qui les attribue dans ses Mémoires à la conjugaison des fumées de bivouac – « car, pour se réchauffer le mieux possible, on se mettait la nuit la tête et les mains au-dessus du feu » – et à l'aveuglante réverbération des étendues de neige.

brûlés, nous suivaient le long du chemin ; mourant de faim, ils aboyaient comme s'ils eussent été enragés, et, dans leur fureur, venaient souvent disputer aux soldats les chevaux morts qu'on laissait sur la route. Enfin, les corbeaux, dont la Russie est remplie, attirés par l'odeur des cadavres, en épaisses nuées, se plaçaient devant nous, et leurs cris de funeste présage, en frappant de terreur les âmes faibles, ajoutaient encore à l'excès de leurs misères[1] ».

Il n'y a plus de discipline déplore le duc de Vicence, spectateur impuissant et analyste lucide auquel il faut largement se référer pour pénétrer l'ampleur du drame et en suivre l'évolution au quotidien : « Les montées et les descentes étaient continuelles, la route une glace sur laquelle même les hommes à pied avaient de la peine à se tenir. Aussi, versait-il à chaque instant des voitures, des fourgons, qui barraient le passage. Tout le monde se pressait et personne ne s'occupait de mettre de l'ordre. Sûr d'être mal obéi et que l'ordre établi ne s'exécuterait que pendant un moment, l'Etat-Major général ne prescrivait aucune mesure. » S'ils voient le mal, les chefs n'ont ni la force ni les moyens d'y remédier. « Quel moyen d'ailleurs, d'exiger un service, une chose pénible de l'homme auquel on ne donnait rien à manger et par un temps où ses doigts gelaient s'il les laissait à l'air ? Quel moyen de faire des dispositions quelconques, quand on marchait sans discontinuer, quand les officiers d'état-major avaient perdu leurs chevaux, quand ils ne pouvaient, le plus souvent, aller qu'à pied pour transmettre les ordres dont ils étaient porteurs, enfin quand tout le monde était entassé sur le même chemin et flanqué par des Cosaques qui ne nous perdaient presque plus de vue ? »

Heureusement, Smolensk est en vue, avec ses riches approvisionnements. Napoléon y a promis les quartiers

1. « Nous sommes tous à faire peur ; nous avons l'air de nos laquais », écrit le 10 novembre Stendhal à la comtesse Daru.

d'hiver et la fin des souffrances. A son approche, l'armée se resserre et les plus démunis retrouvent des jambes. Quoique le nombre de combattants soit à peu près réduit de moitié – 50 000 contre 100 000 au départ de Moscou –, on peut y espérer rallier 30 000 traînards et recevoir des renforts qui permettront de reprendre la lutte dans des conditions convenables. Quand la Grande Armée parvient à ses portes, par échelons, entre le 9 et le 13 novembre, tout peut encore être sauvé même si 20 000 hommes environ sont déjà morts.

*

La désillusion s'avère à la hauteur de l'espoir suscité. L'oasis est un mirage, la réalité un tombeau. Le grenier est vide ou presque. Les approvisionnements trop faibles pour nourrir les 80 000 affamés, sauf durant quelques jours[1]. Encore n'y en aura-t-il pas pour tout le monde. Pour prévenir l'émeute, Napoléon fait garder les entrepôts et limite les distributions aux unités régulières. Il espère par là même profiter de l'occasion pour rétablir un peu d'ordre. Mais les délaissés ne se laissent pas longtemps cantonner dans les faubourgs tandis que la Garde, abondamment pourvue, se repose en ville où elle bénéficie des meilleurs logements. L'arrivée progressive des traînards empêche bientôt de contenir cette « armée mourante au milieu d'une nature morte », selon la belle expression de Ségur[2].

1. Le corps de Victor et la garnison en ont absorbé une partie tandis que l'intendance, une nouvelle fois, s'est révélée nulle. Découvrant la pénurie, l'Empereur agonit d'injures le responsable des approvisionnements. « Jamais je ne le vis sortir si violemment de son caractère », écrit Constant.

2. Son *Histoire de Napoléon et de la Grande Armée* a été une des principales sources exploitées par Chateaubriand pour la rédaction des chapitres des *Mémoires d'outre-tombe* consacrés à la campagne de Russie.

« Des cris s'élèvent contre la troupe privilégiée : “L'armée n'aurait-elle jamais que ses restes ?” Ces cohortes faméliques courent tumultuairement aux magasins comme une insurrection de spectres ; on les repousse ; on se bat : les tués restent dans les rues ; les femmes, les enfants, les mourants dans les charrettes. L'air était empesté de la corruption d'une multitude d'anciens cadavres ; des militaires étaient atteints d'imbécillité ou de folie ; quelques-uns dont les chevaux s'étaient dressés et tordus, blasphémant ou riant d'un rire hébété, tombaient morts[1]. » Les derniers arrivés, qui ne trouvent presque plus rien, se montrent les plus violents et n'hésitent pas à agresser leurs camarades mieux servis. « Comme il arrive toujours, résumera Fezensac, on détruisit, en vingt-quatre heures, les ressources de plusieurs mois ; on pilla et l'on mourut de faim. » Le risque de famine s'avère d'autant plus grand que la ville de Minsk, pourvue d'abondants magasins, est prise le 16 novembre par l'armée de Tchitchagov. Les quatre jours passés en moyenne par les différents corps à Smolensk[2] ne font ainsi qu'aggraver le processus de décomposition alors qu'ils étaient censés y mettre fin. L'armée, au sortir de la ville, ne compte plus qu'environ 30 000 hommes en état de combattre, soit 20 000 de moins qu'en y entrant. La cavalerie descend en dessous de 5 000 hommes.

La situation est d'autant plus grave que les renforts attendus ne parviennent pas. Ni les Cosaques polonais, dont Napoléon entretient sans cesse Caulaincourt et qu'il compte utiliser contre ceux de Platov, ni le corps de Victor qui a quitté Smolensk pour porter secours à Gouvion-Saint-Cyr et fera sa jonction plus tard. Autre déconvenue :

1. Chateaubriand, *Mémoires d'outre-tombe*.

2. « Napoléon, pour perdre le moins de temps possible, décida que l'armée, entrée du 9 au 13, quitterait la ville, entre le 14 et le 18, mais par échelons, de façon que chaque corps y pût demeurer quatre jours et y reprendre haleine », précise Louis Madelin dans son *Histoire du Consulat et de l'Empire*.

la perte du corps de Baraguey d'Hilliers, surpris par l'armée russe et qui a dû capituler le 9 novembre. Enfin, le corps d'Eugène a été vivement attaqué et a subi des pertes sévères. « Ainsi, renforts, réserves, approvisionnements, tous les échelons que l'Empereur s'était ménagé sur la route, tout lui manque », résume Caulaincourt.

Il faut donc repartir au plus vite, le moral en berne et le ventre vide. Il le faut d'autant plus que la manœuvre d'encerclement des Russes semble en passe de réussir. L'armée de Tchitchagov arrive du sud tandis que celle de Wittgenstein débouche du nord, les deux prêtes à barrer le passage tandis que Koutouzov, qui talonne toujours à l'est, profite de notre arrêt à Smolensk pour faire passer son avant-garde devant nous[1]. Le point de réunion est fixé à la Berezina où la mâchoire anéantira les survivants. Rencontrant Montesquiou, le maréchal Lefebvre lui confie avec son fort accent alsacien : « Zagré non te tieu, mon ger gamarate, nous zommes foutus. »

Heureusement, Napoléon ne commet pas la même erreur qu'à Moscou. Il part sans attendre vers Wilno, nouveau point d'arrêt fixé avec pour objectif prioritaire de franchir la Berezina avant les Russes. Pour aller plus vite, la plupart des blessés sont abandonnés sur place. Promis à la torture et à la mort, ils supplient qu'on les emmène. « Ils nous serrent les mains avec désespoir, ils embrassent nos genoux, ils sanglotent, ils crient, ils se cramponnent : "Par pitié, nous disent-ils en pleurant, ne nous laissez pas tomber aux mains des cosaques ! Si vous avez un peu d'humanité, ne nous laissez pas venir ainsi la mort pas à pas ; nous avons surmonté déjà tant de misères, tant de graves dangers ! Et tout cela pour finir par être brûlés vifs, pour servir de

1. « Si les deux armées russes, l'une de 45 000 et l'autre de 35 000 hommes, se réunissaient derrière la Berezina, c'était à 80 000 hommes que viendrait se heurter l'armée française, réduite à 60 000 et, depuis Viazma, serrée d'assez près par les 60 000 hommes de Koutouzov. Napoléon et ses soldats seraient pris dans un cercle impossible à rompre », détaille Louis Madelin.

bûchers dès que vous nous aurez abandonnés et qu'ils entreront. Camarades, compagnons, amis, par pitié, emmenez-nous ! Et nous, quels soulagements pouvons-nous leur donner ? Quelques mots de consolation, de réconfort ! Nous nous éloignons le cœur serré. Alors, ces malheureux se roulent à terre en s'agitant comme des possédés ; leurs gémissements, leurs cris vont nous résonner dans les oreilles, une bonne partie de la route, et nous finissons par les oublier que pour penser aux nouveaux dangers qui nous enveloppent déjà de toutes parts[1]. »

A peine est-on sorti de Smolensk qu'il faut à nouveau affronter les avant-gardes de Koutouzov. Elles nous attendent en embuscade à Orcha, à 50 kilomètres à l'ouest de la ville. Entre le 16 et 19 novembre, corps après corps, défilent successivement Napoléon et la Garde, les corps d'Eugène et de Davout. A la surprise des Russes, la Grande Armée reste en état de combattre, en particulier la Garde. Sa force tranquille impressionne notamment le chef des partisans, Denis Davydov : « Tous nos efforts pour détacher un seul soldat de ses colonnes serrées restent vains : les hommes, comme taillés en granit, méprisent toutes nos tentatives et restent intacts », écrit-il dans son journal, avant d'ajouter : « Je n'oublierai jamais la démarche libre, aisée et l'allure menaçante de ces guerriers éprouvés par tous les aspects de la mort. Avec leurs bonnets à poil, leurs uniformes bleus aux sangles blanches, leurs plumages et leurs épaulettes rouges, ils ressemblent à des pavots dressés sur un champ de neige. » Les Cosaques s'échinent en vain à les attaquer. La Garde les traverse « comme un navire armé de cent canons passe parmi les barques de pêcheurs[2] ».

1. La scène est rapportée par Laugier.

2. Le sergent Bourgogne rapporte « qu'au moment où nous battions la charge et que la tête de notre colonne enfonçait les Russes [...] nous rencontrâmes, étendus sur la neige, plusieurs centaines de Russes que l'on crut morts ou dangereusement blessés. Nous les dépassâmes, mais,

A bout de ressources, Napoléon ne la ménage plus. Après l'avoir fait donner, il n'hésite pas à la faire revenir sur ses pas pour dégager Eugène en mauvaise posture. Il parvient ainsi à contenir les Russes, par ailleurs retenus par un Koutouzov toujours soucieux de préserver ses forces. En revanche, il doit reprendre la retraite avant d'avoir pu être rejoint par Ney, qui vient de prendre la tête de l'arrière-garde. Avec seulement 6 000 hommes, séparé de Davout qui n'a pas jugé possible de l'attendre, le prince de la Moskova semble perdu. Durant plusieurs jours, Napoléon reste sans nouvelle de lui, bouleversé par ce nouveau coup du sort : « Je donnerais [...] les 300 millions en or que j'ai dans les caves des Tuileries pour le sauver, dit-il alors. S'il n'est pas tué, il échappera avec quelques braves, mais il a bien des chances contre lui. » C'est mal connaître Michel Ney. La stupéfiante indulgence dont Napoléon fera montre avec lui par la suite, notamment durant les Cent-Jours[1], trouve son explication dans cet épisode héroïque de la retraite, toujours mis en avant pour mieux en exorciser l'horreur et entretenir l'illusion d'un possible retour de fortune. Sommé de se rendre, Ney refuse avec superbe. Il n'hésite pas à capturer le plénipotentiaire russe avant d'oser lancer une attaque contre les gros ennemis. N'ayant pas réussi à percer, il profite de la nuit pour s'échapper par des chemins de traverse. Barré par le Dniepr, il le franchit à gué à la barbe de l'ennemi.

à peine fûmes-nous au-dessus qu'ils se relevèrent avec leurs armes ; ils firent feu de manière que nous fûmes obligés de faire demi-tour pour nous défendre ». Heureusement, « un bataillon qui faisait l'arrière-garde et qu'ils n'avaient pu apercevoir arriva », ce qui permit de les prendre entre deux feux. Bourgogne ajoute que les Russes étaient coutumiers de cette ruse de guerre.

1. Il lui confiera le commandement de son aile gauche alors que Ney a joué un rôle décisif dans l'abdication de Fontainebleau et s'est ensuite répandu en propos injurieux à son encontre. Enfin, il a promis à Louis XVIII de le ramener dans une cage de fer en apprenant son retour de l'île d'Elbe.

Exercice risqué car la température est remontée et la glace a fondu. Avec les quelques centaines de survivants qui lui reste, il repousse ensuite toutes les attaques des Cosaques, faisant former le carré et combattant à pied au milieu de ses hommes. Pour les galvaniser, « le rougeaud » n'hésite pas à faire le coup de feu, la scène ornant des milliers de gravures et d'images d'Epinal qui feront le tour du monde[1]. Le 21 novembre, à quatre heures du matin, il rejoint Eugène près d'Orcha. Par son exploit, Ney sauve l'honneur de la Grande Armée et donne un coup de fouet moral à l'ensemble des troupes. « Jamais bataille gagnée ne causa une telle sensation, explique Caulaincourt. La joie était générale ; on était dans l'ivresse ; tout le monde était en mouvement, allait, venait pour annoncer ce retour ; on en faisait part à tous ceux qu'on rencontrait. C'était un événement national ; on se croyait obligé de l'annoncer même à ses palefreniers. Officiers, soldats, il semblait à chacun que les éléments et la fortune pouvaient vainement nous trahir maintenant, que les Français étaient invincibles ! »

*

Désastre militaire, la bataille de Krasnoé se termine ainsi en victoire morale. Maintenant concentrée autour d'Orcha, l'armée est prête pour l'épreuve décisive de la Berezina. Toutefois, les derniers combats ont été meurtriers[2]. Bourgo-

1. Selon Planat de La Faye, Ney aurait déclaré en parlant de la retraite : « Ceux qui en reviendront auront les c… attachées avec du fil de fer. »

2. « On avait passé, mais au prix de quelles pertes ! Lorsque à Orcha, l'armée se concentrait, elle était réduite à 35 000 (d'autres disent 40 600) hommes, marchant au milieu d'une cohue de 25 000 soldats débandés », estime Louis Madelin. Dans sa relation de la campagne de 1812, Clausewitz juge que l'essentiel de la force combattante des Français fut détruit à cette occasion et que Napoléon n'aurait jamais dû en conséquence pouvoir réussir à passer la Berezina.

gne, un temps égaré, rejoint la Grande Armée à la veille du franchissement du fleuve. Le tableau d'ensemble qu'il en dresse est un des plus fidèles existants et à ce titre souvent cité. Après l'« escadron sacré », formé à partir des débris restants de la cavalerie, apparaît l'Empereur, à pied et un bâton à la main. « Il était enveloppé d'une grande capote doublée de fourrure, ayant sur la tête un bonnet de velours couleur amarante, avec un tour de peau de renard noir[1]. » A ses côtés Eugène, Murat et « une poignée de maréchaux dont les trois quarts n'ont plus de chevaux. Tout cela était suivi de sept à huit cents officiers, sous-officiers, marchant en ordre et portant, dans le plus grand silence, les aigles des régiments auxquels ils avaient appartenu et qui les avaient tant de fois conduits à la victoire. C'étaient les débris de plus de soixante mille hommes. Venait ensuite la garde impériale à pied, marchant toujours en ordre ». Bourgogne se trouve en compagnie d'un autre grognard, Picart, avec lequel il vient de rejoindre l'armée à la suite d'un périple épique à travers bois. Celui-ci « regardait tout cela sans rien dire, mais ses mouvements convulsifs ne faisaient que trop voir ce qu'il éprouvait. Plusieurs fois, il frappa la crosse de son fusil contre la terre, et de son poing sa poitrine et son front. Je voyais de grosses larmes couler sur ses joues et retomber sur ses moustaches où pendaient des glaçons ». Suit une meute d'une trentaine de milliers d'hommes « ayant presque tous les pieds et les mains gelés, en partie sans armes, car ils n'auraient pu en faire usage. Beaucoup marchaient appuyés sur des bâtons. Généraux, colonels, officiers, soldats, cavaliers, fantassins de toutes les nations qui formaient notre armée, marchaient confondus, couverts

1. Chevalier donne une description précise de la « tenue d'hiver » du souverain : « Un bonnet de velours vert à toque, avec une ganse et une petite houppe en or, le tour et les cache-oreilles en poil de martre noir, une gospodine, ou robe de chambre, en velours vert pré comme le bonnet, le collet en loutre noire, le tout fourré, bordé avec des brandebourgs en or, un ceinturon blanc, une ceinture par-dessus, pour porter son épée, des bottes fourrées, de gros gants et un gros bâton. »

de manteaux et de pelisses brûlées et trouées, enveloppés dans des morceaux de drap, des peaux de mouton, enfin tout ce que l'on pouvait se procurer pour se préserver du froid. Ils marchaient sans se plaindre, s'apprêtant encore, comme ils le pouvaient, pour la lutte, si l'ennemi s'opposait à notre passage ». En dépit de la tragédie, la foi dans Napoléon reste entière : « C'était toujours le grand génie et, tout malheureux que l'on était, partout, avec lui, on était sûr de vaincre. » Pour fermer la marche « il y eut encore une longue traînée des plus misérables qui suivaient machinalement à de grands intervalles. Ceux-là étaient arrivés au dernier degré de la misère et ne devaient pas même passer la Berezina dont nous étions si près ».

La Berezina

Du 26 au 29 novembre, se déroule la dernière grande bataille de la retraite. La Berezina demeure dans nos mémoires comme le paroxysme de cette tragédie, à tel point que son nom a fini par devenir une expression courante pour signifier un échec grave. Curieux paradoxe si l'on veut bien se rappeler qu'il s'agit, eu égard aux circonstances, d'une des plus grandes victoires remportées par Napoléon puisque, avec une armée délabrée, sans équipage de pont[1] et en nette situation d'infériorité numérique, il parvient à franchir le fleuve et à briser l'encerclement des deux armées de Tchitchagov et Wittgenstein, renforcées par une partie de celle de Koutouzov. Mais cette victoire sonne pourtant comme une défaite, car, comme nous l'explique Tolstoï, « les souffrances que subissait l'armée française au jour le jour, tout au long de sa route, se concentrèrent soudain en un spectacle tragique qui resta dans toutes les mémoires ». Du côté russe,

1. Napoléon a fait brûler à Orcha les deux équipages de pont qui lui restait.

la bataille illustre, même si elle ne s'est pas déroulée comme prévue, la justesse du plan d'encerclement médité par l'état-major. En conséquence : « Tout le monde était persuadé que tout se passerait dans la réalité exactement comme sur le papier, et c'est pourquoi on prétendit que ce fut précisément le passage de la Berezina qui causa la perte des Français[1]. » Comme souvent, la postérité a détourné la vérité, la mémoire travesti la réalité.

Koutouzov, qui s'entretient longuement avec l'intendant Puybusque, fait prisonnier après Krasnoé, semble résolument optimiste. A la limite de la fatuité, il détaille avec complaisance l'ensemble des mesures prises depuis Moscou pour faire tomber Napoléon dans le piège et venger Borodino : « J'ai fait périr vos chevaux de faim, sur la route de Wiazma à Smolensk, je savais par là que ce qui vous resterait d'artillerie, vous seriez forcés de me l'abandonner dans cette dernière ville : la chose est arrivée comme je l'avais prévue. En partant de Smolensk, vous ne pouviez plus m'opposer ni cavalerie, ni artillerie… » A l'entendre, l'embuscade de Krasnoé a réussi au-delà de toute attente : « Voulant vous détruire sans éprouver de résistance, j'avais ordonné de ne tirer que sur les queues de colonnes et de n'envoyer la cavalerie que sur des corps ébranlés : votre Bonaparte m'a servi au-delà de mes espérances, en mettant une journée d'intervalle entre chacun de ses corps d'armée. Sans que mes troupes aient quitté cette position, pendant quatre jours, la Garde et les trois corps d'armée qui la suivaient sont venus successivement y laisser chacun à leur

1. Or, « ce passage de la Berezina, sur lequel on a tant écrit, ne fut qu'une des étapes intermédiaires de la destruction de cette armée française, et nullement un épisode décisif de la campagne. […] En fait, les conséquences du passage de la Berezina furent beaucoup moins désastreuses pour les Français que les pertes en canons et en prisonniers qu'ils subirent à Krasnoé, comme le montrent les chiffres », rappelle toujours l'auteur de *Guerre et Paix*, sur ce point en accord avec Clausewitz.

tour la moitié de leurs soldats. » Il ne reste donc plus qu'à achever le travail : « Ce qui est échappé de Krasnoé passera difficilement à Orcha, dans tous les cas, nos dispositions sont faites sur la Berezina de telle sorte que ce sera là le terme de la course de votre armée et de son chef, si mes ordres sont exactement suivis[1]. »

Or, Tchitchagov vient comme convenu de s'emparer de Borisov. Attaqué par Oudinot, il abandonne la ville mais prend soin de détruire le pont au préalable, ce qui semble interdire le passage aux Français, de surcroît handicapés par le dégel qui détruit la couche de glace. Il leur faudra donc bâtir un nouveau pont avec des moyens de fortune, les deux équipages de pont restants ayant été abandonnés. Cantonnés dans l'immédiat sur la rive gauche, ils devraient être facilement brisés par l'armée du généralissime russe, renforcé par le corps de Wittgenstein qui arrive du nord à marches forcées. Gouvion-Saint-Cyr et Schwarzenberg, à la tête des deux ailes de la Grande Armée, se sont laissé déborder et sont donc incapables de garantir notre retraite. Mieux nourris et habitués au froid, galvanisés par leurs récents succès, les Russes semblent invincibles. D'un avis général, la situation paraît désespérée. Murat confie alors : « Nous y passerons tous ; il n'est pas question de se rendre. »

*

1. Dans ses souvenirs, Puybusque ajoute que Koutouzov lui aurait également confié : « Depuis quelque temps, on avait fait étudier le caractère et jusqu'aux manies de Bonaparte, qu'on était persuadé qu'une fois de l'autre côté du Niémen, il voudrait toujours conquérir. » En toute logique : « On lui a cédé du terrain autant qu'il en fallait pour exténuer son armée, pour la disséminer, pour la vaincre par la fatigue et la famine. On comptait sur la rigueur du climat pour l'anéantir. Par quel aveuglement lui seul n'a-t-il pas vu un piège qui était visible pour tout le monde ? », ajoute Koutouzov qui s'étonne encore « de la facilité avec laquelle ont réussi toutes les ruses employées pour le retenir à Moscou, et de sa ridicule prétention d'y faire la paix, lorsqu'il n'avait plus les forces nécessaires pour faire la guerre ».

Le miracle va pourtant se produire. Acculé dans une impasse, Napoléon se réveille soudain. Depuis la Moskova, on ne le reconnaît plus. A la différence des précédentes campagnes, il semble souvent absent, indécis sur le parti à suivre. Depuis Malo-Jaroslawetz, son état s'est encore aggravé puisque le doute a laissé place à l'abattement. Ségur dépeint son attitude : « Grave, silencieuse et résignée ; souffrant moins du corps que les autres, mais bien plus d'esprit, et acceptant son malheur. » Ses ordres ne sont plus exécutés, le pouvoir fuit entre ses mains. Pour la première fois, il ne maîtrise pas son destin. Spectateur désabusé de la débâcle, ses sursauts – comme sa contre-attaque à Krasnoé – se font de plus en plus rares. Alors que le gouffre s'entrouvre, sans doute se ferme-t-il aux autres pour mieux méditer sur les fautes commises. La révélation de l'attentat de Malet, qu'il apprend le 6 novembre, le jour des premiers grands froids, l'accable d'un poids supplémentaire en lui révélant la fragilité de l'Empire, ébranlé par cet ancien général sans appui qui a failli réussir son coup d'Etat. Il ne sait pas encore s'il s'agit d'un acte isolé ou d'un vaste complot puisque les estafettes de France ne lui parviennent plus. L'impassibilité de façade, derrière laquelle il se réfugie, masque ainsi une angoisse oppressante tant pour son armée que pour son régime. Où est passée son étoile ? Qu'a-t-il fondé de stable ?

Le sauvetage de Ney, en lui rendant l'espoir, a agi sur lui comme un puissant revigorant. Du jour au lendemain, Napoléon reprend les choses en main. Déjà, il a harangué sa garde, qui donne à son tour des signes inquiétants de décomposition[1]. Le 22 novembre, il ordonne enfin de brû-

1. Le 19 novembre à Orcha. Napoléon la somme de donner l'exemple en ces termes : « Grenadiers de ma garde, vous êtes témoins de la désorganisation de l'armée ; la plupart des soldats, par une fatalité déplorable, ont jeté leurs armes. Si vous imitiez ce funeste exemple, tout espoir serait perdu. Le salut de l'armée vous est confié ; vous justifierez la bonne opinion que j'ai de vous. Il faut non seulement que les

ler la moitié des voitures et de remettre leurs chevaux au parc d'artillerie. Le lendemain, il se résout à faire brûler les aigles et tous ses papiers afin d'éviter qu'ils ne tombent entre les mains de l'ennemi. Il admet avoir « trop fait l'Empereur » et redevient général. Les cavaliers survivants ont été regroupés dans un « escadron sacré » placé sous le commandement de Grouchy. Les généraux y font fonction d'officiers et les officiers de soldats. Les hommes remotivés, la troupe allégée, il fait face crânement, redonnant l'espoir, à nouveau présent partout, en apparence sûr de lui et dominateur. Le 25 novembre, la Grande Armée opère sa jonction avec les corps d'Oudinot et de Victor. Les deux maréchaux amènent de 25 000 à 30 000 hommes, des troupes encore fraîches qui ont joui de bons cantonnements et d'un ravitaillement convenable. Les renforts découvrent avec effarement les « gueux » de l'armée de Moscou, faciès noir sans uniformes ni chaussures ; véritable cour des miracles en mouvement[1]. Leur arrivée permet à Napoléon de disposer à nouveau d'une armée digne de ce nom avec laquelle il va pouvoir tenter de forcer le passage.

L'Aigle est conscient de jouer le tout pour le tout, comme il en fait l'aveu à Caulaincourt : « Cette fois il n'y

---

officiers maintiennent une discipline sévère, mais que les soldats exercent entre eux une rigoureuse surveillance, et punissent eux-mêmes ceux qui s'écarteraient de leurs rangs ! »

1. Le lieutenant Legler, du 1er régiment suisse du corps d'Oudinot, décrit le spectacle : « Nous nous rendîmes à l'endroit d'où nous pouvions le mieux observer l'arrivée de l'armée de Moscou. Mais ce fut un spectacle lamentable qui s'offrit à nos yeux, écrit-il. Cette armée, qui avait fait trembler l'Europe quelques mois plus tôt, et qui avait été admirablement pourvue de tout, était devenue méconnaissable. Il était presque impossible de reconnaître les uniformes ; les hommes étaient sans souliers et sans armes ; leurs corps emmitouflés dans des fourrures : leurs visages horriblement amaigris. Par suite des effets du gel beaucoup ressemblaient à des nègres. [...] Les pires caricatures seraient encore loin de donner une idée de cette scène. »

aura de salut que pour les braves. Si nous franchissons la Berezina, je suis maître des événements, car les deux corps frais que je trouve ici et ma garde suffisent pour battre les Russes. Si l'on ne peut pas passer, nous ferons le coup de pistolet. Voyez avec Duroc ce que l'on pourrait emporter dans le cas où on serait obligé de faire une trouée à travers champs, sans voitures. Il faut d'avance être préparé à tout détruire, afin de ne pas laisser de trophées à l'ennemi. J'aimerais mieux manger le reste de la campagne avec mes doigts que de laisser une fourchette à mes armes aux Russes. »

Heureusement, le général Corbineau trouve un gué près de Studienka le 24 novembre. Dès le lendemain, les 400 pontonniers du général Eblé sont à pied d'œuvre pour y construire des ponts de fortune tandis qu'Oudinot abuse les Russes sur le point de passage en simulant une attaque sur Borisov. Massé sur la rive droite, Tchitchagov tombe dans le piège alors que les gros français s'apprêtent à lui échapper en traversant plus loin. « Voilà donc encore mon étoile ! » s'exclame Napoléon, qui confie aux 9 000 hommes de Victor le soin de protéger la rive gauche en contenant Wittgenstein jusqu'à ce que l'armée ait achevé le passage. Il faut agir vite, très vite, avant que Tchitchagov, conscient de son erreur, n'ait eu le temps d'opérer un retour en force.

Le 26 dans l'après-midi, deux ponts sont achevés. Longs de quelque 80 mètres, ils sont distants d'environ 180 mètres l'un de l'autre. Le plus solide est destiné aux voitures et à l'artillerie, l'autre à l'infanterie et à la cavalerie. L'histoire a retenu l'exploit sacrificiel des pontonniers, le corps immergé dans une eau glaciale, charriant d'énormes glaçons portés par un fort courant, gisant sur un fond vaseux atteignant parfois des mètres de profondeur, le corps rouge, les lèvres violettes, tous ou presque noyés ou morts de froid en posant les chevalets et les planches de fortune.

Le corps d'Oudinot passe le premier sur la rive droite et bouscule facilement les pelotons russes présents devant

Studienka. Le passage peut commencer. Il s'accomplit essentiellement le 27 novembre. Traversent successivement Napoléon et la Garde, le 4e corps d'Eugène, le 3e de Ney, ceux de Poniatowski et Junot ; enfin le corps de Davout dans un ordre impressionnant. Déjà des retards sont à déplorer en raison de l'accumulation des traînards qui se règlent sur la Garde et tentent de passer à sa suite. Les ponts doivent être réparés plusieurs fois, engloutissant les premiers innocents. Mais la journée s'est plutôt bien passé, Oudinot a facilement repoussé Tchitchagov, Victor contenu Wittgenstein.

*

Le véritable drame commence sur la rive gauche, le 28. Les troupes de Koutouzov renforcent sans cesse celles de Wittgenstein, obligeant Victor à reculer par échelons. Privé du soutien des 4 000 hommes de la division Partourneaux – qui s'est égarée près de Borisov et a dû capituler –, le front français se lézarde. L'approche des Russes génère un sentiment de panique chez tous ceux qui n'ont pas encore réussi le passage. Des milliers d'hommes, femmes, chevaux et voitures commencent à s'agglutiner devant les ponts, se poussant les uns les autres, débordant bientôt les détachements de pontonniers et de gendarmes qui essaient de maintenir l'ordre.

Plutôt que de paraphraser les textes, mieux vaut rendre la parole aux contemporains comme l'a fait Chateaubriand qui cite d'abondance le récit de Ségur : « Ce fut vers le milieu du jour, écrit ce dernier, que les premiers boulets ennemis tombèrent au milieu de ce chaos : ils furent le signal d'un désespoir universel. Beaucoup de ceux qui s'étaient lancés les premiers de cette foule de désespérés, ayant manqué le pont, voulurent l'escalader par ses côtés ; mais la plupart furent repoussés dans le fleuve. Ce fut là qu'on aperçut des femmes au milieu des glaçons, avec leurs enfants dans leurs bras, les élevant à mesure qu'elles s'enfonçaient ; déjà submergées, leurs bras raidis les tenaient encore au-dessus d'elles. Au milieu de cet horrible désordre, le pont de l'artillerie creva et se rompit. La colonne engagée sur cet étroit passage voulut en vain rétrograder. Le flot d'hommes qui venait derrière, ignorant ce malheur, n'écoutant pas les cris des premiers, poussèrent devant eux, et les jetèrent dans le gouffre, où ils furent précipités à leur tour. Tout alors se dirigea vers l'autre pont. Une multitude de gros caissons, de lourdes voitures et de pièces d'artillerie y affluèrent de toutes parts. Dirigées par leurs conducteurs, et rapidement emportées sur une pente raide et inégale, au milieu de cet amas d'hommes, elles broyèrent les malheureux qui se trouvèrent surpris entre elles ; puis s'entrechoquant, la plupart, violemment renversées, assommèrent dans leur chute ceux qui les entouraient. Alors des rangs entiers d'hommes éperdus poussés sur ces obstacles s'y embarrassent, culbutent, et sont écrasés par des masses d'autres infortunés qui se succèdent sans interruption. Ces flots de misérables roulaient ainsi les uns sur les autres ; on n'entendait que des cris de douleur et de rage. Dans cette affreuse mêlée les hommes foulés et étouffés se débattaient sous les pieds de leurs compagnons, auxquels ils s'attachaient avec leurs ongles et leurs dents. Ceux-ci les repoussaient sans pitié comme des ennemis. Dans cet épouvantable fracas d'un ouragan furieux, de coups de canon, du sifflement de la tempête, de celui des boulets, des explosions des obus, de vociférations, de gémissements, de jurements effroyables, cette foule désordonnée n'entendait pas les plaintes des victimes qu'elle engloutissait. »

La célèbre gouache de Fournier-Sarlovèze restitue parfaitement l'atmosphère de cohue, de panique et d'horreur qui hantera tous les survivants. Des centaines d'hommes agonisent dans l'eau glacée tandis que le passage s'effectue au compte-gouttes sur la rive droite et qu'une énorme masse humaine, encombrée par les voitures, pousse en avant au milieu des cadavres.

Certains tentent de franchir le fleuve à la nage tandis que les batteries russes commencent à faire des ravages sur la masse compacte qui s'agglutine à l'entrée des ponts. Pour se faire jour, les plus forts n'hésitent pas à jeter les plus faibles à la rivière ou à les précipiter dans les flammes. Ceux qui tombent sont aussitôt écrasés, leurs cadavres obstruant davantage l'entrée. « Nulle description ne pourrait rendre la confusion de la foule, le désir ardent de fuir, les cris, le désordre, la sauvagerie de ceux qui voulaient à tout prix devancer les autres, remarque un autre témoin. Voitures à bagages, canons, équipages, fourgons, charrettes, se poussèrent désespérément vers l'avant ; roues et moyeux craquaient ; vociférations et jurements proférés dans toutes les langues de l'Europe se croisaient ; les fantassins frappaient à tort et à travers à coups de crosse de fusil ; les cavaliers jouaient du sabre tout autour d'eux ; les conducteurs faisaient des moulinets avec leurs fouets ; on entendait les appels désespérés des femmes et des enfants. Dans cette mêlée incroyable, chacun était bientôt séparé de ses compagnons ; je me vis soudain entouré de gens inconnus, aux visages convulsés par le désespoir, qui cherchaient le salut dans le passage ou dans la fuite. Et pendant ce temps, les boulets russes continuaient leur œuvre[1]. »

Le drame collectif fusionne autant de drames individuels impossibles à énumérer ; autant d'actes ignominieux que contrebalancent l'esprit de sacrifice des pontonniers et de tant de héros anonymes. Plutôt que dérouler les exemples à l'infini, mieux vaut en choisir un, d'autant plus frappant qu'il touche une femme et un enfant. On en trouve le récit dans une lettre que le chirurgien wurtembergeois Hubert écrira plus tard à un ami : « Une belle dame de vingt-cinq ans, femme d'un colonel

1. Heinrich von Ross.

français tué peu de jours auparavant dans un combat, était près de moi, non loin du pont destiné à notre passage. Indifférente à tout ce qui se passait autour d'elle, elle semblait vouer toute son attention à sa fille, une très belle enfant de quatre ans, qu'elle avait devant elle sur son cheval. A plusieurs reprises, elle chercha vainement à atteindre le pont ; chaque fois elle fut repoussée. Un morne désespoir parut s'emparer d'elle ; elle ne pleurait pas ; ses yeux se fixaient tantôt vers le ciel, tantôt sur sa fille, et un instant je l'entendis dire : “O Dieu, que je suis malheureuse de ne pouvoir même pas prier !” Presque aussitôt son cheval fut atteint d'une balle, et une autre balle vint lui fracasser la cuisse gauche au-dessus du genou. Avec le calme d'un silencieux désespoir elle prit son enfant qui pleurait, elle l'embrassa à plusieurs reprises, puis, de sa jarretière teinte de sang qu'elle avait ôtée de sa jambe brisée, elle étrangla la pauvre petite, et, la serrant dans ses bras, la pressant contre elle avec force, elle s'assit à côté de son cheval tombé. Elle attendit ainsi sa fin, sans proférer un seul mot, et bientôt elle fut écrasée par les chevaux de ceux qui se pressaient sur le pont[1]. »

Heureusement, la nuit tombante sauve les Français en mettant fin au carnage. Victor réussit péniblement à faire passer les débris de son armée sur la rive droite, ne laissant qu'une arrière-garde près de Studienka. Elle franchit le fleuve le lendemain matin à l'aube, abandonnant aux Russes une dizaine de milliers de traînards dont de nombreuses femmes qui n'ont pas eu la force nécessaire pour se frayer un passage. Alors que les ponts sautent à neuf heures, les Cosaques inondent la rive gauche, tuant les derniers combattants. Au milieu des cadavres ne restent que des survivants hébétés par le froid et les milliers de

1. Le texte est cité par Constantin de Grunwald dans l'anthologie qu'il a publiée sur la campagne de Russie.

voitures abandonnées qui n'ont pas eu le temps d'être brûlées. Langeron, général français au service de la Russie, découvre avec stupeur le contraste entre la misère des survivants et le luxe des objets abandonnés : « Toutes les richesses de Moscou y étaient rassemblées », écrit-il avant de mentionner : « On y trouva des bijoux très riches, de superbes fourrures, des perles, des diamants en profusion, les vases sacrés des églises de Moscou, des habits de prêtres, des chasubles brodées en pierres précieuses, la croix dorée de l'église de Saint-Ivan-le-Grand, des collections de gravures, beaucoup de livres des superbes bibliothèques des comtes Boutourline et Razoumovski, des vaisselles d'argent, et jusqu'à des porcelaines [...]. »

Le même témoin loue le courage de nombreuses femmes et affirme qu'elles supportaient mieux le froid que les hommes. Toutes, alors qu'elles sont prisonnières, lui affirment qu'elles vont prendre leurs quartiers d'hiver à Wilno, preuve de leur foi inentamée dans les promesses de Napoléon. Le colonel russe Löwenstern décrit une réalité bien différente dans ses Mémoires. Cinq à six mille captives enfermées durant plusieurs jours dans une grange, presque sans nourriture : « Le froid excessif survint, et il n'y en eut qu'une vingtaine qui survécurent aux calamités que le froid, la faim et le feu répandirent sur elles. Plusieurs accouchèrent pendant ce temps, et les mères et les enfants périrent ensemble. Mes cheveux se dressent quand j'y pense », écrit-il. Selon lui, toutes maudirent Napoléon « comme la source de tous leurs maux. Avant de mourir, ajoute-t-il, presque toutes étaient devenues folles et tombaient dans une espèce de stupeur et d'insensibilité, de sorte que j'en ai vu plusieurs avoir la moitié du corps grillé, et malgré cela avoir le sourire sur les lèvres, ou plutôt une grimace qui y ressemblait ».

Où se situe la vérité, si ce n'est peut-être dans la conjugaison de ces deux témoignages, reflet de deux groupes ayant affronté des réalités différentes, l'un abandonné et en pleine décomposition ; l'autre ayant pu suivre l'armée dans des conditions supportables ? La même ambivalence se retrouve dans les Mémoires des combattants, même si l'affection pour Napoléon domine.

Paradoxalement, l'intensité du drame souligne l'exploit militaire accompli. Koutouzov a perdu son pari, l'Empereur gagné le sien en sauvant le meilleur de ses forces dans des conditions désespérées. On retrouve le guerrier flamboyant, omniprésent sur le front, audacieux dans ses manœuvres ; à la fois vif, déterminé et pragmatique. Face à lui, des Russes intimidés, alors qu'ils sont trois fois plus nombreux, tétanisés par la peur de l'affronter comme le souligne Clausewitz, qui attribue la victoire à sa réputation. « Il vivait en ce moment sur un capital amassé depuis de longues années », résume le stratège allemand[1].

L'agonie

A première vue, la Grande Armée peut sembler sauvée. Elle retrouve un territoire bienveillant, cette Pologne russe plus accueillante où la guérilla disparaît bientôt, à seulement 250 kilomètres de Wilno, nouveau terme fixé à nos maux. Même le lugubre Caulaincourt retrouve un semblant de sourire : « Depuis le passage de la Berezina, tous les visages se déridaient ; la Pologne souriait pour la première fois à tout le monde ; Wilno était devenue la terre promise ; c'était le port assuré contre tous les orages et le terme de tous les maux ; le passé n'était plus qu'un

1. « Wittgenstein et Tchitchagov l'ont craint tous les deux, lui, son armée, sa Garde, tout comme Koutouzov l'a craint à Krasnoé. Personne ne voulait se laisser battre par lui : Koutouzov espérait atteindre son but sans bataille, Wittgenstein ne voulait pas perdre ainsi sa gloire récemment acquise, Tchitchagov ne pas recevoir une seconde frottée », précise toujours Clausewitz.

songe ; la perspective d'une meilleure situation faisait déjà presque oublier nos désastres[1]. »

L'armée russe, presque aussi épuisée que la nôtre, abandonne ses tentatives d'encerclement pour se contenter de poursuivre. « La guerre avait cessé faute de combattants, remarque Löwenstern. On pillait bien encore par-ci, par-là quelques fourgons abandonnés, mais on ne fit plus de prisonniers. » Délestée de ses traînards, l'armée française retrouve une plus grande mobilité qui doit lui permettre d'échapper à son antagoniste. Même la température marque un mieux éphémère.

L'embellie donne à Napoléon l'opportunité d'un départ précipité vers Paris. Il peut partir sur une victoire, la tête haute, comme il avait quitté l'Egypte à la suite de son triomphe sur les Turcs à Aboukir. Comme en 1799, il entre un machiavélisme certain, une lâcheté diront ses adversaires, dans son attitude puisqu'il abandonne une armée aux abois, incapable de tenir longtemps face à l'ennemi et que son départ va encore démoraliser. Autant dans ces conditions laisser l'opprobre et la responsabilité de la débâcle à un autre, hier Kléber et aujourd'hui Murat, nommé commandant en chef de préférence à Eugène[2]. Napoléon, qui a longtemps cru pouvoir ressaisir la situation, ne se fait plus d'illusion depuis Smolensk. En évitant la capitulation et l'encerclement, il a sauvé son honneur et sa réputation. D'ailleurs, et sur ce point, le parallèle s'impose encore avec l'avant-Brumaire, la conjoncture

1. « La fatigue, les privations du moment, la vue des malheureux qui périssaient à chaque instant d'épuisement et de froid, tout cela prenait peu sur le caractère naturellement gai et insouciant du militaire français », ajoute-t-il.

2. Caulaincourt précise les raisons qui ont dicté à Napoléon le choix du roi de Naples plutôt que celui du vice-roi d'Italie. La volonté de respecter la hiérarchie le dispute à la jalousie : « Il était donc obligé de donner la préférence au Roi, qui aurait quitté l'armée s'il eût donné le commandement au prince Eugène. Il ajouta que c'était aussi l'opinion

commande son retour à Paris. L'attentat de Malet, sur lequel nous allons revenir, a révélé la faiblesse de son régime et la faillite du sentiment bonapartiste puisque personne n'a songé à proclamer l'Aiglon. Il n'y a donc pas d'Empire mais seulement l'Empereur, plus seul que jamais car désormais dépouillé de son aura victorieuse qui commande la peur et le respect à son encontre. Il estime aussi devoir rentrer pour tenir en respect l'Autriche et la Prusse dont il redoute la trahison. « Dans l'état actuel des choses, confie-t-il à Caulaincourt, je ne puis en imposer à l'Europe que du palais des Tuileries. » Il compte pour ce faire lever dans l'urgence une nouvelle armée, espérant par là même tuer dans l'œuf une probable coalition et contenir la Russie. Pour cela, il faut partir. Vite, très vite. Mais il sent et il sait que l'acte lui sera reproché comme un abandon de poste. Comme pour chacune de ses décisions cruciales, il sollicite à plusieurs reprises les avis de ses intimes, en l'occurrence Caulaincourt et Maret auquel il écrit le 29 novembre une missive qui révèle également la gravité de la situation : « L'armée est nombreuse, mais débandée d'une manière affreuse. Il faut quinze jours pour les remettre aux drapeaux et quinze jours, où pourra-t-on les avoir ? » Il ne croit pas pouvoir tenir à Wilno si l'ennemi attaque durant les huit premiers jours. Et de demander : « Des vivres, des vivres, des vivres ! sans cela il n'y a pas d'horreurs auxquelles cette masse indisciplinée ne se porte contre cette ville. Peut-être cette armée ne pourra-t-elle

---

du prince de Neuchâtel, qu'il lui laissait pour tout faire marcher et qui p féra it le Roi dont le rang, l'âge, la réputation en imposeraient davanta aux maréchaux et dont la bravoure connue était quelque chose vis-à- des Russes. » Selon le grand écuyer, Napoléon redoutait aussi de laisse Eugène « l'honneur de rallier l'armée et qu'il ne se souciait pas que s beau-fils eût ce crédit de plus aux yeux de la France et des troupes. Av un grand caractère, cette espèce de défiance des siens et, en général tous ceux qui s'étaient acquis une considération personnelle, apparten tout à fait à la manière de voir de l'Empereur », conclut-il.

se rallier que derrière le Niémen. Dans cet état de choses, conclut-il, il est possible que je croie ma présence à Paris nécessaire pour la France, pour l'Empire, pour l'armée même. Dites-m'en votre avis. »

Mais sa décision est déjà prise. L'armée, qui a jeté ses dernières forces sur la Berezina, n'est plus bonne à rien et il ne peut plus rien pour elle. Lui absent, n'importe quel maréchal pourra la diriger vers la frontière. Reste à donner l'illusion, pour éviter toute accusation de désertion, de s'être fait forcer la main. Tel est l'objet du conseil militaire du 3 décembre. Bessières, le premier à opiner pour le départ, subit les foudres de la colère, Napoléon fait mine de se jeter sur lui avec son épée pour avoir osé lui suggérer de quitter l'armée : « Quand vous m'aurez tué, lui dit froidement le duc d'Istrie, il n'en sera pas moins vrai que vous n'avez plus d'armée, que vous ne pouvez plus rester ici, car nous ne pouvons plus vous garder. » Colère naturellement feinte, destinée à souligner sa sollicitude pour les braves et sa volonté de rester. Tous les maréchaux et chefs de corps abondent dans le sens de Bessières, ce qui permet à Napoléon de conclure : « Puisque vous le voulez tous, il faut bien que je parte[1]. » Il donne pour consigne à Murat de se fortifier à Wilno ou, au pire, sur le Niémen dans l'attente de prochains renforts[2] et lui laisse Berthier pour régler le mouvement. Le major général, perdu sans l'Empereur, épuisé et terrifié, le supplie de l'emmener :

« Sire, depuis longtemps Votre Majesté sait que je veux quitter le service : je suis vieux, emmenez-moi.

— Vous resterez avec Eugène et Murat », rétorque Napoléon. Berthier insistant, l'Aigle explose : « Je sais

1. Témoignage de Baudus, d'après le récit de Bessières.

2. Il s'agit des 30 000 hommes du corps d'Augereau alors stationné à Berlin, renforcés par 18 000 hommes que le général Grenier devait ramener d'Italie.

bien, moi, que vous n'êtes bon à rien ; mais on ne le croit pas, et votre nom est de quelque effet sur l'armée[1]. »

*

L'Aigle part finalement le samedi 5 décembre de Smogorni à six heures du soir. L'armée est environ à trois jours de marche de Wilno et à dix de la frontière. Incapable de combattre, elle semble toutefois hors d'atteinte, ayant traversé le pire. Or, il n'en est rien en raison d'une nouvelle offensive du froid qui va réussir là où Koutouzov a échoué. Alors que l'année précédente avait été clémente, l'hiver 1812, d'une dureté exceptionnelle, atteint en décembre son acmé avec des pointes autour de – 30°[2]. L'épreuve tombe sur une cohue débandée et profondément démoralisée par le départ de son chef. Après avoir tant lutté, elle se laisse mourir. Les renforts d'Oudinot et Victor se désagrègent sous l'effet conjugué du gel et de l'indiscipline ambiante. Ségur dresse un tableau édifiant de l'apocalypse : « Le 6 décembre, le jour même qui suivit le départ de Napoléon, le ciel se montra plus terrible encore, écrit-il. On vit flotter dans l'air des molécules glacées ; les oiseaux tombèrent raidis et gelés. L'atmosphère était immobile et muette ; il semblait que tout ce qu'il y avait de mouvement et de vie dans la nature, que le vent même fût atteint, enchaîné et comme glacé par une mort universelle. » Un silence morne s'installe : « On s'écoulait dans cet empire de la mort comme des ombres malheureuses. Le bruit sourd et monotone de nos pas, le craquement de la neige, et les faibles gémissements des mourants, interrompaient seuls cette vaste et lugubre taci-

1. L'échange est rapporté dans des termes similaires par Castellane et Roustan dans leurs Mémoires.

2. « Larrey dit avec raison que les journées les plus funestes furent celles des 8, 9, 13, 14 et 15 décembre, alors que le thermomètre descendit jusqu'à 25 et 28 degrés Réaumur », précise F. Kircheisen. Certains historiens font état de températures plus basses encore.

turnité. Alors plus de colère ni d'imprécations, rien de ce qui suppose un reste de chaleur : à peine la force de prier restait-elle ; la plupart tombaient même sans se plaindre, soit faiblesse ou résignation, soit qu'on ne se plaigne que lorsqu'on espère attendrir, et qu'on croit être plaint[1]. »

Le 8 décembre, journée la plus froide entre toutes, un bataillon napolitain fraîchement arrivé meurt en bloc[2]. Les mourants, y compris les officiers supérieurs, sont dépouillés par les survivants avec avidité. Arndt, qui suit avec l'armée russe, décrit avec émotion : « Des malades couchés sur la paille des traîneaux, empilés les uns sur les autres. Dès que l'un d'eux mourait, ajoute-t-il, on le jetait dans la neige. Les cadavres gisaient le long des routes. Ces cadavres humains et les chevaux abattus nous indiquaient la route de Wilno : l'homme le plus ignorant du chemin n'aurait guère pu se tromper[3]. »

Selon plusieurs observateurs, il y aurait même eu des actes de cannibalisme.

Torturés par la faim, la soif et le froid, de nombreux hommes deviennent fous : « On en voyait plusieurs ayant

---

1. « Jamais je n'avais autant souffert. Les campagnes d'Egypte et d'Espagne n'ont rien été en comparaison de celle-ci », estime Larrey dans ses Mémoires.

2. Le même jour, Bellot de Kergorre découvre quinze morts, congelés autour d'un feu éteint : « Nous les regardâmes avec cette indifférence que donne l'excès de la misère », écrit-il avant de préciser que l'habitude permettait de deviner la mort prochaine d'un individu. « Dès qu'un homme commençait à chanceler, on pouvait assurer qu'il était perdu. Il faisait encore certain chemin comme s'il eût été ivre, le corps toujours en avant, puis il tombait sur la figure ; quelques gouttes de sang lui sortaient du nez, et il expirait ; au même instant ses membres gelés devenaient comme des barres de fer », écrit-il dans son journal.

3. « Nos chevaux hennissaient et se cabraient ; ce n'était pas la peur des cadavres, mais celle des loups que nous vîmes à maintes reprises approcher par bandes de dix et de quinze, et s'acharner sur leur proie », ajoute-t-il. Egalement aux côtés des Russes, Xavier de Maistre découvre dans une maison plus de cinquante cadavres rassemblés au milieu desquels gisent trois ou quatre survivants dépouillés jusqu'à la

l'esprit aliéné, qui, pour se réchauffer, venaient avec leurs pieds nus se placer au milieu de nos feux : les uns, avec un rire convulsif, se jetaient à travers les flammes, et périssaient en poussant des cris affreux, et faisant d'horribles contorsions, pendant que d'autres, par une égale démence, les suivaient, et trouvaient la même mort », témoigne Labaume.

Comment dans ces conditions espérer tenir à Wilno ? Pour comble d'infortune, Murat se révèle incapable d'orchestrer quoi que ce soit, à tel point que Berthier réclame bientôt son remplacement. Sabreur émérite, le roi de Naples ne se soucie guère de l'intendance et ne donne pas d'ordres. Sauf un vague appel le matin, les troupes sont laissées à l'abandon. Obsédé par l'avenir de son royaume, Murat n'a qu'une hâte : s'échapper de l'enfer blanc au plus tôt pour sauver sa couronne. Plutôt que de procéder par petites étapes, indispensables en raison de l'épuisement des hommes, il accélère le train tant il est pressé de partir, ce qui achève de semer la débandade. Les violentes critiques que Napoléon formulera à son encontre n'en sont pas moins excessives, car elles tendent à faire de Murat le principal responsable de la débâcle en minorant l'état de l'armée et la rigueur du climat. L'Empereur lui-même n'était pas parvenu à orchestrer dignement la retraite. Pourquoi son lieutenant y serait-il parvenu ? Certes, il aurait pu et dû se démener corps et âme et tenter de tenir quelques semaines à Wilno. La population nous y était favorable, la ville debout, les approvisionnements meilleurs. Or, parvenue sur place à partir du 8 décembre, l'« armée » l'évacue presque aussitôt

---

chemise. Ecrivant à Blacas, son père Joseph de Maistre estime que « les Français ont cessé d'être sauvables, car si on les réchauffe, ils meurent ; et si on leur donne à manger, ils meurent encore. Un médecin français, fait lui-même prisonnier, a dit que ce qu'on pourrait faire de mieux serait de les fusiller. Nourris depuis si longtemps d'exécrables aliments, ils exhalent une telle odeur qu'on ne peut les approcher de dix pas, et que deux ou trois de ces malheureux suffisent pour rendre une maison inhabitable ». On pourrait multiplier les exemples.

dans la panique dès l'apparition des premiers Cosaques. Murat, qui l'a mal fait garder, ne tente rien pour la conserver et décrète aussitôt le repli sur le Niémen[1]. Dès lors, une fuite éperdue s'engage dont le récit répète toujours les mêmes scènes d'horreur et de désolation.

*

Peu après Wilno, la rude montée de la colline de Ponary s'avère impossible en raison de la route verglacée sur laquelle les derniers chevaux patinent avant de s'effondrer. Murat décrète aussitôt l'abandon des mille voitures et des cent canons restants. Les fourgons contenant le trésor sont éventrés pendant des heures par de pauvres pillards, qui, alourdis par l'or, sont pour la plupart transpercés par les lances des Cosaques. Ces derniers se jettent ensuite avec avidité sur le butin.

Les derniers jours sur le sol russe sont les plus terribles. Autour de Kowno, dernière ville avant le Niémen, le nombre de morts augmente encore[2]. Incapable de fournir le dernier effort, la troupe s'effondre, sauf Ney qui – héroïque jusqu'au bout – maintient les Cosaques à distance. Il

1. « Il n'y a pas d'exemple d'un semblable sauve-qui-peut, d'une telle bêtise. Ce que cent hommes de courage eussent sauvé, a été perdu au nez de plusieurs milliers de braves par la faute de Murat. Un capitaine de voltigeurs eût mieux commandé l'armée que lui », s'indigne Napoléon auprès de Caulaincourt en apprenant l'évacuation précipitée de la ville.

2. « Quoique, dans cette journée, le froid ne fût pas excessif, il n'en périt pas moins une grande quantité d'hommes, écrit Bourgogne en dépeignant la situation sur place. Car, ajoute-t-il, pour ceux qui venaient de Moscou, c'était le dernier effort que l'homme pût faire. Sur peut-être quarante ou cinquante mille hommes qui couvraient le parcours de dix lieues, il n'y en avait pas la moitié qui avaient vu Moscou : c'était la garnison de Smolensk, d'Orcha, de Wilno, ainsi que les débris des corps d'armée des généraux Victor et Oudinot et de la division du général Loison, que nous avions rencontrés mourant de froid, avant d'arriver à Wilno. »

renouvelle chaque jour son arrière-garde avec les détachements prélevés sur les garnisons qui, au fur et à mesure du retour, s'agrippent à la colonne principale avant d'être englouties à leur tour. A la tête d'une petite troupe de quelques centaines d'hommes, il lutte bravement jusqu'au Niémen, enfin atteint le 15 décembre.

Ecrivant à Napoléon, Berthier résume : « Tout est perdu [...]. L'armée est dans une débandade complète. » L'état des effectifs est éloquent : « Il n'y avait pas 300 hommes de la Vieille Garde, moins encore de la Jeune Garde, la plus grande partie hors de service, ayant la plupart les pieds et les mains gelés. La Garde napolitaine est réduite de 1 000 à 700 hommes au plus qui ne peuvent marcher qu'avec peine. Voilà donc, Sire, tout ce qui nous reste de l'armée. Comme je vous en ai rendu compte, les 1er, 2e, 3e, 4e et 9e corps n'ont plus que leurs aigles escortées par leurs officiers et quelques sous-officiers : tout le reste est débandé[1]. » Ces 2 000 à 3 000 combattants sont suivis d'environ 20 000 traînards. Voilà tout ce qu'il reste du corps principal, fort de plus de 300 000 hommes au moment du franchissement du Niémen. Sur les 600 000 engagés en tout, il en reste à peine 100 000 dont une large moitié appartient aux corps de l'Autrichien Schwarzenberg et du Prussien Yorck, ces derniers déjà prêts à faire défection. Seule une poignée de Français a survécu. Sur les 500 000 autres, plus de la moitié sont morts, le reste ayant été fait prisonnier[2]. Le corps de Davout, avec 66 000 hommes, n'en a conservé que 2 000. La Garde, partie à 25 000, revient à 1 200 en

---

1. Lettre du 16 décembre 1812.

2. « D'après les récits russes, on enterra après le départ des Français 430 707 cadavres humains et 230 677 d'animaux dans les différents gouvernements et 172 566 cadavres humains et 128 739 d'animaux dans le seul gouvernement de Smolensk. Ces chiffres englobent les pertes des deux partis », écrit F. Kircheisen dont le calcul semble plus équilibré que celui de Clausewitz qui avance le chiffre de 552 000 morts ou prisonniers sur 610 000 hommes engagés.

dépit du traitement de faveur dont elle a bénéficié. Le 3e régiment de grenadiers hollandais sauve 36 hommes sur 1 787 présents au départ[1]. On découvre à travers ces quelques chiffres l'ampleur de cette tragédie, inédite à cette échelle dans l'histoire de l'humanité. Pour les survivants, le traumatisme est ineffaçable. Vaincue sans avoir été battue, la Grande Armée perd sa réputation d'invincibilité et, partant, sa force morale. A son tour, elle découvre l'humiliation de la défaite et la mémoire de la peur. De nombreux anciens resteront hantés par le cauchemar de la retraite à l'image du capitaine Dupin, qui, revenu chez lui, « se réveillait en sursaut, croyant toujours entendre le martèlement de ses pieds gelés frappant le sol glacé ».

Si elle a également beaucoup souffert du froid, l'armée russe, qui a pris possession de Wilno le 10 décembre, dispose encore de plus de 100 000 combattants, prêts à fondre sur le grand-duché de Varsovie et bientôt sur l'Allemagne[2]. La Grande Armée n'existe plus, le Grand Empire est menacé de mort. Tout va maintenant dépendre des deux questions suivantes : Alexandre va-t-il poursuivre l'offensive en Allemagne[3] ? Les alliés de Napoléon vont-ils lui demeurer loyaux ?

---

1. Ces chiffres sont avancés par Jean Morvan dans *Le Soldat impérial*.

2. D'après Waliszewki, Koutouzov a cependant perdu les deux tiers des effectifs et des canons dont il disposait à son départ de Taroutino. Selon l'historien russe, il ne rassemble à Wilno que 27 464 hommes et 200 canons contre 97 112 hommes et 600 canons sept semaines plus tôt. Pour mémoire, l'armée russe comporte également les forces de Wittgenstein et Tchitchagov.

3. Le tsar rejoint ses troupes à Wilno pour Noël. « Vous n'avez pas sauvé seulement la Russie, mais l'Europe tout entière », leur déclare-t-il avec solennité.

L'affront

Parti le 5 décembre de Smogorni, Napoléon parvient à Paris treize jours plus tard, au moment où ses derniers bataillons franchissent le Niémen. S'il n'assiste pas au dernier stade de l'agonie, il en sait assez pour considérer la suite des événements avec inquiétude. Sa principale armée est détruite, l'autre en difficulté en Espagne. Un boulevard s'ouvre devant Alexandre, qui menace d'entraîner dans son sillage la Prusse et l'Autriche. Mais ce qui l'affecte sans doute le plus est la fragilité de sa position intérieure qu'il a découverte avec la révélation de l'affaire Malet. De quoi s'agit-il au juste ? Acte d'un fou isolé ou vaste complot avec des ramifications poussées jusqu'aux plus hautes sphères du régime ? Contrairement à la conspiration de 1804, le pronunciamiento de 1812 conserve une large part de mystère. Il n'en demeure pas moins qu'il a été beaucoup plus près de réussir que la tentative de Cadoudal, Moreau et Pichegru alors qu'il bénéficiait de moyens beaucoup plus limités.

Malet appartenait à la petite phalange de républicains qui n'avaient jamais admis l'établissement de l'Empire. Destitué en 1807, il avait été arrêté l'année suivante par le préfet de police Dubois tandis qu'il complotait avec un quarteron d'anciens Jacobins et de généraux disgraciés. Bénéficia-t-il d'une mansuétude quelconque de Fouché ? Talleyrand était-il étranger à ses manœuvres ? Le bruit d'une implication au plus haut niveau avait couru dès l'époque. Mais le duc d'Otrante, suspecté pour n'avoir pas découvert le complot, s'était facilement rétabli, d'abord en minimisant l'affaire puis en accusant son vieux rival Dubois d'exagérer les faits pour tenter de se mettre en avant[1]. Enfermé à Vincennes, Malet est transféré deux ans plus

1. « Le préfet de police, affirmait-il alors, voudrait faire croire à un grand incendie pour avoir l'air de l'éteindre. »

tard dans la maison de santé où il est placé en résidence surveillée. Il y retrouve l'état-major de la société secrète des Chevaliers de la foi : les frères Polignac, Bénigne de Bertier et l'abbé Lafon. Royaliste et ultramontaine, cette franc-maçonnerie blanche se prépare par tous les moyens à favoriser la restauration de Louis XVIII[1]. Comme en 1804, la haine de l'ogre fédère royalistes et républicains, qui s'entendent, une fois Napoléon renversé, pour convoquer des assemblées primaires qui devront choisir entre république et royauté. Toutefois, personne ne connaît Malet et l'abbé Lafon, à la différence de Moreau ou Pichegru. Il semble impossible que les comploteurs n'aient pas tenté de lier des complicités. Sauf des ramifications dans les milieux républicains du Sud, on n'en a encore trouvé aucune trace[2]. Preuve que la confidentialité, condition première de la réussite du complot, a été parfaitement préservée.

La longue absence de Napoléon donne enfin l'occasion à Malet de tenter l'impossible. Son plan n'a jamais varié : profiter du départ de l'Empereur pour annoncer sa mort et s'emparer de Paris. Idée simple mais efficace, car elle spécule à raison sur l'omniprésence de l'Aigle et l'absence d'initiative de ses collaborateurs, tétanisés sous le choc et qui n'oseront contrecarrer une volonté résolue. Tout dépendra des premières heures durant lesquelles devront être mis à l'écart les ministres et principaux chefs militaires. Maître de Paris, Malet tiendra la France. La date

1. On connaît ses activités depuis la publication de la thèse de Guillaume de Bertier de Sauvigny intitulée *Ferdinand de Bertier et l'énigme de la congrégation* (1948). Le même historien a également publié l'édition critique des Mémoires de son ancêtre, indispensables pour connaître la genèse de la société secrète.

2. Dans le chapitre intitulé « L'affaire Malet », qu'il a rédigé pour l'ouvrage collectif dirigé par Jean Mistler, Jean Tulard fait part d'une tentative similaire, en liaison avec celle de Paris, à Marseille et peut-être Toulon. Selon les Mémoires de Fouché : « Toute la conspiration n'était pas dans la tête de Malet. La pensée en était royaliste et l'exécution républicaine. »

est arrêtée au 23 octobre. Aidé de l'abbé Lafon, Malet fabrique de faux sénatus-consultes proclamant la fin de l'Empire et l'établissement d'un gouvernement provisoire dirigé par Moreau, lui-même se réservant la tête de la garnison de Paris.

Tout commence à la perfection. Sorti le 22 à dix heures du soir, Malet revêt son habit de général, prêt à tenter l'une des plus grandes supercheries de l'histoire de l'humanité. Avec deux acolytes, il se présente le lendemain, à 4 heures du matin, à la caserne Popincourt, siège de la 10e cohorte de la garde nationale. Son commandant, un dénommé Soulier, l'écoute béatement, impressionné d'avoir affaire à un général, estomaqué d'apprendre la mort de l'Empereur devant Moscou et la formation d'un gouvernement de transition dont son interlocuteur est le chef militaire. La troupe, peut-être 200 hommes, se met sans discuter à la disposition de Malet. Celui-ci fait d'emblée libérer deux généraux républicains, Lahorie et Guidal, de la prison de la Force. Il leur assigne pour mission d'arrêter les sommités du régime, Malet se réservant toujours la neutralisation de l'état-major de la garnison de Paris. Son coup de génie est de n'avoir pas mis au courant ses lieutenants de la supercherie[1]. Ils n'en seront que meilleurs car totalement sincères. Même le pauvre Soulier est mis à contribution et chargé d'aller trouver Frochot, le préfet de la Seine, pour prendre l'Hôtel de Ville et faire préparer une salle pour le gouvernement provisoire. Il s'agit de faire tomber l'Empire comme un immense domino.

Entre six et neuf heures du matin, les premières pièces tombent. Lahorie, ancien bras droit de Moreau et parrain de Victor Hugo[2], s'empare au saut du lit de Pasquier, pré-

1. Au moins dans le cas de Lahorie, celui de Guidal est davantage sujet à caution.

2. Il était un proche du général Hugo et s'était caché quelque temps chez sa femme avant d'être arrêté en 1811.

fet de police, de Desmarets, chef de la police secrète, et surtout de Savary. Le ministre de la Police, arrêté à sept heures quai Voltaire, rejoint aussitôt les susnommés à la prison de la Force, changeant de place avec les conspirateurs. Pendant ce temps, Frochot s'est empressé de mettre l'Hôtel de Ville à la disposition du « nouveau gouvernement » et Malet a mis dans sa poche le colonel Rabbe, chef de la garde de Paris. Douze compagnies convergent vers le Sénat et la Trésorerie. Seul Guidal, en charge d'arrêter Clarke, ministre de la Guerre, et l'archichancelier Cambacérès n'a pas atteint ses objectifs.

Reste pour Malet à franchir un dernier obstacle de taille : la 1re division militaire, principale force armée de la capitale. Son chef, le général Hullin, juge au procès du duc d'Enghien, est le premier à réclamer qu'on lui montre le sénatus-consulte. Malet réplique froidement en lui tirant une balle dans la mâchoire. A-t-il gagné ? Non. Car les généraux Doucet et Laborde, adjoints d'Hullin, ont mis à profit les quelques minutes de confusion pour reprendre leurs esprits et se convaincre, enfin, qu'ils ont affaire à un charlatan. Ils appréhendent Malet à dix heures avant de faire libérer Savary, Pasquier et Desmarets. A midi tout est fini. Cambacérès réunit le Conseil des ministres et met Paris en état de siège. Clarke orchestre la répression avec vigueur. Une commission militaire, constituée le 20, condamne à mort quatorze personnes dont Lahorie et Malet, qui assume crânement l'entière responsabilité de ses actes. On connaît sa réponse au président de la commission lui demandant s'il avait des complices : « La France entière et vous-même, Monsieur le président, si j'avais réussi[1]. »

---

1. « La conspiration de Malet n'a pas été comprise. Malet n'était pas un fou, c'était un audacieux », écrira Fouché dans ses Mémoires avant de préciser que près de la moitié des sénateurs étaient sous la coupe de Talleyrand et Sémonville et auraient pu emboîter le pas. « Si le mouvement s'était prolongé, il se serait trouvé des sages pour conduire ces fous-là », reconnaîtra d'ailleurs Napoléon.

Il n'empêche. « Un souffle avait presque jeté bas l'Empire, écrit Chateaubriand. Evadé de prison à minuit, un soldat était maître du monde au point du jour ; un songe fut près d'emporter une réalité formidable. » Considérée en elle-même, l'affaire passe pour une échauffourée sans conséquence, si ce n'est le ridicule jeté sur le haut personnel impérial. Le sort de Savary suscite l'hilarité générale. Le duc de Rovigo est aussitôt rebaptisé « duc de la Force » en référence à son bref séjour en prison. « Il est assez niais, en effet, qu'un général de division, ministre de la Police, soit pris dans son lit et mené à la Force au milieu de la capitale par un fou échappé d'une maison de santé », commente aussitôt Napoléon avant d'ajouter : « Cet événement fait avec raison rire tout Paris, et le ridicule tue les hommes en place, plus que leurs sottises[1]. »

L'événement n'en reste pas moins dramatique par ce qu'il révèle à l'Empereur. Passivité de la population, notamment de la troupe qui n'a pas semblé émue de la nouvelle de sa mort et a exécuté sans faillir les ordres d'un usurpateur. Nullité de sa police, incapable de prévenir le complot. Spéculation sur sa chute et maintien d'une double opposition, royaliste et républicaine, toujours prête à s'allier pour le mettre à bas. Et surtout, fragilité de son régime, ridiculisé par un nain politique, ignorant totalement la fidélité jurée au roi de Rome. « Parmi ces militaires, ces fonctionnaires auxquels on annonçait ma mort, pas un n'a pensé à mon fils », dira avec amertume et lucidité Napoléon à Caulaincourt. L'attitude de Frochot le choque particulièrement. Pour sa défense, le préfet de la Seine se contentera de dire : « Ce diable de roi de Rome, on n'y pense jamais. » Quel aveu chez un serviteur réputé pour sa loyauté et son intégrité : « Frochot, outre qu'il me doit tout, m'a prêté serment. Cependant il trahissait mon

1. Le propos est tenu devant Caulaincourt qui le rapporte dans ses Mémoires.

fils et son serment, s'il me croyait mort, convaincu qu'il n'en était pas moins un honnête homme. S'il vous avait promis cent millions, il vous les paierait au jour dit. Rien ne le ferait manquer à sa parole et, cependant, il a manqué à son serment sans le moindre scrupule. Voilà les hommes, les idées du temps », ne peut que déplorer l'Empereur avant de conclure : « A qui se fier[1] ? »

Malet a donc failli réussir là où Moreau, Bernadotte, Fouché, Talleyrand et autres Pichegru ont échoué. La nouvelle, qui se télescope avec la décomposition de l'armée, le gifle en lui découvrant la terrible fragilité de son édifice. En dépit de sa gloire, du Consulat, de son sacre, de son mariage, de la naissance d'un héritier ; en dépit du Concordat, de sa noblesse et des dotations pléthoriques qu'il a distribuées à pleines mains pour fidéliser sa clientèle, il reste dramatiquement seul. La Révolution n'est donc pas terminée. Tout reste à faire, confesse-t-il à Caulaincourt : « L'habitude des changements, les idées de révolution ont laissé des traces profondes. Il fallait un bras comme le mien, un homme qui connût, comme moi, les Français, pour avoir pu opérer ce qui est déjà fait. » En conséquence : « La France a besoin de moi pendant dix ans. Si je mourais, tout serait, je le vois, dans le chaos et tous les trônes s'écrouleraient si celui de mon fils tombait, car je vois que tout ce que j'ai fait est encore bien fragile. »

Enfin, l'événement ne peut qu'encourager ses opposants en révélant la faiblesse de son gouvernement. Il ne peut qu'exciter l'Europe à se dresser contre lui, maintenant que l'étoile pâlit. Hier inexpugnable, l'Empire vient de se montrer à nu, révélant qu'il n'est rien sans la présence de son

1. Propos de Napoléon à Caulaincourt. L'Empereur admoneste ses notables dès son retour : « Eh bien ! Messieurs, vous prétendez et vous dites avoir fini votre Révolution ! Vous me croyiez mort, dites-vous ; je n'ai rien à dire à cela… Mais le roi de Rome ! Vos serments, vos principes, vos doctrines !….Vous me faites frémir pour l'avenir », leur dit-il notamment.

maître. La leçon ne sera pas perdue en 1814. « On regardait Malet comme un homme qui avait ouvert une porte à l'espérance », résume la duchesse de Coigny dans ses souvenirs.

Y penser toujours, n'en parler jamais. Napoléon décide de traiter la conspiration par le mépris. Elle sera passée par pertes et profits, présentée comme l'acte d'un fou isolé, minorée autant que faire se peut. Sauf Frochot, trop compromis par sa lâcheté et qui fera office de bouc émissaire, il n'y aura pas de sanctions, y compris à l'encontre de Pasquier et Savary, maintenus à leurs postes[1]. Entre des imbéciles dévoués et des traîtres en puissance, Napoléon ne peut décidément s'appuyer sur personne. C'est pourquoi il décide, dès le 6 novembre, de regagner Paris mais doit attendre un mois, le temps de sauver l'armée de l'encerclement et de pouvoir partir la tête haute. Entre la capitale qui flanche, l'Europe qui murmure et ses phalanges qui meurent, il se trouve confronté à une crise d'envergure sans précédent. En cent jours, Napoléon vient de passer du statut d'Alexandre le Grand à celui de Charles XII.

Il décide d'abord de prendre l'initiative de la parole pour conserver la maîtrise de l'information qui conditionne l'évolution de l'opinion. Plutôt que de laisser se répandre l'étendue du désastre, il choisit de le révéler par le biais d'un bulletin de la Grande Armée qui précédera de peu son arrivée à Paris. « Je dirai tout. Il vaut mieux qu'on sache ces détails par moi que par des lettres parti-

1. Napoléon est furieux contre Clarke qui s'obstine à découvrir un vaste complot jacobin. « On a bien fait de n'arrêter personne de marquant, car les rigueurs irritent. S'il y a des coupables, ils n'échappent pas à la police et il ne faut pas donner au gouvernement le tort d'avoir suspecté mal à propos. Pour l'Europe comme pour la France, il est aussi préférable que l'on ne voie dans cette conspiration que l'entreprise d'un fou », confie-t-il à Caulaincourt.

culières et que les détails atténuent ensuite l'effet qu'auront produit les désastres qu'il faut annoncer à la nation[1]. » Tel est l'objet du 29e bulletin, sans doute le plus célèbre de l'histoire de l'Empire. Il ne cache rien même s'il minore tout : l'effet du froid, la perte de la cavalerie ainsi que la décomposition de l'armée : « Des hommes que la nature n'a pas trempés assez fortement pour être au-dessus des chances du sort et de la fortune parurent ébranlés, perdirent leur gaieté et leur bonne humeur et ne rêvèrent que malheurs, et catastrophes », avoue notamment le texte. Jamais la France n'a entendu un tel langage. Afin d'en balancer les effets dévastateurs et tenter de rassurer les Français, il ajoute une dernière phrase – « La santé de Sa Majesté n'a jamais été aussi meilleure » – qui produit pourtant l'effet inverse tant elle paraît indécente après le récit des désastres subis. Napoléon est déjà coupé de son peuple dont il croit, ou feint de croire, qu'il l'attend comme un sauveur et tremble pour sa santé. Au moins la surprise de son retour permettra-t-elle de lever rapidement de nouveaux contingents et coupera court à toutes les intrigues.

Le premier Mémorial

Pour compagnon de son voyage de retour[2], Napoléon a fait le choix de Caulaincourt. La décision peut surprendre si l'on considère le duc de Vicence comme l'inutile Cassandre qui n'a cessé de protester contre l'expédition de

1. Napoléon à Caulaincourt.

2. Le trajet vers Paris, qui va durer treize jours, passe successivement par Wilno, Kowno, Pultusk, Varsovie, Posen, Glogau, Bautzen, Dresde, Leipzig, Lützen, Auerstaedt, Weimar, Erfurt, Mayence, Verdun et Meaux. Napoléon, qui a le plus souvent voyagé sans escorte (les premières, fournies en territoire russe, ont été anéanties par le froid), avait donné comme consigne de le tuer plutôt que de le laisser prendre « dans le cas d'un danger certain ».

Russie, condamné le temps perdu et réclamé le repli de Moscou avant la tombée de l'hiver. Elle est pourtant révélatrice du caractère de l'Empereur, qui respecte l'indépendance et la franchise si elles n'altèrent pas la loyauté, ce qui est le cas chez ce serviteur exemplaire, figure emblématique de cette noblesse ralliée dont il redoute de perdre le soutien au cours des difficiles mois à venir. En Caulaincourt, l'Aigle apprécie l'aristocrate authentique, alchimie rare entre la civilité des mœurs et la bravoure, l'être et le paraître.

Napoléon, qui l'a beaucoup malmené depuis le début de la campagne, veut d'abord le reconquérir et, à travers lui, l'ensemble des masses de granit. D'où ce jet continu de propos qui ne remplit pas moins de la moitié du second volume des Mémoires du duc de Vicence[1]. Au Napoléon silencieux et atterré de la retraite succède un parleur volubile qui rompt avec son mode de conversation habituelle – celui pratiqué par exemple avec Roederer, Chaptal, Molé ou Talleyrand – tendu vers l'action du moment, souvent bref, cassant et autoritaire, entièrement dénué de doute. L'homme des questions à répétition s'éclipse devant celui des réponses, l'homme d'action se métamorphose en conteur et en pédagogue. Blessé par l'échec, Napoléon éprouve le besoin de prendre à témoin la France et la postérité en expliquant sa politique et en revenant sur son passé. Conversations capitales car l'Aigle pour la première fois se place sur la défensive. Auprès de Caulaincourt, il ne commande plus mais se justifie. En un mot, il doute et éprouve le besoin de faire le point. Le duc de Vicence se trouve là pour écouter et prendre en note scrupuleusement. Napoléon, et c'est sans doute là la dernière raison de son choix, sait qu'il a à la fois devant lui un scribe consciencieux qui ne perdra rien de ses propos et un honnête contradicteur qui relancera la conversation par ses critiques et l'obligera à donner le meilleur de lui-même.

1. Toutes les citations jusqu'à la fin de ce chapitre en sont extraites.

Le document, exceptionnel par son ampleur et sa densité, annonce les futures dictées de Sainte-Hélène. Même soif d'affirmer sa légitimité en répondant aux accusations de despotisme et de folle conquête ; même méthode de conversation débridée, spontanée, pleine d'aperçus originaux, mais qui n'échappe pas à la répétition. Tout à son idée du moment et craignant d'être mal compris, Napoléon succombe facilement au piège du radotage[1]. Même volonté de lutte sublimée par l'épreuve, même si en 1812 Napoléon est encore au pouvoir et se montre plus optimiste qu'à Sainte-Hélène. La principale différence, mais elle est de taille, tient à la finalité des buts politiques poursuivis. Le fils spirituel déchu de la Révolution, le régénérateur du continent contre l'Europe des rois, n'est pas encore présent, loin s'en faut. Toute son œuvre, *a contrario*, vise en cet instant à opposer une digue à l'esprit révolutionnaire et à préserver les trônes. Le despote éclairé veut encore sauver la monarchie en la régénérant. César ne s'est pas encore effacé devant le prophète libéral du *Mémorial*. Il n'en est que plus sincère et crédible.

Napoléon tient inlassablement à justifier l'Empire : « Je me sentais l'homme fort, l'homme fait pour présider à ces grandes destinées. Je n'étais donc pas assez sot pour travailler pour d'autres, quand je me sentais d'ailleurs seul capable de répondre à l'attente de la nation française. J'avais lu l'histoire et ne me souciais pas plus de livrer la France à la haine de l'émigration que de faire des ingrats, quand je me connaissais fait pour tout fixer. Je pris donc un parti. Je préparai tout pour réorganiser une monarchie. Ce gouvernement est le seul qui convienne à la France, le seul qui pût d'ailleurs tranquilliser les rois de l'Europe. »

---

1. Il revient ainsi à satiété sur les questions qui l'obsèdent comme l'affaire Malet ou la nécessité de la guerre contre l'Angleterre.

La France ne voulant pas plus de la République que de la Restauration, il était nécessaire de bâtir un pouvoir neuf mariant l'hérédité et l'égalité : « Moi seul, je connais les Français, les besoins des peuples et de la société européenne. L'Ancien Régime était plein de bonnes choses qu'il faut seulement adapter au temps présent. » Ni blanc ni rouge, clame-t-il avec fierté : « Ceux qui croient avoir un droit héréditaire pour s'interposer entre le peuple et l'Empereur feraient autant de mal que les Jacobins qui ne veulent pas de gouvernement ou une autorité si divisée qu'elle serait nulle, à cause de nos mœurs et de nos vices. Si j'avais cru ces derniers, j'aurais établi un gouvernement comme celui des Etats-Unis. Je connaissais trop bien la France pour ne pas voir que c'était impossible[1]. »

Un retour des Bourbons s'avérait tout autant impossible : « Je n'occuperais pas le trône qu'il serait occupé par un autre, car la nation ne veut pas d'eux. » Sa vision de la Révolution, profondément originale pour l'époque, n'accuse pas Louis XVI, dont il déplore à maintes reprises l'exécution, mais la noblesse. C'est la Cour, essentiellement la noblesse libérale, qui a déclenché puis radicalisé la Révolution : « C'est Coblentz qui a été la cause de la mort du roi. » Une longue partie de son discours ressasse ses reproches tournés à la fois contre les esprits faux comme La Fayette et les privilégiés réactionnaires qui ont comploté contre leur souverain au lieu de prendre sa défense : « [...] Il ne faut demander compte de nos malheurs passés qu'aux princes et aux hommes de la Cour qui ont fait cette révolution. Les Montmorency, les Lameth, les Aiguillon, les Talleyrand, les La Fayette, les La Rochefoucauld, Mon-

1. « D'autres, comme Lannes, qui n'avaient pas d'idées arrêtées, auraient voulu de la liberté pour eux et leurs amis et rien qui les contrariât. La sûreté du Consul, du Président eût tenu à la fidélité de la Garde. Les prétoriens sont avides, insatiables et pèsent sur les peuples encore plus que sur les souverains. Cette manière de gouverner ne pouvait me convenir. Avec des soldats, on devient despote malgré soi. Ce pouvoir me répugnait », poursuit-il.

sieur, frère du Roi, et tant d'autres en étaient les vrais fauteurs. [...] Ces hommes-là auraient dû mourir sur les marches du trône, plutôt que de l'attaquer. En général, la noblesse aurait dû s'y faire tuer, au lieu de se sauver à l'étranger, moyen commode de s'éloigner du danger en montrant un faux dévouement. Quant aux autres, que l'on appelait les révolutionnaires, ils appartenaient à une classe inférieure, qui devait naturellement chercher à s'élever. Ils ont fait leur métier ; les circonstances ont été plus fortes qu'eux. Ceux qui ont intrigué à l'étranger ont plus contribué que la Convention à la mort du Roi[1]. »

Par l'émigration, la noblesse s'est durablement coupée de la nation. Son départ a privé la France d'une aristocratie nécessaire comme lien naturel entre le pouvoir et la société. Voilà le cœur du drame français, ce divorce entre le peuple et les élites qui distingue la rupture de 1789 de la révolution anglaise, conduite de bout en bout par la noblesse éclairée. L'absence de relais qui en résulte justifie le despotisme appuyé sur l'Etat vertical édifié sous le Consulat pour combler le vide et doter la nation d'une charpente solide. La Terreur n'a laissé que des cendres, appelant nécessairement à un pouvoir fort. Mais ce pouvoir, martèle Napoléon, s'est distingué de ses prédécesseurs en œuvrant exclusivement pour l'intérêt général, au-dessus des partis, en dehors des factions : « Mon gouvernement est toujours parti du principe que tout ce qui était antérieur à son établissement était non advenu, à l'exception des services rendus. C'est à ce principe que l'on doit de ne plus éprouver de réaction, d'avoir amorti toutes les haines, toutes les vengeances. »

1. « L'Empereur se fût, dit-il, lui-même rangé du bord des émigrés s'ils eussent arboré un étendard dans l'intérieur et pris des chefs sages pour rallier les partis. Les Français, ajouta-t-il, ne pardonnent pas la lâcheté et il y en avait à s'éloigner du danger et à aller mendier, contre sa patrie, des secours chez l'étranger, quand on pouvait combattre chez soi pour cette noble cause. Il faut toujours laver son linge sale en famille. »

Napoléon passe en revue avec fierté l'œuvre accomplie : la Légion d'honneur, « la plus belle de mes institutions. [...] une des grandes conceptions du temps et aussi bien appropriée aux besoins du trône qu'aux besoins des peuples, car elle établit une honorable fraternité entre le civil et le militaire, entre le maréchal et le soldat, entre le paysan et le duc ». Elle incarne cet esprit d'émulation, d'élévation par le mérite dont il a voulu doter la société entière. Sa méritocratie autoritaire respecte l'égalité et la propriété et garantit l'ordre et la justice, ce qui lui assure depuis plus de dix ans la confiance des Français : « J'aime le pouvoir, dit-on. Eh bien ! quelqu'un, dans les départements, est-il fondé à se plaindre ? Jamais les prisons n'ont réuni moins de prisonniers. Se plaint-on d'un préfet sans obtenir justice ? Sur cinquante réclamations, quarante-cinq sont jugées contre eux. Le gouvernement est fort, ma main est ferme, et les fonctionnaires sentent que je ne laisse pas flotter les rênes. Tant mieux pour le peuple, car, en même temps que cette marche trace à chacun une route sûre, ma surveillance rend l'autorité vigilante ; les fonctionnaires remplissent leurs devoirs ; tous les citoyens, toutes les propriétés sont également protégés. Les routes n'ont jamais été plus sûres. Point de vexations, point de haines, plus de partis grâce à moi. On ne sait plus ce que c'est en France. »

Il a toujours gouverné seul, indépendamment des clientèles et des modes : « Je me suis appuyé sur moi, sur ce que j'ai successivement créé dans l'intérêt de la France, sur mes institutions, sur la morale d'un gouvernement indépendant des opinions. Premier Consul, Empereur, j'ai été le roi du peuple ; j'ai gouverné pour lui, dans son intérêt, sans me laisser détourner par les clameurs ou les intérêts de certaines gens. On le sait en France. Aussi le peuple français m'aime-t-il. Je dis le peuple, c'est-à-dire la nation, car je n'ai jamais favorisé ce que beaucoup de gens entendraient par le mot peuple : la canaille. »

Ses détracteurs confondent dans sa personne autorité et despotisme. Or, il n'y a pas de pouvoir équitable sans fermeté.

L'homme d'Etat doit supplanter l'homme de cœur : « Je me fais plus méchant que je ne suis, me dit-il en plaisantant, parce que j'ai remarqué que les Français sont toujours prêts à vous manger dans la main. C'est le sérieux qui leur manque et, par conséquent, ce qui leur en impose le plus. On me croit sévère, même dur. Tant mieux : cela me dispense de l'être. Ma fermeté passe pour de l'insensibilité ; comme c'est à cette opinion que l'on doit en partie l'ordre qui règne et de n'avoir rien à réprimer, quoique nous soyons encore bien près de la Révolution et que nous vivions avec des générations élevées au milieu des troubles, sans idées de morale ou de religion, je ne m'en plains pas. »

En résumé : « Inspirer au peuple une grande confiance en ma justice, lui bien persuader que je ne favorise aucun autre intérêt avant le sien, voilà le grand secret pour gouverner les Français. C'est là mon grand levier. »

*

Napoléon est le premier à reconnaître que son œuvre n'est pas finie. La haine entre Révolution et Contre-Révolution divise toujours la France. Les Jacobins redoutent et jalousent les émigrés, notamment dans l'armée[1]. Quant à

1. « Vous autres de la vieille armée, vous n'aimez pas ces nouveaux convertis. En général, vous n'aimez pas l'émigration. Toutes les fois que j'en admets quelqu'un, soit au palais, soit dans l'armée, on grogne, on serait tenté de bouder. Les esprits s'effarouchent. Il n'y a pas longtemps qu'ils étaient même prêts à se cabrer, comme un cheval à qui un mauvais cavalier déplaît parce qu'il lui serre trop la bride. Si j'étais de ces hommes sur lesquels on influe, on m'aurait presque défendu d'admettre aucun émigré, tant la Révolution est jalouse, inquiète. Les avis ne m'ont pas manqué dans ce genre, mais ce zèle maladroit de la part de quelques personnes a servi ceux qu'on voulait éloigner. »

ces derniers, beaucoup demeurent hostiles au nouvel ordre impérial, en particulier le très royaliste faubourg Saint-Germain[1]. Dernier bastion de l'Ancien Régime, celui-ci « veut reconquérir une influence qu'il croit lui appartenir. Dans son opinion, les rois sont son choix, les peuples ses vassaux. Les rois doivent gouverner par lui et pour lui, et le peuple obéir. [...] N'osant se cabrer, il s'est soumis sans se convertir ». « C'est le caractère des courtisans de tous les temps : leur intérêt est tout ; la patrie n'est rien. » Mais leurs enfants seront élevés dans d'autres principes : « Ils reviendront, car ils aiment le pouvoir et la Cour par-dessus tout. »

Plus les années passent, plus Napoléon est sensible au charme de la noblesse ancienne. Lorsqu'elle n'est pas gangrenée par l'esprit de cour, elle seule conjugue la civilité du cœur avec l'esprit chevaleresque des origines. Il la vante en la personne de Narbonne, fils naturel de Louis XV devenu son aide de camp. « Malgré son âge il supporte les fatigues, les privations comme un jeune homme. Il n'est cependant soutenu que par un sentiment d'honneur. » Aussi rêve-t-il toujours de rallier l'ancienne noblesse : « Le fils d'un ministre, d'un chancelier, d'un maréchal de Louis XV ou Louis XVI ne peut être confondu dans la foule, ou il n'y aurait plus de société civilisée. » Une fois la paix conquise, il préconise la transformation

1. « La société des salons, me dit-il, est toujours en état d'hostilité contre le gouvernement. On critique tout et ne loue jamais rien. Bien que les hommes et les femmes de la société soient en général courtisans, et le plus grand nombre platement flatteurs, ils n'en sont pas moins ennemis du pouvoir dans leurs bavardages. On a beaucoup crié parce qu'il m'est arrivé d'éloigner de Paris, pour quelques mois, des personnes qu'il aurait fallu faire arrêter quinze jours plus tard si je ne les eusse pas dépaysées à temps et n'eusse rompu par là leurs intrigues. On appelle cela ma tyrannie ; on dit que je suis un tyran, parce que je ne veux pas laisser quelques intrigantes, quelques folles faire parler d'elles pour des conspirations dont je me moque et que j'aurais laissé aller jusqu'au dénouement, si je n'étais pas aussi ennemi de la rigueur que je suis partisan de la fermeté. »

du Sénat en Chambre des pairs héréditaires ainsi qu'une grande réforme de l'éducation pour forger une jeunesse fidèle aux principes de mérite et de dépassement qu'il a voulu inculquer : « Il faut à la France une aristocratie mais sur d'autres bases que celle qui existait et qui est devenue incompatible avec ce qui existe[1]. » Encore un peu de temps et ses « vieilles moustaches » fusionneront avec « les noms de notre vieille histoire » pour forger cette aristocratie régénérée qu'il appelle de ses vœux. Cette alchimie dynamique fermera la porte aux révolutions, en France comme en Europe[2], car elle associe le meilleur des héritages : l'hérédité et la gloire, le mérite et l'ordre, la conservation et le mouvement ; l'émulation et le rassemblement. Malheureusement, l'époque manque cruellement d'hommes. L'esprit du temps ne connaît plus la transcendance, l'honneur et le sacrifice qui formaient justement l'apanage de la noblesse. Des courtisans, des traîtres, des médiocres, des vaniteux, voilà ce dont il dispose : « S'il y avait plus de talents parmi les chefs d'armée, ils feraient comme les lieutenants de César et se partageraient le monde, mais aucun n'a le génie nécessaire pour accomplir une si grande révolution, qui pourrait vous sauver si je mourais. »

1. « Il me faut des conseillers d'Etat, des préfets, des officiers, des ingénieurs, des professeurs. Il faut donc donner un grand développement à l'instruction et tremper un peu ces jeunes têtes des Grecs et des Romains. L'important est de diriger monarchiquement l'énergie de ces souvenirs, car voilà la seule histoire. Je m'occuperai encore de l'instruction, et ce sera mon premier soin à la paix, car c'est la garantie de l'avenir. Je veux qu'elle soit publique pour tous, même pour une partie de celle de mon fils. J'ai un grand projet sur cela. »

2. « J'ai assez montré, depuis que je le suis [roi], que je veux fermer la porte aux révolutions. Les souverains me doivent d'avoir arrêté le torrent de l'esprit révolutionnaire qui menaçait leurs trônes, mais pour empêcher le mal de se renouveler, il ne faut pas évoquer le souvenir des torts d'un temps de bouleversements ; il faut persuader à tous que l'on a oublié et que l'on ne se rappelle que pour prévenir. »

Ses propos nombreux sur ses contemporains sont pour la plupart d'une extrême dureté. Il exécute Pradt qui a échoué à Varsovie : « Le dernier de ses secrétaires eût fait mieux que lui », tout comme Clarke, son ministre de la Guerre : « Un vrai courtisan, l'homme le plus vaniteux qu'il eût jamais vu[1]. » Le jugement s'avère plus équilibré sur Talleyrand : « Le ministre le plus capable que j'ai eu. » Il s'est fait « l'apôtre des mécontents » car ses ambitions personnelles n'ont pas été satisfaites. Cependant, l'Aigle ne lui pardonne pas de s'être érigé en censeur de l'expédition d'Espagne alors qu'il en a été le principal initiateur. « […] Il a, comme un mauvais citoyen, déclamé plus haut contre ces affaires au fur et à mesure qu'il les voyait aller plus mal. J'ai su sa conduite et le lui ai fait sentir parce que sa malveillance a commencé après la défaite de Dupont. Il m'a jeté la pierre, comme les lâches, quand il m'a cru battu[2]. » Si l'immoralité bien connue du prince de Bénévent n'a rien de surprenant, il n'en va pas de même pour Lannes, « un de mes meilleurs généraux, peut-être le plus capable sur le champ de bataille ». L'ami et héros n'a pourtant pas hésité à trahir à Erfurt en affirmant à Alexandre que la France se lassait de la guerre et regimbait sous son autorité.

1. « Son bonheur serait de persuader à tout le monde que son grand-père était sorti de l'arche. C'est un homme probe, médiocre sous le rapport du talent, sans caractère, flatteur au point qu'on ne sait jamais quelle confiance on doit donner à l'opinion qu'il émet. Il ne me connaît pas encore, ajouta l'Empereur. Il croit que je suis comme Louis XV, qu'il faut me cajoler, me plaire. Si j'avais des maîtresses, il serait leur plus empressé serviteur. »

2. « Talleyrand a vu et m'a dit tout ce que les gens sensés pensaient, ce que la politique exigeait. Dans des circonstances difficiles, dans une guerre avec une partie de l'Europe, la France pouvait-elle risquer d'avoir une dynastie ennemie sur son flanc ? Talleyrand, qui est un de ceux qui ont le plus contribué à établir la mienne, était trop intéressé à la maintenir, trop habile, trop prévoyant pour ne pas conseiller tout ce qui était dans l'intérêt de sa conservation et de la tranquillité de la France. Il ne s'est prononcé contre cette guerre que parce qu'il n'a pas été fait, comme il l'espérait, archichancelier d'Etat. »

« Voilà les hommes, Caulaincourt, ajouta l'Empereur. On me reproche de les estimer peu. Ai-je tort ? Pardonnerais-je, oublierais-je si je les croyais meilleurs qu'ils ne peuvent être et qu'ils ne sont en effet[1] ? »

*

Auprès de son grand écuyer, Napoléon se présente sans cesse comme un incompris. Despote l'accuse-t-on ? Mais il l'est par nécessité, non par goût. Comment ne pas l'être dans un pays divisé par la Révolution ? Comment ne pas l'être alors qu'il est seul, sans aristocratie pour le soutenir, sans lieutenants pour l'assister, sans famille pour l'aider ? « Ma famille ne m'a jamais secondé. Mes frères ont autant de prétentions que s'ils pouvaient dire : le Roi, notre père… » Et d'attaquer comme toujours la nullité de Joseph et la vanité de Jérôme. A l'entendre, la dictature est de toute nécessité car elle comble un vide et s'exerce avec justice. Les Français le savent et l'en louent. Il en est de même de la guerre. Face à un des ténors du parti de la paix, proche de Talleyrand et partisan des frontières naturelles[2], l'Aigle s'échine à prouver – comme il l'a fait pour le césarisme – qu'il n'est pas responsable de la situation, n'est pas le conquérant avide et mégalomane dénoncé par

1. « Il venait de passer en revue presque tous les hommes en fonctions ou à la Cour, même ceux peu marquants. La manière dont il parlait de plusieurs me confirma plus que jamais dans l'opinion qu'il avait, en général, peu d'estime pour l'espèce humaine, ce qui explique, ce me semble, l'indifférence qu'il a souvent montrée pour les torts réels de plusieurs personnes dont il s'était plaint avec raison et qu'il s'était borné à éloigner momentanément sans leur rien dire. »

2. Caulaincourt tient la dragée haute à Napoléon durant tout le voyage. Il ne cesse notamment d'affirmer que la paix est indispensable et d'attaquer sa passion guerrière. « Je pus remarquer qu'il passait légèrement sur les points qu'il ne voulait pas éclaircir. Alors, si je revenais à la charge, il me disait : "Vous voyez les choses comme un jeune homme ; vous ne comprenez pas." Il me disait aussi parfois, quand ce que j'avançais le contrariait trop : "Vous n'entendez rien aux affaires."

ses adversaires, mais le défenseur intransigeant des seuls intérêts de la France.

Le foudre de guerre adopte l'enveloppe rassurante du roi bourgeois : « Il me tarde bien que la paix soit générale pour me reposer et pour pouvoir faire le bon homme », annonce-t-il à son interlocuteur. Il affirme vouloir voyager quatre mois par an et poursuivre la rénovation entreprise : « Je verrai l'intérieur des chaumières de cette belle France. Je veux visiter les départements auxquels il manque des communications, faire des canaux, des routes, donner des secours au commerce, des encouragements à l'industrie. Il y a immensément à faire en France, des départements où tout est à créer. » Le ministre de l'Intérieur collecte à cet effet les renseignements : « On me bénira autant dans dix ans qu'on me hait peut-être aujourd'hui[1]. »

Il a trop vieilli et « engraissé » pour ne pas aspirer à la quiétude : « Pour ne pas aimer le repos, pour n'en avoir pas besoin, pour ne pas regarder comme une grande fatigue le déplacement, l'activité qu'exige la guerre. Mon physique a nécessairement, comme chez les autres hommes, de l'influence sur mon moral. Vous me dites, et on aime à le croire généralement, que j'aime la gloire, la guerre, que je vise à ce que vous appelez la monarchie universelle. Mais cet empire universel est un rêve et je suis très éveillé[2]. » On se trompe du tout au tout sur sa nature, car l'on ne perçoit pas la réalité du monde. « Je ne suis pas don Quichotte qui a besoin de quêter les aventures. Je suis

Souvent, il ne convenait pas que les choses fussent comme je les présentais. Sur celles qui attaquaient plus directement son ambition, sa passion guerroyante, il souriait, plaisantait, cherchait à me prendre et à me tirer l'oreille, chose que le bonnet fourré rendait difficile. »

1. « On a beau faire, c'est moi qui ai créé l'industrie en France. Encore quelques années de persévérance et quelques bivouacs, et Marseille, Bordeaux rattraperont bientôt les millions qu'ils ont manqués de gagner. »

2. « Si j'avais pu être dirigé autrefois par cette passion guerrière, elle ne m'aurait égaré, comme toutes les passions, qu'un moment », précise-t-il.

un être de raison qui ne fait que ce qu'il croit utile. La seule différence entre moi et les autres souverains, c'est que les difficultés les arrêtent et que j'aime à les surmonter, quand il m'est démontré que le but est grand, noble, digne de moi et de la nation que je gouverne. »

L'Angleterre, voilà l'ennemi, la responsable de toutes les guerres, de tous les maux. Napoléon y revient sans cesse, dans l'espoir de convaincre son interlocuteur. Bâtie sur le commerce et le crédit, Albion ambitionne l'empire des mers et du négoce afin de placer l'Europe sous ses fourches caudines. Déjà sa flotte règne en maître, ce qui assure des points d'ancrage à son commerce sur tout le globe. « La puissance de l'Angleterre, telle qu'elle est maintenant, ne repose que sur le monopole qu'elle exerce sur les autres nations et ne peut se soutenir que par lui. Pourquoi ferait-elle seule les bénéfices que tant de millions d'autres individus peuvent faire avec elle ? La preuve qu'elle exploite seule ce qui appartient aux autres, c'est qu'elle ne vit que par ses douanes, par son commerce et que sa population ne peut consommer tout ce qui lui paye des droits. » Dans la France, elle combat d'abord un concurrent mais surtout l'adversaire résolu qui a percé ses desseins et la seule puissance qui peut la mettre en échec eu égard à sa force militaire.

Vivant à crédit, au moyen d'emprunts, Albion ne peut renoncer à ses avantages sous peine d'être ruinée : « Si la dette de l'Angleterre était moins considérable, peut-être serait-elle plus raisonnable. C'est le besoin de la payer, de soutenir son crédit qui la pousse. Plus tard, il faudra bien qu'elle prenne un parti sur cette dette. En attendant, elle lui sacrifie le monde[1]. »

1. Il ajoute : « On s'en apercevra avec le temps ; les yeux se dessilleront mais il sera trop tard. Si je triomphe d'elle, l'Europe me bénira. Si je succombe, le masque dont elle se sert sera bientôt tombé et on s'apercevra alors qu'elle n'a pensé qu'à elle et qu'elle a sacrifié la tranquillité du continent à son intérêt du moment. »

C'est elle qui a rompu la paix d'Amiens, elle qui a financé les coalitions et monté l'Europe contre lui[1]. « Dans ce monde il n'y a que deux alternatives : commander ou obéir. La conduite tenue par tous les cabinets envers la France m'a prouvé qu'elle ne pouvait compter que sur sa puissance, par conséquent sur sa force. J'ai donc été forcé de la rendre puissante, d'entretenir de grandes armées[2]. »

Mais la nouvelle Carthage peut être détruite par l'arme commerciale dont elle se sert. Telle est la grande pensée du Blocus qui mine sa confiance et sape son crédit. « Voilà pourquoi, ajouta l'Empereur avec véhémence, voilà pourquoi il faut de la persévérance. L'Angleterre est, en ce moment, dans un état de crise ; son commerce souffre ; la Russie, en lui ouvrant ses portes, retarde sans doute les effets de ce malaise, mais, la cause subsistant, le mal n'est qu'ajourné. » Obnubilés par leur peur de la France, les souverains se trompent d'ennemi. « C'est, de fait, me dit l'Empereur, pour les plus chers intérêts de l'Europe que je combats maintenant et que j'exige tant de sacrifices de la France. J'ai la prévoyance d'un sage politique, tandis que les autres souverains n'ont que l'aveuglement d'une peur, et d'une peur sans fondements. Ils semblent ne craindre que la puissance de la France, tandis que cette France peut seule défendre les libertés commerciales de l'Europe. L'ancien équilibre n'existant plus, les vieilles routines ne peuvent y ramener. Tout est déplacé, changé, rajeuni dans le monde. Il faut donc s'ouvrir de nouvelles routes. Si les cabinets approfondissaient ces questions, on apprécierait mes efforts au lieu de s'en inquiéter. En me secondant franchement, on serait moins froissé et l'on arriverait

1. « C'est l'Angleterre qui m'a poussé, forcé à tout ce que j'ai fait. Si elle n'avait pas rompu le traité d'Amiens, si elle avait fait la paix après Austerlitz, après Tilsit, je serais resté tranquille chez moi. »

2. « Ce n'est pas moi qui ai été chercher l'Autriche, quand, craignant pour le sort de l'Angleterre, elle m'a forcé de quitter Boulogne pour donner la bataille d'Austerlitz. Ce n'est pas moi qui ai été menacé la Prusse, quand elle m'a forcé d'aller la détrôner à Iéna. »

plus tôt au but. Je n'en ai qu'un : c'est la paix avec l'Angleterre, c'est-à-dire la paix générale. Sans cette paix, les autres ne sont que des trêves[1]. » Ce « combat entre deux géants », comme il le qualifie lui-même, aboutira ainsi à un nouvel ordre mondial dont il se garde bien de définir les contours. Sans doute le rêve-t-il encore sous les couleurs d'une Europe française, rassemblée au sein d'une vaste fédération qui s'étendrait jusqu'à Wilno, la Pologne servant de poste avancé contre la Russie[2]. L'émancipation des colonies, qu'il annonce en des termes prophétiques, contribuera tout autant à la ruine de l'Angleterre au profit de l'Amérique, la grande puissance démocratique de demain[3]. Il faut donc, encore et toujours, continuer à se battre.

1. « Ce n'est pas moi qui ai été chercher l'Autriche, quand, craignant pour le sort de l'Angleterre, elle m'a forcé de quitter Boulogne pour donner la bataille d'Austerlitz. Ce n'est pas moi qui ai été menacé la Prusse, quand elle m'a forcé d'aller la détrôner à Iéna. »

2. « Il faut y joindre, d'autres provinces, faire de la Pologne un grand Etat. Il lui faut Dantzig, des côtes pour que le pays puisse écouler ses produits. Il lui faut un souverain étranger : un Polonais exciterait trop de jalousie. »

3. « L'Empereur voyait dans la séparation de ces colonies de leur métropole un grand événement qui changerait la politique du monde, qui renforcerait celle de l'Amérique et menacerait avant dix ans la puissance anglaise, ce qui était un dédommagement. Il ne mettait pas en doute que le Mexique et toutes les grandes possessions espagnoles outre-mer, ne proclamassent leur indépendance et ne formassent un ou deux Etats avec une forme de gouvernement qui les porterait, comme leur intérêt, à être les auxiliaires des Etats-Unis. » « Une nouvelle ère s'annonce : "Toutes les colonies imiteront, disait-il, les Etats-Unis. On se fatigue d'attendre des ordres de deux milles lieues, d'obéir à un gouvernement qui paraît étranger, parce qu'il est loin et parce qu'il vous soumet nécessairement à des intérêts locaux qu'il ne peut vous sacrifier. Dès que les colonies se sentent assez fortes pour résister, elles veulent secouer le joug de ceux qui les ont créées. La patrie est au lieu que l'on habite ; on oublie bientôt que soi ou son père est né sous un autre ciel. L'ambition achève ce que l'intérêt a commencé ; on veut être quelque chose chez soi et le joug est bientôt secoué." »

*

Le Napoléon du traîneau de fortune révèle ainsi un homme nouveau car sur la défensive, obligé d'expliquer et de se justifier, soucieux de laisser sa trace et d'achever son œuvre.

Il révèle aussi le combattant farouche, résolu à tomber plutôt qu'à conclure une paix bâclée et honteuse, défendant le Blocus, accablant l'Angleterre. Face aux critiques, il justifie le despotisme par la Révolution et l'absence de lien social auquel il compte remédier par l'établissement d'une nouvelle aristocratie ouverte au mérite, associant l'ancienne et la nouvelle noblesse, l'histoire et les talents. Il n'est pas Néron, pas plus que Louis XIV, mais plutôt César et Charlemagne, condamné à se battre pour défendre l'Europe française contre l'unilatéralisme d'Albion.

Les treize jours de monologue avec Caulaincourt lui ont été précieux pour faire le point, dresser un premier bilan de l'œuvre accomplie et se donner les raisons d'y croire encore. En parlant des heures durant, il s'est d'abord soigné lui-même pour retrouver un moral, restaurer une confiance sévèrement écornée par les derniers événements. Comment ne pas songer à une confession avec Caulaincourt dans le rôle du médecin des âmes, parlant peu mais toujours à l'écoute, compagnon loyal, fidèle et bienveillant ; l'ami dont il avait besoin à ce moment précis pour accomplir un travail de deuil et retrouver un second souffle ?

« Nos désastres sont grands, avoue-t-il à son comparse, mais mon arrivée en balancera les fâcheux effets. » Revenu par surprise dans la nuit du 18 au 19 décembre 1812, il semble déjà prêt à repartir au combat, avide de laver son terrible échec pour retrouver foi en son destin.

LIVRE III

LE GOUFFRE

« Il perdit tout pour avoir voulu tout garder. »

MARMONT,
Mémoires.

CHAPITRE VII
LE CRÉPUSCULE

> « L'homme dont la vie était un dithyrambe en action ne tomba que quand les poètes de la jeune Allemagne eurent chanté et pris le glaive contre leur rival Napoléon, le poète armé. »
>
> CHATEAUBRIAND.

Le retournement des passions

Le retour précipité de Napoléon redonne du baume au cœur à une France foudroyée par la nouvelle du 29e bulletin. Rassurer ! La France, les notables, l'Europe. Pour ce faire, l'Empereur martèle dès son arrivée qu'il a toujours vaincu les Russes, notamment à la Berezina, et que la débâcle résulte de la dureté du climat. Tout au plus concède-t-il être resté trop longtemps à Moscou car la fortune l'a ébloui : « J'ai cru obtenir en un an ce qui ne devait être exécuté qu'en deux campagnes. J'ai fait une grande faute, mais j'aurai les moyens de la réparer », confie-t-il à ses ministres. Dès son retour, il multiplie les Conseils et travaille comme un forcené pour mettre sur pied une nouvelle Grande Armée. Il se montre en public, va au théâtre et multiplie les revues afin d'exorciser les doutes, ranimer la flamme et entretenir la peur qu'il inspire.

« Le lion blessé était encore craint », note le fidèle Molé. C'est cette peur qui forme alors son seul atout, sachant qu'il n'a aucune force à opposer à Alexandre. Les premières semaines révèlent son obsession de limiter les dégâts, dans l'attente du printemps où, fort d'une nouvelle armée, il pourra punir le tsar et le renvoyer vers Moscou. « Au bout du compte, dit-il à Narbonne, qu'est-ce que tout ceci m'a coûté ? 300 000 hommes, et encore, il y avait beaucoup d'Allemands là-dedans. » Formule choquante, révélatrice d'un égoïsme déjà présent dans ce terrible 29e bulletin qui se terminait par la célébration de sa bonne santé. Or, la forme de César ne suffit pas à faire oublier le gouffre russe dont la tragique réalité se découvre jour après jour. Environ 200 000 Français ont disparu, chiffre beaucoup plus élevé que les campagnes précédentes et qui s'ajoute à l'impopulaire saignée espagnole. Comme le remarque Lamartine : « Bonaparte, comme un homme chassé par les éléments en furie, était revenu de Moscou, où il n'aurait jamais dû aller, et la moitié de ses forces était engagée en Espagne, où il n'aurait jamais dû prétendre. »

Le 16 janvier 1813, Murat abandonne les survivants à leur sort pour rejoindre son royaume. Napoléon réagit avec brutalité en insérant une note injurieuse dans *Le Moniteur*[1]. La désertion du paladin, qui file déjà sa trahison, compromet davantage la retraite. Faute de combattants, Eugène doit abandonner le grand-duché de Varsovie, qui tombe en février.

L'Aigle a pourtant des raisons de rester optimiste. La France, relativement préservée jusqu'alors, va lui offrir près de 500 000 combattants. Invaincue depuis la guerre de Sept Ans, préservée depuis 1792, elle demeure la première puissance continentale, s'appuie sur la Confédération du Rhin et les royautés « frères ». L'Autriche et la Prusse demeurent officiellement ses alliées. Alexandre,

1. « Le roi de Naples étant indisposé a quitté le commandement de l'armée qu'il a remis entre les mains du vice-roi [Eugène]. Ce dernier a plus l'habitude des grandes administrations. Il a la confiance de l'Empereur. »

épuisé par une campagne qui a été également meurtrière pour ses armées, devrait temporiser. En apparence, Napoléon doit pouvoir rétablir la situation. Or, l'héritier de la Grande Catherine va bouleverser tous ses calculs en prenant l'offensive en Prusse-Orientale, entraînant le royaume de Frédéric-Guillaume III dans son camp.

*

Parvenu à Wilno en décembre, le tsar impose à Koutouzov de continuer la poursuite alors qu'il dispose de moins de 50 000 hommes encore en état de combattre. Sa victoire achève de le persuader qu'il est l'élu chargé par la divine providence de purger la France du fléau napoléonien : « Si le Nord imite le sublime exemple qu'offre les Castillans, le deuil du monde est fini », annonce t-il avec l'emphase qui lui est coutumière lors d'une de ses premières proclamations. Avant de poursuivre : « L'Europe, sur le point de devenir la proie d'un monstre, recouvrerait à la fois, son indépendance et sa tranquillité. Puisse enfin de ce colosse sanglant qui menaçait le continent de sa criminelle éternité ne rester qu'un souvenir d'horreur et de pitié[1]. »

Le génie du tsar consiste à annexer l'idée de nation au service de l'Europe des rois. Face au Grand Empire oppressif, l'autocrate du Nord se présente en anti-impérialiste, soucieux de la liberté et du bonheur des peuples. En devenant le libérateur du monde, il trouve enfin le moyen de se venger de Napoléon, d'effacer Tilsit et de laver l'humiliation d'Austerlitz. Non seulement il veut battre, mais il entend éclipser l'Aigle devant la postérité. Son attitude publique, pleine de prévenance et d'humilité, forme un contraste saisissant avec celle de son ennemi. Là où Napoléon cherche à faire peur, le tsar s'échine à plaire et à être aimé des élites comme des peuples. Dans les terri-

1. Le texte est cité par Chateaubriand.

toires polonais et allemands occupés par ses troupes, il veille à respecter les populations, interdit le pillage, limite les épurations. A l'Europe napoléonienne, uniforme et verticale, il oppose une vision fédérale du continent, respectueuse de l'équilibre entre les puissances, unie par le christianisme, la légitimité et l'alliance contre l'oppresseur. Il pose par là même les jalons de l'esprit de la future Sainte-Alliance, visant à unir les peuples et les rois contre l'esprit de conquête et le despotisme. Il y a du libéralisme aristocratique dans cette approche éminemment religieuse de la politique et ce n'est pas un hasard si Chateaubriand a dressé un portrait louangeur du tsar dans son *Congrès de Vérone*[1]. A l'impérialisme, il oppose l'altruisme, limitant sa volonté expansionniste à la seule Pologne dont il compte faire un royaume autonome doté d'une constitution. Ainsi l'autocrate pourra tester la monarchie constitutionnelle selon son cœur, dans un pays satellite qui servira de laboratoire pour la Russie entière.

Conseillé par Stein, il va même plus loin en misant ouvertement sur les peuples afin d'entraîner leurs rois. Connaissant la pusillanimité de Frédéric-Guillaume III et de l'empereur d'Autriche, il compte leur forcer la main en jouant la carte, qu'il sait sensible, du sentiment national allemand, forgé, on s'en souvient, dans la haine de la France. Elle explose déjà en Prusse au passage des débris de la Grande Armée. En Prusse-Orientale puis à Berlin, les habitants font subir tous les sévices possibles aux survivants de l'enfer blanc. Combe, mémorialiste réputé, assiste à Königsberg à l'agression d'un cuirassier français « la tête enveloppée de linges sales et sanglants, et pouvant à peine se soutenir à l'aide d'un bâton » par un soldat prussien qui le heurte avec son traîneau et lui donne un coup de fouet. Indigné, Combe rattrape l'agresseur et commence à le rouer de coups. S'ensuit bientôt un pugilat

1. Mme de Staël s'est montrée tout aussi enthousiaste dans ses *Dix ans d'exil*.

qui est sur le point de dégénérer en émeute. A Berlin remarque le même témoin : « Les voitures de transport pour les blessés et les invalides étaient renversées sur la place d'Armes, où elles arrivaient, avec les malheureux qu'elles contenaient, sans égard, sans pitié pour des souffrances si cruellement prolongées. Cette lâche et vile populace, après avoir culbuté les voitures, se tenait sur ces victimes désarmées et les déchirait, les torturait de toute manière. »

Exploitant ces sentiments, Alexandre remporte une première victoire, tant politique que militaire, en obtenant la défection des 20 000 Prussiens du général Yorck. Ce dernier, commandant le corps prussien de la Grande Armée, a hésité plusieurs semaines avant de faire défection. En mauvais terme avec son supérieur hiérarchique, le maréchal MacDonald, menacé de destruction par les Russes, il sait qu'il s'expose à la potence dans le cas où Frédéric-Guillaume ne ratifierait pas sa décision. Mais il trouve dans son patriotisme la force de surmonter ses hésitations. Pour le décider, les Russes ont la délicatesse de le faire approcher par des officiers prussiens passés à leur service, dont le célèbre Clausewitz avec lequel il établit, le 29 décembre, la convention de Taurongen qui prive l'aile gauche française de la moitié de ses effectifs et ouvre les portes de la Prusse-Orientale aux Cosaques.

Yorck sait qu'il joue gros, comme il l'explique à ses officiers : « Messieurs, leur dit-il, l'armée française est anéantie par la main vengeresse de Dieu. Le moment est venu où nous pouvons recouvrer notre indépendance en nous réunissant à l'armée russe. Que ceux qui sont décidés comme moi à sacrifier leur vie pour la patrie et la liberté me suivent ; que les autres se retirent. » Son entrée en résistance se conjugue avec une totale loyauté dynastique. Le 3 janvier 1813, le rebelle écrit à Frédéric-Guillaume pour justifier sa décision : « Maintenant ou jamais, c'est l'heure de conquérir la liberté, l'indépendance, la grandeur. [...] Il fallait un exemple aux pusillanimes ; l'Autriche suivra celui de Votre Majesté. [...] Je ne lui demande aucune considération pour ma propre personne. De quelque façon que je meure, je mourrai pour elle. » Convaincu que le roi est retenu en captivité par la garnison française de Berlin, Yorck choisit l'alliance russe, persuadé que son pays trop longtemps humilié n'a plus rien à perdre mais doit agir vite, sous peine de devenir une nouvelle fois la risée du continent[1].

La fidélité dynastique n'est pas en revanche l'obsession du bouillant Stein. Le précurseur de Bismarck poursuit son rêve d'unité allemande contre la France et, si nécessaire, par-dessus la volonté des souverains : « Je n'ai qu'une patrie qui s'appelle l'Allemagne », écrit-il en décembre 1812 à un ami[2]. Or, c'est lui qu'Alexandre désigne comme commissaire spécial pour administrer les premières régions libérées. Parvenu à Königsberg le 22 janvier, Stein lève de sa propre autorité le Blocus continental, emprunte d'abondance, autorise la monnaie russe et place sous séquestre les biens du duc d'Anhalt, membre de la « criminelle » Confédération du Rhin. Dictateur provisoire d'une Allemagne en gestation, il franchit un cap supplémentaire en faisant convoquer au mépris de la prérogative royale des états généraux de Prusse-Orientale avec le concours de Yorck. Les deux « renégats »

1. « Il faut que nous achetions, au prix de notre sang, notre liberté et notre indépendance nationale. Les recevoir de mains étrangères comme un don gratuit, c'est nous attacher au pilori. C'est nous livrer au mépris du monde et de la postérité », écrit-il à son ami Bülow, en janvier 1813.

2. Avant de lui préciser : « Les dynasties me sont complètement indifférentes ; ce sont pour moi de simples instruments ; mon désir est que l'Allemagne devienne grande et forte, qu'elle puisse recouvrer son indépendance, sa nationalité, le libre gouvernement de ses Etats, conquérir entre la Russie et la France la situation qui lui appartient, qu'il est de l'intérêt même de l'Europe qu'elle occupe. [...] Mon credo, c'est l'unité ; et, si l'on ne peut y arriver de suite, qu'on prépare du moins la transition. »

obtiennent qu'y soit votée la levée de la Landwehr, puissante réserve nationale composée de volontaires. Immédiatement, la Prusse entre en ébullition, plaçant Frédéric-Guillaume dans un étau, pris entre sa peur de Napoléon et celle d'être renversé s'il continue à s'opposer aux vœux de son peuple[1]. Le 10 février, Alexandre lance une nouvelle proclamation aux Allemands : « La crainte peut encore enchaîner vos souverains ; qu'une funeste obéissance ne vous retienne pas. [...] Que la Germanie rappelle son antique courage et son tyran n'existe plus. » En se présentant comme un libérateur, uniquement soucieux de rétablir la Prusse dans sa puissance passée, le tsar conquiert une sympathie grandissante. Il promet à la fois la paix, la fin du Blocus et de la conscription, enfin la suppression de l'impopulaire Confédération du Rhin. Yorck et Stein relaient la bonne parole, obligeant Frédéric-Guillaume à sortir de l'équivoque.

« Malade qui ne peut se décider à choisir entre le médicament et la mort », selon le mot d'un diplomate, le roi de Prusse donne encore des gages aux deux parties, jurant sa fidélité à l'alliance française et destituant Yorck pour la galerie tandis qu'il dépêche des émissaires au tsar et à l'Autriche[2]. Si le caractère révolutionnaire du mouvement nationaliste lui répugne[3], si Stein et Yorck le hérissent, Frédéric-Guillaume finit par choisir son camp. Tentant de

1. Comme le résume Villemain : « La résistance populaire précède partout la défection politique : les peuples sont transfuges, avant les rois. »

2. Le 6 janvier 1813, Frédéric-Guillaume assure Narbonne de son entière fidélité envers Napoléon : « Rien au monde ne pourra m'en détourner et aucune circonstance ne peut me faire changer de système. J'y tiens, autant par loyauté que par intérêt, car je ne suis pas de ces étourdis, de ces braillards qui veulent voir la France dégringolant », lui écrit-il.

3. On lui attribut ce mot célèbre : « Nation ? *Das Klingt Jacobinisch* » (« Nation ? Cela sonne jacobin »).

négocier des avantages concrets, il n'obtient de Napoléon que de vagues promesses alors qu'Alexandre lui offre de reconstituer son royaume à hauteur de celui qu'il possédait avant son démembrement à Tilsit[1]. Se révèle toujours cette incapacité de Napoléon à céder pendant qu'il en est temps, qui constitue une des causes principales de sa chute. Quel intérêt Frédéric-Guillaume aurait-il à rester l'allié d'un pays qui l'a sévèrement battu, qui a diminué de moitié ses Etats, punis et humiliés, et ne lui offre aucune perspective séduisante ? Avant de jeter le masque, il lui reste à se dégager de la garnison française d'Augereau qui occupe toujours Berlin, le plaçant de fait en situation d'otage. Le 22 janvier 1813, sous un prétexte fallacieux, il quitte la capitale pour gagner Breslau, à portée des Russes avec lesquels il négocie encore plusieurs semaines, irritant le tsar par son intransigeance sur la question polonaise[2]. Finalement, sur la pression de Stein et impressionné par l'ampleur prise par le mouvement nationaliste, Frédéric-Guillaume se résout à adopter la posture du héros et à sceller son alliance avec la Russie par un traité signé à Kalisch le 28 février. Après une nouvelle crise de doute, il officialise le traité en déclarant la guerre à la France à la mi-mars.

*

1. Le tsar lui dépêche des émissaires et lui écrit des lettres dont celle-ci citée par Albert Sorel : « Par ma religion, par mes principes, j'aime à payer le mal par le bien, et je ne serai satisfait que quand la Prusse aura repris toute sa splendeur et sa puissance. Pour y parvenir, j'offre à Votre Majesté de ne poser les armes que quand ce grand but sera atteint. Mais il faut que Votre Majesté, de son côté, se joigne franchement à moi. Jamais décision n'a été plus importante que celle que vous allez prendre. Elle peut sauver l'Europe ou la perdre à jamais. »

2. Le roi de Prusse exige la garantie de recouvrer ses provinces polonaises perdues, à la fureur d'Alexandre qui les convoite et lui offre un territoire équivalent en Allemagne (ce sera en Saxe).

Le mouvement patriotique prussien a souvent été comparé à celui de la France en 1793. Même ardeur à s'engager, même mobilisation de masse, même communion entre les civils et les militaires. Sur une population d'environ 5 millions d'habitants, la Prusse va fournir plus de 250 000 combattants. Le système des Krumpers permet d'aligner une armée régulière bien entraînée à laquelle vont s'agréger progressivement les réserves de la Landwehr et les corps frais de volontaires qui vont mener une guérilla meurtrière sur nos arrières. Le plus célèbre fut celui des « chasseurs noirs » commandés par Lutzow. La société secrète du Tugendbund joue un rôle majeur dans la réussite de cette levée en masse, notamment au sein du monde étudiant qui fournit le principal vivier où se recrutent volontaires et partisans. Fichte, dans une scène célèbre, suspend son cours à l'université de Berlin jusqu'à la fin de la campagne : « Nous le reprendrons dans notre patrie devenue libre, ou nous serons morts pour reconquérir la liberté », conclut-il sous un tonnerre d'applaudissements avant d'aller s'inscrire sur les rôles.

Les poètes rejoignent les universitaires. Arndt multiplie les proclamations et les textes enflammés. En février, il lance un « Appel à tous les Allemands à combattre ensemble contre les Français[1] ». Sa haine du « Welche » s'exprime dans tous ses textes de l'époque : « O mon Allemagne, je partirai et par la balle et par le sabre, je ferai couler le sang français. O ciel, envoie-nous des milliers de Français ; nous voulons qu'ils dorment bien tranquilles ; nous arriverons à cela avec nos canons, du plomb et de la poudre[2]. » Si la Prusse emprunte à la France sa conscription, plagie son organisation en corps d'armée et même sa

1. « Tous ceux qui ont le droit de s'appeler allemands doivent combattre non plus les uns contre les autres mais comme Allemands pour les Allemands », écrit-il notamment.

2. Seul Goethe demeure sur la réserve parmi les grands écrivains allemands : « Secouez toujours vos chaînes, dit-il alors, cet homme [Napoléon] est trop grand pour vous, vous ne le briserez jamais. »

Légion d'honneur, qu'elle baptise croix de fer, elle détourne surtout l'esprit universaliste et émancipateur de la Révolution à son profit. Elle capte sa flamme et son enthousiasme, déjà éteints dans l'hexagone par la conjugaison du poids meurtrier de la conquête et la dérive curiale de l'Empire. En succombant à l'ivresse de la puissance, la France impériale a perdu la grandeur de l'idée de nation, cette flamme allumée par l'amour de la patrie au service d'un idéal collectif. A la Prusse et à la Russie d'en profiter. Tandis que les femmes de Paris pleurent leurs disparus, celles de Berlin font don de leurs parures et reçoivent en retour des médailles en fer avec cette simple devise : « J'ai donné mon or pour du fer, 1813. »

L'ardeur a changé de camp. Alors que les débris de la Grande Armée agonisent à l'Est, la Prusse renaît de ses cendres, prête à la guerre de libération que requièrent les circonstances. Les proclamations rédigées ou inspirées par Stein appellent à la guerre sainte, mais innovent en vantant la liberté et parfois même l'égalité contre l'hérédité et le privilège[1]. « Jamais pareil langage n'avait été tenu par des rois, remarque Albert Sorel. Jamais de telles paroles n'avaient été lancées aux peuples avant la Révolution française, et, depuis cette révolution, jamais appel à l'indépendance n'avait eu ce retentissement dans les âmes populaires. La France, en 1792, avait prêché la guerre et la révolution cosmopolite ; la Russie, en 1813, déchaînait la guerre de nationalité. »

---

1. En voici une à titre d'exemple : « Allemands, nous vous ouvrons les rangs prussiens ; vous y trouverez le fils du laboureur placé à côté du fils du prince. Toute distinction de rang est effacée par ces grandes idées : le roi, la liberté, l'honneur et la patrie ! Entre nous il n'y a plus d'autre distinction que celle du talent et de l'ardeur avec laquelle on vole au combat pour la cause sacrée. [...] La liberté ou la mort ! Tels sont les mots de ralliement des soldats de Frédéric-Guillaume. Tous les Prussiens ont juré de vaincre ou de mourir dignes d'un tel roi, Saxons, Allemands ; à partir de l'an 1812, nos arbres généalogiques ne compteront plus pour rien. »

*

La défection de Frédéric-Guillaume accélère la retraite de la Grande Armée, obligée d'abandonner Berlin et la ligne de l'Oder. La retraite de Russie se poursuit pour devenir la retraite d'Allemagne. Tout va dépendre maintenant de l'attitude de l'Autriche, « la grande muette » de ces premières semaines de 1813. Le 30 janvier, le corps de Schwarzenberg se retire à son tour du combat par la convention de Zeyck qui équivaut à un armistice. Toutefois, Metternich se refuse pour l'instant à aller plus loin. S'il souhaite se venger de Napoléon et rétablir l'Empire des Habsbourg dans ses frontières d'antan, le chancelier redoute les visées d'Alexandre sur la Pologne comme les ambitions prussiennes en Allemagne. Le caractère nationaliste emprunté par la propagande alliée menace au premier chef son empire constitué par une kyrielle de nationalités rivales. Il connaît la puissance d'attraction du grand frère russe sur ses minorités slaves. L'intervention prussienne le pousse pourtant à sortir au plus vite de l'ambiguïté, sous peine de perdre toute influence en Allemagne en cas de victoire de la coalition. Mais il ne veut pas pour autant rompre trop tôt avec la France. Redoutant le génie de Napoléon, Metternich n'oublie pas que l'empereur des Français demeure le gendre de l'empereur d'Autriche et que la France est une puissance catholique, à la différence de la Russie orthodoxe et de la Prusse protestante. Il n'oublie pas non plus l'abandon de la Russie et de la Prusse lors de la campagne de 1809, connaît la lâcheté de Frédéric-Guillaume comme la légèreté d'Alexandre. Tout le pousse ainsi vers la neutralité qu'il rompra en temps et en heure pour se rallier au plus offrant, sachant qu'il exige au préalable la mise sous le boisseau de l'esprit révolutionnaire, pour l'heure incarné par Stein et sa clique, ce qui place Napoléon – aussi paradoxal que cela puisse paraître – en défenseur conjoncturel de l'ordre traditionnel.

On se situe ainsi dans un combat idéologique à front renversé, comme l'explique Molé dans un des meilleurs passages de ses Mémoires : « [...] Les rois comprirent qu'ils pouvaient le terrasser [Napoléon] en tournant contre lui, sinon les idées révolutionnaires, du moins les passions d'innovations et de réformes d'où était sortie la Révolution française et qui fermentaient depuis si longtemps dans les classes moyennes et éclairées de toutes les monarchies. Voyant qu'il leur serait plus facile de transiger avec les idées qu'ils avaient si longtemps redoutées, que de résister aux armées de Napoléon, et à son insatiable ambition, eux-mêmes non seulement tolérèrent, mais encore encouragèrent ces idées. [...] Aveuglés par le désespoir ou entraînés par le désir de se venger, ils voyaient avec joie officiers et soldats se jeter dans les sociétés secrètes, et croyaient qu'ils se battraient d'autant mieux, en ajoutant à leur bravoure éprouvée le fanatisme des opinions libérales et démocratiques. » La suite du propos est déterminante : « Cet échange de drapeaux [...] qui plaçait du côté de Napoléon le drapeau de l'autorité, du principe monarchique, et du côté des rois légitimes le drapeau libéral sur lequel était écrit : "affranchissement de tous les peuples" » persuade le conseiller de l'Empereur que l'esprit révolutionnaire reprend son cours, justifiant cette « prophétie sortie de la bouche de Napoléon [...] : "Après moi la révolution ou plutôt les idées qui l'ont faite, reprendront leur œuvre avec une nouvelle force. Ce sera comme un livre dont on reprendra la lecture à la page où on l'avait laissée. Alors si des mains habiles ne creusent un lit au torrent, et n'endiguent pas son cours, il inondera au loin ses rives et les couvrira de déplorables et immenses débris." »

*

Le raidissement conservateur de Napoléon à son retour de Moscou frappe tous les contemporains. Pas un discours dans lequel il n'attaque la Révolution et son « idéologie » inspiratrice : « Cette ténébreuse métaphysique qui, en recherchant avec subtilité les causes premières, veut sur ces bases fonder la législation des peuples, au lieu d'approprier les lois à la connaissance du cœur humain et aux leçons de l'histoire[1]. » C'est à elle « qu'il faut attribuer les malheurs qu'a éprouvés notre belle France » ; les erreurs qui ont amené « le régime des hommes de sang. En effet, qui a proclamé le principe d'insurrection comme un devoir ? Qui a adulé le peuple en le promettant à une souveraineté qu'il était incapable d'exercer ? Qui a détruit le respect et la sainteté des lois en les faisant dépendre, non des principes sacrés de la justice, de la nature des choses et de la justice civile, mais seulement de la volonté d'une assemblée composée d'hommes étrangers à la connaissance des lois civiles, criminelles, administratives, politiques et militaires ? Lorsqu'on est appelé à régénérer un Etat, conclut-il, ce sont des principes constamment opposés qu'il faut suivre ».

Peu ou pas d'entretiens où il ne crie au loup contre ces souverains inconscients qui réveillent le monstre endormi et vont bouleverser l'ordre social sous couvert d'émanciper les peuples. Devant tous ses interlocuteurs, il agite le spectre de la Terreur et se présente comme le seul garant des monarchies, le seul sauveur de l'Europe. A Erfurt, en avril, il prend ainsi violemment à partie Friedrich von Müller, en s'indignant de la révolte des étudiants d'Iéna : « Que veulent donc tous ces idéologues, tous ces radoteurs ? Ils veulent la révolution en Allemagne, ils veulent l'affranchir de tous les liens qui l'attachent à la France. Savez-vous, vous autres Allemands, ce que c'est qu'une révolution ? Vous ne le savez pas, mais moi je le sais. J'ai vu les torrents de sang inonder la France ; j'y ai surnagé

1. Discours de Napoléon au Conseil d'Etat à son retour de Russie.

et ne veux pas souffrir que ces terribles scènes se renouvellent en Allemagne. Mais certainement, Messieurs, vous aurez la révolution si je n'y mets pas bon ordre[1]. »

Le positionnement, digne d'un Maistre ou d'un Bonald, ne doit rien au hasard. Il s'explique d'abord par sa volonté de garder la très conservatrice Autriche à ses côtés. Face à la Prusse, qui défend « la nation allemande » avec le soutien de la Russie, il joue la carte de la légitimité traditionnelle qui récuse la nation au profit de l'ordre, de la religion et de l'hérédité. Empires catholiques appuyés sur une vaste administration, les deux Etats, unis par le sang depuis 1810, sont naturellement faits pour s'entendre.

Mais ce durcissement puise autant, si ce n'est plus, dans les stigmates laissés par l'affaire Malet : « Remarquez combien la Révolution et l'habitude des changements continuels de gouvernement ont détruit toutes les idées d'ordre et de stabilité », confie-t-il dépité à Caulaincourt. Comme en 1804, la menace active son angoisse et le pousse à vouloir renforcer sa légitimité par le sacre du roi de Rome et de Marie-Louise. Il en exprime l'idée dès son retour auprès des sénateurs, dans des termes que n'aurait pas reniés Louis XIV : « J'ai à cœur la gloire et la puissance de la France ; mais mes premières pensées sont pour tout ce qui peut perpétuer la tranquillité intérieure et mettre à jamais

1. Le 1er mars 1813, il confie dans la même veine à Bubna, envoyé de l'empereur d'Autriche : « Vous auriez dû voir la terrible effervescence où j'ai trouvé le peuple français quand je l'ai pris ; maintenant ils marchent tranquilles. » A Dresde, quelques semaines plus tard, il prend à partie Beugnot, qui passe pour libéral, en ces termes : « Croyez-vous que je ne saisisse pas le fond de votre pensée à travers les voiles dont vous l'enveloppez. Vous êtes de ceux qui soupirent au fond de l'âme pour la liberté de la presse, la liberté de la tribune, qui croient à la toute-puissance de l'esprit public. Eh bien ! Vous allez savoir mon dernier mot. Puis portant la main droite à la garde de son épée, il ajouta : Tant que celle-là pendra à mes côtés, et puisse-t-elle y pendre encore longtemps ! Vous n'aurez aucune des libertés après lesquelles vous soupirez, pas même, Monsieur Beugnot, celle de faire à la tribune, quelque beau discours à votre manière. »

mes peuples à l'abri des déchirements des factions et des horreurs de l'anarchie, c'est sur ces ennemis du bonheur des peuples que j'ai fondé avec la volonté et l'amour des Français, ce trône, auquel sont attachées désormais les destinées de la patrie. [...] Nos pères avaient pour cri de ralliement : le roi est mort, vive le roi ! Ce peu de mots contient les principaux avantages de la monarchie. »

Le sacre de l'Aiglon lui plaît par son caractère antique et grandiose. Sauf qu'il ne conçoit pas la cérémonie sans la présence de Pie VII, toujours retenu à Fontainebleau. Napoléon n'hésite pas à le rencontrer, sans s'être fait annoncer, fin janvier. En dépit des contentieux accumulés, l'Empereur – alternant selon son habitude menaces et séduction – parvient à négocier un nouveau concordat qui est signé le 25[1]. Napoléon publie aussitôt le texte dans toute l'Europe, passant outre à la volonté de Pie VII qui souhaitait maintenir le secret. Le 24 mars, le vicaire du Christ, retourné par les cardinaux les plus conservateurs, dénonce finalement l'accord. Mais sa protestation passe inaperçue, Napoléon ayant naturellement choisi de garder cette fois le silence : « Laissons, pour le moment, Rome et l'institution des évêques, dit-il à Narbonne. Le numéro est remis dans l'urne et n'en sortira qu'après une grande bataille gagnée sur l'Elbe et sur la Vistule. » Il n'empêche : la réconciliation manquée brise le rêve du couronnement de l'enfant-roi. Napoléon se replie alors vers une solution civile. Un sénatus-consulte, adopté le 30 mars 1813, confie la régence à Marie-Louise, secondée par Cambacérès et un conseil regroupant les grands dignitaires. Le clin d'œil à destination de l'Autriche est évident, comme éclate une nouvelle fois son obsession de la légitimité. C'est toujours la même volonté de terminer la Révolution, toujours la même peur d'être renversé qui le pousse à

1. C'est durant cette négociation que Napoléon, irrité, serait aller jusqu'à secouer le pape, incident déformé par la légende noire qui présentera un Pie VII violemment battu jusqu'à ce qu'il consente à signer. Le texte règle notamment la question de l'investiture des évêques dans un sens favorable à Napoléon.

jeter des ancres dans l'espoir de fidéliser par la crainte, l'intérêt et l'honneur. « Tout le monde ignorait son projet, assure Mme de Chastenay. L'impératrice était au bois de Boulogne ; on la fit revenir à la hâte, on lui dit de s'habiller, et sur le premier mot de l'objet de la cérémonie qu'on préparait, la jeune princesse, trompée par la date du jour, s'écria : “C'est un poisson d'avril !” » Anecdote significative de la fragilité du régime comme du manque de sérieux de l'impératrice, créature d'apparat confiée au sage tutorat de l'archichancelier[1].

Pour préserver l'image d'un pays rassemblé autour de lui dans l'épreuve, il sort le Corps législatif du formol et le convoque pour ratifier le budget tandis que le Sénat approuve l'appel, sans précédent, de 350 000 conscrits qui seront suivis par 180 000 supplémentaires en avril. Pour ce faire, la chambre haute n'hésite pas à user de rétroactivité en frappant des classes déjà prélevées et qui pouvaient se croire épargnées. Non seulement ministres et parlementaires entérinent, mais ils acclament, à l'image de Molé qui s'exclame devant les députés : « Si un homme du siècle des Médicis ou du siècle de Louis XIV revenait sur la terre, et qu'à la vue de tant de merveilles il demandât combien de règnes glorieux, combien de siècles de paix, il avait fallu pour les produire, vous lui répondriez, messieurs : Il a suffi de douze années de guerre et d'un seul homme[2]. » La dictature impériale présente alors le

1. « Quand nous la voyions paraître et s'asseoir à la table de l'Empereur, avec sa dame d'honneur derrière elle, nous avions tous le sourire sur les lèvres. Le sérieux avec lequel l'archichancelier avait l'air de la consulter et de prendre ses ordres sur toutes choses n'était pas fait pour atténuer cette impression », assure Pasquier.

2. « Cet éloge de la guerre parut déplacé, au moment où les maux de la guerre étaient si lourds, où l'énorme consommation d'hommes pouvait faire naître dans la population un désespoir dont les conséquences seraient incalculables », rapporte Pasquier avant d'ajouter : « La levée des hommes lui semblait en quelque sorte plus naturelle et plus facile que celle des impôts, et il croyait beaucoup plus dangereux d'abuser de l'une que de l'autre. »

spectacle, récurrent dans les régimes autoritaires aux abois, d'une servilité révulsante des entourages. Pris de panique, ils lèvent leurs regards terrifiés devant le faiseur de miracles, espérant qu'il saura redresser la situation. Beaucoup, en raison de leur passivité dans l'affaire Malet, redoublent de zèle dans l'espoir d'obtenir leur pardon. Tel est notamment le cas de Savary, de Pasquier et même de Cambacérès, qui ont été maintenus mais savent qu'ils seront brisés au premier écart. C'est d'ailleurs en grande partie la raison pour laquelle Napoléon les a conservés. La reprise en main s'accompagne d'une nouvelle promotion de fidèles au Sénat et d'un remaniement préfectoral d'envergure[1]. Durant ses vingt semaines de présence, Napoléon se démultiplie, tentant d'assurer un terrain stable avant de repartir en campagne. Il le fait par les mots et les actes, galvanise les fidèles et fait trembler les opposants. En retour, il reçoit son cortège d'éloges puérils qui lui permet d'entretenir l'illusion d'un pays soudé autour de son sauveur, riche en hommes et en ressources, prêt à châtier quiconque se dressera sur sa route.

Pourtant, si la façade du Grand Empire reste lisse, les lézardes se multiplient car ses fondations s'affaissent. L'opinion se détourne devant cette guerre qui n'en finit pas et se révèle de plus en plus coûteuse. Jusqu'alors, Napoléon a épargné la France. Cette fois, il n'a plus le choix et procède à la première levée en masse de son règne. Elle va lui coûter cher en termes de popularité. Le nombre de réfractaires passe la barrière symbolique des 100 000. Certains n'hésitent pas à se mutiler volontairement, en particulier les doigts de la main droite, ce qui les rend inopérants au tir. « Dans les campagnes, note le

1. Il concerne 30 préfets sur 130 et intervient en mars. Comme le remarque l'historien Jacques-Olivier Boudon, il s'agit du « plus vaste mouvement préfectoral du régime ». Les 13 nouveaux sénateurs, nommés le 5 avril, appartiennent au premier cercle de fidèles à l'image de Duroc, Caulaincourt, Champagny, Montesquiou, Fezensac et Ségur.

général Thiébault, tout était douleur et crainte, dans les villes appréhensions et mécontentements, alors que je trouvai Paris retentissant de reproches. Et pourtant qu'on était loin de connaître la véritable étendue des pertes ! » Pourtant, si le peuple regimbe, il répond encore largement présent. Il en va déjà tout autrement des notables. Tandis qu'ils acclament Napoléon et multiplient les adresses enthousiastes, nombre d'entre eux critiquent la lourde augmentation des impôts destinée à financer la conscription alors que la crise économique s'aggrave et se double d'une crise de confiance, résultat du naufrage russe. Une mesure exceptionnelle, la levée des gardes d'honneur, va sceller leur mécontentement. Datée de mars 1813, elle appelle sous les armes 10 000 aristocrates âgés de dix-neuf à trente ans. Désignés par les préfets, ils devront s'équiper à leurs frais et formeront quatre régiments de cavalerie : « Outre l'intention de se procurer un nombreux corps de cavalerie dont la première formation ne coûterait rien à l'Etat, il est certain que l'Empereur entendait avoir des otages pris dans toutes les familles dont la fidélité pouvait être douteuse », explique Pasquier, avant d'ajouter : « Nulle mesure n'a fait plus que celle-là, des ennemis irréconciliables à Napoléon, et n'a fait plus ardemment désirer sa chute. » Jusqu'alors épargnées par l'impôt du sang, les élites y voient une violation du pacte tacite passé en Brumaire et renouvelé par le sacre. Leur prospérité menacée, leur sécurité atteinte, ils se soumettent à contrecœur, souhaitant ardemment la conclusion de la paix. « Un empereur vaincu et réduit aux expédients n'était pas celui qu'on avait cru se donner », explique Mme de Chastenay avant d'accuser : « Qu'avait-il donc fait de l'Europe, dont nous ne lui demandions jamais compte[1] ? »

1. La mémorialiste procède à un récapitulatif sans concessions : « On voit pourtant quel devait être le mécontentement général : le départ des cohortes, celui des gardes d'honneur, le rappel des conscrits et la révision des cas de réforme, une conscription nouvelle enfin ! On

L'inquiétude et le défaitisme n'épargnent pas non plus le haut commandement. Si la volonté de repos née de la lassitude de la guerre existe depuis d'Espagne, l'horreur russe a accéléré le mouvement en créant un traumatisme profond. Le combat n'est plus perçu comme une joute ou une loterie mais de plus en plus comme une boucherie inutile. Il suffit pour s'en convaincre de parcourir les principaux Mémoires : le ton enjoué, dynamique et grivois en vigueur disparaît à partir des récits de la retraite de Russie pour laisser place à un pessimisme profond. Le spectre de la défaite, que personne n'a envisagée jusqu'alors, génère la peur de perdre les nombreux biens, pas toujours bien acquis, par des officiers supérieurs qui n'ont de toute façon jamais eu le temps d'en profiter. Méneval a entendu Berthier se plaindre à haute voix durant la retraite de Russie : « A quoi bon m'avoir donné 1 500 000 livres de rente, un bel hôtel à Paris, une terre magnifique pour m'infliger le supplice de Tantale ? » s'indignait le connétable avant de conclure sinistre : « Je mourrai ici à la guerre. Le simple soldat est plus heureux que moi. » Thiébault parle à ce sujet de « torture des contrastes, le supplice de posséder et de voir échapper en même temps tout ce qui pouvait contenter ou le désir ou le besoin ». Vieilli, usé, le bras droit de l'Empereur n'en peut plus. Mais, comme tant d'autres, il n'ose rien dire en sa présence. Selon la juste expression d'Albert Sorel, l'Empereur obtient encore mais n'entraîne plus. Rendu irascible par la défaite, il règne encore par la peur, mais chacun redoute désormais d'être entraîné avec lui dans le gouffre. A

---

ajoutait des réquisitions, soit de travaux pour les habillements, soit de denrées pour les fournitures. On ne payait pas les entrepreneurs ; une taxe de guerre, décidée par décret, augmenta de moitié des contributions déjà considérables. Toutes les caisses furent envahies, ou menacées d'envahissement ; les appointements de tous les employés furent réduits d'un cinquième. Tout commerce de détail se trouvait suspendu. »

Sainte-Hélène, il analysera la situation sans indulgence : « Le vrai est qu'en général les hauts généraux n'en voulaient plus ; c'est que je les avais gorgés de trop de considération, de trop d'honneurs, de trop de richesses. Ils avaient bu à la coupe des jouissances, et désormais ils ne demandaient que du repos : ils l'eussent acheté à tout prix. Le feu sacré s'éteignait : ils eussent voulu être des maréchaux de Louis XV. » Tous les ingrédients de la chute sont déjà en gestation. Haine de l'Europe, lassitude populaire, perte de confiance des maréchaux, exaspération des notables[1].

La victoire introuvable

Napoléon doit entrer en campagne plus vite sans doute qu'il ne l'aurait souhaité. Mais la dégradation de la situation militaire à l'est ne lui laisse pas le choix. L'abandon de Berlin, le 4 mars par Eugène, suscite la colère de l'Empereur car il isole ses gros des garnisons de Prusse-Orientale et menace la Saxe alliée[2]. Avec moins de

1. Les prophéties les plus sombres et les plus ineptes ont cours comme l'explique Joseph Fiévée dans une de ses dernières notes à Napoléon : « On entend toutes les sociétés pousser des cris d'effroi contre l'année 1813, à cause du mot 13 et parce qu'on y compte treize lunes, et parce qu'en plaçant les chiffres qui forment 1813 et en les additionnant ensuite, on trouve encore le nombre treize, et parce que la retraite de Moscou s'est faite dans la treizième année de votre consulat. »

2. Il écrit à son beau-fils une lettre célèbre, véritable cours de guerre psychologique : « Si vous eussiez pris une situation en avant de Berlin, l'ennemi aurait pu croire que vous vouliez livrer bataille. Alors il n'aurait passé l'Oder qu'après avoir réuni 60 à 80 000 hommes. Vous pouviez gagner vingt jours, et cela eût été bien avantageux politiquement et militairement. [...] Mais le jour où votre quartier général a été placé derrière Berlin, c'était dire que vous ne vouliez pas garder cette ville ; vous avez ainsi perdu une attitude que l'art de la guerre est de savoir conserver. »

50 000 hommes dispersés sur un front trop étendu, le vice-roi ne parvient plus à repousser les corps russo-prussiens. Hambourg tombe le 12 mars, comme Dresde abandonnée par son souverain et qui accueille avec enthousiasme ses libérateurs alliés. Heureusement, l'Aigle s'avance, muni d'un plan ambitieux qu'il tentera de réaliser jusqu'à la fin de la campagne. Il s'agit d'abord de séparer les adversaires et d'occuper la capitale prussienne. Ensuite, il foncera sur Stettin et, renforcé par les garnisons laissées lors de la retraite par Eugène, libérera le grand-duché et rejettera les Russes derrière le Niémen. S'il caresse encore le rêve de se réconcilier avec la Russie, Napoléon est en revanche résolu à faire payer la Prusse pour sa nouvelle traîtrise et à la rayer de la carte de l'Europe. Fidèle à son habitude, il compte créer l'événement au plus vite, au moyen d'une bataille décisive qui terminera la campagne et dissuadera l'Autriche de rejoindre la coalition. Il lui faut donc frapper sans attendre avant que l'Empire des Habsbourg ait achevé ses armements et ne pèse d'un poids trop lourd dans la balance.

Malheureusement, la nouvelle Grande Armée se révèle très inférieure à ses devancières. D'abord, elle est trop jeune et inexpérimentée, composée essentiellement de conscrits qui n'ont jamais vu le feu et vont manquer de temps pour s'entraîner. Les cadres et les anciens font défaut, notamment les sous-officiers, ce qui empêche de mêler les bleus au sein d'unités plus mûres et aguerries. Ardents au combat, les « Marie-Louise » manquent de condition physique et s'usent dès les premières marches et combats. « Déjà, à Wagram, Napoléon se plaignait de ne plus avoir les soldats d'Austerlitz. Assurément, nous n'avions pas les soldats de Wagram », tranche Fezensac avant d'insister sur la fragilité morale des conscrits. Certes, confesse le mémorialiste, « il y eut sans doute des moments d'élan, de beaux traits de bravoure. Quand les généraux marchaient au premier rang, les soldats se laissaient entraîner par leur exemple ; mais cet enthousiasme durait peu, et les héros de la veille ne témoignaient le lendemain que de l'abattement et de la faiblesse. [...] Un soldat doit savoir supporter la faim, la fatigue, l'inclémence des temps ; il doit marcher jour et nuit avec des souliers usés, braver le froid ou la pluie avec des vêtements en lambeaux, et tout cela sans murmurer et même en conservant sa bonne humeur. Nous avons connu de pareils hommes ; mais alors c'était trop demander à des jeunes gens dont la constitution était à peine formée et qui, à leur début, ne pouvaient pas avoir l'esprit militaire, la religion du drapeau et cette énergie morale qui double les forces en doublant le courage ».

L'absence de cavalerie est un autre inconvénient majeur. Sur ce point, le gouffre russe n'a pas eu le temps d'être comblé, sachant qu'un cavalier est beaucoup plus long à former qu'un fantassin, combattant « intégré » dans une masse alors que le hussard est plus autonome et doit à la fois savoir tirer, monter et manier son sabre avec dextérité. Ce n'est pas un hasard si la cavalerie est considérée comme l'arme noble et l'infanterie comme de la valetaille. En outre, fait largement défaut le nerf de la guerre en la matière, à savoir le cheval. La France n'en élève pas assez et les ordres d'achat de l'Empereur n'ont pas eu le temps d'être exécutés. Ainsi, la Grande Armée de 1813 commence la campagne avec une misère de 5 000 cavaliers, huit à dix fois moins que les Alliés. En résulte un manque dramatique de mobilité et l'impossibilité de mener la guerre de mouvement chère à l'Empereur. Faute d'éclaireurs, l'armée devient de surcroît aveugle sur les manœuvres de l'adversaire.

L'ennemi bénéficie enfin de la sympathie des populations, prussiennes mais aussi saxonnes, qui le renseignent d'abondance. Or, et l'on touche ici au troisième et dernier inconvénient, les contingents de la Confédération du Rhin – Saxons, Bavarois, Wurtembourgeois ou Westphaliens – constituent un gros quart des effectifs de Napoléon. Si leurs souverains n'osent pas encore trahir, leurs peuples sont solidaires de la coalition et impatients de la rejoindre. Il en va naturellement de même de leurs soldats, qui désertent en masse dès le début de la campagne et supportent de plus en plus difficilement d'être placés sous commandement français. Comme le remarque Albert Sorel : « La France se voyait déjà comme envahie dans sa propre armée », sommée de gagner sans chevaux sur un territoire hostile avec des auxiliaires peu sûrs. Dans ces conditions, le pessimisme est de rigueur comme en témoigne cette confidence du maréchal Ney au général hollandais Dedem de Gelder avant l'ouverture des hostilités : « Si nous nous soutenons au-delà du Rhin, ce sera tout ce que nous pourrons faire, et ce serait une folie que de vouloir nous enfoncer en Allemagne ; des succès mêmes nous y prépareraient notre ruine totale. »

*

Le 15 avril 1813, Napoléon quitte Saint-Cloud pour Mayence. Ses seuls atouts résident dans la terreur qu'il inspire à ses adversaires et sa supériorité numérique ponctuelle. Son armée principale compte en effet 150 000 hommes contre environ 120 000 pour les Russo-Prussiens. La rapidité avec laquelle il est parvenu à surmonter le désastre russe impressionne également. On le sent blessé dans son orgueil, avide de venger l'affront et de réparer la défaite. Odeleben, un des meilleurs témoins de la campagne, prétend l'avoir entendu dire qu'il ferait cette campagne « comme le général Bonaparte et non pas en empereur ».

Fin avril, Napoléon fait sa jonction avec Eugène derrière la Saale. Il passe aussitôt à l'attaque en direction de Leipzig dans l'espoir de déborder ses adversaires. Or, ces derniers prennent résolument l'offensive et l'attaquent par surprise sur son flanc droit autour de Lützen, le dimanche 2 mai[1]. Napoléon réagit aussitôt en donnant l'ordre à Ney, soutenu

1. Le lieu était célèbre puisque le roi de Suède, Gustave Adolphe, y avait livré bataille et trouvé la mort en 1632.

par Marmont, de tenir bon sous les coups de boutoir adverse tandis qu'il met en mouvement les corps de MacDonald et Bertrand pour le déborder sur ses ailes. Le sort de la bataille, engagée en fin de matinée, va dépendre de la résistance de notre centre, progressivement renforcé mais qui débute les hostilités en nette situation d'infériorité.

« L'Empereur, aussi prompt que s'il eût tout prévu, disposa son ordre de bataille sous le feu commencé », rapporte Villemain qui cite dans la foulée les paroles du maître : « Nous n'avons pas de cavalerie, dit-il à ses généraux ; eh bien, ce sera une bataille d'Egypte. Partout l'infanterie française doit se suffire à elle-même, et je m'en remets au courage naturel des Français. » Le combat fait rage autour des villages de Kaja, Klein-Görschen et Gross-Görschen qui sont pris et repris plusieurs fois. Napoléon ramène au combat des conscrits paniqués et paie de sa personne jusqu'à mettre sa vie en danger. Il sait qu'une défaite initiale entraînerait l'entrée en guerre de l'Autriche et l'explosion de la Confédération du Rhin. Ce serait la fin de l'Empire. Au plus fort de l'action, il reçoit un rapport inquiétant et le doute semble l'étreindre : « Avec un terrible ha ! il se le fit répéter, et jeta en même temps un regard long, incertain, timide sur Berthier et Caulaincourt, comme s'il eût voulu leur dire : est-ce que vous croyez que mon étoile disparaît[1] ? » Heureusement, vers cinq heures de l'après-midi, MacDonald et Bertrand développent leur manœuvre d'encerclement. Sentant le moment propice, Napoléon rassemble près de Kaja une batterie de 70 canons qui pilonne l'ennemi, lui permettant de contre-attaquer avec le concours de la Garde. Le soir même, les Alliés décident de la retraite à la fureur de Blücher qui lance pour l'honneur ses escadrons contre le corps de Marmont une fois la nuit tombée[2]. Frédéric-Guillaume, dépité, croit revivre l'humiliation d'Iéna.

---

1. Témoignage d'Odeleben.

2. « Ni maintenant, ni jamais, je ne reculerai. Je veux faire rougir ceux qui ont parlé de retraite », s'écrie le vieux guerrier.

Français et Alliés ont chacun perdu 20 000 hommes mais le champ de bataille reste à Napoléon qui peut dire à Duroc : « Je suis de nouveau le maître de l'Europe. » Les conséquences de cette première victoire semblent décisives. Elle redonne confiance à la Grande Armée, en retraite depuis six mois, dope l'opinion et restaure l'aura de l'Empereur partout en Europe. Le roi de Saxe, réfugié à Prague où il filait sa défection avec l'Autriche, regagne aussitôt Dresde et vient faire allégeance à Napoléon. Magnanime, l'Aigle épargne la capitale saxonne après avoir violemment pris à partie la députation de notables venus l'accueillir : « Vous mériteriez que je vous traitasse en pays conquis, leur dit-il. Je sais quelles insultes vous avez prodiguées à la France, à quels transports hostiles vous vous êtes livrés, lorsque l'empereur Alexandre et le roi de Prusse sont entrés dans vos murs. Vos maisons nous présentent les débris de vos guirlandes, et nous voyons encore sur le pavé le fumier des fleurs que vos jeunes filles ont semées sur les pas des monarques. Cependant, je veux tout pardonner. Bénissez votre roi, car il est votre sauveur. » Hambourg, également reconquise, est confiée à Davout, qui soumet la cité à une discipline de fer.

Ayant franchi l'Elbe, Napoléon divise ses forces en deux. Spéculant à tort sur la division des Russes et des Prussiens, il détache Ney avec un gros tiers de ses forces en direction de Berlin tandis qu'il s'enfonce vers l'est à la poursuite de Wittgenstein, le remplaçant de Koutouzov mort en avril. Or, mûri par l'exemple de Moscou, le roi de Prusse a préféré délaisser sa capitale pour rester groupé avec son allié sur la position fortifiée de Bautzen, à une cinquantaine de kilomètres de Dresde. Déjà illustré par Frédéric II durant la guerre de Sept Ans, le camp a été renforcé pour former deux vastes lignes appuyées sur des redoutes. L'arrivée d'un corps russe supplémentaire donne 110 000 hommes aux Alliés, nettement moins que la Grande Armée à laquelle ils espèrent toutefois infliger un nouveau Borodino. Rappelant Ney près de lui, Napoléon le charge de déborder la position adverse par sa droite tandis qu'il livrera une classique bataille d'usure jusqu'à son arrivée. Quand Ney aura achevé son mouvement, les Prussiens seront pris au piège et broyés comme dans un étau. Le 20, Napoléon attaque avec vigueur et s'empare de la première ligne adverse. Tout semble promettre un nouveau triomphe, sachant que Ney s'apprête à déboucher le lendemain. Sauf que le prince de la Moskova exécute mal ses ordres et se laisse distraire par des combats secondaires, ce qui laisse aux Prussiens et aux Russes le temps de s'échapper[1]. De surcroît, l'absence de cavalerie rend toute poursuite impossible. Il n'empêche : le front a reculé de 350 kilomètres vers l'est depuis l'ouverture des hostilités. Le roi de Saxe et Jérôme ont été rétablis sur le trône ; Berlin semble sur le point de tomber.

Napoléon, d'un avis général, semble ressuscité. La qualité de ses manœuvres, à Lützen comme à Bautzen, prouve que son coup d'œil demeure intact. Il lui permet d'évaluer l'ampleur des forces ennemies en un instant et d'improviser la riposte adaptée. Après la prostration de Moscou, il a retrouvé toute sa vigueur, sa *vista* et son entrain. Odeleben affirme qu'il l'entend souvent chanter : « Lorsque Napoléon voyageait en carrosse, écrit-il, on y fourrait tous les papiers qu'il n'avait pas eu le temps de lire dans son cabinet. Il s'amusait à les parcourir lorsqu'il était en plein air, si la position du pays lui était connue ou indifférente. Tous les rapports inutiles étaient coupés et jetés par la portière. Les morceaux volaient dans l'air comme un essaim d'abeilles, et finissaient par être triturés sous les roues. » Journaux et livres volent par la portière, faisant le bonheur des soldats de sa suite.

1. « Si Ney eût exécuté l'ordre parfait qu'il [Napoléon] avait donné à 8 heures du matin, en déployant la moitié de l'énergie qu'il avait montré, à Elchingen et en tant d'autres occasions, c'en était fait de la majeure partie de l'armée ennemie. [...] Le salut de l'Empire dépendit ainsi d'un moment de faiblesse du plus vaillant de ses généraux », affirme Jomini.

Restauré dans son prestige, Napoléon se sent à nouveau en position de force pour négocier. C'est l'une des raisons pour lesquelles il accepte le 4 juin de signer un armistice qui constitue selon de nombreux mémorialistes et historiens une erreur majeure, peut-être la plus importante de toutes celles qu'il ait commises : « Comme son armée avait besoin d'être réorganisée, renforcée et ravitaillée en vivres et en munitions, l'empereur crut que ce serait lui qui gagnerait le plus à la conclusion d'un armistice. En fait, ce furent les Alliés qui en recueillirent l'avantage le plus net, car ils étaient à bout de résistance », écrit par exemple F. Kircheisen[1].

La réalité est plus nuancée. Si les Alliés sont défaits, ils sont loin d'être anéantis. Faute de cavalerie, Napoléon n'a plus les moyens de s'enfoncer vers l'est et préfère négocier en position de force, espérant rallier l'Autriche ou la Russie au moyen de concessions mineures qui lui permettront de sauver la face et de complaire à son opinion, qu'il sait foncièrement pacifique.

A l'issue de deux mois de combats intenses, la Grande Armée semble déjà exsangue. Sur les 250 000 hommes dont il disposait au départ, près de 50 000 ont disparu à Lützen et Bautzen, confirmant l'accroissement des pertes manifeste depuis Borodino. Il y trouve la confirmation

1. On peut aussi se référer au jugement sévère de Thiers : « Tel fut ce déplorable armistice, qu'il fallait certainement accepter si on voulait la paix, mais rejeter absolument si on ne la voulait point, car il valait mieux dans ce cas achever sur-le-champ la ruine des Coalisés, et que Napoléon au contraire accepta justement parce qu'il était opposé à cette paix, et qu'il désirait se procurer deux mois pour achever ses armements, et être en mesure de refuser les conditions de l'Autriche. Cette faute, qui procédait de toutes les autres et les résumait à elle seule, faisait partie de cette suite fatale de résolutions follement ambitieuses, qui devaient précipiter la fin de son règne », écrit-il dans son *Histoire du Consulat et de l'Empire*. Langeron dénonce à l'unisson dans ses Mémoires « l'inconcevable aveuglement de Napoléon qui le porta à conclure, peu après la bataille, un armistice qui nous sauva et le perdit ».

que les Alliés combattent de mieux en mieux, notamment les Prussiens, qui n'ont plus rien à voir avec ceux qu'il a étrillés en 1806. Ils ont été héroïques à Lützen, combattant comme les Russes jusqu'à épuisement, refusant la retraite, ne laissant aucun prisonnier comme le constate l'Empereur avec dépit[1]. Débarrassés de ses cohortes de mercenaires, l'armée de Blücher est enfin devenue nationale, renouvelée dans son commandement, entraînée au combat. Au contraire, c'est maintenant la Grande Armée qui présente des signes inquiétants de déliquescence, rétive à la discipline, supportant mal l'effort, multipliant les désertions. Des dizaines de milliers d'hommes ont déjà quitté les rangs, à commencer par les troupes de la Confédération du Rhin. Manquant d'espions, nos troupes s'épuisent en marches et contremarches tandis que les bandes de partisans prussiens et les Cosaques multiplient les raids sur nos arrières en toute impunité, détruisant les convois de ravitaillement, attaquant les postes isolés. Il en résulte un affaissement inquiétant du moral qui n'est pas sans rappeler celui de l'année précédente.

Napoléon lui-même n'échappe pas au doute. Il vient de perdre coup sur coup deux de ses collaborateurs préférés. Le maréchal Bessières d'abord, frappé à mort la veille de la bataille de Lützen par un boulet perdu qui lui perfore la poitrine après lui avoir sectionné le poignet[2]. Le général Duroc, ensuite, lui aussi touché par un boulet au lendemain de Bautzen et qui expire dans ses bras après une agonie de trente heures. Contrairement à Bessières, le

1. « Point de prisonniers ! déplore Napoléon dès le début de la campagne. Ces gens-là ne me laisseront pas un clou. »

2. Napoléon le regretta beaucoup, comme en témoigne ce jugement élogieux porté devant Las Cases : « Ses qualités, se développant avec les circonstances, le montrèrent toujours à la hauteur de sa fortune ; on vit Bessières constamment bon, généreux ; d'une loyauté, d'une droiture antiques ; soldat homme de bien, et citoyen honnête homme. Il employa souvent sa haute faveur à des services et à des obligations spéciales, même en dépit d'opinions contraires. »

grand maréchal du palais est un intime pour lequel l'empereur éprouve une réelle affection. Le choc qu'il ressent à la nouvelle rappelle exactement celui qu'il a éprouvé pour Lannes. Il passe la soirée de sa mort prostré, réfugié au sein du carré de sa garde, refusant de recevoir qui que ce soit[1]. Odeleben le décrit « couvert de sa capote grise, assis sur un pliant, au milieu de ses braves, les bras pendants, la tête penchée, isolé de sa suite brillante, qui, à une distance respectueuse, se formait en groupes, dans lesquels on osait à peine articuler que l'ami de Napoléon était sur le point de rendre le dernier soupir ». La solitude du maître de guerre « contrastait avec le mouvement des soldats préparant leurs repas et leur coucher ; deux troupes de musiciens [...] tantôt retraçaient en accords élégiaques les événements de la journée, tantôt s'efforçaient encore par un choix de leurs meilleures pièces, de faire diversion à la douleur de leur chef ».

Juste avant de mourir, Duroc avait confié à Marmont sa certitude d'une issue tragique : « Mon ami, lui avait-il dit, l'Empereur est insatiable de combat ; nous y resterons tous, voilà notre destinée. » Ainsi, il avait pressenti sa fin, comme Lannes, dont la dernière prophétie – « Ton ambition te perdra » – résonnait peut-être dans la tête de Napoléon. La mort du duc de Montebello, on s'en souvient, l'avait poussé à interrompre les opérations militaires après Wagram. Celle du duc de Frioul joue sans doute un rôle similaire. Napoléon y discerne un avertissement du destin. La disparition d'un être cher le renvoie toujours à sa propre fragilité, soulignant à quel point tout ce qu'il a construit est éphémère. « Du triomphe à la chute, il n'y a qu'un pas. » Difficile vainqueur, à la tête d'une armée exténuée en terrain hostile, il ne veut pas prendre le

1. Selon Chevalier, « il était assis sur un tabouret en dehors de sa tente, absorbé dans la douleur [...], la tête baissée sur la poitrine, les mains jointes ». Quand on lui demanda des ordres pour la nuit, « il répondit tristement "à demain", c'est tout ce qu'il put prononcer ».

risque de foncer vers Danzig avec une Autriche menaçante sur ses arrières.

« Cet armistice arrête le cours de mes victoires, écrit-il à Clarke. Je m'y suis décidé pour deux raisons : mon défaut de cavalerie qui m'empêche de frapper de grands coups et la position hostile de l'Autriche. » Conclu jusqu'au 20 juillet, il lui permet d'attendre ses renforts et de montrer à son opinion une volonté pacifique qu'il sait omniprésente grâce aux lettres réitérées de Cambacérès et de ses ministres. Cependant, il s'inquiète : « Si les Alliés ne veulent pas de bonne foi la paix, cet armistice peut nous devenir bien fatal ! », confesse-t-il alors.

Tout va donc dépendre de l'attitude de l'Autriche et de l'ampleur des concessions qu'il se résoudra à faire.

La paix impossible

La légende noire accuse Napoléon d'avoir refusé la paix glorieuse que lui offraient les Alliés. Les napoléonâtres répliquent et incriminent la mauvaise foi des puissances, augmentant leurs exigences jusqu'à l'intolérable au fur et à mesure des négociations tout en masquant leurs buts de guerre devant l'opinion française afin de présenter l'Aigle comme incorrigible et antinomique avec le repos du continent. Le Napoléon du *Mémorial* accuse particulièrement la duplicité autrichienne. Selon Las Cases, fidèle écho du maître, l'Aigle se croyait indispensable à l'ordre européen et n'imaginait pas être condamné par les autres puissances[1]. Comme souvent, la vérité se trouve à mi-

1. « Napoléon admettait bien de la haine dans ses ennemis, et de l'humeur, de la malveillance peut-être chez ses alliés ; mais il ne pouvait supposer aux uns ni aux autres le désir de le détruire tout à fait, tant il se sentait nécessaire à tous ; et il marchait en conséquence. Voilà l'idée dominante de Napoléon dans toute cette grande circonstance. Elle est la clé constante de sa conduite jusqu'au dernier moment, à celui même de sa chute », écrit-il par exemple à la date du 1er septembre 1816.

chemin, à la fois plus complexe si l'on rentre dans le détail des négociations et plus simple si l'on expose les ambitions de départ des trois entités, à savoir la coalition, l'Autriche et la France.

A l'été 1813, la sixième coalition ressemble à celle de 1806-1807 puisqu'elle regroupe la Prusse et la Russie auxquelles viennent se joindre la Suède de Bernadotte[1] et l'Angleterre. Par les traités de Reichenbach signés les 14 et 15 juin, cette dernière s'engage à financer l'effort de guerre à condition qu'aucun combattant ne signe de paix séparée. Ainsi, chacun des Alliés se trouve lié aux buts de guerre d'Albion.

Alexandre et Frédéric-Guillaume se sont mis d'accord à Kalisch en février 1813. La Prusse obtiendra un territoire équivalent à celui qu'elle possédait à Iéna, soit le double en superficie comme en nombre d'habitants de ce qui lui a été laissé à Tilsit. Le tsar comptant mettre la main sur la Pologne, donc sur le grand-duché de Varsovie qui appartenait à la Prusse, il lui offre – outre la Westphalie – des compensations à prendre sur les clients allemands de la France, à commencer par la Saxe. Il va de soi que cet arrangement entraîne la mort de la Confédération du Rhin. A ces démantèlements s'ajoute le but traditionnel voulu par l'Angleterre, soit le retour de la France dans ses frontières naturelles, moins Anvers et la Belgique, ce à quoi Napoléon ne consentira jamais. L'Aigle qui vient d'être victorieux serait donc contraint à renoncer à toutes les conquêtes du Consulat et de l'Empire ainsi qu'à la majeure partie de celles de la Révolution. Faut-il préciser qu'il ne l'envisage même pas ? Il est toutefois prêt, ce qui infirme la légende noire, à faire des concessions d'enver-

1. Le 3 mars 1813, Bernadotte a signé un traité d'alliance avec l'Angleterre que ratifieront l'Autriche et la Russie. Moyennant le passage d'un corps de 30 000 hommes en Allemagne, la Suède recevra la Norvège et la Guadeloupe.

gure. Si l'Espagne n'en est pas une, eu égard à la dégradation de la situation militaire sur place, il n'en va pas de même du grand-duché et de l'Illyrie, qu'il accepte d'abandonner, ajoutant *in extremis* les départements hanséatiques réunis de force en 1810. La cession du grand-duché de Varsovie a pour objectif de désintéresser la Russie dont Napoléon, jusqu'à l'absurde, tente de regagner les faveurs diplomatiques, allant jusqu'à dépêcher Caulaincourt au quartier général du tsar. Le duc de Vicence sera naturellement éconduit, Alexandre ayant fait de l'écroulement du Grand Empire le fondement de sa croisade. Si Napoléon est tombé, c'est donc en grande partie pour avoir voulu ressusciter Tilsit au lieu de payer au prix fort l'alliance autrichienne.

Sur ce dernier point, la responsabilité de la rupture divise toujours les historiens. Derrière les faits, il y a en effet l'esprit, les intentions et les sous-entendus ; autant d'éléments échappant à la preuve et aux documents, faisant appel à l'esprit critique et à la subjectivité de chacun.

L'historiographie française, volontiers cocardière, a souvent présenté Metternich sous le jour le plus sombre, négligeant l'intérêt général autrichien qui est la seule aulne à laquelle il doit être jugé. Si l'on veut comprendre les choix de chacun, il faut essayer de se mettre à leur place. Or, l'Autriche, comment ne pas la comprendre, n'aime pas le vainqueur d'Austerlitz et de Wagram qui l'a chassée d'Italie et détrônée du Saint Empire romain germanique. Le mariage avec Marie-Louise, on s'en souvient, a été voulu par Metternich pour sauver l'Empire des Habsbourg, dans l'espoir d'une revanche ultérieure. L'attitude étrangement passive du corps de Schwarzenberg pendant la campagne de Russie prouve assez de quel côté allait son amitié.

Toutefois, le chancelier autrichien est le contraire d'un sot. Comprenant tout l'intérêt d'avoir un gendre puis un petit-fils sur le trône de la première puissance continentale, il ne veut pas la perte de Napoléon, à condition toutefois qu'il rentre dans des limites de puissance compatibles avec l'équilibre européen. D'autre part, cet ultraconservateur répugne à la croisade des peuples mise en branle par le tsar en Allemagne. Il y voit à l'œuvre le redoutable esprit révolutionnaire, susceptible d'emporter dans la tourmente l'empire pluriethnique des Habsbourg, kyrielle de nationalités regroupant Allemands, Hongrois, Polonais, Croates et Serbes, forgé afin de contrer l'expansionnisme ottoman auquel était en train de succéder la Russie panslave. Derrière l'activisme de Stein, il voit se profiler l'avènement d'une grande Allemagne bâtie sur la Prusse, à l'exclusion de l'Autriche, soit le scénario qui triomphera finalement en 1870. La propagande russe en Pologne risque de lui faire perdre la Galicie, dont la possession lui a été formellement garantie par Napoléon l'année précédente.

Metternich, début 1813, a donc autant de raisons de craindre que d'espérer de la part des deux blocs. Aussi choisit-il logiquement la neutralité, profitant du printemps pour compter les coups et laisser s'user ses rivaux tandis qu'il réarme à outrance. A l'été, 250 000 Autrichiens seront prêts à entrer en campagne, ce qui place le pays en situation d'arbitre du continent. Son poids diplomatique monte en puissance à proportion de ses capacités militaires. De décembre 1812 à juin 1813, l'Autriche passe progressivement du statut d'alliée de la France à celui de neutre puis de médiatrice. A chaque stade, elle se rapproche des Alliés, faute d'un accord intéressant pour elle avec Napoléon. Tandis que le tsar lui offre, sur le modèle de ce qu'il a garanti à la Prusse, un retour à sa superficie de 1805, avec l'Italie du Nord dans la hotte de l'alliance, Napoléon s'obstine à la terroriser plutôt qu'à négocier, réservant ses grâces au tsar qu'il ne peut en aucun cas espérer reconquérir.

Dépêchés par Metternich, Schwarzenberg et Bubna ont de multiples entretiens avec Napoléon entre janvier et mai. L'Autriche tente alors de monnayer sa neutralité par la cession de l'Illyrie. Or, Napoléon refuse tout marchandage hors du cadre d'une alliance en bonne et due forme. Il ne cédera la province, occupée depuis 1809, qu'à condition que l'Autriche allie ses forces à la Grande Armée. Pour prix de son intervention, il se dit même prêt à ajouter une partie de la Prusse qu'il compte rayer de la carte en cas de victoire. En revanche, si l'Autriche persiste dans la neutralité, elle n'aura rien. Il y a chez Napoléon un refus de céder quoi que ce soit sous la pression qui tient, encore et toujours, à sa conception, agressive car défensive, de la légitimité. Faire le moindre pas en arrière serait selon lui avouer sa faiblesse, ce qui le conduirait à déchoir aux yeux des Français et de l'Europe[1]. Il faudrait pouvoir retranscrire l'intégralité de ses conversations avec les diplomates autrichiens tant elles sont révélatrices de sa conception du pouvoir, axée sur la conscience de sa fragilité : « Ma position est difficile : si je faisais une paix déshonorante, je me perdrais, confie-t-il par exemple à Schwarzenberg en avril. Je suis nouveau, j'ai plus de ménagements à garder pour l'opinion, parce que j'en ai besoin. En publiant une paix de cette nature, on n'entendrait, à la vérité, au premier moment, que des cris de joie ; mais bientôt on blâmerait hautement le gouvernement, je perdrais l'estime et en même temps la confiance de mes peuples, car le Français a l'imagination vive, il aime la gloire, l'exaltation, il est "fibreux"[2]. » Ce à quoi de nombreux esprits rétorquent qu'en faisant des concessions fortes, dans la foulée de ses premières victoires, l'Aigle aurait gagné la paix à moindre prix et aurait été plébiscité par la population.

*

1. Comme l'a justement remarqué Bourrienne, plus la paix « devenait nécessaire, moins elle était avantageuse, et par conséquent plus elle était impossible pour lui ».

2. Le propos est rapporté par Albert Sorel.

Faute d'être entendue, l'Autriche glisse chaque jour un peu plus vers la rupture. Narbonne, envoyé comme ambassadeur à Vienne, en avertit l'Aigle fin avril, à la suite d'une série d'entretiens qu'il a eus avec Metternich et l'empereur.

Toute l'armée rêve de venger Wagram, précise-t-il[1], avant d'engager son maître à « tout éclaircir avec sa baguette magique qui ne peut être que son sabre[2] ». N'ayant plus rien à ménager, Napoléon passe à la menace ouverte avec Bubna qu'il retrouve en mai. L'Illyrie n'étant pas offerte, Bubna vient l'exiger tout en annonçant le passage de son pays à la médiation armée, dernier stade avant l'entrée en guerre. Devant un chantage aussi manifeste, Napoléon ne se contient plus : « Je ne veux pas de votre médiation armée, dit-il à l'envoyé. Vous ne faites qu'embrouiller la question. Vous dites ne pouvoir rien faire pour moi ; vous n'êtes donc forts que contre moi. C'est une subtilité que je n'admets pas, de dire que tout cela n'altère point votre système d'alliance avec moi ; c'est un discours qu'on peut tenir aux femmes qu'on veut séduire. » Vient ensuite la menace : « On n'obtient rien par des coups de bâton d'un Français. Je ne céderai pas un village de tout ce qui est constitutionnellement réuni à la France. [...] Je ne fais pas cas de ma vie, aussi peu que

1. « Je vois tous les cafés et tous les lieux de rassemblement ne respirer que la haine du nom français et n'attribuer qu'à lui l'état désespéré des finances, l'anéantissement du commerce et la cherté effroyable de tout ce qui n'est pas denrée de la première et de la plus stricte nécessité. Si je regarde l'armée, il n'est pas un officier qui ne tremble à l'idée de faire la guerre pour nous et qui, croyant n'avoir plus affaire aux mêmes Français qui les ont si souvent humiliés, ne pense ou ne dise que le temps est venu où il sera si facile de reconquérir avec usure et l'honneur et le territoire autrichiens », écrit-il par exemple.

2. Narbonne rencontre Metternich le 7 avril et François II le 23. Poussé dans ses retranchements, l'empereur lui avoue quasiment son intention d'entrer en guerre contre son gendre. Le zèle de Narbonne contrarie toutefois Napoléon, car il lui interdit de biaiser plus longtemps avec l'Autriche.

de celle des autres. Je ne l'estime pas plus que celle de cent mille hommes ; j'en sacrifierai un million s'il le faut. Vous ne me forcerez que par des victoires multipliées ; je périrai peut-être, et ma dynastie avec moi. Tout cela m'est égal. Vous voulez m'arracher l'Italie et l'Allemagne, vous voulez me déshonorer, monsieur ! L'honneur avant tout ! Puis la femme, puis l'enfant, puis la dynastie. » Dont acte : « Nous allons bouleverser le monde et l'ordre des choses qui est établi. L'existence des monarchies deviendra un problème. La meilleure des femmes en sera la victime ; elle sera malheureuse. La France sera livrée aux Jacobins. L'enfant dans les veines duquel le sang autrichien coule, que deviendra-t-il ? » Et de conclure enfin diplomatiquement : « Ce qui me tient le plus à cœur, c'est le sort du roi de Rome ; je ne veux pas rendre odieux le sang autrichien à la France ! »

Quant à l'Illyrie, il ne saurait en être question puisqu'il l'a conquise au prix d'un million d'hommes : « Vous ne l'aurez pas par la force sans en sacrifier autant. Vous voulez pêcher dans l'eau trouble. On ne gagne pas des provinces avec de l'eau de rose ; ce sont des moyens qu'on peut employer pour séduire les femmes. » S'il cède sur ce point, l'Autriche lui demandera Venise, le Milanais et la Toscane. « Et vous me forcerez à me battre contre vous ; il vaut mieux commencer par là. Oui, si vous voulez avoir des provinces, il faut que le sang coule. Repoussé jusqu'à Francfort, je vous aurais dit la même chose[1]. »

1. « L'insolence de l'Autriche n'a pas de terme : avec un style meilleur, je dirais même sentimental, elle voudrait m'ôter la Dalmatie, l'Istrie et peut-être même plus que jusqu'à l'Isonzo ; elle voudrait démembrer la frontière de Bavière, reprendre la rive gauche de l'Inn, recouvrer la partie de la Galicie qu'elle a cédée par le traité de Vienne. Ce sont des insensés, et ils sont bien loin de leur compte. Il est impossible d'être plus perfide que cette cour. Si on lui cédait ce qu'elle demande maintenant, elle voudrait ensuite l'Italie et l'Allemagne. Certainement elle n'aura rien de moi », écrit Napoléon à Eugène le 2 juin 1813.

Bien évidemment, les victoires de Napoléon provoquent un durcissement dans son attitude. Le 13 juin, il rabroue sèchement Savary qui se fait l'écho des doléances pacifiques de la nation : « Le ton de votre correspondance ne me plaît pas ; vous m'ennuyez toujours du besoin de la paix. Je connais mieux que vous la situation de mon empire, et cette direction donnée à votre correspondance ne produit pas un bon effet sur moi. Je veux la paix et j'y suis plus intéressé que personne ; vos discours là-dessus sont donc inutiles ; mais je ne ferai pas une paix qui soit déshonorante, ou qui nous ramènerait une guerre plus acharnée dans six mois[1]. » Rejouant Tilsit et Erfurt, il fait venir des acteurs à Dresde et multiplie les revues tandis qu'il consacre l'essentiel de son temps à préparer la prochaine campagne[2]. Refusant toute concession nouvelle, il pousse chaque jour davantage l'Autriche dans les bras de la coalition. Pourtant, une partie de lui refuse toujours de voir la réalité et s'accroche au mirage du pacte de famille, certain que l'empereur François ne consentira jamais à détrôner son petit-fils[3]. C'est cette dernière illusion qui s'effondre lors de l'entretien décisif qui réunit Metternich et Napoléon le 26 juin, à Dresde. Il se déroule au palais Marcolini, lieu de résidence de l'Empereur, et aurait duré près de dix heures. Le seul témoin

1. « Je veux la paix, mais pas la paix qui me remette les armes à la main trois mois après et qui soit déshonorante », écrit-il dans la même veine à Cambacérès quelques jours plus tard.

2. « Si l'on avait pu oublier qu'une guerre sanglante venait à peine de se terminer et qu'on avait à craindre pour le lendemain de nouveaux désastres, on eût pu s'imaginer, en voyant la cour impériale, qu'on était à l'époque la plus brillante de l'Empire, écrit l'officier polonais Grabowski. L'Empereur était entouré d'une cour et d'un état-major magnifiques. Les chambellans, les écuyers, les pages, les équipages de chasse, les voitures et les livrées les plus riches, tout cela venait d'arriver de Paris. On donnait les bals les plus brillants », poursuit-il dans ses Mémoires.

3. Il ira retrouver quelques jours l'impératrice à Mayence fin juillet, séjour destiné à prouver à l'Europe l'amour de sa femme et tenter de retenir l'Autriche par les sentiments.

direct, naturellement suspect, se trouve être le chancelier autrichien. S'il magnifie sans doute son rôle dans ses Mémoires, s'attribuant des reparties trop crânes pour être vraies[1], son récit n'en forme pas moins un document majeur auquel il faut accorder une large place tant il marque un tournant dans l'histoire du Premier Empire et est révélateur de la personnalité de Napoléon.

Comme toujours dans ce type d'entretiens, l'Aigle tente de déstabiliser l'adversaire et de l'épuiser puisque leur rencontre dure une journée entière. Il aime ces longs tête-à-tête qu'il mène comme une bataille, usant son interlocuteur afin de l'obliger à se découvrir pour lui porter l'estocade. Alternant le charme et la colère feinte, jouant des mains, du regard et de la voix, il ne désespère pas de prendre son antagoniste dans ses filets comme il l'a fait avec le pape, la famille royale d'Espagne, Alexandre ou le roi de Saxe. Sauf qu'il va tomber sur un roc qui l'admire mais ne l'aime pas, détestant en lui le soldat parvenu, ivre de puissance et dont il a percé les faiblesses narcissiques lors de son ambassade à Paris. Metternich, qui s'est déjà mis d'accord avec Alexandre[2], vient juste mettre sa conscience à l'abri en tentant de jouer jusqu'au bout son rôle de médiateur. Moyennant la renonciation de la France à la Pologne et à l'Allemagne, le chancelier s'affirme prêt à négocier. Or, il n'aura même pas à rentrer dans les détails tant les points de vue vont s'avérer incompatibles.

*

1. Il existe une autre version de l'entretien, de seconde main toutefois, dans le *Manuscrit de 1813* du baron Fain.

2. Il rencontre le tsar le 17 juin : « Que deviendra notre cause si Napoléon accepte la médiation ? lui dit Alexandre.

— S'il la décline, répond Metternich, l'armistice cessera de plein droit, et vous nous trouverez dans les rangs de vos alliés ; s'il l'accepte, la négociation montrera, à n'en pouvoir douter, qu'il ne veut être ni sage ni juste, et le résultat sera le même. »

Pénétrant dans la capitale saxonne, Metternich s'avoue surpris par le découragement des Français : « Il me serait difficile de rendre l'expression d'inquiétude douloureuse qui se lisait sur le visage de ces courtisans et de ces généraux couronnés d'or, qui étaient réunis dans les appartements de l'Empereur », écrit-il dans ses Mémoires. Berthier lui susurre en aparté : « N'oubliez pas que l'Europe a besoin de paix, la France surtout, elle qui ne veut que la paix. »

Le voici maintenant introduit auprès de Napoléon. Que de chemin parcouru depuis leur dernière rencontre dans la même ville à l'aube de la campagne de Russie. Le maître des batailles à l'apogée, enflé de gloire et de puissance, a laissé place à un homme aux abois dont la nervosité traduit l'inquiétude. Une large partie de l'entretien, celle que Metternich n'a pas retranscrite, a trait à l'enfer de 1812. Obsédé par la défaite, Napoléon tente sûrement, comme il n'a cessé de le faire depuis son retour, d'écarter toute responsabilité personnelle en attribuant la débâcle au climat et à la nullité de Pradt, fustigeant l'ineptie de ces généraux russes qu'il a toujours battus. On le sent dévoré par la crainte de perdre son aura, tentant de minimiser les pertes. Mais pas question pour lui de se placer trop longtemps sur la défensive et, après quelques compliments d'usage, il agresse aussitôt son interlocuteur :

« Ainsi, vous voulez la guerre ; c'est bien, vous l'aurez. J'ai anéanti l'armée prussienne à Lützen ; j'ai battu les Russes à Bautzen ; vous voulez avoir votre tour, je vous donne rendez-vous à Vienne. Les hommes sont incorrigibles ; les leçons de l'expérience sont perdues pour eux. Trois fois, j'ai rétabli l'empereur François sur son trône ; je lui ai promis de rester en paix avec lui tant que je vivrais ; j'ai épousé sa fille, je me suis dit dans le temps que je faisais une sottise, mais je l'ai faite et je m'en repens aujourd'hui.

— La paix et la guerre, répond calmement Metternich, sont entre les mains de Votre Majesté. […] Entre les aspirations de l'Europe et vos désirs, il y a un abîme. Le monde a besoin de la paix. Pour assurer cette paix, vous devez rentrer dans des limites de puissance compatibles avec le repos général, ou bien vous succomberez dans la lutte. Vous pouvez faire la paix aujourd'hui ; demain vous ne le pourrez plus. L'Empereur, mon maître, règlera sa conduite sur la voix de sa conscience ; c'est à vous, Sire, d'écouter la vôtre. »

Au lieu de laisser son interlocuteur développer ses propositions, Napoléon l'interrompt en s'écriant : « Eh bien, que veut-on de moi ? Que je me déshonore ? Jamais ! Je saurai mourir, mais je ne cèderai pas un pouce de terrain. Vos souverains, nés sur le trône, peuvent se laisser battre vingt fois et ne pas moins rentrer toujours dans leurs capitales ; moi je ne le puis pas, parce que je suis un soldat parvenu. Ma domination ne survivra pas au jour où j'aurai cessé d'être fort, et, par conséquent, d'être craint. » Pour entretenir cette crainte, l'Aigle entraîne son interlocuteur dans son cabinet. Durant une heure, il lui révèle qu'il connaît jusqu'au bout des ongles ses préparatifs militaires, détaille les effectifs et les emplacements des différents corps d'armée autrichiens. Aujourd'hui comme hier, il sait tout, voit tout, anticipe tout : « Combien d'alliés êtes-vous donc ? Quatre, cinq, six, vingt ? Plus vous serez nombreux, plus je serai tranquille. J'accepte le défi. Mais je puis vous assurer, continua-t-il avec un rire forcé, qu'au mois d'octobre prochain, nous nous verrons à Vienne. » Et Napoléon d'énumérer l'ampleur de ses forces en les exagérant.

« J'ai vu vos soldats, ce sont des enfants, répond impassible Metternich. Et quand cette armée d'adolescents que vous appelez sous les armes aura disparu, ajoute-t-il glacial, que ferez-vous ? » Placé à découvert, Napoléon s'enflamme et prononce la célèbre phrase révélatrice de son mépris de la vie humaine :

« Vous n'êtes pas soldat et vous ne savez pas ce qui se passe dans l'âme d'un soldat. J'ai grandi sur les champs de bataille, et un homme comme moi se soucie peu de la vie d'un million d'hommes.

— Ouvrons les portes, et puissent vos paroles retentir d'un bout de la France à l'autre ! Ce n'est pas la cause que je représente qui y perdra », rétorque l'Autrichien[1].

Durant l'entretien, une anecdote prouve que le rapport de force entre les deux hommes s'est inversé. Au plus fort de sa colère, Napoléon laisse volontairement tomber son chapeau, escomptant que Metternich se baissera pour le ramasser. Ce dernier s'en abstient, obligeant l'Empereur, déconfit, à finir par le ramasser lui-même.

La nuit tombée, et les hommes n'ayant plus rien à se dire, l'entretien se conclut par une ultime maladresse de l'Aigle :

« Eh bien, dit Napoléon en le frappant sur l'épaule, voulez-vous savoir ce qui arrivera ? Vous ne me ferez pas la guerre.

— Vous êtes perdu, Sire, lui dit alors l'Autrichien, je l'ai pressenti en arrivant, en vous quittant, j'en emporte la conviction[2]. »

Napoléon sait désormais à quoi s'en tenir. Ses dernières illusions sur le pacte de famille sont en train de s'évanouir, même s'il gardera jusqu'à la dernière minute l'espoir d'un accommodement. Comme l'a dit en substance un diplomate autrichien : « Ce que la politique a fait, la politique peut le défaire. » Marie-Louise ne sauvera pas le Grand Empire. En dépit du mariage, l'Aigle découvre

1. D'un ton plus posé, Napoléon reprend : « Les Français ne peuvent pas se plaindre de moi ; pour les ménager, j'ai sacrifié les Allemands et les Polonais. J'ai perdu trois cent mille hommes dans la campagne de Russie, mais dans le nombre, il n'y avait pas plus de trente mille Français.

— Vous oubliez, Sire, que vous parlez à un Allemand », rétorque Metternich. Selon le baron Fain, Napoléon serait allé jusqu'à demander au chancelier combien l'Angleterre le payait pour lui déclarer la guerre. L'accusation, qui se double d'une lourde invite à « fixer son prix », n'a pu que heurter l'Autrichien, qui n'a pas les mœurs de Talleyrand. En l'humiliant, Napoléon le rend définitivement irréconciliable.

2. Metternich, *Mémoires*.

le mépris intact de l'aristocratie continentale, dont Metternich est l'archétype, pour le parvenu couronné de Brumaire. Le neveu de Louis XVI se voit brutalement renvoyé à la médiocrité de ses origines, usurpateur vulgaire et conquérant insatiable dont plus personne ne veut maintenant que la peur qu'il inspirait s'estompe. Il réalise alors l'ampleur de son erreur : « En épousant une Autrichienne, j'ai voulu unir le présent et le passé, les préjugés gothiques et les institutions de mon siècle ; je me suis trompé et je sens aujourd'hui l'étendue de mon erreur. Cela me coûtera peut-être mon trône, mais j'ensevelirai le monde sous mes ruines », a-t-il dit au chancelier. La rage du propos souligne l'ampleur de l'humiliation et du malentendu avec l'Europe. En voulant à toute force être adoubé par ses « frères », Napoléon, on l'a assez dit, s'est éloigné de la Révolution, laissant en déshérence l'idée de nation et l'esprit de liberté. Les valeurs fondatrices de 1789 se retrouvent maintenant liguées contre lui, détenues par ces mêmes souverains qui lui crachent au visage, lui révélant qu'ils ne l'ont jamais admis, seulement tolérés comme un pis-aller. Véritable monsieur Jourdain de la légitimité, « le capitaine-canon » comprend soudain l'étendue de ses fautes et la vanité de ses ambitions. Tandis qu'il fulmine des anathèmes contre la duplicité de l'Autriche s'engage une prise de conscience qui aboutira à l'ultime métamorphose. L'Empereur redécouvre cet esprit de 93, autoritaire, guerrier et patriotique, qu'il préférera toujours au parlementarisme libéral de 1789. Napoléon s'apprête pour de bon à revenir vers Bonaparte.

*

Le 27 juin, soit le lendemain de sa rencontre avec l'Aigle, Metternich adhère formellement au traité de Reichenbach dont les clauses avaient été fixées juste avant son entrevue avec l'Aigle. Le « médiateur » s'engage à entrer en guerre contre la France si elle n'adhère pas à des préliminaires en quatre points portant renonciation de la France à l'Illyrie, au grand-duché de Varsovie, à Danzig et aux villes hanséatiques. Ce « prologue » adopté, il s'engage à soutenir les revendications de ses partenaires sur la dislocation de la Confédération du Rhin et la restauration d'une grande Prusse. Tout le monde sait que Napoléon, au sortir de deux victoires, ne souscrira jamais à une pareille humiliation. L'Autriche a donc choisi son camp. La guerre, sauf miracle, est résolue. La prolongation de l'armistice jusqu'à la mi-août est juste destinée à laisser aux protagonistes le temps de parfaire leurs préparatifs.

Dans ce contexte, le congrès de Prague, qui s'ouvre le 5 juillet, n'est qu'une vaste comédie. Narbonne, et surtout Caulaincourt, les plénipotentiaires français, y arrivent en retard, sans instructions claires. Même mauvaise foi du côté de la coalition, qui use de moyens dilatoires pour retarder l'ouverture des conférences.

La perte de la bataille de Vittoria le 21 juin, qui condamne la présence française en Espagne, renforce encore s'il en était besoin la détermination des Alliés[1]. Elle couronne une belle manœuvre offensive de Wellington, soulignant *a contrario* l'incapacité de Joseph et de son major général Jourdan[2]. « Les malheurs d'Espagne sont d'autant plus grands qu'ils sont ridicules », commente Napoléon, qui envoie d'urgence Soult prendre le commandement de la retraite, tandis qu'il écarte son frère, sommé de se faire oublier dans sa propriété de Mortefontaine.

---

1. « Il paraît que le chaud est aussi contraire à mon gendre que le froid », ironise alors l'empereur d'Autriche.

2. Profitant des abondants prélèvements effectués par Napoléon sur l'armée d'Espagne à l'aube de la campagne de Saxe, Wellington passe résolument à l'offensive en mai 1813 et poursuit Joseph dont l'armée, réduite à 55 000 hommes (contre 80 000 Anglais), est facilement battue à Vittoria. La débandade qui s'ensuit permet de faire 18 000 prisonniers, de prendre 400 canons et l'ensemble des bagages du roi.

Cette débâcle ibérique, connue en juillet, renforce le poids des colombes dans le camp français. A l'exception de Maret, partisan de la lutte à outrance[1], ministres, maréchaux et diplomates supplient Napoléon de conclure la paix sur la base qu'ils jugent honorable des frontières naturelles et de l'Italie. Caulaincourt se fait le principal représentant de cette tendance, n'hésitant pas à solliciter les Alliés pour qu'ils se montrent fermes. Devant les plénipotentiaires étrangers réunis à Prague, il fait une profession de foi pacifique qui confirme l'isolement de l'Aigle dans son propre camp : « Dites-moi seulement si vous avez assez de troupes pour nous rendre une bonne fois raisonnables. [...] Je suis tout aussi européen que vous pouvez l'être. Ramenez-nous en France par la paix ou par la guerre, et vous serez bénis par trente millions de Français et par tous les serviteurs et amis éclairés de l'Empereur. » Manipulé par Metternich, qui le persuade de son attachement au père de l'Aiglon, le duc de Vicence s'aventure ainsi, au nom de la fidélité, jusqu'aux limites de la traîtrise, renseignant ses interlocuteurs sur la faiblesse de la cavalerie impériale et la médiocre qualité des renforts envoyés. Ce qui revient à leur dire que la France sera écrasée en cas de reprise du conflit.

Ravis de l'entendre, les Alliés sont tout aussi heureux d'apprendre que la nation ne supporte plus la guerre et maudit l'esprit de conquête. Ils décident d'exploiter pleinement ces nouvelles en se livrant à une « médiatisation diplomatique » destinée à rejeter la responsabilité de la reprise des hostilités sur Napoléon. Pour ce faire, ils pratiquent une diplomatie à deux visages, rendant publique

1. Le ministre des Affaires étrangères est souvent accusé d'avoir poussé Napoléon à l'intransigeance. « Sire, avec une armée comme la vôtre, après deux victoires comme celles que Votre Majesté vient de remporter, on n'accepte point des conditions de paix, on les dicte », aurait-il dit à l'Empereur. « Ce ministre, ironise Metternich, s'obstinait à vivre dans un monde idéal qu'il s'était créé et dont le centre était le génie de Napoléon. »

leur volonté d'assurer à la Grande Nation ses frontières naturelles, mais gardant soigneusement secret tout ce qui touche à la Belgique, la Hollande et l'Italie du Nord[1]. L'objectif consiste naturellement à séparer l'Empereur de ses sujets. Comme le résume Joseph de Maistre à Blacas, le favori de Louis XVIII : « C'est par les Français que Bonaparte doit périr. » Faut-il préciser que l'intransigeance de l'Aigle sert à merveille leur dessein ? De plus en plus isolé, Napoléon s'enferme par orgueil dans sa stratégie de fermeté, prisonnier de ses conquêtes et de sa vision glorieuse de la légitimité. Ainsi son maximum négociable reste inférieur au minimum proposé par les Alliés, la renonciation à son protectorat sur la Confédération du Rhin formant le principal point d'achoppement.

Contrairement aux dires de Marmont, qui le présente comme un exalté emporté par la passion[2], il a au contraire parfaitement perçu les arrière-pensées de ses adversaires : « Il fallait, comme en 1795, comme en 1798, comme en 1805, 1806, 1809, choisir entre une lutte à mort et le retour pur et simple de la France à ses anciennes limites, affirme Albert Sorel. C'est du Grand Empire que l'on prétend l'exproprier, d'abord, puis de l'Empire même et des conquêtes de la République. »

1. « Metternich savait que les meneurs de l'opinion, à Paris, se feraient une arme contre lui [Napoléon] du refus qu'il opposerait à des conditions préliminaires que, dans l'état d'esprit où l'on était en France, on jugerait non seulement acceptables mais excellentes. On engagerait de la sorte Napoléon dans une négociation dont le moindre effet serait de creuser davantage la séparation entre lui et les Français. Il aurait perdu l'avantage de l'offensive, la supériorité du nombre, la confiance des généraux, l'entrain à la guerre », récapitule Albert Sorel dans *L'Europe et la Révolution française*.

2. « Sa passion l'entraîna. Son esprit supérieur lui montra certainement alors les avantages d'un système de temporisation ; mais un feu intérieur le brûlait, un instinct aveugle l'entraînait, quelquefois même contre l'évidence. Cet instinct parlait plus haut que la raison, et commandait », écrit-il dans ses Mémoires.

C'est sa fragilité qui le pousse à l'intransigeance. Imaginons-le complaire aux colombes et abandonner la Pologne et la Confédération du Rhin. Il perdrait aussitôt le soutien du corps de Poniatowski, le contingent saxon et celui des autres princes allemands alliés de la France. En outre, ces immenses concessions, alors qu'il vient d'être victorieux, ne lui donneraient qu'une trêve éphémère. L'Europe, enhardie par ce triomphe sans combat, exigerait tôt ou tard le retour à la carte de 1789, l'obligeant à laisser la France plus petite qu'il ne l'avait trouvée. Quitte à tout perdre, il préfère encore essayer de tout garder, misant sur ses conscrits et son génie pour rétablir sa situation. Fort maintenant de 350 000 hommes, dont 40 000 cavaliers, n'est-il pas en bien meilleure posture qu'après son retour de Moscou ?

Durant les derniers jours, il hésite pourtant, cherche jusqu'au bout un moyen de sortir par le haut. Le 9 août, veille de l'expiration de l'armistice, il reçoit enfin « l'ultimatum » autrichien, arraché par Caulaincourt à Metternich. Vienne réclame pour elle l'Illyrie, la dissolution du grand-duché et de la Confédération du Rhin, une Prusse forte avec Danzig, le rétablissement de l'indépendance d'Hambourg et Lübeck, la renonciation au titre de médiateur de la Confédération helvétique. Il lui resterait en théorie la Hollande, la Belgique et l'Italie. Sauf que la proposition est subordonnée à l'acceptation préalable de l'Angleterre. Autant dire qu'Amsterdam et Bruxelles sont condamnées. Pourtant, Napoléon ne veut pas passer pour le seul fauteur de guerre. Il fait une réponse conciliante qui arrive – volontairement ou non ? – trop tard par rapport au délai fixé. Le soir même du 10 août, date butoir de l'armistice, Metternich fait allumer des signaux lumineux, de Prague à la Silésie, pour avertir de la déclaration de guerre qu'il notifie deux jours plus tard à Caulaincourt. Naturellement, l'opinion française ne connaîtra que la première mouture des propositions de la si raisonnable Autriche. Elle n'aura qu'à s'en prendre à Napoléon d'avoir refusé la garantie de ses frontières naturelles, augmentées du nord de la péninsule italienne, soit les rêves conjugués de Louis XIV et François Ier.

Ainsi, pour la première fois depuis la Révolution, l'Europe est unie contre l'ogre[1]. Jusqu'alors les coalitions n'ont jamais pu triompher, car il y a toujours eu un chaînon manquant : la Russie en 1793, la Prusse en 1799 et 1805, l'Autriche en 1806 et début 1813, la Prusse et la Russie en 1809, l'Autriche et la Prusse en 1812. Cette quadruple alliance[2], assortie des 30 000 Suédois de Bernadotte, donne d'emblée aux Alliés une supériorité numérique qui ira en s'accentuant. La défection de l'Autriche s'avère particulièrement lourde de conséquences, car elle menace de désintégration l'ensemble de la Confédération, à commencer par la Bavière, l'autre grand Etat catholique allemand qui rejoindra la sixième coalition le 8 octobre[3]. Le sentiment unitaire allemand reçoit un nouvel élan, notamment en Saxe, théâtre des opérations depuis le printemps. Le petit royaume ne supporte plus d'être pressuré par l'occupant français, volontiers pillard et violent.

Face à un ennemi galvanisé, la Grande Armée semble avoir perdu la flamme. Pour le général hollandais Dedem de Gelder : « Personne ne voulait plus de la guerre, sauf ceux qui ne l'avaient point faite ou qui la faisaient fort commodément au quartier impérial où ils n'éprouvaient ni fatigues ni privations. » Lignières, pourtant membre de la Garde, témoigne d'un même désenchantement : « Le

1. Le 9 septembre, Russie et Autriche d'un côté, Russie et Prusse de l'autre signent à Toeplitz un traité renforçant leurs liens. Elles promettent en particulier de ne pas conclure de paix séparée et de chasser la France d'Allemagne et de Pologne.

2. Angleterre, Autriche, Prusse, Russie.

3. Elle amène 30 000 hommes supplémentaires aux Alliés, auxquels il faut ajouter le corps de 30 000 Autrichiens chargé d'attaquer la Bavière à l'origine et qui se trouve ainsi libéré.

soldat commençait à se démoraliser fort, écrit-il. L'ambition soutenait les cœurs et l'élan des sous-officiers et officiers jusqu'au grade compris de capitaine. A partir du grade de chef de bataillon, le dégoût de la guerre allait croissant jusqu'aux grades les plus élevés ; ces derniers étaient les plus dégoûtés. Ils désiraient jouir paisiblement des honneurs et richesses qu'ils avaient acquis[1]. » Placé sur un bateau derrière l'empereur, le préfet de Mayence, Jean Bon Saint-André, constate auprès de son voisin Beugnot que « le sort du monde dépend d'un coup de pied de plus ou de moins » avant de déplorer le manque de « gens de résolution » et de conclure : « Tenez-vous pour dit que nous pleurerons des larmes de sang que sa promenade de ce jour n'ait pas été la dernière[2]. »

1. Tel est par exemple le cas d'Augereau qui se confie à Fouché. Après avoir critiqué Lützen et Bautzen (« que de peines maintenant pour avancer de quelques marches »), il prédit que Napoléon ne fera pas la paix : « Il se fera cerner par cinq cent mille hommes ; car croyez bien que l'Autriche ne lui sera pas plus fidèle que la Prusse. Oui, s'il s'obstine, s'il n'est pas tué, et il ne le sera pas, nous y passerons tous », conclut-il alors.

2. L'anecdote est rapportée par Beugnot dans ses Mémoires. Dedem de Gelder rapporte dans les siens la réaction virulente de Ney aux rumeurs faisant état d'une reprise des hostilités : « L'Empereur ne peut pas être fou à ce point ; il n'a plus d'armée, nous en imposons encore par notre tenue, mais la machine n'a plus ni force ni ensemble ; il nous faut la paix pour tout réorganiser. »

CHAPITRE VIII

Mort d'un empire

> « [...] C'est dans ma destinée de me voir constamment trahi par l'affreuse ingratitude des hommes que j'ai le plus comblés de bienfaits. »
>
> Lettre de Napoléon à Cambacérès, 6 novembre 1813.

Le nœud coulant

Sa position trop excentrée à l'est place d'emblée Napoléon sur la défensive. Forte de près de 500 000 hommes en première ligne, contre 350 000 Français, la coalition a divisé ses forces en trois armées, chacune mélangeant les nationalités afin de prévenir toute défection. En effet, Russes et Prussiens se défient des Suédois et des Autrichiens, les derniers engagés, soupçonnés d'être tentés de signer une paix séparée. L'Autriche demeure suspectée de vouloir ménager Napoléon tandis que ses visées sur le trône de France incitent Bernadotte à épargner la Grande Armée afin de ne pas insulter l'avenir[1]. En conséquence, le prince royal,

---

1. Encouragé par le tsar, poussé par Mme de Staël, le prince royal de Suède intrigue dans l'espoir de succéder à Napoléon. Il ne fait pas mystère de son ambition, comme le révèlent par exemple ses confidences à Rochechouart, émigré français au service de la Russie, que lui a

qui dirige l'armée du Nord en charge de couvrir Berlin, commande à 150 000 hommes dont un cinquième seulement de Suédois, le reste étant composé par des corps russes et prussiens. En Silésie, le bouillonnant Blücher dispose de 120 000 soldats tandis que Schwarzenberg hérite du commandement principal : environ 250 000 hommes massés en Bohême d'où ils peuvent facilement attaquer Dresde.

Face à cette menace, Napoléon réplique en choisissant de diviser lui aussi ses forces en trois entités distinctes : Gouvion-Saint-Cyr à Dresde, Ney et MacDonald face à Blücher ; Oudinot devant Bernadotte avec pour tâche de faire sa jonction avec Davout à Hambourg afin de prendre Berlin. L'Aigle, conservant une cinquantaine de milliers d'hommes, se portera à l'aide du groupe d'armées menacé, les deux autres armées devant rester sur la défensive.

Malheureusement, la Grande Armée de 1813 n'est plus que l'ombre de celle de 1805. Par fidélité envers le roi de Saxe, Napoléon a refusé d'abandonner Dresde, trop excentrée à l'est, pour reculer vers la Saale et le Rhin, soit sur un front moins étendu et plus proche de la France, donc mieux à même de recevoir vivres et renforts comme de résister aux coups de main des Cosaques et des partisans. Une nouvelle fois, Napoléon doit taper du poing sur la table pour imposer son point de vue aux maréchaux réticents : « Quelle prudence est donc la vôtre ? leur dit-il. Dix batailles perdues pourraient à peine me réduire à la position où vous voulez me placer tout d'abord ! [...] Si l'art de la guerre n'était autre chose que l'art de ne rien compromettre, la gloire deviendrait la proie des esprits médiocres. C'est un triomphe complet qu'il nous faut ! La question n'est plus dans l'abandon de telle ou telle pro-

---

dépêché le tsar : « Il faut à la France un roi, mais un roi-soldat. La race des Bourbons est une race pourrie qui ne remontera jamais sur l'eau ; quel est l'homme qui convient mieux que moi aux Français ? » lui dit-il par exemple sans excès de modestie.

vince ; il s'agit de notre supériorité politique ; on veut l'abattre, et pour nous l'existence en dépend. Vous craignez que je ne reste trop en l'air au cœur de l'Allemagne ? N'étais-je pas dans une position plus hasardée sur les champs de bataille de Marengo, d'Austerlitz et de Wagram ? Depuis Arcole jusqu'à ce jour, tous les pas que j'ai faits dans la carrière ne sont que des hardiesses de ce genre, et en cela, j'ai suivi les plus illustres exemples[1]. »

Or Napoléon ne sait pas que les Alliés ont anticipé ses réactions et prévu la réplique idoine. Leur plan de campagne, fixé dans ses grandes lignes dès juillet[2], a été élaboré par trois renégats, Bernadotte et les généraux Jomini et Moreau. Le premier, ancien chef d'état-major de Ney, a été « retourné » par le tsar moyennant finances et un grade prestigieux[3]. Quant à Moreau, la perspective de venger son échec de 1804 l'incite à quitter son exil américain pour rejoindre la coalition et prouver au monde que le vainqueur d'Hohenlinden surpasse le miraculé de Marengo[4]. Le trio préconise de refuser tout affrontement direct avec

---

1. Le propos est rapporté par Fain dans son *Manuscrit de 1813*. Selon Pasquier, qui rapporte les confidences de Daru, Napoléon aurait à l'origine accepté de reculer avant de changer d'avis sur les conseils de Maret qui lui aurait affirmé que Frédéric II, avec des forces moindres, avait victorieusement résisté aux offensives de ses adversaires sur des positions similaires aux siennes.

2. La première mouture est établie lors d'un conseil de guerre qui se tient à Trachenberg du 10 au 12 juillet sous la présidence de Bernadotte. De nature offensive, il est ensuite révisé sous l'influence de l'Autriche. Le plan définitif est élaboré à Reichenbach en Silésie.

3. Jomini a été mis aux arrêts par Berthier, ce qui l'incite à rejoindre les Russes avec lesquels cet immense stratège, comparable à Clausewitz, était en contact depuis longtemps. Napoléon commente sa défection dans des termes mesquins qui cachent mal son dépit : « Il a cédé à la corruption, c'est un militaire de peu de valeur ; c'est cependant un écrivain qui a quelques idées saines sur la guerre. Il est suisse », écrit-il le 16 août 1813.

4. Moreau arrive le 26 juillet en Suède et se dirige aussitôt vers le quartier général des Alliés où le tsar lui témoigne les plus grands égards.

Napoléon pour mieux attaquer ses lieutenants dispersés. Il s'agit d'user progressivement l'Aigle, qui a fait le plein de ses renforts, tandis que les Alliés vont recevoir plusieurs dizaines de milliers d'hommes supplémentaires dans les semaines à venir et comptent sur le ralliement prochain des troupes de la Confédération du Rhin. Quand le rapport de force sera suffisamment écrasant en leur faveur, ils regrouperont leurs armées et rencontreront Napoléon au cours de la bataille décisive. En résumé, l'Aigle jouera le rôle du taureau affaibli à coups de banderilles jusqu'à la mise à mort.

Le 15 août, Marmont écrit à Napoléon une lettre qui s'avèrera prémonitoire : « Par la création de trois armées distinctes, Votre Majesté renonce encore aux avantages que sa présence sur le champ de bataille lui assure, et je crains bien que le jour où elle aura remporté une victoire et cru gagner une bataille décisive, elle n'apprenne qu'elle en aura perdu deux. » Trois jours plus tôt, violant les dispositions de l'armistice[1], Blücher est passé à l'offensive. Napoléon se porte aussitôt à sa rencontre quand, à sa grande surprise, le bouillonnant « Vorwaerts » se dérobe et retraite. L'Aigle part aussitôt à sa poursuite, mais apprend bientôt que Gouvion-Saint-Cyr, vigoureusement attaqué à Dresde, se juge hors d'état de tenir. A marches forcées, Napoléon gagne aussitôt la capitale saxonne où il pénètre avec sa garde. Comme toujours, son arrivée dope les troupes et décourage les Alliés, qui se replient sous une pluie battante en subissant de lourdes pertes. Durant la bataille, Moreau s'écroule, victime d'un boulet français, ce que beaucoup interprètent comme une éclaircie du destin[2]. Malheureusement, Napoléon, pris soudainement

1. Il prévoit, comme on l'a vu, une reprise des combats pour le 16 août.

2. Rochechouart rapporte qu'Alexandre aurait dû être frappé à la place de son nouveau mentor qu'il venait de laisser passer devant lui pour traverser une flaque d'eau. Moreau meurt le 2 septembre suivant. On apprend la nouvelle du côté français en découvrant son chien errant et portant sur son collier : « J'appartiens au général Moreau. »

de violentes douleurs à l'estomac[1], doit regagner Dresde et abandonner la poursuite à ses lieutenants. Le général Vandamme, mal secondé par Gouvion-Saint-Cyr, se trouve bientôt acculé sous le nombre et doit capituler à l'issue d'une bataille acharnée[2]. Même si la moitié de son corps parvient à s'échapper, le contrecoup est rude pour l'Empereur. Comme le résume Montesquiou : « L'effet moral de cette défaite catastrophique provoqua un découragement qui dura jusqu'à la fin de la campagne. »

La capitulation de Vandamme à Kulm date du 30 août. Une semaine plus tôt, Oudinot en marche vers Berlin a été sévèrement repoussé par Bernadotte à Gross-Beeren. Le 26, c'est au tour de MacDonald d'être étrillé par Blücher à la Katzbach[3]. Le 6 septembre suivant, Ney, remplaçant le duc de Reggio, est sèchement battu à Dennewitz. La prophétie

1. « Cela n'était cependant, confesse-t-il à Daru, qu'une indigestion causée par un malheureux ragoût dans lequel on avait mis de l'ail, que je ne puis supporter ; mais j'avais lieu de craindre que ce mal ne fût beaucoup plus grave. » Avant de conclure : « Et voilà à quoi tiennent les plus grands événements ! Ceci sera peut-être irréparable. »

2. Vandamme était parti bille en tête, pensant conquérir à l'occasion son bâton de maréchal. Marbot raconte dans ses Mémoires l'algarade sérieuse qui l'oppose à Alexandre et son frère le grand-duc Constantin, après qu'il se fut rendu. Ce dernier lui ayant arraché son épée après l'avoir insulté, Vandamme s'écria que son épée était « facile à prendre ici », mais qu'« il eût été plus noble de venir la chercher sur le champ de bataille ; mais il paraît que vous n'aimez que les trophées qui ne vous coûtent pas cher !... ». Furieux, Alexandre ordonne de l'arrêter et commence à l'insulter. Le général Vandamme regarde alors fixement le tsar et lui dit : « Je ne suis ni pillard, ni brigand ; mais, dans tous les cas, mes contemporains et l'histoire ne me reprocheront pas d'avoir trempé mes mains dans le sang de mon père. » Faut-il préciser que Vandamme sera retenu en captivité jusqu'en 1814 ?

3. Blücher charge opportunément à la tête de sa cavalerie tandis que l'armée française traversait difficilement la Katzbach, en crue en raison de pluies diluviennes. Surprises par l'attaque, nos troupes se débandent en se précipitant les unes sur les autres dans un désordre indescriptible. Cette victoire vaut à Blücher le titre de prince et le bâton de maréchal.

de Marmont est plus qu'accomplie puisque la victoire de l'Empereur à Dresde est annulée par les quatre défaites de ses maréchaux. Berlin est perdue, isolant la garnison de Hambourg bientôt encerclée tandis que Dresde reste soumise aux coups de boutoir de l'armée de Bohême.

L'occasion décisive a été manquée. Le baron Fain, chroniqueur méticuleux de la campagne, rapporte la réaction de son maître à la nouvelle du désastre de Vandamme : « Eh bien, dit-il à Maret, voilà la guerre : bien haut le matin, et bien bas le soir. Du triomphe à la chute il n'est souvent qu'un pas. Il fixe de nouveau ses yeux sur la carte, prend un compas, et scande ces vers qui lui reviennent à la mémoire :

J'ai servi, commandé, vaincu quarante armées ;
Du monde entre mes mains, j'ai vu les destinées ;
Et j'ai toujours connu qu'en chaque événement
Le destin des Etats dépendait d'un moment. »

La médiocrité des maréchaux, mise en avant par Napoléon et de nombreux hagiographes, n'explique pas tout[1]. L'armée se délite sous l'effet des marches forcées, au-dessus des forces des conscrits. La cavalerie, sur laquelle l'Empereur avait tant compté, se révèle tout autant inexpérimentée et moralement fragile que l'infanterie, comme l'explique Saint-Chamans en quelques lignes mordantes : « Cette cavalerie était fort belle ; mais comme on l'avait dit autrefois de l'armée du grand Condé, il ne lui manquait que d'être majeure ; effectivement, ni les hommes ni les chevaux n'avaient fait la guerre ; les premiers avaient vingt ans, les autres quatre ; tout cela était fort beau et rempli d'ardeur, mais aussi tout cela creva aux premières fatigues. » Elle poursuit mal et ne se protège pas. En résulte

1. « Si j'avais eu un homme comme Turenne pour me seconder, j'aurais été le maître du monde, dira par exemple Napoléon à Gourgaud. Là où je n'étais pas moi-même, mes lieutenants étaient battus. »

une audace chaque jour plus grande de l'ennemi qui agresse les convois, massacre les isolés et attaque les détachements au bivouac avec d'autant plus de facilité que l'armée, trop occupée à marauder, se garde mal la nuit. « Les Cosaques, qui connaissaient bien ces habitudes, se dissimulaient et choisissaient l'instant propice pour charger avec leur "Hourrah !" habituel, attaquer le camp français où ils faisaient toujours beaucoup de mal, et revenaient avec des chevaux et des prisonniers, quelquefois après avoir encloué des canons, car les artilleurs étaient aussi très négligents », constate le polonais Grabowski.

Incontestablement, la foi en la victoire et l'ardeur sont en train de changer de camp. Mal nourri, le soldat impérial commence à déserter pour rejoindre les hordes de « fricoteurs » qui vivent en marge et n'hésitent pas à piller eux aussi les convois, aggravant le sentiment d'insécurité d'un troupier déjà hanté par la peur du Cosaque. Fait nouveau par rapport à la campagne de printemps : les troupes de la Confédération du Rhin – Bavarois, Saxons, Wurtembourgeois et Westphaliens – passent en masse à l'ennemi quand ils ne font pas défection sur le champ de bataille, ce qui a été le cas à Gross-Beeren comme à Dennewitz. Même Ney, le brave des braves, succombe au découragement comme en témoigne cette lettre qu'il écrit le 10 septembre à Berthier : « Le moral des généraux, et en général des officiers, est singulièrement ébranlé. Commander ainsi n'est commander qu'à demi, et j'aimerais mieux être grenadier. Je vous prie d'obtenir de l'Empereur, ou que je sois seul général en chef, ayant sous mes ordres des généraux de division d'aile, ou que Sa Majesté veuille bien me retirer de cet enfer. Je n'ai pas besoin, je pense, de parler de mon dévouement. Je suis prêt à verser tout mon sang, mais je désire que ce soit utilement. » Et de conclure : « Dans l'état actuel, la présence de l'Empereur pourrait seule rétablir l'ensemble[1]. »

1. Cette missive est citée par Montesquiou dans ses *Souvenirs militaires*.

*

Au couchant de l'été, l'armée française ne compte plus qu'environ 250 000 combattants disponibles contre près de 600 000 pour ses antagonistes. Elle a perdu son allant et toute chance de prendre l'initiative. La stratégie de « défense offensive » de Napoléon a donc échoué. Certes, MacDonald, Oudinot et Ney ont commis des erreurs[1]. Mais l'Aigle n'est-il pas le seul véritable responsable, coupable d'avoir confié les commandements majeurs à des médiocres, incapables de faire preuve d'initiative ? Il paie, comme en Espagne, le fait de ne pas les avoir assez responsabilisés, sans doute de peur qu'ils rivalisent de gloire avec lui et lui fassent ombrage. Interdits d'autonomie, tétanisés par la peur, ils se révèlent inefficaces face à des manœuvriers de talent comme Blücher et Bernadotte. Le constat mérite d'être creusé davantage. Stratège et tacticien de génie, l'Aigle possède une intelligence sèche, trop cérébrale. Ivre de tableaux et de statistiques, il néglige les facteurs humains les plus élémentaires tels que le moral des combattants ou l'épuisement des hommes. Comme en Espagne et en Russie, il commet aussi l'erreur de sous-estimer les partisans, ne jure que par les armées régulières. Enfin, comme toujours, il méprise les problèmes d'intendance. Il faut, sur tous ces points, rejoindre l'analyse du perspicace Odeleben. D'après lui, « Napoléon était toujours occupé de calculs géographiques : d'un coup d'œil exercé, il relevait avec une

1. Le général Berthezène attaque le trio dans ses souvenirs : « Oudinot n'était connu que par une incapacité égale à sa bravoure. Ney avait sans doute la tête plus forte et un caractère plus énergique et plus décidé ; cependant il était plutôt bon à être mis à la tête d'une avant-garde qu'à commander en chef une armée. Quant à MacDonald, [...] comme dans tous ses commandements il avait été continuellement battu, il pouvait au moins être rangé au nombre des généraux malheureux. » Dans le même temps, « Davout languissait dans l'oisiveté à Hambourg, et Saint-Cyr n'avait qu'un commandement fort restreint ».

facilité surprenante, les distances des lieux et celles du temps, d'où dépendait la combinaison des marches de ses armées sous le rapport stratégique et tactique. Mais la précision des marches exécutées sous les ordres de ses généraux, l'habitua à voir tous ses ordres accomplis, et lui fit croire qu'il satisferait aussi aisément à tous les besoins de l'armée. Son ton de dictateur lui paraissait devoir suffire pour procurer du pain et de la viande, comme pour réunir son armée sur un point déterminé ». L'Aigle, ajoute-il, était « trop absorbé par ses dispositions mathématico-géographiques [...] pour s'occuper des détails les plus ennuyeux de l'art de la guerre. Il détestait cette partie comme celle qui mettait le plus d'entraves à ses projets. [...] Napoléon croyait en avoir fait assez en ordonnant qu'une grande quantité de vivres lui fût envoyée de France ». Avant de conclure : « Le simple soldat était devenu depuis longtemps une marchandise sans aucune valeur. »

Tandis que ses hommes s'épuisent, l'Empereur s'échine tout le mois de septembre à atteindre cet ennemi qui s'obstine à le fuir. Il passe l'essentiel de ses journées à Dresde, chaque jour plus morose et indécis[1]. Berthier, bouc émissaire habituel, fait les frais de sa mauvaise humeur. Ayant soutenu les demandes de Murat et Ney en faveur de nouvelles négociations, Napoléon l'interrompt brutalement d'un définitif : « Et vous aussi, vieil imbécile, de quoi vous mêlez-vous[2] ? » Pourtant, le prince de Neuchâtel se contente de relayer avec sa timidité coutumière les récriminations de tout le quartier général qui juge, à défaut de paix, un repli inévitable sous peine d'être écrasé

1. Il y séjourne du 26 août au 3 septembre, les 6, 7, 12, 13, 14, 15, 21 et 22 septembre ; puis du 24 septembre au 1er octobre. Odeleben le dépeint inquiet et irrésolu début septembre : « Un morne silence régnait dans le quartier général des Français, écrit-il. La plupart étaient fatigués de l'inutilité des marches et contre-marches ; on était toujours dans une attente pénible. »

2. Le propos est rapporté par Dedem de Gelder.

sous le nombre. « Sire, le supplie à son tour MacDonald, vous n'avez plus d'armée ; il n'y a plus que des malheureux mourant de faim. [...] Vous avez tout perdu ; vous n'avez qu'à songer à la paix. » Mais Napoléon refuse toujours de céder à l'évidence. Comme à Moscou, l'impossibilité de la victoire l'entraîne vers le gouffre. Certes, reculer serait admettre sa défaite. Mais rester précipite sa perte et la rend irrémédiable. Le 9 octobre, il appelle par anticipation 160 000 conscrits de la classe 1815 et en rappelle 120 000 autres sur les classes antérieures. Alors que tout tourne contre lui, il veut encore défier l'ennemi, certain de le battre si on lui offre enfin cette grande bataille qu'on n'a pas cessé de lui refuser. Pourtant, comme l'année précédente, le pessimisme le gagne : « Je voyais clairement arriver l'heure décisive, dira-t-il plus tard. L'étoile pâlissait, je sentais les rênes m'échapper, et je n'y pouvais rien. Un coup de tonnerre pouvait seul nous sauver, car traiter, conclure, c'était se livrer en sot à l'ennemi [...]. Il ne restait donc qu'à combattre ; et chaque jour, par une fatalité ou une autre, nos chances diminuaient. »

Début octobre, Blücher et Bernadotte franchissent l'Elbe et se portent enfin en avant. C'est le signe que les Alliés s'apprêtent à rassembler leurs armées pour porter le coup décisif. Autre mauvaise nouvelle : le passage de la Bavière à la coalition, effectif le 8 octobre, affaiblit dangereusement le dispositif français. Napoléon tente alors le tout pour le tout, soit tâcher de battre à tour de rôle les trois armées ennemies avant qu'elles n'aient eu le temps de faire leur jonction. Pour rassurer le roi de Saxe, il lui laisse 30 000 hommes sous Gouvion-Saint-Cyr à Dresde. Avant de quitter la capitale saxonne, il fait une chute de cheval, rappelant celle qui l'a affecté l'année précédente avant le franchissement du Niémen. « Quelques personnes ont regardé ce singulier accident comme un présage frappant de sa chute », avoue Odeleben.

Perdant vite le contact avec Blücher, qui se dérobe à nouveau, Napoléon passe plus de trois jours à attendre, aveugle sur les mouvements de l'ennemi, qui en profite pour se rapprocher[1]. Chaque jour joue maintenant contre lui. Le 13 octobre, apprenant que Murat est attaqué par Schwarzenberg autour de Leipzig, Napoléon ordonne le rassemblement de ses corps autour de la ville. Il pense pouvoir détruire l'armée de Bohême avant que Blücher et Bernadotte n'aient eu le temps de la rejoindre. Malheureusement, il doit attendre encore deux jours avant d'être en mesure de passer à l'attaque, deux jours qui ne sont pas perdus pour les Prussiens et les Suédois, qui convergent à marches forcées tout comme le Russe Bennigsen qui accourt pour l'hallali à la tête d'une armée de réserve de plus de 60 000 hommes. Rencontrant Augereau, un des retardataires, Napoléon l'agresse :

« Vous vous êtes bien fait attendre, vous n'êtes plus l'Augereau de Castiglione.

— Sire, fulmine le vieux guerrier, je serai encore l'Augereau de Castiglione quand vous me rendrez mes soldats d'Italie. »

La sanction

Leipzig, surnommée « la bataille des nations », dure quatre jours, du 16 au 19 octobre. C'est la plus impressionnante de l'histoire de l'Empire à la fois par sa longueur et l'ampleur des forces engagées : 500 000 hommes, soit le triple des forces engagées à Aus-

1. « Aucun objet militaire ou géographique ne lui offrait la moindre distraction, et ceux qui l'environnaient étaient dans le plus grand embarras, ne sachant que faire pour le tranquilliser. J'ai vu Bonaparte à cette époque attendant des nouvelles de l'Elbe, tout à fait désœuvré : assis sur un sofa dans sa chambre, près d'une grande table sur laquelle était une feuille de papier blanc qu'il remplissait de grosses lettres ; son géographe Albe et un autre collaborateur, restaient dans un coin de la chambre, aussi désœuvrés que lui, attendant ses ordres », écrit toujours Odeleben.

terlitz, appartenant à une dizaine de nations, vont y décider de l'avenir du monde en présence de trois empereurs, deux rois et d'un prince royal de Suède[1].

La défaite est scellée dès le 16 au soir. Napoléon, qui dispose le matin de 160 000 hommes contre 180 000 pour Schwarzenberg et Blücher, donne pour consigne de contenir le Prussien tandis qu'il concentre ses gros contre l'armée de Bohême. Celle-ci battue, il se fait fort de se retourner contre Blücher, bénéficiant à chaque fois d'une supériorité numérique substantielle. Tout est donc une question de vitesse. Heureux de tenir enfin « sa bataille », il aborde le combat d'excellente humeur en taquinant Murat dont il connaît les contacts secrets avec la coalition : « Oui, oui, lui dit-il d'un air patelin, vous avez été prêt à faire comme l'Autriche, mais je vous pardonne. » Comme l'affirme Louis Madelin dans une formule heureuse : « Pour l'empêcher de devenir un traître, il en referait un héros. »

Les hostilités s'engagent sous le feu roulant de l'artillerie, « une fusillade de canons » (Bellot de Kergorre) qui fait trembler la terre sous les pieds des combattants[2].

---

1. Il s'agit des empereurs d'Autriche, de France et de Russie, et des rois de Prusse et de Naples. Jomini exprime bien la gravité de l'enjeu dans son *Précis politique et militaire des campagnes de 1812 à 1814* : « Le grand jour, écrit-il, approchait donc où l'Europe entière, liguée contre un seul homme, allait décider de l'indépendance des nations ou du triomphe du grand empire. Trois cent cinquante mille hommes, la plupart anciens soldats, munis de 1 200 à 1 500 pièces de canons, cherchaient à entourer, sur le même champ de bataille, une armée de 170 mille Français, la moitié conscrits de la veille, exténués par des marches incessantes, n'ayant pas la moitié d'artillerie, mais électrisés par la présence de l'homme étonnant que chacun regardait comme le génie de la victoire. »

2. Selon Odeleben, la canonnade « continua pendant cinq heures sans interruption, de manière, qu'à la lettre, la terre en tremblait ». « Les boulets tombaient dans nos rangs comme des oranges », ajoute Parquin.

Pour déséquilibrer Schwarzenberg, Napoléon a prévu de combiner une attaque au centre avec un mouvement de contournement de la droite autrichienne qu'il confie à MacDonald. Si ce dernier progresse difficilement, les autres colonnes françaises avancent bien, appuyées par l'artillerie, et s'enfoncent rapidement dans le centre adverse. Jugeant l'instant propice, Napoléon envoie Murat porter l'estocade à la tête de 12 000 cavaliers. En grande difficulté, Schwarzenberg doit engager ses réserves et semble condamné quand Napoléon, sur le point de faire donner la Garde, doit suspendre l'attaque en raison de difficultés rencontrées sur d'autres points du front. Quand il lance une nouvelle offensive, en fin d'après-midi, il se heurte à des ennemis trop solidement établis pour pouvoir être délogés. La victoire s'est envolée. Sur les autres positions, Marmont a glorieusement contenu Blücher, avec 20 000 hommes contre 60 000, tandis que le corps du général Bertrand, établi à Lindenau, a repoussé les attaques de plusieurs colonnes autrichiennes. Au total, 50 000 hommes – 20 000 Français contre 30 000 Alliés – ont déjà disparu[1].

Réduite à 140 000 combattants, l'armée n'est plus en état de s'opposer aux Alliés, qui vont recevoir 120 000 hommes de renforts amenés par Bennigsen et un Bernadotte venu prendre « le bain de sang français » exigé par Blücher comme preuve de la sincérité de son engagement. Ainsi, la Grande Armée va devoir combattre à un contre deux, cantonnée à l'est du large fleuve l'Elster, manquant de ponts pour retraiter vers l'ouest, prise dans un étau par les ennemis qui se déploient en demicercle autour d'elle toute la journée du 17. « Il est vrai-

1. Grabowski dépeint avec horreur l'hôpital établi à la hâte par Larrey dans une fabrique : « Vers le soir, j'ai vu près de cet emplacement un tas de jambes et de bras humains coupés, d'à peu près six pas de haut sur autant de largeur. Les cris et les gémissements des malheureux blessés étaient épouvantables. »

ment incroyable qu'un chef d'armée aussi célèbre, aussi prudent que l'Empereur ait choisi la plaine de Leipzig comme champ de bataille, s'étonne Grabowski. Il avait derrière lui une grande ville, avec des rues très étroites et une rivière marécageuse, l'Elster, sur laquelle il n'y avait qu'un seul pont. Quant à construire d'autres ponts pour faciliter le passage, on n'y avait pas pensé. » Marmont corrige avec justesse une erreur souvent commise : « Quand on fixe au 18 octobre la bataille de Leipzig, on est dans l'erreur, écrit-il dans ses Mémoires. Le 16, la grande question a été décidée. » Schwarzenberg attendant pour le 17 de puissants renforts, « il n'y avait plus rien à faire. D'ailleurs nos moyens étaient usés, nos munitions consommées, nos camps à moitié détruits. Nous n'avions donc plus d'espérance à concevoir, et notre pensée unique devait être de nous retirer en bon ordre, de sauver nos débris et de regagner la France ».

Pourtant, à la surprise générale, Napoléon passe la journée du 17 sans prendre de décision. « Il semblait frappé de léthargie », assure l'officier russe Boutourline[1]. Odeleben qui l'aperçoit se promenant avec Murat le juge « sérieux et pensif ». Scandée par quelques coups de canon, la journée s'écoule, drôle de pause entre deux boucheries, intermède propice aux Alliés qui referment leur tenaille autour de leur proie.

Napoléon a été souvent attaqué pour cette coupable inactivité, si contraire à son caractère. Pourquoi laisse-t-il les Alliés l'encercler alors que chaque minute compte contre lui ? Pourquoi n'ordonne-t-il pas la retraite eu égard à une situation aussi compromise ? En réalité, il ne peut toujours pas se résoudre à reculer, s'accroche à Leipzig comme il s'accroche à Dresde ou à Hambourg. L'illuminé de Lodi, le miraculé de Marengo, espère sans doute

1. Il est l'auteur d'une relation intitulée *Tableau de la campagne d'automne de 1813, en Allemagne, depuis la rupture de l'armistice jusqu'au passage du Rhin par l'armée française*.

en un dernier sourire du destin. Avec une armée considérable et encore vaillante, face à des adversaires qu'il a toujours battus, une partie de lui veut encore prendre le risque de la bataille, même à un contre deux, dans l'espoir qu'il pourra profiter d'une erreur de l'ennemi. Il y a tant d'aléas, tant de hasards dans un combat que son coup d'œil intact lui a toujours permis d'exploiter.

Le miracle peut aussi prendre une tournure diplomatique. Le 16 au soir, nos soldats ont capturé le général autrichien Merfeldt. Comme le souligne Marbot, c'est une vieille connaissance qui ne rappelle à l'Empereur que de bons souvenirs puisqu'il a été employé dans la négociation de l'armistice de Leoben, dans celle de la paix de Campoformio, puis dans celle du cessez-le-feu obtenu par l'Autriche après Austerlitz. Comment l'Empereur aux abois ne verrait-il pas dans sa présence le signe tant attendu ? Il le convoque derechef pour lui proposer un armistice immédiat dont Villemain a détaillé les conditions dans ses souvenirs. Cette fois, il accepte tout ce qu'il a refusé à Dresde, soit rendre l'intégralité de l'Illyrie et de la Hollande, toutes les villes hanséatiques ainsi que la dissolution de la Confédération du Rhin[1]. Il va même plus loin en proposant de séparer le royaume d'Italie de son empire « admettant d'ailleurs pour tout le reste de l'Italie, ce qui serait conciliable avec ce principe », ce qui revient à abandonner Murat et à laisser entrevoir la restauration du pape à Rome. « Sur ces bases, il propose un armistice immédiat ; et pour prix de cet armistice, il offre d'évacuer sur-le-champ l'Allemagne et de se retirer sur le Rhin. »

Le ton qu'il emploie avec le général-diplomate n'est plus du tout celui dont il croyait bon d'user avec Metternich quelques semaines plus tôt. A l'arrogance se substitue la douceur, presque la supplique. L'Europe se trompe

1. Cela s'ajoutant à la cession de la Pologne et de l'Espagne, que Napoléon a toujours acceptée. Villemain est un témoin crédible puisqu'il a été dépositaire des confidences de Narbonne.

d'adversaire lui explique-t-il. Ce n'est plus lui mais la Russie qu'elle doit redouter. « On se trompe sur mon compte ; je ne demande pas mieux que de me reposer à l'ombre de la paix, et de rêver le bonheur de la France, après avoir rêvé sa gloire. Et cependant, ajoute-t-il, votre politique sacrifie à la peur qu'elle se fait de moi, non seulement les affections les plus naturelles, mais ses plus chers intérêts. Vous craigniez jusqu'au sommeil du lion ; vous croyez ne pouvoir jamais être tranquilles qu'après lui avoir arraché les griffes et coupé la crinière. Eh bien ! Quand vous l'aurez réduit à ce triste état, quelles en seront les suites ? Les avez-vous prévues ? Tourmentés par le désir avide de recouvrer d'un seul coup tout ce que vous avez perdu par vingt ans de malheur, vous n'avez que cette idée, et vous ne remarquez pas que depuis vingt ans, tout a changé autour de vous ; que vos intérêts ont changé de même, et que désormais, pour l'Autriche, gagner aux dépens de la France, c'est perdre. Vous y réfléchirez, général Merfeldt, ce n'est pas trop de l'Autriche, de la France et même de la Prusse, pour arrêter sur la Vistule le débordement d'un peuple à demi nomade, essentiellement conquérant, et dont l'immense empire s'étend depuis nous jusqu'à la Chine[1]. »

Libéré sur sa parole de revenir rapporter au quartier impérial la réponse à cette ouverture « révolutionnaire », Merfeldt… ne reviendra pas. Les Alliés ne voient dans la démarche qu'une feinte désespérée, preuve de faiblesse d'un homme aux abois qui tente d'échapper par tous les moyens à la défaite. Or, ils ne veulent pas lui accorder un nouveau sursis qui aurait préservé son aura victorieuse. Pour la première fois de leur histoire, les éternels vaincus savent qu'ils peuvent faire mordre la poussière au plus grand conquérant vivant depuis César. Ils sont bien résolus à ne pas laisser échapper l'occasion. Après avoir manqué la victoire, l'Aigle vient de perdre toute possibilité

1. Le propos est consigné par Fain dans son *Manuscrit de 1813*.

d'entreprendre une retraite facile, préservant ses forces vives. Décidément, la roue du destin a tourné.

*

Le 18, près de 300 000 Alliés se ruent à l'assaut des positions de leurs adversaires, légèrement resserrés autour de Leipzig. Quoique sur la défensive, les grognards résistent héroïquement et parviennent à conserver globalement leurs positions. Le fait notable de la journée réside dans la trahison des 12 000 Saxons, qui, en pleine bataille, courent vers les rangs ennemis et retournent leurs canons contre leurs vieux compagnons d'armes[1]. Blücher, qui méprise les traîtres et juge indigne le procédé, les envoie aussitôt à l'arrière « afin d'être sûrs qu'ils ne trahissent plus personne[2] ». S'il est moralement condamnable, le retournement saxon traduit cependant une haine qui n'est pas sans fondements tant la Saxe a pâti de la rudesse de l'occupation française au cours des derniers mois. Le soutien personnel du roi à Napoléon n'était plus, et depuis longtemps, partagé par ses sujets et ses troupes qui avaient fait, on s'en souvient, un accueil triomphal à Alexandre et Frédéric-Guillaume de Prusse lorsqu'ils

---

1. Leur défection intervient en pleine attaque du village de Paunsdorf. Les Saxons formaient la première des deux divisions du corps de Reynier en charge de cette partie du front. Arrivés près de Bernadotte (qui a sans doute préparé la manœuvre), ils se précipitent dans ses lignes, retournent leurs armes et fusillent à bout portant la division Durutte, créant une brèche que Napoléon réussit à combler dans l'urgence.

2. La trahison des Saxons a été aussi critiquée sévèrement par Rochechouart : « Cette défection a reçu de l'histoire le nom mérité d'infâme trahison ; c'est dans le fait une action indigne et dont il n'y a, je crois, aucun autre exemple dans les annales militaires des temps modernes ; car non seulement ces troupes allemandes ont abandonné les Français sur le champ de bataille, mais elles se sont retournées immédiatement contre eux au milieu desquels et pour qui elles venaient combattre », écrit-il dans ses souvenirs.

étaient entrés à Dresde[1]. Si leur trahison doit choquer, leur défection peut se comprendre et, surtout, aurait dû être anticipée, eu égard à leur attitude depuis l'ouverture de la campagne. L'événement n'allait pas moins être exploité par la propagande impériale qui pourrait, des bulletins jusqu'à Sainte-Hélène, lui attribuer l'essentiel des responsabilités de la défaite. Or, comme on l'a dit, cette défaite était scellée depuis le premier soir de la bataille. Réduite à une centaine de milliers d'hommes, par la conjonction de ses propres pertes avec l'abandon de ses alliés, la Grande Armée doit maintenant se replier d'urgence. En outre, elle se trouve à court de munitions et est épuisée par les combats[2]. Quand la nuit tombe, elle se trouve presque totalement encerclée. Beaucoup d'officiers doivent alors se souvenir de l'avertissement que leur avait adressé Merfeldt : « Je vous plains, messieurs les Français ; vous êtes enfermés dans une souricière[3] ».

*

La retraite, qui commence dans la nuit du 18, s'apparente vite à une débandade. Faute de précautions suffisantes, elle doit s'accomplir en traversant le seul pont d'envergure qui traverse l'Elster et se situe par malheur au cœur de Leipzig. Un embouteillage monstre s'y forme dès

1. L'arrogance dont témoignent certains officiers français à l'égard de leurs alliés n'a rien fait pour arranger les choses : « Le soldat français est bon camarade ; mais, parmi les généraux, il y en a peu qui ne soient pas imprégnés de cet orgueil qu'avaient les Romains, celui de se croire beaucoup plus que tout autre peuple. Aussi regardent-ils constamment un étranger comme inférieur en tout et fait pour être soumis à leurs volontés », remarque par exemple le hollandais Dedem de Gelder dans ses Mémoires.

2. Selon les estimations, il ne lui reste qu'environ 15 000 boulets, soit de quoi batailler durant une poignée d'heures, 250 000 coups ayant déjà été tirés par elle depuis le début de la bataille.

3. Le propos est rapporté par Girod de l'Ain.

l'aube du 19, retardant l'évacuation tandis que les Alliés, de plus en plus difficilement contenus, se ruent à l'assaut et nous poursuivent l'épée dans les reins. « Tous les corps étaient mêlés, entassés les uns sur les autres, écrit un contemporain. Le boulevard qui menait au défilé de Lindenau était encombré de canons, de caissons et de bagages. Cet immense train filait vers le pont depuis la veille au soir. Mais comme on cherchait en même temps à sauver les hommes, les bataillons et les équipages s'enfournaient pêle-mêle dans cet entonnoir, se coupaient, s'embarrassaient sur une route qu'ils obstruaient dans une confusion inexprimable, tandis que les débris de trois ou quatre corps d'armée défendaient les trois barrières par où l'ennemi cherchait à pénétrer[1]. » Napoléon, venu brièvement prendre congé du roi de Saxe à neuf heures du matin, éprouve lui-même les plus grandes difficultés à passer[2]. A peine a-t-il le dos tourné que la garde royale saxonne, qui lui a rendu les honneurs de mauvaise grâce, fait défection à son tour, en compagnie des derniers contingents de la Confédération du Rhin, Hessois et Badois. Tous font feu, parfois à bout portant, sur les masses paniquées qui s'agglutinent autour du pont de Lindenau.

Mais le pire reste à venir quand le caporal en charge de faire sauter le pont panique devant l'arrivée de quelques tirailleurs ennemis et allume ses mèches. S'ensuit un épouvantable fracas qui laisse enfermés à Leipzig les 20 000 hommes de l'arrière-garde. Leurs commandants, les maréchaux Poniatowski et MacDonald, se précipitent pour tenter de franchir la rivière « peu large à la vérité

1. *Souvenirs militaires* par Jean-Pons-Guillaume Viennet.

2. D'après le témoignage de Planat de La Faye. « Il y reste environ vingt minutes qui paraissent bien longues à tout son état-major ; à chaque instant des officiers arrivaient du pont de Lindenau, s'écriant que si l'Empereur tardait encore d'un quart d'heure, il ne pourrait plus passer, tant étaient grands l'encombrement et la confusion qui régnaient sur ce pont. »

mais profonde et très fangeuse » comme le note le général Griois. Si MacDonald y parvient avec difficultés, Poniatowski, déjà blessé, disparaît englouti, emportant avec lui les derniers espoirs de la Pologne. Seul maréchal étranger – il venait de recevoir le bâton le 16 au soir – , ce héros chevaleresque incarne, par son héroïsme désespéré et sa fin tragique, la dramaturgie de cette bataille des vingt nations qui s'achève par une hécatombe[1]. Si les survivants se rendent pour la plupart, certains préfèrent mourir au champ d'honneur ou tentent de franchir l'Elster à la nage, la plupart se noyant aussitôt. Les dernières heures de Leipzig évoquent la Berezina, le froid en moins mais la défaite en plus[2]. Il faut, pour en avoir une juste idée, consulter le pathétique récit de MacDonald : « Nos malheureuses troupes étaient ramenées en foule sur la rivière ; des pelotons entiers s'y précipitaient et étaient entraînés ; des

1. Blessé par deux balles, au bras et à l'abdomen, le « Bayard polonais » avait pressenti sa fin et rassemblé ses officiers auxquels il avait dit : « Messieurs, c'est ici qu'il faut succomber avec honneur. » Le duc de Broglie, qui l'avait rencontré quelques mois plus tôt, a laissé dans ses *Souvenirs* un portrait de lui qui vaut tous les éloges : « Sur le champ de bataille, d'un commun aveu, ce n'était pas un brave, c'était un héros ; dans ses rapports avec la France, ce n'était pas un homme loyal, c'était un chevalier, et sa fidélité était d'autant plus méritoire qu'il ne se faisait pas la moindre illusion ; il tenait sa cause pour désespérée ; il marchait droit et la tête haute au sort qui l'attendait, et qu'il n'a pas tardé à rencontrer. Dans l'habitude de la vie, c'était un grand seigneur du dernier siècle, généreux, libéral, de mœurs faciles, d'un caractère enjoué, adoré de tous ceux qui l'approchaient ; camarade de ses aides de camp ; obéi parce qu'il était toujours le premier au feu, et qu'il partageait toujours avec tout le monde tout ce qui lui tombait sous la main. »

2. La nouvelle de la destruction du pont provoque un chaos général comme en témoigne par exemple Faucheur : « Chercher à décrire ce qui se passa dans la foule compacte composée d'artillerie, de cavalerie, d'infanterie, de malades, de blessés qui voulaient suivre l'armée est absolument impossible : par moments il arrivait une houle qui vous enlevait de terre et vous portait au hasard dans telle ou telle direction », écrit-il dans ses souvenirs.

cris de désespoir éclataient sur l'autre rive ; les soldats m'apercevaient ; malgré les clameurs et le tumulte, j'entendais distinctement ces mots : "Monsieur le maréchal, sauvez vos soldats ! sauvez vos enfants !" Et je ne pouvais rien pour eux ! Tour à tour agité par la rage, la colère, la fureur, je pleurais. »

De l'autre côté de l'Elster, 80 000 survivants, dont près d'une moitié de traînards, assistent avec désespoir à l'agonie de leurs frères d'armes. Les Français abandonnent près de 20 000 prisonniers qui s'ajoutent aux innombrables blessés entassés dans des conditions d'hygiène épouvantables[1]. L'Empereur, comme le remarque Marbot, est accueilli avec froideur par la troupe qui s'apprête à retraiter d'urgence. Ayant perdu toute confiance, elle est gagnée par la peur et redoute le pire : « Nous reculions et le souvenir de la retraite que nous avions faite l'année précédente provoquait de douloureuses réflexions sur celle que nous commencions », résume Griois. Le fidèle Ali découvre avec stupeur « l'Empereur assis sur un de ses pliants-fauteuils ; les jambes allongées sur une mauvaise chaise ordinaire, les mains jointes sur le ventre, la tête baissée, les yeux fermés, il paraissait sommeiller ou pour mieux dire il semblait absorbé par les plus profondes réflexions. [...] Jamais je ne l'avais vu dans un tel état d'abattement ».

1. « Quels hôpitaux, grand Dieu ! rapporte Viennet dans ses souvenirs. Des églises, des magasins, des écuries, des galetas vides, un lit de paille hachée étendue sur le pavé ; et là-dessus des corps humains couchés l'un contre l'autre, les uns morts de la veille, les autres agonisants. Ceux-ci gémissant, ceux-là criant qu'on les débarrasse du voisinage d'un cadavre, tous ces malheureux couverts de sang, la tête et les membres entourés de sales chiffons, quelques chirurgiens fort rares, presque pas d'infirmiers, de charpie, de bouillon, de médicaments ; et dans les cours de ces charniers, des monceaux de cadavres nus, maigres, défigurés, attendant le tombereau qui doit les emporter dans la fosse commune. »

Au même moment, les Alliés victorieux se congratulent au centre de Leipzig. Sept ans après Iéna, Stein croit enfin toucher au but : « Voilà donc l'édifice monstrueux cimenté par le sang et les pleurs de milliers d'hommes établi par la tyrannie la plus absurde et la plus atroce renversé », écrit-il alors avant d'exulter : « On ose proclamer d'un bout de l'Allemagne à l'autre que Napoléon est un scélérat et l'ennemi du genre humain, que les fers honteux dans lesquels il a tenu notre patrie sont brisés et que l'ignominie dont il nous a couverts est lavée dans des torrents de sang français[1]. »

Le château de cartes

« C'est bien de ce 19 octobre qu'il faut dater la fin de l'Empire », assure Jacques Bainville. Les conséquences de Leipzig sont en effet immenses puisque la bataille porte le dernier coup à la Grande Armée et entraîne dans la foulée la disparition du Grand Empire qui s'écroule en quelques semaines, sans laisser la moindre apparence de regret chez les populations concernées.

Il n'y a plus de Grande Armée. La retraite d'Allemagne prend un tour immédiatement catastrophique qui rappelle le précédent de 1812. L'accablement moral et l'épuisement physique, aggravés par la famine, brisent toutes possibilités de résistance. « Des troupes aussi exténuées, par les marches, les combats, les revers et les privations, s'abandonnèrent bientôt à l'indiscipline, déplore le maréchal Marmont. L'impossibilité de faire vivre les soldats par des distributions régulières motiva et justifia leurs disposi-

1. Sa lettre est citée par Constantin de Grunwald dans la biographie qu'il lui a consacrée. « Le grand colosse est tombé comme un arbre dans la tempête », s'enthousiasme à l'unisson Blücher en commentant le résultat de la bataille.

tions. Chacun s'occupa, avant tout, à trouver sa subsistance ; et, comme l'esprit militaire était éteint, comme un abattement et un dégoût que rien ne saurait rendre le remplaçaient, tous ceux qui s'étaient éloignés des drapeaux jetèrent leurs armes et marchèrent un bâton à la main[1]. »

Le 30 octobre, l'héroïsme de la Garde et des artilleurs de Drouot permet de battre facilement les Bavarois du général de Wrède à Hanau et de s'abriter derrière le Rhin. Après 350 kilomètres d'enfer, les survivants se regroupent à Mayence où ils sont attaqués par le typhus et la dysenterie qui touchent encore plus de 10 000 hommes. « Les rues pleines de fange étaient couvertes de lambeaux teints de sang, et si l'on pénétrait dans l'intérieur des habitations, on était bientôt chassé par le méphitisme d'un air empoisonné, ou par les cris douloureux qu'arrachait aux malades une violente agonie[2]. » La quarantaine de milliers de rescapés, hâtivement déployée autour du Rhin, paraît incapable de résister à un ennemi qui peut lui opposer des forces huit à dix fois supérieures[3].

Les fortes garnisons déployées en Allemagne depuis un an afin de constituer les piliers de la reconquête ne for-

1. On peut également lire le témoignage du garde d'honneur Lambry : « Parvenu au sommet d'une haute montagne, dont le revers se prolongeait à perte de vue par une pente presque insensible, et formait une plaine immense, je vis toute l'armée dispersée, les uns marchaient d'un côté, les autres d'un autre, sans que l'on pût distinguer une seule compagnie réunie. [...] Plus nous avancions, et plus la route se couvrait de cadavres d'hommes et de chevaux. Des malheureux, mourant de faim, sans souliers, les habits en lambeaux, se traînaient péniblement sur des bâtons. Leur figure, blême, décharnée et jaunie par la fumée du bivouac, leur donnait plutôt l'air de spectres que de soldats. »

2. Labaume, *Histoire de la chute de Napoléon*.

3. Marmont, de Landau à Coblence, s'établit avec 15 000 hommes ; MacDonald de Coblence à Nimègue avec 12 000 hommes, Victor de Bâle à Landau avec 12 000 hommes. S'y ajoutent les 2 000 hommes de la division Molitor et environ 15 000 hommes formant les garnisons des principales places du Nord-Est.

ment plus que des débris inutiles. Plusieurs commencent d'ailleurs à tomber. C'est le cas de Gouvion-Saint-Cyr, esseulé à Dresde, où il capitule le 11 novembre avec ses 30 000 hommes. Suivent Grandjean à Stettin, Rapp à Danzig et Torgau décapitée par la mort de Narbonne ; ce qui représente 50 000 hommes de pertes supplémentaires. Violant les termes des capitulations, qui prévoyaient leur libre retour en France, les Alliés considèrent en effet leurs garnisaires comme des prisonniers de guerre et les retiendront jusqu'à la chute de Napoléon. Bien sûr, l'Aigle dispose encore de deux fortes têtes de pont à Anvers, bientôt commandé par Carnot, tandis que Davout, qui a accueilli de nombreux régiments en retraite, tient toujours tête à Hambourg avec plus de 50 000 hommes. Si l'on y ajoute les autres garnisons d'Allemagne et d'Espagne, ce sont près de 200 000 combattants qui se trouvent immobilisés. Certes, ils servent d'abcès de fixation à une partie des forces alliées, mais la supériorité numérique de ces derniers est telle qu'ils peuvent bientôt masser près de 500 000 hommes sur le Rhin et en consacrer presque autant à liquider les derniers vestiges de l'Empire en Europe.

Ainsi, en ces derniers jours de 1813, il n'y a plus de Grande Armée mais autant de petites armées, disséminées en Catalogne, sur les Pyrénées, en Italie, et dans les dernières places fortes d'Allemagne. Aucune n'est assez puissante pour arrêter le rouleau compresseur adverse. Pour avoir voulu tout garder, Napoléon est en train de tout perdre.

*

Il n'y a plus de Grand Empire. L'onde de choc de Leipzig détruit en deux mois l'Allemagne napoléonienne. Les administrateurs français évacuent dans l'urgence le grand-duché de Berg tandis que Jérôme abandonne la Westphalie en catastrophe, flanqué de ses gardes du corps et de sa cour d'opérette. Les derniers Etats alliés de la Confédération du Rhin passent à l'ennemi, à l'exemple du roi Frédéric-Guillaume de Wurtemberg, qui, moyennant conservation de son titre et garantie de l'intégrité de son territoire, signe le 2 novembre un traité avec l'Autriche. Le 16 novembre, Lebrun doit évacuer Amsterdam, conspué par les habitants qui feront un triomphe au prince d'Orange, venu récupérer ses Etats. L'Illyrie s'effondre, mettant en danger Eugène, qui parvient toutefois à se maintenir en Italie du Nord. Enfin, le 29 décembre, la diète suisse abolit la médiation profrançaise de 1803 pour proclamer sa neutralité.

Le rêve d'une Europe française s'achève dans l'horreur et la brutalité, victime de sa précarité, de ses exactions et de sa croissance trop rapide. A l'exception des Polonais, le sentiment antifrançais règne en maître sur le continent, avide d'envahir la grande nation arrogante pour laver dans le sang les affronts du passé.

En un an à peine, le front n'a cessé de reculer de fleuve en fleuve, de la Moskova au Rhin en passant par la Vistule et l'Elbe. « Parbleu ! Nous avons fait une belle besogne ! ironise le général Griois. Nous avons été chercher les Russes à Moscou pour les amener en France. » Cette dernière ne semble même plus pouvoir être sauvée, saignée par trop de conscriptions, sonnée par la défaite.

« L'ennemi est dans une déconfiture complète, exulte alors Metternich dans une lettre à son égérie Wilhelmine de Sagan. Dans quel état doit être un homme qui naguère au faîte de la grandeur, voit se briser sous ses mains les ressorts d'une aussi immense création ! S'il a le souvenir du passé, le sentiment du présent et s'il est capable de la crainte de l'avenir, dans quel état doit être cette âme si forte et si faible ! Combien de fois ne doit-il pas penser à un certain 25 juin où dans un entretien de neuf heures je lui ai prédit cette chute terrible jusque dans les moindres détails : la défection de ses alliés, la perte de son armée, la destruction de l'édifice monstrueux que j'ai toujours vu bâtir sur du sable mouvant ? »

Car Leipzig porte enfin en germe la chute de l'Empereur. Entré en triomphateur dans la ville saxonne, Alexandre ne fait pas mystère de ses intentions à Lauriston, fait prisonnier et qui, rappelons-le, a succédé à Caulaincourt à Saint-Pétersbourg : « Eh bien, lui dit le tsar, le voilà encore perdu, vous savez si je l'aimais, vous avez été l'interprète de mes sentiments, pour lui et pour la France. Je ne l'aime plus. Ma politique ne peut pas s'accorder avec la sienne. Il est venu perdre quatre cent mille hommes dans mes neiges ; il vient d'en sacrifier deux cent mille autres ; tant pis pour lui. Au reste, je n'ai pas une dynastie dans ma poche à vous donner ; prenez son fils, ses frères, qui vous voudrez, peu m'importe ; mais je ne veux plus de lui. Il n'y aura pas de paix possible pour l'Europe tant qu'il sera sur le trône, et l'Europe veut en être débarrassée[1]. »

Leipzig, ne l'oublions pas, est la première bataille perdue en personne par l'Aigle. La défaite ruine le mythe de son invincibilité personnelle qui constitue le fondement de sa légitimité[2]. Comment va-t-il pouvoir survivre à une pareille épreuve ? Déjà, certains maréchaux frondent, perdant toute retenue. Murat l'abandonne à Erfurt sur le chemin de croix de la retraite, pour regagner Naples et négocier son alliance avec l'Autriche. Accablé de douleur, MacDonald croise Augereau qui n'a pas attendu les ordres de Napoléon pour abandonner Leipzig. A sa surprise, le duc de Castiglione se livre à un violent réquisitoire contre leur maître, l'accusant

1. Le propos est rapporté par Viennet dans ses souvenirs.

2. Ségur, qui le croise à Mayence, ne s'y trompe pas : « Le point de vue d'où chacun le contemplait n'était plus le même. Le malheur l'avait frappé comme un autre, il avait courbé sa grandeur ; on se sentait plus à portée d'elle ; enfin dépouillé de ce prestige d'infaillibilité, on le jugeait. » Après Leipzig, il demeurera redouté mais ne fera plus peur comme avant.

« d'être lâche, de tous vouloir les sacrifier et d'avoir perdu la tête[1] ».

Beaucoup de questions se posent alors sur la santé mentale de Napoléon. La plupart des témoins le décrivent morne, abattu, étrangement passif. Dedem de Gelder, qui l'observe le jour de la bataille de Hanau, le dépeint « livré à ses réflexions, dans une apathie étonnante et digne d'un homme qui a perdu la tête. Je crois que, s'abandonnant à ses idées de fatalisme, il attendait le hasard[2] ». MacDonald ne reconnaît plus le vainqueur d'Austerlitz qui réplique à ses plaintes d'un ton indifférent : « Que voulez-vous que j'y fasse [...]. Je donne des ordres et l'on ne m'écoute plus [...]. Je n'y puis rien. » Marmont, qui se trouve près de lui à Mayence, où il demeure du 2 au 7 novembre, le décrit « morne et silencieux ». Bien sûr, il tente de donner l'illusion d'y croire encore, compte sur ses nouvelles levées, spécule sur les divisions et les fautes des Alliés. « Déjà deux fois foudroyé, sa tête restait haute ; sa voix brève et impérative, son attitude souveraine. Telle était sa

1. « Est-ce que le bougre sait ce qu'il fait ? Ne vous en êtes-vous pas aperçu déjà ? N'avez-vous pas remarqué, dans ces derniers événements et dans la catastrophe qui les a suivis, qu'il avait perdu la tête ? Le lâche ! il nous abandonnait, nous sacrifiant tous, et me croyez-vous assez fou ou assez bête pour me faire tuer ou me faire prendre pour un faubourg de Leipzig ? Il fallait faire comme moi, vous en aller ! », dit également Augereau dont le monologue est rapporté par MacDonald dans ses Mémoires.

2. « Ce n'était pas la peur qui le retenait car les boulets dépassaient l'endroit où il se trouvait, continue-t-il. Il est même à présumer que l'ennemi eut connaissance par quelque espion de l'endroit où il serait, car, à la fin, plusieurs obus tombèrent au milieu de sa garde, il y en eut même un qui éclata derrière son cheval, auquel il fit faire un saut en avant. Napoléon ne se dérangea pas, donna une saccade à son cheval et dit : "Eh, eh ! Celle-là était près" puis il continua à fredonner je ne sais plus quelle petite chanson, dont nous entendions par-ci par-là quelques paroles. » Le même témoin poursuit en affirmant que Napoléon ne finit par faire donner la Garde qu'après une vigoureuse apostrophe de MacDonald.

nature que, réduit à un village, il y eût encore paru le maître du monde », estime Ségur. Mais, autour de lui, le charme est rompu. Sensible à tout ce qui l'entoure, il lit la défaite et le renoncement dans ces regards qui tour à tour le fuient ou le jugent. Une anecdote, rapportée par Marmont dans ses Mémoires, vaut tous les commentaires. Répondant à une tirade défaitiste du duc de Raguse, l'Aigle blessé rétorque en dénonçant le manque d'ardeur des maréchaux. Cherchant un regard approbateur, il s'arrête sur Drouot qui vient encore de s'illustrer par sa bravoure à la bataille d'Hanau. Voulant « mendier un suffrage au prix d'une flatterie », il le frappe sur la poitrine en signe d'affection et lui dit : « Il me faudrait cent hommes comme cela !

— Non, Sire, vous vous trompez. Il vous en faudrait cent mille », répond le sage guerrier.

Quittant Mayence pour Paris, Napoléon semble pour beaucoup déjà condamné, incapable de préserver la France de l'invasion, n'ayant plus le temps ni les ressources pour lever une nouvelle armée. En butte à la haine des Alliés, isolé, battu, il reste pourtant une dernière chance auquel l'éternel lutteur se raccroche avec l'énergie du désespoir. Lâché par les cours et les élites, le champion de l'ordre va tenter de renouer avec le souffle révolutionnaire et la mystique de la patrie en danger. L'entretien décisif avec Metternich, au palais Marcolini, lui a sans doute dessillé les yeux. Avec retard, tant cette révision lui est pénible, il décide de relever le gant de la Révolution qu'il a jeté à terre et piétiné depuis des années. Insensiblement, l'imperator contrarié revient vers le général fulgurant de l'Italie. Après Solon sous le Consulat puis Charlemagne durant les années de gloire, le conquérant déchu s'apprête à endosser le costume de Danton, méprisant les trônes, défiant les monarques, galvanisant la nation. Il espère par là même retrouver le cœur de l'esprit français, tendu vers la gloire et prêt au sacrifice à condition qu'on lui donne l'occasion de combattre pour une cause qui en vaille la peine. En 1814, le soldat n'aura plus à défendre les trônes de Jérôme et Joseph ou partir vers Moscou pour faire respecter ce blocus qu'il déteste presque autant que les Russes. Mais il devra défendre son pays, son village, sa maison, sa famille, sa mémoire ; celle d'un pays qui a émancipé les consciences et changé l'histoire du monde par ses lettres, ses actes et ses armes. Napoléon ne paraîtra plus comme le monarque absolu, enflé de luxe et de cour, ivre de conquête et de reconnaissance, mais à nouveau comme l'épée de son pays, sauveur militaire à la modeste redingote grise, père du soldat, premier défenseur de son peuple.

La métamorphose est bien en gestation depuis l'été comme le prouve cette anecdote, survenue lors d'une revue en septembre 1813. Le colonel de Saint-Chamans lui ayant proposé plusieurs noms pour le grade de sous-lieutenant, Napoléon réplique avec vivacité qu'il les juge trop jeunes et ponctue : « Donnez-moi de nos bons terroristes. » Son interlocuteur, qui croit avoir mal entendu, écarquille les yeux : « Oui, reprend l'Empereur, de nos braves de 93. »

La fronde

Persuadé comme en 1799 et 1812 que son avenir se joue à Paris, Napoléon quitte d'urgence les débris de son armée pour regagner la capitale. Il y arrive le 9 novembre pour dix semaines. Sauf que cette fois, la proximité de l'adversaire conjuguée avec sa puissance de frappe ne lui laisse pas le temps d'orchestrer une riposte d'envergure. En effet, ses moyens – matériels comme humains – se révèlent trop faibles pour lui permettre de réagir. Amputé des ressources du Grand Empire, le Trésor est à sec et les arsenaux sont vides. Et pourtant, il lui faut faire comme si, comme s'il était toujours le maître de l'Europe, comme s'il demeurait puissant et redoutable, comme si les débâcles passées pouvaient être réparées par la seule magie de sa volonté. Comme à son habitude, il écrit, tempête et ordonne, multiplie les revues et les conseils, tient sa cour et va au théâtre. Mais les regards qui se détournent, les ordres qui ne s'exécutent plus, les défections qu'il devine et celles qu'il constate le placent d'emblée sur la défensive.

Ses premiers actes le montrent toujours indécis, écartelé entre velléités pacifiques et crainte de perdre son aura, et partant sa légitimité. Ainsi, il procède quelques jours après son retour à un remaniement d'envergure qui voit Maret – unanimement dénoncé pour son bellicisme – laisser les Affaires étrangères au pacifique Caulaincourt, mais il replace le duc de Bassano à la secrétairie d'Etat et conserve Savary à la Police en dépit de sa forte impopularité[1]. Dans la foulée, il envoie Laforest, son ancien ambassadeur à Madrid, négocier la restitution de l'Espagne à Ferdinand VII et se décide enfin à délivrer le pape, dans l'espoir que son retour contrarie les manœuvres de Murat et la volonté hégémonique de l'Autriche sur la péninsule. Mais il fait traîner son départ[2] comme il tarde à ratifier le traité avec Ferdinand ; incapable d'aller jusqu'au bout de sa logique, tentant jusqu'au bout de garder tous les atouts dans sa main dans l'espoir d'un retour de fortune. En agissant ainsi, il achève de perdre toute crédibilité aux yeux de l'Europe, mais aussi, ce qui est nouveau, auprès de son propre peuple.

Le fossé s'approfondit d'autant plus que les Alliés opposent aux atermoiements de Napoléon une stratégie diplomatique ouvertement pacifique. Ils exploitent ainsi avec habileté les offres de paix informelles faites au lendemain de Leipzig par Metternich au baron de Saint-Aignan, beau-frère de Caulaincourt alors en poste à Weimar.

1. Dans le même mouvement, Molé remplace Régnier, duc de Massa, à la Justice, tandis que Daru quitte la secrétairie d'Etat pour l'Administration de la guerre.

2. Pie VII demeure à Savone jusqu'à la mi-mars 1814.

Moyennant la cessation des hostilités, le chancelier autrichien offre de garantir à la France ses frontières naturelles. Certes, la Grande Nation perdrait l'Empire – elle l'a de toute façon déjà perdu – , mais éviterait l'invasion et conserverait les conquêtes essentielles de la Révolution. Que Metternich n'ait rien écrit et évité de consulter l'irréductible Angleterre compte peu. La publicité faite autour de l'offre lui permet d'instrumentaliser l'opinion française en opposant sa générosité à l'intransigeance de l'ogre. La manœuvre réussit d'autant mieux qu'au lieu de saisir la balle au bond, Napoléon tergiverse une nouvelle fois avant de se décider enfin à accepter les « bases générales de la proposition » sur la pression de Caulaincourt[1]. Le 1er décembre, les Alliés placent à nouveau Napoléon en porte-à-faux au moyen d'une déclaration publique sur leurs buts de guerre. Publiée depuis Francfort, elle affirme que les puissances « ne font point la guerre à la France mais à cette prépondérance [...] que, pour le malheur de l'Europe et de la France elle-même, l'empereur Napoléon a trop longtemps exercée hors des limites de son empire ». Dans leur magnanimité, « les souverains alliés confirment à l'Empire français une étendue de territoire que la France n'a jamais connue sous ses rois ». Il suffit aux habitants de les laisser entrer pour qu'ils les libèrent enfin de l'oppression du « fléau du monde ». En somme, ils gagneront la paix et la liberté sans perdre leur honneur.

Contrairement à son habitude, Napoléon livre cette bataille capitale de l'opinion avec un temps de retard. Alors que le venin de Francfort se répand dans toute la

---

1. Prétextant la réponse tardive de Napoléon, Metternich ne donne pas suite. Tout juste accepte-t-il la tenue de conférences préliminaires qui déboucheront sur le congrès de Châtillon. Caulaincourt s'y rend la mort dans l'âme : « Nous allons remplir une tâche bien difficile, surtout fort inutile, car, croyez-moi, quoi que nous fassions, l'ère des Napoléons touche à sa fin, et celle des Bourbons recommence », dit-il sans illusions à Rayneval qui l'accompagne.

société, il ne trouve pas le temps de publier une de ses grandes proclamations au peuple dont il a le secret. Il se contente de mobiliser les notables en convoquant les parlementaires dans l'attente qu'ils dénoncent les manœuvres des Alliés et expriment avec force leur soutien à sa dynastie. Le 19 décembre, il ouvre la session par un discours de combat qui contraste avec l'ambiance lugubre qui préside à la cérémonie[1]. Répudiant la langue de bois traditionnelle, il commence par avouer les défaites[2] avant de faire appel à l'union sacrée pour repousser l'envahisseur : « Tout a tourné contre nous. La France même serait en danger, sans l'énergie et l'union des Français. » Il ne s'agit pas de lui mais de la France : « Je n'ai jamais été séduit par la prospérité. L'adversité me trouvera au-dessus de ses atteintes. » Comme tout le monde, il souhaite la paix, mais pas n'importe laquelle, négociée au rabais et la peur au ventre. La paix ne se décrète pas, elle se gagne. Aussi, « c'est à regret que je demande à ce peuple généreux de nouveaux sacrifices. Mais ils sont commandés par ses plus nobles et ses plus chers intérêts [...] les nations ne trai-

1. « Le temps était affreux, les spectateurs en petit nombre, et la physionomie des assistants portait l'empreinte de la tristesse qui les accablait », note Cambacérès dans ses Mémoires. Pasquier rapporte qu'il fait effacer une inscription portant « A bas le tyran ! », juste avant le passage du cortège impérial.

2. Il prend soin cependant de les attribuer à l'abandon de ses « alliés » : « D'éclatantes victoires ont illustré les armées françaises dans cette campagne. Des défections sans exemple ont rendu ces victoires inutiles », annonce-t-il d'emblée. Il n'en reste pas moins que l'aveu tranche avec le ton arrogant adopté au retour de Russie. Comme toujours avec Napoléon, le discours systématise des thèmes déjà testés depuis son retour, notamment auprès du Conseil d'Etat et du Sénat : « Toute l'Europe marchait avec nous il y a un an ; toute l'Europe marche aujourd'hui contre nous [...]. Nous aurions donc tout à redouter sans l'énergie et la puissance de la nation. La postérité dira que, si de grandes et énergiques circonstances se sont présentées, elles n'étaient pas au-dessus de la France et de moi », dit-il par exemple devant la chambre haute le 14 novembre 1813.

tent avec sécurité qu'en déployant toutes leurs forces ». Après avoir annoncé l'augmentation des impôts et invité les parlementaires à se mobiliser, il conclut par un ultime appel au sursaut : « Mes peuples ne peuvent pas craindre que la politique de leur Empereur ne trahisse jamais la gloire nationale. De mon côté, j'ai la confiance que les Français seront constamment dignes d'eux et de moi. »

Afin de prouver sa bonne foi, il accepte de mettre à disposition des deux chambres les principales pièces diplomatiques récentes. Aussi attend-il en retour des adresses patriotiques, appelant le pays à la mobilisation générale. Si le Sénat, comme d'habitude, s'exécute de bonne grâce, il en va autrement pour les « représentants », qui entrent presque aussitôt en dissidence. Au lieu de leur faire confiance, Napoléon les indispose d'emblée en leur imposant un président dont ils ne veulent pas. Il s'agit de Régnier, duc de Massa, qui vient d'être écarté du ministère de la Justice en raison de son grand âge et de son manque patent d'énergie. Ce « second choix » est ressenti à la fois comme une insulte et une marque de suspicion par la chambre basse. Sa mauvaise humeur s'aggrave en raison d'une évidente volonté de rétention dans la communication des pièces et des pressions croissantes exercées par certains représentants du gouvernement sur les cinq membres désignés par leurs pairs pour rédiger l'adresse[1]. Composée de libéraux et de républicains – Raynouard, Gallois, Flaugergues et le philosophe Maine de Biran – , la commission se raidit sous l'influence de Lainé, ancien Girondin converti au royalisme constitutionnel par dégoût de l'Empire. « A quelques exceptions près, écrira plus tard ce dernier, tous les députés étaient contristés des maux de la patrie et disposés à en accuser l'Empereur. La plupart, comme tous les Français, regrettaient qu'un boulet n'en eût pas fait justice et chacun se disait : "S'il était mort, nous aurions la paix[2]." »

1. Interviennent notamment Savary, Cambacérès et Decrès.
2. Son témoignage est rapporté par Louis Madelin.

Cet orateur d'exception au courage indéniable[1] rédige une philippique tranchante qu'il fait adopter à une majorité écrasante par ses collègues réunis le 29 décembre en comité secret[2]. Le ton, qui peut paraître bénin aujourd'hui, doit impérativement être replacé dans son contexte pour faire comprendre la transgression qu'il constituait pour l'époque. Depuis Benjamin Constant sous le Consulat, personne n'avait osé employer de tels mots, et usé d'un tel ton contre le régime. Encore Lainé a-t-il pris soin d'accepter certains des adoucissements demandés par Cambacérès et d'éviter toute attaque directe contre le chef de l'Etat. Et pourtant. Sobre, sec, tendu, dépouillé, son discours dresse le réquisitoire de toute la politique conduite depuis le sacre, attaquant de concert l'esprit de conquête et la dérive népotique. Regrettant « l'état déplorable de la France », le nouveau Mirabeau condamne le refus de conclure la paix « lorsque l'ennemi franchit déjà les frontières du territoire ». Or, les dernières propositions des Alliés suffisent à notre bonheur comme à notre honneur. « Les Pyrénées, les Alpes et le Rhin renferment un vaste territoire dont plusieurs provinces ne relevaient pas de l'heureux empire des lys, et cependant la royale couronne de France était brillante de gloire et de majesté entre tous les diadèmes. » A ce panégyrique provoquant de la royauté, Lainé oppose le caractère « vexatoire » de l'administration, « l'excès des contributions » et « l'odieux fléau » qu'est devenue la conscription. « Une guerre vexatoire et sans but engloutit périodiquement une jeunesse arrachée à l'agriculture, au commerce et aux arts. [...] Il est temps que l'on cesse de reprocher à la France de vouloir porter dans le monde entier les torches révolutionnaires. » L'orateur réclame

1. Lainé s'opposera encore à Napoléon durant les Cent-Jours avant de devenir président de la Chambre des députés et ministre de Louis XVIII. Il est notamment à l'origine de la loi électorale de 1817 qui est considérée comme le fleuron de la Restauration libérale.

2. L'impression de son discours est décidée par 223 voix contre 31.

ensuite des libertés politiques « clairement établies » avant de conclure à la nécessité de « nous renfermer dans les limites de notre territoire et refreiner l'élan, l'activité ambitieuse, si fatale depuis vingt ans à tous les peuples de l'Europe ». Les quelques phrases d'hommage à Napoléon ne suffisent pas à masquer le caractère ouvertement provocateur du propos. Or, celui-ci n'exprime plus, comme au temps du Consulat, le point de vue d'une minorité d'opposants clairement identifiée mais reflète cette fois celui de la quasi-totalité d'une assemblée qui incarne les fameuses « masses de granit ». Au lieu du manifeste de soutien escompté, Napoléon reçoit un soufflet devant toute l'Europe et doit gérer une crise politique qui témoigne de son divorce avec les notables.

C'était mal connaître Napoléon que de penser qu'il laisserait passer l'affront sans réagir. Sur les conseils avisés de Cambacérès, il renonce à poursuivre les meneurs et se « contente » de proroger par décret le Corps législatif et de censurer le discours de Lainé. Il n'en ressent pas moins avec amertume la gravité du coup porté. « Au lieu de me seconder de leurs efforts, ils gênent les miens », s'indigne-t-il devant témoins au sujet des représentants. « Notre attitude seule pouvait arrêter l'ennemi, leur conduite l'appelle ; au lieu de lui montrer un front d'airain, ils lui découvrent nos blessures. Ils me demandent la paix à grands cris, lorsque le seul moyen pour l'obtenir était de me recommander la guerre[1]. » Cette trahison – il la ressent profondément comme telle – le renforce encore dans son hostilité au parlementarisme et à la logique de compromis permanent qu'il entraîne à ses yeux. Elle l'enracine dans sa haine du libéralisme et des idéologues, « une bande d'imbéciles » toujours prêts à discuter, disputer ou discourir et, partant, à diviser au lieu de soutenir le gouvernement, ce qui est un devoir sacré en cas d'invasion. Il

1. Son discours, tenu à chaud, est rapporté dans le *Mémorial*.

a tendu la main. On lui crache au visage. Dont acte : « Le Corps législatif, au lieu d'aider à sauver la France, concourt à précipiter sa ruine, il trahit ses devoirs, je remplis les miens, je le dissous ! [...] qu'on ne pense pas que je suis un Louis XVI ! qu'on n'attende pas de moi des oscillations journalières ! »

Sa décision prend d'autant plus de relief que Napoléon lui donne une publicité supplémentaire en prenant directement à partie les « congédiés » qu'il reçoit le 1er janvier 1814. Il le fait selon son habitude en termes directs, presque brutaux. Mais il relève par là même ce qu'il aurait justement dû cacher, soit à quel point le manifeste le blesse et l'humilie. Le silence signifie le mépris ; la colère prouve toujours la peur et la faiblesse. Sa harangue, qu'il a préalablement testée par bribes auprès des fidèles, se veut à son tour un manifeste, une leçon de haute politique qui décline le thème, devenu chez lui obsessionnel, du caractère fusionnel qui l'unit à la France : « Le jour où la Nation voudra une constitution avec laquelle je ne croirai pas pouvoir gouverner, je lui rendrai la Couronne, leur assène-t-il d'emblée. J'aime mieux faire partie du peuple souverain que de rester sur un trône avili et sans puissance. Vous séparez dans votre rapport le trône de la Nation, c'est le même langage qu'en 1789. Apprenez que le trône sans la Nation n'est rien que quatre morceaux de bois couverts d'un morceau de velours. La Nation est dans le trône, le trône dans la Nation, ou sans cela il n'y a pas de monarchie. » L'Empire n'a jamais été, n'est pas et ne deviendra jamais une monarchie constitutionnelle. Pour qui ces « représentants » le prennent-ils ? Et partant pour qui se prennent-ils sachant qu'ils sont choisis par le pouvoir et nullement désignés par les citoyens ? « Vous vous dites les représentants du peuple, vous ne l'êtes pas. Le peuple, les assemblées primaires ne vous ont point choisis ; il n'y a de représentants en France que moi. » Comment ont-ils osé ? « Si vous aviez des plaintes à élever, il fallait attendre une autre occasion que je vous aurais offerte moi-même [...]. Mais l'explication aurait eu lieu entre nous, car c'est en famille, ce n'est pas en public qu'on lave son linge sale. Je suis, sachez-le, un homme qu'on tue mais qu'on n'outrage pas. »

Après avoir fait tomber le tonnerre, il se radoucit soudain, dans l'espoir de restaurer la fidélité après avoir semé la peur. Ainsi, il tente d'isoler Lainé, qu'il accuse de conspirer en faveur des Bourbons, ce qui n'est naturellement pas le cas de la majorité dont il vante le bon esprit : « La France a plus besoin de moi que je n'ai besoin de la France. Retournez dans vos départements, allez dire à la France, que bien qu'on lui en dise, c'est à elle que l'on fait la guerre autant qu'à moi, et qu'il faut qu'elle défende non pas ma personne, mais son existence nationale. » Et de finir en annonçant qu'il va se mettre à la tête de son armée pour rejeter l'ennemi et conclure la paix « quoi qu'il en coûte à ce que vous appelez mon ambition. Je vous rappellerai auprès de moi, j'ordonnerai alors l'impression de votre rapport, et vous serez tout étonnés vous-mêmes d'avoir pu tenir un pareil langage dans de telles conjonctures ».

Texte capital, car fondateur de tout le discours napoléonien depuis la campagne de France jusqu'au couchant de Sainte-Hélène. Le dynastique s'y efface devant le national et la fidélité à la vraie Révolution selon son cœur ; celle du salut public qui justifie la dictature par la grandeur de la mission et l'hostilité de l'Europe. Il souligne la dimension vitale du combat engagé, obligeant à la concentration du pouvoir entre ses mains, non comme un monarque mais bien comme le sauveur et le continuateur du nouvel esprit du monde, esprit moderne attaqué par la coalition de la peur et de la réaction qui fera le lit de la Restauration.

Texte capital, car il témoigne aussi de la fracture nouvelle entre la vision de combat de l'Empereur et le défaitisme des notables, las du conflit et en quête d'un nouveau partage des pouvoirs. Le pacte de Brumaire est bien déchiré, compliquant le front extérieur d'un conflit intérieur, encore larvé, mais qui s'aggrave chaque jour. Le congédiement brutal des représentants s'ajoute aux effets dévastateurs des proclamations des Alliés, à la hausse des impôts et à la baisse de la Bourse[1] pour creuser le fossé et renforcer le défaitisme ambiant[2]. Piliers du régime depuis le Consulat, les « masses de granit » répondent aux objurgations de l'Empereur par le découragement et la résistance passive. Pour renverser la métaphore de Lodi, le pouvoir fuit sous lui, ses soutiens historiques se réfugiant dans une neutralité hostile où la crainte le dispute à l'ingratitude. « On était inquiet de tout, on n'entrevoyait que malheurs de tous les côtés. On n'avait plus foi en rien, toutes les illusions étaient détruites », résume Pasquier[3].

La crise

La dépression morale gangrène tout le corps social, rendant vaines toutes les initiatives de l'Empereur. Il en va ainsi de la nomination de vingt-trois commissaires extraordinaires, désignés pour revigorer l'esprit public et orchestrer la résistance à l'invasion. Investis par un décret du 26 décembre 1813, ils disposent globalement des pou-

1. Le cours de la rente est tombé à 52 francs après Leipzig contre 85 en 1812.

2. « J'en demande bien pardon à la génération qui s'est élevée depuis dans l'adoration du libéralisme de l'Empereur, mais à ce moment, amis et ennemis, tout suffoquait sous sa main de fer et sentait un espoir presque égal de la soulever, écrit Mme de Boigne. Franchement, il était détesté ; chacun voyait en lui l'obstacle à son repos, et le repos était devenu le premier souhait de tous. »

3. « Ainsi, poursuit-il, les longues colonnes du *Moniteur* avaient beau être remplies d'adresses et d'expressions de dévouement de la part de tous les corps, de toutes les villes, ce langage officiel faisait l'effet d'une comédie convenue. »

voirs étendus des anciens représentants en mission puisqu'ils sont non seulement en charge d'accélérer la conscription et de veiller au bon équipement et armement des troupes, mais peuvent aussi ordonner la levée en masse et instituer des cours spéciales contre les traîtres et les perturbateurs de l'ordre public. Malheureusement, ils sont essentiellement choisis parmi les sénateurs, reflets d'une élite trop âgée pour combattre, trop fortunée pour risquer[1]. En outre, la plupart sont des modérés qui évoluent dans le sillage des libéraux. En conséquence, ils répugnent à reprendre à leur compte la politique impitoyable de leurs prédécesseurs dont ils ne possèdent ni les convictions ni surtout l'énergie. Au lieu de nouveaux Saint-Just, l'Aigle ne disposera en eux que de relais timides, soucieux de préserver leur réputation et de ne pas insulter l'avenir. Comme souvent lorsqu'un rouage supplémentaire est institué, le nouvel échelon complique le pouvoir au lieu de le simplifier, diluant les responsabilités et compliquant la décision. Peu pressés de se compromettre, les commissaires entrent parfois en conflit avec les généraux et les préfets dont ils entravent l'action sans susciter en retour le salut public escompté. A la fois comme préfet et ancien Jacobin, Thibaudeau est à même de porter un jugement sur leur bilan. Il est lapidaire : « Loin d'être d'aucun secours, cette mesure fut nuisible, estime-t-il dans ses Mémoires. Les missionnaires, la plupart sénateurs, énervés par leur servilité, corrompus par l'argent et les honneurs, mesurèrent encore mieux hors de Paris l'abîme ouvert devant l'Empire. Les plus honnêtes évitaient de se compromettre avec le parti royaliste ; les plus éhontés se jetèrent en secret dans ses bras. Envoyés pour renforcer l'administration locale, ils la gênèrent ou l'affaiblirent. »

1. Parmi les plus célèbres, on relève les noms de Beurnonville, Boissy d'Anglas, Chaptal, Lefebvre, Latour-Maubourg, Montesquiou, Monge, Pontécoulant, Sémonville et Ségur.

Face à tant d'apathie, que pèse en regard le ralliement d'un Carnot[1] ou l'enthousiasme intact des vétérans ? La solitude de Napoléon s'accuse d'autant plus que la lassitude gagne également le pays réel. Alors que l'orage gronde, lui aussi semble entrer en léthargie, perdre à la fois l'énergie et l'espérance comme l'atteste la résistance inédite qu'il oppose à la conscription. Sur 300 000 appelés, un cinquième seulement se présente, ce qui ne s'est jamais vu depuis l'instauration de la loi Jourdan et en dit plus long que tous les commentaires sur le défaitisme ambiant. Le rejet est d'autant plus frappant qu'il s'agit comme en 1792 de défendre le sol natal. Il est d'autant plus choquant que le pays a donné sans rechigner ses enfants pour envahir l'Espagne, conquérir Moscou ou, l'année précédente encore, submerger les Allemagnes pour sauver le Grand Empire. En bref, les Français répugnent à défendre la France et multiplient pour ce faire tous les moyens imaginables, révélant à l'occasion une ingéniosité qui n'est pas étrangère à notre caractère. Fuites, désertions et, dans un autre registre, automutilations[2] atteignent un rythme effarant, empêchant la reconstitution d'une nou-

1. Il écrit à Napoléon cette lettre magnifique qui lui vaudra de recevoir en retour le commandement d'Anvers : « Aussi longtemps que le succès a couronné vos entreprises, je me suis abstenu d'offrir à Votre Majesté des services que je n'ai pas cru lui être agréables ; aujourd'hui que la mauvaise fortune met votre constance à une grande épreuve, je ne balance plus à vous faire l'offre des faibles moyens qui me restent : c'est peu, sans doute, que l'offre du bras d'un sexagénaire, mais j'ai pensé que l'exemple d'un soldat dont les sentiments patriotiques sont connus pourrait rallier à vos aigles beaucoup de gens incertains sur la part qu'ils doivent prendre, et qui peuvent se persuader que ce serait servir leur pays que de l'abandonner. Il est encore temps, Sire, de conquérir une paix glorieuse et de faire que l'amour d'un grand peuple vous soit rendu. »

2. Dans *Le Soldat impérial*, Jean Morvan cite un rapport édifiant du préfet de la Seine-Inférieure que nous reproduisons à sa suite : « J'ai vu des jeunes gens qui se sont fait arracher toutes les dents pour ne point

velle Grande Armée. En Bretagne, certains conscrits font dire une messe des morts et accompagnent leurs cercueils vides, là où ceux d'Austerlitz partaient à la victoire en chantant à tue-tête « Veillons au salut de l'Empire », avides de moissonner la gloire et d'humilier les rois.

Cette fois, la France paraît vraiment à bout, exsangue, apathique, comme incapable de réagir. Le peut-elle d'ailleurs ? Certes, vingt ans de guerre, des centaines de milliers de disparus, enfin les levées massives opérées depuis deux ans ont éclairci les rangs. Mais il reste encore des millions de bras valides, largement assez en tout cas pour rebâtir une force digne de ce nom comme le prouvera l'année suivante la formation en dix semaines de l'armée de Ligny et Waterloo. Le veut-elle surtout ? Là est la véritable question à laquelle il faut, on l'a déjà compris, apporter une réponse négative qui mérite d'être approfondie.

Oui, la France est épuisée et aspire à la paix. Mais sa lassitude n'explique pas tout. Le « mal français » traduit d'abord une crise de confiance de la société envers Napoléon, qui entraîne par ricochet une crise de conscience du pays envers lui-même. La patrie de 1814 n'est plus celle de 1793. Elle doute de son avenir et de son destin. Depuis une génération, elle aspire à la grandeur, car elle vit dans la certitude qu'elle a pour mission de régénérer l'univers. Cette vision d'une France pionnière, matrice de l'émancipation des hommes, s'est incarnée d'abord à l'intérieur par la rupture révolutionnaire suivie de l'instauration du modèle consulaire. Elle s'est ensuite prolongée par la

---

servir ; d'autres sont parvenus à les carier presque toutes en employant des acides ou en mangeant de l'encens. Quelques-uns se sont fait des plaies aux bras et aux jambes, pour l'application de vésicatoires, et pour rendre ces plaies pour ainsi dire incurables, ils les ont pansées avec de l'eau imprégnée d'arsenic. Beaucoup se sont fait donner des hernies soufflées ; quelques-uns ont appliqué sur les parties de la génération des caustiques tellement violents qu'on doute qu'ils puissent échapper à la mort. »

guerre au moyen d'une politique de conquête justifiée à la fois par son caractère de légitime défense et de passeur des valeurs fondatrices. Cette vision universaliste, teintée d'altérité, ennoblissait le conflit et transcendait le combattant. Comme on l'a souvent dit, cette vision s'est obscurcie au fur et à mesure que Napoléon reniait la pureté des origines pour instaurer un impérialisme traditionnel, préférant imposer le Blocus plutôt que le Code civil sur fond de monarchisation du régime et de curialisation des esprits. Cette crise du sens se greffe sur le pessimisme engendré par les deux dernières années de défaites. Craint parce que réputé le meilleur guerrier du monde commandé par le premier capitaine de son siècle, le conscrit d'Iéna et de Friedland partait au combat animé par la certitude de la victoire et le partage d'un idéal. Celui de janvier 1814 quitte sa famille le cœur lourd, hanté par la conviction qu'il risque d'être défait, peut-être tué, pour une cause qui n'en est plus une. Dépouillée de son auréole de gloire, la mort se rétrécit à sa face hideuse ou inutile, sa perspective suscitant la peur ou le dégoût. Le soleil d'Austerlitz s'est couché dans les eaux glacées de la Berezina. Pour qui et pour quoi combattre ? A quoi bon lutter ? La crainte a détrôné l'énergie, la soif de paix la joie d'en découdre.

Le désir d'en finir devient d'autant plus pressant que le pays, peuple et notables confondus, ne croit plus en l'Empereur. Avant tout, il le juge incapable de conclure la paix, emporté dans une fuite en avant meurtrière qui n'aura de cesse qu'avec sa chute. Tout son discours sur la défense sacrale du territoire, prélude à une paix glorieuse, n'est pas audible. S'il ne croit plus en l'Empereur pacifique, il ne connaît pas encore l'Empereur du peuple érigé par le *Mémorial*. A l'ambiguïté du message s'ajoute la confidentialité du propos. Informé par l'écrit, le citoyen n'a pas accès aux propos directs du monarque, tenus dans une poignée de discours ou devant des intimes. La parole publique impériale, reproduite par *Le Moniteur* et la poignée de journaux provinciaux subsistants, ne prend jamais la teinte radicale des confessions aux fidèles ou des lettres particulières. En outre, s'il multiplie les revues et les conseils, Napoléon ne s'adresse pas directement aux foules au moyen d'une de ces grandes proclamations dont il a le secret. Le changement de ton officiel n'interviendra qu'un an plus tard, avec l'envolée lyrique des manifestes de Golfe-Juan. Seule une poignée de témoins enregistra la métamorphose.

Enfermé dans sa capitale, Napoléon est trop occupé pour aller prendre le pouls de son peuple aussi souvent qu'il le faudrait. Il trouve tout de même le temps de visiter les Halles, tirant les oreilles et exhortant les passants. Le 21 janvier 1814, il se rend sans escorte à la rencontre du faubourg Saint-Antoine, cœur du Paris populaire et foyer historique de la Révolution. Consigné par Las Cases, le dialogue s'engage :

« Est-il vrai que les affaires vont si mal ? l'interpelle un passant.

— Mais, je ne peux pas dire qu'elles aillent trop bien, répond l'Empereur.

— Mais comment cela finira-t-il donc ?

— Ma foi, Dieu le sait.

— Mais comment ? Est-ce que les ennemis pourraient entrer en France ?

— Cela pourrait bien être, et venir même jusqu'ici, si l'on ne m'aide pas : je n'ai pas un million de bras ; je ne puis pas faire tout à moi seul.

— Mais nous vous soutiendrons, dirent un grand nombre de voix.

— Alors je saurai bien battre encore l'ennemi, et conserver toute notre gloire.

— Mais que faut-il donc que nous fassions ?

— Vous enrôler et vous battre.

— Nous le ferions bien, dit un autre, mais nous voudrions y mettre quelques conditions.

— Eh bien ! lesquelles, dites.

— Nous voudrions ne pas passer la frontière.

— Vous ne la passerez pas.

— Nous voudrions, dit un troisième, être de la Garde.

— Eh bien va pour la Garde ! »

Toujours selon le *Mémorial*, Napoléon est raccompagné en triomphe jusqu'aux Tuileries et plusieurs milliers de volontaires s'enrôlent dans la foulée. En dépit de son caractère hagiographique, le compte rendu n'en révèle pas moins l'importance vitale du contact direct du chef avec le peuple, ce que Napoléon ne fait plus assez, et depuis trop longtemps. Derrière les vivats, il confirme aussi le rejet de la politique de conquête, les candidats réclamant de ne pas franchir les frontières. En résumé, pour être cru, il doit être vu, ce qu'il n'a, à ce moment, pas le temps matériel de faire tant ses journées sont vampirisées par la préparation matérielle de la future campagne.

Le Napoléon de 1814, au couchant de son règne, n'est pas encore celui mythique du crépuscule de la Restauration et du retour des Cendres. Le premier est subi, le second rêvé par ses contemporains. Eternelle question du décrochage entre le temps du pouvoir et celui de la mémoire, de l'action et de son interprétation, fossé entre les contraintes de la réalité et la puissance de l'imaginaire qui reste constitutive de la condition politique.

Ce décalage est d'autant plus fort que Napoléon ne va pas jusqu'au bout de sa logique et cultive l'ambiguïté. L'appel au patriotisme se conjugue avec sa hantise de l'anarchie pour lui interdire de traduire ses paroles en actes, autrement dit de jouer franchement la carte du peuple contre ses élites. Oui, certes, il visite les faubourgs, ressuscite *la Marseillaise*[1] et prétend que le trône n'est rien, mais il n'en continue pas moins à s'appuyer exclusivement sur les élites. De même, il fait armer la garde nationale, bras armé de la révolution bourgeoise, mais

1. Prisonnier sur parole à Paris, l'Anglais T.-R. Underwood a su peindre avec ironie les derniers mois de l'Empire dans son journal. « Malgré tous les efforts du gouvernement pour nationaliser la guerre, les classes moyennes et inférieures, dont la vanité n'était plus excitée par des conquêtes, témoignaient la plus grande indifférence, écrit-il

évite soigneusement de rétablir les instruments du jacobinisme populaire que furent les clubs et les fédérations. En somme, il veut nationaliser la guerre sans révolutionner la France, pari impossible sachant que le salut public est indissociable de l'esprit républicain. La Révolution est déjà un bloc.

On touche ici à l'impasse d'un pouvoir né de la Révolution mais qui a su la canaliser en restaurant l'ordre ; régime fondé sur l'égalité mais restaurateur de l'hérédité ; république impériale assise sur des notables qu'elle méprise sans pouvoir s'en passer. Après avoir utilisé l'ambiguïté pour accroître son pouvoir, Napoléon en devient la victime maintenant que la difficulté libère les pulsions du passé, détournées jusqu'alors par l'ivresse de la gloire et de la prospérité. La crise révèle le drame d'un homme qui ne peut, ni ne veut, renier son passé alors que les circonstances l'obligent à un changement de cap radical. Elle illustre le déchirement d'une France écartelée à son image entre conservatisme séculier et goût de la table rase, ordre et mouvement, égalité contre liberté. « Dans la position où je suis, il n'y a pour moi de noblesse que dans la canaille et de canaille que dans la noblesse que j'ai faite », aurait-il confié à Bourrienne. Comment peut-il espérer être cru alors que cette peur de la « canaille » l'a toujours emporté chez lui sur son

notamment. Tous les moyens possibles étaient employés pour les faire sortir de leur apathie ; on cherche même à ranimer l'énergie révolutionnaire de la populace, que Napoléon pendant tout son règne avait mis tant de soins à éteindre. En conséquence, l'air de *la Marseillaise*, si longtemps proscrit, fut joué sur toutes les orgues de Barbarie et on y adapta des paroles en l'honneur de l'Empereur ; les efforts faits dans ces chansons pour allier la dignité de l'Empire avec le dévergondage révolutionnaire avaient quelque chose de fort plaisant. » Suit une autre anecdote souvent citée : « On trouva un papier fixé à la base de la colonne Vendôme, au-dessus de laquelle s'élevait la statue de Napoléon. Sur ce papier était écrit : "Passez vite, il va tomber !" »

mépris du bourgeois[1] ? Ses hésitations n'aboutissent qu'à lui faire perdre l'appui de sa clientèle sans rallier ses anciens adversaires ; pour parler clair : à désespérer sa droite sans gagner sur sa gauche, aboutissant en toute logique à le laisser chaque jour plus seul et déconsidéré. Le silence qui suivra sa première chute en témoigne suffisamment. Au crépuscule de son règne, Napoléon a perdu la confiance de l'immense majorité de son peuple. Certes, il ne le hait pas, mais il ne l'aime plus et surtout ne l'entend plus. A cet homme de passion, il oppose la pire des injures : l'indifférence.

Témoin majeur du premier XIXe siècle, Guizot a su dire l'essentiel dans un passage de ses Mémoires : « Il n'y avait point d'enthousiasme pour sa défense et peu de confiance dans son succès ; mais personne ne tentait rien contre lui ; des conversations malveillantes, quelques avertissements préparatoires, quelques allées et venues à raison de l'issue qu'on entrevoyait, c'était là tout. L'Empereur agissait en toute liberté et avec toute la force que comportaient son isolement et l'épuisement moral et matériel du pays. On n'a jamais vu une telle inertie publique au milieu de tant d'anxiété nationale, ni de mécontents s'abstenant à ce point de toute action, ni des agents si empressés à désavouer leur maître en restant si dociles à le servir. C'était une nation de spectateurs harassés qui avaient perdu toute habitude d'intervenir eux-mêmes, dans leur propre sort, et qui ne savaient quel dénouement ils devaient désirer ou craindre à ce drame terrible dont ils étaient l'enjeu. »

---

1. Il suffit pour s'en convaincre de relire ses confessions à Roederer, Chaptal, Molé ou Caulaincourt. Voir notamment la citation p. 312 qui se termine ainsi : « Je dis le peuple, c'est-à-dire la nation, car je n'ai jamais favorisé ce que beaucoup de gens entendaient par le mot peuple : la canaille. »

Le sursaut

La conjugaison entre faiblesse militaire et dépression morale place Napoléon dans une situation *a priori* désespérée. Face à la première vague de l'invasion alliée, forte d'approximativement 500 000 hommes, il n'a en tout et pour tout qu'une cinquantaine de milliers de soldats à opposer. En dépit de la fameuse boutade : « 50 000 hommes plus moi, cela fait 150 000 », le rapport de force ne lui a jamais été aussi défavorable depuis le début de sa carrière[1].

Deux mois après Leipzig, les Alliés reprennent leur marche en avant. Comme l'année précédente, ils adoptent une division en trois groupes d'armées distincts qu'ils confient logiquement aux mêmes chefs. A la tête de l'armée de Bohême, forte de plus de 200 000 hommes, Schwarzenberg viole la neutralité suisse dans les derniers jours de décembre 1813 et attaque derechef l'Alsace et la Franche-Comté. Toujours dirigée par le bouillant Blücher, l'armée de Silésie franchit le Rhin le 1er janvier 1814 et tombe comme la foudre sur la Lorraine. En deuxième ligne, l'armée composite de Bernadotte achève de soumettre la Westphalie et la Hollande et s'apprête à faire de même avec la Belgique.

Face à un pareil rouleau compresseur, les débris de l'armée du Rhin ne peuvent opposer aucune résistance sérieuse et retraitent en catastrophe. L'apathie des populations favorise encore l'avancée des Alliés, qui s'emparent

1. Il lui arrive à l'occasion de tomber le masque. Ainsi devant Pasquier, reçu le 3 janvier 1814, auquel il ne cache pas la gravité de la situation : « Mes troupes ! mes troupes ! Est-ce qu'on croit que j'ai encore une armée ? La presque totalité de ce que j'avais ramené d'Allemagne n'a-t-elle pas péri de cette affreuse maladie qui est venue mettre le comble à mes désastres ? Une armée ! Je serais bien heureux, si dans trois semaines d'ici, je parviens à réunir trente ou quarante mille hommes. »

facilement de leurs objectifs et atteignent la Champagne en un mois. Strasbourg, Epinal, Dijon et Reims se rendent presque sans combattre, aggravant le moral de nos troupes. Les désertions se multiplient, laissant augurer la prise rapide de Paris[1]. Autant dire que la campagne semble perdue avant même d'avoir débutée.

Elle le semble d'autant plus que la trahison de Murat, quoique non encore effective, est déjà consommée. Elle annonce la perte de l'Italie et porte un coup supplémentaire au prestige de Napoléon. L'histoire, fortement influencée par le jugement lapidaire du *Mémorial*, n'a pas été tendre avec le « Bernadotte du Midi[2] », doublement condamné comme traître à sa patrie et à son bienfaiteur. La façon tortueuse dont le roi de Naples procède, mêlant la dissimulation et la lâcheté, n'a pas contribué à le racheter devant ses contemporains et la postérité. Ecartelé entre son ambition et son passé, le roi cavalier avait repris ses menées auprès de l'Autriche et de l'Angleterre dès son retour à Naples. Soumis à la pression de plus en plus forte de la part des deux camps, il comprend qu'il ne peut demeurer plus longtemps dans l'expectative sous peine de tout perdre. Or, Murat, sur ce point à l'unisson de sa femme Caroline, tient par-dessus tout à conserver son royaume. « Il semblait que ce soldat, né si loin du trône, à qui une véritable gloire militaire aurait dû servir de dédom-

1. « Chaque jour est marqué par des désertions. De nombreux cavaliers d'élite passent à l'ennemi. Les causes de ce mal, si inquiétant par ses progrès, sont les souffrances du soldat qui n'est payé, qui ne reçoit presque point de distributions, qui est mal vu et mal traité par l'habitant ; enfin qui est travaillé par les menées des coalisés, qui ne sont que trop secondés par les indignes Français que nous rencontrons depuis que nous avons quitté l'Alsace. Ceux-ci se prononcent si ouvertement contre le gouvernement qu'ils ébranlent l'armée que tout mouvement rétrograde démoralise toujours. On déserte même dans la vieille Garde », écrit alors Grouchy dans une lettre rédigée depuis Nancy.

2. La formule est de Napoléon.

magement, ne pouvait vivre s'il ne régnait pas », écrit Thiers à son sujet. Si la balance des forces le pousse naturellement vers les coalisés, sa peur de Napoléon, dont il n'est jamais parvenu à se départir, le retient encore dans l'alliance française. Pour sortir de l'impasse, Murat fait ce qui causera bientôt sa perte, il épouse la cause encore balbutiante de l'unité italienne[1]. Enivré par sa camarilla, il finit sincèrement par croire, du moins le semble-t-il, à la grandeur et à la légitimité du dessein qui triomphera un demi-siècle plus tard sous l'impulsion de Cavour et avec la bénédiction de Napoléon III. Tour à tour domestiquée par l'Autriche et la France, la péninsule retrouvera grâce à lui son indépendance et sa grandeur passées. Ainsi parvient-il à trouver la raison morale qui apaise ses remords et lui permet de mettre son ralliement aux enchères.

« Sire, écrit-il à son beau-frère le 3 janvier 1814, me voilà parvenu au jour le plus douloureux de ma vie, me voilà livré aux sentiments les plus pénibles qui aient jamais agité mon âme. Il s'agit de choisir. Et je vois d'un côté la perte inévitable de mes Etats, de ma famille, de ma gloire peut-être ; de l'autre des engagements contraires à mon éternel attachement à Votre Majesté, à mon inaltérable dévouement à la France », puis il ose demander à Napoléon de constituer en sa faveur un véritable royaume d'Italie… faute de quoi il devra signer avec ses adversaires.

Or, Napoléon ne répond pas, ce qui revient à refuser ses conditions. Pour parer au plus pressé, il s'est contenté de lui dépêcher… Fouché, de retour d'Illyrie et qu'il tient à maintenir éloigné de la capitale. Le duc d'Otrante étant un vieil ami des Murat, l'Empereur espère faire d'une pierre deux coups ; autrement dit tenir Fouché à l'écart tout en l'utilisant pour faire patienter le félon en puissance. Sauf que Fouché n'a pas le droit de promettre et

1. Telle est en tout cas la thèse mise en avant par Jean Tulard dans une récente biographie qui fait autorité. Précisons que l'historien juge Murat sincère et esquisse ainsi sa réhabilitation.

que Murat n'a plus le temps d'attendre. Car, de leur côté, les Alliés activent leurs diplomates pour mettre le roi de Naples au pied du mur en lui adressant un véritable ultimatum. Soit il demeure dans l'expectative et perdra tout, soit il trahit à temps et verra son royaume augmenté d'un territoire de 400 000 âmes. Sur la pression de Caroline, accessoirement ancienne maîtresse de Metternich, le paladin de l'épopée finit par signer un traité par lequel il promet d'entrer en campagne contre les forces d'Eugène avec une armée de 30 000 hommes[1]. Le 23 janvier suivant, il quitte Naples pour rejoindre son armée. Brûlant ses derniers vaisseaux, il publie une semaine plus tard une proclamation dans laquelle il tente de justifier l'injustifiable en accusant « la folle ambition de Napoléon à lui assujettir le monde[2] ». Le fol ambitieux ne lui pardonnera jamais

1. Le 14 janvier 1814, Murat écrit à Napoléon une nouvelle lettre officialisant la rupture. Elle n'est pas à son honneur comme en témoigne l'extrait suivant : « Si la neutralité eût été possible, je l'aurais acceptée avec transport, mais on ne me permettait pas de rester spectateur d'une lutte dans laquelle toutes les puissances de l'Europe prenaient une part active. Il a donc fallu signer un traité avec ceux qui sont encore vos ennemis », et d'oser conclure : « Au milieu de ce changement apparent, mon cœur est toujours lui-même. Non, je ne combattrai point contre la France et contre vous. »

2. Le texte doit être cité : « Soldats ! Tant que j'ai pu croire que l'empereur Napoléon combattait pour la gloire et le bonheur de la France, j'ai combattu à ses côtés ; mais aujourd'hui il ne me reste aucune illusion : l'Empereur ne veut que la guerre. Je trahirais les intérêts de mon ancienne Patrie, ceux de mes Etats et les vôtres, si je ne séparais pas sur-le-champ mes armes des siennes pour les réunir à celles des puissances alliées et dont les intentions magnanimes sont de rétablir la dignité des trônes et l'indépendance des Nations. Je sais qu'on cherche à égarer le patriotisme des Français qui servent dans mon armée sous de faux prétextes d'honneur et de fidélité, comme s'il y avait encore là de l'honneur à servir la folle ambition de l'empereur Napoléon à lui assujettir le monde ! Soldats ! Il n'y a plus que deux bannières en Europe. Sur l'une vous lisez : religion, morale, justice, modération ; là : paix et bonheur ; sur l'autre : artifices, violences, tyrannie, persécutions, guerre et deuil dans toutes les familles ! Choisissez ! »

comme il ne pourra oublier la trahison d'un membre de sa famille qu'il a fait roi et qui le poignarde dans le dos au moment où il est à terre. « La conduite du roi de Naples est infâme, et celle de la reine n'a pas de nom, écrit-il à Fouché sous le coup de l'indignation. J'espère vivre encore assez longtemps pour venger moi et la France d'un tel outrage, et d'une ingratitude aussi affreuse. »

Sans vouloir excuser Murat, il faut rappeler la responsabilité propre de Napoléon. Par-delà le cas particulier du roi de Naples, il illustre le fiasco du système des royautés « frères ». Dans le *Mémorial*, l'Aigle multipliera les jugements assassins contre sa famille : « Ils étaient plusieurs que j'avais faits trop grands ; je les avais élevés au-dessus de leurs esprits », dira-t-il par exemple. Soyons juste : Napoléon n'a rien fait pour leur faciliter la tâche. Incapable de leur faire confiance, et partant de déléguer, il a les a tenus en lisière avec rudesse et mépris, multipliant les ordres comminatoires formulés d'un ton humiliant. Faut-il rappeler les innombrables courriers que nous avons cités, et en particulier justement ceux adressés à Murat, assurément le plus mal traité de la famille avec Louis ? Las d'être brimé et traité comme un moins que rien, Murat avait souffert comme tous les autres. Sa frustration avait généré un ressentiment d'autant plus fort dans son cas que la dureté de son traitement contrastait avec les louanges prodiguées à Eugène, auquel semblait promis ce trône d'Italie qu'il convoitait tant. La jalousie à son égard avait dégénéré en haine lorsque Napoléon lui avait confié le commandement de la Grande Armée à sa sortie de Russie et qu'Eugène avait réussi à assurer cette retraite vers l'Allemagne qu'il avait compromise par son départ précipité.

Ravalé à son statut de cavalier, tête folle tout juste bonne à assurer le rôle de garde-côte du Blocus, Murat saisit avec d'autant plus d'empressement la perche tendue par les Alliés que ceux-ci lui offraient cette légitimité que Napoléon lui avait toujours refusée. Comme tous les parvenus, le paladin aux tenues extravagantes était fasciné par le prestige des dynastes, le raffinement des étiquettes et la magie des lignées. En abandonnant le vaisseau napoléonien à la dérive, il ne se contente pas de sauver son trône mais caresse l'illusion de l'enraciner. En somme, il cesse d'être le féal d'un parvenu pour devenir un roi véritable, traité en égal et avec déférence par ses pairs, comme l'illustre l'exemple de Bernadotte.

Si ces considérants ne justifient pas entièrement Murat, du moins ils l'expliquent et permettent de le comprendre. Sa défection n'en a pas moins des conséquences immédiates de la plus grande gravité. D'un point de vue militaire, elle implique la perte prochaine de l'Italie et interdit dans l'immédiat à Eugène de distraire une partie de ses forces pour les envoyer en renfort à son beau-père. Mais c'est surtout son impact psychologique qui s'avère désastreux. Premier abandon d'un napoléonide[1], la nouvelle renforce la conviction d'un écroulement prochain. Elle y conspire d'ailleurs en galvanisant les adversaires tandis qu'elle déprime les fidèles.

Battu, frondé, trahi, Napoléon aurait pu lâcher prise. Seul contre tous, donné perdu, il opère alors ce retour aux sources qui le conduit à faire son deuil de l'Empire pour revenir à son rôle premier de sauveur militaire. Il délaisse la pourpre pour l'épée comme il abandonne l'esprit de conquête pour tenter de préserver les frontières naturelles. Le général reprend le pas sur le souverain, Bonaparte sur Napoléon, hanté désormais par l'obsession de ne pas laisser la France plus petite qu'il ne l'a trouvée. Ce dépouillement, le mot n'est pas trop fort, lui confère l'énergie nécessaire pour un nouveau départ. Dégagé des entraves du pouvoir, il retrouve la liberté fondatrice de celui qui n'a pas peur de perdre et peut donc prendre tous les risques. Pour inverser la célèbre maxime de Péguy, le politique renoue avec la mystique et quitte le royaume des vanités pour la pureté de l'esprit de service. Il y

1 Rappelons que Bernadotte n'est que le beau-frère de Joseph et n'a donc aucun lien de famille direct avec Napoléon.

trouve comme une seconde vie, un nouvel élan qu'il semblait avoir perdu depuis Tilsit. Le Napoléon de la campagne de France n'est plus celui désabusé et distant des dernières campagnes mais à nouveau le général ordonnateur, épuisant de vitalité, des campagnes d'Italie et d'Egypte. Comme à chaque charnière de son incroyable existence, il se hisse à la hauteur de l'homme d'Etat, délaissant les contingences du présent pour se projeter vers les enluminures de l'histoire. En préférant la défaite au déshonneur et la chute à la compromission, il révèle qu'il possède la force d'âme des figures de proue, solides dans la crise, exemplaires devant l'épreuve.

« J'appelle les Français au secours des Français, clame-t-il devant les sénateurs dès qu'il reçoit les premières nouvelles de l'invasion. J'appelle les Français de Paris, de la Bretagne, de la Normandie, de la Champagne, de la Bourgogne et des autres départements au secours de leurs frères[1]. »

Mais il le perçoit bien depuis le discours de Lainé : il n'entraîne plus car il n'est plus cru. Alors que l'orage s'amoncelle, il refuse avec rage de se laisser contaminer par le défaitisme ambiant, d'écouter ce discours récurrent sur le déclin qui ne fait qu'aggraver les maux qu'il prétend combattre en répandant le venin de la morosité. Au contraire : « Il faut de l'élan. On parle de paix alors que tout devrait retentir du cri de guerre[2]. » Entre Napoléon

1. « A l'aspect de tout ce peuple en armes, ajoute-t-il, l'étranger fuira ou signera la paix sur les bases (de Francfort) qu'il a lui-même proposées. » Et d'affirmer : « Il n'est plus question de recouvrer les conquêtes que nous avons faites. »

2. Ces propos de Napoléon sont tenus devant le Sénat le 11 novembre 1813. La même pensée est déclinée dans de multiples lettres, telle celle-ci qu'il adresse à Clarke, son ministre de la Guerre, le 22 février 1814, soit un mois après le début des hostilités : « Quant au conseil que vous me donnez de faire la paix, c'est trop ridicule ; c'est en s'abandonnant à de telles idées qu'on gâte l'esprit public. C'est du reste me supposer bien fou ou bien bête que de croire que, si je pouvais faire la paix, je ne la ferais pas. C'est à cette opinion que je peux faire la paix depuis quatre mois, mais que je ne le veux pas, que sont dus tous les malheurs de la France. »

et les notables s'installe un véritable dialogue de sourds : le premier porte des convictions, les seconds privilégient leur intérêt à court terme. Ce divorce entre la geste et l'instinct de conservation court à travers toute notre histoire.

Derrière la Nation, Napoléon incarne une vision passionnelle de la France, quasi charnelle, qui transcende les partis et insuffle l'esprit de résistance. Cette vision s'explique largement par le fait qu'il n'a jamais été le sicaire d'une faction, sauf son bref compagnonnage avec les robespierristes. Son indépendance tient à sa propre histoire. Français par défaut avant de le devenir par choix, il est resté étranger aux luttes personnelles ou idéologiques qui ont défiguré la Première République. Sa vision de la politique s'en est trouvée élargie, ouverte, sans idées préconçues ; vision à la fois affective et idéaliste, assumant l'ensemble des mémoires par-delà des fractures qui ne sont tout simplement pas les siennes. Sa France est unitaire, forgée par les guerres, pétrie par les âges. Elle partage une langue, un territoire et une histoire. Il lui attribue une identité et une âme ; à la fois légiste et artiste, créatrice en 1789 d'une nouvelle vision de l'homme qu'elle rêve de faire partager à l'humanité. Cette vision anticipe celle de Michelet et préfigure celle de Charles Péguy. C'est celle d'une France plus grande que les Français, portée par une histoire sans pareille qui lui confère une mission universelle.

Oui, Napoléon dépouille alors le masque de César pour renouer avec le « capitaine-canon ». C'est ce qui ressort par exemple à la lecture du discours, peu connu, qu'il tient devant les commissaires extraordinaires le 2 janvier 1814. Pour la première fois, il y avoue ses erreurs : « Je ne crains pas de l'avouer, j'ai trop fait la guerre ; j'avais formé d'immenses projets ; je voulais assurer à la France l'empire du monde. Je me trompais ; mes projets n'étaient pas proportionnés à la force numérique de notre population. » En conséquence : « Je dois expier le tort d'avoir trop compté sur ma fortune, et je l'expierai. » Aussi fera-t-il la paix « telle que la commandent les circonstances, et cette paix ne sera mortifiante que pour moi. C'est moi qui me suis trompé, c'est à moi de souffrir, ce n'est point à la France. Elle n'a pas commis d'erreur, elle m'a prodigué son sang, elle ne m'a refusé aucun sacrifice ! Qu'elle ait donc la gloire de mes entreprises, qu'elle l'ait tout entière, je la lui laisse. Partez donc messieurs ; annoncez à nos départements que je vais conclure la paix, que je ne réclame plus le sang des Français pour mes projets, pour moi, comme on se plaît à le dire, mais pour la France et pour l'intégrité de ses frontières ; que je leur demande uniquement le moyen de rejeter l'ennemi hors du territoire ; que j'appelle les Français au secours des Français ; que je veux traiter, mais sur les frontières, et non au sein de nos provinces désolées par un essaim de barbares ».

Les retraites de Russie et d'Allemagne ont montré un Napoléon découragé et parfois impuissant, fataliste et résigné, que l'on retrouvera au couchant des Cent-Jours. Dopé par l'adversité, celui de 1814 a retrouvé la volonté sans laquelle il n'est plus rien. Redevenu lui-même, il reprend foi en son étoile et retrouve son ascendant psychologique qui lui permet, à nouveau, de tout oser. Son choix de la France, quitte à lui sacrifier le trône, le libère. En choisissant l'esthétique du risque, il s'ouvre les portes de la postérité, ce qui lui permet de ne pas transiger. Le cas est patent dans les négociations diplomatiques en préparation desquelles il limite strictement la feuille de route de Caulaincourt : « Veut-on réduire la France à ses anciennes limites ? C est l'avilir, lui écrit-il début janvier. On se trompe si on croit que les malheurs de la guerre puissent faire désirer à la nation une telle paix. Il n'est pas un cœur français qui n'en sentît l'opprobre au bout de six mois, et qui ne la reprochât au gouvernement assez lâche pour la signer. » Tout va dépendre de la combativité de la nation. Si elle le seconde, « l'ennemi marche à sa perte ». En revanche : « Si la fortune me trahit, mon parti est pris : je ne tiens pas au trône. Je n'avilirai ni la nation, ni moi, en souscrivant à des conditions honteuses. »

Sa nature, propre au pouvoir charismatique cher à Max Weber, commande mais ne négocie pas. Rien ne le retient : l'argent, il le méprise ; le pouvoir, il le rejette s'il le rabaisse et le conduit à se renier ; la peur de la défaite : il l'a toujours ignorée. Napoléon fusionne désormais avec la France ou plutôt avec l'image qu'il s'en fait. Non pas une France molle, peureuse ou frivole, mais une France guerrière et redoutable, une France rêvée comme le laboratoire du monde. Une France héritière de l'universalisme des Lumières, porteuse d'un combat, la chute de l'Ancien Régime, et d'un idéal, l'émancipation des individus et des nations contre les privilèges et les empires.

Plus question désormais de subir les sempiternelles jérémiades de la famille comme en témoigne cette superbe lettre à Joseph, dépité d'avoir perdu sa couronne d'Espagne. Nous sommes le 7 janvier 1814 : « Mon frère, j'ai reçu votre lettre. [...] Voici en deux mots la question. La France envahie, l'Europe toute en armes contre moi. Vous n'êtes plus roi d'Espagne [...]. Que voulez-vous faire ? Voulez-vous, comme prince français, venir vous ranger auprès du trône ? [...] Vous avez mon amitié, mon apanage, et serez mon sujet, en votre qualité de prince de sang. Il faut alors avouer votre rôle, m'écrire une lettre simple que je puisse imprimer, recevoir toutes les autorités et vous montrer zélé pour moi et pour le roi de Rome, ami de la régence de l'impératrice. Cela ne vous est-il pas possible ? N'avez-vous pas assez de bon jugement pour cela ? Il faut vous retirer à quarante lieues de Paris, dans un château de province, obscurément. Vous y vivrez tranquille, si je vis. Vous y serez tué ou arrêté si je meurs. Vous serez inutile à moi, à la famille, à vos filles, à la France, mais vous ne serez pas nuisible et ne me gênerez pas. Choisissez promptement et prenez votre parti. Tout sentiment de cœur et hostile est inutile et hors de saison. » Joseph se soumet, tout comme Jérôme[1] et Louis, priés de se faire oublier en attendant des jours meilleurs.

Il quitte Paris le 25 janvier 1814 à quatre heures du matin après avoir confié deux jours plus tôt sa femme et son fils aux officiers de la garde nationale réunis aux Tuileries. La scène appartient à la mythologie napoléonienne. Avec une émotion visible, Napoléon leur remet « ce que j'ai au monde de plus cher après la France [...] ». La suite du discours se révélera prémonitoire : « Il pourrait arriver toutefois que, par les manœuvres que je vais être obligé de faire, les ennemis trouvassent le moment de s'approcher de vos murailles. Si la chose avait lieu, souvenez-vous que ce ne pourra être l'affaire que de quelques jours, et que j'arriverai bientôt à votre secours. Je vous recommande d'être unis entre vous et de résister à toutes les insinuations qui tendraient à vous diviser. On ne manquera pas de chercher à ébranler votre fidélité à vos devoirs, mais je compte sur vous pour repousser toutes ces perfides instigations. » A la fin, Napoléon prend son fils dans ses bras et le présente à la face des officiers qui hurlent « Vive l'Empereur ! Vive l'Impératrice ! Vive le roi de Rome ! ». Le soir, il paraît sombre et prend congé de ses entours en leur disant : « Au revoir, messieurs, nous nous reverrons peut-être. » Il ne pouvait pas savoir qu'il ne les reverrait jamais.

1. Selon Underwood, Napoléon le reçoit en décembre 1813 dans son cabinet et le somme en ces termes de gagner ses terres près de Montrichard :

« Napoléon. – Allez y demeurer.

Jérôme. – C'est un exil.

Napoléon. – Vous pouvez l'appeler comme cela vous fait plaisir ; mais je ne veux pas que vous soyez près de moi. Vous m'êtes odieux ; je ne connais personne aussi vil, aussi plat, aussi poltron ; vous êtes sans vertu, sans talent, sans moyens. Je vous déteste autant que Lucien ; vous êtes toujours entouré de vos Allemands. »

C'est à Jérôme que l'Empereur aurait dit : « S'il est vrai que la majesté des rois soit empreinte dans leurs traits, vous pouvez sans aucun risque voyager incognito. »

CHAPITRE IX
L'Hallali

« Rendre la France moins grande que je ne l'ai reçue, ce serait trahir le serment que j'ai fait en montant sur le trône. »

NAPOLÉON.

« Quand on est monté si haut, il vaut mieux cent fois se laisser précipiter que de descendre aussi bas. »

PASQUIER,
Mémoires.

Le miracle

D'un avis général, la campagne de France est la plus éblouissante de toutes celles menées par Napoléon. Elle s'avère même supérieure à celle d'Italie, à laquelle on la compare souvent, si l'on tient compte du rapport de force et du climat moral dans laquelle elle s'engage. Au conquérant naissant, assisté d'une armée jeune et avide de combattre, s'oppose le souverain esseulé escorté de maréchaux défaitistes et d'une armée à la fois réduite et minée par les défaites. Et pourtant, comme le souligne Charles de Gaulle, « la décadence de ses armées ne décourage pas l'Empereur. Il demeure aussi clairvoyant, confiant, résolu [...] et se retrouve en 1814 le général d'Italie, sûr de lui-même et infatigable. Sa volonté ne subit pas d'éclipses au fond du malheur non plus qu'au comble du succès[1] ».

Certes, Napoléon ne dispose que d'une petite armée – jamais plus de 60 000 hommes sous son commandement direct – , mais elle s'avère d'une qualité remarquable. La chute du Grand Empire fait qu'elle ne comporte plus d'étrangers, exception faite d'une poignée de fidèles polonais. De même, le rejet de la conscription explique le faible nombre de « Marie-Louise ». Dominent en conséquence les vétérans, calmes au feu, excellents combattants et d'une loyauté à toute épreuve. La qualité compense d'autant plus la quantité que le champ de manœuvres est circonscrit, ce qui permet à l'Empereur de se mouvoir avec facilité et de concentrer rapidement l'essentiel de ses forces[2].

Napoléon, on l'a dit, est au sommet de son art lorsqu'il dirige des effectifs limités. A l'inverse, le maniement des grandes masses n'a jamais été son fort. Trop lourdes, trop lentes, trop dispersées, elles l'empêchent de frapper vite et d'improviser, d'enchaîner action et mouvement. Il retrouve donc la souplesse qu'il a perdue depuis Austerlitz, souplesse d'autant plus précieuse qu'elle s'oppose à

---

1. L'auteur de *La France et son armée* ajoute toutefois : « Mais à force d'en frapper, il a brisé l'épée de la France. Les âmes, comme la matière, ont des limites. Et, tandis que rien ne le désespère et qu'il prétend toujours forcer la fortune, il se trouve, tout à coup, sans soldats, sans armes, et voit se former, grossir, déferler, la vague des malveillances, des lâchetés, des trahisons, qui submerge son génie. »

2. Comme le remarque Steven Englund : « La campagne se déroule sur un théâtre d'opérations exceptionnellement réduit : [...] quelque 220 kilomètres d'ouest (Paris) en est (Saint-Dizier) et environ 150 kilomètres du nord (Laon) au sud (Lens). L'essentiel des opérations avait donc lieu en Champagne. Comme dans le nord de l'Italie en 1796 et 1797, Napoléon tira pleinement avantage de son contrôle des lignes de communication intérieures, se plaçant avec sa petite armée en position centrale puis lançant des attaques surprises sur telle ou telle armée alliée, qu'il frappait à la vitesse de l'éclair. »

la lourdeur des Alliés, de surcroît minés par leurs divisions. Anglais, Autrichiens, Prussiens et Russes se déchirent autant sur la stratégie – fougue de Blücher contre prudence de Schwarzenberg – que sur leurs buts de guerre, ces derniers concentrés autour de trois questions principales : quel régime proposer à la France ? Quels territoires lui prendre et à qui les donner ? En outre, leur peur de Napoléon reste forte et ils redoutent également les réactions de la population française. Incapables de trancher, ils s'immobilisent près du Rhin jusqu'à l'orée de 1814 alors que la situation stratégique ne leur a jamais été aussi favorable. Quand ils se décident enfin à partir, c'est pour commettre une nouvelle erreur en passant d'un extrême à l'autre. L'arrogance remplace la peur, l'insouciance la prudence élémentaire face à un stratège de l'envergure de Napoléon. Désormais sûrs de leur victoire, ils prennent le risque de se séparer. Blücher descend la Marne tandis que Schwarzenberg emprunte la Seine, chacun espérant prendre Paris le premier. Ils ouvrent ainsi la porte à une contre-attaque impériale.

Leur avance s'avère d'abord facile, trop facile. Faute de combattants, l'« armée du Rhin » se replie en catastrophe sans combattre. L'arrivée de Napoléon à Châlons-sur-Marne le 25 janvier au soir semble ne devoir rien y changer. Ses troupes ne sont pas au complet, pourtant il marche droit sur Blücher. Le 29, il le bat avec difficulté à Brienne, première bataille qui lui permet de revoir avec émotion le point de départ de sa jeunesse. Comme en Russie, il se trouve menacé par une patrouille de Cosaques et n'échappe à la mort que grâce à l'intervention de Gourgaud. Par un hasard du destin, la scène se déroule au pied de l'arbre où il venait lire la *Jérusalem délivrée*, la tête pleine de rêves de gloire et d'Orient.

A peine entamé, Blücher peut se replier sans encombre vers Schwarzenberg, qui accourt à sa rescousse. Les deux armées se rejoignent autour de Bar-sur-Aube, rendant le rapport de force désespéré[1]. Elles attaquent de concert le 1er février à la Rothière. A un contre cinq, les Français sont condamnés à reculer mais parviennent à le faire en bon ordre. Afin d'éviter la débandade, Napoléon s'expose dangereusement au feu de l'ennemi, en imposant à tous par son courage[2]. Si nos pertes s'avèrent légèrement inférieures en nombre – 6 000 hommes contre 8 000 – , elles n'en demeurent pas moins inacceptables, eu égard à la disproportion des effectifs.

Tout semble donc fini, à peine commencé. Incapable de poursuivre le combat, Napoléon se replie sur Troyes puis Nogent. Il y reçoit coup sur coup la confirmation de la trahison de Murat et les premières conditions des Alliés, transmises depuis Châtillon par Caulaincourt. C'est un ultimatum, pire que tout ce qu'il avait imaginé puisqu'on le somme d'accepter les frontières de 1791 sous peine de déchéance. Alors, dans la nuit du 7 au 8 février, il envisage le pire. Maret le décrit « le coude appuyé sur la table, le front comprimé dans une de ses mains, l'autre tombant pendante et abandonnée, tenant encore la lettre ». Durant des heures, il refuse avec énergie, presque avec rage de signer ce projet honteux qui l'oblige à renoncer non seulement à ses conquêtes, mais aussi à celles de la Révolution[3]. Déchiré, écartelé, il multiplie les déclarations et les gestes contradictoires. Après s'être prononcé avec véhémence pour

1. Selon Thiers, Napoléon ne dispose que de 32 000 hommes contre 170 000 pour les Alliés.

2. A Grouchy, qui le somme de se retirer, il répond en souriant : « Non, laissez ! Ne savez-vous pas que tous nos jours sont comptés. »

3. Maret et Berthier le suppliant de céder, il s'emporte avec véhémence : « Quoi ! leur dit-il, vous voulez que je signe un pareil traité et que je foule aux pieds mon serment ! Des revers inouïs ont pu m'arracher la promesse de renoncer aux conquêtes que j'ai faites, mais que j'abandonne aussi celles qui ont été faites avant moi ; que je viole le dépôt qui m'a été remis avec tant de confiance ; que, pour prix de tant d'efforts, de sang et de victoires, je laisse la France plus petite que je ne l'ai trouvée : jamais ! Le pourrais-je sans trahison ou sans lâcheté ? »

la poursuite des combats, il écrit à Joseph pour le sommer de faire partir Marie-Louise et le roi de Rome en cas d'attaque sur Paris[1]. Mais il envisage aussi d'abdiquer en faveur des Bourbons : « Il faudrait bien que les Alliés s'arrêtassent devant eux, sous peine de honte et de duplicité avouée, sous peine d'attester qu'ils en veulent plus à notre territoire qu'à ma personne. » Son âme de combattant, avide d'en découdre, le dispute à la dictature des faits qui le pousse à céder. Après des heures d'insomnie, ponctuées par d'interminables discussions avec ses proches, il semble finalement prêt à capituler lorsqu'il apprend la nouvelle qui va changer le cours de la campagne. Au lieu de rester soudés, Schwarzenberg et Blücher se séparent à nouveau. Tandis que le généralissime autrichien espère fixer Napoléon, Blücher reprend la marche en avant vers la capitale en suivant la Marne. Afin d'aller plus vite, le Prussien échelonne ses

---

1. Eu égard à son importance pour la suite des événements et à son caractère prophétique, elle mérite d'être largement citée. Après avoir critiqué Joseph, l'Empereur affirme que sa femme et son fils ne doivent à aucun prix tomber dans les mains de l'ennemi : « Soyez certain que, dès ce moment, l'Autriche serait désintéressée, et qu'elle l'emmènerait à Vienne avec un bel apanage ; et sous le prétexte de voir l'Impératrice heureuse, on ferait adopter aux Français tout ce que le régent d'Angleterre et de Russie pourraient leur suggérer. [...] Dans les circonstances bien difficiles de la crise des événements, on fait ce qu'on doit et on laisse aller le reste. Or, si je vis, on doit m'obéir, et je ne doute pas qu'on s'y conforme ; si je meurs, mon fils régnant et l'Impératrice régnante doivent, pour l'honneur des Français, ne pas se laisser prendre et se retirer au dernier village avec leurs derniers soldats. » Après avoir insisté sur la nécessité pour la famille impériale de donner l'exemple et stigmatisé la peur qui « fait tourner toutes les têtes à Paris », Napoléon conclut par l'envolée fameuse : « [...] Je préférerais qu'on égorgeât mon fils plutôt que de le voir jamais élevé à Vienne, comme prince autrichien ; et j'ai assez bonne opinion de l'Impératrice pour être aussi persuadé qu'elle est de cet avis, autant qu'une femme et une mère peuvent l'être. Je n'ai jamais vu représenter Andromaque que je n'aie plaint le sort d'Astyanax survivant à sa maison ; et que je n'aie regardé comme un bonheur pour lui de ne pas survivre à son père. »

quatre corps d'armée, ce qui revient à les exposer individuellement à une contre-attaque. Mais le risque est jugé mineur, eu égard à la faiblesse de l'armée française.

Napoléon comprend au premier coup d'œil la perspective fantastique qui s'ouvre devant lui : « Je suis en ce moment à battre Blücher de l'œil, dit-il aussitôt à Maret ; il s'avance par la route de Montmirail ; je pars, je le battrai demain, je le battrai après-demain. Si ce mouvement a le succès qu'il doit avoir, l'état des affaires va entièrement changer et nous verrons alors. »

*

Rassemblant une vingtaine de milliers d'hommes, il attaque et détruit l'un après l'autre les corps isolés. Il débute par le plus faible d'entre eux, commandé par le Russe Olsouviev, qu'il étrille facilement le 10 février à Champaubert. La victoire le transfigure d'autant plus qu'elle lui permet de couper en deux son adversaire. C'est donc un Napoléon radieux qui écrit triomphant à sa femme[1] avant de s'exclamer à la veillée devant ses maréchaux : « A quoi tient le destin des empires ! Si demain nous avons sur Sacken un succès pareil à celui que nous avons aujourd'hui sur Olsouviev, l'ennemi repassera le Rhin plus vite qu'il ne l'a passé, et je suis encore sur la Vistule. » Et de plastronner qu'il fera la paix moyennant reconnaissance des « frontières naturelles du Rhin[2] ».

Le lendemain 11, Montmirail confirme que la victoire change de camp. En quelques heures, le corps de Sacken se trouve décimé. Durant la bataille, un colonel du nom de Rouilland de Beauvol enrichit la chanson de geste de l'épopée. Gisant sur un brancard, il trouve la force de sou-

1. « Ma bonne Louise, victoire ! J'ai détruit douze régiments russes, fait six mille prisonniers, pris quarante pièces de canon, deux cents caissons et le général en chef. »

2. Le propos est rapporté par Marmont dans ses Mémoires.

lever son bras brisé et de saluer son maître d'un retentissant « Vive l'Empereur ! » en passant devant lui. « Merci, baron », lui répond avec émotion Napoléon, qui veillera à ce que le titre lui soit effectivement confirmé. En attendant, l'Aigle s'empare de 7 000 prisonniers supplémentaires. « Pas un homme de cette armée en débâcle ne se sauvera », écrit-il à Marie-Louise.

Le 12, le troisième acte, soit la destruction du corps de Yorck, s'accomplit à Château-Thierry. Dans une lettre à Savary, Napoléon rend hommage à sa vieille garde, dragons et grenadiers qui ont été décisifs : « Ce qu'ils ont fait ne peut se comparer qu'aux romans de chevalerie et aux hommes d'armes de ces temps où, par l'effet de leurs armures et l'adresse de leurs chevaux, on en battait trois ou quatre cents. L'ennemi doit être frappé d'une singulière terreur[1]. » Reste à détruire le quatrième et dernier corps, directement commandé par Blücher, qui a tenté en vain de venir porter secours à ses lieutenants. Le couperet tombe le 14 février à Vauchamps qui met à l'honneur la cavalerie de Grouchy et l'artillerie de Drouot. En moins d'une semaine, la première armée ennemie a été disloquée. Le coup de génie de l'Empereur a consisté à appliquer sa stratégie habituelle mais en l'adaptant à une échelle plus réduite, celle-ci commandée par la faiblesse de ses effectifs. Au lieu de viser des armées, il a détruit des corps, ce qui lui a permis de retrouver une supériorité numérique ponctuelle et l'ascendant moral.

*

Sans prendre le temps de souffler, Napoléon peut se retourner contre l'armée de Bohême qui a mis à profit son absence pour faire reculer les maigres corps d'Oudinot et

1. « La vieille Garde a de beaucoup surpassé tout ce que je pouvais attendre d'une troupe d'élite. C'était absolument la tête de Méduse », écrit-il dans la même veine à Clarke.

Victor et menace Fontainebleau. A cheval dès le 17 février, l'Aigle bat sévèrement Schwarzenberg à Montereau le lendemain. Une nouvelle fois, la parfaite articulation entre les armes permet un succès exemplaire. Une charge de cavalerie, commandée par les généraux Delort et Pajol, permet de précipiter l'ennemi dans la ville où il se trouve poursuivi l'épée dans les reins, avant d'être décimé par le feu d'une batterie légère[1]. Comme à Toulon, Napoléon donne l'exemple en pointant lui-même la première pièce. A son entourage qui s'inquiète de le voir s'exposer, il répond la phrase célèbre qui deviendra un classique de la légende : « Ne craignez rien, mes enfants : le boulet qui doit me tuer n'est pas encore fondu. »

Le soir de la bataille voit se dérouler une autre scène, appelée elle aussi à hanter la postérité. Après le héros, elle représente le juste. Victor, coupable de passivité, vient d'être démis de son commandement et réclame réparation. Selon sa détestable habitude, Napoléon l'accable de sottises avant de se radoucir, ému par la dignité dont fait montre ce vieux compagnon d'armes qui, bouleversé par la mort de son gendre le jour même, lui annonce son intention de prendre un fusil afin de combattre comme simple soldat dans les rangs de la Garde. « Eh bien, Victor, restez, finit par lui dire Napoléon en lui tendant la main. Je ne puis vous rendre votre corps d'armée puisque je l'ai donné à Gérard, mais je vous donne deux divisions de la Garde, allez en prendre le commandement et qu'il ne soit plus question de rien entre nous[2]. »

Napoléon peut d'autant plus se montrer magnanime qu'il vient de remporter un second succès historique et semble en passe de rejeter les Alliés sur le Rhin. « C'était encore le héros de l'Italie, procédant par des coups audacieux et inat-

1. « Cette batterie, écrit le colonel Biot, méritait le surnom d'infernale, pour le carnage qu'elle fit dans les rangs ennemis, chaque boulet labourant la chaussée, emportait quinze ou vingt hommes d'une seule file. »

2. La scène est rapportée par le baron Fain.

tendus afin d'étonner ; frappant ainsi l'imagination, celle des siens et celle de l'ennemi ; enthousiasmant l'une et terrifiant l'autre ; nous exaltant de la foi qui sauve et imposant à ses adversaires celle qui consterne et détruit ! », s'enflamme Ségur[1]. Décontenancé, Schwarzenberg se replie à son tour de plus de 150 kilomètres et propose un armistice, ce qui suscite l'indignation conjointe du tsar et de Blücher.

Et pourtant, en dépit des exploits accomplis, la situation demeure critique. D'abord, les Alliés reçoivent d'importants renforts qui leur permettent de combler en quelques jours leurs pertes. C'est notamment vrai pour Blücher, qui se retrouve rapidement en état de reprendre l'offensive. Ensuite, la crise de confiance nationale perdure. Dignitaires et ministres continuent à soupirer après la paix à tout prix et assaillent Napoléon de leurs jérémiades. Le défaitisme, inhérent chez Joseph, gagne aussi les vrais fidèles comme Cambacérès et Savary. A la différence de Fouché, le duc de Rovigo manque d'énergie comme de sens politique et se montre tout autant incapable de surveiller l'opposition que d'orchestrer la contre-propagande que commandent les circonstances. Napoléon a beau durcir le ton à son encontre, passer des mises en garde aux invectives, rien n'y fait. Les journaux de l'Empire continuent à passer sous silence les exactions des Alliés et oublient de gonfler arbitrairement les effectifs de l'armée et les premiers actes de résistance commis par les habitants. « Dans ce moment, il nous faut des choses réelles et sérieuses, et non pas l'esprit en prose et en vers, vitupère l'Empereur. Les cheveux me dressent sur la tête des crimes commis par les ennemis et la police ne pense pas

1. « Le 26 février, la situation est celle-ci : les armées de la coalition sont battues et désunies ; l'armée de Bohême est en retraite vers l'est, l'armée de Silésie est compromise par une marche de flanc où elle risque d'être exterminée. Vainqueur dans dix combats depuis vingt jours, Napoléon a rétabli l'équilibre. Il a l'offensive, il espère la victoire », lui fait écho Henry Houssaye dans son *1814*.

à recueillir un seul de ces faits. En vérité, jamais je n'ai été plus mal servi[1]. » Mêmes admonestations à Joseph qui multiplie les prières publiques au lieu de passer des revues et fouetter l'esprit public : « Faites donc cesser ces prières des quarante heures et ces Miserere. Si l'on faisait tant de singeries, nous aurions tous peur de la mort [...]. Dans cette situation des choses, il faut montrer de la confiance et prendre des mesures hardies. »

Décidément, tout le monde perd la tête, y compris le docile Montalivet qui paraît atone au ministère de l'Intérieur. Une nouvelle fois, Napoléon doit prendre la plume le 26 février pour lui dicter la conduite à suivre et laisse exploser son mécontentement : « Ce n'est pas par des vers, des odes qu'on peut parvenir à l'animer (l'esprit public), mais bien par des faits et des détails simples et vrais [...]. L'ensemble de tous ces faits produira la rage et l'indignation. C'est alors que chacun sentira la nécessité de courir à sa défense plutôt que de voir sa femme ou sa fille violée, que d'être accablé de coups de bâton, que d'être pillé, volé et accablé de tous les genres d'outrages. Mais je ne suis plus obéi. Vous avez tous plus d'esprit que moi et sans cesse on m'oppose de la résistance en m'opposant des mais, des si, des car... »

Le manque de foi et d'énergie s'avère tout aussi patent chez ses maréchaux. Berthier n'est plus que l'ombre de lui-même ; même les rudes guerriers tels les

1. 21 février 1814. Parmi les nombreux courriers à Savary, l'on peut aussi citer celui-ci rédigé cinq jours plus tôt après Vauchamps : « Il faut en vérité que vous ayez perdu la tête à Paris pour dire que nous étions un contre trois lorsque moi, je dis partout que j'ai trois cent mille hommes, lorsque l'ennemi le croit et qu'il faut le dire jusqu'à satiété. Voilà comme, à coups de plume, vous détruisez tout le bien qui résulte de la victoire. Vous devriez savoir qu'il n'est pas question ici d'une vaine gloriole et qu'un des premiers principes de la guerre est d'exagérer ses forces. Mais comment faire comprendre cela à des poètes et qui cherchent à me flatter, et à flatter l'amour-propre national, au lieu de chercher à bien faire. »

MacDonald, Ney ou Augereau, demeurent comme hébétés. A la tête d'une armée réunie près de Lyon, ce dernier répugne à conduire la contre-attaque qui soulagerait tant Napoléon en obligeant les Alliés à distraire une partie de leurs forces de la campagne[1]. La foudre impériale tombe le 21 février sous la forme d'une lettre qu'il faut après beaucoup d'autres citer comme le meilleur reflet de l'esprit – patriotique, volontariste et martial – qui l'anime depuis le début de la campagne : « Quoi ! six heures après avoir reçu les premières troupes venant d'Espagne, vous n'étiez pas en campagne ! six heures de repos leur suffisaient. J'ai remporté le combat de Nangis avec la brigade de dragons venant d'Espagne, qui de Bayonne n'avait pas encore débridé. Les six bataillons de la division de Nîmes manquent, dites-vous, d'habillements et d'équipement, et sont sans instruction : quelle pauvre raison me donnez-vous là, Augereau ! J'ai détruit 80 000 ennemis avec des bataillons composés de conscrits n'ayant pas de gibernes et étant mal habillés ! Les gardes nationales, dites-vous, sont pitoyables : j'en ai ici 4 000 venant d'Angers et de Bretagne, en chapeaux ronds sans giberne, avec des sabots, mais ayant de bons fusils ; j'en ai tiré un bon parti. Il n'y a pas d'argent, continuez-vous : et d'où espérez-vous tirer de l'argent ? Vous ne pourrez en avoir que quand nous aurons arraché nos recettes des mains de l'ennemi. Vous manquez d'attelages : prenez-en partout. Vous n'avez pas de magasins : ceci est par trop ridicule. Je vous ordonne de partir douze heures après la réception de la présente lettre pour vous mettre en campagne. Si vous êtes toujours l'Augereau de Castiglione, gardez le commandement ; si vos soixante ans pèsent sur vous, quittez-

1. Le duc de Castiglione ne bouge pas sous prétexte que les renforts promis d'Italie ne lui sont pas parvenus. En effet, Napoléon – sous le coup de la trahison de Murat – a laissé à Eugène l'intégralité de ses forces. Selon Louis Madelin, il s'agit là d'une faute considérable ; le renfort des 50 000 hommes d'Eugène aurait eu pour effet de bouleverser le cours de la campagne.

le et remettez-le au plus ancien de vos officiers généraux. La patrie est menacée et en danger ; elle ne peut être sauvée que par l'audace et la bonne volonté ; et non pas de vaines temporisations. [...] Soyez le premier aux balles. Il n'est plus question d'agir comme dans les derniers temps, mais il faut reprendre ses bottes et sa résolution de 93 ! Quand les Français verront votre panache aux avant-postes et qu'ils vous verront vous exposer le premier aux coups de fusil, vous en ferez ce que vous voudrez. » Or, malheureusement, Augereau ne bouge pas et se replie sur Lyon, détruisant de fait toute possibilité de prise à revers de l'ennemi.

La teneur des négociations diplomatiques constitue une autre ombre qui éclipse l'éclaircie des batailles. Après de multiples retards, le congrès de Châtillon s'ouvre le 5 février[1]. Sans surprises, il sera celui des occasions manquées. Hormis Caulaincourt, et dans une moindre mesure Metternich, la volonté de paix n'est pas sincère, chaque camp évoluant en fonction des événements militaires. Le constat est vrai pour les Alliés, dont l'arrogance décline alors en raison de leurs défaites, mais il l'est tout autant pour Napoléon qui retire au duc de Vicence les larges pouvoirs qu'il lui avait donnés et exige à nouveau les frontières naturelles comme conditions minimales d'un accord[2]. Propositions et contre-propositions se succèdent sans que, jamais, les points de vue puissent concorder. Chaque camp continue

1. Stadion négocie pour l'Autriche, Razoumovski pour la Russie, Humboldt pour la Prusse, tandis que la délégation anglaise est conduite par Castlereagh.

2. Caulaincourt ne cesse quant à lui de réclamer la paix, car il sait la restauration des Bourbons inéluctable en cas de rupture des négociations : « Toute l'Europe est contre nous, et nous avons affaire à des gens qui savent tout ce que peut leur nombre, et à qui tous les moyens sont bons, écrit-il à Maret fin février. Ils n'auront de scrupule sur aucun, si l'on ne finit vite. Il ne faut pas se faire illusion ; on ne veut pas négocier avec nous ; on veut nous dicter des conditions, et l'on nous ôte jusqu'à la liberté de nous plaindre. »

à proposer « sa paix » : les Alliés réclament le retour de la France à ses frontières de l'Ancien Régime, tandis que l'Aigle fait des bases de Francfort « le minimum de la paix que je puisse signer avec honneur[1] ». Là comme ailleurs, il sait qu'il est peu ou mal soutenu, à commencer par Caulaincourt qui affiche partout sa désespérance et le presse de conclure. Au moins celui-ci est-il loyal et le restera jusqu'au bout. Mais son pessimisme conforte les Alliés et, par conséquent, l'affaiblit. C'est ce qu'il tente d'expliquer le 18 février en s'adressant à Rumigny, l'un des plénipotentiaires, venu recueillir ses instructions : « On me déshonore là-bas, s'écrie-t-il. On me fait demander la paix en suppliant et cela au moment même où je viens d'anéantir mes ennemis. Quelle idée voulez-vous qu'ils aient de moi et de la France ? » Suit l'éclair de colère, durant lequel il interdit au jeune diplomate de reparaître à Francfort, puis l'attaque contre la pusillanimité de son ministre : « Il a peur des Bourbons, le duc de Vicence, moi je ne les crains pas. Si le peuple français les préfère à moi, qu'il se prononce. » Les Alliés l'ont enterré un peu trop vite : « Ils croyaient le lion mort et qu'il n'y avait plus qu'à pisser dessus. Eh bien ! plus de 25 000 prisonniers ont déjà passé par Paris et nous ne sommes pas au bout. » De toute façon, il n'a pas le choix : « Les Bourbons pourraient seuls prendre sans honte les limites de l'ancienne France. Pour moi, je ne puis perdre un seul village de ce que j'ai reçu. » Déchu ou victorieux, il sortira debout[2].

Le 21 février, c'est un Napoléon galvanisé par ses victoires qui écrit à son beau-père pour lui proposer de conclure la paix « sans délai » sur les bases de Francfort qui

1. « Si j'avais signé les anciennes limites, j'aurais couru aux armes deux ans après, et j'aurais dit à la nation que ce n'était point une paix que j'avais signée, mais une capitulation », précise-t-il dans une de ses nombreuses lettres à Joseph.

2. Un jour, las d'écouter les suppliques pacifistes de Maret, il lui désigne son exemplaire des *Considérations sur les causes de la grandeur et de la décadence des Romains* de Montesquieu et le somme de lire tout haut l'extrait suivant : « Je ne sache rien de plus magnanime que la

« seules peuvent rétablir l'équilibre de l'Europe ». Une nouvelle fois, il s'indigne des propositions qui lui ont été faites : « [...] C'est la réalisation du rêve de Burke, qui voulait faire disparaître la France de la carte de l'Europe. Il n'est pas un Français qui ne préférât la mort à subir des conditions qui nous rendraient esclaves de l'Angleterre et rayeraient la France du nombre des puissances. » Avant de conclure, tranchant : « Jamais je ne cèderai Anvers et la Belgique[1]. »

Cette intransigeance dessert Napoléon en accréditant l'idée que toute paix durable est décidément impossible avec lui. L'approche conciliatrice, défendue par Metternich, perd dès lors toute crédibilité au profit des faucons, qui, derrière Alexandre, Stein, Castlereagh ou Blücher, font de sa chute la condition préalable à la résolution du conflit. Concocté par la diplomatie anglaise, le traité de Chaumont, signé le 9 mars[2], exclut la France du concert européen. Il engage pour vingt ans renouvelables l'Autriche, l'Angleterre, la Prusse et la Russie à fournir un contingent de 150 000 hommes et à ne pas signer de paix séparée avec Napoléon. Selon Albert Sorel, « il constitue en quelque sorte le pouvoir exécutif de l'Europe, dont les traités de Paris du 9 mai 1814 et de Vienne du 9 juin 1815 formèrent la Charte ». Plus largement, il institue

---

résolution que prit un monarque qui a régné de nos jours, de s'ensevelir sous les débris du trône, plutôt que d'accepter des propositions qu'un Roi ne doit pas entendre. Il avait l'âme trop fière pour descendre plus bas que ne l'avaient mis ses malheurs ; et il savait bien que le courage peut raffermir une couronne et que l'infamie ne le fait jamais. » L'anecdote est consignée par Jean Thiry dans *La Chute de Napoléon Ier*.

1. « Je demande à Votre Majesté d'éviter les chances d'une bataille ; je lui demande la paix, une prompte paix, fondée sur les bases qui ont été offertes par le prince Metternich, le comte Nesselrode et Lord Aberdeen au baron de Saint-Aignan, bases que j'ai acceptées et que j'accepte encore, quoique la position des Alliés soit bien différente de ce qu'elle était alors, et qu'aujourd'hui, pour tout homme impartial, les chances soient pour moi », lui écrit encore Napoléon.

2. Il est antidaté du 1er.

cette Quadruple Alliance qui gouvernera le Vieux Continent jusqu'en 1848 et se personnifie dans la figure de Metternich, rocher d'un ordre impérial tout entier dressé contre les principes et l'esprit de la Révolution, à commencer par le droit des peuples à disposer d'eux-mêmes.

Dans l'immédiat, sa conclusion met fin à toute possibilité d'un accord et sonne le glas du congrès de Châtillon, qui se sépare quelques jours plus tard.

Comme toujours, l'avenir de Napoléon se joue sur le tapis vert des champs de bataille. C'est donc vers eux qu'il faut revenir pour raconter la fin de l'histoire.

Le tournant

Nous avons laissé Napoléon à Troyes où il parvient, triomphant, fin février. En une dizaine de jours, il a décimé les deux principales armées ennemies et les a repoussées de plusieurs dizaines de kilomètres. Malheureusement, ce n'est qu'un répit. Blücher repasse à l'attaque tandis que Napoléon achève de poursuivre Schwarzenberg. Laissant 40 000 hommes pour contenir un retour offensif de l'armée de Bohême, l'Empereur fait volte-face et emmène avec lui sa garde pour tenter de surprendre une seconde fois le Prussien.

Or, cette troisième offensive, qui dure du 26 février au 13 mars, ne rencontre pas le succès escompté. D'abord acculé par les manœuvres combinées de Napoléon et du corps de Marmont, Blücher parvient à s'échapper en s'emparant le 3 mars de Soissons, prise majeure car la ville contrôle le dernier pont disponible sur l'Aisne et lui évite la destruction à laquelle son armée semblait promise. La garnison y est commandée par un certain… général Moreau[1] dont la capitulation précoce permet éga-

1. « Ce nom m'a toujours porté malheur », commente aussitôt Napoléon.

lement à Blücher de lier ses forces avec une partie de celles commandées par Bernadotte[1] et, partant, de devenir quasiment inexpugnable. Enfin, la perte de Soissons a pour conséquence d'augmenter les distances entre les armées de Silésie et de Bohême, ce qui contrarie d'autant les possibilités de retour de Napoléon.

Faisant fi du danger, l'Aigle se porte sans hésiter à la rencontre du Prussien. Le 7 mars, il se heurte à une partie notable de ses forces à Craonne. La bataille, acharnée, coûte environ 5 000 hommes à chaque camp. Si elle se solde par notre victoire, elle n'en laisse pas moins Blücher en situation pour poursuivre son avancée. Il s'agit donc d'une défaite stratégique[2], d'autant plus inquiétante que notre armée ne parvient plus à compenser ses dernières pertes, à la différence de la coalition dont les forces augmentent sans cesse. On en reçoit la confirmation trois jours plus tard, à l'occasion d'une nouvelle bataille qui l'oppose aux gros de Blücher autour de Laon. Trop affaibli pour remporter la décision, l'Empereur doit se retirer après avoir perdu 6 000 hommes supplémentaires, ce qui réduit sa masse de manœuvre disponible à environ 30 000 combattants[3].

---

1. En l'occurrence, les corps de Bülow et de Wintzingerode qui permettent à Blücher de doubler ses forces en les portant à 100 000 hommes.

2. Il faut se référer à Clausewitz selon lequel « les Russes fixent à Craonne une si belle défense que l'objectif principal – gagner Laon sans encombre – peut être atteint. Les Français ont beau voir dans ce combat de Craonne une défaite des Russes, il n'en est pas moins vrai que, parmi tous les combats qui se sont terminés par une retraite, l'histoire des guerres nous en montrerait difficilement une autre qui, au point de vue stratégique, se rapprochât plus d'une victoire », écrit-il dans sa fameuse analyse de la campagne de 1814. Après avoir remarqué que ce résultat a été obtenu sans que Blücher abandonne du matériel et des prisonniers, Clausewitz insiste sur le caractère nettement plus dommageable des pertes pour les Français, eu égard à la disproportion des forces.

3. « La jeune Garde fond comme la neige. La vieille Garde se soutient. Ma Garde à cheval fond aussi beaucoup », déplore Napoléon dans une lettre à Joseph écrite le 11 mars.

Inspirée par Schwarzenberg, la stratégie d'usure des Alliés commence à payer. Instituée sur le modèle de celle suivie en 1813, elle « avait pour but, comme l'explique Metternich, d'épuiser peu à peu les dernières forces de Napoléon au lieu de faire dépendre l'issue de la campagne de la perte d'une bataille générale. Ce plan, qui donnait des résultats lents, mais sûrs, nous paraissait devoir conduire infailliblement au succès définitif : les événements ont prouvé combien il était juste », conclut le chancelier autrichien.

Le début du mois de mars conjugue une triple désillusion : militaire avec l'échec de la dernière offensive, diplomatique avec le fiasco du congrès de Châtillon, enfin politique avec la nouvelle du ralliement de Bordeaux à Louis XVIII sur lequel nous reviendrons bientôt. Seule bonne nouvelle pour Napoléon : la révolte commence à gronder dans les régions occupées. Elle puise sa source dans les exactions commises par les Alliés, en particulier par les Russes et les Prussiens dont la brutalité contraste avec la retenue globale des Autrichiens et la discipline impeccable observée par les Anglais. Maisons brûlées, boutiques pillées, récoltes saisies, viols, tortures et assassinats se multiplient comme par exemple à Montmirail où une bande de 500 Cosaques piétine la foule avant de s'acharner sur une trentaine d'innocents. « L'un d'eux, dépouillé, nu, fut attaché sur une chaise, les pieds dans un baquet de neige fondue, en face de sa maison, dont il assista au pillage et au bris. Les cosaques prirent aussi quinze des notables, les mirent nus et leur donnèrent à chacun cinquante coups de knout », témoigne un contemporain qui rapporte ensuite que la majeure partie des « femmes et des filles ont été violées, même dans la rue. Il y en a eu qui se sont jetées par les fenêtres pour se soustraire aux outrages, précise-t-il. Des pères eurent les mains coupées à coups de sabre en voulant retirer leurs filles des mains de ces brutaux ».

Henry Houssaye, qui multiplie les témoignages de ce type dans son *1814* et évalue à 200 le nombre des villes et villages mis à sac, dresse en regard le portrait d'une France outragée, soulevée par la rumeur et avide d'en découdre. Si son tableau est sans doute un peu forcé, il n'en reste pas moins vrai que des bandes de partisans commencent à s'organiser, notamment en Champagne et dans la Lorraine. Attaquant les isolés et pillant les convois, cette petite guérilla multiplie les coups de main et commence à susciter une crainte certaine chez les Alliés. Afin de renforcer le mouvement, Napoléon prend le 5 mars un décret dans lequel il annonce la mort d'un prisonnier allié pour chaque Français exécuté et appelle les populations aux armes[1]. A défaut d'un soulèvement généralisé, la France semble enfin sortir de l'apathie et commencer à répondre aux exhortations de son empereur. Mais n'est-il pas déjà trop tard[2] ?

Le 13 mars, Napoléon écrase à Reims un corps russe isolé, commandé par un émigré, le général de Saint-Priest, qui trouve la mort au cours du combat. Ce « der-

1. « Tous les maires, fonctionnaires publics et habitants qui, au lieu d'exciter l'élan patriotique du peuple, le refroidissent chez les habitants, seront considérés comme des traîtres et exécutés comme tel », préconise également le texte rédigé à Fismes.

2. Une nouvelle fois Savary joue mal son rôle en se montrant incapable d'orchestrer la propagande de masse qu'exigent les circonstances : « Au lieu des bêtises dont on remplit chaque jour les petits journaux, pourquoi n'avez-vous pas des commissaires qui parcourent les pays d'où nous avons chassé les ennemis, et recueillent les détails des crimes qu'ils y ont commis ? Il n'y aurait rien de plus fort pour animer les esprits que le récit de ces détails », lui écrit l'Empereur dans une lettre que nous avons déjà citée. Napoléon multiplie alors les jugements assassins contre le duc de Rovigo, tel celui-ci consigné dans une lettre écrite le 16 mars à Cambacérès : « Le ministre de la Police me fatigue par ses petites passions. Je ne connais pas d'homme plus petit ni plus partial ; il partage toutes les petites haines de sa femme [...]. Il se mêle de choses misérables dont il ne devrait pas se mêler, au lieu de surveiller les maires qui se comportent mal, et d'avoir l'œil sur les grandes affaires de l'Etat. »

nier sourire de la fortune » (Marmont[1]) l'incite à se retourner contre l'armée de Schwarzenberg qui avance à nouveau dangereusement. Après trois jours de pause – qu'il met à profit pour réorganiser ses troupes et morigéner le pacifisme mortifère de Joseph et Savary – , il repart vers l'est, laissant aux corps d'Oudinot et Marmont le soin de contenir Blücher. Selon une de ses manœuvres favorites, il compte prendre l'armée de Bohême à revers et par surprise, en tombant sur ses arrières. Malheureusement, la nouvelle de son arrivée a été ébruitée et suffit à faire rétrograder l'ensemble des colonnes ennemies. Ainsi, au lieu de surprendre l'arrière-garde comme il l'escomptait, il se trouve le 20 mars confronté à la masse principale de la « grande armée » adverse devant Arcis-sur-Aube. A un contre quatre[2], le sort de la bataille est joué avant même qu'elle ait pu commencer. Pourtant, les Français résistent avec héroïsme et parviennent à se replier en bon ordre à l'issue de deux jours de combats sanglants. « J'ai tout fait pour mourir à Arcis », avouera l'Aigle, qui n'hésite pas à pousser son cheval sur un boulet fumant, cherchant une fin qui évoque celle de Léonidas aux Thermopyles.

Si, une fois de plus, l'honneur est sauf, la situation militaire n'en devient pas moins désespérée. Ayant subi son deuxième échec consécutif, après l'offensive manquée contre Blücher, l'armée impériale n'est plus en situation de remporter la victoire. Que faut-il faire ? Que peut-il faire ? La solution la plus tentante paraît être de mobiliser

1. « Ce terrible Napoléon, on croyait le voir partout. Il nous avait tous battus, les uns après les autres ; nous craignions toujours l'audace de ses entreprises, la rapidité de ses marches et ses combinaisons savantes », écrit Langeron.

2. Une vingtaine de milliers d'hommes contre environ 90 000 ennemis. Parcourant le terrain avec le général Sebastiani, l'Empereur l'interroge soudain : « Eh bien, que dites-vous de ce que vous voyez ? – Je dis que Votre Majesté a sans doute d'autres ressources que nous ne connaissons pas, répond le général. – Celles que vous voyez et pas d'autres », conclut Napoléon.

pour de bon l'ensemble de la population, armer Paris, les ouvriers et les paysans, « soulever la nation » comme le général Sebastiani y invite Napoléon. « Chimères, lui réplique alors ce dernier, chimères empruntées au souvenir de l'Espagne et de la Révolution ! Soulever la nation dans un pays où la Révolution a détruit les nobles et les prêtres, et où j'ai moi-même détruit la Révolution[1]. » L'esprit de 1793, qu'il a sans cesse à la bouche, s'entend comme limité à sa dimension patriotique, contrôlé par les notables et les officiers, sans cela la France retournerait à la barbarie et à l'anarchie qu'il se vante d'être le seul à pouvoir canaliser. 1814 annonce 1815 par son même refus de brader sa légitimité, de « descendre » pour devenir le roi d'une jacquerie comme il l'expliquera à Benjamin Constant.

A défaut de « front populaire », demeure donc la seule fortune des armes. Or, il ne peut espérer la reconquérir en demeurant sur place, avec des effectifs qui fondent un peu plus chaque jour. Il ne lui reste donc plus qu'à aller chercher des renforts là où ils se trouvent, c'est-à-dire dans les places fortes de l'Est qui conservent d'importantes garnisons. Son plan, d'une audace inouïe, vise donc à changer de ligne d'opérations afin de rassembler près de la frontière une nouvelle armée qu'il retournera contre des Alliés pris au piège entre la résistance intérieure et une masse de manœuvre qui leur barrera toute possibilité de retour à travers le Rhin.

Le lendemain d'Arcis, il part à marches forcées en direction de la Lorraine, persuadé que Blücher et Scwharzenberg vont se lancer à sa poursuite. Or, ces derniers décident exactement le contraire, soit le laisser partir et mettre à profit son absence pour marcher droit sur la capitale, certains que sa prise sonnera le glas de l'Empire.

1. L'échange est rapporté par Thiers, qui a très bien connu Sebastiani, dans son *Histoire du Consulat et de l'Empire*.

La décision fatale est prise lors du conseil de guerre qui se tient le 24 mars à Sommepuis. L'avis d'Alexandre et Blücher l'emporte en s'appuyant sur plusieurs pièces interceptées. En premier lieu, une lettre de Napoléon à Marie-Louise dans laquelle tout son plan est dévoilé. Ensuite, un courrier effrayé de Savary qui annonce une révolution « si l'Empereur ne réussit pas à éloigner les Alliés de Paris ». A ces lettres saisies s'ajoute un petit billet, dicté quelques jours plus tôt par Talleyrand à destination des Alliés, et qui selon ses détracteurs aurait été décisif : « Vous tâtonnez comme des enfants quand vous devriez marcher sur des échasses. Vous pouvez tout ce que vous voulez ; veuillez tout ce que vous pouvez[1]. »

Quoi qu'il en soit, Schwarzenberg, jusqu'alors réticent, se rallie à l'option offensive et accepte enfin de prendre tous les risques, sachant que la prise de la capitale doit intervenir en quelques jours sous peine pour les Alliés de se retrouver pris entre deux feux lors du retour de Napoléon. Afin de le retarder autant que faire se peut, un corps de cavalerie se lancera à sa poursuite, l'objectif étant bien évidemment d'abuser l'Empereur en lui faisant croire que toute l'armée ennemie part à ses trousses. Quand il réalisera la supercherie, il sera trop tard. Blücher et Schwarzenberg auront fait leur jonction…

Tout va désormais aller très vite. Le 25 mars, la défaite des corps de Marmont et Victor à Fère-Champenoise précipite le mouvement[2]. Tandis que Napoléon arrive à

---

1. Il a été dicté par Talleyrand à Dalberg qui l'a remis à Vitrolles afin qu'il le fasse parvenir aux Alliés.

2. Durant la bataille, 4 000 gardes nationaux, commandés par le général Patchod, se retrouvent encerclés et isolés. En dépit du caractère désespéré de leur situation, ils se forment en carrés et se battent avec héroïsme, perdant la moitié de leurs effectifs. Leurs cris répétés de « Vive l'Empereur » impressionnent vivement le tsar, qui a tout fait pour les sauver en leur proposant à plusieurs reprises une capitulation honorable.

Saint-Dizier[1], les premiers régiments alliés atteignent les faubourgs de la capitale. C'est seulement le 28 que l'Empereur découvre la destination finale de l'ennemi et comprend qu'il a fait fausse route. A l'issue de rapides conciliabules, il décide aussitôt de regagner Paris. D'abord accompagné de sa garde, il accélère encore et prend les devants en se jetant dans un cabriolet avec une poignée de fidèles. « Jamais il n'a mesuré plus impatiemment les distances ; il presse lui-même les postillons ; les roues brûlent le pavé », témoigne Fain[2]. Comme en 1809 en Espagne ou lors de son retour de Russie, il sait qu'il n'a plus une minute à perdre s'il veut espérer pouvoir conjurer sa perte[3].

Tout va donc dépendre de la capacité de résistance de la capitale. Malheureusement, Paris n'a pas les moyens de se défendre. Les forces péniblement rassemblées par Marmont et Mortier atteignent une quinzaine de milliers de soldats aguerris auxquels s'ajoutent autant de gardes nationaux. Face à eux, l'armée combinée de Blücher et Schwarzenberg avoisine 150 000 combattants. La situation est d'autant plus compromise que Marie-Louise et le gouvernement s'enfuient pour Blois le 29 mars, ce qui a pour effet de désespérer les combattants et d'aigrir la population, qui se sent abandonnée. La décision a été prise la veille au soir à l'issue d'un Conseil de régence présidé par Joseph. A l'exception de Clarke, tous les participants dont Talleyrand[4] ont pourtant plaidé, parfois avec

1. Il y bat le corps de Wintzingerode lancé à sa poursuite.

2. *Manuscrit de 1814*.

3. Un billet du fidèle Lavalette, reçu sur le chemin du retour, achève de lui ouvrir les yeux : « Les partisans de l'étranger, encouragés par ce qui se passe à Bordeaux, lèvent la tête : des menées secrètes les secondent. La présence de l'Empereur est nécessaire, s'il veut empêcher que sa capitale soit livrée à l'ennemi. Il n'y a pas un moment à perdre. »

4. « Je savais que l'Impératrice se défiait de moi et que, si je conseillais le départ, elle resterait. J'ai été pour qu'elle restât afin qu'elle partît ! », expliquera-t-il pour justifier sa position.

véhémence, afin que l'Aiglon et sa mère demeurent au milieu de leur peuple durant la bataille[1]. C'est alors que l'ancien roi d'Espagne a excipé deux lettres de Napoléon. Datées du 8 février et du 16 mars, elles ordonnent d'évacuer sa famille ainsi que les grands dignitaires en cas d'attaque contre la capitale : « Ne quittez pas mon fils, concluait Napoléon dans sa seconde lettre, et rappelez-vous que je préférerais le savoir dans la Seine que dans les mains des ennemis de la France. Le sort d'Astyanax, prisonnier des Grecs, m'a toujours paru le sort le plus malheureux de l'histoire. » Dès lors, le sort en est jeté.

C'est sans doute à ce moment que Talleyrand décide de franchir le Rubicon. En sortant du Conseil, il apostrophe sans ménagement le pauvre Savary : « Eh bien ! lui dit-il, voilà donc la fin de tout ceci ; n'est-ce pas aussi votre opinion ? Ma foi, c'est perdre une partie à beau jeu. » Avec ce mélange de cruauté et de cynisme qui n'appartient qu'à lui, il instruit ensuite le procès de l'entourage et dénonce la faiblesse de l'Empereur à son encontre avant de porter l'estocade : « Voyez, Monsieur, quelle chute dans l'histoire ! Donner son nom à des aventures, au lieu de les donner à son siècle. Quand je pense à cela, je ne puis m'empêcher d'en gémir. » Puis d'articuler sa trahison prochaine : « Maintenant, quel parti prendre ? Il ne convient pas à tout le monde de se laisser engloutir sous les ruines de cet édifice. Allons, nous verrons ce qui arrivera. L'Empereur, au lieu de me dire des injures, aurait mieux fait de juger ceux qui lui inspiraient des préventions ; il aurait vu que des amis comme cela sont plus à craindre que des ennemis. » Comme le duc de Rovigo demeure abasourdi, Talleyrand se jette dans sa voiture en disant simplement : « Nous verrons. » La certitude de la chute habite également Hortense, qui, toujours à l'issue du

1. Boulay de la Meurthe propose par exemple de faire parcourir Paris par Marie-Louise et son fils dans l'espoir de soulever la population.

Conseil, affirme à Marie-Louise qu'elle vient de perdre sa couronne. « Je vois avec plaisir que vous en faites gaiement le sacrifice », ajoute la fille de Joséphine, choquée par la légèreté de l'impératrice. Cette dernière s'approche alors d'Hortense et lui dit à l'oreille : « Vous avez peut-être raison, mais on vient de le décider ainsi, et si l'Empereur à un reproche à faire, ce ne sera pas à moi[1]. »

Le lendemain, un long cortège escorté par 1 200 hommes emmène l'essentiel des grands dignitaires et la famille impériale. Mû par une prescience et une force de caractère étonnantes chez un enfant de trois ans, le roi de Rome refuse catégoriquement de partir : « Je ne veux pas quitter ma maison ! Je ne veux pas m'en aller ! Puisque papa n'est pas là, c'est moi qui suis le maître », s'écrie-t-il. Il ne devait plus jamais revoir Paris.

*

Perdue avant même d'avoir été livrée, la dernière bataille de l'Empire dure toute la journée du 30 mars. Etrange bataille qui se déroule sans l'Empereur et en dehors de la cité. Tandis que les habitants vaquent à leurs occupations sans être autrement inquiétés[2], les combats font rage, en particulier autour de Pantin et Romainville. « Il faut que l'Europe couche aujourd'hui même à Paris » a annoncé le tsar, qui envoie ses colonnes à l'assaut tandis qu'il reçoit à son quartier général une délégation de notables parisiens afin de les rassurer sur ses intentions futures, cherchant à tout prix la popularité dans l'espoir d'obtenir des autres l'amour qu'il lui est impossible de se porter à lui-même. Non, dit-il en substance à ses interlo-

1. La conversation est rapportée par Hortense dans ses Mémoires.

2. « Tant que dura la bataille, le boulevard des Italiens et le café Tortoni furent remplis d'oisifs des deux sexes, assis comme de coutume sur les chaises qui s'y trouvent et regardant d'un air indifférent les Français blessés et les Alliés qui passaient », témoigne Underwood.

cuteurs apeurés, il ne fait pas la guerre à la France, mais au seul Napoléon. Non, il ne vient pas conquérir et terroriser mais apporter une paix durable qui implique la chute de son rival. Que les troupes mettent bas les armes et il garantira la sécurité de la capitale comme il laissera libre la France de choisir son gouvernement.

Tandis qu'Alexandre cajole et combat, Joseph se parjure et s'enfuit. Dernier bonapartide présent, il a pourtant fait placarder sur les murs une proclamation annonçant qu'il reste jusqu'à l'arrivée prochaine de Napoléon et appelant à combattre afin de « conserver l'honneur français ». Mais le spectacle des premiers combats a raison de sa volonté et il s'en va vers midi, laissant carte blanche aux maréchaux pour capituler. « Rostopchine n'avait pas prétendu défendre Moscou ; il le brûla. Joseph annonçait qu'il ne quitterait jamais les Parisiens, et il décampait à petit bruit, nous laissant son courage placardé au coin des murs », rugit Chateaubriand.

Et pourtant, la bravoure anime nos défenseurs qui luttent toute la journée afin de contenir les vagues de plus en plus puissantes lancées par l'envahisseur. Parmi les nombreux actes d'héroïsme qui ponctuent l'affrontement, la mémoire collective conserve le souvenir, immortalisé par Horace Vernet, de la défense de la barrière de Clichy par le maréchal Moncey. A la tombée de la nuit, 9 000 Alliés jonchent le sol, contre 3 000 Français, ce qui fait de la bataille de Paris la plus meurtrière de la campagne de France. Si la capitale même reste préservée, la résistance, faute d'hommes et de munitions, ne peut plus être prolongée. Une seconde journée de combats verrait l'invasion de la ville, ses monuments et ses habitants exposés. C'est pourquoi Marmont, pressé par les notables, accepte de signer la reddition honorable qui lui est proposée dans la nuit du 30 au 31 mars. Elle lui permet d'emmener ses troupes poursuivre le combat tandis qu'elle garantit la sécurité des lieux et des habitants moyennant évacuation immédiate et entrée des Alliés dans la capitale dès le lendemain. Habilement, Alexandre a su sacrifier l'accessoire à l'essentiel.

Désormais maître des événements, le tsar bénéficie de la complicité de Talleyrand pour arbitrer le destin de la France. Le prince de Bénévent a su mettre à profit la panique générale pour contrevenir aux « ordres » de Joseph et rester dans la capitale[1]. Seul grand dignitaire présent, il est à ce titre un interlocuteur incontournable, d'autant plus redoutable que le pauvre Joseph a oublié de faire partir les parlementaires, ouvrant ainsi la possibilité d'un 18 Brumaire à l'envers. Les ministres partis, Napoléon absent, le sphinx se retrouve ainsi et par défaut le premier personnage de l'Etat. Il ne va pas manquer l'occasion d'accomplir la vengeance dont il rêve depuis qu'il a été évincé. Dès le 30 au soir, il est à la manœuvre. On le trouve à l'hôtel de Raguse où il prend soin de flatter outrageusement Marmont pour sa défense héroïque de la journée avant de venir s'aboucher avec le comte Orloff, un aide de camp du tsar venu régler les modalités de l'occupation :

« Monsieur, lui dit-il, veuillez vous charger de porter aux pieds de Sa Majesté l'Empereur de Russie l'expression du profond respect du prince de Bénévent.

— Prince, je porterai soyez-en sûr ce blanc-seing à la connaissance de Sa Majesté », répond le Russe avec à propos.

Apprenant la nouvelle, Alexandre enregistre l'offre de service qu'il commente avec malice : « Ce n'est encore qu'une anecdote, mais cela peut devenir de l'histoire. »

Cette même nuit du 30 au 31 mars, Napoléon parvient à Fromenteau, près de Fontainebleau. Il y apprend la tragique

1. Il s'est présenté pour ce faire à un poste de la garde nationale commandé par Rémusat, un de ses proches. Selon une comédie préalablement réglée, il s'est fait refuser l'autorisation de sortie puis intimer l'ordre de regagner son hôtel. Il s'est ainsi couvert en cas d'un éventuel retour de Napoléon.

nouvelle alors qu'il n'est plus qu'à environ 50 kilomètres de sa capitale. Désormais, la Restauration est en marche.

Le complot

Depuis le début de la campagne de France, le retour de Louis XVIII était envisagé par Napoléon comme la seule alternative crédible en cas d'échec. Les autres solutions potentielles – Bernadotte, Louis-Philippe ou la république – se révèlent tout simplement impossibles à la fois en raison de leur impopularité et des divisions qu'elles suscitent parmi les Alliés. Tel est par exemple le cas pour le prince royal de Suède, uniquement appuyé par le tsar et le groupe de Coppet – Mme de Staël et Benjamin Constant – , mais rejeté par toute l'armée française et la majorité des diplomates. D'ailleurs, en dépit de ses nombreuses intrigues, ce Philippe Egalité du bonapartisme n'est pas parvenu à susciter l'ombre d'un mouvement populaire en sa faveur, ce qui a achevé de le discréditer. Issu de l'Ancien Régime mais enfant de la Révolution, Louis-Philippe semble posséder plus de chances, car il n'a jamais porté les armes contre son pays et a même vaillamment combattu au sein des armées républicaines à Valmy et Jemmapes. De surcroît, il est le fils d'un régicide[1] et a toujours pris soin de se démarquer des éléments les plus radicaux de l'émigration. Cependant, il demeure inconnu du peuple et ne dispose encore d'aucun réseau, que ce soit parmi les notables ou au sein des cours étrangères. Quant à la république, elle s'avère tout bonnement inacceptable pour les Alliés et ne suscite guère en France de nostalgie, les esprits restant hantés par l'héritage sanguinaire de la Terreur et l'incurie du Directoire. D'ailleurs, à l'instar de Fouché, aucun de ses anciens thuriféraires ne se risque à la revendiquer. Ainsi les Bourbons

1. « Il est du sang des Bourbons et il en est couvert », selon la formule de Mme de Rémusat.

s'imposent-ils petit à petit dans les esprits, tant au sein de la coalition que des élites impériales ; conquête par défaut, sachant que le dégoût de l'Empire l'emporte largement sur un sentiment royaliste qui reste de bout en bout ultra-minoritaire.

En 1814, la mémoire monarchique pâtit à la fois d'hostilité et d'oubli, double handicap qui semble longtemps insurmontable aux acteurs de la tragédie en cours. L'hostilité résulte de son identification à l'Ancien Régime puis à la contre-révolution. Les privilèges symbolisent le premier tandis que l'émigration personnifie la seconde. Ceux qui ont la mémoire plus longue se souviennent encore des guerres de Louis XIV, des défaites de Louis XV ou de la faiblesse de Louis XVI pour dresser un réquisitoire sans appel. Quand ils ne se montrent pas hostiles, les Français paraissent amnésiques, en particulier les plus jeunes pour qui la légitimité se personnifie dans l'Empereur. Un quart de siècle après la prise de la Bastille, la monarchie paraît pour tout dire bien oubliée, noyée sous des flots de gloire, occultée par l'ordre consulaire et le sabre de l'Empire. Loin de notre éternel présent médiatique, vivant sans recul sur le tempo de l'écran, la France de 1814 reste une civilisation de l'écrit, ignorant les visages. Ainsi, elle ne connaît pas la figure des deux frères cadets de Louis XVI, en l'occurrence le comte d'Artois qui a émigré depuis juillet 1789 et surtout son aîné, anciennement Monsieur, comte de Provence, qui se fait appeler le comte de Lille et prétend régner sous le nom de Louis XVIII depuis la mort de Louis XVII au Temple en 1795. Elle sait encore moins que l'avenir de la dynastie repose sur les deux fils du futur Charles X, les ducs de Berry et d'Angoulême, ce dernier marié à sa cousine, « l'orpheline du Temple », fille de Louis XVI et de Marie-Antoinette.

De surcroît, l'apparence et la biographie du prétendant ne plaident pas en sa faveur, surtout si on les compare avec celles de Napoléon. Obèse, goutteux et impuissant, le « roi de France » erre depuis vingt ans dans une Europe qui ne veut pas de lui. Après Coblentz, Vérone et Mittau, il a enfin trouvé refuge en Angleterre où il mène depuis sept ans une existence sans relief scandée par l'étiquette, entouré d'une poignée de fidèles, oublié par son peuple, ostracisé par les cours. Le parti royaliste s'est réduit comme une peau de chagrin, la majorité de ses adeptes ralliant « l'usurpateur » dès le Concordat. La proclamation de l'Empire, le mariage avec Marie-Louise et la naissance du roi de Rome ont achevé de le réduire tandis que la féerie des victoires entraînait ses enfants, la jeune noblesse préférant chevaucher l'Europe plutôt que s'enterrer au chevet d'un souverain podagre qui partageait son temps entre les plaisirs de la table et des promenades insipides. Enfin, Louis XVIII pâtit de l'hostilité du tsar. Alexandre, qui l'a accueilli dans ses Etats avant de l'en expulser après Tilsit, le juge incapable de comprendre la France nouvelle et partant d'espérer pouvoir la réconcilier.

En dépit de tous ces handicaps, la Restauration s'impose pourtant en quelques semaines comme le seul, ou plutôt le dernier recours possible. L'absence de solutions de rechange, si elle est naturellement déterminante, n'explique cependant pas tout. La France vit dans un cadre monarchique qu'elle doit avant tout… à Napoléon, qui a restauré ses trois piliers ancestraux, soit l'hérédité, la religion et la centralisation. Du Concordat à la noblesse d'Empire en passant par l'institution du maréchalat, des préfets ou du Conseil d'Etat, ses réformes puisent toujours dans le vivier des institutions de l'Ancien Régime, rénovées toutefois par le primat donné au mérite sur la naissance. Il n'en demeure pas moins que l'Empire est une monarchie héréditaire qui n'a cessé de se rapprocher du modèle bourbonien d'origine – la gloire en sus, la durée en moins.

La convergence se révèle d'autant plus que Louis XVIII a également su évoluer pour se rapprocher de la France nouvelle. Enfermé dans l'impasse idéologique de la contre-révolution, le prétendant a eu l'intelligence de recentrer son discours et de cesser d'ostraciser sans ménagement les partisans de la Révolution. Cette métamorphose s'arrête cependant aux principes, en d'autres termes à sa vision de sa propre légitimité au sujet de laquelle il demeure intraitable comme il le prouvera bientôt en octroyant la Charte et en datant ses actes de la dix-neuvième année de son règne. Tolérant dans la forme, il reste intransigeant sur le caractère religieux et historique qui fonde ses droits imprescriptibles à la couronne. Donné par Dieu, enraciné dans les siècles, le pouvoir royal considère la Révolution comme une parenthèse et l'Empire comme une usurpation. Mais, pour tout le reste, à commencer par l'utilisation des hommes et la répartition des pouvoirs, Louis XVIII a su s'adapter pour se rapprocher des deux demandes majoritaires du temps, à savoir la paix et la liberté.

Aux incantations théocratiques et vengeresses de ses premières proclamations[1], il substitue à partir de l'avènement de l'Empire des textes de plus en plus modérés, promettant à la fois l'oubli du passé et la fin de la guerre. A un discours de rupture, proche d'un Joseph de Maistre, il substitue par étapes un discours de rassemblement dans la lignée d'Henri IV dont il fait son modèle. Il accepte ainsi l'essentiel des lois et institutions existantes, notamment le Code civil et les biens nationaux, tandis qu'il promet d'abolir la conscription et les impôts les plus impopulaires. Il promet surtout d'apporter et de garantir la paix, oppose son nouveau mot d'ordre d'« union et oubli » à la dérive meurtrière et despotique de l'Empire blessé[2]. Si cette nouvelle politique l'isole au sein de son entourage, qui l'accuse de faiblesse et se regroupe autour de son cadet pour défendre l'intégrisme fondateur, elle suscite plus que de l'intérêt chez les élites impériales, en particulier chez ces « ralliés » souvent issus de

1. On pense plus particulièrement à la première, publiée depuis Vérone en 1795 à l'occasion de son « avènement ». Il y rejette en bloc toutes les institutions révolutionnaires et promet le châtiment des régicides.

2. En février 1813, à l'issue de la campagne de Russie, il lance une proclamation dans laquelle il promet « union, repos, paix et bonheur ».

l'émigration et qui dominent depuis 1810 la Cour et la haute administration. En somme, la « désertion » des élites traditionnelles qui a fait la faiblesse de Louis XVIII va désormais faire sa force en lui rouvrant de l'intérieur les portes du pouvoir. Elle a pour corollaire la permanence au pouvoir des grands notables qui domineront la France du premier XIXe siècle à l'image des Pasquier, Molé et autres Talleyrand[1].

Dès le début de l'année 1814, le comte de Lille active ses réseaux auprès des Alliés – leurs états-majors sont peuplés d'émigrés[2] – , tandis qu'il envoie débarquer sur le territoire français le comte d'Artois et ses deux fils afin de travailler les diplomates et se rapprocher des réseaux royalistes de l'intérieur[3]. En dépit de ce tissage, son poids reste insignifiant comme en témoigne la marginalisation dont sont victimes les princes auprès des représentants de la coalition.

En revanche, le royalisme remporte une véritable victoire en s'assurant de l'appui de Talleyrand dont la « conversion » lui assure ce poids intérieur dont il était jusqu'alors totalement dépourvu. Tout a été dit et écrit[4] sur l'évolution qui amène – entre janvier et mars 1814 – l'ancien ministre des Affaires étrangères de Napoléon à rallier la dynastie qu'il avait trahie et avec laquelle il sem-

1. Pasquier, alors préfet de police, sera ministre de Louis XVIII et présidera la Chambre des pairs durant la monarchie de Juillet. Talleyrand sera président du Conseil en 1815 puis ambassadeur de Louis-Philippe. Molé est le seul à avoir été ministre des trois régimes successifs (Empire, Restauration, président du Conseil de 1836 à 1839).

2. C'est en particulier le cas auprès du tsar avec des personnalités comme Langeron, Richelieu, Rochechouart et Pozzo di Borgo.

3. Le duc de Berry débarque à Jersey, le duc d'Angoulême gagne les Pyrénées à la suite de l'armée anglaise, tandis que le comte d'Artois parvient en Franche-Comté à proximité des Russes et des Prussiens.

4. On lira particulièrement sa récente biographie par Emmanuel de Waresquiel. Elle amène de nombreux éléments nouveaux par rapport aux travaux classiques de Lacour-Gayet et Madelin. Les royalistes l'approchent essentiellement par l'intermédiaire de Mme de Coigny, la « jeune captive » de Chénier.

blait irréconciliable tant en raison de son apostasie que de son rôle controversé dans l'exécution du duc d'Enghien. C'était oublier que Talleyrand se déterminait d'abord par son intérêt, ensuite par ses convictions. Or les deux l'amènent à trahir Napoléon, qui le tient en disgrâce depuis six ans et s'éloigne chaque jour davantage de la politique d'équilibre européen qu'il n'a jamais cessé de défendre depuis la Révolution. Par ailleurs, « le sphinx » possède un sens suffisamment aigu du rapport de force pour savoir que son ralliement est indispensable à Louis XVIII et qu'il peut le monnayer au prix fort, tant en termes de pouvoir personnel que de ligne politique. Or, son passé l'oblige à rester solidaire des hommes et des idées de la Constituante, autrement dit à exiger une constitution établissant une monarchie équilibrée qui lui permettrait de se rallier sans se renier. Il est d'autant plus déterminé à le faire qu'il sait Napoléon perdu depuis Leipzig : « C'est un homme fini, affirme-t-il par exemple à une de ses confidentes début 1814. […] Je veux dire que c'est un homme qui se cachera sous son lit. Il a perdu tout son matériel. Il est à bout. Voilà tout[1]. » Selon son habitude, il tisse sa toile en secret, dupant de bout en bout le pauvre Savary, qui le juge loyal alors qu'il continue presque sous son nez à tendre ses filets ; utilisant ses intimes pour correspondre avec les royalistes. « Tout Paris venait voir le prince en secret », rapporte Mme de Coigny[2]. A son instar, ses affi-

1. « Son plus grand mal, son mal sans remède, c'est l'isolement. Il est seul, comme il l'a voulu, seul en Europe, mais ce n'est rien, seul en France. […] Il s'est mis dans le vide, mais point d'appui. […] Avec tout l'esprit du monde, que peut-on devenir quand on s'est réduit pour toute conversation à la conversation de M. Maret ? Il n'écoute que ceux qui lui répondent ce qu'il leur dit », dit-il également devant Rémusat.

2. Napoléon n'est pas dupe, même s'il conserve presque jusqu'au bout l'espoir de le ramener à lui : « Je vous le répète, méfiez-vous de cet homme ! écrit-il par exemple à Joseph le 8 février 1814. Je le pratique depuis seize ans, j'ai même eu de la faiblesse pour lui ; mais c'est sûrement le plus grand ennemi de notre maison, à présent que la fortune l'a abandonné depuis quelque temps. »

dés comme l'abbé de Pradt ou le baron Louis sont à la fois des déçus de l'Empire et des adeptes du modèle anglais.

Début février, le petit groupe reçoit un renfort de poids en la personne du baron de Vitrolles, jeune et ardent royaliste que lui amène un autre de ses proches, le duc de Dalberg. C'est ce dernier qui accrédite l'émissaire auprès des Alliés, Talleyrand refusant de s'exposer en première ligne : « Vous ne connaissez pas ce singe, dit avec ironie Dalberg à Vitrolles, il ne risquerait pas de brûler le bout de sa patte, lors même que les marrons seraient pour lui tout seul[1]. » Désormais investi comme ambassadeur du quarteron de comploteurs, Vitrolles va durant tout le mois de mars multiplier les rencontres avec les principaux dirigeants de la coalition afin de leur prouver que la Restauration n'est pas le pis-aller impopulaire qu'ils redoutent mais bien une solution idéale qui réconciliera la France avec elle-même comme avec les Alliés. Infatigable et bon orateur, doté de la force de conviction que donne toujours la sincérité, il réussit à convaincre ses interlocuteurs que les Bourbons ne sont pas totalement oubliés et, surtout, qu'ils sont prêts à se démarquer de leur image contre-révolutionnaire pour s'entendre avec les élites impériales autour d'un compromis constitutionnel raisonnable.

Si Vitrolles s'attribue une importance démesurée dans ses Mémoires, il n'en demeure pas moins qu'il a familiarisé les diplomates européens, et notamment Metternich, avec l'idée d'une possible restauration de Louis XVIII, encore irrecevable quelques semaines plus tôt[2]. Cette

1. Dalberg ne bénéficie pas d'une bonne réputation comme en témoigne par exemple Pasquier qui le dépeint « intriguant jusqu'au point de devenir conspirateur, sans aucun principe sur quelque matière que ce fût, libéral, hautain et cauteleux tout à la fois, profondément corrompu, comme le sont les oisifs blasés que l'ennui et la satiété ont démoralisés ».

2. Exception faite des Anglais qui ont toujours été favorables à la Restauration.

perspective a également gagné du terrain en raison de la rupture des négociations de Châtillon.

A joué enfin en sa faveur le ralliement de Bordeaux à la royauté, peut-être l'événement le plus décisif car il prouve qu'il existe encore un peuple royaliste. La capitale portuaire du Sud-Ouest avait lourdement souffert du Blocus et de la crise économique des années 1810. Aussi constituait-elle un terrain idéal d'expérimentation pour les royalistes qui y disposaient de nombreux relais, à commencer par Lainé qui venait de se distinguer comme chef de file de l'opposition parlementaire naissante. Toutefois, il devait rester à l'écart, le rôle majeur revenant à l'association secrète des Chevaliers de la foi. Dirigée par Mathieu de Montmorency et les frères Bertier de Sauvigny, elle avait été fondée conjointement afin de soutenir le pape et renverser l'Empire. Après avoir appuyé le complot de Malet, elle a su se faire oublier en entrant dans la clandestinité, calquant son organisation sur le modèle pyramidal et opaque de la franc-maçonnerie. Elle n'en continue pas moins de recruter et compte plus de 400 membres dans le Sud-Ouest en 1814. C'est elle qui persuade le maire, un dénommé Lynch, de franchir le Rubicon en profitant de l'entrée du duc d'Angoulême dans la ville, à la suite de l'armée anglaise, pour arborer la cocarde blanche et entrer dans l'histoire. Le 12 mars 1814, les acclamations sincères de la population, qui réserve un accueil triomphal au neveu de Louis XVIII, prouvent à tous les contemporains que la bannière immortalisée par Henri IV séduit encore bien au-delà du cercle vieillissant de l'aristocratie émigrée. A partir de là, la Restauration cesse d'être une hypothèse pour devenir une probabilité.

Pourtant, jusqu'à l'entrée des Alliés dans Paris, rien n'est joué. S'il penche de plus en plus en faveur des Bourbons, Talleyrand n'est pas encore acquis et a pris garde à ne pas se prononcer. Du côté des Alliés, le frein principal demeure l'hostilité affichée d'Alexandre Ier : « Les obstacles qui séparent les princes de la maison de Bourbon du trône de France me paraissent insurmontables, confie-t-il par exemple à Vitrolles. Ils reviendraient aigris par le malheur ; et ne seraient pas maîtres de modérer ceux qui ont souffert pour eux et par eux. L'esprit de l'armée, de cette armée si puissante en France, leur est opposé. L'entraînement des générations nouvelles leur serait contraire ; les protestants ne verraient pas leur retour sans crainte et sans opposition. » En définitive, « l'esprit du temps leur est opposé ». Le tsar interroge ensuite son interlocuteur pour savoir s'il connaît les princes de la famille royale : « Eh bien, conclut Alexandre, si vous les connaissiez, vous seriez persuadé que le fardeau d'une telle couronne serait trop lourd pour eux. »

*

Paris, le 31 mars 1814. La rencontre attendue entre l'autocrate libéral et le « chef de la coalition ennemie du dedans » (Ségur[1]) est précédée par l'impressionnant défilé des vainqueurs dans la capitale[2]. Dans une tenue impeccable, plus de 50 000 hommes irradient leur puissance le long d'un itinéraire qui les mène du faubourg Saint-Martin aux Champs-Elysées. Au fur et à mesure qu'ils s'éloignent des pourtours populaires pour gagner le cœur aristocratique de la cité, des vivats se font entendre et des

1. On aura compris qu'il s'agit respectivement d'Alexandre et Talleyrand.

2. Louis Madelin en donne un aperçu fidèle dans son *Histoire du Consulat et de l'Empire* : « Les cosaques rouges de la garde du tsar ouvraient la marche, faisant, à pleines trompettes, retentir l'air de leurs sauvages fanfares ; ils étaient suivis de la cavalerie prussienne et russe, dont les chevaux frappaient durement le rude pavé de Paris. L'Empereur de Russie s'avançait derrière ces milliers de cavaliers, ayant à sa droite le prince de Schwarzenberg, représentant l'empereur d'Autriche et à sa gauche, le roi Frédéric-Guillaume ; ils étaient entourés d'un prodigieux état-major où toute l'Europe était représentée. Derrière, c'était le long défilé de l'infanterie, puis de l'artillerie, terminé par 47 escadrons de cuirassiers russes et les magnifiques chevaliers gardes du tsar. »

cocardes blanches font leur apparition[1]. Les brassards blancs abordés par les alliés sont perçus à tort comme un manifeste royaliste alors qu'ils ne constituent qu'un simple signe de reconnaissance[2]. Qu'importe ! Le Paris royaliste voit ce qu'il croit et célèbre avec une joie indécente la défaite de nos armées et la revanche de leurs idées. « Les boulevards dans toute leur longueur, toutes les fenêtres, tous les étages furent pavoisés de drapeaux blancs, de mouchoirs blancs que les femmes agitaient en poussant des cris d'allégresse. D'autres femmes, à pied, en calèche, distribuaient à tous les passants des cocardes blanches et des nœuds de rubans de leurs parures », témoigne Mme de Chastenay. Place Vendôme, une poignée de « jacobins blancs » (Barante) s'attaque à coups de pioches et de cordes à la statue de Napoléon. Comme ils n'arrivent pas à la renverser, l'un des leurs se hisse sur une échelle et soufflette son visage.

Sur ces entrefaites, Alexandre se dirige vers l'hôtel particulier de la rue de Saint-Florentin pour l'entretien décisif[3]. Le tsar a pu constater que si les cris en faveur des Bourbons ont été partiels, aucune voix ne s'est élevée pour réclamer le salut de l'Empire. En revanche, les nombreux vivats qu'il a recueillis l'ont mis dans d'excellentes dispositions envers Talleyrand dont il vient d'accepter l'hospitalité. Comme il l'a fait à de nombreuses reprises

1. « Le temps était superbe, témoigne Nesselrode. Les boulevards étaient couverts de monde endimanché. On avait l'air d'y être réuni pour une fête et non pour l'entrée des armées ennemies. »

2. « En voyant ces insignes, les Parisiens furent persuadés que l'Europe s'était armée pour les Bourbons ; et en arborant, par crainte ou par esprit de conciliation, des couleurs qu'ils réprouvaient au fond du cœur ; ils persuadèrent aux alliés que les royalistes étaient nombreux. Méprise des deux côtés, qui amena une nouvelle journée des dupes », s'indigne Henry Houssaye dans son *1814*.

3. Il est notamment accompagné par le roi de Prusse, Schwarzenberg et Pozzo di Borgo.

durant les derniers jours, Alexandre engage le débat en rappelant sa position de principe : il n'a jamais combattu la France mais seulement la folle ambition de Napoléon. Le sort de celui-ci réglé, il s'engage à ne pas peser sur son choix et à soutenir le gouvernement qu'elle voudra se donner. Reste maintenant à savoir lequel. Il interroge alors Talleyrand, qui saisit la balle au bond et parvient à dégager le concept fondateur qui justifie la Restauration : « Sire, commence-t-il, des intrigants de plus d'une espèce vont s'agiter autour de vous ; mais souffrez l'expression, ni vous ni moi ne sommes assez forts pour faire réussir une intrigue [...] mais nous pouvons tout avec un principe. Je propose d'admettre celui de la légitimité qui rappelle au trône les princes de la maison de Bourbon. Ces princes rentrent aussitôt d'intérêt avec les autres maisons souveraines de l'Europe, et celles-ci, à leur tour, trouvent une garantie de stabilité dans le principe qui aura sauvé cette ancienne famille. On sera fort, avec cette doctrine à Paris, en France, en Europe[1]. »

Après le pourquoi, Talleyrand s'attache à décliner le comment. Afin de rester le plus possible dans la légalité, corollaire naturel de la légitimité, l'Aigle ne doit pas être renversé brutalement mais déposé publiquement par le Sénat, gardien des institutions et seul corps constitué présent dans la capitale. Celui-ci devra également nommer un gouvernement provisoire et établir dans l'urgence une constitution qui limitera les marges de manœuvre de Louis XVIII en lui imposant les hommes et les principes de la Révolution. On parviendra ainsi à cet alliage de la tradition et de la liberté moderne qui fait la force du modèle anglais et a été vainement tenté en 1791. Le tsar continuant à émettre des réserves, le prince de Bénévent fait

1. Nous avons choisi la version rapportée par Beugnot dans ses Mémoires comme paraissant la plus crédible. Selon Thiers, il conclut ainsi son propos liminaire : « La République est une impossibilité ; la Régence, Bernadotte sont une intrigue ; les Bourbons seuls sont un principe. »

appuyer son propos en introduisant l'abbé de Pradt[1], le baron Louis et le général Dessoles qui faisaient jusqu'alors antichambre. Le trio – composé à bon escient d'un ecclésiastique, d'un financier et d'un militaire – conforte comme il se doit l'analyse du maître des lieux et parvient enfin à circonvenir Alexandre Ier. Ce dernier accepte alors de signer la proclamation que lui a fait préparer Talleyrand. Si elle ne se prononce pas encore ouvertement en faveur de la Restauration, elle n'en franchit pas moins le premier pas décisif, celui de la destitution, en promettant que les Alliés ne traiteront plus avec Napoléon, ni avec aucun membre de sa famille, ce qui exclut *de facto* la régence du champ des négociations. Enfin, elle conforte Talleyrand en donnant carte blanche au Sénat pour désigner un gouvernement provisoire et fixer le cadre des institutions futures[2]. Désormais, la chute de Napoléon devient publiquement le premier but de guerre de la coalition.

---

1. Talleyrand, qui le tient dans une estime toute relative, parvient à l'écarter le lendemain en l'envoyant agiter un mouchoir blanc dans les rues de la capitale. D'abord bien accueilli, Pradt se trouve ensuite pris à partie et doit prendre ses jambes à son cou pour regagner l'hôtel de Talleyrand « où il arriva essoufflé et crotté jusqu'à l'échine », selon Beugnot.

2. Voici les passages décisifs du texte : « Si les conditions de paix devaient renfermer de plus fortes garanties lorsqu'il s'agissait d'enchaîner l'ambition de Bonaparte, elles doivent être plus favorables lorsque, par un retour vers un gouvernement sage, la France elle-même offrira l'assurance du repos. Les souverains proclament, en conséquence, qu'ils ne traiteront plus avec Napoléon Bonaparte ni avec aucun membre de sa famille ; qu'ils respectent l'intégrité de l'ancienne France, telle qu'elle a existé sous ses rois légitimes ; ils peuvent même faire plus, parce qu'ils professeront toujours le principe que, pour le bonheur de l'Europe, il faut que la France soit grande et forte. Ils reconnaîtront et garantiront la constitution que la nation française se donnera. Ils invitent par conséquent le Sénat à désigner sur-le-champ un gouvernement provisoire […] et à préparer la constitution qui conviendra au peuple français. » La référence explicite aux « rois légitimes » marque clairement la préférence du tsar.

Pris entre d'une part les menées des royalistes intransigeants, qui refusent toute constitution, et d'autre part la menace d'un retour offensif de Napoléon, Talleyrand sait qu'il doit agir vite… même s'il n'entend pas se précipiter afin de conserver de bout en bout le contrôle de la manœuvre avec le sang-froid nécessaire. Aussi convoque-t-il dès le lendemain 1er avril tous les sénateurs présents dans la capitale afin d'accomplir la première partie de son plan. Avec leur docilité habituelle, les « gardiens de l'Empire » vont l'abattre de fait en désignant un gouvernement provisoire composé de cinq membres. Sous la présidence de Talleyrand, ce nouveau Directoire comprend trois de ses intimes soit Beurnonville, Dalberg et Jaucourt, auxquels s'ajoute un seul royaliste « de la veille », en l'occurrence l'abbé de Montesquiou qui a piloté les réseaux de Louis XVIII durant le Consulat après avoir siégé à la Constituante. La séance pose aussi les bases de la future Charte en adoptant une série de propositions qui garantissent les libertés fondamentales, la vente des biens nationaux, sans oublier la pérennité du Sénat et du Corps législatif qui « seront déclarés partie intégrante de la constitution projetée ». En résumé, la royauté devra abjurer la Contre-Révolution pour revenir au pouvoir sous les auspices des hommes de 1789. Dans la foulée, Talleyrand forme un ministère composé de techniciens et d'ennemis avérés de Napoléon comme Bourrienne, qui reçoit la direction des Postes, tandis que le général Dupont, le vaincu de Baylen, se trouve extirpé de prison pour recevoir le portefeuille de la Guerre[1]. La petite équipe se met

1. Par ailleurs, le baron Louis reçoit les Finances, Beugnot l'Intérieur, l'ancien ambassadeur en Espagne Laforest les Affaires étrangères, les Sceaux revenant à Henrion de Pansey, un juriste renommé. La Police, ramenée au rang de direction générale, est confiée au baron Anglès. Deux noms illustres de l'histoire révolutionnaire complètent ce ministère, à savoir Malouet, ancien chef des monarchiens, à la Marine, et Dupont de Nemours, ancien collaborateur de Turgot et auteur de *La Physiocratie*, qui accède au secrétariat général.

aussitôt au travail ; elle veille en particulier à contrôler la presse et à assurer l'approvisionnement de la capitale. A l'instar du tsar, elle siège à l'hôtel de Talleyrand, au niveau inférieur, ce qui lui vaudra de recevoir le sobriquet de « ministère de l'entresol ».

Les royalistes de la capitale, qui commencent à s'organiser sous la houlette de Vitrolles et de Sémallé, craignent d'être marginalisés et entendent préserver les marges de manœuvre du souverain vis-à-vis des anciens révolutionnaires. Ils invitent donc Talleyrand à faire prononcer la déchéance de Napoléon à la fois sans délais et sans contreparties. A défaut du chef du gouvernement provisoire, qui fait la sourde oreille et entend toujours leur imposer sa constitution, ils parviennent à entraîner le conseil municipal de Paris, ravi de sortir de l'anonymat en prenant de vitesse le Sénat. Une proclamation rédigée par un certain Bellart est adoptée, toujours le 1er avril, à l'écrasante majorité de treize voix sur quatorze votants. Elle fustige Napoléon en des termes incendiaires avant d'exprimer « le vœu le plus ardent pour que le gouvernement monarchique soit rétabli dans la personne de Louis XVIII et de ses successeurs légitimes[1] ». Dès l'origine, un clivage net se dessine ainsi entre royalistes constitutionnels et ultras, les premiers partisans d'une monarchie limitée, les seconds réactionnaires et hostiles à tout ce qui pourrait s'apparenter à une reconnaissance de

1. « Vous devez tous les maux qui vous accablent à un seul homme. C'est lui qui, chaque année, par la conscription, décime nos familles. C'est lui qui, au lieu de 400 millions que la France payait sous nos bons et anciens rois, pour être libre, heureuse et tranquille, nous a surchargés de plus de quinze cent millions d'impôts auxquels il menaçait d'ajouter encore. C'est lui qui nous a fermés les mers des deux mondes, qui a taxé toutes les sources de l'industrie nationale, arraché à nos champs les cultivateurs, les ouvriers à nos manufactures […] », accuse notamment la proclamation avant de proclamer que le Conseil « renonce formellement à toute obéissance envers Napoléon Bonaparte » et réclame le retour de Louis XVIII sans conditions.

la Révolution. De leur impossible conciliation naîtra le schisme entre libéralisme et légitimisme, autrement dit 1830 perce d'entrée sous 1814.

Dans l'immédiat, l'offensive des blancs oblige Talleyrand à franchir le point de non-retour, sans doute plus vite qu'il ne l'aurait souhaité. A sa demande, le Sénat se réunit dans la nuit du 2 au 3 avril pour voter la déchéance. Il motive sa décision au moyen de considérants inouïs si l'on veut bien se rappeler que la Chambre haute a toujours été le bras armé législatif de toutes les dérives de l'Empire. Sans aucune pudeur ni retenue, le réquisitoire accuse donc Napoléon de tous les maux dont le Sénat a été complice, de la conscription de masse à l'établissement d'impôts arbitraires en passant par les violations des libertés, à commencer par celle de la presse. Suit la déchéance proprement dite qui est déclinée en trois articles secs[1]. « Il est des temps où l'on ne doit dépenser le mépris qu'avec économie, à cause du grand nombre de nécessiteux », ironisera un Chateaubriand vieillissant, revenu à de meilleurs sentiments envers l'« ogre » qu'il s'apprête alors à exécuter par la publication de *De Buonaparte et des Bourbons*.

Le 3 avril, les membres présents du Corps législatif, rassemblés à la hâte, emboîtent le pas aux sénateurs et jettent à leur tour à bas l'homme et le régime auxquels ils ont prêté serment. L'hallali attire dans l'arène les folliculaires. Dans la foulée de Chateaubriand, des centaines de pamphlets commencent à pulluler contre le « Corsicain » qui

1. « Art. 1 – Napoléon Bonaparte est déchu du trône, et le droit d'hérédité établi dans sa famille est aboli.

Art. 2 – Le peuple français et l'armée sont déliés du serment de fidélité envers Napoléon Bonaparte.

Art. 3 – Le présent décret sera transmis par un message au gouvernement provisoire de la France, envoyé de suite à tous les départements et aux armées, et proclamé incessamment dans tous les quartiers de la capitale. »

n'est, si l'on en croit René, « pas même français ». La légende noire prend son envol pour dénoncer en des termes plus élevés avec Benjamin Constant l'esprit de conquête et l'usurpation, barbaries antinomiques avec la liberté des modernes véhiculée par le commerce et l'industrie. Tyran, démodé, sanguinaire, Napoléon se trouve accusé de tous les vices et de tous les crimes par de multiples « Rousseau du ruisseau » – par exemple d'avoir empoisonné ses hommes en Egypte et de les avoir laissé mourir de froid en Russie. Comme toujours, la compression trop longue de la pensée produit en retour l'excès inverse lorsque les rênes se relâchent. Cette impérialophobie naissante favorise les manœuvres de Talleyrand, qui l'exploite auprès des Alliés. Médiateur naturel entre les deux France, le prince de Bénévent est bien le grand vainqueur des trois journées écoulées. Sans faire couler le sang, il vient d'accomplir un 18 Brumaire à rebours, avec la complicité d'une poignée de comparses. Si la déchéance parlementaire constitue à ses yeux une victoire essentielle, il n'a pourtant pas encore gagné la partie. En effet, Napoléon est d'une tout autre envergure que Barras, roi sans couronne d'un régime discrédité. L'Empereur possède encore 60 000 hommes sous ses ordres, à seulement une cinquantaine de kilomètres de Paris, et paraît décidé à en découdre avec la coalition. De surcroît la France, désormais dirigée par deux pouvoirs, semble au bord de la guerre civile.

L'abandon

Pour comprendre ce qui va suivre, il faut procéder à un bref retour en arrière. Nous avons laissé Napoléon le 30 mars, à son arrivée nocturne au relais de la Cour de France, au moment où il apprend la nouvelle de la capitulation de la capitale de la bouche du général Belliard. Son premier réflexe est de n'en pas tenir compte et d'accourir sans débrider. Berthier et Caulaincourt parviennent avec difficulté à l'en dissuader en lui martelant que plus de 150 000 Alliés sont devant lui alors que ses troupes ne l'ont pas encore rejoint. L'impatience laisse alors place à une colère terrible, sans retenue : « Tout le monde a donc perdu la tête ! tempête Napoléon. Voilà ce que c'est que d'employer des hommes qui n'ont ni sens commun ni énergie… Ce cochon de Joseph qui s'imagine être en état de conduire une armée aussi bien que moi ! et ce j… f… de Clarke qui n'est capable de rien, si on le sort de la routine de ses bureaux[1]. » Durant des heures, il hésite, palabre, argumente encore, cherche par tous les moyens à reprendre l'initiative : « Quatre heures plus tôt et je sauvais la France ! déplore-t-il. Ne pas tenir quatre heures… Un peu d'énergie et l'ennemi était perdu ! Paris eût été le tombeau des étrangers. Il faut trois jours pour que j'aie mes troupes… que d'événements se passeront d'ici là[2]. » Il consent finalement à lâcher prise et décide de gagner Fontainebleau, où il rassemblera ses forces tandis que Caulaincourt négociera afin de gagner le temps nécessaire : « Allez sauver la France et votre Empereur », lui enjoint Napoléon, qui ne se fait pourtant guère d'illusions sur ses chances de réussite[3].

Il se dirige donc vers Fontainebleau où il arrive le 31 mars à l'aube. Tandis que le destin se joue à la fois sans lui et contre lui, il continue à privilégier la solution militaire, concentre ses troupes afin de lancer la contre-attaque qui lui permettra d'écraser l'ennemi avec la complicité des Parisiens. Mais il a beau continuer à faire

1. Sa réaction est rapportée par Henry Houssaye dans son *1814*. Belliard en propose une version plus musclée dans ses Mémoires.

2. Jean Thiry rapporte ces propos de Napoléon reconstitués à partir des principaux témoignages contemporains dans *La Chute de Napoléon Ier*.

3. « Caulaincourt, lui dit-il, vous ne connaissez pas les hommes. Trois jours, deux jours ? Vous ne savez pas ce qu'on peut faire dans un temps si court. Vous ne savez pas ce qu'on fera jouer d'intrigues contre moi, vous ne savez pas combien il y a d'hommes qui me quitteront ; je vous les nommerai tous si vous voulez. »

comme si, le doute le ronge au fur et à mesure qu'il reçoit les dépêches de plus en plus alarmistes de Caulaincourt, repoussé partout et par tous, impuissant à arrêter le complot parlementaire comme à attendrir le tsar[1].

Le 2 avril, il le reçoit longuement et semble, pour la première fois, envisager son départ avec sérénité : « Je ne tiens pas au trône [...]. Soldat, je puis sans me plaindre redevenir citoyen. Mon bonheur n'est pas dans les grandeurs. J'ai voulu la France, grande, puissante, heureuse ; je la veux avant tout heureuse. J'aime mieux quitter le trône que de signer une paix honteuse. » Seuls les Bourbons en ont la possibilité « car ils n'ont point de sacrifices à faire. Ils la retrouvent (la France) telle qu'ils l'ont laissée, puis ils conviennent tout à fait à Alexandre. Ils ne l'empêcheront pas de régenter l'Europe[2] ». Mais, bientôt, l'indignation l'emporte à nouveau : « Je me suis conduit vis-à-vis des rois en souverain, ils se conduisent envers moi comme des jacobins », clame-t-il devant son interlocuteur.

Que faire ? Quand et comment réagir ? Ces soixante jours de campagne, ponctués de batailles, de triomphes et d'échecs, sans repos, toujours sur le qui-vive, commencent à éprouver ses nerfs et à lui faire perdre la lucidité sans

1. Le duc de Vicence rencontre plusieurs fois Alexandre en vain. Il voit également Schwarzenberg, Talleyrand, Pasquier, ainsi que plusieurs sénateurs et autres diplomates et dignitaires. Le tout en pure perte comme il l'écrit dès le 31 mars au soir à Napoléon : « On me repousse. [...] La déclaration des souverains, affichée dans l'après-midi, prouve que la trahison a, je le crains, déjà fait bien du chemin. [...] Beaucoup de choses s'éclairciront sans doute d'ici à demain mais chacun me fuit. [...] Je n'ai pas vu un visage ami. [...] Cette réserve [...] donne à Votre Majesté la mesure de l'opinion et du caractère des hommes restés ici. Je stimule les bons, j'encourage les faibles ; je trouve bien peu de Français, je le dis avec douleur à Votre Majesté. »

2. Napoléon ajoute, toujours d'après les Mémoires de Caulaincourt : « C'est Talleyrand qui a mis depuis quelque temps cette idée dans la tête des souverains mais il sera un jour l'opprobre de la postérité, moins peut-être pour m'avoir trahi que pour avoir combiné et consenti à la spoliation de sa patrie au profit de l'étranger. »

laquelle le politique est toujours condamné à la faute. L'épuisement physique décuple la tristesse morale. Les étincelles d'espoir se font ainsi de plus en plus rares, le laissant seul devant la dictature des faits, en proie au dégoût de l'abandon. Tenter de comprendre le Napoléon de la fin oblige à garder à l'esprit le spectacle d'une volonté en lutte avec une désillusion, la solitude tragique du pouvoir lorsqu'il est aux abois et que ses ordres se perdent dans l'indifférence, que sa foi en lui s'effondre devant les regards tour à tour apeurés et hostiles. Nous n'avons plus affaire au Bonaparte de Lodi ou du Consulat, monstre d'énergie au charisme irrésistible, mais au chef vacillant d'un Empire déchu ; un pied dans l'action, l'autre dans la fatalité ; oscillant selon les instants d'une exaltation suspecte à une atonie morbide, Janus écartelé ayant perdu tous ses repères depuis qu'il n'est plus le seul maître de son destin.

Alors que sa déchéance vient d'être proclamée et que le gouvernement provisoire invite déjà l'armée à déserter sa cause, il éprouve le besoin de venir s'adresser à ses vieux compagnons de gloire pour éprouver leur fidélité. Son discours enchaîne quatre thèmes : l'occupation, sa volonté de paix, la trahison, la vengeance. « Officiers, sous-officiers et soldats de ma vieille garde, l'ennemi nous a dérobé trois marches. Il est entré dans Paris. J'ai fait offrir à l'Empereur Alexandre une paix achetée par de grands sacrifices : la France, avec ses anciennes limites, en renonçant à nos conquêtes, en perdant tout ce que nous avons gagné depuis la Révolution. Non seulement, il a refusé, il a fait plus encore : par les suggestions perfides de ces émigrés auxquels j'ai accordé la vie, et que j'ai comblés de bienfaits, il les autorise à porter la cocarde blanche, et bientôt il voudra la substituer à notre cocarde nationale. Dans peu de jours, j'irai l'attaquer à Paris. Je compte sur vous. » Silence. Napoléon reprend : « Ai-je raison[1] ? » Un

1. La citation du discours de l'Empereur est extraite du *1814* d'Henry Houssaye.

immense vivat lui répond. « On s'était tus, parce que l'on croyait inutile de répondre », précise un témoin[1].

Comme l'a notamment observé Thiers, l'enthousiasme de la troupe contraste avec l'hostilité du haut commandement[2]. Or, l'adhésion de ce dernier est indispensable à l'orchestration des prochaines opérations. Le drame de l'Empire finissant réside tout simplement dans son lâchage par ses masses de granit sur lesquelles il a perdu prise. Le manifeste des représentants en janvier précédent incarne l'abandon des élites civiles ; la fronde des maréchaux, qui couve depuis l'été 1813, va le priver de toute capacité de riposte militaire et par là même précipiter sa perte. On l'a dit et répété : la multiplication des défaites a engendré une crise de confiance qui n'a cessé de s'aggraver durant les derniers mois. La chute de Paris, suivie de la trahison de Talleyrand et du vote de la déchéance, libère bien des consciences à commencer par celle des maréchaux. Leur abandon va s'abriter derrière la bannière de l'honneur qui commande de préserver le pays envahi et menacé par la guerre civile. Il prétextera ainsi la sacralité de l'intérêt général pour mieux réclamer le maintien des conditions et fortunes acquises auprès du nouveau pouvoir en gestation.

---

1. Il s'agit du général Pelet. La Garde se met aussitôt en marche vers Essonnes. « Ceux qui, au travers de la forêt, ont suivi sa marche sous les grandes futaies éclairée par les rayons de la lune, ont gardé de ce spectacle unique la plus durable impression, écrit Pasquier. Le plus profond silence régnait dans les colonnes et, au recueillement dans lequel elles s'avançaient, il était facile de juger que cette admirable troupe avait la conviction qu'elle allait dans un dernier combat terminer sa glorieuse carrière. »

2. « Dans les rangs inférieurs de l'armée, il existait quelquefois le sentiment de la fatigue physique, mais un jour de soleil, un bon repas, une heure de repos, la vue de Napoléon, suffisaient pour la faire disparaître. C'était parmi les chefs que se manifestait la plus dangereuse des fatigues, la fatigue morale, et elle était proportionnée au grade, c'est-à-dire à la prévoyance. Grande chez les généraux, elle était extrême chez les maréchaux », analyse-t-il dans son *Histoire du Consulat et de l'Empire*.

1814 joue ainsi, et de bout en bout, le scénario du 18 Brumaire qui a vu la manœuvre parlementaire précéder l'irruption de la force. La scène décisive se déroule le 4 avril à Fontainebleau. Napoléon y a convoqué ses lieutenants pour procéder à un tour de table et orchestrer la contre-offensive sur Paris. Sont notamment présents Berthier, Ney, MacDonald, Lefebvre, Moncey, Oudinot, ainsi que les fidèles : Caulaincourt, Maret et Bertrand. L'Empereur expose son plan d'attaque avec fougue. Il ne rencontre d'abord qu'un silence hostile. C'est Ney qui, semble-t-il, rompt la glace en demandant à l'Aigle s'il a connaissance de la déchéance. Ce dernier tente de minimiser en rappelant qu'elle est anticonstitutionnelle et ne comptera plus une fois les Alliés écrasés. « Sire, ose le maréchal, il est temps d'en finir ! Votre situation est celle d'un malade désespéré ! Il faut faire votre testament et abdiquer pour le roi de Rome. » Napoléon tente alors de discuter d'égal à égal, entre vieux compagnons d'armes : « Ma femme, mon fils ne se soutiendraient pas une heure », plaide-t-il devant ses interlocuteurs, s'échinant à leur prouver qu'ils peuvent encore vaincre s'ils demeurent unis. Ney, toujours lui, aurait alors déclaré que l'armée ne marcherait pas sur Paris :

« L'armée m'obéira, affirme Napoléon.

— Sire, l'armée obéit à ses généraux, rétorque le “brave des braves”.

— Que voulez-vous donc, messieurs ? L'abdication ? », interroge l'Aigle, avant d'exiger que ses lieutenants sortent pour le laisser méditer[1].

---

1. Nous suivons la version de Louis Madelin, qui donne un rôle central à Ney, mais il faut savoir que de nombreux historiens – dans la lignée de Thiers – font état d'une résistance nettement moins virulente du maréchal. Les deux principaux témoins de la période, Caulaincourt et MacDonald, fournissent des précisions intéressantes mais aucun n'a assisté à l'intégralité de la scène. Le duc de Tarente prétend toutefois avoir été décisif dans

S'ensuit un long aparté avec Caulaincourt : « Les maréchaux, beaucoup de généraux ont perdu la tête, lui dit-il, ils ne voient pas que sans moi il n'y a plus d'armée et que, sans cela, il n'y a pas de garantie pour moi [...]. Les imbéciles ne voient pas que le salut de la France, le leur est en moi, que ce qu'on offre n'est qu'un leurre, que mon fils ne peut rien garantir et que c'est un moyen de la trahison pour perdre le pays. » Mais il faut bien tenir compte de leur opposition, et plus largement du caractère désespéré de la situation. Ostracisé par les alliés, déchu par les siens, Napoléon n'est tout simplement plus en état de poursuivre le combat. Alors il se décide à jeter momentanément l'éponge et se résout à l'abdication conditionnelle.

Si le dégoût entre pour beaucoup dans sa décision, celle-ci présente aussi un caractère purement tactique. Elle lui permet d'inverser la charge de la preuve en se montrant enfin « raisonnable » et pacifique, soucieux avant tout d'éviter la guerre civile. Désormais, la balle revient dans le camp des Alliés. Or il sait que ces derniers ne veulent pas de la régence. Son échec, escompte-t-il, le relégitimera auprès de l'opinion et lui permettra de reprendre le combat en situation de légitime défense. Dans l'immédiat, l'abdication conditionnelle lui permet aussi de gagner du temps et de se débarrasser des frondeurs, Ney et MacDonald en tête, qu'il envoie accompagner Caulaincourt à Paris pour négocier. La victoire, dans son esprit, reste encore possible. Il n'en demeure pas moins que le passage à l'acte lui pèse et qu'il doit s'y reprendre à trois fois pour donner à la renonciation sa forme définitive : « Les puissances alliées ayant proclamé que l'empereur Napoléon était le seul obstacle au rétablissement de la paix en Europe, l'empereur Napoléon, fidèle

la résolution de l'Empereur en le persuadant du risque réel de guerre civile. Après l'avoir écouté, Napoléon aurait déclaré : « Eh bien ! Messieurs [...] puisqu'il en est ainsi, j'abdiquerai. J'ai voulu faire le bonheur de la France, je n'ai pas réussi ; les événements ont tourné contre moi. »

à son serment, déclare qu'il est prêt à descendre du trône, à quitter la France et même la vie, pour le bien de la patrie, inséparable des droits de son fils, de ceux de la régence de l'impératrice et des lois de l'Empire. »

Eperdus de reconnaissance, les maréchaux – revenus entre-temps – le pressent et le flattent, lui disent qu'il n'a jamais été aussi grand, que son sacrifice sauve deux fois la France en la préservant à la fois de l'occupation et du retour des Bourbons. Dans un ultime effort, Napoléon parvient à masquer sa rancœur jusqu'à leur départ. Il connaît trop les hommes pour ne pas savoir qu'ils vont s'en aller parader devant leurs proches en expliquant qu'ils l'ont fait plier, eux qui n'ont jamais su se tenir debout devant lui ni lui dire la vérité en face. Avec sa rudesse coutumière, Lefebvre réécrit l'histoire et tente, cette fois avec sincérité, de justifier le pourquoi de leur abandon : « Je lui ai bien serré le bouton ainsi que Ney, déclare-t-il alors. Je lui ai dit qu'il était temps pour nous de jouir du repos. Croit-il donc que, lorsque nous avons des titres, des hôtels, des terres, nous nous ferons tuer pour lui ? » Et de conclure : « C'est aussi sa faute, il nous a ôté la besace trop tôt de dessus le dos[1]. » Cette phrase fruste synthétise comme nulle autre la dégénérescence de l'Empire, le détrônement de l'épopée par l'intérêt individuel comme l'esprit de cour a supplanté le souffle de la conquête.

*

Reste à savoir si l'Empire peut survivre à l'Empereur. Dans un premier temps, la manœuvre paraît bien engagée. Assisté de MacDonald, Ney et… Marmont, Caulaincourt parvient dans la soirée du 4 avril à impressionner, presque à retourner Alexandre Ier. Vous nous avez demandé l'abdication de Napoléon, disent-ils en subs-

1. Le propos est rapporté par Louis Madelin dans son *Histoire du Consulat et de l'Empire*.

tance au tsar, nous vous l'apportons. Pour le reste, vous avez toujours dit que vous laisseriez les Français libres de choisir leur gouvernement. Or ils ne veulent à aucun prix des Bourbons, ennemis d'une révolution pour laquelle ils ont versé leur sang, étrangers à leur gloire, oubliés de tous à l'exception d'une poignée d'émigrés qui font figure de repoussoir. Par ailleurs, la déchéance votée par le Sénat est illégitime[1]. Elle a été orchestrée par une poignée d'ingrats, instrumentalisés par Talleyrand. En revanche, la régence rallierait tous les suffrages : elle garantirait la paix, les institutions impériales et les libertés. Si l'on ne parvenait pas à s'entendre, l'armée resterait loyale à l'Empereur et se battrait pour lui jusqu'à son dernier souffle. « Soyez notre médiateur, Sire, conclut MacDonald ; c'est un autre genre de gloire digne de la grande âme de Votre Majesté. Elle a déclaré qu'elle ne faisait la guerre qu'à un homme : il est abattu ; que Votre Majesté se montre un vainqueur généreux ! Qu'elle suscite la reconnaissance de la grande majorité nationale, comme nous admirons en ce moment sa modération magnanime ! »

Touché dans sa vanité, le tsar cède rapidement du terrain. Il n'a jamais tenu aux Bourbons, rappelle-t-il, et ne se bat pas pour eux. Si la régence lui paraît difficile à mettre en œuvre, en raison de l'hostilité des Alliés et des engagements pris, il n'y est pas défavorable à titre personnel. Après une allusion en faveur de Bernadotte, il avoue sa volonté d'en finir en raison des ravages que commettent nos partisans dans les Vosges et en Lorraine[2]. Aussi

1. « De quel droit a-t-il agi ? s'emporte MacDonald. Il a menti à son titre ; il n'avait aucune mission ; plat, rampant, complaisant esclave, il tenait son existence des constitutions de l'Empire ; elles sont renversées, il n'est donc rien ; il usurpe en ce moment une autorité qui ne peut émaner que de l'opinion nationale, et cette opinion a tout à craindre du ressentiment des Bourbons, des émigrés, des royalistes. »

2. « Une colonne de nos troupes a perdu trois mille hommes en traversant ces départements et sans voir un seul soldat français » avoue-t-il aux émissaires (d'après le récit de MacDonald).

accepte-t-il finalement d'appuyer les demandes de ses interlocuteurs qu'il convoque pour le lendemain matin à neuf heures. Autant dire que l'espoir renaît dans le camp impérial tandis que la panique commence à gagner le gouvernement provisoire qui siège, comme on l'a dit, à quelques pas en dessous. Talleyrand, qui suit presque aussitôt la députation conduite par Caulaincourt, entend avec stupeur le tsar commencer à argumenter auprès de lui en faveur de la régence. Il lui rappelle alors que les Alliés, avec son plein accord, se sont engagés solennellement à ne plus traiter ni avec Napoléon, ni avec aucun membre de sa famille, ce qui exclut catégoriquement Marie-Louise et le roi de Rome. Il lui rappelle encore que c'est en vertu de cet engagement que lui, Talleyrand, a fait voter la déchéance et composer un gouvernement provisoire qui s'apprête à rappeler Louis XVIII. Revenir sur sa parole équivaut à condamner à mort tous ceux qui ont bravé Napoléon pour le renverser, ce afin de rétablir la paix et préserver l'Europe. Ne parvenant plus à prendre parti, le tsar se retire vers deux heures du matin, visiblement troublé. Il ne sait pas que, durant la nuit, le destin va trancher pour lui.

*

Il nous faut aborder maintenant la trahison la plus choquante, car la plus inattendue, qui scelle la chute de Napoléon. Il s'agit naturellement du passage à l'ennemi du corps de Marmont, sans doute l'événement qui a fait couler le plus d'encre dans l'histoire de l'Empire. Marmont, on vient de le voir, accompagne Ney, MacDonald et le duc de Vicence. Né la même année que Napoléon, intime de celui-ci depuis la Révolution, il est réputé comme le favori de l'Empereur, ce qui lui a valu de connaître un avancement aussi rapide que spectaculaire, couronné par l'obtention du maréchalat en 1809. Promotion injuste tonnent alors ses nombreux détracteurs, qui dénoncent par exemple la médiocrité de son commandement en Espagne où il a été sévèrement battu par Wellington. L'homme, d'une bravoure réelle, souffre comme beaucoup d'autres d'une vanité incommensurable qui donne prise sur lui aux flatteurs. Il est ainsi une proie facile pour Talleyrand, qui l'aborde dès le soir de la bataille de Paris où le duc de Raguse a opposé une résistance courageuse avant de capituler dans l'honneur. Célébré comme le sauveur de la capitale, le pauvre Marmont se croit appelé à devenir celui de la France. Comme tous les maréchaux, il ne croit plus dans la victoire, est saturé de combats et a hâte de jouir en paix de sa fortune. A leur instar, il critique son bienfaiteur et juge sa cause perdue[1]. Circonvenu par un de ses anciens aides de camp, il a engagé dès le vote de la déchéance une négociation avec Schwarzenberg. Afin de mettre sa conscience à l'abri, il accepte d'abandonner l'Empereur à condition qu'il demeure libre « dans un espace de terrain et dans un pays circonscrit au choix des puissances alliées et du gouvernement français[2] ».

Marmont, qui croit sincèrement « prévenir toute chance de guerre civile et arrêter l'effusion de sang français », obtient aussi que son corps puisse librement se replier en Normandie en conservant ses armes. Il se persuade ainsi qu'il se montre un véritable homme d'Etat, passeur pacifique et magnanime entre l'Empire et la Restauration. Sauf que ce nouveau Salomon n'a pas prévu que Napoléon allait le prendre de vitesse en abdiquant. Il apprend

1. « Tant qu'il disait : Tout pour la France, je l'ai servi avec enthousiasme. Quand il a dit : la France et moi, je l'ai servi avec zèle. Quand il a dit : Moi et la France, je l'ai servi avec obéissance. C'est seulement quand il a dit : Moi sans la France, que je me suis détaché de lui », explique-t-il dans ses Mémoires.

2. Schwarzenberg lui répond avec ironie : « J'apprécie la délicatesse de l'article que vous me demandez relativement à la personne de Napoléon. Rien ne caractérise mieux cette belle générosité naturellement française et qui distingue particulièrement Votre Excellence. »

la nouvelle par le truchement de ses compagnons d'armes qui viennent, comble d'infortune, le chercher à son quartier général pour qu'il les accompagne afin de défendre la cause de la régence. Honteux et confus, Marmont est bien obligé de leur avouer la vérité. Il tente aussitôt de défaire ce qu'il a fait en allant voir directement Schwarzenberg dans l'espoir qu'il lui rende sa promesse, lui expliquant pour ce faire que l'abdication rend naturellement caduc leur accord. Schwarzenberg l'en dégage avec l'élégance qui sied à l'homme d'honneur.

Le problème en apparence réglé, Marmont remet avec soulagement le commandement de son corps au général Souham, son premier subordonné, auquel il intime l'ordre de ne rien entreprendre avant son retour de Paris. Mais Souham, qui a été associé à toutes les tractations avec Schwarzenberg, se montre d'une nervosité extrême. La réception d'une convocation de Napoléon – il le somme de venir à Fontainebleau – le convainc qu'il a été découvert, peut-être même à l'instigation de son chef qui vient de partir négocier « au nom de l'Empereur » et s'est sans doute défaussé sur lui pour se couvrir. Pris de panique, il donne alors les ordres fatals qui déplacent les régiments du 6e corps vers les lignes ennemies où ils se retrouvent *de facto* prisonniers. Les hommes, qui n'ont été avertis de rien, découvrent tardivement la supercherie et protestent avec rage[1]. Mais il est trop tard, l'irréparable est commis. Marmont, qui découvre la nouvelle le 5 avril au matin, se sait aussitôt perdu pour la postérité : « Je donnerais un bras pour que cela ne fût pas arrivé », dit-il à MacDonald. « Un bras ? Monsieur ! Dites la tête, ce ne serait pas trop », lui rétorque son collègue.

1. Il y a même un début d'insurrection que Marmont doit venir calmer en personne. Le colonel Sourd exprime le sentiment général en interpellant un général qu'il surprend à conférer avec des officiers supérieurs : « L'Empereur est l'arbre, vous n'êtes que les feuilles ; s'il tombe, vous pourrirez. »

La révélation, qu'Alexandre interprète aussitôt comme un signe de la Providence, condamne *sine die* la régence. Selon Caulaincourt, la nouvelle parvient au tsar tandis qu'il confère à nouveau avec les plénipotentiaires impériaux. « Messieurs, leur dit-il à l'issue d'une interruption de séance, vous prétendez vous appuyer pour me demander la Régence sur l'inébranlable attachement des troupes au gouvernement impérial. Or, l'avant-garde de Napoléon vient de faire défection ; elle est en ce moment dans nos lignes[1]. » A défaut d'autre solution, les Bourbons s'imposent comme une « conséquence nécessaire, imposée par la force des choses », selon les propres termes du tsar[2] qui promet de veiller personnellement au sort de Napoléon, offrant si nécessaire de l'accueillir dans ses Etats et évoquant déjà l'île d'Elbe.

Si Ney file déjà sa défection, Caulaincourt et MacDonald demeurent d'une loyauté absolue. Vers une heure du matin, le 6 avril, ils parviennent à Fontainebleau pour rendre compte à Napoléon, difficilement réveillé : « Muet, le regard fixe, retombant accablé sur le siège d'où la première nouvelle de cette trahison si inattendue l'avait arraché subitement, il demeura longtemps absorbé dans la méditation la plus douloureuse[3]. » Il congédie les maréchaux puis rappelle Caulaincourt, le fidèle d'entre les fidèles, pour s'épancher, crever l'abcès de la colère afin de retrouver le chemin de la raison. Le soliloque débute par une charge contre la

1. Henri Houssaye, *1814*.

2. Alexandre fait cependant une ultime tentative en faveur de Bernadotte que Caulaincourt repousse avec vigueur en ces termes : « Ma conscience me crie que tous nos serments sont au fils de l'Empereur et ma raison me dirait au besoin : mieux vaut les Bourbons, qui n'ont combattu la France que pour leurs droits, que Bernadotte, roi par la gloire que notre sang lui a fait acquérir, notre ennemi au jour du danger. »

3. Ségur, *Mémoires*. MacDonald le montre au contraire serein, mais le témoignage de Caulaincourt corrobore celui de Ségur.

« canaille » du Sénat – « ce sont les révolutionnaires que j'ai débarbouillés » – avant de flétrir l'ingratitude des hommes, la plupart menés par « l'intérêt, la conservation des places, l'argent, l'ambition ». S'il exonère Talleyrand – « pour lui, me trahir, c'était se sauver. Son rôle était écrit » – , il ne parvient pas à comprendre « les autres[1] », et plus particulièrement Marmont contre lequel il concentre ses attaques. L'ampleur de la digression révèle la gravité de la blessure : « Il était le plus médiocre de mes généraux ; je l'ai soutenu, défendu contre tous, parce que je lui croyais de l'honneur. Elevé dans mon camp, nourri dans ma maison, marié par moi, comblé de faveurs, de richesses, devenu un des hommes les plus marquants de la France, au moins un des plus élevés en dignités, son ambition lui a fait rêver qu'il pouvait s'élever encore ; que, nouveau Monk, il serait le restaurateur d'une race que l'opinion de la France comme ses intérêts repoussaient ! Il a oublié sous quel drapeau il a obtenu tous ses grades, sous quel toit il a passé sa jeunesse ; il a oublié qu'il doit tous ses honneurs au prestige de cette cocarde nationale qu'il foule aux pieds pour se parer du signe des traîtres qu'il a combattus depuis vingt-cinq ans ! Je me réjouissais de le voir placé entre mes ennemis et moi parce que je croyais à son attachement, à sa fidélité ! Comme j'étais dans l'erreur. Voilà le sort des souverains ! Ils font des ingrats ! »

Après avoir été rassuré par Caulaincourt, qui lui fait part de la réaction indignée du 6e corps, il constate que la traîtrise se concentre « dans les hauts rangs de la société. [...] Ce sont ceux, ajoute-t-il, que j'ai le plus élevés qui m'abandonnent les premiers ! Les officiers, les soldats mourraient encore pour moi les armes à la main ! ». Bien sûr, il pourrait prolonger la lutte et faire appel aux partisans : « Avant trois mois, les résultats seraient en ma

1. « [...] Quel intérêt avaient-ils à me trahir ? Quel but ont-ils ? Pourquoi trahissent-ils leur patrie ? Pauvre France... Comme tu es victime ! Comme on sacrifie tes plus chers intérêts à la haine personnelle ou plutôt à la peur ! »

faveur, car tout passe en France. » Mais, il en a bien conscience : « Aujourd'hui, on est fatigué, on ne veut que la paix à tout prix. » Avec une étonnante prescience, il prédit ensuite l'échec de la Restauration et anticipe presque les Cent-Jours : « Avant un an, on sera honteux d'avoir cédé au lieu de combattre et d'avoir été livré aux Bourbons et aux Russes. Chacun accourra alors dans mon camp, mais, d'ici là, la France sera pillée par les étrangers et livrée dans quelques départements aux horreurs de la guerre civile. [...] A Paris, on se lassera bien vite de l'affabilité d'Alexandre ; on s'ennuiera de n'y voir que des uniformes étrangers ; on finira par se rappeler qu'on est français ; on s'apercevra que ces étrangers sont des ennemis. On sera honteux d'avoir été leurs dupes. Marmont, qui est assez lâche pour se vanter aujourd'hui d'avoir sauvé Paris et qui prétendra, sans doute aussi, avoir sauvé la France, en sera l'exécration. »

Mais le temps n'est pas encore venu : « Que faire ?... Si je résiste, la France a la guerre civile. J'aime trop la France ! Je n'ai jamais voulu que sa gloire ; je ne ferai pas son malheur... Je ne veux pas que ce beau pays soit ravagé pour moi. On veut que j'abdique... Eh bien ! j'abdiquerai[1]. » Certes, il fera encore mine d'hésiter, publiera même une proclamation à l'armée qui ne rencontre guère

1. A nouveau, il fustige cette Europe qui l'abat alors qu'il est le seul à pouvoir contenir la révolution : « Les ennemis ne veulent pas de la Régence parce qu'ils craignent que je revienne. Ils sentent que la nation me redemandera et craignent qu'on ne puisse m'empêcher de reprendre le timon des affaires. Ils ne connaissent ni l'Europe, ni leurs propres intérêts. L'empereur de Russie ne suit que l'impulsion de sa vengeance ; il est excité par l'Angleterre, par Talleyrand. Il fait et prépare imprudemment des révolutions ; il ne sait pas la peine que j'ai eue à finir la nôtre. Alexandre est comme Metternich : il est aveuglé par sa vengeance ; ils ne comprennent pas que je leur suis nécessaire, que je ne puis plus être dangereux maintenant dans l'état où l'on réduit la France et que je connais mieux qu'eux les peuples », confie-t-il, toujours à Caulaincourt, durant cet échange capital qui le conduit à la seconde abdication.

d'écho, hormis quelques manifestations sporadiques de soldats[1]. En son for intérieur, il vient de prendre sa décision car le ressort est brisé : « Les circonstances sont plus fortes que les hommes », confie-t-il, toujours à Caulaincourt. Le 6 avril, une ultime discussion avec les maréchaux le convainc que la défection de Marmont ne lui laisse plus aucune chance et que, décidément, ses lieutenants ne veulent plus le suivre. D'ailleurs, la plupart des présents, à commencer par Ney, ont déjà fait allégeance à la Restauration future. Il jette donc l'éponge et conclut l'échange par l'envolée célèbre qui n'a sans doute pas été prononcée comme suit mais restera comme telle : « Vous voulez du repos ? Ayez-en donc ! Hélas ! Vous ne savez pas combien de chagrins et de dangers vous attendent sur vos lits de duvet ! Quelques années de cette paix que vous allez payer si cher en moissonneront un plus grand nombre d'entre vous que n'aurait fait la guerre, la guerre la plus désespérée[2] ! » Touché au cœur, il se retire ensuite dans son cabinet pour rédiger d'une plume rageuse[3] son

1. Il dénonce Marmont mais s'acharne surtout contre le Sénat qui « ne rougit pas de faire des reproches à l'Empereur, sans remarquer que, comme premier corps de l'Etat, il a pris part à tous les événements. Il est allé si loin, qu'il a osé accuser l'Empereur d'avoir changé les actes dans leur publication : le monde entier sait qu'il n'avait pas besoin de tels artifices ; un signe était un ordre pour le Sénat, qui faisait toujours plus qu'on ne désirait de lui. [...] Si longtemps que la fortune s'est montrée fidèle à leur souverain, ses hommes sont restés fidèles, et nulle plainte n'a été entendue sur les abus du pouvoir. Si l'Empereur avait méprisé les hommes, comme on le lui a reproché, le monde reconnaîtrait aujourd'hui qu'il a eu des raisons qui motivaient son mépris ».

2. Nous reprenons la version de Jean Thiry, composée à partir du croisement des témoignages des principaux contemporains.

3. « Le papier a été écorché par la plume, l'encre a bavé, deux phrases sont violemment raturées. Ce papier reste ainsi un témoin plus éloquent que ceux qui par la suite ont parlé. L'homme n'était pas comme plus tard Charles X et Louis-Philippe un souverain abattu, résigné : il abdiquait mais sa griffe déchirait le vélin », remarque à juste titre Louis Madelin.

second acte d'abdication : « Les puissances alliées ayant proclamé que l'empereur Napoléon était le seul obstacle au rétablissement de la paix en Europe, l'empereur Napoléon, fidèle à ses serments, déclare qu'il renonce pour lui et ses héritiers au trône de France et d'Italie, parce qu'il n'est aucun sacrifice personnel, même celui de la vie, qu'il ne soit prêt à faire à l'intérêt de la France. » Nul ne semble remarquer que pour la seconde fois en deux jours il fait explicitement référence à son mépris de la vie.

Ce même 6 avril, le Sénat adopte un projet de Constitution en 29 articles[1]. Son ouverture proclame la Restauration sous réserve de l'acceptation du texte par le prétendant : « Le peuple français appelle librement au trône Louis Stanislas Xavier, frère du dernier roi », et non Louis XVIII, frère de Louis XVI. Une nouvelle bataille pour la légitimité commence. Dans l'immédiat, la rente remonte à 66 francs, soit 40 % de hausse en une semaine. Les notables saluent ainsi le nouvel astre avec la même ferveur que celle dont ils avaient fait montre le 19 Brumaire.

La solitude

Le sacrifice consommé, Napoléon demeure encore quatorze jours à Fontainebleau. Essayons d'imaginer le martyre qu'il endure, lui, le vainqueur d'Austerlitz, le maître de l'Europe ; le voilà tombé du jour au lendemain dans l'ennui et l'obscurité, oublié par une presse qui focalise désormais ses regards sur le gouvernement provisoire et le retour annoncé de la famille royale. Qui racontera un jour l'immense solitude de l'homme d'Etat au sortir du pouvoir,

---

1. Le modèle s'inspire de la Constitution de 1791. Un des articles stipule le maintien de tous les sénateurs, ainsi que la garantie de leurs revenus, ce qui vaut au texte un discrédit aussi unanime qu'immédiat. Les publicistes moquent cette « Constitution de rentes », ce qui redonne des marges de manœuvre à Louis XVIII qui attendra début juin pour octroyer une charte très favorable au pouvoir royal.

le vide succédant sans transition au trop-plein, le silence au bruit, l'abandon à l'adulation ? D'ailleurs, ce Napoléon de parenthèse est déjà sorti de l'histoire. Hormis une poignée d'anecdotes, on ne sait pas grand-chose de son quotidien jusqu'à la dernière scène des adieux. Et pour cause, les témoins ne sont plus là ; ils se font excuser ou s'enfuient, tel Constant, le valet de chambre, et surtout Berthier, dont le départ, le 12 avril, porte un nouveau coup au moral déjà très bas de Napoléon[1]. Aucun de ses ministres, revenus ventre à terre de Blois où ils siégeaient pour la forme au côté de Marie-Louise, ne viendra, ou plutôt n'osera venir le voir, à l'instar de Cambacérès ou Molé. Jamais il n'a été aussi triste, jamais il n'a été aussi seul.

C'est cette solitude qui frappe les rares visiteurs ou fidèles présents. Dans une jolie page, Thiers – car il a connu des traversées du désert – a su dépeindre l'agonie en expert : « L'un quittait Fontainebleau pour raisons de santé, l'autre pour raison de famille ou d'affaires ; tous promettaient de reparaître bientôt, aucun n'y songeait. Napoléon feignait d'entrer dans les motifs de chacun, serrait affectueusement la main des partants, car il savait que c'étaient des adieux définitifs qu'il recevait, et leur laissait dire, sans le croire, qu'ils allaient revenir. Peu à peu, le palais de Fontainebleau était devenu désert. Dans ses cours silencieuses, on avait quelquefois encore l'oreille frappée par des bruits de voitures, on écoutait et c'étaient des voitures qui s'en allaient. Napoléon assistait ainsi tout vivant à sa propre fin[2]. »

---

1. « Il ne reviendra pas », commente-t-il en le regardant s'éloigner, pas dupe une seconde des promesses de Berthier qui a prétexté des questions d'affaires pour effectuer un aller-retour dans la capitale. En réalité, il a déjà adhéré au gouvernement provisoire et vient, comme tous les autres maréchaux, de faire allégeance à Louis XVIII.

2. L'historien, avec poésie, le compare ensuite à un chêne puissant à l'entrée de l'hiver : « Tout autour règnent le froid et le silence, et par intervalles on entend à peine le bruit léger d'une feuille qui tombe. L'arbre immobile et fier n'a plus que quelques feuilles jaunies prêtes à

Le dernier carré des fidèles comprend Caulaincourt, Maret, Drouot et Bertrand, auxquels on peut adjoindre le valet de chambre Marchand qui prend la place désertée par Constant[1]. Spectateur passif de sa propre déchéance, Napoléon oscille selon les heures entre la rage et le désespoir. La première le porte à la colère, le second à l'abattement. On en trouve l'illustration saisissante dans le tableau de Delaroche qui le représente après son abdication. S'en dégage une première impression de lassitude : le bras droit pend, négligemment, le chapeau est au sol, l'épée délaissée gît à la droite du tableau. Les bottes souillées par la boue, la bouche amère, le regard vide signalent le désespoir et le mépris. A y regarder de plus près, la fureur perce cependant : dans le regard encore, notamment dans l'œil droit qui apparaît peu car voilé par l'ombre ; dans la main gauche ensuite, fermée rageusement sur la cuisse. Mais sa volonté de revanche, intacte, se heurte chaque jour un peu plus à une situation qui ne lui laisse plus aucune raison d'espérer. Aussi sa colère même ne peut-elle plus déboucher sur l'action et contribue-t-elle à l'abattre davantage. Son dégoût des hommes devient insurmontable[2] et le pousse à se replier chaque jour un peu plus sur lui-même. Avant de s'enfuir, Cons-

---

se détacher comme les autres, mais il n'en domine pas moins la plaine de cette tête sublime et dépouillée. Ainsi Napoléon voyait disparaître une à une les fidélités qui l'avaient suivi à travers les innombrables vicissitudes de sa vie. Il y en avait qui tenaient un jour, deux jours de plus, et qui expiraient au troisième. Toutes finissaient par arriver au

1. Restent aussi quelques jeunes officiers comme Flahaut qui écrit le 7 avril à sa mère : « Après avoir décidé l'Empereur au plus grand sacrifice qu'un homme puisse faire, nous courbons la tête sous le joug de l'étranger et déshonorons la nation. Ma pauvre mère, on ne peut plus dire "j'ai l'honneur d'être français", aussi suis-je bien décidé à n'en conserver que la naissance mais à n'occuper aucun emploi dans un pays aussi avili. »

2. « Je méprisais les hommes comme de la boue, eh bien, je ne les méprisais pas encore assez, confie-t-il au jeune Montesquiou. Tous ces maréchaux, tous ces généraux, je les ai comblés ; j'ai eu tort. Il fallait

tant le découvre atone, dévoré par le chagrin, incapable de donner le change : « Pas un mot ne sortait de ses lèvres, et si le matin, je lui proposais une de ses potions qu'il prenait habituellement, non seulement, je n'en obtenais aucune réponse, mais rien sur sa figure, que j'observais attentivement, ne pouvait me faire croire qu'il n'eût entendu. [...] Je l'ai vu dans la même journée, plongé plusieurs heures de la plus affreuse tristesse, puis un instant après, marcher à grands pas dans sa chambre en sifflant ou fredonnant la Monaco, puis il retombait tout à coup dans une sorte de marasme, au point de ne rien voir de ce qui était près de lui. » Le préfet Plancy, venu rendre visite à Berthier, découvre un empereur seul au milieu de couloirs vides, « tristement appuyé contre une embrasure de fenêtre [...] le regard fixé dans le vague de l'horizon[1] ».

La tentation suicidaire le gagne. Après avoir négocié le partage du monde, il en est réduit – et encore par Caulaincourt interposé – à devoir mendier une principauté d'opérette et à veiller au sort des siens, cette famille d'ingrats qui l'abandonne comme les autres. Plusieurs fois, il a envie de rompre la négociation mais s'abstient par devoir, notamment envers sa femme et son fils. Le 11 avril, le traité dit de Fontainebleau lui confère la souveraineté de l'île d'Elbe, assortie d'une pension annuelle de deux millions qui ne lui sera jamais versée. A défaut de la Toscane, Marie-Louise reçoit tout de même le duché de Parme, sa mère, ses frères et ses sœurs, se voyant quant à eux dotés de revenus substantiels. Si elle l'a humiliée, la négociation a eu au moins le mérite de le tenir en éveil et

leur donner, sans doute, mais il fallait surtout leur promettre. Comme cela, je les aurais toujours tenus en haleine. Je les ai gorgés et ils m'ont quitté. Ils croient qu'ils pourront se passer de moi... Ils verront. »

1. C'est Napoléon en personne qui lui indique la porte où il peut trouver Berthier. Plancy précise qu'à l'issue de l'entretien, il revoit l'Empereur dans le même état de prostration. Il constate également la « complète débâcle du service ».

de lui donner un peu de grain à moudre. Celle-ci accomplie, le sentiment de vide l'envahit pour de bon. La tristesse l'écrase d'autant plus qu'il pressent la séparation d'avec sa femme et son fils. Enfin, sa déchéance coïncide avec le retour du comte d'Artois auquel Paris réserve un accueil triomphal le 12 avril. « Je suis trop heureux. Marchons, marchons », dit Monsieur à Talleyrand et à la brochette de dignitaires qui sont venus lui présenter leurs hommages. Le contraste entre son isolement et l'état de grâce qui auréole le futur Charles X lui porte le dernier coup. Il convoque Caulaincourt auquel il se confie sur un ton d'abandon qui inquiète d'autant plus son ministre qu'il répète à plusieurs reprises que la vie lui est insupportable : « Ah ! Caulaincourt, j'ai déjà trop vécu... Pauvre France... Je ne veux plus voir ton déshonneur ! » Alors, dans la nuit du 12 au 13, il avale la fiole de poison qu'il porte à son cou depuis le hourra manqué des Cosaques, au début de la retraite de Russie[1].

Caulaincourt, à nouveau appelé, découvre un mourant déjà dévoré par la souffrance : « Qu'on a de peine à mourir, s'écriait-il ; qu'on est malheureux d'avoir une constitution qui repousse la fin d'une vie qu'il me tarde tant de voir finir ! » Convoqué au chevet du malade, son médecin est littéralement pris de panique et s'enfuit pour ne plus revenir. Sauf que le poison est éventé. Des vomissements, ponctués de spasmes, contrarient le choix impérial ou bien mettent Napoléon hors de danger, comme on voudra. Lui y voit le signe qu'il n'a pas encore accompli son destin : « Je vivrai, puisque la mort ne veut pas plus de moi dans son lit que sur le champ de bataille, dit-il à son confident favori. Il y aura aussi du courage à supporter la vie après de tels événements. J'écrirai l'histoire des braves. » Comme la chute procède de l'apogée, le vol de l'Aigle prend sans doute sa source dans cette fin empê-

1. Elle lui a été préparée par son chirurgien Yvan d'après la recette inventée par Cabanis et qui avait été notamment donnée à Condorcet.

chée. Désormais la crise morale est purgée et Napoléon affronte l'avenir avec davantage de sérénité. Il signe dès le 13 les clauses du traité et accepte l'île d'Elbe sans rechigner ; il prend congé avec affabilité de MacDonald auquel il offre le sabre de Mourad-Bey qui l'accompagne depuis la campagne d'Egypte afin de le remercier pour son inaltérable dévouement. La dernière semaine confirme, en dépit de quelques rechutes, cette impression d'apaisement. L'évolution se ressent notamment dans les lettres qu'il écrit à Marie-Louise et à Joséphine. Il espère la première « à Fontainebleau, afin que nous puissions partir ensemble et chercher cette terre d'asile et de repos où je serai heureux si tu peux te résoudre à l'être et oublier les grandeurs du monde[1] ». Jusqu'alors perçue comme un cachot doré, l'île d'Elbe prend la figure riante du havre de paix où il retrouvera le goût de vivre dans l'attente d'un hypothétique retour. « J'ai pris mon parti, avoue-t-il cette fois à Joséphine le 17 avril, [...] je me plaignais alors de ma situation, aujourd'hui je m'en félicite ; j'ai la tête et l'esprit débarrassés d'un poids énorme ; ma chute est grande, mais au moins elle est utile à ce qu'ils disent. Je vais dans ma retraite substituer la plume à l'épée. L'histoire de mon règne sera curieuse ; on ne m'a vu que de profil, je me montrerai tout entier[2]. »

Maintenant que sa décision est prise, il a hâte de s'en aller. Rester sur place le met en danger et l'expose au retour prochain de Louis XVIII. Le fait que Drouot et Bertrand acceptent de l'accompagner à l'île d'Elbe met du baume sur sa souffrance et atténue ce dégoût des autres qui l'a poussé au pire. Le silence qui tombe sur Fontainebleau n'a plus le caractère de désespoir des premiers jours mais déjà celui, bénéfique, du deuil qui permet la recons-

1. 13 avril 1814. Le lendemain, il qualifie Elbe d'« île du repos » dans une nouvelle lettre à sa femme.

2. Il se fait ensuite plus amer : « J'ai comblé de bienfaits des milliers de misérables ! [...] Ils m'ont trahi, oui, tous », à l'exception d'Eugène auquel il rend un hommage appuyé.

truction. Son envie de tourner la page épouse celle des Alliés et surtout du gouvernement provisoire, empressé de voir s'éloigner le géant qui, par sa seule présence, risque à tout moment de retourner l'armée en sa faveur.

Aussi ne faut-il que quelques jours pour accomplir les ultimes préparatifs. Le 19 avril, les quatre commissaires nommés par les Alliés en vertu du traité du 11 avril arrivent à Fontainebleau[1]. Ils rencontrent un homme qui, à leur stupéfaction, présente « tous les signes de l'esprit le plus troublé, se frottant le front avec les mains, puis se mettant les mains dans la bouche et s'en mordant les extrémités de l'air le plus agité », remarque l'Autrichien Koller. L'Anglais Campbell découvre « un petit homme à l'air actif qui arpentait rapidement son appartement, semblable à un animal sauvage dans sa cage ». Portant un uniforme élimé, « il n'avait ni la barbe faite, ni les cheveux peignés. Le tabac à priser souillait ses lèvres supérieures et son gilet ». Et pourtant, cet homme diminué, encore sous le coup de sa chute, va puiser dans ses ressources pour sortir de l'histoire par la grande porte : celle qui ouvre les clés de la postérité et remue les âmes.

*

La scène des adieux de Fontainebleau a été maintes et maintes fois racontée. Elle se déroule le 20 avril à environ une heure de l'après-midi dans la cour du Cheval blanc. Pour mieux la revivre, il faut d'abord l'entrevoir à travers le fameux tableau d'Horace Vernet, voire par la reconstitution qu'en propose le cinéaste Sergueï Bondartchouk dans son *Waterloo*. Mais il faut surtout pouvoir l'entendre

1. Il s'agit respectivement de Sir Neil Campbell pour l'Angleterre, du feld-maréchal Koller pour l'Autriche, du général de Waldburg-Truchess pour la Prusse et du général Chouvalov pour la Russie. Ils ont essentiellement pour tâche d'escorter Napoléon jusqu'à l'île d'Elbe en veillant à sa sécurité.

en citant les mots de l'Empereur, ces mots qui – par-delà ses soldats – s'adressent aux hommes de tous les temps et de tous les pays ; à tous ceux qui, épris de grandeur, méprisent les contingences des temps pour croire que la vie n'a un sens que lorsqu'elle dépasse les limites de la condition humaine. Par leur tranchant, leur sincérité, leur simplicité surtout, les paroles de l'exilé se hissent à la hauteur de l'enjeu. Elles ennoblissent la chute en l'inscrivant tout entière au service de la patrie. Depuis l'origine, l'épopée se construit par l'association du verbe et des actes, en doublant l'imaginaire des batailles par la musique des mots. Sorte de testament politique, les « adieux » ferment la boucle de Lodi ; ils transfigurent la chute avec cette même force qui a su soulever les énergies ou chanter la gloire. Les mots viennent au secours des armes, ou plutôt ils restent les seules et véritables armes depuis que l'imprimerie a donné aux discours le moyen de demeurer un éternel présent.

Encore faut-il savoir parler aux âmes. De ce point de vue, le dernier discours marque une apogée, le triomphe de l'esprit sur le sabre, de la condition politique sur l'instant militaire, frappant victoires et défaites du même sceau de la précarité. En moins de dix phrases, Napoléon sait tour à tour exprimer sa gratitude puis expliquer pourquoi il part avant de lancer un adieu que chacun croit alors éternel : « Soldats de ma vieille garde, je vous fais mes adieux. Depuis vingt ans, je vous ai trouvés constamment sur le chemin de l'honneur et de la gloire. Dans ces derniers temps, comme dans ceux de notre prospérité, vous n'avez cessé d'être des modèles de bravoure et de fidélité. Avec des hommes tels que vous, notre cause n'était pas perdue ; mais la guerre était interminable ; c'eût été la guerre civile et la France n'en serait devenue que plus malheureuse. J'ai donc sacrifié tous nos intérêts à ceux de la patrie ; je pars : vous, mes amis, continuez de servir la France. Son bonheur était mon unique pensée ; il sera toujours l'objet de mes vœux. Ne plaignez pas mon sort ; si j'ai consenti à me survivre, c'est pour servir encore votre gloire. Je veux écrire les grandes choses que nous avons faites ensemble !... Adieu, mes enfants ! Je voudrais vous presser tous sur mon cœur ; que j'embrasse au moins votre drapeau ! » A ces mots, le général Petit saisit son aigle et s'avance. Napoléon le reçoit dans ses bras et baise le drapeau. Le silence funèbre n'est interrompu que par les sanglots étouffés des grognards. L'Empereur, dont l'émotion est visible, parvient à se reprendre et poursuit d'une voix plus ferme : « Adieu encore une fois, mes vieux compagnons ! que ce dernier baiser passe dans vos cœurs[1]. » Puis il se précipite dans la voiture, une dormeuse, où l'attend déjà le général Bertrand. D'après Pasquier, « les soldats brûlèrent les aigles, et quelques-uns, même, pour ne pas s'en séparer, en avalèrent les cendres ». Napoléon va maintenant descendre son chemin de croix, subir invectives, menaces et crachats[2] tandis que Louis XVIII s'avance vers Paris.

Le 3 mai 1814, le ballet du pouvoir voit simultanément l'arrivée de l'Aigle à l'île d'Elbe et l'entrée du roi dans cette capitale qu'il a quittée en 1791, deux ans avant que le capitaine Bonaparte abandonne sa Corse pour épouser le rêve français. Après avoir pleuré son chef à Fontainebleau, la Garde verse cette fois des larmes de rage en accueillant son nouveau souverain, porteur de ce drapeau blanc qui détrône l'étendard de leur gloire. « Je ne crois pas que figures humaines aient jamais exprimé quelque chose d'aussi menaçant et d'aussi terrible, précise Chateaubriand dans les *Mémoires d'outre-tombe*. [...] Les uns, agitant la peau de leur front, faisaient descendre leur large bonnet à poils sur leurs yeux comme pour ne pas voir ; les autres abaissaient les deux coins de leur bouche dans le mépris de la rage ; les autres, à travers leurs

1. Nous empruntons la version de Fain dans son *Manuscrit de 1814*. Il en existe plusieurs autres, chacune avec des variantes.

2. Voir *Les Cent-Jours ou l'Esprit de sacrifice*, chapitre I, en particulier le récit des événements survenus à Orgon.

moustaches, laissaient voir leurs dents comme des tigres. Quand ils présentaient les armes, c'était avec un mouvement de fureur, et le bruit de ces armes faisait trembler[1]. »

Car il tombait sans s'abaisser. Napoléon perdait le pouvoir mais il était déjà en train de reconquérir les cœurs. Comme l'esprit de conquête et l'ivresse du pouvoir avaient précipité sa chute, l'esprit de sacrifice et la dignité dont il venait de faire preuve lui ramenaient déjà l'opinion et préludaient à sa revanche.

Le temps du pouvoir n'est jamais celui de la postérité.

1. Son témoignage mérite d'être confronté avec celui, tout aussi expressif, de la comtesse de Boigne : « Le cortège avait pour escorte la vieille garde impériale. […] Son aspect était imposant mais glaçant. Elle s'avançait au grand pas, silencieuse et morne, pleine de souvenir du passé. Elle arrêtait du regard l'élan des cœurs envers ceux qui arrivaient. Les cris de "Vive le Roi" se taisaient à son passage ; on poussait de loin en loin ceux de "Vive la garde, la vieille garde !" mais elle ne les accueillait pas mieux et semblait les prendre en dérision. A mesure qu'elle défilait, le silence s'accroissait ; bientôt on n'entendit plus que le bruit monotone de son pas accéléré frappant sur le carreau. La consternation gagnait et la tristesse contagieuse de ces vieux guerriers donnait à cette cérémonie l'apparence des funérailles de l'Empereur bien plus que de l'avènement du roi. »

CONCLUSION

L'empire impossible

> « La gloire ne manquait pas, la gloire infatigable, meurtrière et terrible. Le temps des grandes destructions d'hommes avait commencé ; l'on ne devinait pas comment il finirait. De victoire en victoire, de carnage en carnage, le monde s'acheminait sur la pente du néant. »
>
> MICHELET, *Histoire du XIXe siècle.*

Aujourd'hui comme hier, la chevauchée impériale continue à hanter l'imaginaire des hommes. Parvenu au terme de ce récit, le lecteur pourrait s'interroger sur la vérité d'une histoire qui – par son ampleur, sa rapidité et la richesse des événements qu'elle charrie – reste extraordinaire au sens premier du terme. Je préfère – quitte à décevoir les partisans des vérités tranchées et des jugements définitifs – revenir sur la complexité et la fragilité persistante du principal intéressé ainsi que sur son caractère dual. Celui qui se définissait comme divisé entre un homme de tête et un homme de cœur me semble avoir été de bout en bout écartelé entre des aspirations contradictoires. En cela, il épouse et reflète les tensions d'un pays oscillant entre révolution et contre-révolution, aspiration à la gloire et volonté de paix, rêve universel et repli autarcique ; pays passionné, grand et fragile, toujours à la recherche d'une synthèse idéale qui rapproche ses contraires, réconcilie ses mémoires et le porte en avant dans une impossible unité. La quête de l'action, ce mouvement permanent, épuisant, qui le caractérise au premier chef, est aussi chez lui une façon de fuir un désarroi intérieur suscité par les blessures profondes qui ont gâché sa jeunesse et nourri son mépris des hommes. Cet endurcissement est d'autant plus dommageable qu'il se conjugue avec un narcissisme nourri par les victoires et les flatteries des entourages.

Pourtant, rien n'est jamais simple avec ce Janus qui doute au plus profond de lui-même des suites de l'épopée. Derrière les cris, les colères et les oukases, se niche une déception, une amertume devant la victoire qui s'éloigne et l'âge qui s'enfuit. Ce monstre d'activité se sent vieillir et commence à s'user au moment même où l'immensité de l'espace qu'il doit gérer mobilise plus que jamais son énergie. Celui qui ne prétend vivre qu'à un horizon de deux ans se sent débordé par la prolifération de son système et se décourage devant la médiocrité des siens. Pourtant, en dépit des pressentiments sinistres, il ne parvient pas à s'arrêter.

Chez Napoléon, la hauteur indispensable à l'exercice du pouvoir, composite de distance et de vision, s'est progressivement abîmée dans l'urgence du quotidien tandis que la légitimité du combat s'évanouissait au profit de la volonté de puissance. Si Brumaire a été expliqué par un mot d'ordre qui vaut un programme – « terminer la révolution » – , l'Empire ne porte plus de vision et partant de légitimité. Le vide se lit notamment dans les bulletins de la Grande Armée, de plus en plus banals au fur et à mesure que la gloire se ternit. La démesure impériale se double d'une marche à la dictature sur fond de dérive curiale.

La force de Napoléon est d'avoir pressenti l'impasse et tenté de la conjurer. Comme on l'a vu, les confessions à Caulaincourt signent la prise de conscience qui inaugure la dernière métamorphose, celle du retour aux principes consulaires : ordre et paix, qui feront avec la fidélité à la

Révolution le programme des Cent-Jours avant de nourrir l'explication finale devant l'histoire et pour la postérité. Là comme ailleurs, le changement réel se double d'une évidente volonté tactique. Le lion se fait agneau car il a perdu ses griffes. Mais la grandeur de la chute lui permet de crédibiliser la métamorphose et de fabriquer la légende. Néron redevient Hannibal, conquérant malgré lui, confronté à la haine d'Albion, pour fonder l'Europe moderne, démocratique et libérale dont il se veut le pionnier. L'actif compulsif revient sous les traits du génie multiforme, bourreau de travail qui dicte aussi vite qu'il décide et combat, entièrement dévoué à la grandeur de la France. Comme chacun le sait, le procès dure encore et fait de chacun de nous son juré. Mon jugement, le lecteur l'aura compris, oscille selon les périodes, mes préférences allant nettement vers Bonaparte et le dernier Napoléon.

L'homme et l'œuvre demeurent riches d'enseignements, notamment pour les hommes de pouvoir. Son histoire milite certes pour l'action quand elle est portée par une vision et s'exerce dans la transparence. Mais elle encourage aussi à se méfier des flatteries des entourages, à toujours conserver à l'esprit le doute et le questionnement sans lesquels le pouvoir sombre dans l'illusion d'une popularité par nature éphémère. Elle révèle aussi l'extrême fragilité du politique et son essence tragique lorsqu'il accomplit sa mission de serviteur de l'intérêt général. Eternel paradoxe d'une politique qui porte à la grandeur mais s'abîme dans les petitesses, décourageant tant d'esprits élevés qui ont rêvé la France mais n'ont pu supporter de la servir sans s'asservir. Et pourtant, les grandes réalisations ont toujours été portées par de grands hommes, ceux que l'on appelle du terme trop souvent galvaudé d'hommes d'Etat. Tous, de Napoléon à de Gaulle, ont cru au contraire que sans mystique, il n'y avait pas de politique et que le long cheminement de leur rêve avait toujours pour corollaire la souffrance fondatrice de la chute.

*

Le caractère illusoire de la puissance est, avec la solitude du pouvoir et les méfaits de l'esprit de cour, un autre fil d'Ariane du triptyque qui s'achève. Chacun a été revu à un moment particulier de mon existence dont le hasard a voulu qu'il ne soit pas sans résonance avec le sujet. *Les Cent-Jours ou l'Esprit de sacrifice* a été achevé sous la troisième cohabitation, à l'aube d'une reconquête du pouvoir lourde d'épreuves futures. *Le Soleil noir de la puissance* a été largement rebâti à l'aulne de ma charge de ministre des Affaires étrangères, observatoire privilégié pour comprendre l'impasse de la politique étrangère américaine, sur plusieurs points fille de l'illusion napoléonienne. Enfin, l'histoire de la chute proprement dite de Napoléon – qui fait l'objet du présent volume – s'est bien évidemment approfondie en miroir des derniers mois passés à Matignon et de l'année qui a suivi. La solitude a été ma compagne quotidienne face aux jeux des conservatismes, des intérêts et des partis. Autant d'expériences qui m'ont sans doute aidé à mieux comprendre l'histoire, comme le recours à l'histoire m'a permis de prendre un recul indispensable sur les acteurs, les fortunes et les infortunes inhérents à la responsabilité politique.

Comme Stefan Zweig en 1939, nous pouvons écrire qu'« aujourd'hui, nous nous retrouvons à un tournant, à une conclusion et à un début[1] ». Dans ce nouveau monde, la France peut et doit assumer pleinement le rôle charnière qui est le sien depuis le congrès de Vienne. La richesse de son histoire lui confère une connaissance particulière, la densité de son réseau diplomatique une assise sur laquelle elle peut s'appuyer pour rappeler la puissance à la raison et œuvrer à la perpétuation de la paix. Cette

1. *Le Monde d'hier. Souvenirs d'un Européen.*

mission s'inscrit dans la lignée d'une tradition politique qui favorise l'équilibre dans le respect des indépendances. Louis XIV et Napoléon ne sont pas la règle mais des exceptions qui lui ont justement enseigné les dérives de l'excès de puissance. Notre pays a appris qu'il sait conduire et entraîner lorsqu'il demeure fidèle à sa mission démocratique, tissée d'écoute et de partage, passeur de culture, porteur de dialogue dans le respect absolu des diversités. L'humanisme de la Renaissance, l'esprit des Lumières, l'universalisme de la Déclaration des droits de l'homme et sa contribution à la cause de l'Europe jalonnent l'exceptionnalité d'un destin qui en fait l'autre phare du monde libre, ce « soldat de l'idéal » (G. Clemenceau) dont l'éclat illumine toujours, comme en atteste l'écho rencontré par sa parole lorsqu'elle renoue avec sa vocation.

Le recours à l'histoire, loin de pousser à une nostalgie stérile, s'inscrit dans un volontarisme du destin. En puisant à pleines mains dans le riche livre d'heures de son passé, notre pays trouve à la fois des exemples à suivre et des leçons à méditer. Comme il multiplie les questions, croise les héritages, porte au dépassement mais invite à la mesure, l'épisode napoléonien demeure dans ce domaine aussi fécond à méditer. Côtoyer son mystère nécessite de recourir sans tabous à toutes les approches, notamment à la liberté littéraire seule à même de comprendre l'irrationnel du poète de l'action[1], aventurier enfiévré doublé d'un homme de pouvoir, calculateur et pragmatique, à la fois fils d'Ossian et disciple de Machiavel, Jacobin entêté de

1. Selon Elie Faure : « Sa vie, beaucoup plutôt qu'un miracle politique, est un miracle poétique. C'est par son imagination qu'il a marqué, qu'il a dominé, qu'il est tombé, qu'il règne. » Pour Paul Valéry : « Napoléon semble être le seul qui ait pressenti ce qui devait se produire et pourrait s'entreprendre. Il a pensé à l'échelle du monde actuel, n'a pas été compris, et l'a dit. Mais il venait trop tôt ; les temps n'étaient pas mûrs ; ses moyens étaient loin des nôtres. On s'est remis après lui à considérer les hectares du voisin et à raisonner sur l'instant. »

légitimité, empereur au nom de l'égalité, être un et multiple, écartelé entre des pulsions contraires à l'image de cette France qu'il a tant aimée mais tant fait souffrir. Il incarne par ses paradoxes l'âme d'une nation pétrie d'ambiguïtés, solidaire dans l'épreuve et déchirée dans la prospérité, oscillant entre mouvement et conservation, réforme et révolution, mais toujours forte car portée par la quête éternelle de la grandeur. En auscultant Napoléon, la France s'interroge en réalité sur elle-même. Voilà pourquoi il la fascine toujours.

CHRONOLOGIE SOMMAIRE

1808

2 février
Occupation de Rome.

1er mars
Création de la noblesse impériale.

17 mars
Décret organisant l'Université impériale.

23 mars
Entrée de Murat à Madrid.

14 avril
Arrivée de Napoléon à Bayonne.

2 mai
Révolte de Madrid contre l'occupation française.

5 mai
Abdication de Charles IV d'Espagne en faveur de Napoléon.

24 mai
Réunion à l'Empire des duchés de Parme, Plaisance et Toscane.

4 juin
Joseph devient roi d'Espagne. Il cède la couronne de Naples à Murat.

22 juillet
Capitulation de Dupont à Baylen.

1er août
Débarquement de Wellington au Portugal.

30 août
Capitulation de Junot à Cintra face à Wellington.

27 septembre-4 octobre
Erfurt.

24 novembre
Renvoi de Stein.

4 décembre
Capitulation de Madrid devant Napoléon.

1809

3 janvier
Napoléon quitte l'Espagne pour revenir d'urgence à Paris.

28 janvier
Disgrâce éclatante de Talleyrand.

16 février
Capitulation de Saragosse devant Lannes.

8 avril
Début de l'offensive autrichienne en Bavière.

13 avril
Napoléon quitte Paris pour rejoindre la Grande Armée.

20 avril
Victoire d'Abensberg.

21 avril
Victoire de Landshut.

22 avril
Victoire d'Eckmühl.

23 avril
Napoléon est blessé au talon devant Ratisbonne.

13 mai
Capitulation de Vienne.

17 mai
Annexion des Etats pontificaux.

21-22 mai
Bataille d'Essling ; Lannes y est mortellement blessé.

10 juin
Excommunication tacite de Napoléon par le pape.

5-6 juillet
Victoire de Wagram.

6 juillet
Pie VII est fait prisonnier.

8 juillet
Metternich devient chancelier de l'Empire d'Autriche en remplacement de Stadion.

9-11 juillet
Victoire de Znaïm.

28 juillet
Bataille de Talavera. Joseph laisse échapper Wellington.

30 septembre
Évacuation de Walcheren par le corps expéditionnaire anglais.

12 octobre
Attentat de Staps.

14 octobre
Traité de paix avec l'Autriche.

15 décembre
Divorce avec Joséphine.

1810

5 février
Création de la direction de la Librairie.

8 février
L'Espagne est divisée en quatre gouvernements militaires.

17 février
Réunion de Rome à l'Empire.

3 mars
Restauration des prisons d'Etat.

1er-2 avril
Mariage civil puis religieux de Napoléon et Marie-Louise.

Juin
Disgrâce de Fouché, remplacé par Savary à la Police.

3 juillet
Abdication de Louis Bonaparte ; le royaume de Hollande est rattaché à l'Empire.
— Décret de Saint-Cloud instaurant le système des licences.

19 juillet
Mort de Louise de Prusse.

3 août
Limitation du nombre de journaux à quatre pour Paris auxquels s'ajoute un journal par département.

5 août
Décret de Trianon qui durcit le système des licences.

15 août
Inauguration de la colonne Vendôme.

21 août
Bernadotte prince héréditaire de Suède.

24 septembre
Interdiction de *De l'Allemagne*.

18 octobre
Décret de Fontainebleau, qui durcit encore le Blocus.

10-13 décembre
Nouvelle série d'annexions incluant le grand-duché d'Oldenbourg. L'Empire atteint 130 départements.

Hiver
Masséna bute devant les défenses de Wellington à Torres Vedra.

1811

1er janvier

Entrée en vigueur du Code pénal et du Code d'instruction criminelle.

15 janvier

La régence du trône d'Angleterre est conférée au prince de Galles en raison de la folie du roi George III.

20 mars

Naissance du roi de Rome.

17 avril

Maret remplace Champagny aux Affaires étrangères ; Daru hérite de la sécrétairie d'Etat.

3 mai

Victoire de Masséna sur Wellington à Fuentes de Onoro. Une semaine plus tard, il est néanmoins remplacé par Marmont.

19 mai

Caulaincourt est remplacé par Lauriston comme ambassadeur de France à Saint-Pétersbourg.

20 octobre

Dissolution du concile convoqué en juin pour résoudre la crise religieuse.

1812

9 janvier

Prise de Valence par Suchet.

26 janvier

Réunion de la Catalogne à l'Empire.

Début mars

Révolte de Caen touchée par la crise des subsistances.

14 mars

Traité d'alliance entre la France et l'Autriche dans la perspective de la campagne de Russie. La Prusse s'est également engagée par un traité secret signé le mois précédent.

18 mars
Les Cortes adoptent une constitution à Cadix.

9 mai
Napoléon quitte Paris.

16-29 mai
L'Empereur rassemble ses alliés à Dresde.

28 mai
Paix de Bucarest entre la Russie et la Turquie.

18 juin
Les Etats-Unis d'Amérique déclarent la guerre à l'Angleterre.

24 juin
L'armée des vingt nations commence à franchir le Niémen.

28 juin
Entrée de Napoléon à Wilno.

16 juillet
Reprise de l'offensive en direction de Vitebsk.

22 juillet
Victoire de Wellington à la bataille des Arapiles.

27 juillet
Napoléon s'empare de Vitebsk où il marque une nouvelle pause.

13 août
Napoléon quitte Vitebsk ; troisième phase de l'offensive.

18 août
Prise de Smolensk à l'issue d'une bataille éprouvante.

29 août
Koutouzov remplace Barclay de Tolly.

30 août
Traité d'Abo qui scelle l'alliance entre la Russie et la Suède.

7 septembre
Bataille de la Moskova.

14 septembre
Entrée de la Grande Armée à Moscou.

15-20 septembre
Incendie de Moscou.

19 octobre
La Grande Armée quitte Moscou.

23 octobre
Tentative de coup d'Etat du général Malet.

24 octobre
Bataille de Malo-Jaroslawetz ; tournant de la campagne de Russie.

9-14 novembre
Retour tragique à Smolensk.

16-19 novembre
La Grande Armée évite la destruction à Krasnoé.

25-29 novembre
La Berezina.

5 décembre
Départ de Napoléon de la Grande Armée.

13 décembre
Les survivants de la campagne de russie repassent le Niémen.

16 décembre
Publication du 29e bulletin.

18 décembre
Napoléon est de retour à Paris.

23 décembre
Alexandre Ier entre à Wilno.

31 décembre
Le général prussien Yorck abandonne la Grande Armée en signant avec les Russes la convention de Taurongen.

1813

19-25 janvier
Entretiens entre Napoléon et Pie VII en vue de signer un nouveau concordat.

9 février
Entrée des Russes à Varsovie.

22 février
Traité de Kalisch entre la Prusse et la Russie.

11 mars
Entrée des Russes à Berlin.

17 mars
La Prusse déclare la guerre à la France.

26 mars
Entrée des Prussiens à Dresde.

15 avril
Napoléon quitte Paris pour rejoindre la Grande Armée.

1er mai
Mort de Bessières.

2 mai
Victoire de Lützen.

20 mai
Victoire de Bautzen.

22 mai
Mort de Duroc.

4 juin
Armistice.

21 juin
Défaite de Joseph contre Wellington à Vittoria ; elle signe la perte de l'Espagne française.

26 juin
Entretien décisif entre Napoléon et Metternich à Dresde.

12 août
L'Autriche rejoint la coalition.

23 août
Défaite d'Oudinot à Gross-Beeren.

26-27 août
Victoire de Napoléon à Dresde.

30 août
Défaite de Vandamme à Kulm.

6 septembre
Défaite de Ney à Dennewitz.

16-19 octobre
Leipzig.

30 octobre
Victoire de Hanau.

9 novembre
Arrivée de Napoléon à Saint-Cloud.

20 novembre
Remaniement ministériel.

2 décembre
Le prince d'Orange entre à Amsterdam.

4 décembre
Déclaration de Francfort.

11 décembre
Traité de Valençay avec Ferdinand VII.

19 décembre
Ouverture de la session parlementaire.

29 décembre
Discours frondeur de Lainé.

31 décembre
Ajournement du Corps législatif.

1814

1er janvier
Blücher franchit le Rhin.

11 janvier
Murat s'allie avec l'Autriche.

25 janvier
Napoléon quitte Paris.

29 janvier
Napoléon bat Blücher à Brienne.

30 janvier
Publication de *De l'esprit de conquête et de l'usurpation*, par Benjamin Constant.

1er février
Bataille de la Rothière.

3 février
Début du congrès de Châtillon.

10 février
Victoire de Champaubert.

11 février
Victoire de Montmirail.

12 février
Victoire de Château-Thierry.

14 février
Victoire de Vauchamps.

18 février
Victoire de Montereau.

3 mars
Capitulation de Soissons ; tournant de la campagne.

7 mars
Bataille de Craonne contre Blücher.

9 mars
Traité de Chaumont.

10-11 mars
Défaite de Laon.

12 mars
Ralliement de Bordeaux à Louis XVIII.

13 mars
Napoléon écrase le corps de Saint-Priest à Reims.

19 mars
Rupture des négociations de Châtillon.

20-21 mars
Bataille d'Arcis-sur-Aube. Napoléon, en nette situation d'infériorité numérique, doit se replier.

24 mars
Conseil de guerre à Sommepuis où le tsar impose la marche décisive sur Paris.

30 mars
Bataille de Paris.

31 mars
Entrée des Alliés dans Paris.
— arrivée de Napoléon à Fontainebleau.

1er avril
Nomination du gouvernement provisoire par le Sénat.
— adresse du conseil général de la Seine réclamant la déchéance.

2 avril
Le Sénat vote la déchéance de Napoléon.
— arrivée de Marie-Louise à Blois.

3 avril
Le Corps législatif ratifie la déchéance de l'Aigle.

4 avril
Abdication conditionnelle de Napoléon.

Nuit du 4 au 5 avril
Le corps de Marmont passe à l'ennemi.

6 avril
Abdication sans condition de Napoléon.
— le Sénat appelle au trône Louis Stanislas Xavier, frère du dernier roi.

11 avril
Traité de Fontainebleau. Napoléon reçoit l'île d'Elbe.

12 avril
Entrée du comte d'Artois à Paris.

Nuit du 12 au 13 avril
Tentative de suicide de Napoléon.

14 avril
Le comte d'Artois est désigné lieutenant général du royaume.

18 avril
Louis XVIII quitte Hartwell.

20 avril
Adieux de Fontainebleau.

3 mai
Entrée de Louis XVIII à Paris.

BIBLIOGRAPHIE SÉLECTIVE

Mémoires et écrits contemporains

AGOULT colonel-comte d', *Mémoires*, Paris, Mercure de France, 2001.

ALI L.-E. Saint-Denis dit, *Souvenirs sur l'Empereur Napoléon*, Paris, Payot, 1926.

ANTOMMARCHI F., *Mémoires ou les derniers moments de Napoléon*, Paris, Barrois, 1825, 2 vol.

BADE G. de, *La Campagne de 1812. Mémoires*, Paris, Fontemoing, 1912.

BARANTE baron de, *Souvenirs 1782-1866*, Paris, Calmann-Lévy, 1890-1901, 8 vol., t. 1 et 2.

BARRÈS J.-B., *Souvenirs d'un officier de la Grande Armée*, Paris, Tallandier, 2003.

[BEAUCHAMP A. de] *Histoire de la destruction de Moscou, en 1812, et des événements qui ont précédé, accompagné et suivi ce désastre*, Paris, chez Ponthieu, 1822.

BÉCHET DE LÉOCOUR général, *Souvenirs*, Paris, Teissèdre, 2000.

BELLOT DE KERGORRE A., *Journal d'un commissaire des guerres pendant le premier Empire (1806-1821)*, Paris, La Vouivre, 1997.

BERTHEZÈNE général baron, *Souvenirs militaires de la République et de l'Empire*, Paris, Dumaine, 1855, 2 vol.

BERTIER F. de, *Souvenirs inédits d'un conspirateur*, Paris, Tallandier, 1990.

BERTRAND général, *Cahiers de Sainte-Hélène*, Paris, Sulliver-Albin Michel, 1949-1959, 3 vol.

BEUGNOT comte, *Mémoires*, Paris, Dentu, 1866, 2 vol.

BIGARRE général, *Mémoires*, Paris, Kolb, 1893.

BIGNON baron, *Souvenirs d'un diplomate. La Pologne (1811-1813)*, Paris, Dentu, 1864.

BILLON F., *Souvenirs d'un vélite de la garde sous Napoléon Ier*, Paris, Plon, 1905.

BIOT colonel, *Souvenirs anecdotiques et militaires*, Paris, Vivien, 1901.

BLAZE S., *Mémoires d'un apothicaire sur la guerre d'Espagne pendant les années 1808 à 1814*, Paris, Ladvocat, 1828, 2 vol.

BOIGNE comtesse de, *Récits d'une tante. Mémoires*, Paris, Emile Paul, 1921-1925, 5 vol., t. 1.

BONAPARTE Louis, *Documents historiques et réflexions sur le gouvernement de la Hollande*, Paris, Ailliaud, 3 vol., t. 2 et 3.

BOUILLÉ marquis de, *Souvenirs et fragments pour servir aux mémoires de ma vie et de mon temps*, Paris, Picard, 1906-1911, 3 vol., t. 3.

BOURRIENNE, *Mémoires sur Napoléon, le Directoire, le Consulat, l'Empire et la Restauration*, Paris, Ladvocat, 1829, 10 vol., t. VII à X.

BOURGOGNE A.-J.-B.-F., *Mémoires 1812-1813*, Paris, Hachette, 1978.

BOURGOING baron, *Souvenirs d'histoire contemporaine*, Paris, Dentu, 1864.

BOUTOURLIN colonel, *Histoire militaire de la campagne de Russie en 1812*, Paris et Saint-Pétersbourg, Anselin et Pochard, Saint-Florent, 1824, 2 vol.

[BRANDT général de] *Souvenirs d'un officier polonais. Scènes de la vie militaire en Espagne et en Russie (1808-1812)*, Paris, G. Charpentier, 1877.

BROGLIE duc de, *Souvenirs (1785-1870)*, Paris, Calmann-Lévy, 1886, 4 vol., t. 1.

Bulletins de la Grande Armée. Campagne de Russie 1812, Paris, La Vouivre, 1997.

CADET DE GASSICOURT Ch.-L., *Voyage en Autriche, en Moravie et en Bavière fait à la suite de l'armée française pendant la campagne de 1809*, Paris, Lhuillier, 1818.

CAMBACÉRÈS, *Mémoires*, Paris, Perrin, 1999, 2 vol., t. 2.

—, *Lettres inédites à Napoléon*, Paris, Klincksieck, 1973, 2 vol., t. 2.

CASTELLANE comte de, *Journal (1804-1862)*, Paris, Plon, 1895-1897, 5 vol., t. 1.

CAULAINCOURT général, duc de Vicence, *Mémoires*, Paris, Plon, 1933, 3 vol.

CHAMPAGNY, duc de Cadore, *Souvenirs*, Paris, Renouard, 1846.

CHAPTAL, *Mes souvenirs sur Napoléon*, Paris, Plon, 1893.

CHASTENAY Mme de, *Mémoires 1771-1815*, Paris, Plon, 1896-1897, 2 vol.

CHATEAUBRIAND, *De Buonaparte et des Bourbons*, Paris, Mame, 1814.

—, *Vie de Napoléon*. Précédé de *Le Poète et l'Empereur*, par Marc Fumaroli, Paris, De Fallois, 1999.

CHEVALIER lieutenant, *Souvenirs des guerres napoléoniennes*, Paris, Hachette, 1970.

CHLAPOWSKI D., *Mémoires sur les guerres de Napoléon (1806-1813)*, Paris, Plon, 1908.

CHODERLOS DE LACLOS commandant, *Carnets de marche (an XIV-1814)*, Lausanne, Payot, 1912.

CHOISEUL-GOUFFIER comtesse de, *Mémoires historiques sur l'Empereur Alexandre et la cour de Russie*, Paris, Leroux, 1829.

—, *Réminiscences sur l'empereur Alexandre Ier et sur l'empereur Napoléon*, Paris, Dentu, 1862.

[CHUQUET A.] *1812. La guerre de Russie. Notes et documents*, Paris, Fontemoing, 1912, 3 vol.

CLARY-ET-ALDRINGEN Ch. de., *Souvenirs. Trois mois à Paris lors du mariage de l'Empereur Napoléon Ier et de l'archiduchesse Marie-Louise*, Paris, Plon, 1914.

CLAUSEWITZ, *La Campagne de 1812 en Russie*, Paris, Chapelot, 1900.

—, *Campagne de 1814*, Paris, Ivrea, 1993.

—, *De la guerre*, édition abrégée et présentée par Gérard Chaliand, Paris, Perrin, 1999.

Clermont-Tonnerre G. de., *L'Expédition d'Espagne 1808-1810*, Paris, Perrin, 1983.

Coignet capitaine, *Les Cahiers 1799-1815*, Paris, Hachette, 1968.

Coigny A. de, *Mémoires*, Paris, Calmann-Lévy, 1902.

Combe colonel, *Mémoires sur les campagnes de Russie (1812), de Saxe (1813), de France (1814 et 1815)*, Paris, Plon, 1896.

Comeau baron de, *Souvenirs des guerres d'Allemagne pendant la Révolution et l'Empire*, Paris, Plon, 1900.

Consalvi cardinal, *Mémoires*, Paris, Plon, 1864, 2 vol.

Constant, *Mémoires intimes de Napoléon Ier par son valet de chambre*, Paris, Mercure de France, 1967, 2 vol.

Constant B., *Ecrits politiques*, Paris, Gallimard, 1997.

Cournot A., *Souvenirs*, Paris, Hachette, 1913.

Czartoryski prince, *Mémoires et correspondance avec l'Empereur Alexandre Ier*, Paris, Plon, 1887, 2 vol.

Damas baron de, *Mémoires*, Paris, Plon, 1922, 2 vol. t. 1.

Damas comte de, *Mémoires*, Paris, Plon, 1912-1914, 2 vol., t. 2.

Denniee P.-P., *Itinéraire de l'empereur Napoléon pendant la campagne de 1812*, Paris, Paulin, 1842.

Desmarets P.-M., *Témoignages historiques, ou Quinze ans de haute police sous Napoléon*, Paris, Levasseur, 1833.

Dumas général comte, *Souvenirs de 1770 à 1836*, Paris, Gosselin, 1839, 3 vol., t. 3.

Dumonceau général comte, *Mémoires*, Bruxelles, Brepols, 1958-1963, 3 vol.

Escoiquiz don Juan de, *Mémoires*, Paris, Michaud, 1823.

Espinchal H. d', *Souvenirs militaires*, Paris, Ollendorff, 1901, 2 vol.

Faber du Faur G. de, *La Campagne de Russie (1812), d'après le journal illustré d'un témoin oculaire*, Paris, Flammarion, 1895.

Fain baron, *Mémoires*, Paris, Arlea, 2001.

—, *Manuscrit de 1812*, Paris, Bossange, 1825, 2 vol.

—, *Manuscrit de 1813*, Paris, Bossange, 1825, 2 vol.
—, *Manuscrit de 1814*, Paris, Bossange, 1825, 1 vol.
FANTIN DES ODOARDS général, *Journal. 1800-1830*, Paris, Plon, 1895.
FAUCHEUR sergent, *Souvenirs de campagne*, Paris, Tallandier, 2004.
FEE A.-L.-A., *Souvenirs de la guerre d'Espagne dite de l'indépendance (1809-1813)*, Paris, Berger-Levrault, 1856.
FEZENSAC R.-E.-Ph.-J. de Montesquiou, duc de, *Souvenirs militaires de 1804 à 1814*, Paris, Dumaine, 1863.
FICHTE, *Discours à la nation allemande*, Paris, Delagrave, 1895.
[FIERRO A.] *Les Français vus par eux-mêmes. Anthologie des mémorialistes du Consulat et de l'Empire*, Paris, Robert Laffont, « Bouquins », 1998.
FIÉVÉE J., *Correspondance et relations avec Bonaparte pendant onze années (1802 à 1813)*, Paris, Desrez et Beauvais, 1836, 3 vol., t. 2 et 3.
FILLION A., *La Berezina racontée par ceux qui l'ont vécue*, Paris, France-Empire, 2005.
FOUCHÉ Joseph, *Mémoires*, Paris, Lerouge, 1824, 2 vol.
FRANÇOIS capitaine, *Journal. 1792-1830*, Paris, Tallandier, 2003.
FRÉNILLY baron de, *Souvenirs d'un ultraroyaliste*, Paris, Perrin, 1987.
FUSIL L., *L'Incendie de Moscou, la petite orpheline de Wilna, passage de la Bérésina, et retraite de Napoléon jusqu'à Wilna*, Paris, Pillet, 1817.
GAIN DE MONTAGNAC J.R. de, *Journal d'un Français depuis le 9 mars jusqu'au 3 avril 1814*, Paris, Potey, 1817.
GIRARD colonel, *Cahiers (1766-1846)*, Paris, Plon, 1951.
GIROD DE L'AIN, *Dix ans de souvenirs militaires de 1805 à 1815*, Paris, Dumaine, 1873.
GOBINEAU comte de, *Mémoires*. Bruxelles, Erasme, 1955.
GOETHE, *Ecrits autobiographiques. 1789-1815*, préface de J. Le Rider, Paris, Bartillat, 2001.
GONNEVILLE colonel de, *Souvenirs militaires*, Paris, Didier, 1875.

GOURGAUD général baron, *Napoléon et la Grande Armée en Russie, ou examen critique de l'ouvrage de M. le comte Ph. De Ségur*, Paris, Bossange frères, 1825.

—, *Sainte-Hélène. Journal inédit de 1815 à 1818*, édition augmentée d'après le manuscrit original, préface et notes d'Octave Aubry, Paris, Flammarion, 1947, 2 vol.

GOUVION-SAINT-CYR maréchal, *Mémoires. 1812-1813*, Paris, Rémanence, 1982.

GRABOWSKI J., *Mémoires militaires*, Paris, La Vouivre, 1997.

GRIOIS général, *Mémoires (1792-1822)*, Paris, Plon, 1909, 2 vol.

[GRUNWALD C. de] *La Campagne de Russie*, Paris, Julliard, 1963.

GUIZOT F., *Mémoires pour servir à l'histoire de mon temps*, Paris, Michel Lévy, 1858-1867, 8 vol., t. 1.

[HAUTERIVE E. d'] *La Police secrète du Premier Empire. Bulletins quotidiens adressés par Fouché à l'Empereur 1804-1810*, Paris, Perrin, puis R. Clavreuil, 1908-1964, 5 vol., t. III à V. La suite, soit les bulletins de Savary, est en cours de publication chez Champion.

HAUTPOUL marquis d', *Mémoires*, Paris, Perrin, 1905.

HAUTPOUL A. d', *Souvenirs sur la Révolution, l'Empire et la Restauration*, Paris, Emile-Paul, 1904.

HORTENSE DE BEAUHARNAIS, *Mémoires de la reine Hortense*, Paris, Plon, 1927, 3 vol., t. 1 et 2.

HUGO général, *Mémoires*, Paris, Ladvocat, 3 vol., t. 2 et 3.

JOMINI, *Précis de l'art de la guerre*, présentation de Bruno Colson, Paris, Perrin, 2001.

—, *Guerre d'Espagne. Extraits des souvenirs inédits*, Paris, Baudouin, 1892.

—, *Précis politique et militaire des campagnes de 1812 à 1814*, Paris, Slatkine, 1975.

[KERAUTRET M. (dir.)] *Les Grands Traités de l'Empire*, Paris, Nouveau Monde Editions/Fondation Napoléon, 2004, 3 vol., t. 2 et 3.

LABAUME E., *Relation circonstanciée de la campagne de Russie*, Paris, Panckoucke, 1814.

LAGNEAU L.-V., *Journal d'un chirurgien de la Grande Armée*, Paris, Emile-Paul, 1913.

LAMARTINE, *Mémoires de jeunesse*, Paris, Tallandier, 1990.

LAMAISONFORT marquis de, *Mémoires d'un agent royaliste sous la Révolution, l'Empire et la Restauration (1763-1827)*, Paris, Mercure de France, « Le Temps retrouvé », 2004.

LANGERON comte de, *Mémoires, campagnes de 1812, 1813, 1814*, Paris, Picard, 1902.

LARREY baron, *Mémoires et campagnes*, Paris, Tallandier, 2004, 2 vol.

LAS CASES, *Mémorial de Sainte-Hélène*, Paris, chez l'auteur, 1823, 8 vol.

LA TOUR DU PIN marquise de, *Journal d'une femme de cinquante ans (1778-1815)*, Paris, Mercure de France, 2002.

LAVALETTE comte, *Mémoires et souvenirs*, Paris, H. Fournier, 1831, 2 vol., t. 2.

LEGLER Th., *Bérézina*, Genève, Delachaux et Niestlé, 1942.

LÖWENSTERN général-major de, *Mémoires*, Paris, Fontemoing, 1903.

MACDONALD maréchal, *Souvenirs*, Paris, Plon, 1892.

MARBOT général baron de, *Mémoires*, Paris, Mercure de France, 2001, 2 vol.

MARCHAND L., *Mémoires*, Paris, Tallandier, 2003.

MARIGNY Mme de, *Paris en 1814. Journal inédit. Augmenté du journal de T.-R. Underwood*, Paris, Emile-Paul, 1907.

MARMONT maréchal, duc de Raguse, *Mémoires de 1792 à 1832*, Paris, Perrotin, 1857, 9 vol., t. 3 à 6.

MARTIN Lieutenant, *Souvenirs de guerre (1812-1815)*, texte présenté par J. Jourquin, Paris, Taillandier, 2007.

MÉNEVAL baron de, *Mémoires pour servir à l'histoire de Napoléon Ier depuis 1802 jusqu'à 1815*, Paris, Dentu, 1893-1894, 3 vol., t. 2 et 3.

METTERNICH, *Mémoires*, Paris, Plon, 1880-1884, 8 vol., t. I et II.

[MIKHAÏLOVITCH GRAND-DUC N.] *Correspondance de l'Empereur Alexandre Ier avec sa sœur la grande-duchesse Catherine*, Saint-Pétersbourg, Manufacture des papiers de l'Etat, 1910.

MIOT DE MÉLITO comte, *Mémoires*, Paris, Michel Lévy, 1858, 3 vol., t. 2 et 3.

MOLLIEN comte, *Mémoires d'un ancien ministre du Trésor public de 1800 à 1814*, Paris, Guillaumin, 1878, 3 vol.

MONTESQUIOU comte de, *Souvenirs sur la Révolution, l'Empire, la Restauration et le règne de Louis-Philippe*, Paris, Plon, 1961.

MONTHOLON, *Récits de la captivité de l'empereur Napoléon à Sainte-Hélène*, Paris, Paulin, 1847, 2 vol.

(MOSCOU) *L'Incendie de Moscou racontée par Rostopchine et par Mme Narichkine, sa fille*, Paris, Teissèdre, 2000.

MULLER F. von, *Souvenirs des années de guerre (1806-1813)*, Paris, Fondation Napoléon, 1992.

NAPOLÉON Ier, *Correspondance*, Paris, Plon, 1858-1870, 32 vol., t. 15 à 28 ; nouvelle édition en cours chez Fayard par la Fondation Napoléon.

NAPOLÉON Ier, *Œuvres littéraires et écrits militaires*, édition établie, annotée et préfacée par J. Tulard, Paris, Claude Tchou, 2001, 3 vol., t. 3.

—, *Pensées politiques et sociales*, rassemblées et présentées par Adrien Dansette, Paris, Flammarion, 1969.

NAYLIES J.-J. de, *Mémoires sur la guerre d'Espagne*, Paris, Anselin, 1817.

NOAILLES marquis de, *Le Comte Molé (1781-1855). Sa vie, ses Mémoires*, Paris, Champion, 1922-1930, 6 vol., t. 1.

NOËL colonel, *Souvenirs militaires d'un officier du Premier Empire (1795-1832)*, Paris, Librairie des Deux Empires, 1999.

NORVINS J. de, *Portefeuille de 1813*, Paris, Mongie, 1825, 2 vol.

—, *Souvenirs d'un historien de Napoléon*, Paris, Plon, 1896-1897, 3 vol., t. III.

ODELEBEN O. von, *Campagne des Français en Saxe en 1813*, Paris, 1817, 2 vol.

O'MEARA B., *Journal. Napoléon dans l'exil*, présentation, notes et introduction par P. Garière, Paris, Fondation Napoléon, 1993, 2 vol.

PACCA cardinal, *Mémoires sur le pontificat de Pie VII*, Paris, Bray, 1860, 2 vol.

PARQUIN commandant, *Souvenirs*, Paris, Tallandier, 2003.

PASQUIER chancelier, *Histoire de mon temps. Mémoires*, Paris, Plon, 1893-1894, 6 vol., t. 1 et 2.

PAULIN général baron, *Souvenirs*, Paris, Plon, 1895.

PERCY baron, *Journal des campagnes*, Paris, Tallandier, « Bibliothèque napoléonienne », 2002.

PEYRUSSE baron, *1809-1815. Mémorial et Archives*, Carcassonne, chez P. Labau et chez Lajoux, 1869.

PEYRUSSE baron, *Lettres inédites écrites à son frère André pendant les campagnes de l'Empire de 1809 à 1814*, Paris, Perrin, 1894.

PION DES LOCHES, *Mes campagnes (1792-1815)*, Paris, Firmin-Didot, 1889.

PLANCY comte de, *Souvenirs (1798-1816)*, Paris, Ollendorff, 1904.

POTOCKA comtesse, *Mémoires*, Paris, Plon, 1897.

PRADT D. de, *Histoire de l'ambassade dans le Grand-Duché de Varsovie en 1812*, Paris, Pillet, 1815.

[PRADT D. de.] *Mémoires historiques sur la Révolution d'Espagne*, Paris, Rosa, 1816.

PUYBUSQUE L.-G. de, *Lettres sur la guerre de Russie en 1812, sur la ville de Saint-Pétersbourg, les mœurs et les usages des habitants de la Russie et de la Pologne*, Paris, Magimel, 1817.

PUYMAIGRE A. de, *Souvenirs sur l'émigration, l'Empire et la Restauration*, Paris, Plon, 1884.

RAMBUTEAU comte de, *Mémoires*, Paris, Calmann-Lévy, 1906.

RAPP général, *Mémoires écrits par lui-même*, Paris, Bossange, 1823.

RÉMUSAT Claire de, *Mémoires (1802-1808)*, Paris, Calmann-Lévy, 1879-1880, 3 vol.

RÉMUSAT Ch. de, *Mémoires de ma vie*, Paris, Plon, 1958-1967, 5 vol., t. 1.

ROCHECHOUART comte de, *Souvenirs sur la Révolution, l'Empire et la Restauration*, Paris, Plon, 1933.

ROCCA A.-J.-M., *Mémoires sur la guerre des Français en Espagne*, Paris, Gide, 1814.

ROEDERER comte, *Journal*, Paris, Daragon, 1909.

ROOS H., *Avec Napoléon en Russie. Souvenirs de la campagne de 1812*, Paris, Chapelot, 1913.

RUMIGNY général comte de, *Souvenirs (1789-1860)*, Paris, Emile-Paul, 1921.

SAINT-CHAMANS général comte de, *Mémoires (1802-1823)*, Paris, Plon, 1896.

SAINTE-AULAIRE comtesse de, *Souvenirs*, Périgueux, Bounet, 1875.

SAVARY, duc de Rovigo, *Mémoires*, Paris, Bossange, 1828, 8 vol., t. 3 à 7.

SCHELTENS, *Souvenirs d'un vieux soldat belge de la garde impériale*, Bruxelles, Van Asshe, 1880.

SÉGUR général comte de, *Histoire de Napoléon et de la Grande Armée pendant l'année 1812*, Paris, Baudouin Frères, 1825, 2 vol.

—, *Mémoires*, Paris, 3 vol., t. 3 à 7.

SEMALLÉ comte de, *Souvenirs*, Paris, Picard, 1898.

SERS baron, *Souvenirs d'un préfet de la monarchie. Mémoires (1786-1862)*, Paris, Fontemoing, 1906.

SERUZIER colonel baron, *Mémoires militaires*, Paris, Baudouin [1894].

SOLIGNAC A. de., *La Bérésina. Souvenirs d'un soldat de la Grande Armée.*

SOLTYK comte, *Napoléon en 1812. Mémoires historiques et militaires sur la campagne de Russie*, Paris, Bertrand, 1836.

SOULT maréchal, *Mémoires. Espagne et Portugal*, Paris, Hachette, 1955.

STAËL Mme de, *Considérations sur la Révolution françoise*, présenté et annoté par J. Godechot, Paris, Tallandier, 1983.

—, *Dix années d'exil*, édition critique par Simone Balayé, Paris, Fayard, 1996.

STENDHAL, *Œuvres intimes*, Paris, Gallimard, « La Pléiade », 1955.

SUREMAIN J.-B. de, *La Suède sous la République et le Premier Empire. Mémoires (1794-1815)*, Paris, Plon, 1902.

SURRUGUES A., *Lettre sur l'incendie de Moscou en 1812*, Paris, Didot, 1821.

TALLEYRAND, *Mémoires et correspondances*, édition intégrale présentée par E. de Waresquiel, Paris, Robert Laffont, « Bouquins », 2007.

TCHITCHAGOF amiral, *Mémoires*, Paris, Plon, 1909.

THIBAUDEAU, *Mémoires (1799-1815)*, Paris, Plon, 1913.

THIÉBAULT général baron, *Mémoires*, Paris, Plon, 1894-1895, 5 vol., t. IV et V.

VAN DEDEM DE GELDER général baron, *Un général hollandais sous l'Empire. Mémoires*, Paris, Plon, 1900.

VAN HOGENDORP général comte, *Mémoires*, Paris-La Haye, Pedone-Hijhoff, 1887.

VILLEMAIN, *Souvenirs contemporains d'histoire et de littérature*, Paris, Didier, 1856, 2 vol., t. 1.

VITROLLES baron de, *Mémoires*, Paris, Gallimard, 1950, 2 vol., t. 1.

WILSON R., *Relation de la campagne de Russie 1812*, La Vouivre, 1998, 2 vol.

WOLZOGEN général baron von, *Mémoires d'un général d'infanterie au service de la Prusse et de la Russie (1792-1836)*, Paris, Teissèdre, 2002.

YSARN F.-J. de, *Relation du séjour des Français à Moscou et de l'incendie de cette ville en 1812*, Bruxelles, 1871.

Ouvrages généraux, études et biographies

ARJUZON A. d', *Castelreagh*, Paris, Perrin, 2001.

AYMES J.-R., *L'Espagne contre Napoléon. La guerre d'indépendance espagnole (1808-1814)*, Paris, Nouveau Monde Editions/ Fondation Napoléon, 2003.

BAINVILLE J., *Napoléon*, préface de P. Gueniffey, Paris, Gallimard, « Tel », 2005.

BARBIER P. et VERNILLAT F., *Histoire de France par les chansons. Napoléon et sa légende*, Paris, Gallimard, 1958.

BEAUCOUR F., TABEUR J. et IVTCHENKO L., *La Berezina. Une victoire militaire*, Paris, Economica, 2006.

BENNASSAR B., *Histoire des Espagnols*, Paris, Robert Laffont, « Bouquins ».

BERCE Y.-M. (dir.), *La Fin de l'Europe napoléonienne. 1814 : la vacance du pouvoir*, Paris, Kronos, 1990.

BÉRENGER J., *Histoire de l'Empire des Habsbourg (1273-1918)*, Paris, Fayard, 1990.

BERGERON L., *L'Episode napoléonien. Aspects intérieurs*, Paris, Le Seuil, « Points », 1972.

BERTAUD J.-P., FORREST A. et JOURDAN A., *Napoléon, le monde et les Anglais. Guerre des mots et des images*, Paris, Autrement, 2004.

BERTIER DE SAUVIGNY G. de, *Le Comte Ferdinand de Bertier et l'énigme de la Congrégation*, Paris, Les Presses continentales, 1948.

—, *Metternich*, Paris, Fayard, 1986.

—, *Au soir de la monarchie. Histoire de la Restauration*, Paris, Flammarion, « Champs », 1990.

BOIS J.-P., *Nouvelle histoire des relations internationales.* T. 3 : *De la paix des rois à l'ordre des Empereurs (1714-1815)*, Paris, Le Seuil, « Points », 2003.

BONNET J.-C. (dir.), *L'Empire des muses. Napoléon, les lettres et les arts*, Paris, Belin, 2004.

BRÉGEON J.-N., *Napoléon et la guerre d'Espagne (1808-1814)*, Paris, Perrin, 2006.

CABANIS A., *La Presse sous le Consulat et l'Empire*, Paris, Société des études robespierristes, 1975.

CAMON colonel, *La Guerre napoléonienne. Précis des campagnes*, Paris, Teissèdre, 1999.

CARNÉ L. de, *Etudes sur l'histoire du gouvernement représentatif en France de 1789 à 1848*, Paris, Didier, 1855, 2 vol., t. I.

CASTELOT A., *Napoléon*, Paris, Perrin, 1969.

CATE C., *1812*, Paris, Tallandier, 2007.

CAVAIGNAC G., *La Formation de la Prusse contemporaine*, Paris, Hachette, 1898, 2 vol.

CHARDIGNY L., *L'Homme Napoléon*, Paris, Perrin, 1987.

—, *Les Maréchaux de Napoléon*, Paris, Tallandier, 2003.

CHASTENET G., *Marie-Louise, l'impératrice oubliée*, Paris, Jean-Claude Lattès, 1983.

[COLLOQUE] *Napoléon, de l'histoire à la légende*, Paris, Editions *In Forma*, 2000.

[COLLOQUE] *Voies nouvelles pour l'histoire du Premier Empire. Territoires. Pouvoirs. Identités*, Paris, Boutique de l'histoire, 2003.

CROUZET F., *L'Economie britannique et le Blocus continental*, Paris, Economica, 1987.

DAUDET E., *Histoire de l'émigration pendant la Révolution française*, Paris, Hachette, 1907, 3 vol., t. III.

DIESBACH G. de, *Madame de Staël*, Paris, Perrin, 1983.

DRIAULT E., *Napoléon et l'Europe :*

—, *Tilsit. France et Russie sous le Premier Empire. La question de Pologne (1806-1809)*, Paris, Félix Alcan, 1917.

—, *Le Grand Empire (1809-1812)*, Paris, Félix Alcan, 1924.

—, *La Chute de l'Empire. La légende de Napoléon (1812-1815)*, Paris, Félix Alcan, 1927.

DUNAN M., *Napoléon et l'Allemagne. Le système continental et les débuts du royaume de Bavière (1806-1810)*, Paris, Plon, 1942.

DUFRAISSE R. et KERAUTRET M., *La France napoléonienne. Aspects extérieurs*, Paris, Le Seuil, « Points », 1999.

DUVERGIER DE HAURANNE P., *Histoire du gouvernement parlementaire en France (1814-1848)*, Paris, Michel Lévy, 1870-1871, 10 vol., t. I.

ENGLUND Steven, *Napoléon*, Paris, De Fallois, 2004.

ERCKMANN-CHATRIAN, *Un conscrit de 1813*, Paris, La Table ronde, 1996.

ERNOUF baron, *Maret, duc de Bassano*, Paris, Charpentier, 1878.

FAURE E., *Napoléon*, Paris, Denoël, 1983.

FIERRO A., PALLUEL-GUILLARD A. et TULARD J., *Histoire et dictionnaire du Consulat et de l'Empire*, Paris, Robert Laffont, « Bouquins », 1995.

FIERRO A., *La Vie des Parisiens sous Napoléon*, Napoléon Ier éditions, 2003.

FOY général, *Histoire de la guerre de la péninsule sous Napoléon, précédée d'un tableau politique et militaire des puissances belligérantes*, Bruxelles, Auguste Wahlen, 1827, 4 vol.

FUGIER A., *La Révolution française et l'Empire napoléonien*. Tome 4 de l'*Histoire des relations internationales*, P. Renouvin (dir.), Paris, Hachette, 1954.

FUMAROLI M., *Chateaubriand. Poésie et Terreur*, Paris, De Fallois, 2003.

FURET F., *La Révolution*, Paris, Hachette, 1991.

GAULLE Ch. de, *La France et son armée*, Paris, Plon, 1999.

GIROD DE L'AIN G., *Joseph Bonaparte, roi malgré lui*, Paris, Perrin, 1970.

GOTTERI N., *Le Maréchal Soult*, Paris, Bernard Giovanangeli, 2000.

GRANDMAISON G. de, *L'Espagne et Napoléon*, Paris, Plon, 1908-1931, 3 vol.

GROUSSET R., *Figures de proue*, Paris, « 10-18 », 1996.

GRUNWALD C. de, *Stein, l'ennemi de Napoléon*, Paris, Grasset, 1936.

—, *Alexandre Ier, le tsar mystique*, Bruxelles, Club international du livre, s.d.

HELLER M., *Histoire de la Russie et de son Empire*, Paris, Flammarion, « Champs », 2000.

HOCQUEBELLET Richard, *Résistance et révolution durant l'occupation napoléonienne en Espagne (1808-1812)*, Paris, La Boutique de l'Histoire, 2001.

HOUSSAYE H., *1814*, Paris, Perrin.

JOSSELSON M. et D., *Le Général hiver. Michel Bogdanovitch Barclay de Tolly*, Paris, Gérard Lebovici, 1986.

JOURDAN A., *Napoléon héros, imperator, mécène*, Paris, Aubier, 1998.

—, *L'Empire de Napoléon*, Paris, Flammarion, « Champs », 2000.

JOUVENEL B. de, *Napoléon et l'économie dirigée. Le Blocus continental*, Bruxelles, Editions de la Toison d'or, 1942.

KENNEDY P., *Naissance et déclin des grandes puissances. Transformations économiques et conflits militaires entre 1500 et 2000*, Paris, Payot, 1991.

KERAUTRET M., *Histoire de la Prusse*, Paris, Le Seuil, 2005.

KIRCHEISEN F.-M., *Napoléon*, Paris, Plon, 1934, 2 vol., t. 2.

KISSINGER H., *Le Chemin de la paix*, Paris, Denoël, 1972.

LABAUME E., *Histoire de la chute de l'Empire de Napoléon*, Paris, 1820, 2 vol.

LAROUSSE P., *Napoléon*, préface de M. Agulhon, Paris, Mémoire du Livre, 2002.

LATOUR J. de, *Duroc (1772-1813*), Paris, Nouveau Monde, 2004.

LEFEBVRE A., *Histoire des cabinets de l'Europe pendant le Consulat et l'Empire,* Paris, Amyot, 1866-1869, 5 vol., t. 3 à 5.

LEFEBVRE G., *Napoléon*, Paris, PUF, « Peuples et civilisations », 1969.

LENTZ T., *Savary. Le séide de Napoléon*, Paris, Fayard, 2001.

—, *Nouvelle Histoire du Premier Empire*, Paris, Fayard, 2002-2007, 3 vol.

LENTZ T. (dir.), *Napoléon et l'Europe. Regards sur une politique*, Paris, Fayard, 2005.

LEROY-BEAULIEU A., *L'Empire des tsars et des Russes*, Paris, Robert Laffont, « Bouquins », 1990.

LIDDEL HART B., *Stratégie*, introduction et traduction par L. Poirier, Paris, Perrin, 1998.

MADELIN L., *La Rome de Napoléon*, Paris, Plon, 1906.

—, *Histoire du Consulat et de l'Empire*, Paris, Robert Laffont, « Bouquins », 2003, 4 vol., t. 2 à 4.

—, *Fouché,* Paris, Nouveau Monde Editions/ Fondation Napoléon, 2002, 2 vol., t. 2.

MANSEL P., *Paris, capitale de l'Europe (1814-1852)*, Paris, Perrin, 2003.

—, *Louis XVIII*, Paris, Perrin, 2004.

MARTIN J.-C. (dir.), *Napoléon et l'Europe*, colloque de La Roche-sur-Yon, PUR, 2002.

MASCILLI MIGLIORINI L., *Napoléon*, Paris, Perrin, 2004.

MICHELET J., *Histoire du XIXe siècle*, Paris, Germer-Bailliere [puis] Michel Lévy, 1872-1875, 3 vol., t. 3.

MISTLER J. (dir.), *Napoléon et l'Empire*, Paris, Hachette, 1968, 2 vol., t. 2.

MORVAN J., *Le Soldat impérial*, Paris, Teissèdre, 1999, 2 vol.

NABOKOV S. et LASTOURS S. de, *Koutouzov, le vainqueur de Napoléon*, Paris, Albin Michel, 1990.

Napoléon Bonaparte. Comment il a enivré la littérature, textes rassemblés par Paul Noirot, préface de Laurent Joffrin, Paris, In Forma, 1999.

PAGE S., *L'Amérique du Nord et Napoléon*, Paris Nouveau Monde Editions/Fondation Napoléon, 2003.

PETITEAU N., *Napoléon, de la mythologie à l'histoire*, Paris, Le Seuil, « Points ».

PIGEARD A., *L'Armée de Napoléon. Organisation et vie quotidienne*, Paris, Tallandier, 2000.

—, *Dictionnaire de la Grande Armée*, Paris, Tallandier, 2002.

—, *La Conscription au temps de Napoléon (1798-1814)*, Paris, Bernard Giovanangeli, 2003.

PILLEPICH A., *Napoléon et les Italiens*, Paris, Nouveau Monde Editions/Fondation Napoléon, 2004.

QUENNEVAT J.-C., *Atlas de la Grande Armée*, Bruxelles, Séquoia, 1966.

RATCHINSKI A., *Napoléon et Alexandre Ier. La guerre des idées*, Paris, Bernard Giovanangeli, 2002.

REY M.-P., *Le Dilemme russe. La Russie et l'Europe occidentale d'Ivan le Terrible à Boris Eltsine*, Paris, Flammarion, 2002.

ROCQUAIN F., *Napoléon Ier et le roi Louis d'après les documents conservés aux archives nationales*, Paris, Firmin-Didot, 1875.

SCHER-ZEMBITSKA L., *L'Aigle et le Phénix. Un siècle de relations franco-polonaises 1732-1832*, préface de A. Corvisier, Paris, CNRS Editions, 2001.

SOBOUL A., *La France napoléonienne*, Paris, Artaud, 1990.

SOREL A., *L'Europe et la Révolution française*, Paris, Plon, 1908, 8 vol., t. 5 à 8.

STENDHAL, *Napoléon*, Paris, Stock, 1998.

SUARÈS A., *Vues sur Napoléon*, Paris, Allia, 1988.

TAINE H., *Les Origines de la France contemporaine*, Paris, Robert Laffont, « Bouquins », 1986, 2 vol., t. II.

TARLE E., *La Campagne de Russie. 1812*, Paris, Gallimard, 1950.

THIRY J., *La Chute de Napoléon*, Paris, Berger-Levrault, 1938-1939, 2 vol.

TOLSTOÏ L., *La Guerre et la Paix*, Paris, Gallimard, « Folio », 1972, 2 vol.

TRANIE J., *L'Epopée napoléonienne. Les grandes batailles*, Paris, Tallandier, 2001.

TRANIE J. et CARMIGNIANI J.-C., *Napoléon. La campagne d'Espagne (1807-1814)*, Paris, Pygmalion, 1998.

—, *Napoléon et l'Autriche. La campagne de 1809*, Paris, Copernic, 1979.

—, *1812. La campagne de Russie*, Paris, Pygmalion, 1997.

—, *1813. La campagne d'Allemagne*, Paris, Pygmalion, 1987.

—, *1814. La campagne de France*, Paris, Pygmalion, 1998.

TULARD J., *Napoléon ou le Mythe du sauveur*, nouvelle édition, revue et augmentée, Paris, Fayard, 1999.

—, *Le Grand Empire 1804-1815*, Paris, Albin Michel, 1982.

—, *Le Mythe de Napoléon*, Paris, Armand Colin, 1971.

—, *L'Anti-Napoléon*, Paris, Julliard, 1964.

—, *La Vie quotidienne des Français sous Napoléon*, Paris, Le Livre de poche, 1978.

—, *Murat*, Paris, Fayard, 1999.

—, *Napoléon et la noblesse d'Empire*, nouvelle édition, Paris, Tallandier, « Bibliothèque napoléonienne », 2002.

TULARD J. (dir.), *Les Empires occidentaux de Rome à Berlin*, Paris, PUF, 1997.

—, *Dictionnaire Napoléon*, Paris, Fayard, 1999, 2 vol.

TULARD J. et L. GARROS, *Itinéraire de Napoléon au jour le jour*, Paris, Tallandier, 1992.

VANDAL A., *Napoléon et Alexandre Ier. L'alliance russe sous le Premier Empire*, Paris, Plon, 1896, 3 vol.

VIDAL DE LA BLACHE J., *La Régénération de la Prusse après Iéna*, Paris, Berger-Levrault, 1910.

WAGENER F., *L'Impératrice Joséphine*, Paris, Flammarion, 1999.

WALISZEWSKI K., *Le Règne d'Alexandre Ier*, Paris, Plon, 1923-1925, 3 vol., t. 1 et 2.

WARESQUIEL E. de, *Talleyrand : Le prince immobile*, Paris, Fayard, 2003.

WINKLER Heinrich A., *Histoire de l'Allemagne XIXe-XXe siècle. Le long chemin vers l'Occident*, Paris, Fayard, 2005.

WOOLF S., *Napoléon et la conquête de l'Europe*, Paris, Flammarion, 1990.

ZIEZENISS C-O., *Napoléon et la cour impériale*, Paris, Tallandier, 1980.

ZWEIG S., *Fouché*, Paris, Grasset, 1996.

INDEX

Table

Livre III. Le gouffre

collection tempus
Perrin

Déjà paru

1. *Histoire des femmes en Occident* (dir. Michelle Perrot, Georges Duby), *L'Antiquité* (dir. Pauline Schmitt Pantel).
2. *Histoire des femmes en Occident* (dir. Michelle Perrot, Georges Duby), *Le Moyen Âge* (dir. Christiane Klapisch-Zuber).
3. *Histoire des femmes en Occident* (dir. Michelle Perrot, Georges Duby), *XVIe-XVIIIe siècle* (dir. Natalie Zemon Davis, Arlette Farge).
4. *Histoire des femmes en Occident* (dir. Michelle Perrot, Georges Duby), *Le XIXe siècle* (dir. Michelle Perrot, Geneviève Fraisse).
5. *Histoire des femmes en Occident* (dir. Michelle Perrot, Georges Duby), *Le XXe siècle* (dir. Françoise Thébaud).
6. *L'épopée des croisades* – René Grousset.
7. *La bataille d'Alger* – Pierre Pellissier.
8. *Louis XIV* – Jean-Christian Petitfils.
9. *Les soldats de la Grande Armée* – Jean-Claude Damamme.
10. *Histoire de la Milice* – Pierre Giolitto.
11. *La régression démocratique* – Alain-Gérard Slama.
12. *La première croisade* – Jacques Heers.
13. *Histoire de l'armée française* – Philippe Masson.
14. *Histoire de Byzance* – John Julius Norwich.
15. *Les Chevaliers teutoniques* – Henry Bogdan.
16. *Mémoires, Les champs de braises* – Hélie de Saint Marc.
17. *Histoire des cathares* – Michel Roquebert.
18. *Franco* – Bartolomé Bennassar.
19. *Trois tentations dans l'Église* – Alain Besançon.
20. *Le monde d'Homère* – Pierre Vidal-Naquet.
21. *La guerre à l'Est* – August von Kageneck.
22. *Histoire du gaullisme* – Serge Berstein.
23. *Les Cent-Jours* – Dominique de Villepin.
24. *Nouvelle histoire de la France*, tome I – Jacques Marseille.
25. *Nouvelle histoire de la France*, tome II – Jacques Marseille.
26. *Histoire de la Restauration* – Emmanuel de Waresquiel et Benoît Yvert.

27. *La Grande Guerre des Français* – Jean-Baptiste Duroselle.
28. *Histoire de l'Italie* – Catherine Brice.
29. *La civilisation de l'Europe à la Renaissance* – John Hale.
30. *Histoire du Consulat et de l'Empire* – Jacques-Olivier Boudon.
31. *Les Templiers* – Laurent Daillez.
32. *Madame de Pompadour* – Évelyne Lever.
33. *La guerre en Indochine* – Georges Fleury.
34. *De Gaulle et Churchill* – François Kersaudy.
35. *Le passé d'une discorde* – Michel Abitbol.
36. *Louis XV* – François Bluche.
37. *Histoire de Vichy* – Jean-Paul Cointet.
38. *La bataille de Waterloo* – Jean-Claude Damamme.
39. *Pour comprendre la guerre d'Algérie* – Jacques Duquesne.
40. *Louis XI* – Jacques Heers.
41. *La bête du Gévaudan* – Michel Louis.
42. *Histoire de Versailles* – Jean-François Solnon.
43. *Voyager au Moyen Âge* – Jean Verdon.
44. *La Belle Époque* – Michel Winock.
45. *Les manuscrits de la mer Morte* – Michael Wise, Martin Abegg Jr. & Edward Cook.
46. *Histoire de l'éducation*, tome I – Michel Rouche.
47. *Histoire de l'éducation*, tome II – François Lebrun, Marc Venard, Jean Quéniart.
48. *Les derniers jours de Hitler* – Joachim Fest.
49. *Zita impératrice courage* – Jean Sévillia.
50. *Histoire de l'Allemagne* – Henry Bogdan.
51. *Lieutenant de panzers* – August von Kageneck.
52. *Les hommes de Dien Bien Phu* – Roger Bruge.
53. *Histoire des Français venus d'ailleurs* – Vincent Viet.
54. *La France qui tombe* – Nicolas Baverez.
55. *Histoire du climat* – Pascal Acot.
56. *Charles Quint* – Philippe Erlanger.
57. *Le terrorisme intellectuel* – Jean Sévillia.
58. *La place des bonnes* – Anne Martin-Fugier.
59. *Les grands jours de l'Europe* – Jean-Michel Gaillard.
60. *Georges Pompidou* – Éric Roussel.
61. *Les États-Unis d'aujourd'hui* – André Kaspi.
62. *Le masque de fer* – Jean-Christian Petitfils.
63. *Le voyage d'Italie* – Dominique Fernandez.
64. *1789, l'année sans pareille* – Michel Winock.

65. *Les Français du Jour J* – Georges Fleury.
66. *Padre Pio* – Yves Chiron.
67. *Naissance et mort des Empires.*
68. *Vichy 1940-1944* – Jean-Pierre Azéma, Olivier Wieviorka.
69. *L'Arabie Saoudite en guerre* – Antoine Basbous.
70. *Histoire de l'éducation*, tome III – Françoise Mayeur.
71. *Histoire de l'éducation*, tome IV – Antoine Prost.
72. *La bataille de la Marne* – Pierre Miquel.
73. *Les intellectuels en France* – Pascal Ory, Jean-François Sirinelli.
74. *Dictionnaire des pharaons* – Pascal Vernus, Jean Yoyotte.
75. *La Révolution américaine* – Bernard Cottret.
76. *Voyage dans l'Égypte des Pharaons* – Christian Jacq.
77. *Histoire de la Grande-Bretagne* – Roland Marx, Philippe Chassaigne.
78. *Histoire de la Hongrie* – Miklós Molnar.
79. *Chateaubriand* – Ghislain de Diesbach.
80. *La Libération de la France* – André Kaspi.
81. *L'empire des Plantagenêt* – Martin Aurell.
82. *La Révolution française* – Jean-Paul Bertaud.
83. *Les Vikings* – Régis Boyer.
84. *Examen de conscience* – August von Kageneck.
85. *1905, la séparation des Églises et de l'État.*
86. *Les femmes cathares* – Anne Brenon.
87. *L'Espagne musulmane* – André Clot.
88. *Verdi et son temps* – Pierre Milza.
89. *Sartre* – Denis Bertholet.
90. *L'avorton de Dieu* – Alain Decaux.
91. *La guerre des deux France* – Jacques Marseille.
92. *Honoré d'Estienne d'Orves* – Étienne de Montety.
93. *Gilles de Rais* – Jacques Heers.
94. *Laurent le Magnifique* – Jack Lang.
95. *Histoire de Venise* – Alvise Zorzi.
96. *Le malheur du siècle* – Alain Besançon.
97. *Fouquet* – Jean-Christian Petitfils.
98. *Sissi, impératrice d'Autriche* – Jean des Cars.
99. *Histoire des Tchèques et des Slovaques* – Antoine Marès.
100. *Marie Curie* – Laurent Lemire.
101. *Histoire des Espagnols*, tome I – Bartolomé Bennassar.
102. *Pie XII et la Seconde Guerre mondiale* – Pierre Blet.
103. *Histoire de Rome*, tome I – Marcel Le Glay.

104. *Histoire de Rome*, tome II – Marcel Le Glay.
105. *L'État bourguignon 1363-1477* – Bertrand Schnerb.
106. *L'Impératrice Joséphine* – Françoise Wagener.
107. *Histoire des Habsbourg* – Henry Bogdan.
108. *La Première Guerre mondiale* – John Keegan.
109. *Marguerite de Valois* – Éliane Viennot.
110. *La Bible arrachée aux sables* – Werner Keller.
111. *Le grand gaspillage* – Jacques Marseille.
112. *« Si je reviens comme je l'espère » : lettres du front et de l'Arrière, 1914-1918* – Marthe, Joseph, Lucien et Marcel Papillon.
113. *Le communisme* – Marc Lazar.
114. *La guerre et le vin* – Donald et Petie Kladstrup.
115. *Les chrétiens d'Allah* – Lucile et Bartolomé Bennassar.
116. *L'Égypte de Bonaparte* – Jean-Joël Brégeon.
117. *Les empires nomades* – Gérard Chaliand.
118. *La guerre de Trente Ans* – Henry Bogdan.
119. *La bataille de la Somme* – Alain Denizot.
120. *L'Église des premiers siècles* – Maurice Vallery-Radot.
121. *L'épopée cathare*, tome I, *L'invasion* – Michel Roquebert.
122. *L'homme européen* – Jorge Semprún, Dominique de Villepin.
123. *Mozart* – Pierre-Petit.
124. *La guerre de Crimée* – Alain Gouttman.
125. *Jésus et Marie-Madeleine* – Roland Hureaux.
126. *L'épopée cathare*, tome II, *Muret ou la dépossession* – Michel Roquebert.
127. *De la guerre* – Carl von Clausewitz.
128. *La fabrique d'une nation* – Claude Nicolet.
129. *Quand les catholiques étaient hors la loi* – Jean Sévillia.
130. *Dans le bunker de Hitler* – Bernd Freytag von Loringhoven et François d'Alançon.
131. *Marthe Robin* – Jean-Jacques Antier.
132. *Les empires normands d'Orient* – Pierre Aubé.
133. *La guerre d'Espagne* – Bartolomé Bennassar.
134. *Richelieu* – Philippe Erlanger.
135. *Les Mérovingiennes* – Roger-Xavier Lantéri.
136. *De Gaulle et Roosevelt* – François Kersaudy.
137. *Historiquement correct* – Jean Sévillia.
138. *L'actualité expliquée par l'Histoire.*
139. *Tuez-les tous ! La guerre de religion à travers l'histoire* – Élie Barnavi, Anthony Rowley.

140. *Jean Moulin* – Jean-Pierre Azéma.
141. *Nouveau monde, vieille France* – Nicolas Baverez.
142. *L'Islam et la Raison* – Malek Chebel.
143. *La gauche en France* – Michel Winock.
144. *Malraux* – Curtis Cate.
145. *Une vie pour les autres. L'aventure du père Ceyrac* – Jérôme Cordelier.
146. *Albert Speer* – Joachim Fest.
147. *Du bon usage de la guerre civile en France* – Jacques Marseille.
148. *Raymond Aron* – Nicolas Baverez.
149. *Joyeux Noël* – Christian Carion.
150. *Frères de tranchées* – Marc Ferro.
151. *Histoire des croisades et du royaume franc de Jérusalem*, tome I, *1095-1130, L'anarchie musulmane* – René Grousset.
152. *Histoire des croisades et du royaume franc de Jérusalem*, tome II, *1131-1187, L'équilibre* – René Grousset.
153. *Histoire des croisades et du royaume franc de Jérusalem*, tome III, *1188-1291, L'anarchie franque* – René Grousset.
154. *Napoléon* – Luigi Mascilli Migliorini.
155. *Versailles, le chantier de Louis XIV* – Frédéric Tiberghien.
156. *Le siècle de saint Bernard et Abélard* – Jacques Verger, Jean Jolivet.
157. *Juifs et Arabes au XXe siècle* – Michel Abitbol.
158. *Par le sang versé. La Légion étrangère en Indochine* – Paul Bonnecarrère.
159. *Napoléon III* – Pierre Milza.
160. *Staline et son système* – Nicolas Werth.
161. *Que faire ?* – Nicolas Baverez.
162. *Stratégie* – B. H. Liddell Hart.
163. *Les populismes* (dir. Jean-Pierre Rioux).
164. *De Gaulle, 1890-1945*, tome I – Éric Roussel.
165. *De Gaulle, 1946-1970*, tome II – Éric Roussel.
166. *La Vendée et la Révolution* – Jean-Clément Martin.
167. *Aristocrates et grands bourgeois* – Éric Mension-Rigau.
168. *La campagne d'Italie* – Jean-Christophe Notin.
169. *Lawrence d'Arabie* – Jacques Benoist-Méchin.
170. *Les douze Césars* – Régis F. Martin.
171. *L'épopée cathare*, tome III, *Le lys et la croix* – Michel Roquebert.
172. *L'épopée cathare*, tome IV, *Mourir à Montségur* – Michel Roquebert.

173. *Henri III* – Jean-François Solnon.
174. *Histoires des Antilles françaises* – Paul Butel.
175. *Rodolphe et les secrets de Mayerling* – Jean des Cars.
176. *Oradour, 10 juin 1944* – Sarah Farmer.
177. *Volontaires français sous l'uniforme allemand* – Pierre Giolitto.
178. *Chute et mort de Constantinople* – Jacques Heers.
179. *Nouvelle histoire de l'Homme* – Pascal Picq.
180. *L'écriture. Des hiéroglyphes au numérique.*
181. *C'était Versailles* – Alain Decaux.
182. *De Raspoutine à Poutine* – Vladimir Fedorovski.
183. *Histoire de l'esclavage aux États-Unis* – Claude Fohlen.
184. *Ces papes qui ont fait l'histoire* – Henri Tincq.
185. *Classes laborieuses et classes dangereuses* – Louis Chevalier.
186. *Les enfants soldats* – Alain Louyot.
187. *Premiers ministres et présidents du Conseil* – Benoît Yvert.
188. *Le massacre de Katyn* – Victor Zaslavsky.
189. *Enquête sur les apparitions de la Vierge* – Yves Chiron.
190. *L'épopée cathare*, tome V, *La fin des Amis de Dieu* – Michel Roquebert.
191. *Histoire de la diplomatie française*, tome I.
192. *Histoire de la diplomatie française*, tome II.
193. *Histoire de l'émigration* – Ghislain de Diesbach.
194. *Le monde des Ramsès* – Claire Lalouette.
195. *Bernadette Soubirous* – Anne Bernet.
196. *Cosa Nostra. La mafia sicilienne de 1860 à nos jours* – John Dickie.
197. *Les mensonges de l'Histoire* – Pierre Miquel.
198. *Les négriers en terres d'islam* – Jacques Heers.
199. *Nelson Mandela* – Jack Lang.
200. *Un monde de ressources rares* – Le Cercle des économistes et Érik Orsenna.
201. *L'histoire de l'univers et le sens de la création* – Claude Tresmontant.
202. *Ils étaient sept hommes en guerre* – Marc Ferro.
203. *Précis de l'art de la guerre* – Antoine-Henri Jomini.
204. *Comprendre les États-unis d'aujourd'hui* – André Kaspi.
205. *Tsahal* – Pierre Razoux.
206. *Pop philosophie* – Mehdi Belahj Kacem, Philippe Nassif.
207. *Le roman de Vienne* – Jean des Cars.
208. *Hélie de Saint Marc* – Laurent Beccaria.

209. *La dénazification* (dir. Marie-Bénédicte Vincent).
210. *La vie mondaine sous le nazisme* – Fabrice d'Almeida.
211. *Comment naissent les révolutions.*
212. *Comprendre la Chine d'aujourd'hui* – Jean-Luc Domenach.
213. *Le second Empire* – Pierre Miquel.
214. *Les papes en Avignon* – Dominique Paladilhe.
215. *Jean Jaurès* – Jean-Pierre Rioux.
216. *La Rome des Flaviens* – Catherine Salles.
217. *6 juin 44* – Jean-Pierre Azéma, Philippe Burrin, Robert O. Paxton.
218. *Eugénie, la dernière impératrice* – Jean des Cars.
219. *L'homme Robespierre* – Max Gallo.
220. *Les Barbaresques* – Jacques Heers.
221. *L'élection présidentielle en France, 1958-2007* – Michel Winock.
222. *Histoire de la Légion étrangère* – Georges Blond.
223. *1 000 ans de jeux Olympiques* – Moses I. Finley, H. W. Pleket.
224. *Quand les Alliés bombardaient la France* – Eddy Florentin.
225. *La crise des années 30 est devant nous* – François Lenglet.
226. *Le royaume wisigoth d'Occitanie* – Joël Schmidt.
227. *L'épuration sauvage* – Philippe Bourdrel.
228. *La révolution de la Croix* – Alain Decaux.
229. *Frédéric de Hohenstaufen* – Jacques Benoist-Méchin.
230. *Savants sous l'Occupation* – Nicolas Chevassus-au-Louis.
231. *Moralement correct* – Jean Sévillia.
232. *Claude Lévi-Strauss, le passeur de sens* – Marcel Hénaff.
233. *Le voyage d'automne* – François Dufay.
234. *Erbo, pilote de chasse* – August von Kageneck.
235. *L'éducation des filles en France au XIXe siècle* – Françoise Mayeur.
236. *Histoire des pays de l'Est* – Henry Bogdan.
237. *Les Capétiens* – François Menant, Hervé Martin, Bernard Merdrignac, Monique Chauvin.
238. *Le roi, l'empereur et le tsar* – Catrine Clay.
239. *Neanderthal* – Marylène Patou-Mathis.
240. *Judas, de l'Évangile à l'Holocauste* – Pierre-Emmanuel Dauzat.
241. *Le roman vrai de la crise financière* – Olivier Pastré, Jean-Marc Sylvestre.
242. *Comment l'Algérie devint française* – Georges Fleury.
243. *Le Moyen Âge, une imposture* – Jacques Heers.
244. *L'île aux cannibales* – Nicolas Werth.
245. *Policiers français sous l'Occupation* – Jean-Marc Berlière.

246. *Histoire secrète de l'Inquisition* – Peter Godman.
247. *La guerre des capitalismes aura lieu* – Le Cercle des économistes (dir. Jean-Hervé Lorenzi).
248. *Les guerres bâtardes* – Arnaud de La Grange, Jean-Marc Balencie.
249. *De la croix de fer à la potence* – August von Kageneck.
250. *Nous voulions tuer Hitler* – Philipp Freiherr von Boeselager.
251. *Le soleil noir de la puissance, 1796-1807* – Dominique de Villepin.
252. *L'aventure des Normands, VIIIe- XIIIe siècle* – François Neveux.
253. *La spectaculaire histoire des rois des Belges* – Patrick Roegiers.
254. *L'islam expliqué par* – Malek Chebel.
255. *Pour en finir avec Dieu* – Richard Dawkins.
256. *La troisième révolution américaine* – Jacques Mistral.
257. *Les dernières heures du libéralisme* – Christian Chavagneux.
258. *La Chine m'inquiète* – Jean-Luc Domenach.
259. *La religion cathare* – Michel Roquebert.
260. *Histoire de la France*, tome I, *1900-1930* – Serge Berstein, Pierre Milza.
261. *Histoire de la France*, tome II, *1930-1958* – Serge Berstein, Pierre Milza.
262. *Histoire de la France*, tome III, *1958 à nos jours* – Serge Berstein, Pierre Milza.
263. *Les Grecs et nous* – Marcel Detienne.
264. *Deleuze* – Alberto Gualandi.
265. *Le réenchantement du monde* – Michel Maffesoli.
266. *Spinoza* – André Scala.
267. *Les Français au quotidien, 1939-1949* – Éric Alary, Bénédicte Vergez-Chaignon, Gilles Gauvin.
268. *Teilhard de Chardin* – Jacques Arnould.
269. *Jeanne d'Arc* – Colette Beaune.
270. *Crises, chaos et fins de monde.*
271. *Auguste* – Pierre Cosme.
272. *Histoire de l'Irlande* – Pierre Joannon.
273. *Les inconnus de Versailles* – Jacques Levron.
274. *Ils ont vécu sous le nazisme* – Laurence Rees.
275. *La nuit au Moyen Âge* – Jean Verdon.
276. *Ce que savaient les Alliés* – Christian Destremau.
277. *François Ier* – Jack Lang.
278. *Alexandre le Grand* – Jacques Benoist-Méchin.

279. *L'Égypte des Mamelouks* – André Clot.
280. *Les valets de chambre de Louis XIV* – Mathieu Da Vinha.
281. *Les grands sages de l'Égypte ancienne* – Christian Jacq.
282. *Armagnacs et Bourguignons* – Bertrand Schnerb.
283. *La révolution des Templiers* – Simonetta Cerrini.
284. *Les crises du capitalisme.*
285. *Communisme et totalitarisme* – Stéphane Courtois.
286. *Les chasseurs noirs* – Christian Ingrao.
287. *Averroès* – Ali Benmakhlouf.
288. *Les guerres préhistoriques* – Lawrence H. Keeley.
289. *Devenir de Gaulle* – Jean-Luc Barré.
290. *Lyautey* – Arnaud Teyssier.
291. *Fin de monde ou sortie de crise ?* – Le Cercle des économistes (dir. Pierre Dockès et Jean-Hervé Lorenzi).
292. *Madame de Montespan* – Jean-Christian Petitfils.
293. *L'extrême gauche plurielle* – Philippe Raynaud.
294. *La guerre d'indépendance des Algériens* (prés. Raphaëlle Branche).
295. *La France de la Renaissance* – Arlette Jouanna.
296. *Verdun 1916* – Malcolm Brown.
297. *Lyotard* – Alberto Gualandi.
298. *Catherine de Médicis* – Jean-François Solnon.
299. *Le XXe siècle idéologique et politique* – Michel Winock.
300. *L'art nouveau en Europe* – Roger-Henri Guerrand.
301. *Les salons de la IIIe République* – Anne Martin-Fugier.
302. *Lutèce* – Joël Schmidt.
303. *Les aventurières de Dieu* – Elisabeth Dufourcq.
304. *Chiisme et politique au Moyen-Orient* – Laurence Louër.
305. *La chute ou l'Empire de la solitude 1807-1814* – Dominique de Villepin.

À PARAÎTRE

Louis II de Bavière – Jean des Cars.
Histoire des instituteurs et des professeurs – Béatrice Compagnon, Anne Thévenin.
L'Égypte des grands pharaons – Christian Jacq.
La Deuxième Guerre mondiale – John Keegan.

Composition Nord Compo
Villeneuve-d'Ascq

Impression réalisée par

CPI
Brodard & Taupin

La Flèche (Sarthe), le 21-12-2009
pour le compte des Éditions Perrin
11, rue de Grenelle
Paris 7e

N° d'édition : 2553 – N° d'impression : 56028
Dépôt légal : décembre 2009

Imprimé en France

« C'est l'histoire de ces *Cent-Jours* – "une lucare idéale pour revisiter Napoléon et observer la naissance d'une nouvelle France" – que Dominique de Villepin raconte avec une passion virtuose. »

Daniel Rondeau, *L'Express*

« Dans les *Cent-Jours*, on lit aussi les rêves et les déceptions de Dominique de Villepin. Rien n'est médiocre dans ce miroir. Ni le sujet. Ni l'auteur. »

Max Gallo, *Le Point*

23

Le 1er mars 1815 commence l'extraordinaire aventure du vol de l'Aigle. De clocher en clocher, acclamé par le peuple et l'armée, l'Empereur reconquiert son trône sans tirer un coup de fusil. Mais déjà le piège se referme : l'Europe le condamne et les notables s'éloignent. Entre une dictature aux relents révolutionnaires et un pacte libéral, il hésite avant de donner une constitution qui ne satisfait personne puisqu'elle lui aliène le peuple sans lui rallier les élites. Seul, dépouillé de son mystère impérial, Napoléon joue le tout pour le tout en s'en remettant au verdict du champ de bataille. Ouverte en fanfare, la titanesque campagne de Belgique trouve son dénouement cruel à Waterloo. Devant la fronde parlementaire, l'Aigle fait le choix du sacrifice et s'éloigne vers Sainte-Hélène tandis que Fouché et Talleyrand, « le vice et le crime », scellent leur alliance pour s'emparer du pouvoir au prix d'un marché de dupes.

Cet ouvrage a obtenu le grand prix de la Fondation Napoléon et le prix des Ambassadeurs.

640 pages – 11 €

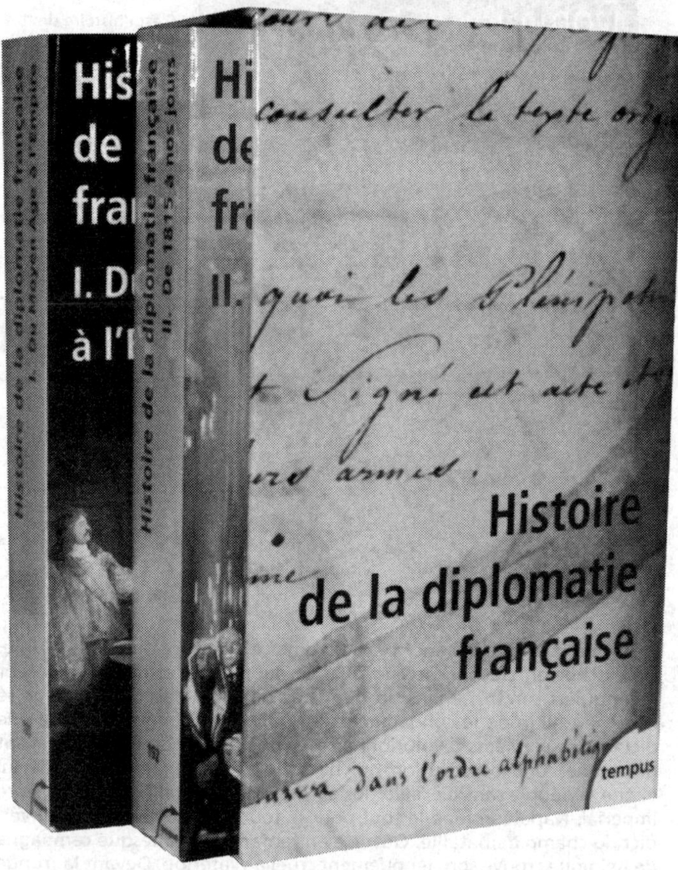
Histoire
de la diplomatie
française
tempus
Histoire de la diplomatie française
II. De 1815 à nos jours
Histoire de la diplomatie française
I. Du Moyen Âge à l'Empire

« Bien documenté, magnifiquement écrit de surcroît, avec une élégance de style qui ne fait aucune place aux envolées lyriques, *Le Soleil noir de la puissance* n'a pas que l'apparence d'un ouvrage d'historien ; il l'est pleinement. »

Elie Barnavi, *Marianne*

251

« Napoléon est-il un météore dont le destin extraordinaire a traversé les siècles ou demeure-t-il le passeur du monde moderne, celui qui a terminé la Révolution en France tout en contribuant à la diffuser dans le monde ? Comment aborder une pareille existence ? Passionné depuis toujours par l'époque et le personnage, j'ai préféré observer l'envers du décor en privilégiant l'analyse de la chute plutôt que la "gloire de l'Empire". Car, bien qu'ébloui par le soleil d'Austerlitz, je pressentais qu'il ne s'agissait que d'un "soleil noir".

« Pour comprendre la chute, il faut partir du sommet, et plus précisément disséquer la décennie triomphale qui relie le point de départ de Lodi à l'apogée de Tilsit. Et ses deux choix majeurs accomplis au zénith de la gloire : l'hérédité rétablie avec le sacre de 1804 ; le pari de la conquête avec le Blocus continental fin 1806.

Ce livre, remanié sans cesse depuis 2002, se nourrit d'une conviction fortifiée par l'expérience personnelle de la solitude du pouvoir, de sa fragilité, de son immense complexité, enfin de son caractère foncièrement tragique, appuyé sur les ressorts de la peur et du rêve. » D. de V.

640 pages – 11,50 €